Katrin Marx-Jaskulski
Armut und Fürsorge auf dem Land

MODERNE ZEIT

Neue Forschungen zur Gesellschafts- und Kulturgeschichte
des 19. und 20. Jahrhunderts

Band XVI

Herausgegeben von
Ulrich Herbert und Lutz Raphael

Katrin Marx-Jaskulski

Armut und Fürsorge auf dem Land

Vom Ende des
19. Jahrhunderts bis 1933

WALLSTEIN VERLAG

Gedruckt mit Unterstützung der Geschwister Boehringer Ingelheim Stiftung
für Geisteswissenschaften in Ingelheim am Rhein

Diese Arbeit ist im Sonderforschungsbereich 600 Fremdheit und Armut.
Wandel von Inklusions- und Exklusionsformen von der Antike
bis zur Gegenwart, Trier, entstanden und wurde auf seine Veranlassung
unter Verwendung der ihm von der Deutschen Forschungsgemeinschaft
zur Verfügung gestellten Mittel gedruckt.

Bibliografische Information der Deutschen Nationalbibliothek
Die Deutsche Nationalbibliothek verzeichnet diese Publikation in der
Deutschen Nationalbibliografie; detaillierte bibliografische Daten
sind im Internet über http://dnb.d-nb.de abrufbar.

© Wallstein Verlag, Göttingen 2008
www.wallstein-verlag.de
Vom Verlag gesetzt aus der Adobe Garamond
Umschlaggestaltung: Basta Werbeagentur, Steffi Riemann
unter Verwendung einer Fotografie: Gegend am Moselufer,
Tagelöhner für die Traubenlese, um 1930-1935
(Kreisbildarchiv Bernkastel-Wittlich, Nr. 3229)
Druck: Hubert & Co, Göttingen
ISBN 978-3-8353-0220-4

Inhalt

Einleitung

1. Armut im ländlichen Raum – ein Problemaufriss

Versucht man auf Fotografien aus Dörfern vom Ende des 19. und Beginn des 20. Jahrhunderts Merkmale von Armut zu erkennen, fällt es schwer, die Attribute zu benennen, die einen armen Ort oder eine arme Person auszeichnen.[1] Gerade in einem ländlichen Kontext fällt eine solche »Dechiffrierung« schwer: »Armut« war in der zeitgenössischen Fotografie gemeinhin kein Motiv, das in einem dörflichen Kontext festgehalten wurde – im Gegensatz etwa zu dokumentarischen und auch sozial anklagenden Fotografien städtischer Elendsviertel.[2] Im ländlichen Raum fehlen eindeutige Hinweise zur Bestimmung von Armut oder Wohlstand: Abgetragene Kleidung wie Hosen und Joppe des Mannes in Abb. 1, abgearbeitete Hände und Menschen, die zu früh gealtert scheinen, zeugen vielmehr von einem arbeitsreichen Leben, und keineswegs notwendigerweise von Armut.

Dorfansichten mit ungepflasterten Wegen oder windschiefen, schlecht gedeckten und verkleideten Häusern und Scheunen (vgl. Abb. 1 und 2) stellen noch bis weit ins 20. Jahrhundert hinein keine eindeutigen Indizien von Armut dar. Umgekehrt täuscht ein geradezu pittoresk anmutendes moselfränkisches Fachwerk, wie es etwa in Abb. 3 zu sehen ist, zudem über tatsächliche beengte Wohnverhältnisse hinweg.

Stereotype, die man als Betrachter möglicherweise über das Leben auf dem Land im Kopf hat, wie gesundes Essen, »gute Luft« oder unberührte Natur, tun ihr Übriges, um eine agrarromantische Falle aufzubauen, in die man leicht hinein tappt. Doch agrarisches Arbeitsgerät, Kuhgespann, umherlaufende Hühner und Misthaufen erinnern daran, dass Felder und Vieh dauernd Arbeit verursachen, Bauern kaum Freizeit haben und ein »naturverbundenes« Landleben hygienischen Standards nicht immer entspricht.

1   Die Überlegungen zur Dechiffrierbarkeit ländlicher Armut auf Fotografien erwuchsen aus der Zusammenarbeit im Projekt B 5 »Armut im ländlichen Raum«. Zusammengefasst wurden sie in Krieger, Walking Stick.

2   Eine Ausnahme stellt die im Auftrag des Vereins für Wohnungsreform durchgeführte Dokumentation der Wohnungsnot in Deutschland dar; vgl. Schwan, Wohnungsnot. Siehe dazu auch Kap. VI.1.3.

Abb. 1: Viehtränke in Heidenburg, um 1920

Abb. 2: Alte Mühle in Hirzlay-Tal, Brauneberg (ohne Zeitangabe)

Abb. 3: Ürzig, zwanziger Jahre

Abb. 4: Mistverladung in Gornhausen, 1934

Obwohl die Gefahr einer Verklärung der Lebensbedingungen in ländlichen Gebieten besteht, muss trotzdem die Frage erlaubt sein, ob Armut auf dem Land solch existenzbedrohende Konsequenzen haben konnte wie in der Stadt. Im Vergleich mit urbanen, vor allem industrialisierten Zentren – hatten Landbewohner es nicht in vielerlei Hinsicht (Ernährung, Wohnen, Umweltbelastung) besser? Allein der Umstand, dass in beengten Mietskasernen der Großstädte weit und breit kein Platz für den Anbau von Nahrungsmitteln war, erlaubt diese Frage. Auf den Fotos, die das Untersuchungsgebiet dieser Arbeit, zwei ländliche Kreise der Eifel, des Moselgebietes und des Hunsrücks, abbilden, erkennt man hingegen Gärten und Streuobstwiesen. Nutzvieh wird durch das Dorf geführt; Hühner stolzieren auf dem Hof. Arbeit auf dem Feld und im Weinberg – mithin die Erzeugung von Lebensmitteln – ist ein beliebtes Motiv der Fotografien, die im Bildarchiv des Kreises Bernkastel-Wittlich lagern.

Abb. 5: Frühstückspause bei der Feldarbeit,
Neunkirchen, vor dem Zweiten Weltkrieg

Abb. 6: Traubenlese, Kröv, dreißiger Jahre

Auf den ersten Blick scheint die Durchsicht der für diese Arbeit vorrangig benutzten Quellen – Akten der Armenfürsorge aus ländlichen Gemeinden der Altkreise Bernkastel und Wittlich – die Auffassung zu bestätigen, dass es auf dem Land nur wenige Arme gab. Außer der »klassischen Klientel der Armenpflege«[3], nämlich arbeitsunfähige Alte, Kranke und Waisen, stellten erstaunlich wenige Personen einen Antrag auf öffentliche Unterstützung. Der Prozentsatz der Unterstützten blieb im Vergleich mit städtischen Gebieten gering. Ein »Zwischen-den-Zeilen-lesen« der Akten und die Kenntnis der sozioökonomischen Umstände im Untersuchungszeitraum lassen jedoch die These zu, dass der Großteil der Bewohner sich ständig in einer prekären Situation befand. Im Abgleich mit der Beschäftigungs- und Besitzstruktur des Untersuchungsgebietes gewinnen Erinnerungen wie die einer »Winzergroßmutter« aus dem Untersuchungsgebiet Plausibilität: »Die Leute mussten viel und schwer arbeiten und blieben trotzdem ihr ganzes Leben lang arm. Viele von ihnen führten einen regelrechten Überlebenskampf.«[4]

Auf dem Land zu leben bedeutete zwar, in geringerem Maße Angst um die Beschaffung von Nahrung haben zu müssen als in der Stadt[5], aber gerade in wirtschaftlichen Krisenzeiten oder bei Missernten offenbarte sich die Fragilität der Subsistenzgrundlage. Von Zeitgenossen wurde diese Problematik erkannt; es bestanden jedoch Stereotypen des abgehärteten, zähen Landbewohners, dem diese Widrigkeiten wenig auszumachen schienen und der auf öffentliche Hilfe selten zurückgreifen wollte:

»Das Korrelat dieser größeren körperlichen Widerstandsfähigkeit bildet eine größere Härte gegen sich selbst, eine Härte, welche dazu beiträgt, dass die ländliche Bevölkerung häufig nur im äußersten Falle die Armenpflege in Anspruch nimmt; auch die Neigung, sich gegen andere abzuschließen, die Befürchtung

3 Etwa Schulz, Armut, S. 390.
4 Jakoby, Leben im Moseldorf, S. 24.
5 Vgl. etwa Sievers/Zimmermann, Elend, S. 17: »In den bevölkerungsreicheren Städten massierte sich die Anzahl der versorgungsbedürftigen Armen weitaus dramatischer als in den ländlichen Siedlungen. Dort schlugen Missernten zwar auch vor allem auf die Unterschichten durch. Doch die ländliche Armut war nicht so sehr auf einen engen Raum konzentriert und konnte von der bäuerlichen Bevölkerung auch individueller aufgefangen werden.«

der Publizität wirkt als ein weiteres, jene Zurückhaltung verstärkendes Moment.«[6]

Daneben existierte auch das schon angesprochene agrarromantische Klischee des einfachen und gesunden, natürlichen Landlebens.[7] Dass landwirtschaftliche Arbeit hart und die Abhängigkeit vom gering bemessenen Grund und Boden mit extremer Sparsamkeit und der Gefahr von Verarmung verbunden war, erinnern beispielsweise Bewohner eines württembergischen Arbeiterbauerndorfs entgegen diesem Stereotyp.[8]

Die geringe Inanspruchnahme der öffentlichen Armenfürsorge auf dem Land wurde von Zeitgenossen neben der »Härte« gegen sich selbst und der »Befürchtung der Publizität« auch damit erklärt, dass hier die »freiwillige Hülfsleistung der Gemeindegenossen« bei Unglücksfällen und ein System des Auffangens Verarmter durch Verwandtschaft, Dienstherren oder die Nachbarn ausgeprägter sei.[9] Dieses Bild des Landlebens erinnert an Charakteristika vorindustrieller bäuerlicher Gesellschaften, in denen die »Netzwerke primärer Integration« stark genug gewesen seien, um beispielsweise Waisen, Invalide oder Bedürftige in der »erweiterten Familie« oder Dorfgemeinschaft wieder auffangen zu können.[10] Serge Paugam beschreibt die Ausprägung von Armut in traditionellen Gesellschaften als »pauvreté intégrée«:

6   Reitzenstein, Reform, S. 109. Ähnliche Formulierungen finden sich auch in den »Ergebnissen einer Umfrage über den gegenwärtigen Stand des ländlichen Armenwesens« aus dem Jahr 1920, in denen beispielsweise aus Wesselburen-Stadt (Provinz Schleswig-Holstein) über die Hartherzigkeit der Landbevölkerung gegenüber unehelichen Kindern und Pflegekindern berichtet wird. Diese habe in ihrer »robust-kraftvollen Art wenig Mitleid mit solchen Geschöpfen«. Lembke, Forderungen, S. 9.

7   Einer agrarromantischen Sicht auf den ländlichen Raum, beispielsweise der Verherrlichung der Landbewohner, die eine »durch Generationen anstrengender, aber gesunder Arbeit aufgespeicherte physische und sittliche Kraft« (Richter, Kreiswohlfahrtsamt, S. 5) in sich trügen, verbunden mit Klagen über die »Landflucht« in die Städte, wird im Rahmen dieser Arbeit nicht nachgegangen. Als Zusammenfassung dieser Positionen vgl. Bergmann, Agrarromantik; Kaschuba, Dörfliche Kultur.

8   Vgl. Mutschler, Ländliche Kindheit, S. 40–41. Zum Gegensatz der Vorstellungen über das Land und der ländlichen Lebenswirklichkeit vgl. auch Haupt/Mayaud, Bauer, S. 344.

9   Reitzenstein, Reform, S. 109.

10 Vgl. Castel, Metamorphosen, S. 31–37.

»Die als ›Arme‹ Bezeichneten sind in diesem Typ sozialer Beziehung zahlreich und nur kaum von anderen Bevölkerungsschichten zu unterscheiden. [...] Die Armen bilden daher auch keine *underclass* im angelsächsischen Sinn, sondern eine umfangreiche soziale Gruppe; auch sind sie nicht übermäßig stigmatisiert. Ihr Lebensstandard ist niedrig, aber sie bleiben gut eingefügt in die sozialen Netze, die um sie herum von der Familie oder vom Dorf eingerichtet sind.«[11]

Die gleichsam selbstverständliche Versorgung von Armen und ihre wenig stigmatisierte Position innerhalb dieser Dorfgemeinschaften dürfen allerdings nicht idealisiert werden; die »Elastizität« des familiären, verwandtschaftlichen und gemeindeinternen Auffangnetzes war nicht unbegrenzt. Dieses Netz konnte reißen, indem Arme aufgegeben, verlassen, ausgestoßen wurden, oder die Unterstützung »teuer erkauft« werden musste (Robert Castel nennt das Beispiel »des von seiner Gemeinde geduldeten und teilweise unterstützten Dorfidioten«).[12] Zudem kann die Beobachtung eines stärker ausgeprägten Hilfssystems auf dem Land nicht nur als Ausdruck einer größeren Solidarität interpretiert werden, sondern auch als Ausdruck einer Selbsthilfe, die notwendig war, weil die Armenfürsorge auf dem Land unzureichend verwaltet wurde. Und auch wenn – wie Paugam es beschreibt – Armut und Arme in solchen Gebieten weit verbreitet und gesellschaftlich akzeptiert waren, die Inanspruchnahme der öffentlichen Armenfürsorge war es wahrscheinlich nicht. Ein Leben in Armut kann in den Kontext eines einfachen, bescheidenen und genügsamen Lebens gestellt werden, besonders dann, wenn es eigenständig und ohne fremde Hilfe bewältigt wird. Die Fähigkeit, mit Wenigem auszukommen, wird in den schon erwähnten autobiografischen Erinnerungen einer Bewohnerin des Moselgebietes als lobenswerte Eigenschaft vor allem von Frauen herausgestellt.[13] Der Empfang von Armenfürsorge jedoch war wohl gerade auf dem Land mit sozialer Stigmatisierung verbunden; die Zahl der »verschämten Armen«[14] liegt hier möglicherweise höher als

11 Paugam, Formes, S. 80 (eigene Übersetzung). Die anderen Idealtypen von Armut, die er hier nennt, sind die »pauvreté marginale« und die »pauvreté disqualifiante«.

12 Vgl. Castel, Metamorphosen, S. 31–37.

13 Vgl. Jakoby, Leben im Moseldorf, S. 49.

14 Diese Armen werden hier als Personen verstanden, »welche tatsächlich Not leiden, sich aber scheuen, öffentliche Hilfe in Anspruch zu nehmen«.

in städtischen Gebieten. Dafür sprechen zeitgenössische Beobachtungen über die hier sehr ausgeprägte »Scheu, von den Gemeinden Unterstützung anzunehmen, um dem Gerede der Leute vorzubeugen. Sie [die verschämten Armen, K. M.] fristen lieber ihr Leben kümmerlich.«[15]

Die Angst, dass der Empfang öffentlicher Unterstützung publik wird, die »Stigmatisierung im Dorf selbst« also, ist in kleinräumigen Strukturen wie Dörfern offenbar auch heute noch verbreitet.[16] Staatliche Fürsorge erscheint geradezu als Fremdkörper in einem auf gegenseitige Hilfe ausgerichteten Dorfleben.[17] Die Forschungen Hans Pfaffenbergers und Karl August Chassés zum Umgang mit »Armut im ländlichen Raum« auf dem Hunsrück der neunziger Jahre haben gezeigt, dass es wohl immer noch einer »ländlichen« Mentalität«[18] entspricht, auf staatliche Hilfsleistungen zu verzichten. Dementsprechend existiere bei der dörflichen Verwaltung das Bild einer »heilen dörflichen Welt«: Sie stellt die »Menschen in sozialen Problemen als im Wesentlichen integriert« dar[19] – entgegen

Gerlach, Handbuch, S. 46. Der Begriff des »verschämten Armen« enthält jedoch auch die weitere Konnotation, dass diese Armen vormals einem »höheren Stand« angehört hätten. Dieser Aspekt kann aufgrund der Quellenlage nicht untersucht werden; die »verschämten Armen« werden daher in dem von Gerlach definierten allgemeinen Sinn verstanden.

15 Lembke, Forderungen, S. 12 (Bericht aus dem Kreis Alfeld-Leine, Provinz Hannover, 1920).

16 Vgl. zu den psychosozialen Belastungen durch Sozialhilfebedürftigkeit Chassé, Landwirte, S. 117: Neben dem Abhängigkeitsverhältnis zum Sozialamt arbeitet er als zweite Belastung heraus, »[…] daß auf dem Lande nach wie vor die Sozialhilfeempfänger eigentlich die alleruntersten Stufe von Menschen sind, also darunter gibt es eigentlich nur noch Kriminelle und Zigeuner. […] Freilich lassen sich Unterschiede nach Altersgruppen wahrnehmen in dem Sinne, daß die Jüngeren doch schon eher eine Anspruchshaltung gegenüber dem Staat haben und ihre Rechte in Anspruch nehmen, während wir bei den älteren Personen in der Regel eine sehr große Scham haben, zum Sozialamt zu gehen.«

17 Vgl. Chassé/Pfaffenberger, Probleme, S. 12–13: »Hilfe ist in der traditionalen Dorfwelt eingebunden in ein System dörflicher Gegenseitigkeit. Sozialstaatliche Hilfe entzieht sich dieser dörflichen Selbstverständlichkeit, weil sie sich von außen auf das Private richtet und die überkommene Balance von dorföffentlicher Gegenseitigkeit und familialer Verschwiegenheit unterläuft, sie ist der dörflichen Lebenswelt fremd.«

18 Chassé, Asozial, S. 140.

19 Chassé, Asozial, S. 139.

der Einschätzungen professioneller Sozialarbeiter und -beamten, die eine Zunahme sozialer Probleme auf dem Land konstatieren.

Auch aus der Sicht weiterer Dorfmitglieder als den lokalen Verwaltern scheint Armut kaum vorhanden zu sein: Auf die Frage der Soziologin Heide Inhetveen an eine Nachbarin in ihrem Heimatdorf,»wer im Dorf arm sei«, nennt diese nur »eine alte kranke Nachbarin«,»die von ihrer Familie allerdings gut versorgt werde«.[20] Obwohl bei direkter Nachfrage im Dorf arme Menschen kaum zu existieren scheinen, gibt eine Studie aus den achtziger Jahren einen Hinweis darauf, dass sie vielleicht nur nicht als Arme wahrgenommen werden: Die Untersuchung ergab, dass im dörflichen Kontext die persönliche Kenntnis der Mitglieder von »Problemfamilien« zu differenzierten Urteilen über diese führt und sie nicht stereotyp der Gruppe »arme Menschen« oder »Alkoholiker« zugeordnet werden.[21] Und möglicherweise fiel Armut deshalb kaum auf,»weil die Sozialhilfeempfänger auf dem Lande, anders als in den Städten, überall verstreut wohnten. Die Armut war hier verborgen und wenig aufsehenerregend.« Zu diesem Schluss kommt zumindest Geert Mak innerhalb seiner Studien zum niederländischen Dorf Jorwerd.[22]

Das Forschungsprojekt »Armut im ländlichen Raum« an der Universität Trier, in dessen Rahmen diese Arbeit entstanden ist, analysiert die Ausprägungen ländlicher Armut, die Praxis vorwiegend kommunaler Armenfürsorge und Wohlfahrtspflege und die Wahrnehmung von Armen innerhalb kleinräumiger Strukturen in landwirtschaftlich geprägten Regionen Westeuropas.[23] Damit werden

---

20 Inhetveen, Armut, S. 10.
21 Vascovics/Weins, Randgruppenbildung, S. 110–111.
22 Mak, Gott, S. 168.
23 SFB 600 »Fremdheit und Armut. Wandel von Inklusions- und Exklusionsformen von der Antike bis zur Gegenwart«, Teilprojekt B 5 »Armut im ländlichen Raum im Spannungsfeld zwischen staatlicher Wohlfahrtspolitik, humanitär-religiöser Philanthropie und Selbsthilfe im industriellen Zeitalter, 1860–1975«. Die Qualifikationsarbeiten im Projekt befassen sich mit ländlicher Armut in Donegal (Inga Brandes), der Gesundheitsversorgung armer Kranker (Martin Krieger) sowie Arbeitslosigkeit und Arbeitslosenunterstützung in der südlichen Rheinprovinz (Tamara Stazic-Wendt) und Wandergewerbetreibenden im Regierungsbezirk Trier (Juliane Hanschkow). Zu bislang veröffentlichten Forschungsergebnissen vgl. Althammer u. a., Armenfürsorge; Brandes, Institutions; Hanschkow, Ambulante Gruppen; Krieger, Walking Stick; Marx, Armenfürsorge; Marx, Poor Relief; Stazic, Arbeitslosigkeit.

Aspekte untersucht, die bislang in der historischen Forschung zu Armut, Armenfürsorge und Sozialpolitik, die sich eher auf nationale Wohlfahrtsstaatlichkeit, die Entwicklung der Sozialversicherung oder die Praxis von Armenfürsorge und Wohlfahrtspflege in Städten konzentrierte, zu kurz gekommen sind.[24]

2. Definitionen und Begriffe

Zu definieren, was Armut ist, wer als Armer[25] angesehen werden kann oder wer verarmungsgefährdet ist, erweist sich als sehr schwierig. Die Grenzen zwischen Nicht-Armut und Armut und die Differenzierungen der verschiedenen Erscheinungsformen von Armut sind nicht eindeutig auszumachen.[26] Als klassische Unterscheidungen können die zwischen relativer und absoluter, zwischen primärer und sekundärer sowie objektiver und nicht-objektiver Armut gelten.[27] Dabei beschreibt der Begriff der absoluten beziehungsweise

24 Neue Ansätze in der Erforschung von Armut und Fürsorge in Städten verfolgt im Rahmen des SFB 600 das Projekt B 4 »Armut und Armenpolitik in europäischen Städten im 19. und 20. Jahrhundert«. Vgl. die Publikationen Althammer, Functions; Althammer u. a., Armenfürsorge; Gestrich, »moral dregs«; Gestrich/Gründler, Iren; Gordon/Gründler, Migration; Scherder, Galway workhouses; Scherder, Kooperation.
25 In dieser Arbeit wird zur Bezeichnung der Armen, Antragsteller usw. überwiegend die maskuline Form verwendet. Ich bin mir bewusst, dass dies als Ausgrenzung der femininen Form verstanden werden kann, habe jedoch zugunsten einer besseren Lesbarkeit darauf verzichtet, »die/der Arme«, »Antragstellerinnen und Antragsteller« oder das Binnen-I zu verwenden.
26 Einen Überblick der Definitionen von Frühneuzeithistorikern, die Arme und Randgruppen untersuchten, bietet Scheutz, Ausgesperrt, S. 15–19.
27 Vgl. etwa Piachaud, Wie misst man Armut?, passim; Strang, Erscheinungsformen, S. 57–73; Schulz, Armut, S. 389 (zitierend Fischer, Städtische Armut, S 24–42); Sachße/Tennstedt, Bettler, S. 40 (primäre und sekundäre Armut). Aus der klassischen Studie Rowntree, Poverty, S. 117–118 (eigene Übersetzung): »Die in Armut lebenden Familien können in zwei Gruppen unterteilt werden: 1. Familien, deren Gesamteinkommen nicht ausreicht, um das unbedingt Notwendige für die Beibehaltung der bloßen körperlichen Leistungsfähigkeit zu beschaffen. Die hierunter fallende Armut kann als ›primäre‹ Armut bezeichnet werden. 2. Familien, deren Gesamteinkommen für die Beibehaltung der bloßen körperlichen Leistungsfähigkeit ausreichen würde, wenn nicht ein Teil des Einkommens für

primären Armut das Fehlen des Lebensnotwendigen. Dies hört sich zunächst klar und eindeutig an, erweist sich aber als schwammig und von Werturteilen abhängig. Dass für jeden Einzelnen das »Lebensnotwendige« anders ist, liegt auf der Hand. Sicherlich kann man davon ausgehen, dass Nahrung, Wohnung und Kleidung dazugehören, könnte ferner jedoch auch soziale Kontakte, Arbeitsmöglichkeiten und gesundheitliche Versorgung miteinbeziehen oder noch einiges mehr.[28] Immer dann jedoch, wenn die physische Existenz bedroht ist, kann von absoluter Armut gesprochen werden.[29]

Relative, sekundäre Armut beschreibt einen Zustand, der im Verhältnis zur gesellschaftlichen Gruppe gesehen werden muss, innerhalb derer sich jemand befindet.[30] Sie begegnet in den bearbeiteten Quellen, wenn beispielsweise Kleidung für die Erstkommunion beantragt und auch bewilligt wird. In einer katholisch geprägten Region erweist sich die Ausstattung zum Empfang dieses Sakraments als notwendig, obgleich ein Kommunionsanzug nicht zum »Lebensnotwendigen« gehört. Im Begriff der »sekundären Armut« ist zudem ein Bezug zu den Ursachen enthalten; sie kann die Notlagen beschreiben, die aufgrund der nicht angemessenen, »verschwenderischen« Verwendung des Verdienstes als teilweise selbst verschuldet angesehen werden.[31] Es kann des weiteren eine »tertiäre Armut«

andere Ausgaben, seien sie nützlich oder verschwenderisch, Verwendung fände. Diese Armut kann als ›sekundäre‹ Armut bezeichnet werden.«

28 Vgl. in einer historischen Perspektive etwa Jans, Sozialpolitik, S. 102–103: »Eine genauere Bestimmung des unentbehrlichen Lebensunterhalts wurde auch in der Instruktion zum württembergischen Ausführungsgesetz [zum Gesetz über den Unterstützungswohnsitz 1870, K. M.] unterlassen. Unter dem notwendigen Lebensunterhalt, so die knappe Skizzierung der Fürsorgebereiche, ›ist nicht bloß die erforderliche Nahrung, sondern alles dasjenige zu verstehen, was zur Existenz unentbehrlich ist, als auch Kleidung, Heizung und dergleichen.‹«

29 Vgl. Schäuble, Theorien, S. 39–44; Zissel, Armenversorgung, S. 5.

30 Fischer, Städtische Armut, S. 25, spricht für das Mittelalter und die Frühe Neuzeit vom »standesgemäßen Auskommen«. Aus zeitgenössischer Literatur vgl. etwa die Definition bei Roscher, System, S. 2: »Der Begriff Armuth ist ein großentheils relativer. In jeder Gesellschaft wird diejenige Lebenshaltung als nothwendig betrachtet, welche die unterste Schicht der noch selbständigen Arbeiter führt. Wer z. B. eine Kleidung hat, die ihn zwar gegen Frost schützt, aber sein Erscheinen auf der Straße, in der Kirche etc. unmöglich macht, ist in unseren Verhältnissen arm. Bei Jägervölkern würde er noch nicht arm sein.«

31 Vgl. Kern, Armut, S. 36, bezugnehmend auf Rowntree, Poverty, S. 118.

unterschieden werden, welche die Dimensionen sozialer Isolation (Ausschließung) und kommunikativer Deprivation wie Vereinsamung oder Mangel an Anerkennung mit einbezieht.[32] Eine objektive Armutsdefinition orientiert sich an den ökonomischen Rahmenbedingungen wie Einkommen und Besitz, während ein nicht-objektiver Ansatz von der gesellschaftlichen Definition von Armut und der subjektiven Wahrnehmung des Einzelnen ausgeht. »Objektiv« festzulegen, wer als arm gelten kann, erweist sich im Rahmen dieser Arbeit als praktisch undurchführbar, da nicht auf eine serielle Überlieferung der Vermögensverhältnisse zurückgegriffen werden kann, die eine Einordnung erlaubt hätte, unter welcher Einkommensgrenze Armut beginnt. Dahingegen werden subjektive Aspekte der Armut in Meinungsäußerungen von Behörden oder Briefen der Antragsteller angesprochen.

Armut wird in dieser Arbeit primär über Personen erschlossen. Aus pragmatischen Gründen können nur die Personen als »Arme« erfasst werden, die einen Antrag auf Fürsorge stellten oder Unterstützung bezogen – nur sie sind in den Quellen fassbar.[33] Gewissermaßen wird hier also die Definition Georg Simmels zugrundegelegt, nach der als Armer derjenige anzusehen ist, »der Unterstützung genießt beziehungsweise sie nach seiner soziologischen Konstellation genießen sollte – auch wenn sie zufällig ausbleibt [...]«.[34] Damit wird der Fokus auf kommunikative Akte und »gesellschaftliche Bezüge gerichtet, die den Armen zum Armen machen«; ökonomische Kriterien sind von untergeordneter Bedeutung.[35]

Ähnlich kompliziert wie die Festlegung einer Grenze zwischen »nicht arm« und »arm« ist eine Trennung von »Armut« und »Bedürftigkeit«. In ihrer Studie über die Armen im Frankreich des 18. Jahrhunderts reflektiert Olwen H. Hufton die zeitgenössische

---

32   Vgl. Schäuble, Theorien, S. 243–249, bezugnehmend vornehmlich auf Klanfer, soziale Ausschließung. Vgl. dort, S. 34: »Der Arme ist, kurz gesprochen, nicht einfach jenes Mitglied der Gesellschaft, das weniger als andere erhält, er ist gekennzeichnet durch eine schwächere Teilnahme am gesellschaftlichen Leben und seinen Strömungen, er folgt besonderen Verhaltensnormen oder lebt in den Tag hinein, ohne irgendeiner Hierarchie von Werten und Normen zu folgen. Gegenüber der globalen Gesellschaft ist das Leben des Armen marginal. Der Arme ist stets allein.«

33   Zur Problematik der Abgrenzung von Armen und Unterstützten vgl. etwa Eser, Verwaltet, S. 157, oder Blum, Staatliche Armenfürsorge, S. 49.

34   Simmel, Der Arme, S. 551.

35   Kern, Armut, S. 17.

Diskussion über diese Problematik. Während die »Bedürftigen« die Grenze zur Notwendigkeit von Hilfe überschritten hatten, wurden die »pauvres« als die beschrieben, die ständig in einem Zustand der »Verwundbarkeit«[36] lebten:

»In der zeitgenössischen Terminologie litt ein solcher Mensch nicht zwangsläufig an Hunger, Kälte, Schmerzen oder körperlichen Entbehrungen, aber er lebte unter ihrer ständigen Bedrohung. [...] Er befand sich an der Schwelle zu einer schlechteren Verfassung und hatte so, für die Zeitgenossen, etwas gemein mit denen, die diese Schwelle bereits überschritten hatten, und für die eine größere Bandbreite an Bezeichnungen existierte. Der nur *Arme* wurde *bedürftig, notleidend, elend* in Zeiten der Not.«[37]

Die Beobachtungen über Armut und Bedürftigkeit aus dem Frankreich des 18. Jahrhunderts lassen sich natürlich nur mit Modifikationen auf den hier untersuchten Zeitraum übertragen.[38] Doch es bleibt festzuhalten, dass zwischen den beiden Begriffen zur Untersuchung der armenfürsorgerischen Praxis unterschieden werden muss. Dies ist allerdings mit einigen Tücken verbunden. »Bedürftigkeit« diente seit dem ausgehenden Mittelalter als Kategorie zur Bezeichnung der unterstützungsberechtigten Armen.[39] Seit dieser

36 Dieser Terminus wird auch bei Castel, Metamorphosen, passim, herausgestellt (s. u.), bezeichnet jedoch hier auch die Gefahr des Absinkens der Mittelschichten in Armut und ist sehr stark an das Vorhandensein von Arbeitsverhältnissen gebunden, bezieht sich mithin eher auf die arbeitsfähigen Armen. Bei Castel findet man jedoch auch ein interessantes Unterscheidungskriterium zwischen Armut und Bedürftigkeit, nämlich dass Armut »hingenommen oder gar gesucht« sein kann. Vgl. Castel, Metamorphosen, S. 142, Fußnote 2. Die Thematik der freiwilligen, etwa religiös motivierten Armut, konnte im Rahmen dieser Arbeit nicht untersucht werden.

37 Hufton, Poor, S. 20 (eigene Übersetzung). Hervorhebung im Original.

38 Obgleich insbesondere die Beschreibungen der Wohnverhältnisse der bei Hufton untersuchten Armen oft sehr nahe an Berichte über die Situation im Untersuchungs(zeit)raum heranreichen, wird davon ausgegangen, dass die Armen des 20. Jahrhunderts sich auf einem ungleich besseren Niveau bewegten – man denke allein an die gesundheitliche Versorgung, hygienische Verbesserungen, die Errungenschaften der Sozialversicherung, die höhere Qualität der Nahrung usw.

39 Vgl. Eser, Verwaltet, S. 159–160, Kick, Armenpflege, S. 15 oder Reiter, Städtische Armenfürsorge, S. 253, alle drei bezugnehmend auf Fischer, Städtische Armut, S. 42–50.

Zeit galten als Merkmale des »Bedürftigen« Mittellosigkeit, Gemeinschaftszugehörigkeit und Arbeitsunfähigkeit.[40] An welchen Kriterien diese Berechtigung zur Hilfe durch die Gesellschaft konkret festzumachen war, darüber waren sich die von Hufton untersuchten zeitgenössischen »moralists, physiocrats, and administrators« ebenso wenig einig wie die Verfasser einschlägiger Gesetzeskommentare oder Verwaltungshandbücher aus dem 19. und beginnenden 20. Jahrhundert.[41] Selbst im grundlegenden Reichsgesetz über den Unterstützungswohnsitz von 1870 war »Bedürftigkeit« nicht definiert. Nach § 4 des Freizügigkeitsgesetzes von 1867 hatte »man davon auszugehen, dass Hilfsbedürftigkeit dann vorliegt, wenn eine Person nicht imstande ist, für sich und ihre Angehörigen den notdürftigen Unterhalt aus eigenen Mitteln oder Kräften zu erwerben oder aus dem eigenen Vermögen zu bestreiten, oder endlich wenn sie ihn nicht von anderen, dazu verpflichteten Personen erhält«.[42] Allerdings waren die Grenzen, ab wann eine Person tatsächlich »mittellos«, »arbeitsunfähig« oder »nicht imstande ist, sich den notdürftigen Unterhalt aus eigenen Kräften zu erwerben«, diffus und weitgehend abhängig vom Ermessen der zuständigen Behörde.[43] Festhalten lässt sich also lediglich, dass »Bedürftigkeit« als ein von den maßgeblichen Fürsorgern und Behörden an den »Armen« herangetragenes administratives Konstrukt angesehen werden kann, das diesen als Fürsorgeberechtigten auszeichnete.

Ein Unterscheidungskriterium zwischen den beiden Begriffen stellt vielleicht noch der Umstand dar, dass nur Individuen während eines bestimmten Lebensabschnitts oder einer bestimmten Notsituation »bedürftig« sein können, während Armut ein vielschichtiges Phänomen bezeichnet, das sowohl Individuen als auch

---

40 Vgl. hierzu Castel, Metamorphosen, S. 27, S. 39 und S. 46–63.
41 Hufton, Poor, S. 20.
42 Graeffner / Simm, Das Armenrecht, S. 8–9.
43 Vgl. etwa für Ulm Jans, Sozialpolitik, S. 102: »Ob Bedürftigkeit vorlag und in welcher Art und Höhe die Unterstützungen zu reichen waren, konnte von dem Armenverband nach den jeweiligen Umständen entschieden werden.« Vgl. schon in der Auswertung des reichsweit erhobenen Datenmaterials der Armenstatistik des Jahres 1885: »Wie aber auf der Hand liegt, hängt die Gewährung von Unterstützungen wesentlich von der Beurtheilung der Bedürftigkeitsfrage ab; denn welcher Grad der Verarmung eine öffentliche Unterstützung erheischt, und was als ›unentbehrlicher Lebensunterhalt‹ zu betrachten ist, das zu ermessen bleibt Sache der Armenbehörden.« Statistik der öffentlichen Armenpflege im Jahre 1885, S. 29.

ganze Dörfer oder Regionen erfassen kann. Ob die »Hilfsbedürftigen«, die einen Anspruch auf öffentliche Fürsorge hatten, tatsächlich als die »Ärmsten der Armen« angesehen werden können[44], muss infrage gestellt werden. Da Bedürftigkeit nicht als statischer, endgültiger Zustand gesehen werden kann, sondern vielmehr als Lebensphase[45], muss paradoxerweise auf der einen Seite jemand, der zeitweilig durch die öffentliche Fürsorge versorgt wurde, nicht unbedingt als »Armer« gelten:

> »Kinder werden in kurzer Zeit voll erwerbsfähig; Krankheiten verschwinden glücklicherweise oft bald; die Not der Verwitweten, insbesondere der Witwen, wird oft aus eigener Kraft überwunden; geistig und körperlich Gebrechliche erscheinen vielfach in erster Linie als Unglückliche, weniger als ›Arme‹. Somit bleiben für den engsten Begriff solche, die infolge andauernden Unglücks, Unwirtschaftlichkeit oder Alters sich nicht selbst helfen können.«[46]

Umgekehrt können »verschämte« Arme, die von der kommunalen Fürsorge nicht unterstützt wurden, in dieser Arbeit kaum thematisiert werden, da ihre Armut nicht aktenkundig wurde. Ausgehend von den einleitenden Überlegungen wird jedoch angenommen, dass ihre Zahl recht hoch war.

Neben der »Bedürftigkeit« konnte die »Würdigkeit« als zusätzliches Kriterium des Anspruchs auf öffentliche Unterstützung hinzukommen – ein Begriff, der jedoch noch weniger eine konkrete Definition in der juristischen oder administrativen Fachsprache erhielt. Volker Hunecke betont in seiner Definition für das Ancien Régime erneut die »Integriertheit« der würdigen Armen:

> »[...] sie waren überwiegend (oder in der Regel zumindest häufiger als die anderen) städtisch, weiblich, sehr jung beziehungsweise sehr alt, vereinzelt in ihrer Bedürftigkeit, aber in einer Gemeinschaft verwurzelt, und sie genossen ein Recht auf Unterstützung beziehungsweise auf Betteln. Bis zu einem gewissen Grad marginalisiert waren auch sie, aber unter allen Armen noch am meisten in die Gesellschaft integriert, deren mildtätige und fürsorgerische

44 Vgl. Rheinheimer, Großsolt, S. 25.
45 Vgl. dazu als Studie zur Dauer von Sozialhilfebedürftigkeit in den neunziger Jahren Leibfried / Leisering, Zeit.
46 Lembke, Forderungen, S. 3.

Bestrebungen ihr Herausfallen aus den anerkannten Ordnungen gerade verhindern wollten.«[47]

Der »»unwürdige Arme« zeichnete sich dagegen insbesondere durch seine noch vorhandene Arbeitsfähigkeit aus.[48] Seine Armut wurde nicht durch Institutionen der Armenpflege aufgefangen, vielmehr waren für ihn (und hier sei bewusst die maskuline Form verwendet – »unwürdige Arme« waren überwiegend männlich) Polizei und Gerichte zuständig.[49] Neben einer Arbeitsfähigkeit oder besser »Arbeitsunwilligkeit« konnten dem »unwürdigen Armen« auch moralische Verfehlungen oder ein »unnormaler« Lebenswandel zugeschrieben werden. In diesem Zusammenhang ist als weiteres zentrales Begriffspaar in den Zuschreibungen der Verwaltung gegenüber Antragstellern der Gegensatz zwischen »unverschuldeter« und »selbst verschuldeter« Armut hervorzuheben.

Aktuelle Debatten um »neue Armut«, »Unterschichten« und den »Abbau des Sozialstaats« haben eine weite Bandbreite an Schlagworten und Begriffen geprägt, mit denen sich die Lebenssituation von Armen und der Umgang mit ihnen beschreiben ließe: Die Rede ist von »Fördern und Fordern«[50] und »kein Recht auf Faulheit«.[51] Im Kontext hoher Arbeitslosigkeit wird von den »Überflüssigen«[52] der Gesellschaft gesprochen. Sozialwissenschaftler haben Begriffe wie Teilhabe, Gefährdung und Ausgrenzung[53], Deprivation, Prekarität, soziale Ungleichheit oder als Gegenstück soziale Gerechtigkeit in die Diskussion eingebracht.[54] Da die meisten jedoch auf den modernen Sozialstaat zugeschnitten sind, können sie nur mit Einschränkungen für diese Untersuchung verwendet werden: Hinter der untersuchten Armenfürsorge ländlicher Gemeinden

---

47 Vgl. Hunecke, Überlegungen, S. 497. Bis auf den »städtischen« Aspekt der Definition kann dieselbe für diese Arbeit übernommen werden!

48 Vgl. zusammenfassend Faust, Arbeitsmarktpolitik, S. 37.

49 Vgl. Hunecke, Überlegungen, S. 497. Zum überwiegenden Anteil der Männer an den »unwürdigen Armen« auch im Dänemark des 18. Jahrhunderts vgl. Brinkmann u. a., Losgänger, S. 154.

50 Lebenslagen in Deutschland, S. XX.

51 Vgl. zu diesen Semantiken Lahusen / Stark, Integration.

52 Als Überblick Vogel, Überflüssige, mit starker Bezugnahme auf Robert Castel.

53 Vgl. Bartelheimer, Teilhabe.

54 Vgl. dazu aktuell Lebenslagen in Deutschland. Als ein Überblick Kern, Armut, passim.

stand beispielsweise keine umfassende Zielsetzung wie die (Wieder-)Herstellung von Teilhabe- und Verwirklichungschancen. Im Folgenden wird jedoch versucht, einige der den Sozialwissenschaften entlehnten Termini für den Ansatz der Untersuchung fruchtbar zu machen. David Piachaud hat die Fallstricke bei der Festlegung von Armutsgrenzen, Einkommensstandards oder Warenkörben detailliert beschrieben.[55] In diesem Buch wird Armut nicht nur in der ökonomischen Dimension, sondern vielmehr als »mehrfache Unterversorgung« (Deprivation) verstanden, die sich neben dem materiellen Einkommen beispielsweise auch in fehlenden sozialen Beziehungen niederschlagen kann. Daneben wird das Verhältnis von Armen und Bedürftigen zum System der Fürsorgeleistungen thematisiert. Dazu wird das Konzept von Inklusion und Exklusion[56] nach Niklas Luhmann herangezogen[57], das vor allem auf die Kriterien der Gewährung und der Verweigerung von Hilfe angewendet wird. Welche Eigenschaften mussten Antragsteller besitzen, um als »bedürftig« und »würdig« klassifiziert und so in das Unterstützungssystem »inkludiert« zu werden?[58] In diesem Zusammenhang werden die Bedingungen des Zugangs ausgeleuchtet: Welche Exklusionen aus anderen gesellschaftlichen Teilsystemen, wie der Verlust des Wahlrechts oder die Gefahr der Anstaltseinweisung, gingen mit dem Erhalt von Fürsorgeleistungen einher?

Der Begriff der »Entkoppelung« nach Castel lässt sich meines Erachtens gut mit einem dynamischen, die Prozesshaftigkeit betonenden Exklusionsbegriff in Einklang bringen. Castel stellt verschiedene »Zonen sozialer Kohäsion« vor, innerhalb derer sich Personen bewegen können: die Zone der Integration, die Zone der Verwundbarkeit und die Zone der Entkoppelung. Die drei Zonen

---

55 Piachaud, Wie misst man Armut?

56 Die beiden Begriffe sind zentral in der Erforschung des Sozialstaats. So versteht Sachße unter dem »Prozess der ›Inklusion‹« die »systematische[...] Einbeziehung tendenziell aller Bevölkerungsgruppen in das Leistungssystem der Politik«. Sachße, Wohlfahrtsstaat, S. 480. In der französischen und angelsächsischen Forschung sind »l'exclusion sociale« und »social exclusion« gängige Fachbegriffe; vgl. etwa Room, Threshold.

57 Luhmann, Inklusion. Das Begriffspaar Inklusion/Exklusion bildet eine Klammer der Teilprojekte im SFB 600. Vgl. dazu Raphael, Königsschutz.

58 Vgl. dazu Luhmanns Bemerkungen, »Inklusion (und entsprechend Exklusion) [könne] sich nur auf die Art und Weise beziehen, in der im Kommunikationszusammenhang Menschen *bezeichnet*, also für relevant gehalten werden.« Hervorhebung im Original. Luhmann, Inklusion, S. 241.

sind stark an stabile Arbeitsverhältnisse gebunden, mithin eher auf den arbeitsfähigen Arbeitslosen als auf die »klassische Klientel« der Armenfürsorge anwendbar.[59] Die Stärken des Konzepts liegen jedoch darin, dass von keinen starren »Ausgrenzungen« ausgegangen wird, sondern das Augenmerk auf die Übergänge zwischen den verschiedenen Zonen und den Stellenwert von sozialen Beziehungen gelegt wird: Ein Arbeitsloser kann sich in der Zone der Integration befinden, wenn er innerhalb seines sozialen Netzes »aufgefangen« wird. Wo aber liegen die »Kipppunkte« des Fallens von einer Zone in die andere?[60] In dieser Arbeit wird meist der Begriff der »Schwelle«[61] zur Beschreibung dieses virulenten »Kippens« verwendet. Das Konzept verwirft die »ökonomische Dimension« als »die wesentliche Diskriminante«: »So kann es etwa hochintegrierte Gruppen geben, die nur wenig wohlhabend sind«[62] – eine Definition, die sich beispielsweise auf eine »würdige« arbeitsunfähige unterstützte Witwe anwenden ließe. Der Begriff der »Verwundbarkeit« wird in dieser Arbeit allgemein zur Beschreibung der Zone verwendet, in welcher der Prozess des Absinkens in die Bedürftigkeit geschieht. Zur Beschreibung dieses Absinkens hat Serge Paugam das sprechende Bild der »spiral of precariousness« eingeführt, eines »multidimensionalen Zugangs zum Prozess des sozialen Ausschlusses«.[63] Von verschiedenen Forschern wurden weitere bildhafte Ausdrücke verwendet, die mehr oder weniger die Dynamik des Fallens in die Bedürftigkeit betonen, wie die »Farbpalette« Bronislaw Geremeks[64] oder der »Moment des Strauchelns, an dem sich

59 Castel, Metamorphosen, S. 13. Er geht zudem auch von einer »Zone der Fürsorge« aus, die jedoch den arbeitsunfähigen Bedürftigen vorbehalten ist. Vgl. ebd. S. 28, S. 151.

60 Ebd., S. 15.

61 Die Anregung, diese »Schwellen« zu untersuchen, geht auf Gespräche der Mitarbeiter des Teilprojekts mit Prof. Claude-Isabelle Brélot im Rahmen eines deutsch-französischen Doktorandenseminars an der Universität Lyon im Februar 2004 zurück.

62 Castel, Metamorphosen, S. 13.

63 Paugam, Spiral, passim. Er unterscheidet ebenfalls drei »Zonen« beziehungsweise »types of situation«, die in erster Linie an stabilen oder unstabilen Arbeitsverhältnissen orientiert sind: »social and economic integration«, »fragility« und eine dritte Situation, die durch »first, a retreat from the labour market, and second, poverty in economic and social terms«, gekennzeichnet ist. Paugam, Spiral, S. 56–62.

64 »Das Abrutschen in eine Randgruppenexistenz vollzieht sich wie entlang

die gewöhnliche Misere in absolute Not verwandelt«, bei Robert Castel.[65] Ihnen ist gemein, dass dem Absinken in die Bedürftigkeit ein kumulierender beziehungsweise multidimensionaler Vorgang zugrunde liegt und kein starres Entweder-Oder vorausgesetzt wird.[66] Mithilfe eines solchen dynamischen Zugangs, der insbesondere bei der Analyse von Lebensläufen und »Armutskarrieren« angewendet werden kann, ist eine Differenzierung von Armen in verschiedene Gruppen möglich.[67] Es bestehen Unterschiede in der Wahrnehmung der »würdigen«, arbeitsunfähigen alten Witwe und dem jungen arbeitsfähigen Erwerbslosen. Durch eine stärkere Beachtung der Armut im Lebenslauf sollen die Phasen des Lebens in den Blick genommen werden, in denen das Risiko, in die Zone der Verwundbarkeit oder gar der Entkoppelung zu geraten, besonders ausgeprägt waren.

3. Abgrenzung des Themas und Fragestellungen

Als Untersuchungsgebiet wurden die beiden ländlichen Verwaltungsbezirke der Kreise Bernkastel und Wittlich ausgewählt, die Teile der Eifel, des Moseltals und des Hunsrücks umfassen. Die konkrete Auswahl insbesondere der Gemeinden als Träger der kommunalen Armenverwaltung erfolgte aufgrund der Quellenlage.[68]

---

einer feinabgestuften Farbpalette [...]«. Geremek, Bronislaw: Criminalité, vagabondage, pauperisme. La marginalité à l'aube des Temps modernes, in: Revue d'histoire moderne et contemporaine 21 (1974), S. 348, zitiert nach Castel, Metamorphosen, S. 90.

65 Castel, Metamorphosen, S. 90.

66 Vgl. dazu auch die Überlegungen Rudolf Stichwehs zu den Vorteilen eines Exklusionsbegriffs gegenüber Schichtungsmodellen, wenn über Armut gesprochen wird. Stichweh, Inklusion/Exklusion, S. 3–6.

67 Paugam, Disqualification sociale, passim, unterscheidet etwa »Les fragiles« (Personen mit niedrigem Einkommen, vorübergehende soziale Unterstützung), »Les assistés« (langfristige Bezieher öffentlicher Unterstützung, z. B. Personen, die keiner Erwerbstätigkeit nachgehen können) und »Les marginaux« (Personen ohne Arbeit und soziale Anbindung, z. B. Nicht-Sesshafte).

68 Es wurden nicht im Vorfeld geographische, ökonomische o. ä. Parameter zur Auswahl der untersuchten Dörfer zugrunde gelegt, wie dies bei anderen mikrohistorischen Studien der Fall war; vgl. etwa das Forschungsdesign

Das Projekt »Armut im ländlichen Raum«, in dessen Rahmen diese Arbeit entstanden ist, hat sich zum Ziel gesetzt, Armut und Armenfürsorge in ländlichen, als rückständig geltenden Gebieten zu erforschen. Die beiden ausgewählten Kreise entsprechen bei weitem nicht in dem Maße dem Klischee der armen Eifel wie etwa die Kreise Daun oder Prüm: Öde, karge Landstriche der Eifelhöhen wechseln sich hier mit fruchtbaren Böden wie der »Wittlicher Senke« ab. Die ausgezeichneten Weinbaulagen der Mittelmosel brachten einigen Wenigen einen gewissen Wohlstand, wenn auch der überwiegende Teil der Weinberge von Nebenerwerbswinzern bewirtschaftet wurde. Der Reichtum einiger Familien wird für den Bereich der Wohltätigkeit durch eine ausgeprägte Stiftungstradition dokumentiert. Wegen ihrer überwiegend landwirtschaftlich-kleinbäuerlich geprägten Berufsstruktur können die beiden Altkreise Bernkastel und Wittlich jedoch als Armutsregion gelten. Eine hohe Abhängigkeit von guten Ernten und saisonales Arbeiten ließen insbesondere nicht-sozialversicherte Kleinbauern, Tagelöhner und Gelegenheitsarbeiter am Rande des Existenzminimums leben. Handel und Hausieren, Stricken und Waschen waren ergänzende Tätigkeiten, durch die auch die Frauen sich und ihre Familien mit durchbrachten.

Zu Beginn des untersuchten Zeitraums kann auf nationaler Ebene der Anfang moderner Wohlfahrtsstaatlichkeit angesetzt werden. Im Laufe der achtziger Jahre des 19. Jahrhunderts wurden die Gesetze zur Kranken-, Unfall- und Rentenversicherung erlassen, die versicherten Arbeitnehmern ein Mindestmaß an finanzieller Absicherung bei Krankheit, Invalidität und Alter gewährleisten sollten. Insbesondere auf dem Land blieb der Kreis der Versicherten jedoch zunächst noch klein.[69] Es sind keine statistischen Angaben darüber verfügbar, wer im Untersuchungsgebiet versichert war und wer nicht. Es ist jedoch dokumentiert, dass noch bis weit ins 20. Jahrhundert hinein vor allem ältere Menschen nicht versichert und die Leistungen der Krankenversicherung oder die Renten nicht ausreichend waren. Zumindest in deutschen Großstädten wurde ab den neunziger Jahren des 19. Jahrhunderts der »Paradigma-Wechsel von der Repression zur Prophylaxe«[70] schrittweise vollzogen und die

des Projektes »Staat im Dorf« (SFB 235 »Zwischen Maas und Rhein«, Universität Trier), dargelegt bei Raphael, Projekt, S. 18–19, oder Beck, Unterfinning, S. 17.

69 Vgl. dazu Marx, Rise, S. 180; Pruns, Soziale Sicherung.

70 Sachße / Tennstedt, Fürsorge, S. 31.

»sociale Fürsorge«/Wohlfahrtspflege ausgebaut, die insbesondere durch den Ersten Weltkrieg eine massive Erweiterung erfuhr.[71] Darunter sind vorbeugende Fürsorgemaßnahmen für weite, nicht unbedingt bedürftige Bevölkerungsteile zu verstehen. Gesundheitlich und »sittlich« gefährdete Personen rückten immer mehr in das Blickfeld der Fürsorge. Es wurden Sonderfürsorgen für Mütter und Säuglinge, Kinder, Jugendliche und Kranke (Tuberkulose, »Trinker«, Geschlechtskrankheiten) etabliert.

Die Arbeit hat in groben Zügen die »Klassische Moderne« als zeitlichen Rahmen. In Anlehnung an Ewald Frie, der diese Epocheneinteilung Detlev Peukerts zusammen mit Überlegungen Gerald Feldmans übernommen und in drei Unterepochen eingeteilt hat, werden in dieser Arbeit die Phasen von den achtziger Jahren des 19. Jahrhunderts bis 1914 (als Ausgangspunkt regionaler und kommunaler Wohlfahrtspflege), von 1914 bis 1924 (»Improvisierung des Wohlfahrtsstaats«) und von 1924 bis 1929 (»Blütezeit?«) genauer in den Blick genommen.[72] Allerdings wird in der vorliegenden Untersuchung der Fokus mehr auf die Praxis »vor Ort« gelegt und die »Klientel« der Armenfürsorge stärker einbezogen. Politische Handlungsspielräume der Vertreter übergeordneter Verwaltungsbezirke wie der Provinzialverwaltung, Diskussionen um Gesetze und Kompetenzrangeleien zwischen den verschiedenen administrativen Ebenen stehen nicht – wie bei Frie – im Vordergrund. Den Schlusspunkt der vorliegenden Untersuchung bildet das Jahr 1933, obgleich eine Zäsur in der Fürsorgepolitik und im kommunalen Verwaltungshandeln schon früher festgelegt werden könnte. Christoph Sachße und Florian Tennstedt datierten etwa die Phase eines autoritären Wohlfahrtsstaates in Deutschland von 1930 bis 1938 mit dem Argument, dass schon infolge der Weltwirtschaftskrise eine »autoritäre Wende« in der Sozialpolitik auszumachen sei.[73] Gleichwohl wird in

---

71 Die terminologische Wendung von *Armenpflege* zu *Wohlfahrtspflege* kann in der Expertenliteratur um die Jahrhundertwende angesetzt werden. Vgl. Richter, Wohlfahrtspflege, S. 549. Siehe auch Wolfram, Armenwesen, S. 88–99.

72 Vgl. Frie, Wohlfahrtsstaat, S. 7–8. Gunther Mai beschreibt den Zeitraum zwischen 1914 bis 1924 als Jahrzehnt der »Mangel- und Inflationswirtschaft«. Vgl. Mai, Hunger, S. 36. Die Jahre zwischen 1924 und 1928 wurden auch als »Phase der nur *relativen* Prosperität« bezeichnet, vgl. etwa Abelshauser, Wohlfahrtsstaat, S. 30.

73 Sachße/Tennstedt, Wohlfahrtsstaat, S. 12.

dieser Arbeit mit dem Regimewechsel eine neue Qualität der rassen-hygienischen/eugenischen Überformung des Fürsorgewesens ange-nommen, mehr als dies auch in den Jahren der »Wohlfahrtskrise«[74] zum Tragen kam. Dies manifestierte sich in Gesetzen wie dem »zur Verhütung erbkranken Nachwuchses« vom 14. Juli 1933. Mitglieder neuer Organisationen wie der Nationalsozialistischen Volkswohl-fahrt veränderten das lokale Kräftefeld.[75]

Die seit Beginn des Jahrhunderts und nach dem Ersten Weltkrieg neu etablierten Sonderfürsorgen können nur zum Teil thematisiert werden. Es fehlt etwa die Überlieferung des Gesundheits- und Ju-gendamtes; die Fürsorgeerziehung wird ebenfalls nicht behandelt, da sie den Rahmen der Arbeit gesprengt hätte. Die Fürsorge für Mütter, Säuglinge und Kinder kann mithilfe der Überlieferung auf Kreisebene untersucht werden; ebenso die Tuberkulosefürsorge. In erster Linie konzentriert sich die Arbeit auf die allgemeine Armen-fürsorge: Diese umfasste »(im Unterschied zur Sozialversicherung und zur Versorgung) das bedarfsorientierte, bedürftigkeitsprüfungs-abhängige und steuerfinanzierte Sicherungssystem, das keine Bei-träge, aber auch (jedenfalls im Untersuchungszeitraum) keine stan-dardisierten Leistungen und keine Rechtsansprüche kennt«. Sie war – vergleichbar dem Existenzminimum der heutigen Sozialhilfe – am »unentbehrlichen Minimal-Lebensunterhalt« orientiert.[76] Diese Konzentration auf die allgemeine Armenfürsorge erlaubt es, die Fürsorgeformen, die infolge des Ersten Weltkrieges und der Infla-tion neu etabliert wurden, außer acht zu lassen.[77] Aufgrund der

74 Lohalm, Wohlfahrtskrise.
75 Eine ähnliche Argumentation findet sich bei Rudloff, Wohlfahrtsstadt, S. 31–32.
76 Sachße/Tennstedt, Fürsorge, S. 11. Die Termini *Armenpflege* und *Armen-hilfe* waren die gebräuchlichen Bezeichnungen des 19. Jahrhunderts, die schon ab den achtziger Jahren des 19. Jahrhunderts verstärkt durch *Armen-fürsorge* abgelöst wurden. Dies ist als ein »Reflex« auf das in diesem Zeit-raum entstehende Sozialversicherungswesen zu verstehen im Sinne einer »sozialen Ausgestaltung der Armenpflege«. Vgl. Redder, Armenhilfe, S. 5.
77 Die »gehobene Fürsorge« für infolge von Krieg und Inflation Verarmte (Kriegsfürsorge, Kriegswohlfahrtspflege, Klein- und Sozialrentnerfürsorge, Erwerbslosen- und Krisenfürsorge) kann in dieser Arbeit nur angeschnit-ten werden. Ihre Empfänger sollten explizit nicht auf die stigmatisierende Armenfürsorge angewiesen sein; einige wie die Kleinrentner bildeten ei-gene Interessenverbände. Vgl. das Schaubild zur Einteilung der Hilfsbe-dürftigen in vier Gruppen nach der Reichsfürsorgepflichtverordnung

Quellenlage und des ländlichen Untersuchungsgebietes, in dem viele der in (Groß-)Städten entwickelten armenfürsorgerischen und wohlfahrtspflegerischen Konzepte erst sehr viel später ankamen, konnten virulente Themen des Untersuchungszeitraums wie die Professionalisierung der Sozialarbeit – Stichwort »Mütterlichkeit als Beruf«[78] – nicht bearbeitet werden. Die private, freiwillig organisierte Fürsorge stellte im Untersuchungsgebiet und -zeitraum eine wichtige Stütze der öffentlichen Armenfürsorge dar, ist jedoch in den überlieferten Akten schwer fassbar. Die konfessionellen Institutionen werden, soweit es die Quellenlage zuließ, vor allem mit der Arbeit von Kongregationsschwestern im Geflecht der Hilfsangebote mit untersucht.

Zur Gruppe der untersuchten Personen ist anzumerken, dass sie sich in erster Linie auf die Unterstützungsbezieher und Antragsteller in den ausgewählten Gemeinden beschränkt. Damit stehen die »Ortsarmen« im Zentrum der Untersuchung. Landarme, Personen also, die keinen Unterstützungswohnsitz in einer Gemeinde erlangt hatten, werden nur insofern thematisiert, als sie von den kommunalen Armenverwaltungen des untersuchten Gebietes vorläufig unterstützt wurden. Wanderarme, Bettler und »Landstreicher« werden in dieser Arbeit ebenfalls nicht in den Blick genommen. In weiteren ausgewerteten Quellen, besonders in den Akten zum Wandergewerbe, finden sich Hinweise auf offensichtlich arme Personen, die nicht in Kontakt zur kommunalen Armenfürsorge traten. Soweit diese erfasst werden konnten, sind sie ebenfalls Gegenstand dieser Arbeit.

Die Untersuchung lässt sich in zwei große Teile aufspalten: In den ersten vier Kapiteln werden die wirtschaftlichen, gesetzlichen, administrativen und finanziellen Rahmenbedingungen der Armenfürsorge und ihre Ausgestaltung auf lokaler Ebene analysiert, während in den Kapiteln V bis VII die Armen und Bedürftigen

(Gehobene [soziale] Fürsorge – Kriegsopfer; Gehobene Fürsorge – Klein- und Sozialrentner; Normale Fürsorge – Hilfsbedürftige im allgemeinen Sinn; Beschränkte Fürsorge – Arbeitsscheue und unwirtschaftliche Hilfsbedürftige), abgebildet bei Sachße/Tennstedt, Fürsorge, S. 151. Zur Lage der Sozial- und Kleinrentner vgl. etwa Führer, Wirtschaftsleben und Crew, »Wohlfahrtsbrot«.

78 Sachße, Mütterlichkeit; Schröder, Arbeiten. Zur Geschichte der Sozialarbeit vgl. als allgemeine Darstellung aus der sozialpädagogischen Forschung Hering/Münchmeier, Geschichte.

selbst in den Mittelpunkt gerückt werden. Die Darlegung der sozioökonomischen Rahmenbedingungen des Untersuchungsgebietes
in Kapitel I ist notwendig, um die Voraussetzungen und Parameter
des administrativen Handelns im lokalen Kontext zu verorten. In
Kapitel II wird der Frage nachgegangen, wie die Verwalter die gesetzlichen Vorgaben »vor Ort« auslegten und anwandten; im dritten
Kapitel wird das Zusammenspiel von öffentlicher Fürsorge und privaten Einrichtungen thematisiert. Dieses Kapitel berücksichtigt
schon die Armen als Akteure im Umgang mit der örtlichen Verwaltung, indem es die Rhetoriken und Strategien der Antragsteller
thematisiert. Im ersten Teil der Arbeit ist zudem ein eigenes Kapitel
den wohlfahrtspflegerischen Neuerungen nach der Jahrhundertwende beziehungsweise nach dem Ersten Weltkrieg gewidmet. Eine
wichtige Fragestellung dieses Kapitels wird sein, wie im ländlichen
Raum die neuen, in Großstädten und von dort vorgefundenen Problemen her entwickelten fürsorgerischen Impulse umgesetzt wurden und auf welche Schwierigkeiten man hierbei stieß.

Im zweiten Teil der Arbeit stehen die Armen selbst im Mittelpunkt. Das fünfte Kapitel erforscht das alltägliche Bemühen Armer,
sich über Wasser zu halten: Welche Möglichkeiten der Einkom-
menssicherung beziehungsweise Auskommenssicherung lassen sich
– abgesehen von öffentlichen Fürsorgeleistungen – fassen? In Kapitel VI werden die Ursachen von Bedürftigkeit und die Auswirkungen von Armut auf die Lebensumstände thematisiert, wobei
sich für bestimmte Themenkreise Ursachen und Folgen nicht strikt
voneinander trennen lassen. Beispielsweise machen Krankheiten
arm, die Ursachen von Krankheiten können aber auf elende Lebensumstände, Mangelernährung oder unhygienische Wohnverhältnisse zurückgehen. Außerdem soll hier der Stellenwert von Armut im Lebenslauf berücksichtigt werden: In welchen Phasen des
Lebens war man am »verwundbarsten«? Hierbei werden sowohl die
»tatsächlichen« Lebensumstände als auch ihre Wahrnehmung durch
die Betroffenen untersucht. Der Wahrnehmung der Armen durch
die »Anderen«, durch Dorfmitglieder, vom Pfarrer bis zum Nachbarn und Vermieter, und die örtliche Verwaltung, ist das letzte
thematische Kapitel gewidmet. Hierbei werden vor allem die Argumentationsmuster der kommunalen Entscheidungsträger über
Unterstützungsvergabe oder -verweigerung untersucht. Welche Semantiken, insbesondere der »Würdigkeit«, verwandten sie? Die Arbeit geht von der Hypothese aus, dass das Netz von familiären,
nachbarschaftlichen und sonstigen Verbindungen, das gerade in

kleineren Gemeinden dicht gewebt war, nicht nur in Notsituationen auffangen konnte, sondern auch dazu beitrug, dass Antragsteller und Unterstützte ständiger sozialer Kontrolle ausgesetzt waren.

4. Methoden

Das methodische Vorgehen beruht auf den Ansätzen der Mikro- und Regionalgeschichte sowie der Alltagsgeschichte. Die »microstoria«, als Begriff außerhalb der historischen Disziplin vorgeprägt, wurde vor allem durch Überlegungen Giovanni Levis und Carlo Ginzburgs in den siebziger und achtziger Jahren professionalisiert.[79] Sie ist weniger ein kohärentes theoretisches Konzept als vielmehr »historiographische Praxis«.[80] Sie erfordert eine Änderung des Blickwinkels darauf, wie sich Ereignisse und Prozesse der Makrogeschichte in »lokalen Gesellschaften«[81] auf der Ebene von Dörfern und Regionen niederschlugen. In »Geschichte – vor den letzten Dingen« plädierte Siegfried Kracauer 1969 für das Benutzen der mikrohistorischen Lupe in der Geschichtswissenschaft:

»Je höher die Ebene von Allgemeinheit, auf der ein Historiker vorgeht, desto spärlicher wird Realität. Was er von der Vergangenheit bewahrt, wenn er aus großer Entfernung auf sie blickt, sind pauschale Situationen, langfristige Entwicklungen, ideologische Tendenzen usw. – große Brocken von Ereignissen, deren Volumen weicht oder wächst in direktem Verhältnis zur Entfernung. Sie sind über die Zeit verstreut; sie lassen viele Lücken ungefüllt. Wir erfahren nicht genug über die Vergangenheit, wenn wir uns auf die Makro-Einheiten konzentrieren.«[82]

79 Vgl. Medick, Weben, S. 21–22. Als einschlägig Levi, On Microhistory; Ginzburg, Mikro-Historie; Ginzburg/Poni, Was ist Mikrogeschichte?
80 Levi, On Microhistory, S. 93.
81 Raphael, Ländliche Gesellschaften, S. 11: Dabei handelt es sich »um einen offenen Sammelbegriff für ortsbezogene Sozialgefüge zwischen Familien, Marktklassen oder Ständen, der sowohl dörfliche Zusammenhänge als auch räumlich weitläufigere Netzwerke [...] in den Blick nimmt. Aus den vielfältigen Beziehungsgeflechten im ländlichen Raum lassen sich ›lokale Gesellschaften‹ als verdichtete Kommunikationsräume sowie als organisatorisch und institutionell verfestigte Handlungsebenen für die Beziehungen zu Staat, Verwaltung und Politik fassen.«
82 Kracauer, Geschichte, S. 115.

Eine mikrogeschichtliche Vorgehensweise kann die Gefahr in sich bergen, dass man sich im Schreiben einer bloßen Lokalgeschichte, möglicherweise beruhend auf der Sympathie für einen Ort oder eine Region und deren Bewohner, verliert. Diese Beweggründe durften bei der Auswahl der Untersuchungsregion keine Rolle spielen.[83] Natürlich war die Untersuchung von Gemeinden, deren Akten in nahen Archiven einsehbar sind, bequem, und es hatte auch seinen Reiz, die untersuchten Dörfer zu besuchen, vor dem ehemaligen Kreishaus zu stehen, Straßennamen wiederzuerkennen. In der Untersuchung geht es jedoch primär um die Erforschung des Umgangs mit Armut in einer ländlichen Region – und die hätte auch in Hessen, Bayern oder Ostelbien liegen können. Wenn also – um das bekannte Diktum Geertz' aufzugreifen – keine Dörfer, sondern »in Dörfern«[84] Armut und Armenfürsorge untersucht wird, werden nichtsdestoweniger deren spezifische administrativen oder sozioökonomischen Rahmenbedingungen in den Blick genommen, da natürlich davon ausgegangen wird, dass diese prägend waren für das Handeln der Akteure.

Nach Hans Medick »geht es zwar um Lokalgeschichte, aber um Lokalgeschichte, die sich nicht als Zweck an sich selbst versteht« und immer in eine »Erörterung umfassenderer Frage- und Problemstellungen« eingebunden wird.[85] Da die Arbeit den thematischen Fokus auf Armut und den Umgang mit ihr legt, kann sie keine »histoire totale« des Untersuchungsgebietes sein. Es geht eher um eine »histoire-problème« – statt einer Regional- oder Lokalgeschichte

83 Ich betreibe somit keine Regionalgeschichte, in der es in erster Linie um die Region und die »Regionalität«, ein »Regionalbewußtsein« der in ihr lebenden Menschen und deren »kognitive Kartographie« in Bezug auf die Region geht. Vgl. Reulecke, Regionalgeschichte heute, passim.

84 Geertz, Dichte Beschreibung, S. 32, wo es präzise heißt: »Der Ort der Untersuchung ist nicht der Gegenstand der Untersuchung. Ethnologen untersuchen nicht Dörfer (Stämme, Städte, Wohnbezirke…), sie untersuchen in Dörfern.« Hervorhebung im Original. Giovanni Levi hat den Satz wie folgt paraphrasiert: »Historians do not study villages, they study in villages«. Levi, On Microhistory, S. 93. Vgl. eine ähnliche Bemerkung Levis, »Microstoria ne veut pas dire regarder des petites choses, mais regarder petit«, zitiert nach Medick, Mikro-Historie, S. 40.

85 Medick, Weben, S. 15. Vgl. auch Hochstrasser, Haus, S. 249. Eine Übersicht über die Unterschiede von Dorfstudien, wie sie in Tübingen durchgeführt wurden, und »Göttinger« Mikrogeschichte ist dargelegt bei Troßbach, Dorfgeschichte.

könnte man die Arbeit auch als »lokalisierte Untersuchung« präziser umschreiben.[86] Die untersuchte Region und ihre Gemeinden stellen keine in sich abgeschlossenen Mikrokosmen dar, sondern stehen im Zusammenhang mit überregionalen politischen und sozialen Geschehnissen. Mehr noch: Scheinbar feststehende historische Entwicklungen, wie in diesem Fall die Entwicklung des Sozialstaates in Deutschland, können bei der Analyse im Detail auf ihren Geltungsbereich hin überprüft, möglicherweise noch Unbekanntes durch die Veränderung des Maßstabs entdeckt oder Bekanntes neu interpretiert werden.[87] Der allgemeingeschichtliche Hintergrund muss jedoch immer als Folie präsent bleiben, die Wechselbeziehungen zwischen Makro-, Mikro- und Meso-Ebene müssen thematisiert werden.[88]

Am Anfang mikrogeschichtlicher Arbeiten in Deutschland, vor allem Göttinger Provenienz[89], stand die Familienrekonstitution, ein Verfahren, das die französischen historischen Demographen Etienne Gautier und Louis Henry in den fünfziger Jahren anwandten. Dabei soll nicht nur die Kernfamilie, sondern alle weiteren erschließbaren verwandtschaftlichen Beziehungen rekonstruiert werden. Daran schließt sich eine Analyse der Lebensbeziehungen und Lebensgeschichten der »ordinary historical persons« an.[90] Auch in

---

86 Vgl. Kaiser, Regionalgeschichte, S. 30. Ulbricht, Mikrogeschichte, S. 353. Mikrogeschichte »avant la lettre« wurde somit in einer Studie aus dem Jahr 1927, »Das Dorf als soziales Gebilde«, betrieben, vgl. Wiese, Einleitung, S. 9.

87 Vgl. Medick, Weben, S. 20–21; Levi, On Microhistory, S. 97–98; Beck, Unterfinning, S. 14.

88 Vgl. etwa Medick, Weben, S. 30, unter Heranziehung eines Zitats von Kracauer, Geschichte, S. 116–117: »Nicht alles an historischer Realität ist in mikroskopische Elemente zu zerlegen. Das Ganze der Geschichte umfasst ebenso Ereignisse und Entwicklungen, die sich oberhalb der Mikro-Dimension abspielen. Aus diesem Grund sind Geschichten auf höheren Ebenen von Allgemeinheit ebenso wesentlich wie Detailstudien. Aber sie leiden an Unvollständigkeit, und wenn der Historiker ihre Lücken ›mit eigenem Verstand und Konjektur‹ ausfüllen will, muß er die Welt der kleinen Ereignisse ebenso erforschen.«

89 Vgl. den Überblick bei Medick, Weben, S. 19; als Studien zudem etwa Schlumbohm, Lebensläufe.

90 Winchester, I.: On Referring to Ordinary Historical Persons. Zitiert bei Medick, Weben, S. 19, Fußnote 17. Ein Paradebeispiel der Darstellung einer »unsichtbaren« historischen Person und der Analyse ihres historischen Umfeldes liefert die Studie von Corbin, Spuren.

der vorliegenden Arbeit sollen verwandtschaftliche Beziehungen aufgespürt werden, um das familiäre und lokale Netzwerk zu verorten, das – so die Ausgangshypothese – auf dem Land einen hohen Stellenwert bei der Versorgung von Armen innehatte. Eine umfassende Prosopographie der Akteure (beispielsweise auch der Verwaltungsbeamten) kann jedoch nicht vorgenommen werden. Die zentralen Quellen geben es nicht immer her, dass auch nur die Mitglieder der Kernfamilie in jedem Fall namentlich benannt werden könnten. Personen, die im Kontext der Armenfürsorge auftauchen, wurden jedoch, so weit es ging, in weiteren Aktenbeständen, wie beispielsweise den Nachweisungen zur Wandergewerbesteuer, aufgespürt.[91]

Da mit den Fürsorgeakten über einen vergleichsweise langen Zeitraum eine quasi-serielle Quelle vorliegt, beschreibt die Studie kommunale Normalität und kann somit eine gewisse, wenn auch aufgrund der teilweise recht disparaten Quellenlage keineswegs vollständige »Repräsentativität« beanspruchen.[92] Anhand exemplarischer, aussagekräftiger Fälle werden die Handlungsmöglichkeiten und -logiken der Bedürftigen und der lokalen Fürsorgeverwaltung ausgelotet und analysiert. Dabei stehen insbesondere die Untersuchung der Kommunikationssituation »vor Ort«, der handlungsleitenden Wirklichkeitskonstruktionen und Aushandlungsprozesse im Mittelpunkt.[93] Vor diesem Hintergrund können außergewöhnliche Fälle leichter identifiziert werden; sie werfen ein Licht auf das Mögliche und werden in dieser Arbeit stellenweise recht ausführlich vorgestellt.

Die Quellen bieten Informationen über das »Selbstverständnis der Akteure, die sozialen Rollenzuschreibungen, Stigmatisierungen,

91 Vgl. zu diesem Vorgehen Ginzburg/Poni, Was ist Mikrogeschichte?, S. 49–50. Ernst Lutsch hat eine detaillierte historisch-demographische Studie/Familienrekonstitution für vier Pfarreien in der Eifel auf der Grundlage von Kirchenbüchern und Standesamtsregistern vorgelegt; vgl. Lutsch, Dudeldorf. Die Familien von Armen in Odiham, Hampshire hat Barry Stapleton für den Zeitraum von 1650 bis 1850 rekonstituiert; Stapleton, Inherited poverty.

92 Der »Rettungsanker« des »außergewöhnlich Normalen« (nach Edoardo Grendi) muss also nicht bemüht werden. Zu dieser Problematik vgl. etwa Troßbach, Dorfgeschichte, S. 187; Ulbricht, Mikrogeschichte, S. 359–360; Levi, On Microhistory, S. 109; Ginzburg/Poni, Was ist Mikrogeschichte?, S. 51.

93 Vgl. Raphael, Ländliche Gesellschaften, S. 14.

kurz: die soziale Produktion von Identität«[94] im Kontext der konkreten Fürsorgepraxis. Schlaglichtartig kann mit ihnen darüber hinaus auch der Alltag und die Lebenswelt der Armen – ihr Familienleben, ihre Arbeit, ihre Ernährung, ihre Wohnung, ihre Kleidung, ihr tägliches Sich-Durchschlagen in das Zentrum insbesondere des zweiten Teils der Arbeit gestellt werden.[95] Dabei dienen die alltäglichen Erfahrungen nicht als »Ergänzungen« der großen Geschichte, als »Anekdotisches« oder nette Illustration am Rande, es wird beileibe auch kein »Rückzug in die Idylle«, gar eine nostalgische Verklärung des Landlebens in der »guten alten Zeit« vorgenommen.[96] Einzelne Personen werden vielmehr in ihrer Lebenswelt ernst genommen und nicht bloß als »Opfer« gesellschaftlicher Strukturen und Prozesse wahrgenommen – »als Konsequenz der Einsicht, dass Strukturen nicht nur das Handeln und Denken von

94 Diese Vorteile nennt Andreas Gestrich für Quellen wie Gerichtsakten und Briefe, mit denen sich eine Untersuchung der Biographik auch von Unterschichten anbietet. Gestrich, Einleitung, S. 17.

95 Es wird ein weitgefasster Alltagsbegriff verwendet, der sich nicht nur auf die private Reproduktionssphäre beschränkt. Vgl. die Kritik von Lüdtke, Einleitung, S. 11, an Borscheid, Plädoyer, S. 8–9. Für Christa Gysin-Scholer schieden die Briefe der Armen »als Informationsquelle zum Armenalltag aus. Denn, nicht gewohnt, Ereignisse logisch, chronologisch und sprachlich verständlich einem uneingeweihten Leser zu schildern, verhedderten sich diese unbeholfenen Briefeschreiber so in ihren Gefühlen, dass ihre Briefe – im Hinblick auf den Armenalltag – nicht auszuwerten waren.« Gysin-Scholer, Krank, S. 18. Leider stellt sie die Briefe, die sie in den von ihr ausgewerteten Armenakten fand, nicht vor, klassifiziert sie nicht und führt nur einige Male Schreiben zur Illustration an. Meines Erachtens können die Briefe, einer Quellenkritik unterzogen und in den Kontext gestellt, durchaus als Dokumente auch über den Alltag der Armen herangezogen werden. Ohne die Briefe, allein mit Hilfe der Fürsorgeakten die Lebenswelt der Armen erhellen zu wollen, schlüge wohl fehl. Vgl. dazu die Bemerkung von Matthias Buchholz über moderne Verwaltungsakten des Sozialamts, dass ihnen eine »wesensbedingte Inhaltsleere« eigen ist. Er ergänzte seine Studie zum Sozialhilfeempfang durch Interviews. Vgl. Buchholz, Überlieferungsbildung, S. 227–253.

96 Solche und ähnliche Vorbehalte äußerten insbesondere Vertreter der Historischen Sozialwissenschaft beim Aufkommen der Alltagsgeschichte Ende der siebziger Jahre. Vgl. Lüdtke, Einleitung, S. 18; einen Überblick über die Kontroversen in den achtziger Jahren bietet Schulze, Einleitung, passim. Prägnant ist die Diskussion um die Alltagsgeschichte (und um »System« und »Lebenswelt«) dargelegt bei Hochstrasser, Haus, S. 250–265.

Menschen beschränken oder gar bestimmen, sondern dass Menschen auch eigene Strategien als Antwort auf sie entwickeln können (und vielleicht mussten), sich resistent zeigen können, Widerstand leisten können«.[97] Konkret: Die Armen werden hier nicht nur als »Objekte« einer öffentlichen Fürsorge verstanden, sondern als »handelnde Subjekte«.[98] Die »Herrschaftsbeziehung« der Verwaltung wird nicht als nur in eine Richtung verlaufend aufgefasst, sondern auch der »Klientel« eine ihr eigene »agency«, ein »Eigensinn« zugestanden.[99] Parallel zur mikrogeschichtlichen Vorgehensweise verbleiben die Akteure auch nicht in ihrem historischen »Hier und Jetzt«, sondern werden in Zusammenhang mit der Makrogeschichte gestellt.[100] Alltag wird also nicht als Ausschnitt der »großen Geschichte« gesehen und für sich selbst betrachtet, sondern dient als »der kulturell geprägte Handlungs- und Interpretationszusammenhang schichtenspezifischer historischer ›Lebenswirklichkeiten‹, der allerdings immer von materiell gegenständlichen Lebensverhältnissen und deren Veränderungen entscheidend mitgeprägt wurde und wird.«[101]

Die Quellenauswertung folgte der Methode der »Grounded Theory« (vor allem nach Anselm Strauss)[102], deren Zielsetzung es

97 Ulbricht, Mikrogeschichte, S. 355–357. Vgl. auch Levi, On Microhistory, S. 94. Zur Beziehung »zwischen umfassenden Strukturen und der Praxis der ›Subjekte‹« und dem Problematik ihrer Darstellung vgl. auch Medick, Missionare, S. 50.

98 Vgl. Lüdtke, Einleitung, S. 12–13. Vgl. auch Lüdtke, Stofflichkeit, S. 72. Dabei hat der Begriff der »Lebenswelt« eine vermittelnde Funktion zwischen dem Individuum und der Gesellschaft. Vgl. Hochstrasser, Haus, S. 265.

99 Vgl. Lüdtke, Geschichte und *Eigensinn*, S. 146: »*Eigensinn* nimmt die Fährte in die Unübersichtlichkeiten der Verhaltensweisen der einzelnen auf – jenseits aller Fixierung auf eine umfassende Logik ›der‹ Geschichte oder eine immer schon ›strukturierende Struktur‹ (P. Bourdieu). Es ist eine Perspektive, die versucht, dicht an den Praktiken und (Selbst-) Deutungen der Einzelnen zu bleiben.« Hervorhebung im Original.

100 Vgl. Lüdtke, Einleitung, S. 21. So ist es in mikro- und alltagsgeschichtlichen Arbeiten, die Dörfer ins Zentrum ihrer Arbeit gerückt haben, auch geschehen: vgl. etwa Medick, Weben; Jeggle, Kiebingen; Beck, Unterfinning; Kaschuba / Lipp, Dörfliches Überleben.

101 Medick, »Missionare«, S. 63.

102 Zum Bruch zwischen den beiden »Vätern« der »Grounded Theory«, Barney Glaser und Anselm Strauss, und der Auseinanderentwicklung von zwei Richtungen nach 1978 vgl. Strübing, Grounded Theory, passim.

ist, die Theorie in Auseinandersetzung mit den Quellen, in starker Wechselwirkung mit der Datenauswertung zu erarbeiten.[103] Sie plädiert dafür, im Gegensatz zur empirischen Sozialforschung interpretativ, durchaus intuitiv und in erster Linie induktiv an die Quellen heranzutreten. Dabei soll keine vorgefertigte Theorie den Daten übergestülpt werden, sondern diese in beständiger Auseinandersetzung mit dem Quellenmaterial entwickelt werden. Dass der Forscher immer mit dem ihm eigenen Vorwissen, auch mit der ihm eigenen Perspektive an die Auswertung und Theoriebildung herangeht, ist ihm dabei bewusst und wird reflektiert.[104]

Die »Grounded Theory« wurde insbesondere bei der sachanalytischen und semantischen Kodierung der Quellen angewendet, indem die Kategorien der Verschlagwortung während des Wieder- und Wiederlesens der Quellen erarbeitet wurden. Dies schloss nicht aus, dass gewisse Vorannahmen die empirische Arbeit im Archiv leiteten. Einige der Kategorien wie beispielsweise »Krankheit« oder »Wohnen« standen schon vorher fest. Manche Kategorien wurden jedoch erst bei der Arbeit mit den Quellen herausgearbeitet, wie die Aspekte »unwürdigen« Verhaltens. Auch die Analyse der Rhetoriken und Strategien und der Interaktion zwischen den Akteuren bezog nicht wenig Inspiration aus den Überlegungen von Strauss.[105] Nicht nur die inhaltliche Ebene, sondern auch der Gebrauch der Sprache war bei der Quellenauswertung von besonderem Interesse: Welche Begriffe wurden in welchem Zusammenhang verwendet, wo sind semantische Felder auszumachen, kam es zu begrifflichen Veränderungen im Lauf des untersuchten Zeitraums? Grounded Theory kann, obwohl es vielleicht den Anschein hat, nicht ins Uferlose getrieben werden. Als die hauptsächlichen Kategorien anhand des Quellenmaterials genügend unterfüttert waren, war die Analyse im Grunde abgeschlossen. Hierbei wurden die vorgenommenen Kodierungen allerdings nicht quantitativ, nach der Häufigkeit des Vorkommens streng ausgewertet, sondern es wurde eine

103 Eine gute Einführung in die Verfahrensweise bietet Strauss, Grundlagen.

104 Dazu, dass Glaser und insbesondere Strauss keineswegs dem »induktivistischen Selbstmissverständnis« erlegen sind, vgl. Strübing, Grounded Theory, S. 49–61.

105 Vgl. beispielsweise sein Kodierparadigma, das darauf hinweist, zentral die Bedingungen, die Interaktion zwischen den Akteuren, die Strategien und Taktiken und die Konsequenzen bei der Kodierung zu berücksichtigen. Vgl. Strauss, Grundlagen, S. 57.

»konzeptuelle Repräsentativität« im Hinblick auf die Reichweite und Tragfähigkeit einer Kategorie angestrebt.[106]

5. Quellen und Forschung

Für den ländlichen Raum sind nur wenige geschichtswissenschaftliche Arbeiten erschienen, die sich im Untersuchungszeitraum über den institutionellen Rahmen der Fürsorgeeinrichtungen hinaus mit dem Blickwinkel der Antragsteller und Unterstützten, dem Umgang mit Armen[107] oder der kommunalen und regionalen Praxis der Armenverwaltung[108] beschäftigt hätten. Angesichts der Überlieferungslage von Akten des Fürsorgewesens, insbesondere Einzelfallakten, ist dies verständlich.[109] Zudem unterliegen die benutzten Gesuche der Antragsteller derzeit einer Sperrfrist von – nach dem rheinland-pfälzischen Archivgesetz – 130 Jahren nach der Geburt der betroffenen Personen. Aus diesem Grund sind die vorgefundenen Daten zu Personen in anonymisierter Form veröffentlicht. Für die Frühe Neuzeit, in der dem Nachforschen der »Unbekannten«, der »einfachen Leute« in geringerem Maße datenschutzrechtliche Schranken gesetzt sind, sind in den letzten Jahren auch regionale Studien zum Leben von Armen entstanden.[110]

106 Vgl. Strübing, Grounded Theory, S. 33.
107 Vgl. in Ansätzen die Arbeit von Mutschler, Ländliche Kindheit.
108 Vgl. dazu den Forschungsüberblick zu »Armsein im Dorf« bei Troßbach / Zimmermann, Geschichte, S. 187–190, aus dem die Konzentration bisheriger Untersuchungen auf das 19. Jahrhundert und den ländlichen Pauperismus hervorgeht. Als regionale Studien vgl. für das 19. Jahrhundert Zissel, Öffentliche Armenversorgung (Hunsrück); Franz, Durchstaatlichung, S. 179–226 (Frankreich und Luxemburg); Boldorf, Armenfürsorge (Saarregion); Militzer-Schwenger, Armenerziehung (Württemberg); Bittel, Arbeitsverhältnisse (Württemberg); Neuhann, Lebensart (Kreis Warendorf, Münsterland); Gysin-Scholer, Krank (Baselbiet – Schweiz). Zu Arbeitslosigkeit und Arbeitslosenunterstützung der zwanziger Jahre für den Trierer Raum Stazic, Arbeitslosigkeit. Als lokalhistorische kleinere Beiträge vgl. Kramp, Landstreicherin und ders., Jahresfrist (Obermosel-Gebiet) sowie Hotz, Armut (Odenwald).
109 Für Brandenburg liegt jedoch ein sachthematisches Quelleninventar zu Fürsorge und Wohlfahrtspflege, zusammengestellt aus Beständen verschiedener relevanter Archive, vor; vgl. Beck (Hg.), Fürsorge.
110 Rheinheimer, Jakob Gülich; Rheinheimer, Großsolt; Jütte, Arme; Kink,

Die Quellengrundlage dieser Arbeit stellen Akten der allgemeinen Fürsorgeverwaltung[III] aus schwerpunktmäßig zwei Bürgermeistereien des Altkreises Bernkastel und Beschwerdebriefe an den Landrat des Altkreises Wittlich dar. Da die Überlieferungssituation für die einzelnen Gemeinden nicht einheitlich ist, konnten nicht alle Ortschaften über den gesamten Zeitraum hinweg gleichgewichtig behandelt werden.[112] Die Fürsorgeakten bestehen aus Bittgesuchen und Fragebögen, Protokollen der Aussagen der Antragsteller »auf dem Amt«, der nachfolgenden Korrespondenz usw. Die Aktenvorgänge zu einer Person, die stellenweise mehrere Jahre umfassen können, sind entweder, was seltener vorkommt, in einer Akte zusammengelistet oder, was häufiger vorkommt, in verschiedenen Aktenmappen zu finden.

Anträge wurden in eigens dafür vorgesehenen Formularen festgehalten, in einem Schreiben an die Behörde gerichtet[113] oder mündlich gestellt, was durch Protokoll oder Aktennotiz festgehalten wurde. An die Antragstellung schloss sich die Verhandlung des

»Nihil«. Zum Thema Bettelwesen und vagierende Unterschichten Bräuer, »… und hat seithero gebetlet«; Ammerer, Heimat; Ulbricht, Welt; auf der Grundlage von Gerichtsakten Küther, Menschen; als ältere Studie zum »Alltag der Armen« Kappl, Not.

III Diese Quellenart bildet auch die Grundlage weiterer Doktorarbeiten der Projekte B 4 und B 5. Martin Krieger richtet bei seiner Untersuchung anhand von Fallakten der allgemeinen Armenfürsorge den Fokus auf kranke Arme; Tamara Stazic-Wendt auf Arbeitslose in den unterschiedlichen Unterstützungssystemen Erwerbslosenfürsorge, Krisenfürsorge, Arbeitslosenunterstützung und Armenfürsorge. Inga Brandes wertet die »minute books« irischer »poor law unions« aus; Michèle Gordon und Jens Gründler Unterstützungsanträge von Bewohnern der Crown Street in Glasgow und Peter Hintzen Antragsschreiben aus Deutz (19. Jahrhundert).

112 Zentral sind die Akten der Gemeinde Lieser (1905–1933), der Gemeinde Maring-Noviand (1905–1922), der Gemeinde Wehlen (1905–1922), der Gemeinde Kesten (1905–1933), der Gemeinden der Bürgermeisterei Zeltingen, Zeltingen und Rachtig, Lösnich, Erden und Wolf (1898–1924). Für Maring-Noviand und Wehlen sind ab Ende der zwanziger Jahre wieder recht unvollständige Akten erhalten. Die dort fassbaren Fälle wurden qualitativ, jedoch nicht quantitativ ausgewertet. Für den Altkreis Wittlich wurden Beschwerdebriefe von Armen an den Kreisausschuss aus den Jahren 1901–1914 ausgewertet.

113 Zur Transkription der Briefe in der vorliegenden Arbeit ist zu bemerken, dass sie mit mangelhafter Orthografie und Grammatik, ohne deren Kennzeichnung mit »sic« wiedergegeben werden.

Falles im Gemeinderat/der Fürsorgekommission, die Korrespondenz mit anderen Ortsarmenverbänden, dem Bezirksfürsorgeverband oder anderen Institutionen an.[114] Wenn der Gemeinderat ein Gesuch um Bewilligung oder Erhöhung einer Armenunterstützung ablehnte, hatte der abgewiesene Antragssteller vierzehn Tage Zeit, beim Kreisausschuss Einspruch dagegen einzulegen. Für den Landkreis Wittlich sind für den Zeitraum von 1901 bis 1914 diese Beschwerden beim Landrat überliefert.[115] Gerade bei der Analyse der »Beschwerden von Hülfsbedürftigen« beim Landrat ist Vorsicht geboten. Sie spiegeln Problemfälle wider – ihre Lektüre kann also leicht den Eindruck hinterlassen, dass viele Gesuche um Unterstützung Ärger, Beschwerden und Missstimmigkeiten in den Behörden nach sich zogen. Leider sind für diesen Zeitraum für den Landkreis Wittlich nicht die entsprechenden Fürsorgeakten der Gemeinden dokumentiert. Die Fälle, die in den Beschwerdebriefen zu Tage treten, spiegeln aber in sehr anschaulicher Weise den behördlichen Umgang mit – aus Sicht der Verwaltung – »Querulanten« wider, die nach dem abschlägigen Urteil des Gemeinderates die Initiative ergriffen und sich beschwerten.

In den untersuchten Akten der allgemeinen Fürsorge findet sich zudem Korrespondenz über weitere Aspekte des Armenwesens. Dabei geht es um Streitigkeiten um den Unterstützungswohnsitz oder die Überprüfung des Zuzugs fremder Personen. In diesen Akten sind auch Briefwechsel mit den lokalen Trägern privater, vor allem konfessioneller Vereine und Anstalten überliefert, so dass dem Wechselspiel zwischen öffentlicher und privater Fürsorge ansatzweise nachgegangen werden kann. Insgesamt muss jedoch eingeräumt werden, dass die Entwicklung der dualen Struktur zwischen öffentlicher und freier Wohlfahrtspflege ausgeblendet werden muss. Nur vereinzelt finden sich eigene Dokumente beispielsweise der im

---

114 In den Akten überliefert sind meist nur die Entwürfe. In einigen Fällen ist auch eine Abschrift des ausgefertigten Schreibens beigelegt. Aufschlussreich ist der Entstehungsprozess der Korrespondenz: welche Passagen sind gestrichen worden, welche andere Formulierung wurde gewählt etc. In den zitierten Quellenabschnitten sind dementsprechend gestrichene Passagen mit einer ~~Durchstreichung~~ versehen, und die neue Formulierung wurde direkt dahinter gesetzt. Wenn am Rande oder über der Zeile etwas zusätzlich eingefügt wurde, ist diese Passage in zwei »Sternchen« (*…*) gesetzt.

115 Vgl. KAB-W 2.0.541 und KAB-W 2.0.343.

Fürsorgebereich engagierten katholischen Kongregationen[116]; die Überlieferung zu den örtlichen Caritasstellen ist äußerst dürftig; nur spärliche Spuren führen zum Katholischen Fürsorgeverein für Frauen, Mädchen und Kinder, dem Vaterländischen Frauenverein oder dem Verein für jüdische Wohlfahrtspflege.

In den Beschlussbüchern der Gemeinderäte[117] finden sich kurze Vermerke über die Entscheidung des Gemeinderates bezüglich einer Antragstellung, was besonders im Hinblick auf die Angaben über die Zahl der Anträge wichtig ist: Sie bestätigten die Ergebnisse der Auszählung der Fürsorgeakten, dass erstaunlich wenige Personen überhaupt einen Antrag stellten. Quellen wie Verwaltungsberichte[118] und die Gemeinderechnungen für die untersuchten Bürgermeistereien sind nicht oder nur sporadisch überliefert.

Als gute ergänzende personenbezogene Quellenbasis erwiesen sich Akten zur Hausier- und Wanderlagersteuer. Aus ihnen wurden für einen wichtigen Bereich des Einkommens armer Personen jährliche Auflistungen personenbezogener Daten und Äußerungen der lokalen Verwaltung zusammengetragen. In den ausgewerteten Bürgermeisterei-Überlieferungen finden sich Akten zu weiteren Themenbereichen, welche die Lebensumstände der untersuchten Personen erhellen helfen, wie Akten zur Orts- und Wohnungshygiene, Krankenanstalten, Akten des Mieteinigungsamtes usw.

Als wichtiges Forschungsparadigma, zumindest für die Fürsorge in der Frühen Neuzeit, galt Gerhard Oestreichs These der Sozialdisziplinierung, die auch Christoph Sachße und Florian Tennstedt im ersten Band ihres Standardwerks zur Geschichte der Armenfürsorge in Deutschland vertreten.[119] Lokale Studien wie die von Martin

---

116 Eine Ausnahme bilden die Chroniken, die im Zentralen Ordensarchiv der Franziskanerinnen von Waldbreitbach in Waldbreitbach lagern.

117 Im Archiv der Verbandsgemeinde Bernkastel lagern die Beschlussbücher des Amtes Lieser (1847 bis in die Nachkriegszeit) und des Amtes Zeltingen (1929–1952). Von den untersuchten Gemeinden wurden die Beschlussbücher von Lieser (1892–1933), Wehlen (1893–1933), Kesten (1913–1933) und Maring-Noviand (1905–1926) ausgewertet.

118 Obgleich schon nach § 89 der Gemeindeordnung für die Rheinprovinz vom 23.7.1845/15.5.1856 jedes Jahr ein solcher vorgelegt werden sollte, wurde ein Verwaltungsbericht etwa in der Bürgermeisterei Zeltingen erst 1927 erstmals erstellt! Vgl. LHAK Best. 655, 123 Nr. 192: Verwaltungsbericht für das Kalenderjahr 1927.

119 Sachße/Tennstedt, Spätmittelalter. Zur Diskussion um die Reichweite des Sozialdisziplinierungs-Konzepts vgl. Wollasch, Tendenzen, S. 9–11.

Dinges zur Stadtarmut in Bordeaux relativierten die Reichweite dieses an der Norm orientierten Konzepts auf die armenfürsorgerische Praxis.[120] Als Desiderat der Historiographie von Armut und Armenfürsorge wurde seitdem wiederholt die Untersuchung der Lebenswelt von Armen und der regionalen und lokalen Ausgestaltung der Fürsorge benannt.[121] Die gesetzlichen Rahmenbedingungen[122] und allgemein die Entwicklung des Sozialstaats auf nationaler Ebene[123] sowie das Zusammenspiel von öffentlicher Fürsorge und (konfessionellen) Vereinen und Verbänden, die »duale Struktur der Wohlfahrtspflege in Deutschland« also[124], können als gut erforscht gelten. Eine wichtige Aufsatzsammlung über die »Weimarer Republik als Wohlfahrtsstaat« ist schon in den 1980er Jahren erschienen; als maßgebliche Gesamtdarstellung der Diskussionen über die Ausrichtung der Weimarer Wohlfahrtspolitik von Experten, Verbänden und Parteien auf nationaler Ebene ist die Arbeit von Young-Sun Hong zu nennen.[125]

Im hier primär interessierenden zweiten Band der Geschichte der Armenfürsorge von Christoph Sachße und Florian Tennstedt, *Fürsorge und Wohlfahrtspflege 1871 bis 1929*, modifizierten die beiden Autoren das Konzept der Sozialdisziplinierung und betonten vielmehr Prozesse der Pädagogisierung und Psychologisierung der Fürsorge unter der neuen Leitdisziplin Hygiene sowie Rationalisierung, Bürokratisierung und Professionalisierung der Fürsorge.[126] Für den ländlichen Raum sind diese Konzepte sowie allgemein die Entwicklung von »socialer Fürsorge« und Wohlfahrtspflege auf ihre Reichweite hin zu hinterfragen.

Für das 19. Jahrhundert und insbesondere die Zeit der Weimarer Republik begaben sich in den letzten Jahren Historikerinnen und

120 Dinges, Frühneuzeitliche Armenfürsorge; Dinges, Stadtarmut. Für das Kaiserreich und die Weimarer Republik schon programmatisch im Titel Peukert, Grenzen. Einen Überblick über die Debatte (und eine Replik auf Dinges) bietet Jütte, Disziplin.

121 Wollasch, Tendenzen, S. 2; Rudloff, Souterrain, S. 477.

122 Sachße u. a., Armengesetzgebung; Reidegeld, Armenpflege und Migration.

123 Vgl. etwa Hentschel, Geschichte; Frerich/Frey, Handbuch; Reidegeld, Sozialpolitik.

124 Sachße, Freie Wohlfahrtspflege, S. 11. Vgl. als einschlägige Forschung Kaiser/Loth (Hg.), Soziale Reform; Wollasch, Fürsorgeverein; Osten, Jugend- und Gefährdetenfürsorge.

125 Abelshauser (Hg.), Weimarer Republik; Hong, Welfare.

126 Sachße/Tennstedt, Fürsorge, S. 12–13.

Historiker in den »Souterrain des Sozialstaates«[127] und untersuchten die kommunale Fürsorge in deutschen (Groß-)Städten[128]; Verwaltungslogiken und die Amtspraxis der Verwalter wurden erforscht.[129] Die Arbeiten dienen in konzeptioneller Hinsicht als Vorbild, da hier größtenteils die Verwaltungspraxis »vor Ort« beachtet wird, obgleich Einzelfallakten der Armenfürsorge wenn überhaupt nur vereinzelt ausgewertet wurden.[130] Eine Ausnahme für die Weimarer Zeit stellt die Arbeit von David F. Crew, *Germans on Welfare*, dar, der für Hamburg in erster Linie Beschwerdefälle analysiert hat.[131]

127 Rudloff, Souterrain.

128 Einen weiten Bogen von der Frühen Neuzeit bis 1914 spannen Sievers / Zimmermann, Elend; Kick, Armenpflege (Regensburg). Für das lange 19. Jahrhundert vgl. beispielsweise Eser, Verwaltet (Augsburg); Küster, Alte Armut (Münster, ab 1756). Das Kaiserreich und die Weimarer Zeit übergreifend vgl. etwa Rudloff, Wohlfahrtsstadt (München); Jans, Sozialpolitik (Ulm); als stark auf die Verwaltungs- und Institutionengeschichte ausgerichtete Studien Brüchert-Schunk, Städtische Sozialpolitik (Mainz); Boettcher, Fürsorge (bis 1925 – Lübeck). Für die Weimarer Republik beispielsweise Marquardt, Sozialpolitik (Hannover), des weiteren die im Rahmen des Projekts »Kommunale Wohlfahrtspolitik zwischen 1918 und 1933 im Vergleich« im Rahmen des Schwerpunktprogramms »Die Stadt als Dienstleistungszentrum« entstandenen Doktorarbeiten von Brandmann, Leipzig; Bußmann-Strelow, Nürnberger Wohlfahrtspflege, und Paulus, Wohlfahrtspolitik (1930–1945 – Leipzig).

129 Roth, Institution.

130 In der Arbeit von Jans, Sozialpolitik, werden Einzelfälle exemplarisch angeführt. Wilfried Rudloff gibt an, dass in München die Überlieferung des städtischen Wohlfahrtsamtes erhalten blieb, die Einzelfallakten, die in dezentralisierten, über die Stadtteile Münchens verstreuten Amtsfilialen geführt wurden, aber nicht überliefert sind. Zudem spricht er die erschwerte Einsichtnahme in diese Quellenart an; Einzelfallakten der Fürsorge unterliegen dem Sozialgeheimnis, und das Bundesarchivgesetz erlaubt eine Einsichtnahme erst 80 Jahre nach Entstehen. Vgl. Rudloff, Wohlfahrtsstadt, S. 38. Die im 19. Jahrhundert verwendeten »Armenabhörbögen« aus Augsburg, auf deren Suche sich Susanne F. Eser machte, wurden wohl – falls sie überhaupt den Ersten und Zweiten Weltkrieg überstanden hatten – ein Opfer der »seit der Nachkriegszeit üblichen Verwaltungspraxis, [...] wonach personenbezogene Datenbestände im Bereich der Sozialfürsorge nach Ablauf von zehn Jahren vernichtet werden.« Vgl. Eser, Verwaltet, S. 16, Fn. 29. Zur Problematik aus archivarischer Sicht am Beispiel von Sozialhilfeakten vgl. Buchholz, Überlieferungsbildung, passim.

131 Crew, Germans. Da er überwiegend »problematische« Fälle ausgewertet hat, kommt eine Beschreibung der Normalität in seiner Arbeit etwas zu kurz.

Obgleich die Stadtstudien zu vergleichenden Seitenblicken immer wieder herangezogen werden, um die Unterschiede zum ländlichen Kontext herauszustellen, kann diesen Arbeiten in vielerlei Hinsicht nicht gefolgt werden: Die »kommunale Leistungsverwaltung« und »Daseinsvorsorge« war in den Städten ungleich früher und differenzierter ausgeprägt worden[132], sodass an der Untersuchung von Städten entwickelte Konzepte für eine Übertragung auf den ländlichen Raum nur schwerlich zurechtgestutzt werden können. Paul Brandmann legt in seiner Untersuchung über Leipzig beispielsweise sehr viel Wert auf die Beeinflussung der Fürsorgepolitik durch die politischen Konstellationen und Diskussionen vor Ort[133] – ein Unterfangen, das sich für das Untersuchungsgebiet zumindest in parteipolitischer Hinsicht als müßig herausgestellt hat. Die für die Armenfürsorge zuständigen Gremien und Amtsmänner wie Gemeinderäte oder Bürgermeister motivierten ihre Verwaltung nicht erkennbar parteipolitisch; es lassen sich keine Konflikte oder Diskussionen über die Programmatik der Fürsorge ausmachen. Als »Politik« wird in dieser Arbeit das Verwaltungshandeln der kommunalen Entscheidungsträger verstanden.[134]

Als zeitgenössische soziologische Untersuchung aus den neunziger Jahren, die sich mit der Wahrnehmung von Armut, Arbeitslosigkeit und Sozialhilfebezug auf dem Hunsrück auseinander setzt, bietet die Studie von Hans Pfaffenberger und Karl August Chassé wichtige Impulse auch für die historische Forschung.[135] Mikrogeschichtlich ausgerichtete volkskundliche Arbeiten insbesondere des Ludwig-Uhland-Instituts der Universität Tübingen untersuchen seit Ende der siebziger Jahre Lebenswelt und Alltagskultur in ausgewählten

132 Vgl. die Beiträge im Sammelband von Blotevogel (Hg.), Kommunale Leistungsverwaltung, die im Rahmen vorrangig der Urbanisierungsforschung stehen und keine ländlichen Gemeinden untersuchen; zur Rolle der Kommunen im »Durchbruch des modernen Interventionsstaates« Langewiesche, »Staat«. Als Fallstudie vgl. etwa für Berlin Grzywatz, Armenfürsorge.

133 Vgl. Brandmann, Leipzig, S. 25–26: »Unsere Untersuchung fragt vielmehr nach den Interdependenzen der kommunalen Wohlfahrtspolitik auf der einen und der politischen Stadtkultur, den politischen Wert- und Handlungsmustern der relevanten Akteure, Gruppen und Milieus auf der anderen Seite.«

134 Eine Trennung von Politik und Verwaltung ist auf der kommunalen Ebene nicht scharf zu ziehen. Vgl. als Überblick dazu Mayr, Dorf, S. 4.

135 Pfaffenberger/Chassé, Armut.

württembergischen und schwäbischen Dörfern, die sich zum Teil noch auf *oral-history*-Interviews mit Zeitzeugen stützen konnten. Einzelne Beobachtungen dieser Studien in Bezug auf ländliche Lebensweisen und Armut auf dem Land können punktuelle Vergleiche mit anderen Regionen erlauben.[136] In den lokalhistorischen und volkskundlichen Arbeiten über das Untersuchungsgebiet wird Armut nicht oder nur im Kontext der Winzernot und der Amerika-Auswanderung im 19. Jahrhundert und als durch Inflation und Arbeitslosigkeit der zwanziger Jahre verursachtes Massenphänomen kurz angesprochen.[137] Die lokale und regionale Ausgestaltung von Armenfürsorge und Wohlfahrtspflege wird nur am Rande thematisiert. Für die untersuchten Altkreise Bernkastel und Wittlich liegen zahlreiche lokalgeschichtliche Veröffentlichungen vor; hervorzuheben ist für das 20. Jahrhundert der von der Kreisverwaltung Bernkastel-Wittlich herausgegebene Band »Zeitenwende«, in welchem dem Fürsorgewesen ein eigener Aufsatz gewidmet ist.[138]

Zu den Grundlagen der Verwaltung und Finanzierung des Armenwesens in Preußen im Untersuchungszeitraum wurde neben den zeitgenössischen Gesetzeskommentaren und Verwaltungshandbüchern als Forschungsarbeit in erster Linie die Untersuchung von Ute Redder herangezogen.[139] Auf der Ebene der Provinzialverbände Rheinprovinz und Westfalen liegen für ausgewählte Themenkreise Arbeiten vor.[140] Die in der Zeit seit der Jahrhundertwende und dem Ersten Weltkrieg etablierten Sonderfürsorgen für bestimmte Gruppen von Hilfsbedürftigen sind ebenfalls gut erforscht: So sind in den letzten Jahren Untersuchungen zur Mutter- und Säuglingsfürsorge entstanden, die sich jedoch hauptsächlich mit den »Vorreiter«-Regionen Regierungsbezirk Düsseldorf und Berlin befassen.[141]

---

136 Jeggle, Kiebingen; Kaschuba/Lipp, Dörfliches Überleben; Mutschler, Ländliche Kindheit; Hochstrasser, Haus; Hauser, Dinge.

137 Vgl. beispielsweise Schmitt, Lieser; Schmitt, Bernkastel; Gessinger, Zeltingen-Rachtig; Hesse/Wisniewski, Wittlich-Land; für den Regierungsbezirk Trier Wacker, Land.

138 Kreisverwaltung Bernkastel-Wittlich, Zeitenwende; Petry, Aufbau.

139 Redder, Armenhilfe.

140 Blum-Geenen, Fürsorgeerziehung; Frie, Wohlfahrtsstaat; Wollasch (Hg.), Wohlfahrtspflege; Bender, Tuberkulosefürsorge; Köster, »Stiefvater«.

141 Zum Verein für Säuglingsfürsorge im Regierungsbezirk Düsseldorf Dahlmann, Verein; Stöckel, Gesundheitswissenschaft, Woelk, Säuglingsfürsorge; allgemein zur Gesundheitsfürsorge im Regierungsbezirk Düsseldorf Castell Rüdenhausen, Volkskraft; für Berlin Stöckel, Säuglingsfürsorge.

Die Geschichte der Kinder- und Jugendfürsorge wird seit den achtziger Jahren erforscht[142]; den speziellen Zweigen der Gesundheitsfürsorge (Tuberkulose, Trinker, Geschlechtskrankheiten) widmen sich eigene, auch regional ausgerichtete Untersuchungen.[143] Die Entwicklung der einzelnen Unterstützungssysteme für Arbeitslose ist auf nationaler Ebene für die Weimarer Republik mit den Schwerpunkten der Entstehung der Arbeitslosenversicherung und der Arbeitslosenpolitik in der Weltwirtschaftskrise erforscht worden[144]; woran es hier immer noch mangelt, sind regionale und lokale Studien.[145]

Bedingt durch eine Kooperation mit englischen Forschern im Rahmen des Projektes »Armut im ländlichen Raum« wurden Studien zur Geschichte von Armut und Armenfürsorge in Großbritannien einbezogen.[146] Eine vollständige Sichtung kann keinesfalls behauptet werden, doch wies der punktuelle Vergleich anhand dieser Literatur Gemeinsamkeiten insbesondere im Umgang der örtlichen Verwaltung mit Armen auf.

Selbstzeugnisse auch von »einfachen Leuten« oder Bauern wurden in den letzten Jahren verstärkt ediert und als Quelle »von unten« verwendet.[147] Briefe von Klienten der Armenfürsorge wurden insbesondere in den Arbeiten Thomas Sokolls zu den »Essex Pauper Letters« ausgewertet, um der Selbstwahrnehmung von Armen nachzuspüren.[148] Trotz aller berechtigten und genau vorzunehmenden

---

142 Peukert, Grenzen; Köster, Jugend; Gräser, Unterschichtenjugend; Harvey, Youth; Dickinson, Child Welfare; Blum-Geenen, Fürsorgeerziehung.

143 Allgemein vgl. Fehlemann, Entwicklung; Labisch / Tennstedt, Weg; Condrau, Lungenheilanstalt; Hauschildt, Trinkerfürsorge; Hauschildt, Zweig; Gaber, Spitze; Sauerteig, Geschlechtskrankheiten; Allen, Venereal Diseases.

144 Vgl. Führer, Arbeitslosigkeit; Lewek, Arbeitslosigkeit; Berringer, Sozialpolitik. Für das Kaiserreich vgl. Faust, Arbeitsmarktpolitik; übergreifend Zimmermann, Arbeitslosigkeit.

145 Vgl. etwa Brunner, Arbeitslosigkeit; Stazic, Arbeitslosigkeit.

146 Insbesondere zu den »economy of makeshifts« Hufton, Poor und King / Tomkins (Hg.), Poor; desweiteren Hitchcock u. a. (Hg.), Chronicling poverty.

147 Vgl. etwa Vogt (Hg.), Unstet; Frühsorge / Schreckenberg (Hg.), Lebensgeschichte, und aus der Reihe »Selbstzeugnisse der Neuzeit« Schulze (Hg.), Ego-Dokumente; Peters, Pflug.

148 Sokoll, Essex Pauper Letters; Sokoll, Negotiating; Sokoll, Old Age; Sokoll, Selbstverständliche Armut; Sokoll, Writing. Für diese Quellenart siehe außerdem Taylor, Voices; Tenfelde / Trischler (Hg.), Stufen; Karweick, »Tiefgebeugt«; Bräuer, Bittschriften.

Quellenkritik bilden die Gesuche der Armen die Grundlage der Untersuchung, denn dieser Band versteht sich als Beitrag zu einer historischen Armutsforschung, die versucht, das folgende Diktum des Historikers Sapori zu widerlegen: »Von den Armen geht alles mit ihrem Tode unter: Das Dunkel des Lebens findet seine Entsprechung im Vergessen.«[149]

---

149 A. Sapori: Studi di storia economica (secoli XIII–XIV–XV), Bd. 1. Dritte Auflage. Florenz 1955. S. 165, zitiert nach Fischer, Armut, S. 7.

I. Das Untersuchungsgebiet:
Sozioökonomische Rahmenbedingungen

Das Untersuchungsgebiet umfasst die beiden Altkreise Bernkastel und Wittlich im Regierungsbezirk Trier. Sie erstrecken sich über die Landschaften der Eifel, des Mittelmoselgebiets und des Hunsrücks. 1969 wurden sie im Zuge der Verwaltungsreform zum Kreis Bernkastel-Wittlich mit Wittlich als Verwaltungssitz zusammengelegt. Die beiden ehemaligen Kreisstädte waren im Untersuchungszeitraum die beiden einzigen Städte; der überwiegende Teil der Kreise war von Landwirtschaft und Weinbau geprägt. Die Konfession der Bewohner war bis auf die ehemals Wildgräflichen, Veldenzischen und Sponheimer Gebiete im Kreis Bernkastel überwiegend katholisch[1]; das Zentrum erhielt im Untersuchungszeitraum bei Wahlen den größten Anteil der Stimmen.[2] Dem Fernverkehr erschlossen wurde die Region in der zweiten Hälfte des 19. Jahrhunderts durch den Bau von Provinzialstraßen in den Jahrzehnten von 1860 bis 1880 und der Bahnstrecke Trier-Koblenz 1879.[3] Die im Zentrum der Arbeit stehenden Bürgermeistereien Lieser und Zeltingen zählen zum Hauptweingebiet der Mittelmosel. Unter französischer Herrschaft wurden 1800 die beiden *mairien* gebildet; nach 1815 übernahm die preußische Regierung diese Verwaltungseinteilung. Aus den *mairien* wurden die Bürgermeistereien beziehungsweise Ämter unter Vorsitz eines Bürgermeisters, die im Laufe des 19. Jahrhunderts einige territoriale Veränderungen erfuhren. Im Untersuchungszeitraum umfasste die Bürgermeisterei Lieser die Gemeinden Kesten, Lieser, Maring-Noviand mit Gut Siebenborn und Wehlen mit Gut Machern; die Bürgermeisterei Zeltingen

1 Vgl. Thiel, Kreis Bernkastel, S. 63.
2 Vgl. die Ergebnisse der Wahlen zur Nationalversammlung und zum Kreistag 1919–1920 sowie der Reichstagswahlen von 1924–1928, 1930–1933; Schaaf, Weimarer Republik, S. 61–73, S. 87–93 und S. 111. Auch bei der Wahl vom 5.3.1933 blieb das Zentrum in den Kreisen Bernkastel und Wittlich mit jeweils 40–50 Prozent der Stimmen stärkste Kraft. Anders lagen die Verhältnisse in der Stadt Traben-Trarbach: Hier erreichte die NSDAP im Sommer 1932 knapp 60 Prozent der Stimmen.
3 1883 wurde die Zweigbahn Wengerohr-Bernkastel; 1885 die Strecke Wengerohr-Wittlich errichtet, die 1910 nach Daun weitergeführt wurde. Vgl. Hubatsch, Grundriss, S. 437, und Mentges, Kreis Bernkastel, S. 23.

umfasste die Gemeinden Zeltingen, Rachtig, Erden, Lösnich und Wolf.[4] Um 1900 lebten in den untersuchten Gemeinden der Bürgermeisterei Lieser circa 4500 Einwohner, in der Bürgermeisterei Zeltingen 1910 circa 4700 Einwohner.[5] Dem Bürgermeister unterstellt waren in den einzelnen Dörfern die Gemeinde- beziehungsweise Ortsvorsteher, die zusammen mit den Mitgliedern des Gemeinderats unter anderem die Angelegenheiten der Armenfürsorge verwalteten. Zumindest die Bürgermeisterei Lieser stellte in den Augen ihrer Verwalter ein homogenes Gebiet in vielerlei Hinsicht dar: Als 1932 die Neugliederung der Ämter im Rheinland und in Westfalen diskutiert wurde, sprach sich die Gemeindeverwaltung von Lieser gegen eine geplante Aufteilung des Amtes Lieser und eine Angliederung der Gemeinden Lieser, Maring-Noviand und Kesten an die überwiegend evangelische Bürgermeisterei Mülheim aus. Die Einteilung der Bürgermeisterei habe sich »in bester Weise bewährt«; im Beschluss des Gemeinderates wurde die wirtschaftliche, konfessionelle und administrative Einheit des Verwaltungsbezirks betont:

»Das Gebiet des Amtes, 3009 Hektar, bildet einen zusammenhängenden geschlossenen Bezirk, der abgesehen von dem Stadtteil Cues das gesamte Linksmoselgebiet des Kreises Bernkastel umfasst. In wirtschaftlicher Hinsicht herrschen dadurch, dass Wein- und Ackerbau (ersterer vorherrschend) die Erwerbsquellen

4   Die *mairie* Lieser umfasste zunächst Kesten, Lieser, Maring-Noviand, Filzen und Wintrich. 1814 kamen Filzen und Wintrich zur Bürgermeisterei Mülheim. Wehlen und Kues wurden der Bürgermeisterei Lieser zugeordnet; Kues wurde am 1. April 1905 mit Bernkastel zur Stadt Bernkastel-Kues vereinigt. Vgl. Schmitt, Lieser, S. 447–448. Der *mairie* Zeltingen gehörten Zeltingen und Rachtig mit Ürziger Mühle und Wahlholz, Erden, Lösnich, Wolf, Ürzig und Wehlen an. 1814 wurde Wehlen der Bürgermeisterei Lieser zugeschlagen, Ürzig der Bürgermeisterei Kröv und der Wahlholzer Hof der Bürgermeisterei Neuerburg. Vgl. Gessinger, Zeltingen-Rachtig, S. 33–34.

5   Vgl. die Angaben in der *Bernkasteler Zeitung* zur Bürgermeisterei Lieser (ohne Kues), 13.12.1900: Kesten: 526 EW (1895), 516 EW (1900); Lieser: 1367 (1895), 1498 (1900); Maring-Noviand: 1275 (1895), 1355 (1900); Wehlen: 1101 (1895), 1174 (1900). 1932 wohnten in der Bürgermeisterei Lieser 4842 Einwohner; vgl. Beschlussbuch GR Lieser, 1930–1949, 25.11.1932. 1910 wohnten in Zeltingen-Rachtig 2939 Einwohner, in Lösnich 587 Einwohner, in Erden 452 und in Wolf 725 Einwohner, zusammen in der Bürgermeisterei also 4703 Einwohner. Vgl. Thiel, Kreis Bernkastel, S. 63.

der Bevölkerung sind, gleichmäßige Verhältnisse. Ebenso einheitlich sind die konfessionellen Verhältnisse. Denn abgesehen von wenigen Evangelischen in Lieser und Siebenborn, sowie einigen Israeliten in Lieser bekennt die Bevölkerung sich ausschließlich zur katholischen Religion. Eine Aufteilung des Amtes Lieser und die Angliederung seiner Gemeinden an die Nachbarämter würde eine Störung dieser Verhältnisse bedeuten und läge keineswegs im Interesse der Bevölkerung.«[6]

Es müsse zudem bei einer Neuaufteilung des Verwaltungsbezirks mit Nachteilen für die Bewohner gerechnet werden: Die Einwohner der links der Mosel gelegenen Gemeinden müssten bei Eisgang oder Hochwasser einen weiten Weg von zehn bis 18 Kilometern über die Brücke in Bernkastel zu ihrem Amtssitz in Mülheim zurücklegen. Habe man stattdessen in Bernkastel als Amtssitz der Lieserer Bürgermeisterei etwas zu tun, könne man gleichzeitig auch Einkäufe in den Geschäften der Kreisstadt oder andere Behördengänge zu Finanzamt, Amtsgericht oder Notariat erledigen.

1. Klischees und Realität:
»Rheinisches Sibirien« und »fröhlicher Weinberg«?

»Vergangen ist nicht manches Jahr,
da Eifler sein nicht ruhmvoll war;
Denn Eifel hieß, was rau und kalt,
was öd und arm, von Sitten alt,
Was nicht geweckt und was nicht fein;
drum wollte niemand Eifler sein.«

Diese schlichten Zeilen eines Gedichtes von Heinrich Freimut (Thielen) zitierte der Königliche Seminarlehrer C. Stein in einer Beschreibung der Stadt Wittlich und des Wittlicher Tales 1904.[7] Er

6 Archiv der Verbandsgemeindeverwaltung Bernkastel-Kues: Beschlussbuch GR Lieser 1930–1949, 25.11.1932. Als sinnvoll erachtete man höchstens eine Zuschlagung von Gemeinden der benachbarten Bürgermeisterei Bernkastel-Land, da diese in der konfessionellen Zusammensetzung ähnlich waren und ihre Bewohner auch kurze Wege zum Amtssitz Bernkastel zurücklegen mussten.

7 Stein, Krieger-Waisenhaus, S. 11 (Festschrift anlässlich der Errichtung des Kriegerwaisenhauses Wittlich). Bei Büsch, Die Eifel, S. 188, wird dieses

wollte mit dem Zitat erklären, warum die Einwohner Wittlichs Wert darauf legten, dass ihre Stadt »Wittlich an der Mosel, wenigstens Wittlich im Wittlicher-Tale«, aber nicht »Wittlich in der Eifel« genannt werden sollte. Auch sie gaben dem laut Stein »in der Welt herrschenden falschen Wahn« nach, »daß die Eifel ein von der gebildeten Menschheit missachtetes, von der Vorsehung vernachlässigtes, armseliges Stück Erde sei«.[8] In den folgenden Ausführungen wird Wittlich zwar als »Eifelstadt« bezeichnet; die Unterschiede zur Umgebungsregion werden jedoch herausgestellt: »Wohl also in der Eifel gelegen, finden wir Wittlich doch nicht [...] in rauer, öder und unwirtlicher Plateaufläche, auf welcher nur dürftig Kartoffeln, Roggen und Hafer gedeihen und die Bewohner nur ein mühsames und dürftiges Leben fristen können.«[9]

In der zeitgenössischen Wahrnehmung vom Ausgang des 18. bis ins 20. Jahrhundert hinein war das Bild der Eifel von Klischees der Rückständigkeit geprägt. Der Charakter der Menschen wurde etwa in einem Bericht des Generalsekretärs der Präfektur des Département Rhin-et-Moselle, Masson, als Widerschein der naturräumlichen Gegebenheiten gezeichnet: »Die Unfruchtbarkeit ihrer vulkanischen Gebirge, das Düstere ihrer beschränkten Wohnungen und einödigen Täler scheint auf ihren Bau und ihren Charakter Einfluß zu haben.« Abschließend kommt er zu dem vernichtenden Urteil: »Sie sind die dümmsten und furchtsamsten Menschen des Départements.«[10] Nicht nur (französische) Verwaltungsbeamte, auch (preußische) Reisende und Wissenschaftler fällten Urteile über die Eifel, die mehr oder weniger objektiv die wirtschaftlichen Zustände von den geographischen und klimatischen Gegebenheiten herleiteten oder auch die Bewohner als »rückständig« klassifizierten.[11]

Lied als »Eifellied«, das auf der Frühjahrsversammlung des Eifelvereins 1894 gesungen wurde, bezeichnet und mit einem abgewandelten Text widergegeben: »Vergangen ist nicht manches Jahr, daß Eifler sein nicht rümlich [sic] war. Oft hat es sich ereignet, daß Eifler, welche bieder sonst, ihr Heimatland verleugnet. Denn Eifel hieß, was kalt und rau, was arm und nicht besonders schlau.«

8   Vgl. Stein, Krieger-Waisenhaus, S. 11.
9   Stein, Krieger-Waisenhaus, S. 13.
10 Zitiert nach Büsch, Eifel, S. 184.
11 Vgl. die Überblicke über die negativen Charakterisierungen der Eifel und ihrer Bewohner bei Doering-Manteuffel, Eifel, S. 86–88, S. 159; Büsch, Eifel, passim.

Sabine Doering-Manteuffel vertritt in ihrer volkskundlichen Untersuchung über die Eifel die These, dass dieses Gebiet im Laufe des Modernisierungsprozesses des 19. Jahrhunderts zu einer »Marginalregion« wurde und sich im kulturellen Verhalten der Bewohner eine »Restraummentalität« ausbildete, verwurzelt im volksfrommen Katholizismus, verbunden mit Fortschrittsfeindschaft.[12] Dieser Befund kann anhand der vorliegenden Quellen nicht überprüft werden. Es können keine Aussagen darüber getroffen werden, wie die Bewohner einer Region sich mit dieser Mentalität in einer Rückständigkeit »einrichteten« und welcher Stellenwert Religiosität beziehungsweise Konfession dabei zukam. Es lassen sich darüber hinaus auch keine allgemeinen Aussagen über die Verbindung von Rückständigkeit und Armut treffen. Festgehalten werden müssen jedoch die schlechten landschaftlichen und wirtschaftlichen Voraussetzungen der Untersuchungsregion. Auf den kargen Böden, ausgenommen die Wittlicher Senke, in der Zuckerrüben, Tabak, Obst und Gemüse angebaut wurden, fanden sich in der Eifel überwiegend Grünlandwirtschaft und Betriebe mit Milchviehhaltung und nur kleinen Ackerflächen. Strukturplaner sahen diese Faktoren als größten Hemmschuh einer Ertragssteigerung an.[13] Die durchschnittliche »Naturalparzelle« im Kreis Wittlich lag 1913 bei nur 7,2 Ar. Mit solch kleinen Besitzgrößen waren Nachteile wie die Streulage der einzelnen Parzellen eines Eigentümers verbunden und der dadurch erschwerte Einsatz von modernen Maschinen sowie der Mangel an landwirtschaftlichen Wegen.[14]

---

12 Der Begriff der »Restraum-Mentalität« geht auf Gerhard Stiehns zurück. Vgl. Doering-Manteuffel, Eifel, S. 216–218. Die These wird insbesondere unter dem Blickwinkel der katholischen Volksfrömmigkeit aufgegriffen bei Nosbüsch, Licht, passim.

13 Vgl. Schartz/Schmelzer, Landwirtschaft, S. 257. Zum Zusammenhang zwischen Besitzgrößen und Verarmungsgefahr vgl. zeitgenössisch Brinkmann, Wirtschaftsleben, S. 336: »Der Wirtschafts- und Sozialpolitiker wünscht eine Grundbesitzverteilung, die gleichweit entfernt ist von unwirtschaftlicher Zersplitterung wie von unsozialer Konzentration des Grund und Bodens. Sein Idealbild ist die mittlere, spannfähige Bauernwirtschaft, die die natürliche soziale Einheit, die Familie, als Grundlage der Produktion und Konsumtion hat und ihr gleichmäßige Beschäftigung und ausreichendes Einkommen und damit jene Behäbigkeit sichert, die den Bauernstand als den ›Vertreter des stabilen Prinzips‹ im Staatsleben erscheinen läßt.«

14 Vgl. Brinkmann, Wirtschaftsleben, S. 340–343. Zur Besitzzersplitterung im Nahe-/Hunsrückraum vgl. Kehren, Außersoziologische Grundlagen, S. 12.

Diese landschaftliche Struktur, geprägt durch Realteilung und Parzellierung, findet sich jedoch auch an der Mosel, der eher ein gegenteiliges Klischee angehängt wurde. Ein 1904 von Hermann Bresgen veröffentlichter Reiseführer etwa versprach den Touristen weinselige Stunden im »schönen, lustigen Bernkastel für joviale Moselspritzer«.[15] Tatsächlich gehören die Rieslinge der Mittelmosel zu den deutschen Spitzenweinen, die in guten Jahrgängen sicherlich den großen Weingütern viel einbrachten. Die meisten Winzer nannten jedoch nur kleine Parzellen ihr eigen; die Besitzverhältnisse sahen hier nicht viel besser aus als in der Eifel: Die landwirtschaftlichen Betriebe beider Regionen waren überwiegend kleinbäuerlich strukturiert und auf Subsistenzwirtschaft ausgerichtet. Neben dem Weinbau im Nebenerwerb wurde auch an der Mosel Ackerbau und Viehhaltung betrieben, um die Winzerfamilie zu ernähren. Erst in der Nachkriegszeit kann eine langsame Spezialisierung auf den reinen Weinbaubetrieb festgestellt werden.[16] Dabei war das Ackerland auf den Uferbergen gerade der Mosel allerdings recht karg.[17] Der Landkreis Bernkastel umfasste zudem auch den »rauen« Hunsrück; insgesamt fiel die Bilanz dieses Gebietes in Bezug auf Bodenbeschaffenheit und Besitzverhältnisse auch 1925 noch ungünstig aus:

»Der Kreis Bernkastel ist arm an abbauwürdigen Bodenschätzen; seine Oberflächengestaltung ist der Entwickelung eines regeren Verkehrs und damit der Ansiedlung verarbeitender Industrien ungünstig. [...] Einer stärkeren Entwickelung der Landwirtschaft standen mancherlei Hindernisse entgegen, vor allem auf dem Hunsrück, der mehr noch als das Moselgebiet (Weinbau!) auf eine ertragsreiche Landwirtschaft angewiesen ist. Das Klima auf der Hochfläche ist ausserordentlich rau (mittlere Jahrestemperatur 6–8 °C.) und die Zusammensetzung des Bodens ist sehr dürftig, es fehlt vor allem Kalk, Phosphor-Säure und Stickstoff. Weite Gebiete sind nur für Waldkultur geeignet. Hinzukommt, dass die grosse Zersplitterung des Besitzes und die Abgeschiedenheit des ganzen Gebietes die Beibehaltung gänzlich veralteter Wirtschaftsmethoden ausserordentlich begünstigte.«[18]

15 Bresgen, Bernkastel.
16 Vgl. Schander, Entwicklung, S. 267.
17 Vgl. Blaich, Winzersturm, S. 4.
18 LHAK Best. 457 Nr. 75: Verwaltungsbericht des Kreises Bernkastel zur Denkschrift des Landkreisverbandes anlässlich der Jahrtausendfeier der Rheinprovinz o. D. [1925]. S. 16.

Nach der Berufsstatistik von 1895 waren in beiden Kreisen, zumal in den ländlichen Gemeinden, die Mehrzahl der Einwohner in der Land- und Forstwirtschaft, im Weinbau und im Handwerk tätig.[19] Neben der Bewirtschaftung der eigenen Weinbergsparzelle waren die Kleinwinzer an der Mosel auf einen Zuverdienst im Tagelohn in größeren Weingütern wie den Schorlemerschen oder Kesselstattschen Gütern angewiesen. Ein Nebenerwerb in der Industrie war insbesondere ihnen fast verwehrt. Als Betriebe der Stein- und Erdenindustrie sind die Schieferbrüche des Hunsrücks und Ziegeleien erwähnenswert. Holzverarbeitende Industrie befand sich im Kreis Wittlich und auf dem Hochwald (Kreis Bernkastel); daneben war die Wittlicher Region für ihren Tabak bekannt, der in Zigarrenfabriken verarbeitet wurde.[20]

Vor dem Hintergrund mangelnder Beschäftigungsmöglichkeiten ist die Binnenmigration ins Saar- und Ruhrgebiet und nach Lothringen zu sehen, die infolge des Niedergangs des Eifeler Eisengewerbes einsetzte und nach dem deutsch-französischen Krieg 1871 einen Aufschwung erlebte: »Inzwischen aber hatte sich auf dem Lande herumgesprochen, daß in den rheinischen Industrierevieren mehr Geld zu verdienen war« – zudem waren sie mit Inbetriebnahme der Eifelbahn auch leichter zu erreichen.[21] Schon zwischen 1843 und 1871 wanderten beispielsweise aus Eisenschmitt, einem der Zentren der Eisenverhüttung in der Südeifel, etwa die Hälfte der Einwohner; zwischen 1871 und 1910 aus dem Kreis Wittlich insgesamt circa 11 000 Personen ab.[22] Um 1900 zog sich die Scheidelinie zwischen den vornehmlich in West-Nordrichtung und den vornehmlich in West-Südrichtung Wandernden durch den Kreis hindurch.

19   Vgl. Tab. 13 im Anhang. Für das Jahr 1882 geben Hesse/Wisniewski, Wittlich-Land, S. 430, den Anteil der in Land- und Forstwirtschaft Beschäftigten im Kreis Wittlich mit 75,25 Prozent an, für das Jahr 1907 mit 69,27 Prozent.

20   Vgl. Thiel, Kreis Bernkastel, S. 52–54; Hesse/Wisniewski, Wittlich-Land, S. 213–217 und S. 441–443.

21   Doering-Manteuffel, Eifel, S. 199. Schon in den 1850er Jahren hatte in der Eifel eine »Tendenz zur Pendel- und Saisonarbeit« parallel zur Überseewanderung eingesetzt. Vgl. ebd., S. 202; zur Zuwanderung aus Eifel und Hunsrück ins Ruhrgebiet vgl. auch Zumdick, Hüttenarbeiter, S. 106–107 oder Graafen, Aus- und Abwanderung, S. 52–89.

22   Vgl. Graafen, Aus- und Abwanderung, S. 53, S. 57. Zu den Phasen der Abwanderung nach 1871 (Einbruch nach der Gründerkrise) vgl. Doering-Manteuffel, Eifel, S. 205.

Die Fortwanderer aus dem Moseltal und der Wittlicher Senke orientierten sich wie die Bewohner des Kreises Bernkastel eher in Richtung des »Trier-saarländischen Raumes«. Vor dem Ersten Weltkrieg waren auch in Lothringen »Grenzgänger« beschäftigt gewesen; die Bestimmungen des Versailler Vertrages verschlechterten hier jedoch die Arbeitsmarktlage.[23] Nach einer Übersicht aus dem Jahr 1925 über die außerhalb des Kreises Bernkastel arbeitenden Personen wiesen nur die in der Nähe des Saargebietes liegenden Bürgermeistereien Thalfang, Rhaunen, Morbach und Bernkastel-Land Arbeiter auf; für die Bürgermeistereien Lieser und Zeltingen-Rachtig ist die Zahl verschwindend gering (bei einer Einwohnerzahl von 4578 in der Bürgermeisterei Lieser arbeiteten 1925 nur insgesamt 16 Personen außerhalb des Kreises).[24] Die Bewohner der weiter nördlich gelegenen Gebiete des Kreises Wittlich zogen, insbesondere nach dem Bau der Bahnlinie Wengerohr-Daun 1910, ins Ruhrgebiet.[25] Nach 1919 gingen die Abwanderungen aus der Eifel verstärkt in die Nordrichtung; insbesondere als mit den Missernten der Jahre 1921 und 1922 der »Bevölkerungsdruck unerträglich« wurde und im selben Zeitraum die Wirtschaft des Ruhrgebietes in ihrer kurzen Blüte vor der Ruhrbesetzung stand. Auch in den Jahren 1926 bis 1929 nahmen die Fortzüge zu, während in der Weltwirtschaftskrise starke Rückwanderungsbewegungen einsetzten.[26] Angesichts des »kollektiven Pauperisierungsprozesses«, »Dauernot und Dauerarmut«[27] in der Eifel des 19. Jahrhunderts, versuchten Staat und regionale oder lokale Initiativen die wirtschaftlichen Zustände im Untersuchungsgebiet zu heben.

23 Vgl. LHAK Best. 457 Nr. 72: Bgm. Bernkastel-Land an Landrat Bernkastel, 14.2.1925.
24 Vgl. Tab. 14 im Anhang. Für den Kreis Wittlich liegen keine Angaben über im Saargebiet beschäftigte Arbeiter vor. LHAK Best. 457 Nr. 72: Die »Denkschrift über die Hebung der wirtschaftlichen Not des Regierungsbezirkes Trier« aus dem Jahr 1925 gibt nur für den Kreis Saarburg (1080 Beschäftigte), den Restkreis Wadern (2422 Beschäftigte), den Restkreis Baumholder (2336 Beschäftigte), den Kreis Trier-Land (1864 Beschäftigte) und den Kreis Bernkastel (554 Beschäftigte) die entsprechenden Zahlen an.
25 Vgl. Graafen, Aus- und Abwanderung, Karte 8, S. 79.
26 Vgl. ebd., S. 82–89.
27 Korff, Wohnalltag, S. 107–108. Sabine Doering-Manteuffel spricht mit Verweis auf das Konzept der »Kultur der Armut« von Oscar Lewis von einer »kollektiven Verelendung mit Dauercharakter«; vgl. Doering-Manteuffel, Eifel, S. 174.

2. Staatliche und lokale Maßnahmen gegen die strukturelle Armut

Als Antwort auf die Missernte von 1882 stellten der preußische Staat und die Rheinprovinz mit dem »Eifelfonds« ab 1884 jahrzehntelang eine jährliche Summe von 300 000 Mark bereit, mit der eine Form von »Entwicklungshilfe« für die Eifler Landwirtschaft betrieben wurde. Der Großteil des Geldes wurde für Grundstückszusammenlegungen verwandt, des Weiteren für Aufforstungen und Bodenmeliorationen (Kultivierung von Ödflächen, Drainagen), den Aufbau von Genossenschaften und Spar- und Darlehenskassen oder die Förderung der Viehzucht.[28] Der Eifelfonds ging 1901 im »Rheinischen Westfonds« auf; Entwicklungsprojekte in der gesamten Rheinprovinz wurden aus diesem Topf finanziert. Der Kreis Wittlich erhielt von 1876 bis 1906 insgesamt 258 630 Mark.[29] Im Kreis Bernkastel wurde insbesondere durch die Lokalabteilungen des Landwirtschaftlichen Vereins für Rheinpreußen die Verbreitung robusterer Viehsorten gefördert.[30] Durch die Gründung von Erzeugergenossenschaften sowie Spar- und Darlehenskassen nach dem Vorbild Raiffeisens wurde eine effizientere Form des Absatzes und günstige Kredite ermöglicht.[31] Mitte des 19. Jahrhunderts wurden in

28 Doering-Manteuffel, Eifel, S. 186; Graafen, Aus- und Abwanderung, S. 17; Brinkmann, Wirtschaftsleben, S. 384–391.

29 Der überwiegende Teil der Beihilfen wurde im Kreis Wittlich für Drainagen und sonstige Be- und Entwässerungsanlagen (Wiesenmeliorationen) verwandt (circa 170 000 Mark); für die Zusammenlegung von Grundstücken lediglich um die 32 500 Mark. Vgl. die Übersicht über die Zuwendungen an alle Eifelkreise bei Brinkmann, Wirtschaftsleben, S. 390.

30 Spezielle Vereine wie der Glan-Rindvieh-Zuchtverein, die Genossenschaft zur Förderung der Schweinezucht, Ziegenzucht- und Geflügelzuchtvereine erhielten häufig auch Beihilfen seitens des Kreises. Vgl. LHAK Best. 457 Nr. 75: Verwaltungsbericht des Kreises Bernkastel zur Denkschrift des Landkreisverbandes anlässlich der Jahrtausendfeier der Rheinprovinz o. D. [1925]. S. 18.

31 Zu den ersten deutschen Winzergenossenschaften, die schon 1852 im Kreis Wittlich gegründet wurde, vgl. Blesius, Entstehungsgeschichte, S. 18–28. Im Untersuchungsgebiet ist mit dem Genossenschaftswesen der Name Georg Friedrich Dasbach verbunden, der 1885 in Trier eine Landwirtschaftliche Bank und 1887 den Trierischen Bauernverein gründete. In seiner Schrift *Der Wucher im trierischen Lande* (1887) macht er für die Verschuldung der Landbewohner vor allem (jüdische) Viehhändler verantwortlich.

beiden Kreisstädten des Untersuchungsgebiets Kreissparkassen errichtet, was zum einen den Kreisen ermöglichte, Verbesserungen der Infrastruktur zu finanzieren (Wegebau, Krankenhäuser), aber auch den Landwirten die Gelegenheit zu günstigen Darlehen bot.[32] Ab 1890 begannen im Untersuchungsgebiet Initiativen zu Flurbereinigungen. Die Erfolge dieser Aktionen scheinen je nach Gebiet unterschiedlich gewesen zu sein. Wurden im Kreis Wittlich bis Ende des Jahres 1920 8260 Hektar zusammengelegt[33]; so wurden die Flurbereinigungen zumindest für die »ärmeren Hochwaldgemeinden« des Kreises Bernkastel, »in denen die Zusammenlegung am dringendsten erforderlich war«, in einem Bericht aus der Mitte der zwanziger Jahre als wenig erfolgreich beschrieben, da trotz einer Beihilfe von Staat und Provinz die fraglichen Gemeinden den restlichen Betrag nicht aufbringen konnten.[34] Der Regierungspräsident des Regierungsbezirkes Trier, Dr. Saassen, beschrieb in seinem Bericht an Hindenburg 1931 die Verhältnisse in seinem Verwaltungsbezirk immer noch als »äußerst ungünstig«. 63 Prozent der Bevölkerung seien in Landwirtschaft und Weinbau tätig; die Besitzverhältnisse seien hier besonders »unglücklich«[35]:

Vgl. Doering-Manteuffel, Eifel, die die antijüdische Stoßrichtung der Veröffentlichung allerdings nicht kommentiert.

32 In Wittlich wurde die Kreissparkasse 1857 gegründet. 1927 wird berichtet, dass bis zu diesem Zeitpunkt 2600 Viehleihverträge abgeschlossen wurden Vgl. Blum, Kreis Wittlich, S. 13. 1859 wurde vom Kreis Bernkastel »eine Sparkasse eingerichtet, die seit einigen Jahren dem Kreis durch ihre erheblichen Überschüsse das Geld zu mannigfachen volkswirtschaftlichen und gemeinnützigen Unternehmen liefert.« Kreisbeschreibung 1913, zitiert nach Hubatsch, Grundriss, S. 437.

33 »[...] aus 102 233 alten, unwirtschaftlich kleinen Parzellen waren 19 674 große zusammenhängende Ackerstücke geworden.« Vgl. Blum, Kreis Wittlich, S. 31. Zu den Größenklassen im Kreis Wittlich zwischen 1882 und 1907 vgl. Brinkmann, Wirtschaftsleben, S. 333.

34 Die Gemeinden hatten 40 Prozent der Kosten zu tragen. Vgl. LHAK Best. 457 Nr. 75: Verwaltungsbericht des Kreises Bernkastel zur Denkschrift des Landkreisverbandes anlässlich der Jahrtausendfeier der Rheinprovinz o. D. [1925]. S. 22–23.

35 Die Grafiken und die Angaben dieses Abschnitts sind entnommen aus Saassen, Grenzlandnot, S. 8–12.

Tab. 1: Besitzverhältnisse der Weinbaubetriebe im Regierungsbezirk
Trier, 1925 (ohne Saargebiet)

Größenklasse Stockzahl	Betriebszahl	Prozent	Fläche (ha)	Prozent
unter 2000	3 600	30 %	690	12,8 %
2–4000	3 840	32 %	1000	18,55 %
4–5000	1 320	11 %	600	11,13 %
5–10 000	2 520	21 %	1800	33,4 %
10–20 000	600	5 %	1000	18,55 %
über 20 000	120	1 %	300	5,57 %

Tab. 2: Besitzverhältnisse der landwirtschaftlichen Betriebe im Regierungsbezirk Trier, 1925 (ohne Saargebiet)

Größenklasse	Betriebe	Prozent	Fläche (ha)	Prozent
unter 2 ha	32 882	48,46 %	44 267	12,15 %
2–5 ha	20 560	30,30 %	88 368	24,26 %
5–20 ha	13 669	20,14 %	166 955	45,84 %
20–100 ha	736	1,08 %	60 224	16,54 %
über 100 ha	14	0,02 %	4 413	1,21 %

Bestrebungen zur Zusammenlegung von Betrieben würden nur sehr unbefriedigend ausgeführt, was – so Saassen – nicht zuletzt am »Widerwillen der Bevölkerung« liege. Die mangelnde Wirtschaftskraft der kleinen Betriebe behindere die Einführung von verbesserten Produktionsmethoden, der Anschaffung moderner Maschinen, besserem Saatgut, Dünger usw.[36] Im Kreis Bernkastel war die Parzellierung besonders ausgeprägt. Nach den Angaben bei Saassen für das Jahr 1931 lag der Anteil der landwirtschaftlichen Betriebe unter 2 Hektar bei 57 Prozent; es fehlten auch vollständig Betriebe über 20 Hektar.[37] Bei Conrad findet sich angegeben, dass 1925 93,1 Prozent aller Weinbaubetriebe

---

36 Auch Blum, Kreis Wittlich, S. 17, bemängelte 1927, dass sich im Kreis Wittlich zu diesem Zeitpunkt neuere Maßnahmen der Bodenbearbeitung und Düngung nur schwer durchsetzen könnten.

37 Vgl. auch die Angaben aus dem Jahr 1938 bei Honold, Arbeit, S. 25–27.

an der Mosel weniger als 1 Hektar Rebland bebauten.[38] Von den 7848 im Jahr 1908 gezählten Winzern des Kreises Bernkastel lagen 58,6 Prozent unter dem steuerpflichtigen Jahreseinkommen von 900 Mark.[39] Im Gegensatz zu den Flachlagen in Rheinhessen oder der Rheinpfalz waren die Hanglagen der Mosel zudem sehr viel schwerer zu bearbeiten, der Einsatz von Maschinen schwieriger. Der überwiegenden Zahl von Kleinwinzern fehlte es auch an Keltereinrichtungen und Lagerraum zum Ausbau des Weins. Folglich verkauften sie in der Regel kurz nach der Ernte die Trauben oder den Most an eine Weinkellerei, die, da sie oft die einzige Nachfrage vor Ort darstellte, den Preis diktieren konnte.[40]

In Landwirtschaftsschulen, die im Winter nach Abschluss der Kartoffelernte begannen, wurden Jungbauern neueste Erkenntnisse auf den Gebieten Viehzucht oder Düngemitteleinsatz vermittelt. 1879 wurde in Wittlich, 1905 in Morbach eine landwirtschaftliche Winterschule eröffnet. Nach der Einrichtung landwirtschaftlicher Fortbildungsschulen wurde ihr Besuch zur Pflicht für die schulentlassene Jugend gemacht.[41] Der Kreis Bernkastel ermöglichte durch

38 Vgl. Conrad, Winzerunruhen, S. 15. Aus dem gleichen Jahr vgl. auch LHAK Best. 457 Nr. 72:»Denkschrift über die Hebung der wirtschaftlichen Not im Regierungsbezirk Trier«: Die Zahl der Kleinbauern und Kleinwinzer (ohne genaue Angabe der Hektar-Zahl) lag im Kreis Bernkastel bei 35 beziehungsweise 34 Prozent der Bevölkerung; im Kreis Wittlich bei 55 beziehungsweise 30 Prozent der Bevölkerung. Detaillierte Angaben sind für die Bürgermeisterei Zeltingen erhalten:

Tab. 3: Besitzverhältnisse in der Bürgermeisterei Zeltingen, 1925

Landwirtschaftliche Betriebe:	Zeltingen	Rachtig	Erden	Lösnich	Wolf	zus.
Gesamtzahl	525	176	134	133	162	1130
bis zu 2 ha Grundbesitz	513	165	122	124	131	1055
von 2 bis 5 ha Grundbesitz	12	11	12	8	31	74
von 5 bis 20 ha Grundbesitz				1		1
ab 20 ha Grundbesitz						

LHAK Best. 123 Nr. 147: Aktennotiz des Bgm. Zeltingen zur Vorbereitung der Beantwortung einer Anfrage des Landrats Bernkastel, 25.5.1925.

39 29,7 Prozent erwirtschafteten jährlich 900–1800 Mark; 7,1 Prozent 1800–3000 Mark und nur 4,6 Prozent mehr als 3000 Mark. Vgl. Schaaf, Zeitenwende, S. 35–36. Für die Stadt Wittlich nennt Klaus Petry die Zahl der Steuerpflichtigen im Jahr 1903: Bei einer Gesamtbevölkerung von 5286 Personen waren nur 645 Personen wahlberechtigt (über einer Steuerfreigrenze von 660 Mark jährlich).

40 Vgl. Conrad, Winzerunruhen, S. 71, und Blaich, Winzersturm, S. 4.

41 Vgl. Blum, Kreis Wittlich, S. 25. 1883 wurde die Landwirtschaftsschule in

Stipendien den Besuch der 1893 in Trier errichteten Provinzial-Weinbauschule; auch Wein- und Obstbaukurse, ein Obstmuster-garten und ein Versuchsweinberg wurden von dieser Seite einge-richtet.[42]

Als regionale Initiative, die sowohl eine Verbesserung der regio-nalen Wirtschaft als auch die Stiftung eines regionalen Selbstbe-wusstseins anstrebte, ist der 1888 gegründete »Eifelverein« zu nen-nen, dessen Mitgliederzahl zwar kurz nach der Gründung wieder schnell zurückging, um die Jahrhundertwende aber wieder anzog – 1914 wurden 20 000 Mitglieder in 150 Ortsgruppen verzeichnet. Die Bewohner der Eifel sollten sich zum einen der landschaftlichen Schönheit und der historischen Vergangenheit ihrer Heimat be-wusst werden und daran mithelfen, diese etwa durch die Pflege von Wanderwegen oder den Wiederaufbau von Denkmälern wie dem Kloster Himmerod touristisch zu erschließen. Zum anderen unter-stützte der Eifelverein verschiedene wirtschaftspolitische Maßnah-men wie die Belebung der Hausindustrie, der Fisch-, Schaf- und Geflügelzucht usw.[43]

Auf lokaler Ebene sind vereinzelte Selbsthilfeinitiativen doku-mentiert, deren Ziel es war, mit relativ geringem Aufwand die wirt-schaftliche Lage der Einwohner einer Ortschaft zu verbessern. Sie waren oftmals erfolgreicher als staatliche Strukturhilfeprogramme, was unter anderem auch daran lag, dass die im Ort ansässigen Geistlichen häufig als Vermittler moderner Techniken in der Land-wirtschaft fungierten: Dem Pfarrer Peter Cremer beispielsweise, 1879 der Gründer des ersten Buttervereins in der Eifel, gelang es, die Bewohner des Dorfes Woffelsbach davon zu überzeugen, Süß-rahmbutter für einen bescheidenen Export zu produzieren. Er pro-pagierte hierzu das Swartz'sche Verfahren, das sich auf der Basis eigener technischer Mittel mit nur geringen Investitionskosten

Wittlich eröffnet. 1910 bestanden in Lieser, Kempfeld, Allenbach, Kleinich und Hottenbach solche Schulen, vgl. Thiel, Kreis Bernkastel, S. 65. 1919 wurde die landwirtschaftliche Fortbildungsschule in Cues eröffnet. Vgl. LHAK Best. 615 Nr. 609.

42 Vgl. Schaaf, Zeitenwende, S. 18 und S. 34–35; LHAK Best. 457 Nr. 75: Verwaltungsbericht des Kreises Bernkastel zur Denkschrift des Landkreis-verbandes anlässlich der Jahrtausendfeier der Rheinprovinz o. D. [1925], S. 17–19.

43 Vgl. Doering-Manteuffel, Eifel, S. 193–196; als zeitgenössische Veröffent-lichung des Vereins Zender, Geschichte, S. 18.

durchführen ließ.[44] Ein weiteres Beispiel für eine solche Initiative findet sich in der Schulchronik von Greverath im Kreis Wittlich[45], in der über »sehr große Verdienste um die Hebung der Landwirtschaft« von Franz Beicher berichtet wird. Dieser gebürtige Greverather war 46 Jahre lang bei dem Ober-Appellations-Gerichtspräsidenten Gerlach als Haushofmeister beschäftigt gewesen und erwarb sich nach dem Tod seines Arbeitgebers mit Hilfe von Erspartem und einer ausreichenden Jahresrente »eine schöne Gebäulichkeit mit ansehnlichem Grundbesitz« in seiner Heimat und führte eine »Musterwirtschaft« ein:

»Er zeigte, wie man durch richtige Bewirtschaftung, richtige Verwendung der Jauche und den Gebrauch von Kunstdünger auf ärmlichem Boden noch gute Erträge erzielen kann. Da er kinderlos starb [im Jahr 1896, K. M.], hinterließ er sein Grundvermögen einem Anverwandten aus Bergweiler, das Barvermögen im Betrage von 21900 M bestimmte er zu einer Stiftung für seine Anverwandten, von deren Zinsen Unterstützungen an junge Leute gezahlt werden, die entweder studieren oder irgend ein Handwerk erlernen wollen.«

Zu fragen bleibt nach dem Erfolg der angesprochenen Initiativen: Landwirte und Winzer des Untersuchungsgebiet wurden mit verbesserten Bearbeitungsmethoden vertraut gemacht, die Zusammenlegung von Bebauungsflächen initiiert. Bis zum Ende des Untersuchungszeitraums hatten sich die ungünstigen Besitzverhältnisse jedoch noch nicht grundlegend geändert.[46] Dass die Eifel immer noch als »rückständiges« Gebiet wahrgenommen wurde, zeigt sich in extremer Weise an Raumplanungen sowie genealogischen und erbbiologischen Untersuchungen, die während der NS-Zeit in der Eifel und der Rhön, den beiden »Armenhäusern« des Deutschen Reichs, durchgeführt wurden.[47]

44 Doering-Manteuffel, Eifel, S. 182–183.
45 KAB-W, Schulchronik Greverath.
46 Vgl. LHAK Best. 655, 213 Nr. 428: Begleitberichte zur Finanzstatistik für das Rechnungsjahr 1926 in den Gemeinden der Bürgermeisterei Lieser, 6.10.1927.
47 Vgl. Pyta, »Menschenökonomie«.

3. Gesundheitsverhältnisse, Hygiene und medizinische Versorgung

Seit Ende des 19. Jahrhunderts und bis ins 20. Jahrhundert hinein, können die hygienischen und Gesundheitsverhältnisse teilweise als erschreckend und die medizinische Versorgung als unzureichend bezeichnet werden.[48] Um die Jahrhundertwende stand es zumindest im Kreis Bernkastel »hinsichtlich der im gesundheitlichen Interesse erforderlichen Assanierung [...] noch schlecht«: Nur die Stadt Bernkastel und 28 Landgemeinden des Kreises waren an eine Wasserversorgungsanlage angeschlossen; Kues war der einzige Ort, der eine Kanalisation besaß.[49] Für die Zeit ab 1902 sind für die Bürgermeisterei Lieser Fortschritte über die Assanierungsmaßnahmen dokumentiert: Aborte und Düngerstätten wurden angelegt, Jauchegruben mussten undurchlässig gemacht und zur Straße hin mit einer Mauer eingefasst werden. Beschwerdebriefe über Personen, die diesen Verpflichtungen nicht ausreichend nachkamen, sind dokumentiert.[50] Obwohl in Berichten der Kreisärzte über die Gemeinden der Bürgermeisterei aus dem Jahr 1912 noch punktuell die »Beseitigung der Abfallstoffe« moniert oder der Eisschrank eines Metzgers beschrieben wurde, dem »faulig dumpfiger Geruch« entströmt sei[51], wurden die Gesundheits- und Wohnverhältnisse zu diesem Zeitpunkt allgemein als gut beschrieben. Das Ministerium des Innern konnte im darauffolgenden Jahr dem Regierungspräsidenten von Trier mitteilen, dass er »von der Zusammenstellung der unter Aufwendung erheblicher Staatsmittel weiter vorgenommenen Verbesserungen des öffentlichen Gesundheitswesens im dortigen Bezirke während der Jahre 1911 und 1912 [...] mit Befriedigung Kenntnis genommen« habe.[52]

Nach dem Ersten Weltkrieg verschlechterte sich die Situation jedoch. 1925 konstatierte der Kreisarzt von Bernkastel schwere

---

48 Zur Gesundheitsversorgung ländlicher Armer im Regierungsbezirk Trier vgl. Krieger, Arme Kranke.

49 Nach dem Verwaltungsbericht des Kreises Bernkastel 1903 Mentges, Kreis Bernkastel, S. 5.

50 LHAK Best. 655, 213 Nr. 567, passim.

51 LHAK Best. 655, 213 Nr. 567: Berichte des Kreisarztes, Lieser (11.10.1913), Wehlen (9.10.1913).

52 LHAK Best. 655, 213 Nr. 567: Ministerium des Innern an Regierungspräsident Trier, 13.6.1913.

»gesundheitliche Notstände«: Tuberkulose und Skrofulose seien »ganz außerordentlich verbreitet«; viele Kinder seien blutarm, schwach und unterernährt und hätten schlechte Zähne.[53] Die »sehr ungünstigen« sanitären Verhältnisse des Kreises wurden hauptsächlich dafür verantwortlich gemacht; der Kreisarzt beklagte mangelhafte Abort- und Kanalisationsverhältnisse und die schlechte Versorgung mit sauberem Trinkwasser:

> »Außer einigen grösseren Orten an der Mosel, wo die besseren Häuser Spülklosetts haben, findet man die denkbar primitivsten Einrichtungen, fast immer nur eine kleine baufällige Bretterbude auf dem Misthaufen. Der Kreis Berncastel hat noch verschiedene Ortschaften, wo Typhus endemisch ist, wie Zeltingen, Rhaunen u. Thiergarten. Zum grossen Teil ist das auf die traurigen sanitären Verhältnisse zurückzuführen. [...] 14 Ortschaften haben keine Wasserleitung und versorgen sich teils durch Einzel-, teils durch Gemeinschaftsbrunnen. Aber auch diese Brunnen sind noch nicht einmal in einwandfreiem Zustande. Einzelne Ortschaften sind sogar ganz ohne Wasserversorgung; die Einwohner sind auf das zweifelhaft saubere Bachwasser angewiesen, so in Dhron, Papiermühle, Göckenfeld, Kautenbach, Hammerbirkenfeld.
> Auch die Kanalisationsverhältnisse sind ungünstig. Nur an sieben Stellen ist eine Kanalisation vorhanden. Selbst der Stadtteil Alt-Cues in Berncastel ist ohne Kanalisation. Meistens gelangen die mit Fäkalien gemischten Abwässer ungereinigt in die Mosel oder den den Ort durchfließenden Bach.«[54]

Auch wenn diese Schilderungen letztlich dem Zweck dienten, an staatliche Stellen zu appellieren, gerade im Regierungsbezirk Trier beziehungsweise im Kreis Bernkastel Abhilfe zu schaffen, und der Kreisarzt die Situation in diesem Sinne ausgeschmückt haben mag,

---

53 LHAK Best. 457 Nr. 72: Bericht Kreisarzt Dr. Schneweis, Bernkastel, an Landrat Bernkastel, 14.2.1925: Bei 1509 im Rahmen von Schuluntersuchungen erfassten Kindern waren 163 skrofulös, 20 »schon ausgesprochen tuberkulös«, 57 litten an Schwellungen der Drüsen, 179 waren schwach und unterernährt, 26 hatten Lungenspitzkatarrh, 63 waren stark anämisch, zwölf hatten einen Herzfehler. »Wohl über 200 Kinder gehörten in zahnärztliche Behandlung.«

54 LHAK Best. 457 Nr. 72: Bericht Kreisarzt Dr. Schneweis, Bernkastel, an Landrat Bernkastel, 14.2.1925.

können sie meines Erachtens als plausible Beschreibungen und nicht als Übertreibungen angesehen werden.

Als Ursache von Erkrankungen und schlechten Heilungschancen bei Krankheiten wie Typhus und Diphterie wurden in Sanitätsberichten wiederholt die Armut der Betroffenen neben anderen Faktoren wie unhygienischen Wohnverhältnissen genannt.[55] Ergänzt wurde die Ursachenanalyse der Verbreitung von Krankheiten gegen Ende des 19. Jahrhunderts auch mit dem Erklärungsmuster, dass insbesondere die ländliche Bevölkerung gegenüber medizinischen Neuerungen und hygienischen Verbesserungen wenig aufgeschlossen sei. In Sanitätsberichten wird die »Indolenz« der ländlichen Bewohner angesprochen, die, »sobald der Arzt sich entfernt hat«, seinen Anordnungen nicht nachkommen würden: »Dummheit, Indolenz und allerdings auch Armut verhindern jeden Fortschritt.«[56] Wie Forschungen für den Regierungsbezirk Trier ergeben haben, gelangen die Bestrebungen, den ländlichen Raum zu medikalisieren, nur mit Verzögerungen. Noch um die Jahrhundertwende bestanden hier Vorbehalte gegenüber Ärzten sowie der modernen Medizin (Bakteriologie) und Hygiene. Allerdings waren selbst bei einigen Medizinern immer noch humorale Vorstellungen über die Verbreitung von Krankheiten zu finden.[57] Religiöse und magische Deutungsmuster von Krankheit bestanden fort.[58] Gerade die von der Regierung angestellten Kreisärzte wurden als Vertreter der Staatsgewalt im alltäglichen Leben wahrgenommen. Sabine Marx schildert in ihrer Untersuchung über den »Aufstieg naturwissenschaftlicher Medizin im Regierungsbezirk Trier« beispielsweise den

---

55 Vgl. beispielsweise Schwartz, Gesundheitsverhältnisse (1886), S. 25 über den Ausbruch der Diphtherie im Kreis Daun: »Und so kam es, daß die Kinder des ärmeren Theiles der Bevölkerung mehr erkrankten und mehr starben, als die des wohlhabenderen Theiles, wenn diese auch keineswegs vor den Erkrankungen selbst geschützt waren.«

56 LHAK Best. 442 Nr. 3897: Sanitätsbericht für den Kreis Bernkastel 1894, Dr. Doeblin, 23.2.1895, S. 7.

57 Vgl. Marx, Rise, S. 51–112. Als Quellengrundlage dienten die vierteljährlichen Sanitätsberichte der Kreisärzte von 1880 bis 1914.

58 Matthias Zender stellt in einem Beitrag aus den Fünfzigern dar, wie das »Verbeten« von Krankheiten in der Eifel in diesem Zeitraum noch immer gang und gäbe war. Er interviewte einen ländlichen Gesundbeter, der darüber berichtete, dass auch Ärzte bei ihm Rat suchten. Zender, »Verbeten«, passim. Über laienmedizinische Praktiken in heutiger Zeit in einem Dorf auf der Schwäbischen Alb vgl. Badura, Herr.

Fall des Kreisarztes von Bernkastel, Dr. Schäfer, dessen Bemühungen zu Beginn des 20. Jahrhunderts, die hygienischen Zustände in seinem Bezirk zu verbessern, von Verwaltung und Bewohnern als übereifrig angesehen wurden. Seine Kritik etwa an den mangelhaften Sanitäranlagen der Lösnicher Schule hätte den Umbau dieser Einrichtungen impliziert, was eine Belastung des kommunalen Haushalts bedeutet hätte, wofür die Verwaltung kein Verständnis hatte. Auch die Einwohner reagierten verärgert auf seine Bestrebungen, die hygienischen Zustände und die Ausbreitung ansteckender Krankheiten zu kontrollieren, sobald mit den Maßnahmen vor allem finanzielle Belastungen verbunden waren.[59]

Abgesehen von der Tatsache, dass viele der Kranken im Untersuchungsgebiet zu arm waren, um die Behandlung eines Arztes zu bezahlen, waren für die Bewohner mancher Ortschaften Ärzte und Apotheken schlecht zu erreichen:[60] Sie konnten diese bei Krankheiten, die eine schnelle Behandlung erforderten, oftmals nicht rechtzeitig konsultieren.[61] Die Ausstattung der Gemeinden mit Armenärzten wurde jedoch im Sanitätsbericht des Kreises Bernkastel 1890 als ausreichend bezeichnet.[62]

Bis zum Beginn des 20. Jahrhunderts war die Versorgung von Kranken in Heilanstalten nur durch Hospitäler und hospitalsähnliche Krankenhäuser gesichert.[63] Das Hospital in Wittlich, das seit 1868 bestand, wurde als »wohleingerichtetes Hospital, in welchem theils Kranke, theils Altersschwache mit einigen Waisen Aufnahme

---

59 Vgl. Marx, Rise, S. 146–149.

60 Die Anzahl der Ärzte und Apotheken war in den beiden untersuchten Kreisen zumindest 1880 noch recht unterschiedlich: Waren drei Ärzte und zwei Apotheker in der Stadt Bernkastel und sechs Ärzte und vier Apotheker in den ländlichen Gemeinden des Kreises vorhanden, standen den Bewohnern der Stadt Wittlich drei Ärzte und ein Apotheker, den Bewohnern der ländlichen Gemeinden des Kreises allerdings nur ein Arzt und ein Apotheker zur Verfügung! Zurückgeführt wurde diese schlechte Versorgung auf den »Mangel größerer geschlossener Ortschaften.« Vgl. Schwartz, Gesundheitsverhältnisse (1880), S. 149–161.

61 Vgl. Marx, Rise, S. 248, S. 261.

62 LHAK Best. 442 Nr. 3893: Sanitätsbericht für den Kreis Bernkastel 1890, Dr. Doeblin, 26.3.1891, S. 209.

63 Im Sanitätsbericht des Medizinalregierungsrates Schwartz, Gesundheitsverhältnisse (1880), S. 121, wurde diese Art der Krankenanstalten als ein »Uebelstand« bezeichnet, da hier gleichzeitig »Sieche, Altersschwache und Hülfsbedürftige aller Art« versorgt wurden.

finden«, bezeichnet.[64] 1902 wurde die Lungenheilanstalt »Maria Grünewald« in der Nähe von Wittlich eingeweiht.[65] Sowohl diese Einrichtungen als auch das Kloster zur heiligen Familie in Bernkastel (seit 1870) wurden von Schwestern aus der Kongregation der »Armen Dienstmägde Jesu Christi« aus Dernbach geleitet.[66] Als weitere Kongregation, die in den beiden untersuchten Kreisen in der Krankenpflege aktiv war, ist die Gemeinschaft der »Franziskanerinnen der Allerseligsten Jungfrau Maria von den Engeln« aus Waldbreitbach hervorzuheben.[67] Diese leiteten fünf »Krankenanstalten« im Kreis Bernkastel, daneben existierten in diesem Verwaltungsbezirk eine »Idiotenanstalt« und zwei »Typhusbaracken«. Erst ab 1909 standen diese Einrichtungen alle unter der Aufsicht eines Arztes.[68] Da mit diesen Krankenanstalten die Versorgung von Kranken, gar von Schwerkranken oder Operationsbedürftigen, nicht ausreichend gesichert war[69], wurde vom Beginn des Jahrhunderts an in beiden Kreisen der Bau allgemeiner Krankenhäuser geplant. 1900 wurde das Kreiskrankenhaus in Wittlich eingeweiht. Die Zahl der Betten betrug 34, sodass auf etwa 1000 Bewohner ein Krankenbett kam.[70] Für den Kreis Bernkastel wurde rückblickend berichtet:

»Im Jahre 1902 stellte der Kreis für den Bau eines Bürgermeisterei-Krankenhauses in Rhaunen und Morbach je 3000 Mk. und für Verbesserungen im alten städtischen Krankenhause zu Bernkastel

64 LHAK Best. 442 Nr. 3893: Sanitätsbericht für den Kreis Wittlich 1890, Dr. Clemens, 10.2.1891. S. 12. Zum Hospital vgl. auch Schmitt, Behandlung, S. 382. Neben dem Hospital in Wittlich bestand im Kreis eine Einrichtung für schwächliche Kinder und Geistesgestörte unter Leitung der Barmherzigen Brüder, Buchholz bei Manderscheid, vgl. LHAK Best. 442 Nr. 3897: Sanitätsbericht für den Kreis Wittlich 1894, Dr. Clemens, 1.2. 1895, S. 567.

65 Vgl. Burgard, Maria Grünewald; vgl. auch Kap. IV.2.5.

66 Vgl. Schmitt, Behandlung, S. 386; Schmitt, Bernkastel, S. 872.

67 Zur Geschichte der beiden Kongregationen vgl. Seibrich, Orden, S. 224–236; Schneck, Dienst, S. 409–411. Ein Vergleich zu der Entstehung von anderen in der Armenfürsorge tätigen Kongregationen findet sich in Althammer u. a., Armenfürsorge, S. 539–552.

68 LHAK Best. 655, 213 Nr. 73: Landrat Bernkastel an Regierungspräsident Trier (Entwurf), 25.6.1909.

69 Zur Kritik an den Krankenanstalten vgl. ausführlich Kap. III.4.1.

70 Vgl. Schmitt, Behandlung, S. 382–383: Durch einen Erweiterungsbau in den Jahren 1929 und 1930 konnten 160 Kranke versorgt werden.

1500 Mk. und einen jährlichen Zuschuss von 300 Mk. für die Unterhaltung dieses Krankenhauses zur Verfügung. Gleichzeitig wurde eine Kommission gewählt, die die Frage der Erbauung eines Kreiskrankenhauses prüfen sollte. Die Typhus-Epidemien der Jahre 1902, 1903 und 1904 zwangen zu energischerem Vorgehen. Bei den Untersuchungen der oben erwähnten Kommission hatte sich herausgestellt, dass die ungünstige Lage der Kreisstadt und die mangelhaften Verkehrsverhältnisse den Bau nur eines Krankenhauses ausschlossen. Der Kreis wurde deswegen in drei Krankenhausgebiete eingeteilt: das Moselgebiet, das Hunsrückgebiet nordwestlich und das Hunsrückgebiet südöstlich und östlich des Hoch- und Idarwaldes.«[71]

Mit dem Bau des »Moselkrankenhauses« neben dem St.-Nikolaus-Hospital in Kues wurde 1909 die Krankenversorgung im Kloster »zur hl. Familie« in Bernkastel aufgegeben. Hier, wie im Kreiskrankenhaus Wittlich, wurde die Pflege von den »Armen Dienstmägden« geleitet. Die Klosterfürsorge in den kleineren Gemeinden bestand zur Pflege von Alten und der ambulanten Krankenversorgung in beschränktem Umfang daneben immer noch weiter. Zur spezialärztlichen Versorgung – so lässt zumindest eine Auswertung der Fürsorgeakten erkennen – musste auch nach dem Bau der Krankenhäuser in Bernkastel und Wittlich auf Ärzte und Kliniken in Trier und Bonn zurückgegriffen werden.

Ein Blick auf die wirtschaftlichen Verhältnisse in den beiden untersuchten Kreisen zeigt, dass der Großteil der Bewohner aufgrund ungünstiger Besitz- und Beschäftigungsstrukturen ständig in prekären Verhältnissen gelebt haben muss. »Strukturhilfen« zur Hebung der Landwirtschaft wie der Eifelfonds, die das gesamte Gebiet betrafen, waren nur mäßig erfolgreich; noch gegen Ende des Untersuchungszeitraums bewirtschaftete die Mehrzahl der Landwirte und Winzer kleine Parzellen. Die medizinische Versorgung war bis ins 20. Jahrhundert hinein unzureichend. Dieser Kontext wirft Fra-

71 LHAK Best. 457 Nr. 75: Verwaltungsbericht des Kreises Bernkastel zur Denkschrift des Landkreisverbandes anlässlich der Jahrtausendfeier der Rheinprovinz o. D. [1925]. S. 2–3; auf S. 30 wird berichtet, dass der Kreistag am 19. 4. 1905 Gelder für den »Kranken-Pavillon« in Morbach, Isolierräume in Rhaunen und Kempfeld, die protestantische Schwesternpflege in Rhaunen und zur Bestreitung der Kosten eines Krankentransportwagens »an die Gemeinde Zeltingen zu Zwecken der Krankenpflege« bewilligte.

gen danach auf, wie Kleinwinzer und Tagelöhner Tag für Tag ihr Einkommen und Auskommen sicherten, was zu tun war, wenn eine außergewöhnliche Belastung wie die notwendige Operation eines Kindes oder die Verdienstunfähigkeit im Alter eintraten – Aspekte, die im zweiten Teil der Arbeit beleuchtet werden. In den folgenden Kapiteln wird zunächst thematisiert, wie das System der kommunalen Armenfürsorge, als Form öffentlicher Unterstützung des Einzelnen und nicht einer »Armutsregion«, im Untersuchungsgebiet umgesetzt wurde.

II. Gesetzliche Rahmenbedingungen und Finanzierung

»Denn es gibt vielfach in kleinen Gemeinden, namentlich auf dem Lande, trotz der gesetzlichen Vorschrift tatsächlich keine öffentliche Armenpflege. Ebenso gibt es Armenverwaltungen, die trotz des gesetzlichen Zwanges hinter den bescheidensten Ansprüchen zurückbleiben, die willkürlich, prüfungslos, ja man muß sagen, gewissenlos ihren Armen gegenüber verfahren.«[1]

Untersucht man Armenfürsorge auf dem Land, erkennt man große Differenzen zu der vergleichsweise gut erforschten Praxis in deutschen (Groß-)Städten: Professionelle Sozialbeamte und -arbeiter fehlten; die Armenfürsorge wurde von Gemeinderatsmitgliedern und den Bürgermeistern verwaltet. Das Elberfelder oder das Straßburger System musste aufgrund der kleinräumigen Strukturen nicht eingeführt, eigene Fürsorgekommissionen nicht gebildet werden. Die zeitgenössischen Diskussionen um Trinkerfürsorge, Kinderschutz oder Gefährdetenfürsorge fanden – zumindest vor dem Ersten Weltkrieg – keinen Niederschlag in der lokalen Praxis.

Die Enquêten und Umfragen, die Ende des 19. Jahrhunderts und in den ersten Jahrzehnten des 20. Jahrhunderts reichsweit zum ländlichen Armenwesen durchgeführt worden waren, konstatierten wiederholt dessen Unzulänglichkeiten.[2] Die Verwalter der kommunalen Armenfürsorge in Dörfern und Kleinstädten versuchten demnach, ihre Ausgaben auf ein Minimum zu beschränken; die kleinräumigen Verhältnisse erleichterten es, Antragsteller und Unterstützungsempfänger zu kontrollieren.[3] Insbesondere zur Kenntnis der gesetzlichen Vorschriften wiesen Antworten der Erhebung zum ländlichen Armenwesen aus dem Jahr 1920 auf das mangelnde Interesse der Gemeindebehörden und den wenig vertrauten Umgang mit rechtlichen Bestimmungen hin. Dabei wurde der rheinischen

---

1 Gerlach, Handbuch, S. 22 (zitiert nach »Dr. Münsterberg« ohne genaue Angabe der Quelle).

2 Lembke, Forderungen. Der Bericht hatte als Grundlage die Antworten aus 99 Kreisen, Gutsverwaltungen, Bürgermeistereien, Gemeinden, Landarmenverbänden usw. Aus dem Untersuchungsgebiet gab lediglich eine Bürgermeisterei, die von Bengel-Neuerburg (Kreis Wittlich) eine Antwort!

3 Die Positionen zusammenfassend Redder, Armenhilfe, S. 22–23.

Bürgermeisterei-Verwaltung aufgrund der geschulten Beamten noch ein recht gutes Zeugnis ausgestellt. Geradezu vernichtend äußerte sich dagegen ein Vertreter des Gutes und Dorfes Büssow aus der Provinz Brandenburg:»Bereitwilligkeit zur Armenpflege ist nie vorhanden; sie wird nur dem ›Muß‹ gehorchend ausgeübt.«[4] In den folgenden beiden Kapiteln soll die Gültigkeit dieser Urteile für den Untersuchungsraum überprüft werden. Dabei steht zunächst die Auslegung und Anwendung der gesetzlichen Vorgaben im Zentrum. Es werden die»Grundkoordinaten« der Fürsorge sowie die maßgeblichen Gesetze und Verwaltungsvorschriften beleuchtet, um die Frage aufwerfen zu können, wie die rechtlichen Vorgaben zur Armenfürsorge im Untersuchungsgebiet umgesetzt wurden.[5] Dabei ist zum Beispiel von Belang, wie die Ablehnung eines Antrags begründet oder der Zuzug von Auswärtigen überprüft wurde. Diese»Grundkoordinaten« werden für den gesamten Untersuchungszeitraum analysiert, da sie auch nach der Reichsfürsorgepflichtverordnung (RFV) des Jahres 1924 Geltung hatten. Andere gesetzlichen Bestimmungen, wie die Definition des Unterstützungswohnsitzes, werden primär für den Zeitraum bis 1924 vorgestellt, da sie sich auf eine administrative Regelung beziehen, die in diesem Jahr geändert wurde. Die RFV selbst wird in Kapitel IV thematisiert, da sie den Endpunkt einer seit dem Ende des 19. Jahrhunderts geführten Diskussion um die Programmatik von Fürsorge darstellte, die Behandlung der neuen Armutsgruppen nach Erstem Weltkrieg und Inflation regelte und im Kontext einer neuen Ausrichtung der Fürsorge beleuchtet wird.

1. Armenverbände, Unterstützungswohnsitz und die Finanzierung des Armenwesens

Die öffentliche Armenfürsorge war, im Gegensatz zu den verschiedenen Zweigen der Sozialversicherung, nicht auf eine bestimmte

---

4   Lembke, Forderungen, S. 6. Sperrung im Original. Zur zeitgenössischen Wahrnehmung der ländlichen Armenpflege vgl. auch Kap. III.2.3.

5   Es werden also Fragen der Implementationsforschung nach der lokalen Gestaltung von politischen Vorgaben, den dabei nicht ausbleibenden Modifikationen und den Handlungsspielräumen der örtlichen Verwalter gestellt. Vgl. den Überblick bei Rudloff, Wohlfahrtsstadt, S. 17–18.

Personengruppe (hier des Erwerbsarbeiters) zugeschnitten, sondern schloss prinzipiell alle Staatsbürger ein, die nicht mehr in der Lage waren, sich den »notdürftigen Lebensunterhalt« selbst zu beschaffen. Obgleich die kommunale Fürsorge als »Zwangsarmenpflege«[6] im Gegensatz zur privaten Fürsorge bezeichnet und eine »Verpflichtung« der Kommune festgestellt wurde – ein einklagbares Recht auf Fürsorgeleistungen hatten Bedürftige nicht.[7] Victor Böhmert, der die Erhebung zum Armenwesen in deutschen Städten 1886 auswertete und kommentierte, bezeichnete das »Almosen« der Armenpflege sogar als »Pflicht der Gemeinde nicht den Hilfsbedürftigen gegenüber, sondern dem Staate gegenüber«.[8] Einem Antragsteller, dessen Gesuch abgelehnt wurde oder der meinte, dass ihm »die Armenunterstützung nicht in genügender Höhe oder in gehöriger Weise gewährt« worden sei, blieb lediglich die Möglichkeit, sich bei den Aufsichtsbehörden zu beschweren. Daneben hatte die Armenfürsorge einen sehr stigmatisierenden Charakter, da neben der Einschränkung der Freizügigkeit der Empfang öffentlicher Fürsorgeleistungen auch mit dem Verlust des Wahlrechts (bis 1919) verbunden war.[9]

In Preußen bildeten Gemeinden und Gutsbezirke bis 1924 die so genannten Ortsarmenverbände zur Verwaltung des Armenwesens. Rechtliche Grundlage der Armenpflege im Kaiserreich war im Untersuchungsraum das Preußische Ausführungsgesetz vom 8. März 1871 zum Reichsgesetz über den Unterstützungswohnsitz (UWSG) vom 6. Juni 1870.[10] Schon im »Gesetz über die Verpflichtung zur Armenpflege« vom 31. Dezember 1842 war in Preußen der Unterstützungswohnsitz als Prinzip für die Verteilung der Armenlasten festgelegt worden.[11] Für die Rheinprovinz ist zu erwähnen, dass

6   Graeffner / Simm, Armenrecht, S. 1.

7   Erst mit dem Bundessozialhilfegesetz von 1962 hatten Bedürftige ein einklagbares Recht auf öffentliche Fürsorge.

8   Böhmert, Armenwesen, S. 43.

9   Dies nach dem § 3 des Reichswahlgesetzes vom 31. Mai 1869; vgl. Sachße / Tennstedt, Fürsorge, S. 27. Die Beschränkung des Wahlrechts war seit den Wahlen zur Nationalversammlung 1919 aufgehoben; vgl. Wolfram, Armenwesen, S. 51.

10 Damit wurde das Prinzip des Unterstützungswohnsitzes für das Deutsche Reich mit Ausnahme von Bayern und Elsass-Lothringen verallgemeinert. Zur Entstehung vgl. Sachße u. a., Armengesetzgebung, S. XIX–XXIV.

11 Vgl. etwa Zissel, Armenversorgung, S. 19. Die Alternative zum Unterstützungswohnsitz stellte das Heimatprinzip dar, wie es etwa in Bayern praktiziert wurde.

sich durch dieses Gesetz in der Verwaltung des Armenwesens nicht wesentlich etwas änderte, da ein »domicile de secours« in den linksrheinischen Gebieten schon unter französischer Verwaltung eingeführt worden war. Den Unterstützungswohnsitz erlangte man, ähnlich wie schon zuvor nach französischem Recht, durch Geburt, Verheiratung, der ausdrücklichen Aufnahme als Mitglied einer Gemeinde, dem Erwerb des Wohnsitzes oder nach einer bestimmten Aufenthaltsfrist nach zurückgelegtem 16. Lebensjahr. 1842 waren hier drei Jahre festgelegt[12]; mit dem UWSG von 1870, das für das ganze Reich mit Ausnahme Bayerns und Elsass-Lothringens galt, wurde der Zeitraum zur Erlangung des Unterstützungswohnsitzes auf zwei Jahre verringert[13] und im Abänderungsgesetz des Jahres 1908 wurde der ununterbrochene gewöhnliche Aufenthalt auf nur noch ein Jahr reduziert.[14]

12 Preußisches Gesetz über die Verpflichtung zur Armenpflege, 31. Dezember 1842, § 1: »Die Fürsorge für einen Armen hat, wenn dazu kein anderer (Verwandter, Dienstherrschaft, Stiftung usw.) verpflichtet oder vermögend ist, diejenige Gemeinde zu übernehmen, in welcher derselbe 1. als Mitglied ausdrücklich aufgenommen worden ist, oder 2. unter Beobachtung der Vorschriften des Gesetzes vom heutigen Tag über die Aufnahme neuanziehender Personen, § 8, einen Wohnsitz erworben hat oder 3. nach erlangter Großjährigkeit während der drei letzten Jahre vor dem Zeitpunkte, wo seine Hilfsbedürftigkeit hervortritt, seinen gewöhnlichen Aufenthalt gehabt hat.« Zitiert nach Sachße u. a., Armengesetzgebung, S. 918.

13 Gesetz über den Unterstützungswohnsitz, 6. Juni 1870, § 10. Zitiert nach Sachße u. a., Armengesetzgebung, S. 266. Zur Erhöhung der Frist zur Erlangung des Unterstützungswohnsitzes mit dem Abänderungsgesetz von 1855 vgl. Kap. II.3.

14 1894 war schon eine Novelle erlassen worden, in der die Frist zur Erlangung des Unterstützungswohnsitzes vom 24. auf das 18. Lebensjahr herabgesetzt wurde; mit der Novelle vom 30. Mai 1908 wurde das Gesetz in Elsass-Lothringen eingeführt und die Frist zur Erlangung des Unterstützungswohnsitzes auf ein Jahr reduziert und die Altersgrenze auf 16 Jahre herabgesetzt. Vgl. Wolfram, Armenwesen, S. 30; Pöll, Unterstützungswohnsitzgesetz, S. 58–59. Zum »ununterbrochenen« Aufenthalt vgl. aus den Akten den Fall der Köchin des Freiherrn von Schorlemer, LHAK Best. 655, 213 Nr. 187: Bgm. Lieser an Ehrenamtmann von Drensteinfurt (Entwurf), 17.9.1915, in dem eine Erstattungspflicht für diese Köchin abgelehnt wird, da diese nur von Mai bis September in Lieser und ansonsten, wie die Familie Schorlemer, in Berlin, gewohnt habe und somit keinen Unterstützungswohnsitz in Lieser erworben habe.

Frauen und Kinder teilten den Unterstützungswohnsitz ihres Mannes beziehungsweise Vaters, dies auch, wenn sie von ihm getrennt lebten.[15] Jeder Ortsarmenverband hatte »hilfsbedürftige Deutsche«, deren Unterstützung in ihrem Verwaltungsbezirk notwendig wurde, »vorläufig« zu unterstützen (§ 28 UWSG).[16] Der vorläufigen Erstattungspflicht durfte sich kein Ortsarmenverband entziehen; auch konnte kein Ortsarmenverband die Gewährung von Unterstützung davon abhängig machen, ob ein anderer Ortsarmenverband die Kosten endgültig übernehmen würde.[17]

Menschen, die mehrmals und in kurzen Abständen umzogen, liefen Gefahr, im alten Wohnort ihren Unterstützungswohnsitz nach einer bestimmten Frist zu verlieren und an keinem der neuen Wohnorte einen Unterstützungswohnsitz zu erwerben: »Wer ein Jahr vom Orte A. ununterbrochen abwesend war, hat den Unterstützungswohnsitz dort verloren. War er in dieser Zeit zum Beispiel am Orte B. ein halbes, und am Orte C. ein halbes Jahr, so hat er nirgend einen neuen Unterstützungswohnsitz erlangt!«[18] Zur Unterstützung der Personen, für die sich kein endgültig erstattungspflichtiger Ortsarmenverband ermitteln ließ[19], wurden schon 1842 die Landarmenverbände gegründet, die seit 1871 in Preußen überwiegend mit den Provinzialverbänden zusammenfielen.[20] Zuständig

15 Vgl. etwa LHAK 655, 213 Nr. 187: Bgm. Lieser an OAV Pforzheim (Entwurf), 18.4.1923.

16 Vgl. etwa KAB-W 2.0.343: Landrat Wittlich an Bgm. Manderscheid (Entwurf), 4.12.1923.

17 Graeffner/Simm, Armenrecht, S. 8.

18 Klumker, Fürsorgewesen, S. 34. Auf die Thematik der nichtsesshaften Armen wie »Vagabunden« und »Landstreicher«, wandernde Arbeiter und Handwerker, Wandererfürsorge, Herbergswesen usw. kann hier nicht näher eingegangen werden; vgl. Schenk, Wanderer; zur Wandererfürsorge im Provinzialverband Westfalen Frie, Wohlfahrtsstaat, passim.

19 Erst mit der Novelle vom 24. März 1894 wurde als Voraussetzung der Landarmeneigenschaft festgelegt, dass kein endgültig verpflichteter Ortsarmenverband zu ermitteln sei. Dies musste vom vorläufig verpflichteten Ortsarmenverband nachgewiesen werden, indem er »darzutun hatte, dass er alle diejenigen Erhebungen vorgenommen hat, welche nach Lage der Verhältnisse als geeignet zur Ermittlung eines Unterstützungswohnsitzes anzusehen waren.« In der früheren Fassung galt der als landarm, der keinen Unterstützungswohnsitz hatte. Graeffner/Simm, Armenrecht, S. 131.

20 Im Preußischen Gesetz vom 8. März 1871 betreffend die Ausführung des Bundesgesetzes über den Unterstützungswohnsitz vom 6. Juni 1870 (im

war dabei immer der Landarmenverband, »in dessen Bezirk sich der Landarme bei dem Eintritt der Hilfsbedürftigkeit befand [...], mag er sich auch nur zufällig oder vorübergehend in diesem Landarmenverband befunden haben.«[21] Der Landarmenverband übte die Fürsorge nicht unmittelbar aus, sondern gegen Kostenerstattung durch die Ortsarmenverbände. Eine weitere Aufgabe des Landarmenverbands war die Unterbringung von Verurteilten in einem Arbeitshaus und ab 1891 verpflichtend die Fürsorge für Geisteskranke, Taubstumme, Sieche und Blinde.[22] Nach dem preußischen Zwangserziehungsgesetz war er seit 1878 für die Unterbringung »verwahrloster« Kinder zuständig. Zur Aufnahme von Bettlern und »Landstreichern«, für Personen, »zu deren Übernahme die Kommunen weder willens noch in der Lage waren«[23], schufen die Landarmenverbände »Landarmenhäuser«; das Landarmenhaus der Rheinprovinz befand sich in Trier.

Zur Ermittlung des »endgültig erstattungspflichtigen« Ortsarmenverbandes mussten die Armenverwaltungen die Aufenthalts- und Familienverhältnisse eines Bedürftigen genau nachprüfen. In den überlieferten Fürsorgeakten sind sowohl Anfragen anderer Ortsarmenverbände an die Bürgermeister oder Gemeindevorsteher des Untersuchungsgebiets dokumentiert als auch Nachforschungen beispielsweise des Bürgermeisters von Lieser. Die Armenverwaltungen gingen hier sorgfältig vor, mussten die Aufenthaltsverhältnisse der Bedürftigen teils weit in die Vergangenheit hinein verfolgen: So fragte die Ortsarmenbehörde Stuttgart 1909 beim Bürgermeister

Folgenden Pr. Ausführungsgesetz) wurden für die Rheinprovinz zunächst die Regierungsbezirke, die bisher schon als Landarmenverbände fungiert hatten, in dieser Eigenschaft bestätigt (§ 26), aber schon mit Wirkung vom 1. Januar 1872 wurde durch Zusammenlegung der bis dahin bestehenden fünf Bezirkslandarmenverbände der Landarmenverband der Rheinprovinz geschaffen und seine Verwaltung dem Provinzialverwaltungsrat übertragen. Vgl. Horion, Provinzialverwaltung, S. 115.

21 Graeffner / Simm, Armenrecht, S. 133.

22 Vgl. Gesetz vom 11. Juli 1891, betreffend Abänderung der §§ 31, 65 und 68 des Gesetzes zur Ausführung des Bundesgesetzes über den Unterstützungswohnsitz vom 8. März 1871. Das Gesetz wird auch als »Gesetz über die außerordentliche Armenlast« bezeichnet; vgl. etwa Frie, Wohlfahrtsstaat, S. 9. Vgl. zum »take off« der Anstaltspsychiatrie nach 1891 in Westfalen ebd. und die umfangreiche Studie von Walter, Psychiatrie.

23 Frie, Wohlfahrtsstaat, S. 13, hier allgemein zum Aufgabengebiet der Landarmenverbände S. 13–14.

von Lieser an, seit wann der ledige Schmied Johann F., geboren 1866 in Kesten, der in Stuttgart unterstützt werde, seinen Unterstützungswohnsitz in Kesten verloren habe. Der Bürgermeister von Lieser konnte ihm nur antworten, dass F. schon seit mehr als 20 Jahren ununterbrochen von Kesten abwesend sei und keine Auskünfte über seinen Aufenthalt gemacht werden könnten; F. habe mehrere Jahre bei der französischen Fremdenlegion gedient.[24]

Die kommunalen Verwalter entsprachen dabei – soweit das für den Untersuchungsraum festgestellt werden kann – weitgehend den gesetzlichen Richtlinien; die Aufenthaltsverhältnisse konnten durch die polizeilichen An- und Abmeldungen eindeutig festgestellt werden.[25] Streitigkeiten zwischen den Ortsarmenverbänden oder zwischen Ortsarmen- und Landarmenverband ergaben sich meist dann, wenn die Aufenthaltsverhältnisse eines Unterstützten nicht genau rekonstruiert werden konnten oder man unterschiedlicher Auffassung über den Erwerb des Unterstützungswohnsitzes war. Bei einer mobilen Berufsgruppe wie Hausierern beispielsweise war es schwer, den Unterstützungswohnsitz zu bestimmen. Im Fall des Hausierers Matthias A. war festgelegt, dass er, auch wenn er den überwiegenden Teil des Jahres umherzog, seinen Unterstützungswohnsitz in der Gemeinde Landscheid hatte, wo er die restliche Zeit verbrachte.[26] Beim Korbmacher Bernhard R., der im Januar 1922 einen Antrag auf Erstattung von Pflegekosten im Moselkrankenhaus Bernkastel stellte, bestanden jedoch widersprüchliche Aussagen über den Aufenthaltsort: Er selbst gab an, dass er seit vier Jahren »unentgeltliche Wohnung gegen Arbeitsleistung bei Metzger Alois J. in Mülheim« habe. Während einer seiner »Touren« habe er ein Geschwür bekommen und bei einem Wirt in Noviand »niedergelegen«. Der OAV Lieser erklärte sich zur vorläufigen Erstattungspflicht der Krankenkosten bereit.[27] Die Anfrage an den OAV Mülheim, ob endgültige Erstattungspflicht anerkannt werde, wurde

---

24 LHAK Best. 655, 213 Nr. 186: Ortsarmenbehörde Stuttgart an Bgm. Lieser, 2.7.1909; Bgm. Lieser an OAV Stuttgart (Entwurf), 8.7.1909.

25 Vgl. etwa LHAK Best. 655, 213 Nr. 186: Bgm. Neumagen an Bgm. Lieser, 22.6.1919.

26 Vgl. LHAK Best. 655, 213 Nr. 187: Bgm. Binsfeld an Landeshauptmann Rheinprovinz, 24.11.1911.

27 LHAK Best. 655, 213 Nr. 189: Antragsformular, Bgm. Stadt Bernkastel, Bernhard R., Mülheim, 28.1.1922. Bgm. Lieser an Bgm. Stadt Bernkastel (Entwurf), 7.3.1922.

von dieser Seite jedoch verneint, da Alois J. zu Protokoll gab, R. habe die wenigste Zeit bei ihm gewohnt und sei die meiste Zeit auswärts, in Maring, Noviand und Wehlen, beschäftigt gewesen. Er habe dort auch feste Schlafplätze gehabt und sich nur in Mülheim angemeldet, um dort seine Brot- und sonstigen Lebensmittelkarten zu beziehen. Seine Behauptung, er sei immer spätestens samstags nach Mülheim gekommen und dort bis Montag geblieben, sei unwahr.[28] Es schloss sich daraufhin ein Klageverfahren an, in dem R. diese Behauptungen wiederum bestritt. Am Ende zahlte der Landarmenverband.[29]

Der Aufenthalt in einer »Kranken-, Bewahr- oder Heilanstalt« begründete keinen Unterstützungswohnsitz.[30] Auf diesen Grundsatz berief sich der Bürgermeister von Lieser, als er die Kostenübernahme für Peter F. auf den Ortsarmenverband Lieser ablehnte, da dieser nicht in Lieser gewohnt, sondern sich nur mehrere Jahre im Lieserer Krankenhaus aufgehalten habe.[31] Für die im Lieserer Krankenhaus untergebrachte Katharina A. verpflichtete sich denn auch die Armenverwaltung ihres zuständigen Ortsarmenverbandes in Sulzbach, »falls das vorhandene Vermögen zur Bestreitung des Unterhaltes bis an das Lebensende nicht ausreicht«, für die Unterbringungskosten aufzukommen.[32] Das Franziskanerinnenkloster Lieser, das als Mischform eines Krankenhauses mit pflegerischem Schwerpunkt, Altersheim für Ortsarme und »Pfründneranstalt« zu betrachten ist, konnte nicht als reine »Kranken-, Bewahr- oder Heilanstalt« angesehen werden; ältere Menschen ließen sich hier auch auf eigene

28 LHAK Best. 655, 213 Nr. 189: Protokoll, Bgm. Mülheim, Alois J., Mülheim (Abschrift), 17.3.1922.
29 LHAK Best. 655. 213 Nr. 189: Klage des Ortsarmenverbandes Maring-Noviand gegen den Ortsarmenverband Mülheim betr. die Erstattung der Armenpflegekosten vor dem Bezirksausschuss, 19.7.1922.
30 Dies galt sowohl bei unfreiwilligem als auch bei freiwilligem Eintritt in die Anstalt. Graeffner/Simm, Armenrecht, S. 57–58 (gemäß § 11, Abs. 2 und § 23, Abs. 2 UWSG).
31 LHAK Best. 655, 213, Nr. 187: Bgm. Lieser an Armenamt Trier, 8.3.1906 (Entwurf). In ähnlicher Weise lehnte der Bgm. Lieser die Erstattung einer vom OAV Koblenz an Christian H. gezahlten Unterstützung ab mit der Begründung, dass dieser nie in Lieser gewohnt, sondern sich nur im Krankenhaus infolge eines Unfalls habe verpflegen lassen. Vgl. Bgm. Lieser an Oberbürgermeister Koblenz (Entwurf), 9.4.1908.
32 LHAK Best. 655, 213 Nr. 187: Bgm. Sulzbach (Kreis Saarbrücken) an Bgm. Lieser, 13.7.1923.

Rechnung bis an ihr Lebensende verpflegen. Der folgende Fall zeigt, dass eine Definition, wer in dieser Anstalt als Kranker und wer als »Pensionär« untergebracht war, schwer fallen konnte. Für die Schwestern A., deren Vermögen aufgebraucht war, lehnte der Ortsarmenverband Lieser eine Unterstützung ab, da diese ihren Unterstützungswohnsitz immer noch in ihrer Heimatgemeinde Platten hätten und im Kloster Lieser als Kranke untergebracht seien, mithin § 11, Abs. 2 des UWSG in Anwendung käme.[33] Der Ortsarmenverband Platten wiederum lehnte eine Unterstützung jedoch mit der Begründung ab, dass die Schwestern schon seit acht Jahren im Kloster lebten und dort auch beschäftigt würden und »der Eintritt von vollständig gesunden Personen, die arbeitsfähig sind, in einem Kloster nicht als Aufnahme in eine Kranken-, Bewahr oder Heilanstalt betrachtet werden kann«.[34] Der Bürgermeister von Monzel als Vertreter des Ortsarmenverbandes Platten hätte mit dieser Feststellung recht gehabt, wenn die beiden Schwestern tatsächlich halbwegs gesund und arbeitsfähig gewesen wären. Allerdings wurden die Schwestern A. von verschiedenen Personen als »krank und bettlägerisch« und »geistesschwach« bezeichnet, somit zu keiner Mithilfe bei anfallenden Arbeiten im Kloster fähig. Daher – und so wurde der Fall auch nach langer Zeit vom Bundesamt für das Heimatwesen entschieden – seien die Schwestern nicht als Pensionärinnen zu betrachten und der Ortsarmenverband Platten habe für ihre Unterbringung die Kosten zu tragen.[35]

War ein Ortsarmenverband nicht in der Lage, die benötigten Mittel für das Armenwesen in ausreichendem Maße aufzubringen, war der Landarmenverband zu finanzieller Unterstützung verpflichtet.[36] Die Aufsichtspflicht darüber, dass die Ortsarmenverbände ihrer

33   Vgl. Gesetz über den Unterstützungswohnsitz vom 30. Mai 1908, § 11, Abs. 2: »Durch den Eintritt in eine Kranken-, Bewahr- oder Heilanstalt wird jedoch der Aufenthalt nicht begonnen.« Zitiert nach Pöll, Unterstützungswohnsitz, S. 59.

34   Vgl. LHAK Best. 655, 213 Nr. 187: Bgm. Monzel an Bezirksausschuss Trier (Abschrift), 3.3.1922.

35   Vgl. LHAK Best. 655, 213 Nr. 187: Entscheidung des Bundesamtes für das Heimatwesen, Sitzung am 10.11.1923 (Abschrift).

36   Pr. Ausführungsgesetz, 8. März 1871, § 36: »Die Landarmenverbände sind verpflichtet, denjenigen, ihrem Bezirk angehörigen, Ortsarmenverbänden eine Beihilfe zu gewähren, welche den ihnen obliegenden Verpflichtungen zu genügen unvermögend sind.« Zitiert nach Sachße, Armengesetzgebung, S. 372.

Unterstützungspflicht nachkamen, lag bei den Landgemeinden in erster Instanz beim Landrat, in zweiter und letzter Instanz beim Regierungspräsidenten.[37] Als der Bürgermeister von Monzel die Ablehnung einer Unterstützung durch die Gemeinde Pohlbach damit begründete, »weil armenrechtliche Hilfsbedürftigkeit nicht vorliegt, weiter aber auch insbesondere aus dem Grunde, weil die Gemeinde zur Hilfe in solchen Fällen keine Mittel hat«[38], gab ihm der Landrat zu verstehen, dass dies nicht zulässig sei:

>»Wenn bei der Bittstellerin Hülfsbedürftigkeit vorliegt, was anscheinend der Fall ist, da sie sonst nicht so häufig mit Bittgesuchen vorstellig würde, so ist der Ortsarmenverband gehalten, ihr die erforderliche Unterstützung zu gewähren. Der Umstand, daß die Gemeinde Pohlbach wenig leistungsfähig ist, ist kein Grund, der Bittstellerin die ihr im Falle der Hilfsbedürftigkeit rechtlich zustehende Unterstützung vorzuenthalten. Ich verweise im Übrigen auf § 36 des Preußischen Armenpflege-Gesetzes vom 8. März 1871, wonach die Landarmenverbände verpflichtet sind, den Ortsarmenverbände [sic] eine Beihülfe zu gewähren, wenn diese zur Erfüllung der ihnen obliegenden Verpflichtungen unvermögend sind, und stelle anheim, gegebenenfalls einen entsprechenden Beihülfeantrag zu stellen.«[39]

In ähnlicher Weise nahm der Bürgermeister von Cröv an, dass »das Gesetz keine Handhabe« biete, den Ortsarmenverband Cövenig zu verpflichten, die Operationskosten für das Kind des bedürftigen Heinrich F. zu bezahlen, da die Gemeinde zur Übernahme dieser Kosten nicht in der Lage sei. Sie hatte dem Antragsteller lediglich einen Zuschuss von 50 Mark gewährt – ein »Entgegenkommen«, das Heinrich F. »dankbar anzuerkennen habe«. Der Landrat von Wittlich klärte den Bürgermeister jedoch darüber auf, dass seine Angaben über die gesetzliche Lage nicht zutreffend seien:

>»Nach den Entscheidungen des Bundesamtes für das Heimatwesen hat der Arme auch Anspruch darauf, daß, wenn sein Leben oder seine Gesundheit nur durch Operation zu erhalten oder zu bessern, oder Verschlimmerung zu verhüten ist, ihm die Hilfe

---

37 Vgl. Graeffner/Simm, Armenrecht, S. 4–5. Beschwerden von abgewiesenen Antragstellern sind für den Kreis Wittlich in KAB-W, 2.0.541 und 2.0.343 dokumentiert.

38 KAB-W 2.0.343: Bgm. Monzel an Landrat Wittlich, 17.5.1911.

39 KAB-W 2.0.343: Landrat Wittlich an Bgm. Monzel (Entwurf), 20.5.1911.

gewährt werde. Auch mache ich darauf aufmerksam, daß eine Verpflichtung zur Gewährung einer Unterstützung in dem Falle anerkannt wurde [...]. M. E. liegt es im eigenen Interesse des dortigen Ortsarmenverbandes, diese Kosten zu übernehmen, da er andernfalls Gefahr läuft, für das Kind zeitlebens sorgen zu müssen.«[40] Verschiedene Ortsarmenverbände konnten sich zu einem Gesamtarmenverband zusammenschließen, um gemeinsam ihre Aufgaben zu erfüllen.[41] In Anfragen des Oberpräsidenten an den Landrat von Wittlich aus den Jahren 1907, 1911 und 1913, ob sich in seinem Kreis Gesamtarmenverbände gebildet hätten, musste der Landrat jedes Mal diese Frage verneinen[42] – allerdings scheinen Gesamtarmenverbände insgesamt im Reich kaum gebildet worden zu sein.[43] Auch der Bürgermeister von Lieser beantwortete 1900 eine Anfrage diesbezüglich negativ mit der Begründung, dass keine der Gemeinden seines Verwaltungsbezirks mit den Ausgaben für die Armenpflege überlastet sei.[44] Zwölf Jahre später erklärte er wiederum, dass die Gemeinden »ebenso gut wie früher, in der Lage [seien] ihre Armenlasten aufzubringen«. Es bestehe »daher hierorts kein Bedürfnis, mehrere Gemeinden, etwa alle der Bürgermeisterei, zu einem Gesamtarmenverband zusammen zu schliessen«.[45] Die Vorteile, die ein Zusammenschluss bringen konnte, wie die qualitative Verbesserung der Armenpflege und Vermeidung von Streitigkeiten über Unterstützungswohnsitz oder Abschiebung, erschienen reichsweit den Gemeindeverwaltungen anscheinend nicht so maßgeblich wie ihre Nachteile, wie etwa Ausgleichszahlungen von finanzstärkeren an leistungsschwächere Gemeinden.[46]

---

40 Vgl. KAB-W 2.0.541: Bgm. Cröv an Landrat Wittlich, 3.9.1904 und Landrat Wittlich an Bgm. Cröv (Entwurf), 6.9.1904.
41 Vgl. Redder, Armenhilfe, S. 21.
42 Vgl. KAB-W 2.0.541: Rundschreiben Landeshauptmann Rheinprovinz an die Landräte, 6.6.1907; KAB-W 2.0.343: Rundschreiben Landeshauptmann Rheinprovinz an die Landräte, 6.3.1911 und 5.2.1913.
43 Etwa Münsterberg, Bemerkungen, S. 3.
44 Vgl. LHAK Best. 655, 213 Nr. 184: Antwort des Bgm. Lieser auf ein Rundschreiben des Ministerium des Innern vom 9.4.1900 betr. die Bildung von Gesamtarmenverbänden, 23.5.1900 (Entwurf).
45 Vgl. LHAK Best. 655, 213 Nr. 184: Antwort des Bgm. Lieser auf ein Rundschreiben des Ministerium des Innern vom 8.6.1912 betr. die Auswirkungen der Novelle des UWSG 1908, 12.7.1912 (Entwurf).
46 Zu den Pro- und Contra-Argumenten vgl. Redder, Armenhilfe, S. 36.

Die Unterstützungsleistungen für bedürftige Personen wurden aus den ordentlichen Einnahmen der Gemeinden gedeckt, die in erster Linie aus dem Steueraufkommen resultierten. Da viele kleine Gemeinden mit der Finanzierung des Armenwesens, insbesondere nach Erstem Weltkrieg und Inflation, überlastet waren, wurden mit der RFV 1924 die Ebenen der administrativen Zuständigkeiten geändert und leistungsfähigere Verwaltungseinheiten in Form der Bezirksfürsorgeverbände (Stadt- und Landkreise) und des Landesfürsorgeverbandes (Provinz) gebildet.[47] Speziell für den Bereich der Armenfürsorge wurden die kommunalen Ausgaben zudem aus den Erstattungen anderer Ortsarmenverbände, des Landarmenverbands, der Unterstützten selbst oder ihrer unterhaltspflichtigen Angehörigen gedeckt.[48] »Die Rückerstattungspflicht durch die Bedürftigen [...] zählte ebenso wie die Ersatzleistungen durch unterhaltsberechtigte Angehörige zu den eher undurchsichtigen Regelungsbereichen des Fürsorgewesens«, stellt Wilfried Rudloff in seiner Studie zur kommunalen Fürsorge in München fest.[49] Im Untersuchungsgebiet lassen sich ebenso wenig wie in anderen deutschen Großstädten[50] Grundsätze auf diesem Gebiet feststellen. Diese Form der Einnahmen taucht beispielsweise in der reichsweiten Statistik zum Armenwesen von 1885 in den Angaben der untersuchten Gemeinden nicht auf[51], desgleichen wurden sie in den auf kommunaler Ebene überlieferten Auflistungen über die Ausgaben für das Armenwesen nicht verzeichnet. Prinzipiell hatte der Unterstützte, wenn er wieder dazu fähig war, die Leistungen des Armenverbandes zurückzuerstatten[52]: Als Martha D. von ihrem verstorbenen Bruder über zweieinhalb Tausend Mark erbte, wurde ihre Unterstützung durch die Gemeinde sofort eingestellt; die schon verausgabten 216 Mark musste sie

---

47 Den Kreisen kam schon im 19. Jahrhundert eine wichtige finanziell ausgleichende Funktion zu, wodurch der Grundstein für ihre spätere Bedeutung als Träger gesetzlicher Fürsorgeaufgaben gelegt wurde. Vgl. Redder, Armenhilfe, S. 46.

48 Zur Finanzierung des Armenwesens vgl. allgemein Redder, Armenhilfe, S. 46–57.

49 Rudloff, Wohlfahrtsstadt, S. 625.

50 Vgl. Rudloff, Wohlfahrtsstadt, S. 625, Fn. 223, wo er die Antworten auf die Umfrage des deutschen Städtetags 1928 zur Rückerstattungspflicht zitiert: »Allgemein werde von Fall zu Fall unter Berücksichtigung von Einkommen und Familiengröße entschieden.«

51 Vgl. Tab. 4.

52 Dies nach § 68 UWSG. Vgl. Graeffner/Simm, Armenrecht, S. 259–260.

zurückerstatten.[53] In den Unterstützungsakten findet sich die Praxis, dass nach dem Tod einer unterstützten Person die Erben, so sie denn zu Erstattungsleistungen fähig waren, herangezogen oder das Vermögen versteigert wurde.[54] Da die Erben der auf Kosten der Gemeinde Lieser versorgten Hedwig P., ihre Nichten, durch die Übernahme ihrer Möbel die Erbschaft angetreten hatten, »so sind diese Erben auch verpflichtet, die der Gemeinde entstandenen Verpflegungs- und Beerdigungskosten, soweit sie nicht bereits gedeckt sind, zu erstatten. In diesem Sinne soll gegen die Erben vorgegangen werden.«[55] Als die Nichten erklärten, dass es sich bei ihrem Erbe nur um »einige Kleider und Mobilien« handelte, »die alt seien und kaum noch einen Wert hätten«, und sie aufgrund eigener Mittellosigkeit die rund 1600 Mark Pflegekosten nicht erstatten könnten, bestand der Gemeinderat von Lieser auf die Erstellung eines Nachlass-Inventars und das Leisten des Offenbarungseides.[56] Erst als nach langen Verhandlungen festgestellt wurde, dass der Wert des Nachlasses nur um die 15 Mark betrug, sah der Gemeinderat davon ab, die Sache weiter zu verfolgen.[57] Das Mobiliar der lange Jahre vom Ortsarmenverband Kesten unterstützten Luise F. wurde schon vor ihrem Tod versteigert und als teilweise Erstattung der Fürsorgeleistungen in Anspruch genommen – sie befand sich zu diesem Zeitpunkt im »Israelitischen Asyl für Kranke und Altersschwache« in Köln.[58] Zwölf Jahre nach ihrem Tod waren die Erben »nicht zu ermitteln«, und so wurde auch der Erlös aus der Versteigerung ihres Grundstücks für die Gemeinde in Anspruch genommen.[59]

53   LHAK Best. 655, 213 Nr. 187: Aktennotiz Bgm. Lieser, o. D., und Bgm. Lieser an Martha D. (Entwurf), 16.11.1908.

54   Diese Praxis war anscheinend legitim, obwohl ein gegenteilig lautendes Urteil eines Oberlandesgerichtes vorlag; vgl. LHAK Best. 655, 213 Nr. 188: Klagesache des OAV Maring-Noviand wegen der Rückzahlung von Unterstützungsbeträgen gegen die Erben der Witwe Lukas M., die mit insgesamt 970 Mark unterstützt worden war.

55   LHAK Best. 655, 213 Nr. 187: Auszug Beschlussbuch GR Lieser, 25.6.1908.

56   LHAK Best. 655, 213 Nr. 187: Auszug Beschlussbuch GR Lieser, 3.9.1908.

57   LHAK Best. 655, 213 Nr. 187: Auszug Beschlussbuch GR Lieser, 15.5.1909.

58   LHAK Best. 655, 213 Nr. 579: Bgm. Lieser an Gemeindevorsteher Kesten, 14.12.1909, dass die Möbel versteigert werden sollen; Gemeindevorsteher Kesten an Bgm. Lieser, 26.12.1909, dass die Versteigerung der Möbel stattgefunden habe und 17,80 M erlöst worden seien.

59   LHAK Best. 655, 213 Nr. 579: Israelitisches Asyl für Kranke und Altersschwache, Köln, an »die Gemeinde Kesten«, 7.4.1910 über den Tod von Luise F. Auszug Beschlussbuch GR Kesten, 4.5.1922.

Sicherheitshypotheken oder die Überlassung von Renten und Sparguthaben stellten eine weitere Gegenleistung, insbesondere für die lebenslange Versorgung alter Menschen, dar. Wenn die Witwe Lukas S. der Gemeinde in ihrem auf dem Amt protokollierten Unterstützungsantrag eine Sicherungshypothek anbot[60], kann davon ausgegangen werden, dass sie nicht von selbst auf diese Idee gekommen ist. Der protokollierende Beamte wird die Frage danach gestellt haben. In den meisten Fällen wurde die Gewährung einer Unterstützung gegen eine solche Sicherheit im Beschluss des Gemeinderates festgelegt und erst danach angefragt, ob der Unterstützte dazu bereit sei.[61]

Ab den neunziger Jahren des 19. Jahrhunderts wurden in zunehmendem Maße Ersatzleistungen der verschiedenen Sozialversicherungen relevant – ein Einnahmeposten, der im Untersuchungsgebiet nicht allzu hoch veranschlagt werden kann; es sind jedoch keine quantitativen Aussagen darüber möglich.[62] Ansprüche eines Bedürftigen aus den Sozialversicherungen konnten auf die Unterstützungsleistungen angerechnet werden.[63] Entweder wurden die Renten oder Leistungen bei der Bedürftigkeitsprüfung berücksichtigt, oder der Ortsarmenverband konnte nach gezahlter Unterstützung Ansprüche direkt an die Landesversicherungsanstalt stellen.[64] Es kam auch vor, dass die Landesversicherungsanstalt Renten insbesondere aus der Invalidenversicherung direkt an den Ortsarmenverband zahlte, vor allem dann, wenn ein Unterstützter längere Zeit

---

60 LHAK Best. 655, 213 Nr. 187: Verhandelt, Bgm. Lieser, Bernkastel-Kues, Wwe. Lukas S., Lieser, 12.8.1921.

61 LHAK Best. 655, 213 Nr. 187: Auszug Beschlussbuch GR Lieser, 3.9.1908.

62 Zur geringen Zahl der Krankenversicherten im Regierungsbezirk Trier vgl. Marx, Rise, S. 180.

63 Vgl. Graeffner/Simm, Armenrecht, S. 279 (nach RVO 1911).

64 Vgl. etwa LHAK Best. 655, 213 Nr. 187: LVA Rheinprovinz an Schuhmachergesellen Herrn Peter L., Lieser, 9.8.1910, dass der von ihm angemeldete Anspruch auf Invalidenrente anerkannt werde, »und zwar, da Ihre Erwerbsunfähigkeit nicht als eine dauernde anzusehen war, gemäß § 16 a.a.O. vom Beginn der 27. Woche seit Ihrer letzten Erkrankung bis zum Wiedereintritt der Erwerbsfähigkeit.« Die Rente betrage 19,66 Mark (monatlich 12,25 Mark). »Auf Grund des § 49 Absatz 3 und mit Ihrer Einwilligung erhält der Armenverband zu Lieser für die Ihnen in der Zeit vom 15. Februar bis 1. April geleisteten vorübergehenden Unterstützungen die halbe Rente mit zusammen 9 Mark 83 Pfennig erstattet, sodaß an Sie noch zu zahlen bleiben 9 Mark 83 Pfennig«.

in einer Anstalt untergebracht war.[65] Heinrich K., ein 62-jähriger Invalide, stellte den Antrag, im Josefskloster Lieser auf Kosten der Gemeinde Wehlen verpflegt zu werden. Seine drei Renten von der Eisenbahndirektion in St. Johann, Saarbrücken, in Höhe von monatlich 16,05 Mark, von der Pensionskasse der Arbeiter der Preußisch-Hessischen Eisenbahnen in Höhe von monatlich 15,30 Mark und seine Zusatzrente aus der Arbeiter-Pensionskasse (6,75 Mark monatlich) sowie sein Erspartes in Höhe von etwa 200 Mark, trat er an die Gemeinde ab.[66]

Ob die Fälle, in denen Unterstützte dem Ortsarmenverband eine Sicherungshypothek auf ihr Haus einräumten oder Einkünfte zu Verfügung stellten, strenggenommen als »Arme« angesehen werden können, ist zu hinterfragen, besaßen sie doch noch ein gewisses Vermögen. Allerdings konnten in den meisten Fällen beispielsweise Pflegegelder nicht ausreichend durch Einkommen, Renten oder Besitz der Unterstützten beglichen werden; sie gewährten der Gemeinde nur eine partielle Gegenleistung für ihre Versorgung.

Obwohl Rückerstattungsansprüche legitim waren, durfte die Gewährung einer Unterstützung nicht von einer Gegenleistung des Antragstellers abhängig gemacht werden. Als sich Wilhelm A. beim Landrat von Wittlich über den Beschluss des Gemeinderates Eisenschmitts, der ihm eine Unterstützung nur gegen das Überlassen seines Hauses gewähren wollte, beschwerte[67], teilte der Landrat dem zuständigen Bürgermeister von Oberkail mit:

»Der dortseits im vorliegenden Falle beabsichtigten Unterstützungsregelung stehen Bedenken entgegen. Liegt bei dem Beschwerdeführer Hülfsbedürftigkeit vor, was nach Lage der Akten anzunehmen ist, so ist der Ortsarmenverband verpflichtet, ihm die erforderliche Unterstützung zu gewähren. Die Gewährung der Unterstützung von einer Gegenleistung abhängig zu machen,

---

65 Vgl. Graeffner/Simm, Armenrecht, S. 318. Vgl. etwa LHAK Best. 655, 213 Nr. 1520: Bgm. Lieser an Landrat Bernkastel (Entwurf), 6.10.1931.

66 LHAK Best. 655, 213 Nr. 190: Verhandelt, Bgm. Lieser, Bernkastel-Kues, Heinrich K., Wehlen, 17.3.1909. Ähnlich LHAK Best. 655, 213 Nr. 187: Wwe. Matthias Qu., Lieser an Bgm. Lieser, 4.7.1910, nachdem ihr Erspartes durch die Pflegegelder im Josefskloster aufgebraucht war.

67 KAB-W 2.0.343: Wilhelm A., Eisenschmitt, an Landrat Wittlich, o. D., Eingang am 12.1.1914. Dabei handelte es sich offenbar nicht um das Wohnhaus des A., sondern um ein anderes, abrissreifes Gebäude, das A. an Obdachlose vermietete, vgl. Bgm. Oberkail an Landrat Wittlich, 20.1.1914.

wie es durch Ihren dem Beschwerdeführer am 16. ds. Mts. erteilten Bescheid geschehen ist, ist dann nicht angängig.«[68]

Die kommunalen Ausgaben für das Armenwesen wurden im Untersuchungsgebiet durch weitere »Töpfe« ergänzt: In einigen der untersuchten Gemeinden bestanden die so genannten Armenspenden, Stiftungen mit einem festen Grundstock an Vermögen, aus dessen Zinsen Arme unterstützt wurden. Zudem existierte anscheinend auf Ebene des Regierungsbezirks ein »Almosenfonds« – zumindest ersuchte der Regierungspräsident in einem Rundschreiben an die Landräte im Juni 1912, »abgesehen von Fällen dringendster Notlage« keine Anträge mehr auf Unterstützung aus diesem Fonds zu stellen, da dieser »schon wieder sehr in Anspruch genommen« worden sei.[69] Zuschüsse aus dem Polizeistrafgelderfonds konnten für Waisen oder verlassene Kinder beantragt werden.[70]

2. Antragstellung, Bedürftigkeitsprüfung und die Gewährung des »unentbehrlichen Lebensunterhalts«

Die Gewährung von Unterstützung war von einem Antrag abhängig, der in den untersuchten Fällen meist vom Bedürftigen selbst oder von Familienangehörigen gestellt wurde, seltener von Personen wie dem Armenarzt, einer Lehrerin oder dem Pfarrer. Kamen

68 KAB-W 2.0.343: Landrat Wittlich an Bgm. Oberkail (Entwurf), 26.1. 1914.

69 LHAK Best. 655, 123 Nr. 854: Rundschreiben Regierungspräsident Trier an die Landräte, 19.6.1912. In den ausgewerteten Akten ist nur eine Antragstellerin dokumentiert, die um Unterstützung aus diesem Almosenfonds nachsuchte; vgl. KAB-W 2.0.343: Verhandelt, Monzel, Witwe Anton Qu., Pohlbach, 17.3.1911. Ob es üblich war, dass die Bedürftigen die Anträge selbst an den Regierungspräsidenten richteten, kann nicht entschieden werden, zumindest bat der Bgm. Monzel den Landrat Wittlich (Entwurf), 17.5.1911 in derselben Sache, da die Gemeinde Pohlbach eine finanziell sehr belastete Gemeinde sei. Möglicherweise konnten auch »arme« Gemeinden aus diesem Fonds bezuschusst werden.

70 Vgl. LHAK Best. 655, 213 Nr. 184: Mitteilung des Landesdirektors der Rheinprovinz, 28.8.1879, dass Zuschüsse aus dem Polizeistrafgelderfonds für ortsarme Kinder gewährt werden, die elternlos waren »und zwar entweder durch 1) Sterbefall, 2) durch böswilliges Verlassen oder 3) Verbüßung einer rechtskräftig anerkannten Strafhaft«.

die Anträge »zu spät«, wurde rückwirkend Unterstützung beantragt für einen Zeitraum, in dem man nach Ansicht der kommunalen Behörden noch nicht bedürftig gewesen sei, bestand keine rechtliche Verpflichtung der Gemeinde zur Unterstützung. So wurde der im Sommer 1929 gestellte Antrag von Balthasar E. aus Kesten über Begleichung von Lebensmittelschulden aus dem Zeitraum Januar bis November 1927 abgelehnt mit der Begründung:

>»Dieser Zeitraum liegt also lange vor dem Eintritt der Hilfsbedürftigkeit der Familie E., als Ehemann E. noch ständig in Verdienst stand, noch sein Baugeschäft betrieb. Heute wo E. arbeitsunfähig und hilfsbedürftig ist, glaubt der Rechnungsaussteller vom Bezirksfürsorgeverband sein Guthaben zu erhalten. Es gehört aber nicht zu den Aufgaben des Bezirksfürsorgeverbandes, alte Schulden eines Hilfsbedürftigen zu begleichen, aus diesem Grunde lehnt die Gemeinde Kesten eine Beteiligung ab.«[71]

Die Entscheidung über die Bedürftigkeit lag bei den lokalen Verwaltern Bürgermeister und Gemeinderat. Andere Meinungen waren wenig relevant. Dass Superintendent Berenbruch aus Wolf für Johann T. um Unterstützung bat, weil dieser »zu unseren Allerärmsten hier« gehöre[72], hinderte den Gemeinderat von Wolf nicht daran, den Antrag abzulehnen, da T. »einen ziemlichen Erlös aus seinen Trauben gehabt« habe.

Die genehmigende Beschlussfassung im Gemeinderat war die Voraussetzung für die Erstattung von Kosten durch den Ortsarmenverband. So hatte Dr. Balduwein das Nachsehen, als er in einem Notfall Adam D. behandelte. Er bat erst nachträglich um die Ausstellung eines Armenscheins für die armenärztliche Behandlung des D., dessen Verhältnisse »auf große Armuth schließen lassen« und der nicht in der Lage sei, ihn zu bezahlen.[73] Der Bürgermeister von Binsfeld war jedoch anderer Ansicht über die Bedürftigkeit des D. Dieser sei »ein starker Mann, welcher sehr wohl in der Lage sein dürfte, die Kosten einer etwa erforderlichen ärztlichen Behandlung selbst zu bestreiten«.[74] Mit dieser Antwort gab sich Dr. Balduwein

71 LHAK Best. 655, 213 Nr. 1715: Bgm. Lieser an Landrat Bernkastel, 21.8. 1929 (Entwurf).
72 LHAK Best. 655, 123 Nr. 967: Superintendent Berenbruch, Wolf, an Bgm. Zeltingen, 30.10.1902.
73 KAB-W 2.0.343: Dr. Balduwein, Kyllburg, an Bgm. Binsfeld, 25.2.1912.
74 KAB-W 2.0.343: Bgm. Binsfeld an Dr. Balduwein, Kyllburg, 28.2.1912.

nicht zufrieden. Er beschwerte sich beim Kreisausschuss, dass die Behandlung D.s so dringend gewesen sei, dass eine vorherige Absprache nicht möglich gewesen sei.[75] Zur Stellungnahme aufgefordert, verteidigte der Bürgermeister seine Einschätzung des D. als nicht bedürftigen, arbeitsfähigen Mann. Der Kreisausschuss wies die Beschwerde mit dem Hinweis ab, dass »nach der Rechtsprechung des Bundesamtes für das Heimatwesen [...] die Bezahlung rückständiger Kurkosten, die sich nachträglich als uneinziehbar herausstellen, nicht zu den Aufgaben der Armenpflege« gehöre.[76] Da die Bedürftigkeit eine »gegenwärtige« zu sein hatte, fielen – neben der Erstattung von Schulden – auch Maßnahmen zur Vorbeugung einer Hilfsbedürftigkeit nicht in das Ressort der öffentlichen Armenfürsorge.[77]

Für die Entscheidung, Unterstützung zu gewähren oder nicht, war immer eine eingehende »Bedürftigkeitsprüfung« für jeden Einzelfall notwendig. Genau mussten die Einkommens- und Familienumstände abgewogen werden, um zu einem abschließenden Urteil über Bewilligung oder Ablehnung des Unterstützungsgesuches zu kommen. Die maßgeblichen Kriterien für die Bedürftigkeitsprüfung stellten die Arbeitsfähigkeit des Antragstellers, materieller Besitz (Vermögen, Grundbesitz, Einkommen aus Erwerb und Grundbesitz) und das Vorhandensein unterhaltsberechtigter und -verpflichteter Angehöriger dar.[78] »Bedürftigkeit« erhielt jedoch weder im UWSG noch im Gesetz über die Freizügigkeit eine konkrete Definition, so dass den lokalen Verwaltern ein recht großer Spielraum bei der Entscheidung über Gewährung und Ablehnung von Gesuchen blieb. Außer auf »Bedürftigkeit« bezogen sich Entscheidungsträger bei der Bewertung von Antragstellern auf »Unterstützungswürdigkeit«[79] oder auf »selbst verschuldete Armut«. Anträge durften nicht allein aufgrund solcher Kriterien abgelehnt werden,

---

75 KAB-W 2.0.343: Dr. Balduwein, Kyllburg, an Kreisausschuss Wittlich, 3.3.1912.

76 KAB-W 2.0.343: Bgm. Binsfeld an Landrat Wittlich, 11.3.1912. Vorsitzender des Kreisausschusses Wittlich an Dr. Balduwein, Kyllburg (Entwurf), 13.3.1912.

77 Vgl. Graeffner/Simm, Armenrecht, S. 27.

78 Graeffner/Simm, Armenrecht, S. 12. Vgl. auch Stellungnahmen in den Fürsorgeakten wie LHAK Best. 655, 213 Nr. 661: Beschluss Bezirksausschuss Regierungsbezirk Trier, 13.10.1927.

79 Vgl. zu dieser Thematik Kap. VII.

was gleichwohl geschah: Max A. aus Noviand richtete im März 1906 ein Bittschreiben um Unterstützung an den Gemeinderat von Maring-Noviand:

»Meine Verhältnisse sind sehr gering, denn ich besitze gar kein Vermögen, mithin das geringste Einkommen nicht, und ich bin jetzt schon seit dem 5. Oktober 1905 arbeitsunfähig und kann auch voraussichtlich noch in langer Zeit keine Arbeit verrichten, und meine Haushaltung besteht aus zehn unerwachsenen Kindern. Also sind meine Verhältnisse sehr drückend, und könnten nur durch Unterstützung gelindert werden.«[80]

Der Gemeinderat lehnte das Gesuch ab, »da A. sein Vermögen durch Prozessen vergäutert [sic] hat«.[81] Mittlerweile hatte der Bürgermeister von Lieser auf eine erneute Anfrage des A. hin ein ärztliches Gutachten in Auftrag gegeben, das dessen Arbeitsunfähigkeit klar bescheinigte. Der Bürgermeister bat den Gemeinderat um einen erneuten Beschluss und fügte hinzu:»Ich bemerke noch, daß es ganz gleichgültig ist, ob der p. A. an seinem Leide selbst schuld ist, jedenfalls ist er zum Beispiel unterstützungsbedürftig.«[82] Damit entsprach der Bürgermeister den Richtlinien der Gesetzestexte und Verwaltungsvorschriften, in denen es hieß: »Grundsätzlich kommt es auf die Ursachen der Hilfsbedürftigkeit nicht an.«[83] Wenige Tage später beschloss der Gemeinderat Maring-Noviand aber erneut, das Gesuch abzulehnen, mit der etwas einfältigen Begründung,»da die Gemeinde Maring Noviand nicht Schuld an der Arbeitsunfähigkeit des A. ist. Kann denn nicht derjenige zur Entschädigung herangezogen werden der die Schuld an der Arbeitsunfähigkeit des Max A. trägt.«[84] A. nutzte daraufhin sein Beschwerderecht beim Kreisausschuss und hatte Erfolg; seine Beschwerde wurde als begründet erachtet und die Gemeinde Maring-Noviand verpflichtet, ihm eine Unterstützung von monatlich 15 Mark zu zahlen. Der Beschluss des

---

80 LHAK Best. 655, 213 Nr. 188: Max A., Noviand, an GR Maring-Noviand, 17.3.1906.

81 LHAK Best. 655, 213 Nr. 188: Auszug Beschlussbuch GR Maring-Noviand, 25.3.1906.

82 LHAK Best. 655, 213 Nr. 188: Bgm. Lieser an GR Maring-Noviand (Entwurf), 10.4.1906.

83 Graeffner/Simm, Armenrecht, S. 23.

84 LHAK Best. 655, 213 Nr. 188: Auszug Beschlussbuch GR Maring-Noviand, 16.4.1906.

Kreisausschusses endet mit der Feststellung:»Wenn auch p. A. durch eigenes Verschulden Vermögen und Einkommen verlor, so kommt bei Beurteilung seiner Beschwerde nur allein die Frage in Betracht, ob Beschwerdeführer armenrechtlich unterstützungsbedürftig ist. Diese Frage muß dringend bejaht werden [...].«[85] Es kann vermutet werden, dass diese Entscheidung im Gemeinderat mit Unverständnis aufgenommen wurde. Es widersprach wohl einem »Gerechtigkeitssinn«, dass Menschen, die aufgrund eigenen Fehlverhaltens in Not geraten waren, sich nicht auch selber aus dieser misslichen Lage heraushelfen mussten. Es ist fraglich, ob die gesetzlichen Bestimmungen zu diesem Punkt auf der Ebene der Gemeinden überhaupt rezipiert worden sind. Innerhalb der gemeindlichen Selbstverwaltung fand eine Reflektion über diese Problematik in der Regel nicht statt, vielmehr oftmals erst, wenn sich Bürgermeister oder Landrat eingeschaltet hatten.

Die Bedürftigkeit arbeitsfähiger Bittsteller wurde in besonderem Maße geprüft, da für sie die Armenfürsorge nicht im eigentlichen Sinn zuständig war. Zwar tauchte »Arbeitslosigkeit« als Ursache von Armut erstmals schon 1885 in der Statistik der öffentlichen Armenpflege auf, doch war sie auf einer dort dargelegten »Skala der persönlichen Schuld zwischen den Gründen, die nicht vom Willen des Empfängers der Armenpflege abhingen, und denjenigen, für die er selbst verantwortlich war«, nahe der »Arbeitsscheu« und dem »Trunk« angesiedelt.[86] Erst mit Erwerbslosenfürsorge und Arbeitslosenversicherung in der Weimarer Republik wurde für arbeitsfähige, doch verdienstlose Arme ein Unterstützungssystem geschaffen. Im Rahmen der Armenfürsorge wurde arbeitsfähigen Armen keine oder wenn überhaupt, eine Unterstützungsleistung nur gegen Arbeit gewährt.[87] Trat dieser Fall ein,»so ist die Unterstützung möglichst knapp zu bemessen, damit nicht der Unterstützte den Anreiz zur Arbeit verliere und nicht Dritte ihre Arbeit aufgeben, wenn sie sehen, dass man sich auch ohne Mühe durch Erlangung einer Unterstützung behelfen kann.«[88] Diese Vorgabe entspricht dem Prinzip der »less eligibility«, welches besagt, dass das Leistungsniveau der Armenfürsorge unter den niedrigsten Löhnen liegen

---

85   LHAK Best. 655, 213 Nr. 188: Protokoll Sitzung Kreisausschuss Bernkastel, 29.5.1906.
86   Zimmermann, Arbeitslosigkeit, S. 57.
87   Vgl. Dorn, Arbeitslosigkeit, S. 15.
88   Gerlach, Handbuch, S. 43.

muss.[89] Vollkommen fehl lag der Bürgermeister von Monzel jedoch mit seiner Annahme, das Gesuch auf die Erstattung von Krankenhauskosten von Frau Sch. aus Pohlbach abweisen zu können, nur weil der Ehemann der Kranken »gesund und arbeitsfähig« sei. Er verkannte die eigentliche Ursache der Bedürftigkeit. Der Wittlicher Landrat wies ihn darauf hin: »Wenn die Ehefrau Sch. einer Krankenhausbehandlung bedürftig und der Ehemann außer Stande ist, die Kosten der Krankenhausbehandlung zu bestreiten, so ist der Ortsarmenverband nach § 1 des Preuß. Armenpflege-Gesetzes vom 8. März 1871 verpflichtet, helfend einzugreifen.«[90]

Nach dem preußischen »Gesetz über die Bestrafung der Landstreicher, Bettler und Arbeitsscheuen« vom 6. Januar 1843 wurde mit Gefängnis nicht unter sechs Wochen bestraft, »wer geschäfts- oder arbeitslos umherzieht, ohne sich darüber ausweisen zu können, dass er die Mittel zu seinem redlichen Unterhalt besitze oder doch eine Gelegenheit zu demselben aufsuche.« Bettlern drohte eine Haftstrafe von höchstens sechs Wochen; »arbeitsscheue« Personen hingegen konnten mit Zwangsarbeit bestraft oder bis zu drei Jahre in eine Arbeitsanstalt eingewiesen werden.[91] Im Preußischen Ausführungsgesetz des Unterstützungswohnsitzgesetzes von 1871 war die Arbeitsverpflichtung nicht mehr an die Arbeitshauseinweisung geknüpft. Allerdings konnten nach den Paragraphen 361 und 362 des Reichsstrafgesetzbuches vom 15. Mai 1871 Personen, die als »Landstreicher« umherzogen, bettelten oder Kinder zum Betteln anleiteten, die verschuldetermaßen ihren Unterhaltsverpflichtungen nicht nachkamen oder sich weigerten, angewiesene Arbeit zu verrichten, mit Haft bestraft und anschließend zur »korrektionellen Nachhaft« in ein Arbeitshaus eingewiesen werden.[92] Das »Arbeitsscheuengesetz« vom 23. Juli 1912 verfolgte »den Zweck, der missbräuchlichen Inanspruchnahme der Armenpflege durch Arbeitsscheue und säumige Nährpflichtige entgegenzutreten«, und befugte

89 Vgl. etwa Dorn, Arbeitslosigkeit, S. 18.

90 KAB-W 2.0.343: Landrat Wittlich an Bgm. Monzel (Entwurf), 8.5.1913.

91 Dies galt für inländische Landstreicher; Ausländer wurden nach verbüßter Strafe des Landes verwiesen. Die Gesetzesbestimmungen von 1843 gingen in die Paragraphen 117 bis 120 des Preußischen Strafgesetzbuches von 1851 ein. Hier wurde das Strafmaß für Landstreicherei und Bettelei gleichgesetzt. Vgl. Ayaß, Nachhaft, S. 187.

92 Vgl. Ayaß, Nachhaft, passim. Dorn, Arbeitslosigkeit, S. 16. Zur Arbeitsanstalt der Rheinprovinz in Brauweiler vgl. Althammer, Functions.

die Armenverwaltungen, »Zwang zur Arbeit auszuüben gegen mü-
ßige, leichtsinnige und trunksüchtige Unterstützungsempfänger innerhalb oder außerhalb einer Arbeitsanstalt«.[93] Auf eine Anfrage des
Innenministeriums, in welcher Weise von den Möglichkeiten des
»Arbeitsscheuen-Gesetzes« Gebrauch gemacht werde, erstattete der
Bürgermeister von Lieser 1916 Fehlanzeige[94]; tatsächlich sind im
Untersuchungszeitraum nur wenige Fälle in den Fürsorgeakten dokumentiert, in denen »säumigen Nährpflichtigen« die Einweisung
in eine Arbeitsanstalt angedroht wurde.[95]

Auf der gesetzlichen Grundlage von BGB § 6 und ZPO §§ 645–
687 konnte auch auf Initiative des Ortsarmenverbandes ein Entmündigungsverfahren »wegen Verschwendung oder Trunksucht«
eingeleitet werden.[96] Nur sehr selten findet sich die Einleitung eines
solch folgenschweren Verfahrens in den Akten. Es wurde beispielsweise durch den Gemeinderat Maring-Noviand gegen Konrad V.
beschlossen, »weil durch die fortgesetzte Betrunkenheit desselben
die Gefahr besteht, daß er nach Durchbringung seines Vermögens
der Gemeinde zur Last fällt«.[97] Der schon unter Pflegschaft stehende 55-jährige Georg Qu. wurde auf Veranlassung des Amtsgerichtes
entmündigt, da die Gefahr einer Verwahrlosung als »Waldmensch«
bestand und die Einweisung ins Landarmenhaus vorangetrieben
werden sollte.[98] Dieser Fall ist wohl unter der Rubrik »Entmündigung wegen Geisteskrankheit oder Geistesschwäche« zu fassen (Qu.
wurde in einem behördlichen Schreiben als »nicht recht bei Verstand« bezeichnet)[99], dessen Einleiten nur auf Betreiben der Gerichte, nicht des Ortsarmenverbandes erfolgen konnte.

93 Preußisches Gesetz über die Abänderung und Ergänzung des Ausführungsgesetzes zum Reichsgesetz über den Unterstützungswohnsitz vom 23.
   Juli 1912 (Inkrafttreten am 1. Oktober 1912).
94 LHAK Best. 655, 213 Nr. 184: Antwort des Bgm. Lieser auf eine Anfrage
   des Ministeriums des Innern vom 27.8.1916 (Entwurf).
95 Etwa LHAK 655, 213 Nr. 190: Landrat Bernkastel an GR Lieser (Abschrift),
   6.1.1914.
96 Vgl. Graeffner/Simm, Armenrecht, S. 379.
97 Archiv der Verbandsgemeindeverwaltung Bernkastel-Kues: Beschlussbuch
   GR Maring-Noviand, 1905–1914, 26.4.1911. Ebd., 3.12.1913: Antrag auf
   Entmündigung von Josef H., »weil bei seiner gegenwärtigen Lebensweise
   die Gefahr der Verarmung vorliegt, so daß er über kurz oder lang der
   öffentlichen Armenfürsorge zur Last fallen mag.«
98 LHAK Best. 655, 213 Nr. 187: Amtsgericht Bernkastel an Bgm. Lieser, 1.12.
   1906.
99 LHAK Best. 655, 213 Nr. 187: Gendarm Wachten, Echternacherbrück, an

Neben dem Prinzip des Unterstützungswohnsitzes und der Individualisierung war das Subsidiaritätsprinzip[100] im Armenwesen zentral: Öffentliche Fürsorge hatte erst dann einzusetzen, wenn andere Möglichkeiten der Hilfe ausgeschöpft waren. Neben Eigentum und Verdienstfähigkeit war insbesondere auf die Versorgung durch unterhaltspflichtige Angehörige zurückzugreifen. Auch wenn sie sich weigerten, konnten diese zur Zahlung eines Unterhalts herangezogen werden. Jakob L. etwa, Steueraufseher in Wittlich, lehnte es ab, seine alten Eltern zu unterstützten, weil er dazu nicht imstande sei.[101] Der Bürgermeister von Wittlich war aufgrund der Einkommensverhältnisse des L. jedoch der Ansicht, dass dieser zu einer Unterhaltszahlung fähig sei, und der Kreisausschuss verpflichtete L., zum Unterhalt seiner Eltern sechs Mark monatlich beizusteuern.[102] Die Weigerung einer Mutter, zwölf Mark Pflegekosten für ihren in einem Kölner Krankenhaus wegen Influenza behandelten Sohn zu zahlen, da dieser seiner Zeit sein ganzes Vermögen von ihr verlangt und dieses inzwischen durchgebracht habe, wurde von der Kölner Armenverwaltung nicht akzeptiert. Laut Auskunft des Bürgermeisters sei sie zu einer Zahlung des Geldes »unzweifelhaft« in der Lage und die Armenverwaltung Köln bat den Bürgermeister von Lieser, der Mutter eröffnen zu wollen, »daß ich bei weiterer Weigerung zu gerichtlichen Maßnahme gegen sie schreiten müsse. Ich bitte sie nochmal zu befragen, ob sie es nicht doch vorzieht, den geringen Betrag auf gütlichem Wege zu zahlen.«[103]

Die Unterhaltsverpflichtung von offensichtlich wenig begüterten Angehörigen mutet in diesem Zusammenhang unverhältnismäßig hart an. Nachdem die Gemeinde Lieser sich verpflichtet hatte, die Pflegekosten der Witwe Vinzenz Qu. im Josefskloster Lieser, einer Art Altersheim, zu übernehmen, sollten ihr Sohn Paul und ihr Schwiegersohn Theodor Sch. dazu ihren Beitrag leisten, »weil diese hierzu in der Lage sind«.[104] Auf Vorladung hin erklärten sie jedoch,

Bgm. Echternacherbrück, 12.6.1907, wo Qu. nach seiner »Flucht« aus dem Landarmenhaus aufgegriffen wurde.

100 Zur Begriffsgeschichte der Subsidiarität vgl. Sachße, Subsidiarität.

101 KAB-W 2.0.541: Verhandelt, Bürgermeisteramt Wittlich, Jakob L. Wittlich, 27.4.1907.

102 KAB-W 2.0.541: Beschluss des Kreisausschusses Wittlich (Abschrift), 5.6. 1907.

103 LHAK Best. 655, 213 Nr. 187: Armenverwaltung Köln an Bgm. Lieser, 25.5.1909.

104 LHAK Best. 655, 213 Nr. 187: Auszug Beschlussbuch GR Lieser, 29.8.1910.

dass es ihnen nicht möglich sei, einen Zuschuss zu leisten: Beider Grundvermögen sei verschuldet; Theodor Sch. habe insgesamt neun Kinder im Alter von vier bis 18 Jahren, sein Tagelohnverdienst und der seiner Söhne reiche nicht aus, um die Familie zu ernähren.[105] Gegen den Schwiegersohn wurde jedoch gerichtlich vorgegangen, obwohl der Gemeinderat in einem Beschluss festhielt, dass es »fraglich« sei, ob er »zur Leistung eines Zuschusses herangezogen werden kann«. Es solle trotzdem versucht werden, »lediglich aus principiellen Gründen«.[106] Art und Höhe der Unterstützung Bedürftiger lag weitgehend im Ermessensspielraum der Behörden.[107] Hilfsbedürftigen musste »der unentbehrliche Lebensunterhalt«, bestehend aus Obdach, Kleidung, Nahrung, der erforderlichen Pflege im Krankheitsfall und einem angemessenen Begräbnis gewährt werden.[108] Gesetzlich war der unentbehrliche Lebensunterhalt nicht festgelegt, vielmehr sollte er den lokalen Verhältnissen angepasst werden.[109] Einheitliche Richtsätze existierten bis in die Weimarer Republik hinein nicht, lediglich im Bereich der Versorgung Kranker und Pflegebedürftiger war der Ministerialtarif ein Anhaltspunkt, insbesondere wenn es um die Erstattung von Kosten an andere Ortsarmenverbände ging.[110]

»Obdach« umfasste neben der Unterbringung in geeigneten Räumlichkeiten – entweder in einer Wohnung oder in einer Anstalt – auch das Beschaffen notwendiger Möbel und von Brennmaterial.

105 LHAK Best. 655, 213 Nr. 187: Verhandelt, Bgm. Lieser, Bernkastel-Kues (Abschrift), 5.9.1910.

106 LHAK Best. 655, 213 Nr. 187: Auszug Beschlussbuch GR Lieser, 4.10.1910.

107 Vgl. Sachße/Tennstedt, Fürsorge, S. 77; Peukert, Wohlfahrtsstaat, S. 351; Sachße, Wohlfahrtsstaat, S. 483.

108 Vgl. etwa Klumker, Fürsorgewesen, S. 36.

109 Vgl. etwa für Ulm die Feststellungen von Jans, Sozialpolitik, S. 103: »Die den unteren Verwaltungsebenen übertragene Kompetenz mußte notwendigerweise eine örtliche Verschiedenheit in der Erfüllung der Gesetze begründen. Die Unterstützungsleistungen konnten so den örtlichen Verhältnissen und dem jeweiligen Etat angepasst werden. […] Dem breit angelegten Versorgungsangebot stand ein Ermessensspielraum der Behörden gegenüber, der ihnen prinzipiell ermöglichte, vorhandene Mittel und tatsächliche Not relativ willkürlich aufeinander abzustimmen.«

110 Vgl. LHAK Best. 655, 213 Nr. 184: Rundschreiben des Innenministeriums betr. den Tarif der von den preußischen Armenverbänden zu erstattenden Armenpflegekosten:, 30.11.1910.

In den untersuchten Fällen wurden Bürgermeister darauf hingewiesen, dass sie in ihrer Eigenschaft als Polizeibehörde dazu verpflichtet waren, eine Wohnung bereitzustellen.[111] Die Gewährung
von Kleidung sollte sich nach der Jahreszeit und den persönlichen
Bedürfnissen richten – sie sollte vor Kälte oder Erkrankung schützen, Arbeitslosen die Arbeitssuche ermöglichen, Kinder in die Lage
versetzen, die Schule zu besuchen usw.[112] Die gewährten Unterstützungen waren reichlich knapp bemessen: So dürften vier Brote pro
Woche, die sechs Kindern während der Inhaftierung ihres Vaters
gewährt wurden, wohl tatsächlich nur den ärgsten Hunger gestillt
haben.[113] Auch bei Pflegebedürftigen lag die Art der Unterbringung
im Ermessen der Behörden; es wurde nicht davor zurückgeschreckt,
Kranke im kostengünstigen Landarmenhaus unterzubringen, auch
wenn diese Einrichtung sicherlich nicht die adäquateste Lösung
darstellte.[114]

---

111 Etwa KAB-W 2.0.343: Landrat Wittlich an Bgm. Binsfeld (Entwurf),
23.3.1912:»Ich mache darauf aufmerksam, daß Sie als Polizeibehörde für
Beschaffung einer Wohnung für den Sch. Sorge zu tragen haben, nachdem
seine eigenen Bemühungen, eine Wohnung zu bekommen, erfolglos gewesen sind – vgl. auch Anmerkung I. 14 d zu § 28 des Unterstützungs-
wohnsitz-Gesetzes vom 6. Juni 1870 […].«

112 Vgl. Graeffner/Simm, Armenrecht, S. 30–46.

113 Vgl. LHAK Best. 655, 213 Nr. 187: Aktennotiz Bgm. Lieser, 10.10.1905.

114 KAB-W 2.0.343: Matthias Qu. bat den Landrat von Wittlich, 2.5.1913,
dass er nicht, wie vom Gemeinderat Osann beschlossen, im Landarmenhaus untergebracht werden wolle, sondern er wolle»in meiner Familie bei
meiner Frau […] bleiben, u. wäre mit meiner geringen Unterstützung zu
frieden, […].« Der zuständige Bgm. Monzel äußerte in einem Schreiben
an den Landrat, 8.5.1913, dass Qu. aller Voraussicht nach dauerhaft erwerbsunfähig sei und sich eine Aufnahme in ein Krankenhaus wohl als
notwendig erweisen werde. Eine reguläre Unterstützung würde die Gemeinde jedoch zu sehr belasten:»Es liegt also im finanziellen Interesse der
ihn unterstützenden Gemeinde auf seiner Unterbringung im Landarmenhause zu bestehen, es sei denn, daß er es vorziehen sollte, auf die Inanspruchnahme der öffentlichen Armenhilfe lieber zu verzichten, als sich im
Landarmenhause aufnehmen zu lassen.« Beschluss Kreisausschuss Wittlich, 10.5.1913: Zurückweisung der Beschwerde unter Berufung auf § 1
Abs. 2 des Pr. Armenpflegegesetzes vom 8. März 1871, wonach die Unterstützung eines Hilfsbedürftigen mittels Unterbringung in einem Armen-
hause gewährt werden kann.

3. »Drohende Gefahr der Verarmung«: Überprüfung neu anziehender Personen nach § 4 Freizügigkeitsgesetz

Um die Mobilität von Arbeitern und Handwerkern zu erleichtern, wurden die Armenpflege- und Freizügigkeitsgesetzgebung in zwei zeitgleich erlassenen Gesetzen miteinander in Einklang gebracht.[115] Am 31. Dezember 1842 wurde neben dem »Gesetz über die Verpflichtung zur Armenpflege« das »Gesetz über die Aufnahme neu anziehender Personen« erlassen, in dem es hieß, dass »keinem selbständigen Preußischen Unterthan [...] an dem Ort, wo er eine eigene Wohnung oder ein Unterkommen sich selbst zu verschaffen im Stande ist, der Aufenthalt verweigert oder durch lästige Bedingungen erschwert werden« durfte.[116] Dass der Umgang mit Personen, bei denen die Gefahr einer Verarmung bestand, für die kommunale Verwaltung zu einem Problem werden würde, wurde schon früh in der Diskussion über die Freizügigkeitsgesetzgebung im Preußischen Staatsministerium erkannt. So stellte man eine »Neigung der Kommunen und Behörden« fest, die Aufnahme zu verweigern, »wo zwar der Zustand der Verarmung nicht vorhanden, aber mit mehr oder minder Wahrscheinlichkeit, in näherer oder fernerer Zukunft, zu besorgen« sei; des Weiteren ist von »Egoismus und Vorurtheil« der Ortsbehörden gegenüber Ankömmlingen die Rede. Ein Nachweis von Seiten der neu zugezogenen Personen, dass sie Gelegenheit zu Arbeit hätten, sei »praktisch unmöglich, zumal gegen Behörden, die in der Regel abgeneigt sind, sich überzeugen zu lassen«.[117] Auf Drängen der Gemeinden bestimmte das

115 In einem weit ausgreifenden historischen Überblick behandelt Eckart Reidegeld die Bürgerschafts- und Freizügigkeitsregelungen unter Berücksichtigung der Armengesetzgebung von der Wende des 17. zum 18. Jahrhundert bis in die siebziger Jahre des zwanzigsten Jahrhunderts. Vgl. Reidegeld, Bürgerschaftsregelungen.

116 Preußisches Gesetz über die Aufnahme neu anziehender Personen, 31. Dezember 1842, § 1, zitiert nach Sachße, Armengesetzgebung, S. 916. Zur Vorgeschichte der beiden Gesetze, insbesondere der Diskussion im preußischen Staatsministerium und zwischen Staatsministerium und Vertretern der Kommunen und Provinzen vgl. Schinkel, Armenpflege.

117 Alle Zitate dieses Absatzes aus Allerhöchste Kabinettsordre vom 18ten Februar 1838 mit den Gesetz-Entwürfen über die Verpflichtung der Kommunen zur Aufnahme neuanziehender Personen und wegen der Verpflichtung zur Armenpflege, S. 20–21. Zitiert nach Schinkel, Armenpflege, S. 468–469.

Preußische Ergänzungsgesetz zum Armenpflegegesetz aus dem Jahr 1855 zusätzlich zur dreijährigen Frist des Unterstützungswohnsitzerwerbs eine einjährige unterstützungsfreie Beibehaltung des Wohnsitzes als Voraussetzung für die kommunale Fürsorge.[118] Im Interesse einer Erleichterung der Mobilität wurde im Reichsgesetz von 1870 die Frist zur Erlangung des Unterstützungswohnsitzes auf zwei Jahre reduziert.[119] Die Bedeutung der Armen- und Freizügigkeitsgesetzgebung innerhalb eines »rechtsstaatlich-liberalen Konzepts von Sozialpolitik« kann in dieser Arbeit nicht vertieft werden.[120] Im Folgenden soll die kommunale Praxis im Umgang mit zugezogenen Personen beleuchtet werden. Im »Gesetz über die Freizügigkeit« vom 1. November 1867[121], auf das sich die Behörden im Untersuchungszeitraum beriefen, war festgelegt worden, dass bereits verarmte Personen oder Personen, bei denen sich innerhalb eines Jahres nach dem Zuzug die Notwendigkeit einer öffentlichen Unterstützung offenbarte und denen ihre Verarmung schon vor dem Umzug nachgewiesen werden konnte, eine Hilfe verweigert werden durfte, um eine zu starke finanzielle Belastung der Gemeinden zu vermeiden.[122] Bestand nur die Besorgnis der künftigen Verarmung eines Zugezogenen, berechtigte dies nach § 4 des Gesetzes die Gemeinden jedoch nicht zu dessen Abweisung:

»[1] Die Gemeinde ist zur Abweisung eines neu Anziehenden nur dann befugt, wenn sie nachweisen kann, daß derselbe nicht hinreichende Kräfte besitzt, um sich und seinen nicht arbeitsfähigen Angehörigen den notdürftigen Lebensunterhalt zu verschaffen, und wenn er solchen weder aus eigenem Vermögen bestreiten kann, noch von einem dazu verpflichteten Verwandten erhält. [...]

---

118 Preußisches Gesetz zur Ergänzung der Gesetze vom 31. Dezember 1842 über die Verpflichtung zur Armenpflege und die Aufnahme neu anziehender Personen, 21. Mai 1855; Art. 1,1. Zitiert nach Sachße u. a., Armengesetzgebung, S. 935. Vgl. zu weiteren »mobilitätshemmenden« Bestimmungen in den folgenden Jahren Reidegeld, Armenpflege, S. 265.

119 Vgl. Sachße u. a., Armengesetzgebung, S. XXVIII.

120 Sachße u. a., Armengesetzgebung, S. X-VI. Vgl. weiter Reidegeld, Bürgerschaftsregelungen; ders., Armenpflege.

121 Es galt zunächst nur für den Norddeutschen Bund, später für das gesamte Reichsgebiet; vgl. Redder, Armenhilfe, S. 12.

122 Gesetz über die Freizügigkeit, 1. November 1867, § 5. Zitiert nach Sachße, Armengesetzgebung, S. 30. Vgl. dazu Reidegeld, Armenpflege; Redder, Armenhilfe, S. 12.

[2] Die Besorgnis vor künftiger Verarmung berechtigt den Gemeindevorstand nicht zur Zurückweisung.«[123]

Der Bürgermeister von Lieser widmete dem ersten Absatz des Paragraphen weit mehr Beachtung als der Bestimmung des zweiten Absatzes. Auch wenn nur »zu erwarten« stand, dass eine neu zugezogene Person »eines Tages die öffentliche Armenfürsorge in Anspruch nehmen muss«[124], wurde der Zuzug im Allgemeinen verwehrt. Nachdem mit dem Gesetz über den Unterstützungswohnsitz vom 30. Mai 1908 der Erwerb des Unterstützungswohnsitzes schon nach einem Jahr möglich gemacht wurde, schärfte der Bürgermeister den Gemeindevorstehern und Polizeidienern ein, ein besonders wachsames Auge auf die zuziehenden Personen, deren An- und Abmeldung zu werfen.[125]

Für die vier Gemeinden der Bürgermeisterei lassen sich in den untersuchten Fürsorgeakten 32 Fälle finden, in denen die Vermögens-, Arbeits- und Familienverhältnisse zugezogener Personen überprüft wurden. Der Großteil der Personen war weiblich (25 Fälle) – darunter 14 Witwen, sieben ledige und vier von ihrem Mann getrennt lebende Frauen beziehungsweise eine Frau, deren Mann im Krieg vermisst war. Ob dieses Ungleichgewicht darin begründet war, dass alleinstehende Frauen eher mobil sein mussten und gezwungen waren, ein Unterkommen zu suchen oder ob bei ihnen im Gegensatz zu alleinstehenden Männern oder Eheleuten eher angezweifelt wurde, dass der Lebensunterhalt verdient werden könne, und sie in höherem Maße überprüft wurden, kann nicht klar beantwortet werden. Die überlieferten Fälle betreffen Personen, die aufgrund einer »Notsituation«, sei es der Verlust des Ehemannes, Elternlosigkeit, Alter, Pflegebedürftigkeit, der Notwendigkeit der Arbeitsuche außerhalb des Heimatortes oder auch familiären Problemen in die Ortschaften der Bürgermeisterei Lieser zogen. Sie kamen in erster Linie bei Verwandten unter – in den Familien ihrer Kinder, Eltern, Geschwister oder Cousinen. Dabei kehrten einige

123 Gesetz über die Freizügigkeit, 1. November 1867, § 4. Zitiert nach Sachße, Armengesetzgebung, S. 30.

124 LHAK Best. 655, 213 Nr. 189: Gemeindevorsteher Maring an Bgm. Lieser, 26.11.1923, betr. Zuzug der Ehefrau Anton L. zu ihrem Bruder August Sch., Maring.

125 LHAK Best. 655, 213 Nr. 184: Rundschreiben des Bgm. Lieser an sämtliche Gemeindevorsteher, Ortspolizeidiener und Gemeindeboten und an den Polizei-Sergeanten in Bernkastel-Kues, 20.9.1909.

von ihnen wieder in den Geburtsort zurück; für andere waren die Gemeinden völlig neue Wohnsitze.

Ergab die Überprüfung, dass der Zugezogene sich sein Auskommen sichern konnte, bestanden keine Bedenken gegen seinen Aufenthalt. Wurde jedoch festgestellt, dass der Betreffende nur noch geringes Barvermögen oder eine eingeschränkte, nicht zum Lebensunterhalt ausreichende Arbeitsfähigkeit hatte und eine Unterstützungsbedürftigkeit vorhanden beziehungsweise bald zu erwarten war, wurde demjenigen nach § 4 des Freizügigkeitsgesetzes der Aufenthalt in der Gemeinde untersagt. Bei der »Anrechnung« noch vorhandener Vermögensbestände und der aktuellen Einkommensverhältnisse wurde genau kalkuliert, wie weit diese noch hinreichen mochten. Auch wurden die Möglichkeiten des Verdiensts abgewogen. Den Eheleuten Matthias F. wurde im Winter 1931/1932 aus folgenden Gründen der Zuzug verwehrt:

»Tatsächlich kann ich Sie und Ihre Ehefrau nicht in Lieser zuziehen lassen, denn sie besitzen kein Vermögen, haben kein Einkommen, ~~sind erwerbslos~~ und so besteht die Gefahr, dass Sie der öffentlichen Fürsorge zur Last fallen. Der geringe Verdienst Ihrer Frau als Hausangestellte von 25 RM monatlich reicht zum Unterhalt nicht aus, zumal hiervon in erster Linie die Miete bezahlt werden muss. Arbeitsgelegenheit finden Sie in Lieser auch nicht, denn dort sind schon mehrere Arbeitslose vorhanden.«[126]

Gerade in dieser Krisenzeit, so hat es den Anschein, wurde § 4 des Freizügigkeitsgesetzes sehr zum Vorteil der Gemeinden ausgelegt: »Das kann nicht in der Absicht der Gesetzgebung liegen, daß in der jetzigen Zeit, wo die Steuerverhältnisse der Gemeinde für eigen [sic] Zwecke denkbarst angespannt sind, die Gemeinden auch nicht die Möglichkeit haben sollen, sich von drohenden Belastungen dadurch zu schützen, daß sie ortsfremden Personen ohne Einkommen und Vermögen den Zuzug verweigern.«[127] Von übergeordneter Stelle wurde der Bürgermeister im Fall der Eheleute F. darauf hingewiesen, dass eine solche Auslegung der Gesetzesbestimmungen nicht zulässig war, da sich offenbar der Bürgermeister ihrer Heimatgemeinde Monzel über die »Abschiebungspraxis« in Lieser beschwert

---

126 LHAK Best. 655, 213 Nr. 580: Gemeindevorsteher Lieser an Eheleute Matthias F. (Entwurf), 30.12.1931.

127 LHAK Best. 655, 213 Nr. 580: Bgm. Lieser an Landrat Bernkastel (Entwurf Stellungnahme zum Fall der Eheleute F.), 27.11.1931.

hatte.[128] In anderen Fällen konnten der Gemeindevorsteher beziehungsweise der Bürgermeister den Zuzug mit Hinweis auf die »drohende Verarmung« verweigern, ohne dass sich die Betreffenden beschwerten und damit die rechtswidrige Praxis hätte sanktioniert werden können.

Auch vereinzelte überlieferte Fälle aus anderen Ortsarmenverbänden weisen darauf hin, dass die »Abwehr« von verarmungsgefährdeten Personen gang und gäbe war. Der Witwe Philipp F. aus Lieser, die mit ihren vier kleinen Kindern zu ihrer Schwester nach Schweich ziehen wollte, wurde dies – wenn auch »indirekt« – vom dortigen Bürgermeister verwehrt. Zurückgekehrt nach Lieser, gab sie zu Protokoll, dass sie verschiedentlich auf das Bürgermeisteramt Schweich vorgeladen wurde,

»wo man mich zu bestimmen suchte, Antrag auf Armenunterstützung zu stellen. Der Bürgermeister legte mir dar, daß ich doch unmöglich von meinem kleinen Vermögen und meinem Einkommen als Tagelöhnerin leben könne, es sei daher angebracht, daß ich mich an die Gemeinde Lieser rechtzeitig um Armenunterstützung wende, da mir von der Gemeinde Schweich eine solche nie zu Teil werde. [...] Das bei den Akten befindliche Gesuch vom 14. April d. J. ist durch das Gemeinderatsmitglied K. in Schweich verfasst worden, der, ohne daß ich dieses in Anregung gebracht hatte, mich wegen der Unterstützungsbeantragung ansprach. Er begründete sein Vorhaben damit, daß in der Gemeindevertretung verschiedentlich über mich verhandelt worden sei und daß dabei gesagt würde, daß es nicht dahin kommen dürfe, daß ich in Schweich unterstützungsberechtigt werde. Kurz nach Pfingsten wurde meine Schwester vor das Bürgermeisteramt Schweich vorgeladen (in meiner Abwesenheit) und aufgefordert, dafür zu sorgen, daß ich mich sofort polizeilich abmelden und

128 LHAK Best. 655, 213 Nr. 580: Landrat Bernkastel an Bgm. Lieser, 15.1. 1932, oder Bgm. Monzel an Bgm. Lieser, 14.5.1932, im Rahmen des Antrags des BFV Wittlich auf Erstattung von Fürsorgeleistungen für die Familie Matthias F., vorher in Lieser wohnhaft, infolge Abschiebung: »Sie verwechseln anscheinend zwangsweise, gesetzwidrige Abschiebung mit freiwilligem Verzug.« Obgleich der Bgm. Lieser und der Gemeindevorsteher von Lieser tatsächlich den Eheleuten F. den Zuzug verweigern wollten, die Anschuldigungen des Bgm. Monzel im Grunde zutrafen, ging die tatsächliche Ausweisung auf das Betreiben des Vermieters der Eheleute zurück, der die beiden aus seinem Haus schaffen wollte.

dann mit meinen Kindern auf das Bürgermeisteramt Lieser begebe, das für mich zu sorgen hätte. Ich habe das auch ausgeführt.«[129]

Unterzeichneten die ortsansässigen Verwandten eine Erklärung, mit der sie sich etwa verpflichteten,»stets so zu sorgen, daß die Inanspruchnahme der öffentlichen Armenunterstützung ausgeschlossen bleibt«[130], war gegen den Zuzug offenbar nichts mehr einzuwenden. Anders lag der Fall jedoch, wenn die Zugezogenen selbst erklärten, die Armenfürsorge auch in Zukunft nicht in Anspruch nehmen zu wollen. Diesen Vorschlag der Witwe Balthasar C. bezeichnete der Bürgermeister von Lieser als »wertlos«, »denn auf eine Unterstützung kann Niemand Verzicht leisten, sie muss vielmehr entgegen allen Erklärungen im Bedarfsfall gewährt werden«. Ihr jährliches Einkommen von 567 Mark wurde als zu gering erachtet, als dass sie bei der aktuellen Teuerung ihre fünfköpfige Familie damit ernähren könnte; die Veteranenhilfe ihres Vaters wurde weniger als regelmäßiges Einkommen denn als Hinweis darauf gesehen, dass auch bei diesem »der Zeitpunkt der Inanspruchnahme der öffentlichen Unterstützung in bedenkliche Nähe gerückt«[131] sei.

Die Einschätzung von Zeitgenossen, dass gerade in der Verwaltung der ländlichen Armenfürsorge die gesetzlichen Bestimmungen nicht ausreichend befolgt oder zum Vorteil der Gemeinde ausgelegt würden, kann für bestimmte Bereiche bestätigt werden. So wurde etwa Max A. abgewiesen, weil er seine Hilfsbedürftigkeit angeblich selbst verschuldet habe; im Umgang mit zugezogenen Personen wurden die gesetzlichen Bestimmungen sehr restriktiv zum Vorteil der Gemeinden ausgelegt. Da die »Bedürftigkeit« nicht anhand von objektiven Kriterien wie Einkommensminima gesetzlich festgelegt war, blieb den Gemeinden bei der Entscheidung, welcher Antragsteller als bedürftig anzusehen sei oder nicht, ein weiter Spielraum. Die konkrete Verwaltungspraxis von Bürgermeister und Gemeinderatsmitgliedern soll im Folgenden thematisiert werden.

---

129 LHAK Best. 655, 213 Nr. 187: Protokoll, Bgm. Lieser, Bernkastel-Kues, Wwe. Philipp D., 13.6.1913.

130 LHAK Best. 655, 213 Nr. 186: Verhandelt, Bgm. Lieser, Bernkastel-Kues, Modestus P., Kesten, 17.2.1914. Diese expliziten Verpflichtungserklärungen sind nur für die Gemeinde Kesten überliefert.

131 LHAK Best. 655, 213 Nr. 188: Bgm. Lieser an Wwe. Balthasar C., 17.4.1916 (Entwurf), und Gegenerklärung des Bgm. Lieser zur Klage der Wwe. Balthasar C. gegen die geplante Ausweisung (Entwurf), 5.8.1916.

III. Zuständigkeiten und Verwaltungspraxis »vor Ort«

»Insoweit nur solche Familien berücksichtigt werden, die nach strengem Begriffe arm sind, wird sich der Gemeinderat wohl nicht der moralischen Verpflichtung, einen Zuschuß zu geben, entziehen.«[1]
So antwortete der Bürgermeister von Lieser auf eine Anfrage des Landrats von Bernkastel an Weihnachten 1930, ob die Gemeinde die Speisung armer Familien durch die Schorlemersche Gutsverwaltung finanziell unterstütze. Prinzipiell sei man dazu bereit, aber – so der Bürgermeister – es würden momentan noch zu viele Familien, die nicht »nach strengem Begriffe arm seien«, dort versorgt.[2] Im Winter 1930/31, also während der Weltwirtschaftskrise, legten die kommunalen Verwalter einen strengen Maßstab an die Bedürftigkeit der Antragsteller. Den »wirklich« Armen jedoch könne man den Zuschuss aus der »moralischen Verpflichtung« heraus nicht verwehren. Hinweise auf solche über die gesetzlichen Vorschriften hinausgehenden Verpflichtungen findet man in der Korrespondenz von Gemeinderat und Bürgermeister sehr selten. Dass im vorliegenden Fall auf die gleichsam humanitäre Verantwortung der Gemeinde verwiesen wird, mag darin begründet sein, dass hier über eine Gruppe von Personen und nicht über einen Einzelfall entschieden werden musste. Im Gegensatz dazu tritt in der Regel das Selbstverständnis der kommunalen Fürsorge in Abgrenzung zu privaten Einrichtungen und Wohltätern klar hervor: Die Kommune war verpflichtet, den »nach strengem Begriffe Armen« den Lebensunterhalt zu verschaffen – aber auch nur diesen. Darüber hinausgehende Hilfen lagen in der Hand der privaten Wohltätigkeit.
Nachdem im vorhergehenden Kapitel der Frage nachgegangen wurde, wie die gesetzlichen und administrativen Rahmenbedingungen auf kommunaler Ebene ausgelegt wurden, soll nun noch näher

---

1 LHAK Best. 655, 213 Nr. 580: Bgm. Lieser an Landrat Bernkastel (Entwurf), 3.1.1931; Landrat Bernkastel an Bgm. Lieser, 24.12.1930.
2 Vgl. LHAK Best. 655, 213 Nr. 580: Bgm. Lieser an Landrat Bernkastel (Entwurf), 3.1.1931, weiter: »So befindet sich z. B. jemand aufgeführt, der eine Schusterei betreibt und monatlich über 130 Mark Militärrente erhält (3 Köpfe).«

auf die lokalen und regionalen Institutionen der Fürsorge eingegangen werden. Dabei wird zum einen das Spektrum der Hilfsangebote vorgestellt: Die kommunale Armenverwaltung als Instanz der öffentlichen Fürsorge, des Weiteren spezifische Einrichtungen wie die so genannten Armenspenden (von der Gemeinde verwaltete Stiftungsgelder), verschiedene Einrichtungen privater, vor allem religiöser Natur und das Trierer Landarmenhaus. Wie gestaltete sich die Zusammenarbeit der unterschiedlichen Akteure und Institutionen, wie waren die Zuständigkeiten verteilt?

Ein intensiver Blick soll auf die konkrete Ausgestaltung der Armenfürsorge geworfen werden, da für diesen Bereich die geschlossenste Quellenlage überliefert ist: Wie muss man sich den Kontakt des Antragstellers mit den örtlichen Behörden vorstellen, wie das Schreiben eines Bittgesuchs oder den behördlichen Umgang mit Antragstellern? Eine »agency« der Fürsorgeklientel vorausgesetzt, werden hier besonders Handlungsspielräume der Bedürftigen herausgearbeitet.

1. Die Verwaltung der öffentlichen Armenfürsorge auf lokaler Ebene

Das Armenwesen lag in allen untersuchten Gemeinden in der Hand des Gemeinderates unter Vorsitz des Bürgermeisters; die Bittsteller waren den Herren bekannt. Auch nach der Reichsfürsorgepflichtverordnung von 1924, die den Landkreisen als neu gebildeten »Bezirksfürsorgeverbänden« die allgemeine Armenfürsorge auferlegte, wurde die konkrete Verwaltung, die Bedürftigkeitsprüfung und die Entscheidung über Gewährung oder Ablehnung eines Gesuchs an die Gemeinden delegiert. Erst in den zwanziger Jahren wurden hier eigene Kommissionen oder Ausschüsse für eine schnellere Erledigung der Unterstützungsanträge oder der Erwerbslosenfürsorge gebildet, die sich jedoch größtenteils aus Mitgliedern des Gemeinderates rekrutierten.[3]

3   Vgl. Archiv der Verbandsgemeindeverwaltung Bernkastel-Kues: Beschlussbuch GR Lieser 1923–1930, 17.12.1929: Bildung einer Wohlfahrtskommission. In Maring-Noviand bestand der 1922 gebildete »Wohlfahrtsausschuss« aus dem Gemeindevorsteher, zwei Gemeinderatsmitgliedern und dem Hauptlehrer a.D.; vgl. ebd.: Beschlussbuch GR Maring-Noviand

»Experten« der Armenfürsorge sucht man hier vergebens, und obwohl der soziale Hintergrund der Gemeinderatsmitglieder nicht erforscht werden konnte, ist anzunehmen, dass in dieses Gremium Männer berufen wurden, bei denen das Verarmungsrisiko nicht eben hoch war.[4] Der Gemeinderat traf sich in regelmäßigen Abständen, je nach Größe der Gemeinde etwa alle zwei bis sechs Monate, und verhandelte unter anderem die Anträge auf Unterstützung. Der Umstand, dass im Beschlussbuch des Gemeinderates Wehlen für eine Sitzung explizit vermerkt wurde, dass »sämtliche Unterstützungsgesuche, welche heute vorliegen, in geheimer Sitzung zu erledigen« seien[5], ist möglicherweise ein Hinweis darauf, dass in der Regel nicht so sehr darauf geachtet wurde, die Beschlussfassungen im Bereich der Fürsorge unter Ausschluss der Öffentlichkeit stattfinden zu lassen. Wo die Sitzungen abgehalten wurden, ob etwa in der Gastwirtschaft und damit in einem halböffentlichen Raum, konnte nicht eruiert werden. Befürchtungen einer Antragstellerin, sie könne dem Gemeindevorsteher ihr Anliegen nicht vortragen, da sonst anderntags »das ganze Dorf, sogar die Kinder«, darüber Bescheid wüssten, lassen an der Diskretion der Entscheidungsträger in der Armenfürsorge zweifeln.[6] Untersucht man die Fürsorgeakten und die Beschlussbücher der Gemeinderäte, fällt es mitunter schwer, eine genaue Trennung zwischen Unterstützungen aus der öffentlichen Fürsorge und sonstigen Hilfsmaßnahmen für arme Einwohner vorzunehmen.[7] Neben der

1914–1926, 27.11.1922. In Kesten wurde am 11.9.1923 eine Kommission zur Erledigung der Erwerbslosen-Angelegenheiten gebildet, jedoch lässt sich keine eigene Fürsorgekommission nachweisen; vgl. ebd.: Beschlussbuch GR Kesten 1913–1934. In Wehlen wurde am 21.9.1923 eine Kommission für Erwerbslosenfürsorge ins Leben gerufen und im Protokoll der Sitzung vom 23.5.1924 eine »Armenkommission« erwähnt; vgl. ebd.: Beschlussbuch GR Wehlen 1916–1924 und 1924–1933.

4   Vgl. hierzu den Befund Ines Zissels für das 19. Jahrhundert. Zissel, Begriff, S. 226.

5   Archiv der Verbandsgemeindeverwaltung Bernkastel-Kues: Beschlussbuch GR Wehlen 1924–1933, 16.9.1925.

6   KAB-W 2.0.343: Wwe. Anton Qu., Pohlbach, an Landrat Wittlich, o. D. [Oktober 1910].

7   Norbert Franz differenziert die Sozialaufwendungen etwa der französischen Landgemeinde Mognéville in »›Armenfürsorge‹ im engeren Sinn, in die kommunalen Leistungen für ›öffentliche Gesundheit‹ sowie in die ›Katastrophenhilfe‹ der Gemeinde«. Franz, Durchstaatlichung, S. 192–193.

Bearbeitung der Anträge auf Armenfürsorge umfassten die unterstützenden Maßnahmen des Gemeinderates die Verteilung von (verbilligten) Lebensmitteln oder Kohlen an Arme, also eine Versorgung von Gruppen.[8] In diese Kategorie fällt auch die Bezuschussung außergewöhnlicher Kosten wie Typhusbekämpfungs- oder Desinfektionskosten »an Minderbemittelte« durch die Gemeinde.[9] In besonderen Notlagen organisierte beispielsweise die Stadtverwaltung von Wittlich die Ausgabe von Suppe und anderen Lebensmitteln an Bedürftige.[10] In den Beschlussbüchern des Gemeinderates sind vor allem Anträge auf den Erlass oder den Ausstand von Zahlungen an die Gemeinde wie »Holzsteiggeld« oder kleinere Darlehen aus Gemeindekasse und Armenspende dokumentiert.[11] Die minderbemittelten Bittsteller tauchen zum Teil nicht als Bezieher regulärer Armenunterstützung auf – zumindest im untersuchten Zeitraum nicht. Die finanziellen Erleichterungen, die ihnen zuteil wurden, können als eine Strategie der Gemeinde, die Notwendigkeit laufender Unterstützungszahlungen zu vermeiden oder hinauszuzögern, angesehen werden.

1.1. Medizinische Versorgung der Bedürftigen durch den Armenarzt

Neben dem Gemeinderat und dem Bürgermeister ist in der kommunalen Armenverwaltung der Armenarzt als Verantwortlicher für die medizinische Versorgung hervorzuheben. Die Armenärzte wurden bislang primär für das 19. Jahrhundert unter dem Blickwinkel

---

8   Vgl. etwa Archiv der Verbandsgemeindeverwaltung Bernkastel-Kues: Beschlussbuch GR Lieser 1892–1909, 5.1.1894: »Beschaffung von Kohlen für die ärmere [sic] Leute. Der Gemeinderat ist der Ansicht daß zwei Waggons Kohlen vor die Gemeinde kommen sollen, und draus unter die Ärmere Klasse Leute, zum Selbstkosten Preise gegen Bürgschaft und Auspfand bis zum 15ten August dieses Jahres verabreicht werden.«

9   Vgl. etwa Archiv der Verbandsgemeindeverwaltung Bernkastel-Kues: Beschlussbuch GR Wehlen 1907–1916, 17.5.1909 oder Beschlussbuch GR Wehlen 1916–1924, 16.8.1920.

10 Vgl. *Wittlicher Kreisblatt*, 25.1.1891.

11 Vgl. etwa Archiv der Verbandsgemeindeverwaltung Bernkastel-Kues: Beschlussbuch GR Wehlen 1907–1916, 26.1.1910: »Die Gemeindegefälle der Wwe. Ludwig K. im Betrage von 40 M. und der Wwe. Ernst K. im Betrage von M. 10 werden wegen Armut der Betreffenden niedergeschlagen.«

der Medikalisierung der Unterschichten untersucht[12]; in den Studien zur Armenfürsorge in Städten sind den Armenärzten meist nur kurze Kapitel gewidmet.[13] Neben der unzureichenden Forschungslage kann auch kein geschlossener Quellenbestand zu rechtlichem Status, medizinischer und fürsorgerischer Praxis und Akzeptanz der Armenärzte herangezogen werden, sodass im Folgenden eher lückenhafte Beobachtungen als eine genaue Verortung des Armenarztes im System der kommunalen Armenfürsorge präsentiert werden können.

Im Jahr 1835 wurde im Regierungsbezirk Trier ein Armenarztsystem eingerichtet, nach dessen Vorgaben sichergestellt sein sollte, dass auf 10000 Einwohner ein Armenarzt kam.[14] In den vier Gemeinden der Bürgermeisterei Lieser lassen sich dann ab den siebziger Jahren des 19. Jahrhunderts Verträge mit Ärzten fassen. In diesen wurde festgelegt, dass sie in ihrer Aufgabe als Armenarzt gegen eine jährliche Remuneration die »armen Kranken« der Gemeinden unentgeltlich zu behandeln hatten. In dem Betrag, der von Gemeinde zu Gemeinde unterschiedlich ausfiel, waren die dazu notwendigen Reisen inbegriffen, des Weiteren das Erstellen von Attesten bei Aufnahme von Kranken in einer Anstalt. Der Arzt hatte vierteljährlich einen Sanitätsbericht abzufassen und die Sanitätspolizei zu unterstützen.[15] In Maring-Noviand wurde 1911 auch die Leichenschau von Ortsarmen gegen eine fixe jährliche Vergütung vereinbart.[16] Die Armenärzte waren in der Regel recht lange in ihrem Amt, die aktenkundig Gewordenen blieben es bis zu ihrem Tod oder der Arbeitsunfähigkeit.[17] Ob sie überwiegend Hausbesuche tätigten oder eine Sprechstunde speziell für ihre armen Patienten einrichteten, kann nicht beantwortet werden, zumindest finden sich keine Angaben über »Armensprechstunden« – wie andere

---

12 Vgl. Göckenjan, Kurieren, S. 286–305; Frevert, Krankheit, S. 100–115.

13 Vgl. etwa Rudloff, Wohlfahrtsstadt, S. 664–675; Jans, Sozialpolitik, S. 167–170; Eser, Verwaltet, S. 118–124. In der Studie zur Medikalisierung im Regierungsbezirk Trier von Marx, Rise, wird nur kurz auf die Armenärzte eingegangen.

14 Vgl. Marx, Rise, S. 186.

15 Vgl. LHAK Best. 655, 213 Nr. 57: Vertrag zwischen Bürgermeister Lieser als Vertreter der Gemeinden Cues und Wehlen und Dr. Anton Schmitz, Bernkastel, 17.4.1883. Weitere in dieser Akte dokumentierte Verträge enthalten ähnliche Aufgaben des Armenarztes.

16 Vgl. Archiv der Verbandsgemeindeverwaltung Bernkastel-Kues: Beschlussbuch GR Maring-Noviand 1905–1914, 5.4.1911.

17 Vgl. LHAK Best. 655, 213 Nr. 57.

Ärzte praktizierten sie wohl beide Formen der Behandlung.[18] Das Recht, den Armenarzt in Anspruch zu nehmen, hatte ein größerer Personenkreis als die unterstützten Ortsarmen; es finden sich Hinweise darauf, dass die Erlaubnis zur armenärztlichen Behandlung auch als singuläre Unterstützungsmaßnahme erteilt wurde.[19] Die Personen, die das Recht dazu hatten, mussten dann auch den Armenarzt konsultieren – eine Behandlung durch andere Ärzte erstattete der Ortsarmenverband nicht.[20] Der Armenarzt genoss Autorität in Fällen, in denen es um Gewährung von Unterstützung aufgrund verminderter Arbeitsfähigkeit durch Krankheit[21] oder die Entscheidung über die Unterbringung eines Antragstellers im Krankenhaus, notwendige Operationen, Therapien oder Medikamente ging.[22] In den meisten Fällen folgte der Gemeinderat den Empfehlungen des Armenarztes; nur selten handelte man diesen so krass zuwider wie im Fall des Matthias F. aus Maring, der an wässrigen Schwellungen am Bein litt. Der Armenarzt stellte die Notwendigkeit einer Krankenhausbehandlung fest – der Gemeinderat lehnte eine solche ab und gewährte dem F. lediglich »wöchentlich 2 Brode und 1 M für Kaffe etc.«![23]

18 Vgl. dagegen die Beobachtung Wilfried Rudloffs für München, dass die dortigen Armenärzte zu Hausbesuchen »nur schwerlich zu bewegen [gewesen seien], oft zogen sie es vor, separate Armensprechstunden einzurichten, um die Armen nicht mit ihrer sonstigen Patientenschaft zu vermischen.« Rudloff, Wohlfahrtsstadt, S. 666.

19 Vgl. LHAK Best. 655, 123 Nr. 967: »Verzeichniß derjenigen Personen, welchen auf Gemeindekosten in Krankheitsfällen armenärztliche Behandlung und Arzneien zu gewähren sind« [1902–1905] in der Bürgermeisterei Zeltingen.

20 Vgl. dazu Graeffner/Simm, Armenrecht, S. 332 und aus den kommunalen Fürsorgeakten etwa LHAK Best. 655, 213 Nr. 190: Auszug Beschlussbuch GR Wehlen, 3. 2. 1915, betreffend eine eingereichte Arztrechnung, deren Erstattung erbeten wurde. Ähnlich Archiv der Verbandsgemeindeverwaltung Bernkastel-Kues: Beschlussbuch GR Maring-Noviand 1905–1914, 15. 2. 1908.

21 Vgl. etwa KAB-W 2.0.343: Attest des Armenarztes der Bürgermeisterei Cröv (Name nicht angegeben), 28. 8. 1913, zum Unterstützungsgesuch des Schuhmachers Christoph A.

22 Vgl. etwa LHAK Best. 655, 213 Nr. 188: August T., Noviand, an Bgm. Pfeiffer, 2. 10. 1912, betreffend die Erstattung der Kosten für eine Operation seiner an einem Ohrenleiden erkrankten Tochter.

23 LHAK Best. 655, 213 Nr. 188: Dr. Rosenberger, Mülheim, an Gemeinde-

Der Armenarzt wird im Allgemeinen von seinen bedürftigen Patienten wie jeder andere Arzt angesehen worden sein; es finden sich von dieser Gruppe keine expliziten Ablehnungen seiner Behandlung lediglich aus dem Grund, dass er der »Armenarzt« war. Bei schon länger andauernden Krankheitsfällen, bei denen erst nach einer gewissen Zeit Bedürftigkeit eintrat und der Patient oder die Patientin schon einen anderen Arzt »gewöhnt« war, konnte es allerdings zu Problemen kommen. Der oder die Kranke war nicht gewillt, den Arzt zu wechseln, die Gemeinde war nicht gewillt, für einen anderen als den Armenarzt zu zahlen. Auch für den Armenarzt stellte dies eine unangenehme Situation dar. Als Dr. Rosenberger von einer seiner Patientinnen wiederholt »verschmäht« wurde, sie seine Diagnosen offensichtlich als nicht so überzeugend ansah wie die seines Kollegen, der die Patientin schon länger behandelt hatte und als sie sich Operationen unterzog, die in den Augen des Armenarztes und somit des Gemeinderates nicht nötig gewesen wären, verweigerte Armenarzt Dr. Rosenberger die weitere Behandlung, da er »keinen Anhaltspunkt dafür besaß, daß Frau T. mir das zu *ihrer* erfolgreichen ärztlichen Behandlung erforderliche Mindestmaß an Vertrauen entgegenbrachte«. Er hatte den Eindruck, dass seine Tätigkeit nur »als minderwertige Aushülfe vorübergehend beansprucht« worden sei, und wollte vermeiden, wieder in eine »Statistenrolle« gedrängt zu werden.[24] Dieser Fall stellt jedoch vermutlich einen extremen Einzelfall dar, der eher durch die Konkurrenz zwischen zwei bestimmten Ärzten bezüglich ihrer medizinischen Kompetenzen und unterschiedlichen Ansichten über die angebrachte Therapieform verursacht war als durch den Umstand, dass einer von beiden zusätzlich auch als Armenarzt praktizierte.

Für die Gemeindeverwaltung war die jährliche pauschale Bezahlung eines Armenarztes günstiger als die Erstattung von Arztkosten im Einzelfall. Dies führte dazu, dass dem Armenarzt möglichst viele Kranke zugeschoben wurden. Dr. Rosenberger beschwerte sich 1912 über die Praxis, dass er »auf Armenschein zu Leuten gerufen wurde, die meines Ermessens durchaus kein Anrecht darauf haben«, und legte in seinem Schreiben Fälle dar, wo Personen, die er in seiner Funktion als Armenarzt behandelt hatte, »Besitzer eines stattlichen

vorstand Maring-Noviand, 5.11.1909; Auszug Beschlussbuch GR Maring-Noviand, 25.11.1909.
24   LHAK Best. 655, 213 Nr. 188: Dr. Rosenberger, Mülheim, an Bgm. Lieser, 11.6.1911.

Hauses« seien, »kürzlich noch geerbt« hätten oder auf jeden Fall gesund und arbeitsfähig seien. Ein Fall, in dem die Gemeinde Maring-Noviand einer Witwe den Armenschein ausgehändigt hatte, sich dann aber weigerte, die Kosten für die von ihm als notwendig angesehene Behandlung in der chirurgischen Klinik Bonn zu bezahlen, bewies seines Erachtens »klar die Mißbräuchlichkeit der Erteilung des Armen-Scheines. Die Gemeinde weiß selber, daß eine Bedürftigkeit nicht vorliegt. Denn sie weigert *sich*, die nötig gewordenen Kosten für Bonn zu ersetzen.« Er plädierte für eine rigidere Praxis bei der Erteilung des Armenscheines, da durch »zu weitherziges Gewähren der armenärztlichen Hilfe in Maring-Noviand der Sinn für Rechtlichkeit bei denjenigen Bürgern erschüttert [werde], die trotz geringer Mittel bisher ihren Stolz dareinsetzten, für sich selber zu sorgen, und nun sehen, daß andere, die es nicht nötiger haben als sie, sich von der Gemeinde den Arzt umsonst stellen lassen«. Obgleich der Armenarzt von seinen bedürftigen Patienten weitgehend akzeptiert wurde, war er natürlich ein Bestandteil der repressiven Armenpflege, dessen Inanspruchnahme andere Einwohner vermeiden wollten.[25]

Die Spuren des Armenarztes verlieren sich in den Akten der allgemeinen Armenfürsorge um 1920. Zumindest in Wehlen wurde die Stelle zu diesem Zeitpunkt nicht mehr wiederbesetzt. Stattdessen sollte der Gemeindevorsteher im Falle einer notwendigen ärztlichen Behandlung Ortsarmen eine entsprechende Bescheinigung ausstellen und sie einem Arzt zur Untersuchung überweisen.[26] Eine ähnliche Regelung schlug auch der Armenarzt von Zeltingen-Rachtig, Dr. Brockes, dem Bürgermeister im Hyperinflationsjahr 1923 vor. Lediglich mit einer pauschalen Honorierung entlohnt könne er sein Amt nicht mehr weiter ausfüllen, er sei jedoch bereit, »die Kranken von Fall zu Fall zu den Sätzen, welche die Allgemeine Ortskrankenkasse in Berncastel-Cues bezahlt, zuzüglich des jeweiligen Teuerungszuschusses zu behandeln«.[27] In anderen Gemeinden der Bürgermeisterei Lieser scheinen die Armenärzte allerdings auch

25 Die Zitate dieses Abschnitts vgl. LHAK Best. 655, 213 Nr. 57: Dr. Rosenberger, Mülheim, an Bgm. Lieser, 25.1.1912.

26 Vgl. Archiv der Verbandsgemeindeverwaltung Bernkastel-Kues: Beschlussbuch GR Wehlen 1916–1924, 3.3.1920.

27 LHAK Best. 655, 123 Nr. 1040: Armenarzt Dr. Brockes, Zeltingen, an Bgm. Zeltingen, 23.4.1923. Auch mit der Gemeinde Kinheim und der Bürgermeisterei Cröv sei ein solches Übereinkommen getroffen worden.

noch nach der Reichsverordnung über die Fürsorgepflicht 1924 weiterhin angestellt gewesen zu sein, da aus dem Jahr 1927 eine Anfrage des Landrats Bernkastel an den Bürgermeister von Lieser dokumentiert ist, in der er um einen Bericht über Art und Umfang der Tätigkeit des dort angestellten Armenarztes ersuchte, da er die Anstellung von Armenärzten (anscheinend unter Trägerschaft des Bezirksfürsorgeverbandes) beabsichtige.[28] 1929 wurde das Amt des Kreiskommunalarztes eingerichtet, dessen Aufgabe es jedoch nicht war, »wie vielfach angenommen wird, dass er die Unterstützungsempfänger ärztlich behandelt. Dagegen wird es in Zukunft jedoch zweckmäßig sein, Personen, die die öffentliche Fürsorge in Anspruch nehmen und bei denen ein ärztliches Gutachten oder in Zweifelsfällen ein Obergutachten notwendig erscheint, dem Kreiskommunalarzt zur Untersuchung anzuweisen.«[29] Ob mit der Etablierung dieser Institution das Amt des Armenarztes endgültig wegfiel, ist nicht dokumentiert. Eine völlig freie Arztwahl scheint den Armen jedoch nicht zugestanden zu haben.

1.2. Die Entwicklung der Antrags- und Unterstütztenzahlen und der Ausgaben für das Armenwesen

Bevor auf Tendenzen in der Entwicklung des Armenwesens im Untersuchungsgebiet eingegangen wird, müssen Bemerkungen zur Quellenart vorweggeschickt werden, die erklären, warum ein genaues Quantifizieren für diesen Bereich nur schwer möglich ist. Auf Grundlage der in den Fürsorgeakten überlieferten Anträge allein können nicht alle unterstützten Personen erfasst werden, denn nicht jedes Gesuch wurde aktenkundig und vieles mag »unter der Hand« gelaufen sein. Manche Bedürftige wurden schon seit Jahren unterstützt und mussten keinen Antrag auf Weitergewährung mehr stellen. Anträge werden dem Gemeindevorsteher vorgebracht worden sein, ohne dass dies einen Niederschlag in den Akten gefunden hätte. Ein Antragsteller beispielsweise beschwerte sich, dass er schon »vier Gesucher an die Gemeinde gemacht« habe[30] – die Anträge,

28 LHAK Best. 655, 213 Nr. 328: Landrat Bernkastel an Bgm. Lieser, 10.8. 1927.
29 LHAK Best. 655, 213 Nr. 664: Landrat Bernkastel an die Bürgermeister, 22.5.1929.
30 LHAK Best. 655, 213 Nr. 187: Matthias Qu., Carthaus, an Gemeindevorsteher Lieser, 25.7.1907.

falls sie überhaupt schriftlich waren, befinden sich aber nicht in den überlieferten Akten. Bei offensichtlich bedürftigen Personen, deren Unterstützung dringend geboten erschien, griff die Armenverwaltung offenbar ausnahmsweise auch ohne Antragstellung ein; so findet sich beispielsweise in den Aufstellungen über die Ausgaben für das Armenwesen, die für die Bürgermeisterei Lieser für den Zeitraum ab 1924 vierteljährlich dem Bezirksfürsorgeverband zur Erstattung vorgelegt werden mussten, die Bemerkung: »Frau K. war eine vermögenslose Person. Sie musste plötzlich in das St. Josefshaus eingeliefert werden, woselbst sie nach dreitägiger Pflege gestorben ist.«[31] Die Pflege- und Arzneikosten, die Sargkosten und die Kosten für die Leichenschau wurden von der Gemeinde übernommen. Ein Antrag eines Angehörigen oder irgendeiner anderen Person, ist nicht dokumentiert. Frau K. starb 1925; ihr Fall findet sich auch vorher nicht in den Akten der kommunalen Armenverwaltung, obwohl man annehmen könnte, dass sie als »vermögenslose Person« ab und an auf öffentliche Unterstützung hätte angewiesen sein müssen.

Zum Verhältnis zwischen der Zahl der Anträge und den als »Unterstützungsfällen« bezeichneten Personen und Familien ist zu bemerken, dass für die jeweiligen Jahre die Anzahl der Anträge nicht immer mit der Zahl der »Unterstützungsfälle« korrespondiert, da einige der Antragsteller innerhalb eines Jahres mehrere Anträge stellten: Manche wurden zunächst abgewiesen und sahen sich gezwungen, wieder Eingaben an den Bürgermeister zu richten. Laufend Unterstützte mussten ab und an einen Verlängerungsantrag stellen, weil ihnen meist nur für einen bestimmten Zeitraum (in der Regel ein halbes Jahr) die Unterstützung gewährt wurde. Gerade in diesen Fällen lassen sich oft Gesuche um eine Erhöhung der Unterstützung im Winter oder um »Extras« wie ein zusätzliches Klafter Holz finden. In Krankheitsfällen wurden Anträge im Hinblick auf Versorgung, Arznei oder »Hilfsmittel« oft einzeln gestellt.

Wurden in den Gemeinden Zeltingen und Rachtig vorbildlich jedes Jahr die laufend unterstützten Armen aufgelistet[32], finden sich

31 LHAK Best. 655, 213 Nr. 327: Bemerkung in der Nachweisung der Ausgaben für das Fürsorgewesen der Bgm. Lieser, 1. Rechnungsvierteljahr 1925 [o. D.].

32 Dieser gut dokumentierte Zeitraum endet allerdings 1924: Danach findet sich in den auf Bürgermeisterei-Ebene überlieferten Akten nur noch Verwaltungskorrespondenz zwischen Gemeinderat, Gemeindevorsteher, Bür-

solche Aufstellungen nur punktuell in den Fürsorgeakten und den Beschlussbüchern der Gemeinden der Bürgermeisterei Lieser. Ab 1924 sind für die Bürgermeisterei Lieser vierteljährliche Auflistungen der unterstützten Personen und Ausgaben erhalten, weshalb von diesem Zeitpunkt an darüber genauere Aussagen gemacht werden können. Diese Auflistungen sind jedoch lückenhaft[33] und stimmen insbesondere mit der Statistik über die Wohlfahrtserwerbslosen und Äußerungen des Bürgermeisters über diese Personengruppe nicht immer überein.[34] Weitere Korrektive der Fürsorgeakten in diesem Bereich stellen die Haushaltspläne der Bürgermeisterei[35], die

germeister und Bezirksfürsorgeverband, und es steht zu vermuten, dass die eigentlichen Anträge bei Letzterem verblieben. In der Überlieferung des Landratsamtes Bernkastel war aber nichts dergleichen zu finden. Die Beschlussbücher sind für die Gemeinden der Bürgermeisterei Zeltingen nicht mehr erhalten; punktuell überlieferte Verwaltungsberichte aus den Jahren ab 1927 wurden jedoch herangezogen.

33 Die Monate April 1932 bis März 1934 sind nicht dokumentiert. Die Auflistungen für den Zeitraum von Juli 1924 bis Dezember 1926 befinden sich in Akte LHAK Best. 655, 213 Nr. 327; für den Zeitraum von Januar 1927 bis September 1928 in Akte LHAK Best. 655, 213 Nr. 328. In Akte LHAK Best. 655, 213 Nr. 664 und Nr. 581 befinden sich die Auflistungen der Zeiträume Oktober 1928 bis März 1932 bzw. April bis September 1934.

34 LHAK Best. 655, 213 Nr. 664: Im Mai 1931 beispielsweise sind in der vierteljährlichen Aufstellung sieben Wohlfahrtserwerbslose in der Gemeinde Lieser verzeichnet; laut einem Schreiben des Bürgermeisters Lieser an den Kreisausschuss, 27.5.1931, wurden »zur Zeit« fünf Wohlfahrtserwerbslose in dem Ort unterstützt. Dagegen LHAK Best. 655, 213 Nr. 581: In den Angaben des Bürgermeisters zur Statistik der Wohlfahrtserwerbslosen werden nur vier Wohlfahrtserwerbslose im Mai 1931 angegeben.

35 Die Haushaltspläne stellen nur bedingt ein Korrektiv dar. Hier sind überwiegend die »aufzuwendenden Beträge« für das jeweils nächste Rechnungsjahr angegeben, nicht die tatsächlich gezahlten Ausgaben. Für Wohlfahrtserwerbslose, die nach dieser Quelle angeblich laufend unterstützt wurden, wurde der wöchentlich ausgegebene Betrag einfach aufs Jahr hochgerechnet. Wenn man bedenkt, dass gerade die Wohlfahrtserwerbslosen in den seltensten Fällen ein ganzes Jahr lang laufend unterstützt wurden, müssen diese Zahlen sehr in Zweifel gezogen werden; vgl. hierzu LHAK Best. 655, 213 Nr. 581: Monatliche Nachweisungen des Bgm. Lieser zu den Wohlfahrtserwerbslosen. Norbert Franz konnte auf Grundlage von Gemeinderechnungen sehr genau den Stellenwert der Armen- und Gesundheitsfürsorge innerhalb der Kommunalhaushalte in den französischen Landgemeinden Mognéville und Resson und den luxemburgischen Land-

für die Gemeinden Lieser, Maring-Noviand und Wehlen überlieferten Jahresrechnungen der dort vorhandenen Armenspenden und die Beschlussbücher der Gemeinderäte aller vier Gemeinden dar.

Trotz aller Überlieferungsprobleme kann festgehalten werden, dass die Antrags- und Unterstütztenzahlen in den untersuchten Bürgermeistereien über den ganzen Zeitraum hinweg im Vergleich mit städtischen Kontexten niedrig waren. Damit lag das Untersuchungsgebiet in einem reichsweiten Trend. Schon in der Armenstatistik, die 1883 vom Deutschen Verein für Armenpflege und Wohltätigkeit insbesondere für deutsche Städte erstellt wurde, wurde eine Korrelation zwischen der Größe der Kommune und der »Armenziffer«, dem Verhältnis der Unterstützten zu 100 Einwohnern, festgestellt.[36] Je kleiner die Einwohnerzahl einer Stadt, desto niedriger war die Armenziffer. Die Unterschiede zwischen Stadt und Land wurden in der Auswertung der reichsweit erstellten Armenstatistik des Jahres 1885 damit begründet, dass die Finanzierung des Armenwesens in Städten in der Regel ein breiteres finanzielles Fundament, nicht zuletzt durch zahlreiche Stiftungen, habe. Zudem wurden die spezifisch ländliche Beschäftigungsstruktur und die restriktive Handhabung der Fürsorge in kleineren Gemeinden zur Erklärung herangezogen:

»In den kleineren Landgemeinden und den Gutsbezirken wirkt sodann vermindernd auf die Zahl der Unterstützten der Umstand, daß hier die Durchsichtigkeit der Verhältnisse jedes Einzelnen eine genauere Prüfung der Unterstützungsgesuche und Zurückweisung unberechtigter Ansprüche ermöglicht; theilweise auch wohl der weitere Umstand, daß die kleineren Verbände, wie von mehreren Seiten berichtet wird, die Niederlassung mittelloser und der Verarmung leicht ausgesetzter fremder Personen zu verhindern suchen. Dieselbe Wirkung ferner hat es, daß im Landwirthschaftsbetriebe in ungleich höherem Maße als in den Fabriken und anderen industriellen Anlagen auch schwache Arbeitskräfte noch Beschäftigung finden.«[37]

---

gemeinden Weiswampach und Wormeldingen aufzeigen; vgl. Franz, Durchstaatlichung, S. 179–226.

36 Der Durchschnitt aller untersuchten Städte lag bei einer Armenziffer von 5,86. Vgl. Böhmert, Armenwesen, S. 106–18. Als Erklärung wurden auch nur die lokalen Gegebenheiten herangezogen.

37 Statistik der öffentlichen Armenpflege im Jahre 1885, S. 29.

Für die Bürgermeistereien Lieser und Zeltingen ergibt eine Auswertung der Zählkarten zur Armenstatistik 1885 folgende Übersicht über Ausgaben und Einnahmen,»selbstunterstützte« Personen und die Armenziffer:[38]

Tab. 4: Ergebnisse Armenstatistik 1885

Gde.	Ausgaben in Mark (»selbstunterstützte« Personen)				Einnahmen (in Mark)			Armen- ziffer**
	an andere OAV	bar	Nat.	übrige	von anderen OAV	von LAV	sonstige	
Cues			198 (2)	75,46		131,40 (1)		
Kesten (~500 EW)		144 (2)	48 (1)	41,48				0,6
Lieser (~1400 EW)			506,55 (4)	75			251,76 (3) PSGF	0,29
Maring- Noviand (~1300 EW)	299 (1)	307 (5)	1157,52 (7)	110		119,43 (2)	384,04 (3) PSGF	1
Wehlen (~1100 EW)		165 (1 »etc.«)	925 (3 + »Wohnun- gen«)	78,50				0,36
Zeltingen- Rachtig (2654 EW)		2300 (18)	300 (3)	88			30*	0,79
Lösnich (530 EW)		484 (2)					9*	0,38
Wolf (525 EW)	46 (1)	567 (7)					9*	1,5
Erden (382 EW)		101 (1)					12*	0,3

»übrige Ausgaben«: Pauschale Beträge für Arzt, Apotheker usw.
»Wohnungen«: Armenwohnungen in der »alten Kirche« Wehlen
PSGF: Erstattung aus dem Polizeistrafgelderfonds
* Abgaben aus Tanzlustbarkeiten   ** Armenziffer: Unterstützte % der EW-Zahl

38 Eigene Berechnungen auf Grundlage der Umfrageergebnisse zur Armenstatistik 1885, dokumentiert in LHAK Best. 655, 213 Nr. 445 und LHAK Best. 655, 123 Nr. 130. Die Einwohnerzahlen waren in den Umfragebögen der Bürgermeisterei Lieser nicht angegeben. Die angegebenen Zahlen stammen aus einer Statistik des Jahres 1895; vgl. *Bernkasteler Zeitung*, 13.12.1900. Im Gegensatz zu den »selbstunterstützten« Personen galten als »Mitunterstützte« Ehefrauen und Kinder. Die reichsweiten Ergebnisse sind zusammengefasst in der Statistik der öffentlichen Armenpflege im Jahre 1885.

Die Tendenz, dass in kleineren Ortschaften die Armenziffer gering ausfällt, bestätigt sich auch im Untersuchungsgebiet. Nur Wolf erreichte eine Armenziffer, die höher war als 1; allerdings war hier die Höhe der Ausgaben im Verhältnis zur Anzahl der unterstützten Personen sehr gering. Unter den Gemeinden der Bürgermeisterei Lieser verausgabten Maring-Noviand und Wehlen mit Abstand am meisten für das Armenwesen, vergleichbar mit Zeltingen-Rachtig (0,90 – 1 Mark pro Einwohner). Unter den größeren Gemeinden fällt Lieser mit sehr geringen Ausgaben für das Armenwesen aus dem Rahmen und liegt deutlich unter dem Durchschnitt des Kreises Bernkastel (und auch des Kreises Wittlich), in dessen Gemeinden im Mittel zwischen 0,50 und 0,74 Mark pro Einwohner verausgabt wurden.[39] Gewisse Unterschiede zwischen den Gemeinden lassen sich durch die in der Bürgermeisterei Lieser vorhandenen Armenspenden erklären, deren Ausgaben in der Statistik nicht erfasst wurden. In einer einleitenden Bemerkung zum ausgefüllten Fragebogen stellte der Bürgermeister von Lieser fest,

»[…] daß mit Ausnahme der Gemeinde Kesten in allen Gemeinden Armenspenden bestehen, welche zum Theil über sehr erhebliche Mittel verfügen. So stehen in Cues zusätzlich circa 600 Mark, in Lieser circa 400 Mark, in Maring über 1000 Mark und in Wehlen etwa 250 Mark zur Disposition der Armenspendekommissionen. Diese Kommissionen befriedigen nun vorzugsweise die vorübergehenden Bedürfnisse, also Geldunterstützungen während einer befristeten Zeitdauer, Verausgabung von Lebensmitteln, Kleider und Schuhen etc., während der Ortsarmenverband die dauernden Ausgaben, als fortlaufende Geldunterstützungen, Verpflegungsgelder für Geisteskranke etc. übernimmt.«[40]

---

39 Vgl. Statistik der öffentlichen Armenpflege im Jahre 1885, S. 346–347.
40 LHAK Best. 655, 213 Nr. 445: Bgm. Lieser an Landrat Bernkastel (Entwurf), 9.1.1886. Die Ortsarmenverbände übernahmen nur bis 1891 die Kosten der Unterbringung von Geisteskranken; mit dem in diesem Jahr erlassenen Gesetz »über die außergewöhnliche Armenpflege« wurde den Landarmenverbänden diese Aufgabe übertragen. Zu Armenspenden in der Bürgermeisterei Zeltingen ist im Untersuchungszeitraum kaum etwas dokumentiert; in den untersuchten Fürsorgeakten wird nur für Lösnich in lediglich einem Fall der »Kesselstattsche Armenfonds« erwähnt, aus dem die Krankenkosten eines Antragstellers bestritten wurden. Vgl. LHAK Best. 655, 123 Nr. 967: Gemeindevorsteher Lösnich an Bgm. Zeltingen, 24.4.1905. Thiel, Kreis Bernkastel, S. 262, erwähnt eine Spende aus dem

Die weitgehende Entscheidungsfreiheit des Gemeinderates, welche Personen unterstützt und in welcher Form und Höhe Fürsorgeleistungen gewährt werden sollten, führte zu recht unterschiedlichen Ausprägungen der Armenfürsorge in den untersuchten Gemeinden. Die Praxis der Fürsorge war weniger von objektiven Bedürftigkeitskriterien als vielmehr vom finanziellen Hintergrund der Gemeinde, der lokalen Infrastruktur der Fürsorge wie der Ausstattung mit einer Armenspende oder der allgemeinen Lebenshaltung abhängig.[41] In Maring-Noviand ist im gut dokumentierten Zeitraum ab 1905 die Zahl der Anträge relativ hoch – ob dies seinen Grund in der Anspruchshaltung der Bewohner, die diesen nachgesagt wurde[42], oder aber an der vergleichsweise gut ausgestatteten Armenspende hat, kann nicht entschieden werden. Die zur Verfügung stehenden Armenwohnungen in Wehlen sind offenbar der Grund dafür, dass hier im Vergleich zu anderen Gemeinden häufiger ein Antrag auf die Zuweisung von Wohnraum gestellt wurde. Ob die vergleichsweise geringen Ausgaben für das Armenwesen möglicherweise ihren Grund darin hatten, dass es in Wehlen eine geringere Zahl an Minderbemittelten gab – in diesem Ort existierte ein höherer »Mittelwinzerstand« und eine geringere Zahl an Kleinwinzern als in den benachbarten Gemeinden[43] – muss ebenfalls offen bleiben. Dass die lokale Armenfürsorge sich nicht nach dem »Maße der vorhandenen Armut richte« sondern nach »dem Maße der vorhandenen Mittel«, stellt geradezu einen Allgemeinplatz dar.[44] Letztendlich

Jahr 1731 »zur Unterstützung armer Kranker zu Rachtig und Zeltingen« und eine Armenspende für Gesunde, die schon früher bestanden habe – »obgleich sie in den ältesten Urkunden erwähnt wird, ist Näheres von ihr ebensowenig wie von der erstgenannten bekannt.« Auch in den Zeltinger Fürsorgeakten finden sich keine Hinweise auf Mittel aus Armenspenden in Zeltingen und Rachtig.

41 Vgl. zeitgenössisch Statistik der öffentlichen Armenpflege im Jahre 1885, S. 29. Ähnliche Aussagen treffen in der Forschung Zissel, Begriff, S. 246; Franz, Durchstaatlichung, S. 196.

42 Vgl. LHAK Best. 655, 213 Nr. 188: Bgm. Lieser an Landrat Bernkastel, 9. 7. 1914 (Entwurf).

43 Vgl. LHAK Best. 655, 213 Nr. 428: Begleitbericht zur Finanzstatistik für das Rechnungsjahr 1926, 6. 10. 1927.

44 Vgl. Feld, Armenstatistik, S. 1010. In Schnapper-Arndts berühmter Studie zu fünf Dörfern im Taunus wird es für das Ende des 19. Jahrhunderts wie folgt formuliert: »So schwer auch eine Gemeinde ihre Armenlast mag empfunden haben, so eng muß trotzdem der Begriff der Orts-Armen

entschied jedes Jahr jeder einzelne Bedürftige darüber, wie sich die Ausgaben der Gemeinden für das Armenwesen gestalteten.[45]

Bis zum Ersten Weltkrieg blieb die Zahl der Unterstützten und Antragsteller in allen untersuchten Gemeinden auf niedrigem Niveau: So wurden im Gemeinderat Lieser im Zeitraum von 1892 bis 1904 pro Jahr nur zwischen ein und vier Unterstützungsanträge verhandelt[46], ähnliche Zahlen finden sich ab 1905, wo die Anträge selbst in den Fürsorgeakten dokumentiert sind. Dieser Befund wird auch durch vereinzelte statistische Angaben aus anderen Verwaltungsbezirken erhärtet, wie die geringe Zahl der »von Unterstützung Lebenden« (für den gesamten Kreis Wittlich 21 Personen mit 15 Angehörigen; für den Kreis Bernkastel 33 Personen mit zehn Angehörigen) und Insassen von Wohltätigkeitsanstalten (im Kreis Bernkastel 29 Personen), die in der Berufsstatistik des Jahres 1895 aufgeführt sind.[47]

Auch vereinzelte Aufrufe im *Wittlicher Kreisblatt* lassen darauf schließen, dass die kommunale Armenfürsorge schon durch einen außergewöhnlich schweren Unterstützungsfall überlastet war: Der Bürgermeister von Wittlich-Land sowie der Pfarrer und der Ortsvorsteher von Bergweiler tätigten 1897 einen »Wohltätigkeitsaufruf«:

umgrenzt worden, so schwach muß die geleistete Hilfe, am Maßstab der herrschenden Bedürftigkeit gemessen, gewesen sein. Und in der Tat, wie viele Witwen und Kranke kann man besuchen, denen von Seiten der offiziellen Armenpflege Linderung nicht zufließen kann; hart muß das Unglück zugeschlagen haben, um jemanden reif zu machen, in die ›Gemein‹ zu kommen.« Schnapper-Arndt, Hoher Taunus, S. 161.

45 Schwer zu bewerten ist der Amtsstil der Verwalter und ihr persönlicher Einfluss auf die konkrete Ausgestaltung der Fürsorge. Signifikante Veränderungen im Umgang mit den Antragstellern nach einem Wechsel im Amt des Gemeindevorstehers lassen sich aufgrund der geringen Fallzahlen nicht feststellen. Zum persönlichen Engagement eines Bürgermeisters im Bereich des Armenwesens vgl. Zissel, Armenversorgung, S. 54–62.

46 Vgl. Archiv der Verbandsgemeindeverwaltung Bernkastel-Kues: Beschlussbuch GR Lieser 1892–1909: 1892: ein Antrag, ebenso 1893, 1894, 1896, 1897, 1899, 1900; jeweils zwei Anträge wurden 1895 und 1901 verhandelt; jeweils drei in den Jahren 1898 und 1903; 1902 und 1904 wurden vier Anträge verhandelt. Hermann Kramp hat für den Obermosel-Ort Wiltingen die Protokollbücher des Gemeinderates ausgewertet und ähnlich kleine Zahlen festgestellt: Hier wurden in den Jahren 1871 bis 1890 52 Anträge auf Unterstützung festgehalten, die von 26 Personen gestellt wurden (davon stellte eine Person allein 13 Anträge!). Vgl. Kramp, Landstreicherin, S. 3.

47 Vgl. Dressel, Die politischen Wahlen, S. 55–57 (siehe auch Tab. 13 im Anhang).

»Durch einen harten Schicksalsschlag wurde dahier eine arme
Familie in plötzliches furchtbares Elend versetzt, aus dem sie sich
mit eigener Kraft nicht mehr herauszuschaffen vermag. Bei einem
heftigen Gewitter am 28. Juli cr. tödtete nämlich ein Blitzstrahl
den Vater und die älteste Tochter in ihrer Wohnung, zerstörte das
Haus vom Dache bis zum Keller, raffte die beste Fuhrkuh und
ein Schwein dahin. [...] Die Frau mit fünf kleinen Kindern sind
die überlebenden Erben des Elends. Fremde Hülfe ist dringend
nöthig. Es ergeht daher an alle edle Menschenfreunde die herz-
lichste Bitte um einen milden Beitrag für die so hart geschlagene
Familie [...]«[48]

Stellte dieser Fall tatsächlich eine hohe Belastung für die Gemeinde
dar, wurden »herzliche Bitten« um Hilfe auch für weniger schwere
Fälle in die Zeitung gesetzt.[49]

Da nur eine vergleichsweise geringe Zahl von Anträgen pro Jahr
überliefert ist, können kaum Aussagen darüber getroffen werden,
wie sich die Anträge im Jahreslauf verteilten. Eine Vorannahme,
dass im Winter wesentlich häufiger Armenunterstützung beantragt
wurde, ließ sich aufgrund der geringen Fallzahl nicht erhärten.
Zwar wurden beispielsweise in der Gemeinde Lieser im Zeitraum
von 1905 bis 1933 die Mehrzahl, nämlich 140 von 252 Anträgen, im
Winterhalbjahr von Oktober bis März gestellt, eine signifikante
Konjunktur ist jedoch nicht auszumachen. Bezieher laufender Armenunterstützung stellten zwar häufig einen Antrag auf Erhöhung
im Winter oder die Zuweisung von »Brand«, doch lassen sich hier
keine Regelmäßigkeiten behaupten. In den untersuchten Briefen
wurde die kältere Jahreszeit in einigen Fällen zwar als eine Ursache
unter anderen für die Notwendigkeit öffentlicher Unterstützung im
Winter angesprochen: Tagelöhner und Beschäftigte etwa im Baugewerbe verdienten im Winter weniger, Frauen oft gar nichts, man
war anfälliger für Krankheiten, musste »Brand« zum Heizen der
Wohnung besorgen, benötigte stärker als im Sommer wärmende

---

48 *Wittlicher Kreisblatt*, 5.8.1897.
49 Vgl. etwa *Wittlicher Kreisblatt*, 21.1.1897: »Eine arme Familie in der Eifel,
deren Vater wegen Kränklichkeit schon seit vier Jahren nicht das Geringste erwerben und sich sogar selbst nicht verpflegen kann, fünf kleine Kinder im Alter von ein bis neun Jahren hat, und dazu ganz vermögenslos ist
und in Folge dessen also die Mutter nicht im Stande ist, die Kinder zu
ernähren und zu kleiden, bittet ganz ergebenst, opferwillige Leute möchten doch gefälligst eine Unterstützung für sie einsenden [...].«

Kleidung und festes Schuhwerk.[50] Der konkrete Anlass, öffentliche Fürsorge zu beantragen, war jedoch bei den meisten Bedürftigen das Alter oder eine Krankheit – Faktoren, die in weit geringerem Maße als erwartet in den überlieferten Schreiben mit der verschlechterten Lebenssituation während des Winters in Verbindung gebracht wurden.

Die Ausgaben der Gemeinden für das Armenwesen, insbesondere für die Zeit vor 1924, lassen sich nur äußerst schwierig quantifizieren. Es sind nur ungenaue, wiederum zufällige Angaben über die Höhe und die Dauer der Unterstützungsleistungen in den überlieferten Akten zu finden; oftmals sind sie schlichtweg nicht angegeben. Richtsätze oder einheitliche Tarife waren in diesem Zeitraum unbekannt, die Höhe einer Unterstützung wurde in den Gemeinderatssitzungen relativ willkürlich festgelegt. Besonders zu Beginn des Untersuchungszeitraums sind Personen dokumentiert, die eine Verlängerung oder Erhöhung ihrer Unterstützung beantragten, deren Beginn oder Höhe aber nirgendwo im überlieferten Aktenmaterial dokumentiert ist. Wenig hilfreich sind hier auch Beschlüsse wie: »Den Eheleuten K. werden die erforderlichen Lebensmittel nach dem Ermessen des Herrn Gemeindevorstehers bewilligt. Außerdem zahlt die Armenspende die Beiträge zur Sterbekasse für die Eheleute K.«[51] Abgesehen davon, dass nicht zu erschließen war, wie hoch die Beiträge zur Sterbekasse und die Menge der »erforderlichen Lebensmittel« gewesen sein mag, sind generell Naturalangaben nur schwer in Geld umzurechnen.[52]

Die Ergebnisse der 1885 durchgeführten Armenstatistik sowie eine Auswertung der für die Bürgermeisterei Zeltingen über 24 Jahre hinweg überlieferten jährlichen Auflistungen der laufend unterstützten Personen bestätigen die Beobachtung, dass sich allgemeine Tendenzen in der Ausgabenhöhe der Gemeinden nur schwer festmachen lassen und diese je nach den unterstützungsbedürftigen Personen sehr schwanken konnte.[53] Ein schwer kranker Bedürftiger,

50 Vgl. beispielsweise LHAK Best. 655, 213 Nr. 190: Tagelöhner und Maurergeselle Anton T., Wehlen, an GR Wehlen, 27.8.1912, mit der Bitte um einen Zuschuss zur Unterbringung seiner Kinder im Waisenhaus »und zwar nur in den Wintermonaten weil ich dann in geringem Lohn oder je nachdem keinen Verdienst habe.«
51 LHAK Best. 655, 213 Nr. 187: Auszug Beschlussbuch GR Lieser, 12.7.1912.
52 Vgl. Redder, Armenhilfe, S. 8.
53 Vgl. die Zusammenfassung der Ergebnisse der Armenstatistik von 1885 bei Redder, Armenhilfe, S. 31–32.

der in einer Anstalt versorgt werden musste, konnte beispielsweise den Etat eines Ortsarmenverbandes derart belasten, dass andere ebenfalls bedürftige Antragsteller nicht mehr in angemessener Weise unterstützt werden konnten.[54] Während des Ersten Weltkriegs und noch bis ungefähr 1926 blieben die Zahlen und Ausgaben in der allgemeinen Armenfürsorge auf vergleichsweise niedrigem Niveau, was seinen Grund in erster Linie darin hatte, dass die Opfer von Krieg, Inflation und Massenarbeitslosigkeit in den eigens für sie errichteten Sonderfürsorgen des Reiches unterkamen. Zwar mussten die Gemeinden auch für die Kriegsopfer-, Klein- und Sozialrentner- und Erwerbslosenunterstützung ihren Anteil bezahlen, allerdings betrug dieser nach der RFV 1924 wie auch in der allgemeinen Armenfürsorge 25 Prozent, ab 1. April 1925 30 Prozent. Die Finanzierung des Armenwesens lag hauptsächlich auf den Schultern des Bezirksfürsorgeverbandes auf der Ebene des Kreises. Diese Umverteilung der Kosten war tatsächlich notwendig geworden, weil die Belastung der Gemeinden durch die Sozial- und Kleinrentnerfürsorge sowie die Erwerbslosenfürsorge stark angestiegen war. Zudem waren durch die Hyperinflation die Kapitalien der Armenspenden vernichtet worden.

Im Rechnungsjahr 1926/27 beispielsweise betrugen die Ausgaben der Bürgermeisterei Zeltingen für Armenfürsorge und Anstaltsfürsorge zusammen etwa 4800 Mark (Anteil der Gemeinden circa 1440 Mark), während man für die Sozial- und Kleinrentnerfürsorge circa 8200 Mark (Anteil der Gemeinden etwa 2460 Mark) und für die Erwerbslosenfürsorge knapp 9000 Mark (Anteil der Gemeinden circa 1000 Mark) verausgabte.[55] Die Hauptlast lag jedoch bei den Bezirksfürsorgeverbänden: Finanzstatistiken der Jahre 1913 und 1928 lassen erkennen, in wie hohem Maße gerade die Ausgaben für das Fürsorgewesen auf der Ebene der Kreise gestiegen waren.[56] Manche

54 Vgl. etwa Evert, Theorie, S. 95.
55 Vgl. LHAK Best. 655, 123 Nr. 192: Bgm. Zeltingen, Verwaltungsbericht für das Kalenderjahr 1927. Am 31. Dezember 1926 betrug die Zahl der Unterstützten in der Bürgermeisterei in der allgemeinen Armenfürsorge und Anstaltsfürsorge zusammen zehn Personen, in der Sozialrentnerfürsorge 21, in der Kleinrentnerfürsorge 25 Personen.
56 Vgl. Saassen, Grenzlandnot, S. 42: So stiegen in Bernkastel die Fürsorge- und Wohlfahrtslasten des Kreises pro Kopf von 0,70 Mark 1913 auf 4,21 Reichsmark 1928, die Belastungen der Gemeinden des Verwaltungsbezirks von 0,69 Mark lediglich auf 1,04 Reichsmark.

Fürsorgeformen wie die Saargängerfürsorge erstattete der Kreis komplett, die Gemeinden mussten keinen Zuschuss zahlen. In den Angaben zur Vorbereitung einer Denkschrift des Regierungspräsidenten 1925 ging der Bernkasteler Landrat auf die Notlage weiter Bevölkerungskreise ein. Besonders stark werde die öffentliche Fürsorge durch die Sozial- und Kleinrentner und eine fortgesetzte Erhöhung der »Armenlasten« in Anspruch genommen. Er kritisierte die Abwälzung der Kosten vom Reich auf Länder und Gemeinden:

»Die Übertragung der gesamten Fürsorgelasten auf den Kreis hat erhebliche Mehrlasten und Überschreitungen in den Voranschlägen gebracht. Es erscheint sehr fraglich, ob der Kreis diese Lasten auf die Dauer zu tragen imstande ist. Mit den vorhandenen Steuerquellen, die zudem immer weiter abgebaut werden und müssen, lässt sich eine gerecht wirkende Fürsorge nicht ermöglichen. Reich und Staat müssten den Kommunen durch Erhöhung der Sozialrenten und durch angemessene Aufwertung der Spargelder für die Kleinrentner einen Teil der Lasten, die ihnen überwiesen worden sind, abnehmen.«[57]

Die Umsetzung eines ausdifferenzierten Fürsorgesystems auf lokaler Ebene erfolgte offenbar nicht ohne Probleme: So machte der Bernkasteler Landrat den Bürgermeister von Lieser explizit darauf aufmerksam, »dass die Unterstützung Fürsorgesuchender *in verschiedenen Fürsorgezweigen grundsätzlich nicht zulässig ist*. Vorwiegend in der Sozial- und Kleinrentnerfürsorge war zu beobachten, dass nebenbei noch Armenunterstützung gewährt wurde beziehungsweise Anträge auf Armenunterstützung gestellt worden sind.«[58] Wenn eine bestehende Unterstützung nicht ausreichend erscheine, könne eine Erhöhung der Klein- oder Sozialrentnerunterstützung beantragt werden.

Zum einen schien nicht ausreichende Klein- oder Sozialrentnerunterstützung durch Zuwendungen der allgemeinen Armenfürsorge ergänzt worden zu sein, zum anderen wurden die »neuen« Fürsorgeformen aber auch als neue Form der Finanzierung angesehen.[59]

57 LHAK Best. 457 Nr. 72: Landrat Bernkastel an Regierungspräsident Trier, 27.2.1925 (Entwurf).
58 LHAK Best. 655, 213 Nr. 327: Landrat Bernkastel an Bgm. Lieser, 10.12. 1924, Hervorhebung im Original.
59 LHAK Best. 655, 213 Nr. 327: Landrat Bernkastel an Bgm. Lieser, 2.5. 1924.

Auch in benachbarten Gemeinden scheint diese Praxis angewandt worden zu sein, die Zahlen der Unterstützten in der allgemeinen Armenfürsorge blieben klein: Im Jahr 1925 berichtete der Bürgermeister von Rhaunen, dass in seinem Verwaltungsbezirk lediglich eine Person Armenunterstützung empfange und acht Personen auf Kosten der Gemeinden in Anstalten und Krankenhäusern untergebracht seien, allerdings auch vier Kleinrentner und 20 Sozialrentner unterstützt würden. Zur selben Zeit ließ der Bürgermeister von Thalfang wissen, dass sich die Zahl der Unterstützungsempfänger »in normalen Grenzen« bewege – nur in drei der 17 Gemeinden des Amtes gebe es solche![60]

Ab 1926 erweiterte sich die Zahl der Anträge und das Spektrum der Antragsteller vor allen Dingen durch die jungen, verheirateten Erwerbslosen. Bis dahin stellte Arbeitslosigkeit keine anerkannte Ursache von Bedürftigkeit dar; es wurden nur wenige Anträge mit dieser Begründung gestellt[61] und diese überwiegend abgelehnt. Ab Mitte der zwanziger Jahre erhöhte sich die Zahl derer, die aufgrund von Erwerbslosigkeit, nicht ausreichender Arbeitslosenunterstützung, der Aussteuerung aus einem der staatlichen Unterstützungssysteme Erwerbslosenfürsorge, Krisenfürsorge oder Arbeitslosenunterstützung oder weil sie die Anwartschaft darauf nicht erfüllten, einen Antrag auf allgemeine Armenfürsorge stellten. Ihre Unterstützungsgesuche wurden allerdings in Zeiten struktureller Arbeitslosigkeit vergleichsweise oft abgelehnt, ihnen eher einmalige Unterstützung gewährt oder die Fürsorgeleistung an die Gegenleistung von Arbeit geknüpft. Offiziell hießen die Arbeitslosen in der Armenfürsorge erst ab dem Sommer 1930 »Wohlfahrtserwerbslose«, ab diesem Zeitpunkt wurde auch eine eigene Statistik für sie erstellt.

Mit der gestiegenen Zahl abgelehnter Fürsorgeanträge hängt eine Zunahme von Beschwerden, gerade von Seiten der »Wohlfahrtserwerbslosen«, zusammen. Da viele Antragsteller abgewiesen oder mit einmaligen Unterstützungen abgefunden wurden, stiegen die

---

60 Vgl. LHAK Best. 457 Nr. 72: Bgm. Rhaunen an Landrat Bernkastel, 13.2. 1925, und Bgm. Thalfang an Landrat Bernkastel, 14.2.1925.

61 Vgl. etwa als seltenen Fall einen Antrag »auf Übertragung von Gemeindearbeiten«, dokumentiert in Archiv der Verbandsgemeindeverwaltung Bernkastel-Kues: Beschlussbuch GR Lieser 1892–1909, 21.1.1905: »Der Antrag wird abgelehnt, weil keine Veranlassung vorliegt, den T. als ständiger Gemeindearbeiter anzustellen. Jedoch soll demselben nach Möglichkeit Gelegenheit zum Verdienst gegeben werden.«

Gemeindeausgaben ab 1926 nicht signifikant an.[62] Noch bis Ende der zwanziger Jahren blieben die Ausgaben in der allgemeinen Armenfürsorge auf recht niedrigem Niveau; die größten Löcher rissen die in Anstalten dauernd unterstützten alten Ortsarmen und Minderjährigen ins Budget. Einmalige Unterstützungen bestanden größtenteils aus der Erstattung von Krankenkosten.

In den Jahren der »Wohlfahrtskrise« 1930 bis 1933 wurde reichsweit zeitgleich zur »permanenten Erweiterung der fürsorgerischen Aufgaben« die »zunehmende relative Verknappung der Mittel« festgestellt.[63] Ein Berichterstatter des Amtes Zeltingen konstatierte für diesen Verwaltungsbezirk sowohl quantitativ als auch qualitativ ein »außerordentliches Steigen der Aufgaben und Ausgaben« im Fürsorgebereich:

> »[Der Kreis der Unterstützungssuchenden beschränkt sich nicht mehr auf die notorisch Armen und Arbeiter, sondern kleine Handwerker und Kleinwinzer treten heute hinzu.] Die Hilfsbedürftigkeit zieht immer weitere Kreise und stellt die Gemeinden vor unerfüllbare Aufgaben, d. h. die Gemeinden können nicht in dem Umfange und in dem Maße Unterstützung gewähren, wie es die Notlage der Fürsorgesuchenden eigentlich erfordert. Ohne wesentliche Etatsüberschreitungen wird es kaum in einer Gemeinde abgehen. Bei der Erörterung des Fürsorgewesens forderte die Art der Lastenverteilung zwischen Reich und Gemeinden hinsichtlich der Arbeitslosen-, Krisen- und Wohlfahrtsfürsorgeempfänger, deren Zahl sich besonders im letzten Jahre sehr zu Ungunsten der Gemeinden verschoben hat, eine scharfe Kritik heraus. Auch hier werden die Gemeinden auf Dauer nicht in der Lage sein, die ihnen aufgebürdeten Fürsorgeleistungen zu erfüllen.«[64]

Dennoch blieb die Zahl der Unterstützten in der allgemeinen Armenfürsorge relativ gering:

62 Vgl. im Gegensatz dazu Beobachtungen für die Vorortgemeinden der Stadt Trier, wo »die Arbeitslosen mit ihren Angehörigen bereits seit 1925/26 die Mehrheit der Klientel« der Armenfürsorge stellten. Stazic, Arbeitslosigkeit, S. 23.

63 Lohalm, Wohlfahrtskrise, S. 194.

64 LHAK Best. 655, 123 Nr. 192: »Das Amt Zeltingen im Jahre 1931«, o. D. [17.2.1932]. Das Insert wurde aus dem Entwurf zu diesem Bericht eingefügt.

Tab. 5: Unterstützte Personen in der Bürgermeisterei
Lieser, 1929–1931[65]

	1929	1930	1931
Laufend Unterstützte (monatliche Barbeträge, Pflegegelder für Josefs- oder Waisenhaus etc.)	25	15	20
Einmalig Unterstützte (Erstattung von Krankenhaus-, Arzt- und Arzneikosten, Naturalien, einm. Beträge etc.)	13	21	33
Wohlfahrtserwerbslose		10	18

Im Jahr 1929 wurden beispielsweise in der gesamten Bürgermeisterei Lieser, die circa 4800 Einwohner zählte, lediglich 25 Personen laufend unterstützt, inklusive der im Waisen- oder Josefshaus Verpflegten. Sieben von ihnen erhielten jedoch eine nur begrenzte dauernde Unterstützung; es sind allesamt »versteckte« Wohlfahrtserwerbslose. 13 Personen wurden mit einmaligen Beiträgen, vorzugsweise in Form von Arztkostenerstattungen und Naturalien, versorgt. Damit lag der Anteil der Unterstützungsempfänger – wenn man alle zusammenrechnet – bei circa 0,8 Prozent der Einwohner. Um einen Vergleich mit gängigen Statistiken zu erhalten, müsste jedoch wahrscheinlich nur die Zahl der laufend Unterstützten gezählt werden[66]; man läge dann bei etwa 0,5 Prozent der Einwohner. Im Gegensatz dazu lag der Anteil der in allgemeiner Fürsorge Unterstützten in Großstädten wie Berlin, Hamburg, Köln, München oder Leipzig in diesem Jahr bei 5,6 bis 8 Prozent.[67]

Ein Jahr später schon und noch deutlich sichtbarer 1931 hatte sich das Verhältnis der Personen, die sich laufend in Fürsorge befanden, zu den einmalig Unterstützten verschoben: 21 beziehungsweise 33 Personen wurden mit einmaligen Zahlungen oder Naturalien bedacht, während 15 beziehungsweise 20 Personen permanent unterstützt oder in Einrichtungen versorgt wurden. Dazu kamen zehn

---

65 Die Aufstellung basiert auf LHAK Best. 655, 213 Nr. 664: Vierteljährliche Auflistungen des Bürgermeisters über die Ausgaben für das Armenwesen.
66 Vgl. etwa die bei Crew, Germans, S. 12 aufgeführte Statistik: Hier ist von »permanent welfare clients« die Rede; die Vermutung liegt nahe, dass einmalig Unterstützte hier nicht erfasst wurden.
67 Vgl. die Zahlen bei Rudloff, Wohlfahrtsstadt, S. 603.

beziehungsweise 18 »Wohlfahrtserwerbslose«.[68] Zu diesen offiziellen Wohlfahrtserwerbslosen ist unter den einmalig, oft auch in Form von Naturalien, Unterstützten ein großer Anteil von Männern auszumachen, die in prekären Arbeitsverhältnissen oder nicht beschäftigt waren, und zu einem anderen Zeitpunkt als Wohlfahrtserwerbslose in den Akten erschienen. Ihre Zahl war im Vergleich mit städtischen Kontexten sehr gering; sie betrug etwa im Dezember 1932 mit 24 Unterstützten nur ca. 0,5 Prozent der Einwohner, während im gleichen Monat in München 46 118 Wohlfahrtserwerbslose (6,8 Prozent der Einwohner) dauernd unterstützt wurden.[69]

Auch die Ausgaben und der Zuschussbedarf der Kommunen bewegten sich auf einem ungleich niedrigeren Niveau als etwa in deutschen Städten.[70] Es steht zu vermuten, dass in allen untersuchten Gemeinden die Strategien verfolgt wurden, die unter anderem der Bürgermeister von Zeltingen in den Verwaltungsberichten vor allem in Hinblick auf die Wohlfahrtserwerbslosen beschrieb: Die Zahl der Wohlfahrtserwerbslosen könne »verhältnismäßig gering gehalten werden, weil die Gemeinde den WE Arbeiten zuweisen konnte. Von zehn WE haben dadurch vier wieder Anspruch auf Arbeitslosenunterstützung erhalten.«[71] Untersucht man die Praxis,

---

68 Im Kreis Bernkastel wurden am 31. März 1930 1294, am 30. Juni 1930 1013 Personen laufend bar in offener Fürsorge unterstützt (mit Kriegsopfer-, Klein- und Sozialrentnerfürsorge). Am 30. September 1931 belief sich ihre Zahl auf 656, am 30. September 1932 auf 671, darunter 140 Wohlfahrtserwerbslose. Vgl. Die öffentliche Fürsorge im Deutschen Reich in den Rechnungsjahren 1927 bis 1931, S. 209. Ebenda auch die Zahlen für den Kreis Wittlich: am 30. Juni 1930 656 laufend bar in offener Fürsorge unterstützte Parteien (darunter 90 Wohlfahrtserwerbslose); am 30. September 1931 709 und am 30. September 1932 756 Unterstützte (darunter 213 Wohlfahrtserwerbslose).

69 Vgl. Rudloff, Wohlfahrtsstadt, S. 889. In der Kreisstadt Wittlich (knapp 7000 Einwohner) wurden im Januar 1933 circa 800 Personen gezählt, die – im Gegensatz zu Arbeitslosen- und Krisenunterstützung – »Wohlfahrtsunterstützung« bezogen. Vgl. Petry, Aufbau, S. 372. Diese Zahl erscheint, besonders im Vergleich mit den Zahlen für den gesamten Kreis, sehr hoch, möglicherweise umfasst sie auch die Familienangehörigen.

70 Vgl. Die öffentliche Fürsorge im Deutschen Reich in den Rechnungsjahren 1927 bis 1931, passim.

71 *Bernkasteler Zeitung*, 12.2.1931: Das Amt Zeltingen im Jahre 1930. Die Arbeitslosenunterstützung wurde ganz vom Reich erstattet. Vgl. ähnlich LHAK Best. 655, 213 Nr. 663: BFV Bernkastel an Bgm. Lieser, 20.2.1933:

wurde die Zahl der Arbeitslosen in der Armenfürsorge auch durch die Ablehnung der Anträge mit dem Argument, dass der Antragsteller »bei gutem Willen« schon Arbeit finden könne, niedrig gehalten.

1.3. Wer wurde wie unterstützt?

Vor dem Ersten Weltkrieg wurde vor allem die »klassische Klientel« der kommunalen Fürsorge, die arbeitsunfähigen Alten und Kranken sowie Witwen oder Witwer mit kleinen Kindern und (Halb-) Waisen, ständig unterstützt. Auch eine Auswertung der Zählkarten für die Armenstatistik aus dem Jahr 1885, die für die Gemeinden der Bürgermeisterei Zeltingen erhalten sind[72], bildet dieses Profil im Hinblick auf Alter, Geschlecht und Familienstand der Unterstützungsempfänger ebenso wie die Ursachen für ihre Notlage ab. Um die Logik dieser Statistik verstehen zu können, insbesondere im Hinblick auf die Ursachen, muss vorweggeschickt werden, dass folgende »Ursachen der Unterstützungsbedürftigkeit« in den Zählkarten zur Auswahl standen:[73]

[durch Unfall verursacht:]
a) Verletzung des/der Unterstützten selbst bezw. eines Familienangehörigen
   (Ehefrau, Kind oder Kindeskind unter 14 Jahren)
b) Verletzung des Ernährers
c) Tod des Ernährers
[nicht durch Unfall verursacht:]
d) Tod des Ernährers
e) Krankheit des/der Unterstützten selbst bezw. eines Familienangehörigen
   (Ehefrau, Kind oder Kindeskind unter 14 Jahren)
f) körperliches oder geistiges Gebrechen

»Die Zahl der Wohlfahrtserwerbslosen hat in den drei letzten Monaten eine außerordentliche Steigerung erfahren. Die Ausgaben übersteigen den im Haushaltsplan vorgesehenen Betrag bereits jetzt erheblich. Es ist deshalb dringend notwendig, die Ausgaben auf jede mögliche Weise herabzumindern. Ich ersuche daher nochmals die Frage der Überführung der W. E. in die Arbeitslosenversicherung zu prüfen.«

72 Vgl. LHAK Best. 655, 123 Nr. 130.
73 Statistik der öffentlichen Armenpflege 1885, S. 78–79 und S. 122–123.

g) Altersschwäche
h) große Kinderzahl
i) Arbeitslosigkeit
k) Trunk
l) Arbeitsscheu
m) welche andere Ursache?

Bei den meisten in Zeltingen Unterstützten war als Ursache der Bedürftigkeit »Altersschwäche« unterstrichen, oftmals verbunden mit »Arbeitslosigkeit«. Die Betreffenden waren jedoch teilweise noch recht jung (die jüngste »Altersschwache« war erst 36 Jahre alt!). Aufgrund der Tatsache, dass die laufend Unterstützten hauptsächlich aus ledigen und verwitweten Frauen bestanden, die entweder älter waren oder noch Kinder hatten, die sie versorgen mussten, ist anzunehmen, dass im Umfragebogen immer auch dann »Altersschwäche« und »Arbeitslosigkeit« unterstrichen wurde, wenn die betreffende Person zwar nicht unbedingt alt, doch verdienstunfähig war. Die erste Zählkarte aus Zeltingen-Rachtig gibt einen Hinweis darauf. Der Gemeindevorsteher, oder wer auch immer sie ausgefüllt hatte, trug zunächst von Hand »Arbeitsunfähigkeit« als »Ursache der Unterstützungsbedürftigkeit« ein, strich dies aber durch, um – anschließend? – »Altersschwäche« und »Arbeitslosigkeit« zu unterstreichen.

Betrachtet man die Anträge auf Unterstützung, die in den Gemeinden der Bürgermeisterei Lieser gestellt wurden, lag der Anteil der alleinstehenden und verwitweten Frauen zwar teilweise unter dem der Verheirateten und Familien, allerdings ändert sich dieses Bild, wenn man die Zusammensetzung der laufend Unterstützten und die Form ihrer Versorgung betrachtet.[74] Hier überwiegt die »klassische Klientel« der alten Witwen. Armut kann auch im Untersuchungsgebiet in Übereinstimmung mit einem generellen Trend als weibliche Domäne angesehen werden.[75] Gemeinhin wird in der auf

74 Wilfried Rudloff weist darauf hin, dass sich, wenn man Bedürftigen-Statistiken auswertet, der Anteil der Frauen an den Unterstützungsempfängern noch erhöht, wenn man berücksichtigt, dass bei verheirateten unterstützten Männern natürlich auch immer noch eine Ehefrau mitgedacht werden muss. Vgl. Rudloff, Wohlfahrtsstadt, S. 729–730.

75 Vgl. als Ergebnis der Armenstatistiken Anfang der 1880er Jahre Böhmert, Armenwesen, S. 108–109. Eine in recht groben Linien gezeichnete Darstellung dieser Problematik bietet Köppen, Armut ist weiblich, genauer

die Entwicklung in Städten und die Arbeiterschaft ausgerichteten Forschung als Grund für das stärkere Angewiesensein von Frauen auf öffentliche Unterstützung deren mangelhafte, an eine dauernde Erwerbstätigkeit geknüpfte Einbeziehung in die Sozialversicherungssysteme angegeben.[76] Obgleich wohl auch ein Großteil der Männer im Untersuchungsgebiet sich in nicht-versicherungspflichtigen Arbeitsverhältnissen befunden hatte, wird hier der Anteil der Versicherten im Vergleich zu den Frauen größer gewesen sein. Gingen Frauen arbeiten, kamen sie überwiegend in prekären Arbeitsverhältnissen unter und hatten in der Regel ein niedrigeres Einkommen als Männer.

Diese Personen, meist aufgrund ihres Alters oder einer Krankheit erwerbsbeschränkt, wurden durch ständige Zuwendungen oder Versorgung unterstützt. Erhielten einige der vorwiegend alten Menschen eine kleine laufende Unterstützung von (in der Vorkriegszeit) im Schnitt drei bis zehn Mark monatlich, wurden pflegebedürftige Arme oft in Anstalten wie dem St. Josefshaus versorgt. Damit reagierte man auf deren »strukturelle Armut«, welche sie auf lange Zeit hin unterstützungsbedürftig machte.[77] Viele dieser Personen mussten denn auch keine oder nur noch pro forma Anträge auf eine Verlängerung ihrer Unterstützung stellen, die bis 1923 zum Teil aus den gestifteten Armenspenden und nicht aus den Gemeindekassen finanziert wurde. Diese Beobachtungen sind ein Hinweis darauf, dass diese Unterstützten in einer »integrierten Armut« lebten: Ihre Anträge befürwortete der Gemeinderat in der Regel; die traditionelle Fürsorgeform der Armenspende war geradezu auf ihre

anhand von biografischen Aufzeichnungen von Sträflingen der Zwangsarbeitsanstalt Thorberg, Kanton Bern im 19. Jahrhundert Ludi, Frauenarmut. Als lokale Fallbeispiele zu dieser Thematik vgl. etwa die Zahlen für Hamburg bei Hagemann, Arbeiterfrauen, S. 273: Frauen stellten im Zeitraum von 1905 bis 1919 ca. 80 Prozent der Unterstützten, von 1925 bis 1927 waren es um die 60 Prozent. In Ulm waren zwischen 1876 und 1890 zwischen 70 und 85 Prozent der Unterstützten weiblich; vgl. Jans, Sozialpolitik, S. 141. Für das 19. Jahrhundert vgl. etwa Eser, Verwaltet, S. 223–229: Zwischen 1787 bis 1865/66 lag in Augsburg der Anteil der Frauen an der Gesamtzahl der Hausarmen zwischen 75 und 80 Prozent.

76 Vgl. beispielsweise Riedmüller, Frauen, S. 49–50; Hagemann, Arbeiterfrauen, S. 248; Rudloff, Wohlfahrtsstadt, S. 727.

77 Vgl. die Beobachtungen Ines Zissels für die Rheinprovinz und Luxemburg (19. Jahrhundert); Zissel, Begriff, S. 236. Zu den »strukturell Armen« vgl. die Einteilung bei Woolf, Poor, S. 6.

Unterstützung hin zugeschnitten.[78] Einschränkend hierzu ist jedoch zu sagen, dass die kommunale Armenverwaltung die Anträge solcher permanent Unterstützungsbedürftigen oft erst dann bewilligte, wenn sich die Betreffenden bereit erklärten, der Gemeinde eine Sicherungshypothek auf ihren Grundbesitz einzuräumen, die Rente oder das Sparbuch der Gemeinde zur Verfügung zu stellen. Der Beschluss des Gemeinderates, dass eine Unterstützung gegen eine solche Erstattungsverpflichtung geleistet werden solle, hatte in einigen Fällen zur Folge, dass die Antragsteller ihr Gesuch zurückzogen.[79] Möglicherweise sind diese Entscheidungen des Gemeinderates auch als eine Art »Bedürftigkeitstest« zu verstehen – lehnte ein Antragsteller es ab, der Gemeinde eine Hypothek einzuräumen oder ihr die Rente zu überschreiben, schien er noch nicht so sehr auf Unterstützung angewiesen zu sein. In erster Linie wollten sich die Kommunen wohl bei absehbarer längerer Unterstützungsdauer oder hohen Kosten wie Pflegegeldern zu einem gewissen Teil absichern. Ob es sich bei den laufend Unterstützten, die gegen Gewährung einer Sicherheit kommunale Fürsorge erhielten, um Bedürftige im Sinne von Mittellosen handelte, muss also sehr in Frage gestellt werden.

Es hat den Anschein, dass, falls diese Rückzahlungsvereinbarung mit der Gemeinde nicht getroffen wurde, selbst die klassische Klientel der Armenfürsorge nicht davor gefeit war, dass ihr die Unterstützung aus Gründen der Sparsamkeit entzogen wurde. Darauf deuten einige Fälle aus Maring hin, wo bei Gewährung oder Erhöhung von Unterstützungen an Antragsteller anderen unterstützten älteren Witwen die Zuwendungen ohne Angabe von Gründen gekürzt oder gestrichen wurden![80]

78 Vgl. die Ausführungen Castels über die integrierte Armut in bäuerlichen und »armen« Regionen, Castel, Metamorphosen, S. 193.

79 Beispielsweise LHAK Best. 655, 213 Nr. 187: Auszug Beschlussbuch GR Lieser, 23.12.1913 betr. Unterstützung der Wwe. Heinrich K. Verhandelt, Bernkastel-Kues, Wwe. Heinrich K., Lieser, 20.1.1914: »Ich kann mich nicht entschließen, eine Sicherungshypothek der Gemeinde Lieser auf mein Wohnhaus einzuräumen, verzichte hiermit vielmehr auf die mir bewilligte Armenunterstützung.«

80 Vgl. etwa Archiv der Verbandsgemeindeverwaltung Bernkastel-Kues: Beschlussbuch GR Maring-Noviand 1905–1914, 21.1.1907 (»Die Unterstützung der Wwe. Adam L. wird vom 1. April d.J. ab von 240 M auf 180 M herabgesetzt, ebenso die der Wwe. Matthias P. aus Noviand von 180 M auf 120 M; dagegen wird der Wwe. Otto I. in Noviand eine jährliche

Auch nach der Entwertung des Stiftungsvermögens der Armenspenden durch die Inflation stellte die Versorgung dieser meist alten, regelmäßig Unterstützten bis zum Ende des Untersuchungszeitraumes einen erheblichen Posten in den Ausgaben der Gemeinden für das Armenwesen dar. Es handelte sich um wenige Personen, die jedoch über einen langen Zeitraum Hilfe bekamen. In der Gemeinde Lieser beispielsweise wurden im Zeitraum von 1924 bis 1932 acht Personen laufend unterstützt: Ein älteres Ehepaar erhielt nur über wenige Monate eine geringe monatliche Unterstützung; ebenso kurzfristig wurde die 74-jährige Witwe O. im Josefshaus verpflegt und Karl W. durch freies Essen in dieser Einrichtung alimentiert. Nur eine jüngere Frau, die Witwe P. mit ihren minderjährigen Kindern, erhielt nach dem Tod ihres Mannes laufend finanzielle Zuwendung; die restlichen vier Personen, drei betagte Witwen und ein alter Witwer, wurden über Jahre hinweg mit laufenden Barunterstützungen oder durch Verpflegung im Josefshaus versorgt.[81]

Neben den älteren Fürsorgeempfängern sind Kinder und Jugendliche, die in Waisenhäusern oder Erziehungsanstalten untergebracht waren, als zweite große Gruppe der laufend Unterstützten hervorzuheben. Die Unterbringung der Kinder geschah sowohl nach Anträgen des verwitweten Elternteils oder eines Vormundes als auch auf Veranlassung des Amts-/ Vormundschaftsgerichts oder anderer Behörden. Letzteres erfolgte besonders dann, wenn die Gefahr einer Vernachlässigung der Kinder bestand, wie im Fall der Geschwister H., deren Mutter verstorben war und »deren Vater sich nicht an denselben stört«.[82] Dies war die Meinung des Bürgermeisters, er bezeichnete den Vater an anderem Ort auch als »Renitenten«, offenkundig erklärte sich der Vater aber bereit, nach seinen Möglichkeiten einen Zuschuss zum Unterhalt seiner Kinder zu leisten.[83] Im Fall des Todes beider Eltern wurde zur Bezahlung der Pflegekosten im Waisenhaus auch eventuell noch vorhandenes Vermögen der Kinder beansprucht. Sie verblieben oft viele Jahre in diesen Anstalten, teils auch über das 14. Lebensjahr hinaus.

Unterstützung von 60 M bewilligt«); ähnliche Beschlüsse am 16.4.1908, 11.11.1908, 13.10.1909 usw.

81 Vgl. LHAK Best. 655, 213 Nr. 327, Nr. 328, und Nr. 664.

82 LHAK Best. 655, 213 Nr. 188: Bgm. Lieser an Dechant Sellen, Waisenhaus Rheinböllen (Entwurf), 30.3.1909.

83 Vgl. LHAK Best. 655, 213 Nr. 188: Bgm. Lieser an Bgm. Mülheim (Entwurf), 11.5.1909, und Verhandelt Mülheim, Egon H., Maring, 14.5.1909.

Eine lediglich begrenzte laufende Hilfe, meist für einige Monate oder wenige Jahre, erhielten vor allem verwitwete Personen mit kleinen Kindern.

Hier waren es insbesondere die Frauen, die durch den Tod des »Ernährers« und ihre eigene Verdienstbeschränktheit aufgrund der Versorgung der Kinder laufend unterstützt werden mussten, bis sich die Situation wieder besserte, möglicherweise das älteste Kind im Verdienst stand oder die Geschwister versorgen konnte.

Einmalige Zuwendungen, die ein besonders tiefes Loch in die Gemeindekasse rissen, bestanden aus der Erstattung von konkreten Kosten, die durch Krankheit verursacht worden waren, wie die Tagessätze für Krankenhausversorgung, möglicherweise Operationskosten, Ausgaben für Arzt und Apotheker. In der Regel gewährten die Gemeinderäte wegen Krankheitskosten beantragte Unterstützungen oder bewilligten zumindest einen Zuschuss, insbesondere wenn die Notwendigkeit einer Behandlung oder Operation durch den Armenarzt bestätigt worden war. Nur selten handelte man diesen Empfehlungen zuwider, und es begegnet einem in den ausgewerteten Fürsorgeakten nur ein, wenn auch eklatanter Fall von kommunaler Sparsamkeit auf Kosten der Gesundheit eines Antragstellers: Im Oktober 1909 bat die Ehefrau von Matthias J., ihren lungenkranken Mann auf Kosten des Ortsarmenverbandes Wehlen in die Lungenheilanstalt Wittlich einzuliefern. Das Schreiben wurde aufgrund der Dringlichkeit des Antrags an den Gemeinderat weitergeleitet, dieser bewilligte sehr schnell, zwei Tage nach Antragstellung, das Gesuch.[84] Dann jedoch fragte man in der Anstalt nach dem Pflegesatz an und erachtete in einer weiteren Gemeinderatssitzung die täglichen Kosten von vier Mark als zu hoch.[85] Ein erneutes Schreiben Frau J.s im November 1909 mit der Bitte auf eine »baldige Überführung« ihres Mannes in eine Heilanstalt, lehnte der Gemeinderat ab und bewilligte stattdessen eine monatliche Unterstützung von 15 Mark.[86] Wann Matthias J. starb, ist nicht überliefert, doch im August des folgenden Jahres stellte seine Witwe

---

84 LHAK Best. 655, 213 Nr. 190: Verhandelt, Bernkastel-Kues, Ehefrau Matthias J., Wehlen, 12.10.1909; Auszug Beschlussbuch GR Wehlen, 14.10. 1909.

85 LHAK Best. 655, 213 Nr. 190: Überliefert ist nur die Mitteilung der Lungenheilstätte Grünewald, Wittlich, 15.10.1909. Aktennotiz des Bgm. Lieser, 30.10.1909.

86 LHAK Best. 655, 213 Nr. 190: Ehefrau Matthias J., Wehlen, an Bgm. Lieser, 1.11.1909. Auszug Beschlussbuch GR Wehlen, 27.11.1909.

einen Antrag auf Unterstützung, da sie »durch den Tod meines Mannes in eine drückende Lage gekommen« sei.[87] Obwohl in einigen Fällen die Gemeinderäte es ablehnten, die »Beerdigungskosten« zu erstatten, wurde für Ortsarme, für die auch schon zu Lebzeiten Unterstützungszahlungen geleistet worden waren, in der Regel zumindest der Sarg bezahlt. Dabei mussten die Kosten möglichst niedrig gehalten werden. Als etwa das Josefshaus Lieser für die im Kloster verstorbene Elisabeth L. unter anderem Sargkosten in Höhe von 50 Mark zur Erstattung vorlegte, wurde dieses Gesuch abgelehnt mit der Begründung: »Es lässt sich nicht verantworten, für einen Armensarg diesen ausnahmsweise hohen Betrag anzuweisen, die Hälfte wäre vollständig genügend und so muss ich die Bezahlung des Sarges demjenigen überlassen, der denselben bestellt hat.«[88]

Weitere Beerdigungskosten stellten die Kosten für die Trauerfeier wie Kerzen oder die Bezahlung des Küsters, die Leichenschau, das Totenhemd und den Totengräber dar. Diese fanden anscheinend nur in Ausnahmefällen eine gesonderte Erstattung. Die Leichenschau fiel zumindest in Maring ab 1911 in das Aufgabengebiet des Armenarztes. Als der Küster von Maring die Rechnung für die »Begräbniskosten« der Witwe Johann I. in Höhe von 3,40 Mark dem Bürgermeister zur Erstattung vorlegte, erhielt er zur Antwort: »Sollten es die Gebühren für die Amtshandlung des Geistlichen und Küsters sein, so bemerke ich hierzu schon jetzt, dass diese nicht zu den Armenlasten gehören [...].«[89]

Weitere vereinzelte, einmalige Zahlungen verteilten sich auf die restlichen Antragsteller, die aufgrund einer kurz andauernden Notlage ein Gesuch an den Bürgermeister richteten. Sie wurden in der Regel nicht dauernd unterstützt, damit auf sich ändernde Einkommensverhältnisse schnell reagiert und die Alimentierung wieder eingestellt werden konnte.[90] Die Bezieher wurden als arbeitsfähig eingestuft und es wurde angenommen, dass sie nach Behebung der konkreten Notlage wieder ohne öffentliche Hilfe leben könnten.

87 LHAK Best. 655, 213 Nr. 190: Wwe. Matthias J., Wehlen, an Gemeinde-vorsteher Wehlen, 4.8.1910.
88 LHAK Best. 655, 213 Nr. 188: Bgm. Lieser an Oberin Josefshaus Lieser (Entwurf), 9.1.1917. Ähnlich LHAK Best. 655, 213 Nr. 190: Bgm. Lieser an Oberin Josefshaus Lieser (Entwurf), 24.8.1906.
89 LHAK Best. 655, 213 Nr. 188: Rechnung des Küsters Steffen, Maring, 24.1. 1914; Bgm. Lieser an Gemeindevorsteher Maring (Entwurf), 31.1.1914.
90 Vgl. für Ulm Jans, Sozialpolitik, S. 126.

Arbeitslosigkeit von jüngeren, arbeitsfähigen Männern als Ursache der Bedürftigkeit findet sich bis Mitte der zwanziger Jahre noch nicht bei den Antragstellern, was die reichsweite Tendenz widerspiegelt, dass Arbeitslose keine Unterstützung aus Mitteln der öffentlichen Armenfürsorge erhielten.[91] Ein typischer Fall ist hier vielmehr ein inhaftierter Ehemann und Familienvater: Seine Familie erhielt nur für die Dauer der Strafe eine Unterstützung; die Leistung wurde oft auch nur in Naturalien anstatt in Bargeld gewährt. Die Gewährung von Naturalien kann als Ausdruck der traditionellen Sichtweise gewertet werden, den Gebrauch öffentlicher Hilfe kontrollieren zu müssen[92]: Unterstützung in natura wurde eher denen gewährt, die es nach Meinung des Gemeinderates an Voraussicht im Umgang mit Geld mangeln ließen oder die falschen Prioritäten in der Ausgabe von Barmitteln setzten – etwa bei »Familien, in denen die Frau nicht wirtschaftlich ist, oder der Mann zum Trunke neigt«.[93] Der Bürgermeister von Lieser begründete die Abgabe von Unterstützungen in Naturalien beispielsweise damit, dass »Frau D. von einer geregelten Wirtschaftsführung nichts versteht.«[94] In den 1920 reichsweit gesammelten Umfrageergebnissen

91   Vgl. als Überblick zur Arbeitslosigkeit im Kaiserreich Faust, Arbeitsmarktpolitik, S. 20–29; Führer, Arbeitslosigkeit, S. 9–36, zu den durch die kommunale Armenfürsorge unterstützten Arbeitslosen bes. S. 22–23. Diese hatten »allenfalls bei hoher Kinderzahl« Aussicht, als bedürftig eingestuft zu werden. Auch Faust, Arbeitsmarktpolitik, S. 37, betont, dass im Kaiserreich »für die Mehrheit der hilfsbedürftigen Arbeitslosen die Armenpflege das einzige Auffangbecken darstellte«, da eine Arbeitslosenunterstützungssystem noch nicht existierte, sich die Armenpflege jedoch »schwer [tat] mit den arbeitsfähigen Armen.«

92   Vgl. z. B. Baron de Gérando, *Le visiteur de pauvre*. Paris 1820, zitiert nach Castel, Metamorphosen, S. 217–218.

93   Gerlach, Handbuch, S. 49. Vgl. auch Klumker, Theorie, S. 5–9. Klumker gab jedoch zu bedenken, dass mit der Naturalunterstützung auch »keine Gewähr für ihre sachgemäße Verwendung [bestehe]. Sie können unpfleglich behandelt oder verschleudert werden, ihr Erlös kann genauso verschwendet werden, wie wenn gleich Baargeld gegeben wäre.« Klumker, Fürsorgewesen, S. 94. Bei Roscher, System, S. 57, kommt die Schuldzuweisung an die Armen deutlich heraus: »Im Gelde liegt für die meisten Armen eine große Versuchung und könnten sie richtig damit wirthschaften, so wären sie vermuthlich gar nicht arm.«

94   LHAK Best. 655, 213 Nr. 579: Bgm. Lieser an Landrat Bernkastel (Entwurf), 30.5.1933.

»über den gegenwärtigen Stand des ländlichen Armenwesens« wurde von den befragten kommunalen Verwaltern überwiegend die Ansicht vertreten, dass die Gewährung von Naturalleistungen bei unwirtschaftlichen Personen zweckmäßig sei und sogar die Regel bilden sollte.[95] In dieser Zeit der Inflation wurde jedoch auch als Vorteil von Unterstützungen in natura genannt, dass diese nicht wie Bargeld entwertet werden könnten.[96] Die ablehnende Haltung des Berichterstatters aus Kempen (Rheinprovinz) gegenüber der Naturalverpflegung begründet dieser damit, »weil sie gegenüber den Lieferanten allzusehr die Tatsache der Unterstützung aus öffentlichen Mitteln bekundet.«[97] Eine solche Rücksichtnahme der Verwalter auf das Verhältnis zwischen Unterstützungsempfänger und dem Händler oder Bäcker, bei dem die Lebensmittel abgeholt wurden, findet sich im Untersuchungsgebiet ebenso wenig wie eine generelle Reflektion darüber, dass die Gewährung von Naturalien die selbständige Entscheidung der Unterstützen, wofür sie ihr Geld ausgeben, beschnitt.

Die strukturelle Erwerbslosigkeit der zwanziger und frühen dreißiger Jahre wurde offenbar lange Zeit nicht als eine Ursache für länger andauernde Bedürftigkeit erkannt. Junge Erwerbslose wurden zunächst mit einmaligen finanziellen Spritzen versorgt, da man anscheinend auch hier davon ausging, bald werde sich wieder ein Verdienst finden lassen. Besonders augenfällig wird dies in den Ausgaben für Unterstützungen in der Gemeinde Maring-Noviand. Von Juli bis Dezember 1931 wurden hier an zwölf Personen einmalige Hilfen ausgezahlt; viele von den auf diese Weise Unterstützten

95 Vgl. Lembke, Forderungen, S. 13–14. Auf die Frage »Wird die Armenpflege noch ganz oder teilweise in natura (Gewährung von Wohnung, Feuerung, Gartenland, Brot, Mehl usw.) geleistet, und wie urteilt man darüber?« wurden 24 glatt verneinende Antworten und 63 bejahende Antworten gegeben (des weiteren fünf, die nur die Gewährung freier Wohnung, und drei, die nur direkte Verpflegung von Alumnen erwähnten).

96 Lembke, Forderungen, S. 13. In ähnlicher Weise schlug der Preußische Minister für Volkswohlfahrt, Hirtsiefer, während der Weltwirtschaftskrise in einem Rundschreiben, 9.9.1931, Naturalleistungen an Bedürftige vor; vgl. LHAK Best. 655, 123 Nr. 970. Crew, Germans, S. 76, stellt fest, dass bis auf die Phase der Inflation Barunterstützung einer Naturalunterstützung vorgezogen worden sei. Obwohl er dies nicht explizit äußert, trifft diese Beobachtung möglicherweise eher auf die von ihm untersuchten Städte als auf ländliche Gebiete zu.

97 Lembke, Forderungen, S. 13.

erschienen im nächsten Halbjahr als Wohlfahrtserwerbslose.[98] Mit punktuellen Zuwendungen sollten gerade diese – so hat es den Anschein – von der Beantragung einer laufenden Unterstützung abgehalten werden.

Besonders in den Jahren 1926 und 1927 fällt dies sehr ins Auge: Auffallend ist in den Gemeinden Lieser und Kesten die vergleichsweise großzügige Vergabe von einmaligen Wochenfürsorge-Beträgen; die Familien der Bezieherinnen wurden allesamt als der Unterstützung bedürftig geschildert.[99] Schaut man sich ihre Ehemänner an, so fällt auf, dass die meisten von ihnen Kleinwinzer und vielfach zugleich Tagelöhner waren, die aufgrund der schlechten Lage im Weinbau keinen ausreichenden Verdienst hatten, oder erwerbslose Arbeiter. Neben den allgemein ansteigenden Arbeitslosenziffern war die Region in diesen Jahren von einer Krise im Weinbau getroffen, zu deren Abhilfe die »Winzerfürsorge« ins Leben gerufen wurde. Ihre Leistungen stellten ebenfalls eine punktuelle Hilfe dar, finanziert zudem aus Reichsmitteln.

Ein weiterer Fürsorgezweig, der erst in den Jahren der Weltwirtschaftskrise an Bedeutung gewann und erst zu diesem Zeitpunkt in den Akten der allgemeinen Armenfürsorge fassbar wird, ist die Unterstützung mittelloser Durchreisender.[100] Während in Städten für

---

98 Vgl. LHAK Best. 655, 213 Nr. 664.

99 Vgl. LHAK Best. 655, 213 Nr. 579, und Nr. 664.

100 Vgl. KAB-W 2.0.541: Auf die Behandlung der Wanderarmen im Zeitraum vor dem Ersten Weltkrieg geben die Antworten von Bürgermeistern des Kreises Wittlich auf ein Rundschreiben des Landeshauptmannes der Rheinprovinz, 23.5.1903, in dem auf ein härteres Durchgreifen gegen straffällig gewordene Landarme gedrängt wurde, Hinweise. Der Landrat von Wittlich wies in seinem zusammenfassenden Schreiben darauf hin, dass bei dieser Personengruppe die »Scheidung der arbeitsscheuen Vagabunden von den besseren Elementen« nur sehr schwer vorgenommen werden könne; vgl. Landrat Wittlich an Landeshauptmann Rheinprovinz (Entwurf), 11.8.1903. Der Stadtbürgermeister von Wittlich stellte zu diesem Zeitpunkt eine sich häufende Belastung des Ortsarmenverbandes durch »Landstreicher und arbeitsscheues Gesindel« fest. Er führte aus, wie viele Personen in Wittlich um Verpflegung nachgesucht hatten, von Oktober 1902 bis März 1903 waren es immerhin 2186 Personen. »Im verflossenen Rechnungsjahr« seien zudem 49 Wanderarme im Krankenhaus versorgt bzw. mit Kleidungsstücken ausgestattet worden; vgl. Bgm. Stadt Wittlich an Landrat Wittlich, 20.7.1903. Der Bürgermeister von Hetzerath berichtete, dass durch die Lage an der Provinzialstraße Trier-Wittlich die Orte Hetzerath und Crames besonders im Herbst und im Winter von

diesen Personenkreis »Herbergen zur Heimat«, Wanderarbeitsstätten und ähnliche Institutionen schon seit dem 19. Jahrhundert etabliert worden waren[101], erweckt die Versorgung arbeitssuchender Wanderer im Untersuchungsgebiet den Eindruck des Provisorischen.[102] 1931 war in den Gemeinden Kesten, Lieser und Wehlen »je ein Gemeinderaum für die Unterbringung obdachloser, mittelloser Durchreisender zur Verfügung gestellt«. Eine weitere Versorgung wurde anscheinend nicht geleistet, denn der Bürgermeister gab an, dass »hierdurch in der Zeit vom 1. Januar 1928 bis 30. September 1931 besondere, nachweisbare Kosten nicht entstanden« seien. Die Zahl der beherbergten Personen lag im gesamten betrachteten Zeitraum bei 125 Personen (Kesten), 1120 Personen (Lieser) und 360 Personen (Wehlen). In größerem Maße beansprucht durch die mittellosen Wanderer wurde die Gemeinde Maring-Noviand mit immerhin 3200 Personen in der Zeit von 1928 bis September 1931. Hier bezahlte man einem Wirt in Noviand zunächst pro Obdachlosem, dem ein Nachtquartier gewährt wurde, eine Entschädigung, 1931 wurde jedoch ein »Obdachlosenraum« eingerichtet.[103]

»durchziehenden Handwerks pp. Burschen heimgesucht« würden. Bislang sei eine Unterstützung nur in Form der Bereitstellung eines Nachtquartiers erfolgt. Ob »der die Unterstützung Nachsuchende sich einer gesetzlichen Uebertretung schuldig gemacht« habe, könne nur in den seltensten Fällen festgestellt werden, da »sich die meisten Durchreisenden im Besitze von mangelhaften unvollständigen Ausweispapieren befinden«. Könne eine Übertretung festgestellt werden, »erfolgt sofortige Festnahme und Vorführung bei dem zunächst gelegenen Amtsgericht Wittlich.« Vgl. Bgm. Hetzerath an Landrat Wittlich, 22.7.1903. In der Bürgermeisterei Bausendorf wurde eine Unterstützung nur an solche Wanderer gewährt, »welche nachweislich kranke Füße hatten oder sonst unpässlich waren«. Bei festgestellten Vergehen gegen § 361³ des Strafgesetzbuches wurde polizeilich eingeschritten. Vgl. Bgm. Bausendorf an Landrat Wittlich, 11.7.1903. Letzteres wurde so auch in der Bürgermeisterei Manderscheid praktiziert, vgl. Bgm. Manderscheid an Landrat Wittlich, 28.7.1903.

101 Vgl. dazu als Überblicksdarstellung Schenk, Wanderer.

102 Nur vereinzelt lassen sich Angaben über vergleichbare Einrichtungen finden. Schmitt, Bernkastel, S. 157, erwähnt ein 1901 gegründetes Obdachlosenasyl in der Stadt Bernkastel. Dieses wurde in einem ehemaligen staatlichen Gefängnis errichtet und umfasste zudem »ein Polizeigewahrsam für die Stadt und das Amt Bernkastel-Land.« Pro Monat hätten ca. 70 bis 100 Obdachlose das Asyl in Anspruch genommen.

103 Alle Angaben dieses Abschnitts aus LHAK Best. 655, 213 Nr. 664: Bgm. Lieser an BFV Bernkastel (Entwurf), 2.11.1931.

Die Entscheidungen des Gemeinderates, welche Unterstützung gewährt werden sollte, stimmten mit den Forderungen der Antragsteller nicht immer überein, sondern orientierten sich daran, was von dem Standpunkt der Behörde aus als angemessene Unterstützung anzusehen sei, besonders dann, wenn die Antragsteller pauschal nur um eine »Unterstützung« oder »Verpflegung« baten und keine konkreten Summen wie Kosten für Arznei oder eine Krankenhausbehandlung vorlagen. Es wurde die Unterstützung gewährt, die als kostengünstigste Alternative angesehen wurde. Die gewährten Beträge reichten kaum aus, um das Lebensnotwendige zu besorgen; Hilfe durch die freie Wohltätigkeit oder der Zuverdienst von jedem arbeitsfähigen Familienmitglied war notwendig.[104] Die Unzulänglichkeiten der öffentlichen Unterstützung wurden besonders während der Inflationsjahre zu einem drängenden Problem. Der Preußische Minister für Volkswohlfahrt richtete ein diesbezügliches Rundschreiben an die Regierungspräsidenten und räumte ein,

»dass die Unterstützungssätze schon immer so knapp bemessen gewesen sind und nur die Befriedigung der notwendigsten Bedürfnisse sicherstellten, dass ein weiteres Zurückbleiben hinter der Teuerung von den auf sie angewiesenen Bevölkerungskreisen weit härter empfunden werden muss, als das Sinken des Reallohns von der werktätigen Bevölkerung. Auch ist das Missverhältnis zwischen den Unterstützungssätzen und der Teuerung vielfach so erheblich geworden, dass die Gewährung der niedrigen Unterstützungen geeignet ist, die gemeindliche Armenpflege jeglichen Ansehens zu berauben und bei den Unterstützungsempfängern ein Gefühl der Erbitterung hervorzurufen.«[105]

Der Landrat des Kreises Bernkastel leitete das Schreiben an die Bürgermeister seines Bezirkes weiter und bat darum, »für eine angemessene Erhöhung Sorge zu tragen«. Ob dem tatsächlich Folge geleistet wurde, ist anzuzweifeln, zu oft verlangten Unterstützungsbezieher eine Erhöhung und rechneten dem Bürgermeister vor, dass

104 Vgl. etwa für Ulm die Gegenüberstellung von Unterstützungssätzen und Lebenshaltungskosten bei Jans, Sozialpolitik, S. 133–138.

105 LHAK Best. 655, 213 Nr. 184: Preußischer Minister für Volkswohlfahrt an die Regierungspräsidenten betr. Erhöhung der Armenunterstützung, 5.5. 1923. Zu den unzureichenden Unterstützungssätzen in der Erwerbslosenfürsorge insbesondere während der Inflation vgl. Führer, Arbeitslosigkeit, S. 443–446, S. 454–455.

sie mit dem Gewährten nicht auskommen konnten. In Stellungnahmen zu Beschwerden über die Höhe der Unterstützung wurde eingeräumt, dass sie zwar nicht dem Richtsatz[106] entsprächen, eine höhere Unterstützung jedoch trotzdem nicht gewährt werden könne, weil die Kommune kein Geld habe und der Antragsteller auf andere Weise auskommen müsse. August O. sollte selbst für ein Anheben seiner Unterstützung auf Richtsatz-Niveau sorgen: »Der Beschwerdeführer erhält eine Unterstützung von sieben RM wöchentlich. Diese entspricht zwar nicht dem Richtsatz, es muss aber angenommen werden, daß O. durch Gelegenheitsarbeit noch soviel verdient, dass der Richtsatz erreicht wird.«[107]

Zusammenfassend ist festzuhalten, dass die Ergebnisse zeitgenössischer Untersuchungen über eine ländliche Armenfürsorge, die zum Ziel habe, die Anzahl der Unterstützten und die Ausgaben für das Armenwesen möglichst gering zu halten, für den Untersuchungsraum bestätigt werden können. Die Bewohner der untersuchten Ortschaften wussten, dass die kommunale Armenfürsorge nur im absoluten Notfall eingriff, wie im klassischen Fall der alten Witwe, die sich selbst nicht mehr versorgen konnte und keine unterhaltsfähigen Verwandten mehr hatte. Infolgedessen stellten vergleichsweise wenige Personen einen Antrag.

Wie hat man sich den Akt der Beantragung öffentlicher Unterstützung konkret vorzustellen? Wie formulierten Bedürftige ihr Anliegen, lassen sich für verschiedene Gruppen von Armen unterschiedliche Rhetoriken und Strategien ausmachen? Diese Fragen stehen im Zentrum des nächsten Teilkapitels.

---

106 Der Richtsatz des Bezirksfürsorgeverbandes muss mit der RFV 1924 eingeführt worden sein, findet sich jedoch erst ab Anfang der dreißiger Jahre in den Akten erwähnt; eine eigene Überlieferung des BFV auf Ebene des Kreises besteht nicht. Der Richtsatz betrug etwa nach der Preußischen Sparverordnung im Dezember 1931 pro Einzelperson mit eigenem Haushalt monatlich 24 RM und pro Kind vier RM monatlich. Vgl. LHAK Best. 655, 213 Nr. 1715: Bgm. Lieser an Wwe. Balthasar E., Kesten (Entwurf), 1.12.1931, über die Herabsetzung ihrer Unterstützung von 60 auf 40 Mark monatlich.
107 LHAK Best. 655, 213 Nr. 662: Bescheid des Kreisausschusses Bernkastel an Bgm. Lieser und August O., Lieser, 25.2.1933.

2. »Auf dem Amt«: Verwaltungsvorgänge, Verwaltungspraxis und Usus der Antragstellung in der öffentlichen Fürsorge

Die administrativen Formen der Beantragung von Unterstützungsleistungen variierten während des untersuchten Zeitraums. Von den achtziger Jahren des 19. Jahrhunderts bis 1933 »professionalisierte« sie sich in gewisser Weise: Neben den üblicherweise in formlosen Briefen eingereichten oder mündlich vorgebrachten Bittgesuchen wurden ab Mitte der zwanziger Jahre die Anträge verstärkt in Form von Formularen aufgenommen, die einen festen Fragenkatalog aufwiesen.

Allen Unterstützungsanträgen ist gemein, dass, wenn auch in manchen Fällen nur rudimentär, Aussagen zur Familien-, Einkommens- und Besitzsituation getroffen wurden und zumindest eine akute Ursache für die Unterstützungsbedürftigkeit angegeben wurde. Auch den schriftlichen Gesuchen ist anzumerken, dass die Antragsteller sehr wohl gewusst haben, welche »Minimalinformationen« sie anzugeben hatten. In den Briefen schilderten sie in der Regel nur das ihrer Meinung nach Notwendige. Ein gutes Beispiel hierfür sind die Informationen zu unterhaltspflichtigen Angehörigen: In Formularen und bei Verhandlungen auf dem Amt wurde dieses Kriterium der Bedürftigkeit abgefragt und meistens negativ beantwortet. In Briefen wurde jedoch auf unterhaltspflichtige Angehörige nur selten eingegangen und wenn, dann mit dem Hinweis, dass sie zu einer Unterstützung nicht fähig seien. Genaue Angaben zu Einkommen und Vermögen sind hier ebenfalls spärlich, meist war hier nur von »geringem« oder »keinem Vermögen« die Rede, von einer »kleinen Rente«. In erster Linie wird die Ursache der Notsituation dargelegt und beschrieben, warum die Lage jetzt ohne eine Unterstützung nicht mehr zu bewältigen sei: Krankheit, Alter, ein unvorhergesehenes Ereignis wie Todesfall oder Inhaftierung.[108]

108 Augenfällig wird dies etwa in LHAK Best. 655, 213 Nr. 187: Die Tochter der Witwe Christian T., Lieser, stellte einen Antrag auf Unterstützung und begründete dies damit, dass ihre Mutter bettlägerig krank sei, kein Vermögen und nur eine kleine Rente besitze. Erst nachdem der Gemeinderat eine laufende Unterstützung nur gegen eine Sicherungshypothek gewähren wollte, wurde die Tochter präziser: Sie listete die Belastungen auf das Haus auf und ging genauer auf die Krankheit ihrer Mutter und jetzt auch auf die Familienverhältnisse ihrer Geschwister ein: Wwe. Paul V. (Tochter), Lieser, an den Bgm. Lieser, 4.2.1914.

Wer stellte die Anträge? In den meisten Fällen richteten die Bedürftigen selbst oder enge Familienmitglieder ihr Gesuch um Unterstützung an die Behörden. Genau zu rekonstruieren, welches Mitglied der Familie geschrieben haben mag, ist nicht möglich, da diese sich nicht immer zu »erkennen« gaben und auch von Seiten der Behörde bei einer mündlichen Antragstellung auf dem Amt oft nur das Familienoberhaupt notiert wurde. In Familien übernahm jedoch sehr oft die Ehefrau den Part der Antragstellung. Pfarrer traten nur selten in Erscheinung und zwar häufig dann, wenn ältere Personen nicht mehr selbst zurechtkamen und eine Unterbringung in einer Anstalt geboten schien oder Kinder in einem Waisenhaus oder einer Erziehungsanstalt untergebracht werden sollten. Auch das Amts- oder Vormundschaftsgericht konnte im Rahmen der Fürsorgeerziehung Kinder in Pflegefamilien oder Anstalten unterbringen lassen. Wenn Bedürftigkeit beziehungsweise die Notwendigkeit des Einschreitens offensichtlich war und der Betroffene trotzdem keinen Antrag stellte, wie bei älteren, allein lebenden Menschen, die zu verwahrlosen drohten, oder vernachlässigten Kindern, ergriffen Gemeinderatsvertreter oder der Bürgermeister auch von selbst Maßnahmen gegen die Notlage.

In den überlieferten Briefen tritt eine eigene Sprache der Antragsteller plastischer hervor als in Formularen oder Protokollen. Bevor auf Grundlage dieser Quellenart Beobachtungen zum Umgang der Antragsteller mit den kommunalen Sozialverwaltern, ihren »Sachbearbeitern« sozusagen, angeführt werden, sollen die Schreiben der Armen zunächst klassifiziert und genauer vorgestellt werden.

2.1. »Pauper Letters« als ernstzunehmende Quelle?

Hilfestellung bei der Auswertung von Briefen an Armenbehörden haben insbesondere die Arbeiten Thomas Sokolls geleistet, der mit der Edition der *Essex Pauper Letters* einen wichtigen Zugang zur Kategorisierung und Interpretation dieser Quellen »von unten« geschaffen hat.[109] Eine Frage, die sich insbesondere im Kontext der Armenfürsorge bei der Auswertung von Briefen stellt, ist, wie ernst die Angaben in diesen Schriftstücken genommen werden können, welchen Wahrheitsgehalt man ihnen beimessen kann. Meines Erachtens kann die »Rhetorik der Machtlosigkeit« in vielen der

---

109 Sokoll, Essex Pauper Letters.

Briefe nicht nur als Rhetorik abgetan werden.[110] Natürlich enthalten die Briefe eine »vornehmlich ›negative‹ Datenmenge«, erzählen von »Belastungen, Schmerz und Nichthaben«,[111] und ebenso kann es natürlich sein, dass die Antragsteller zu Übertreibungen neigten.[112] Zu einem gewissen Grad wird sich der Schreiber daran orientiert haben, was sein Gegenüber hören wollte, damit er als bedürftiger und würdiger Armer erscheinen konnte.[113] Viele der Antragsteller waren keine Ahnungslosen, sondern mit einer »agency« ausgestattet, wussten mit den ihnen persönlich bekannten Verwaltern umzugehen, ihre Interessen zu formulieren und sich gegebenenfalls auch der Hilfe anderer Personen zu bedienen.[114]

Stellt man sich die Kommunikationssituation vor, in der solche Schreiben an Behörden entstanden, kann wohl nur in den wenigsten Fällen davon ausgegangen werden, dass die Briefe ausschließlich vom Antragsteller verfasst wurden; Verwandte und Bekannte, die im Verfassen von Briefen und vielleicht auch im Umgang mit

110 Vgl. Tomkins/King, Introduction, S. 7. Sie bemängeln etwa an der Untersuchung Taylors, Voices, S. 114, er habe die »Rhetorik der Machtlosigkeit« ziemlich unkritisch anerkannt und gehe zu sehr davon aus, dass die Schreiber »nicht allzu weit von der eigenen Wahrnehmung ihrer Lebensumstände abwichen, weil sie von ihrem Aufseher oder dem Aufseher ihrer gewählten Gemeinde überprüft wurden.« Vgl. Tomkins/King, Introduction, S. 33, Endnote 31 (eigene Übersetzung).

111 Bräuer, Bittschriften, S. 301.

112 In diese Richtung zielend äußert sich Martin Rheinheimer kritisch zum Quellenwert von Anträgen und plädiert dafür, den Zweck und die Absicht solcher Schreiben genau zu berücksichtigen. Vgl. Rheinheimer, Großsolt, S. 26.

113 Vgl. Sokoll, Essex Pauper Letters, S. 68.

114 Dazu, dass auch von fremder Hand verfasste Schreiben als »pauper letters« angesehen werden können vgl. Sokoll, Old Age, S. 133–134. Nicht als »pauper letters« werden in Sokolls Arbeit die Schreiben von anderen Personen auf deren eigene Initiative hin für einen Bedürftigen angesehen. Vgl. Sokoll, Old Age, S. 135. Auf diese Trennung nahm auch die Kategorisierung in der vorliegenden Arbeit Rücksicht.
In der Forschung wird der »Perspektivenschwenk« auf die »Wahrnehmungs- und Erfahrungsinhalte« der Fürsorgeklientel, wo Einzelfallakten und Briefe nicht vorliegen oder die Einsichtnahme verwehrt wurde, insbesondere für die Zeit der Weimarer Republik anhand der Publikationsorgane von Betroffenenverbänden wie der »Invalidenstimme« oder anhand von Beschwerden vorgenommen; vgl. Rudloff, Wohlfahrtsstadt, S. 843–883; Crew, Germans, passim.

Behörden versierter waren, werden hier geholfen haben. Und manchmal erkennt man dies schon an der äußeren Form: Die Unterschrift und die Schrift des Briefes sind nicht identisch, oder der Autor des Schreibens gibt sich als Bittsteller für die bedürftige Person explizit zu erkennen.[115] Die Tatsache, dass eine Reihe von Briefen von anderen Personen verfasst wurde, die im Gegensatz zum Antragsteller des Schreibens kundig waren, könnte darauf schließen lassen, dass es in den einzelnen Gemeinden bestimmte, für behördliche Korrespondenz mehr oder weniger sachkundige »Schreiber« gab. In den Maringer Fürsorgeakten beispielsweise konnte durch einen Schriftvergleich ein Schreiber für immerhin vier AntragstellerInnen ausfindig gemacht werden; im Zeitraum von 1907 bis 1917 sind zwölf Schreiben von seiner Hand überliefert.[116] In seltenen Fällen unterschrieben die Verfasser der Briefe anscheinend auch im Namen der Antragstellers. So sind von Gustav O. aus Kesten zwei Schreiben überliefert, deren Schrift und Unterschrift identisch sind. Allerdings gab er in dem ersten der Schreiben, im September 1920, an, dass sein »Augenlicht schon so stark nachgelassen« habe, dass er arbeitsunfähig sei. Drei Monate nach dem zweiten der Schreiben vom November 1921 datiert ein Attest des Dr. Schmitz aus Bernkastel, dass Gustav O. auf dem rechten Auge infolge Altersstars erblindet und auf dem linken Auge sehr schwachsichtig sei. Es ist also sehr fraglich, ob Gustav O. die Schreiben tatsächlich selbst verfasst hat.[117]

Dass die Briefe mit Hilfe anderer verfasst wurden, dass sie »strategische« Schriftstücke sind, schmälert jedoch meines Erachtens nicht in solch hohem Maße ihren Wahrheitsgehalt, als dass sie, wie es beispielsweise Peter Blum annimmt[118], von den darin enthaltenen Angaben her als Quelle zur Rekonstruktion von Armutsursachen

---

115 Vgl. etwa LHAK Best. 655, 213 Nr. 187: Wwe. Paul V., Lieser, an Bgm. Lieser, 30.7.1911: »Im Auftrage meiner Mutter, hätte ich eine Bitte an Sie Geehrter Herr Bürgermeister [...].«

116 Vgl. LHAK Best. 655, 213 Nr. 188.

117 LHAK Best. 655, 213 Nr. 186: Gustav O., Kesten, an »Bürgermeister Kesten« [sic], 20.9.1920 und 20.11.1921; Dr. Schmitz, Bernkastel, an Bgm. Lieser, 16.2.1922.

118 Vgl. Blum, Staatliche Armenfürsorge, S. 1. Seine Skepsis an der Brauchbarkeit »strategischer« Schriftstücke umfasst auch die Stellungnahmen der zuständigen Behörden, diese »geben nur bedingt Aufschluß über die Richtigkeit der von den Bittstellern zu den individuellen Lebensumständen gemachten Angaben« aufgrund der restriktiven Zielsetzungen traditioneller Armenpflege. Vgl. zu dieser Problematik auch die Einleitung, Fn. 96.

und Lebensumständen unbrauchbar wären. Ich gehe dagegen davon aus, dass gerade in kleinräumigen Strukturen sehr übertriebene oder mutwillig falsche Angaben über Besitz oder Familienverhältnisse aufgrund des hier eng gewebten Netzes sozialer Kontrolle kaum möglich gewesen wären.[119] In welcher Form sind die Schreiben gehalten? Thomas Sokoll unterscheidet in seinem untersuchten Quellenkorpus der *Essex Pauper Letters* drei Varianten: Zum ersten die »standard letters«, die heutigen gewöhnlichen Briefen entsprechen und die notwendigen Elemente wie Ort, Datum, Anrede, Grußformeln enthalten. Zum zweiten Schreiben, die im Stil eines »oral writing« gehalten sind, also wie mündliche Rede aufgebaut sind, mitunter keine stringente Argumentation, sondern eher assoziative Aneinanderreihungen enthalten und deren Schriftsprache stark phonetisch geprägt ist. Drittens lassen sich die sehr stark formalisierten »petitions« unterscheiden, die Sokoll jedoch als eine Ausnahme in seinem Quellenkorpus ausmacht.[120] Um den »Ton« der Briefe zu bestimmen, lassen sich die vier »voices« heranziehen, die James Stephen Taylor in seiner Analyse der »Kirkby Lonsdale Township Letters«, verfasst im Zeitraum von 1809 bis 1836, unterscheidet: formelle, konventionelle Bittschriften, dann die »informational voice«, die Lebensumstände und die notwendigen Unterstützungen beschreibt, drittens nachdrückliche und expressive Schreiben sowie viertens die »verzweifelte Stimme«, die bisweilen auch die Rückkehr in die Heimatgemeinde androht.[121]

Versucht man diese Kategorien auf die Briefe zu übertragen, die zwischen dem Beginn des 20. Jahrhunderts und 1933 in den beiden

119 Vgl. Bräuer, Bittschriften, S. 300–301; Sokoll, Negotiating, S. 29; Taylor, Voices, S. 112–114.

120 Vgl. Sokoll, Writing, S. 99–100, S. 104.

121 Vgl. Taylor, Voices, S. 111–112. Sowohl Taylor als auch Sokoll untersuchten Briefe von Armen, die außerhalb ihrer unterstützungspflichtigen Heimatgemeinde versorgt wurden und bei Nichtgewährung einer auskömmlicheren Unterstützung einen »Trumpf« (*best card*) ausspielen konnten, nämlich der Heimatgemeinde (*parish of settlement*) mit ihrem Umzug zu drohen, der teurer gewesen wäre als die Unterstützung an einem anderen Ort. Die Armen in Preußen hatten diese »Trumpfkarte« nicht; ihnen stand kein einklagbares Recht auf Unterstützung zu. Zudem ist zu bedenken, dass die »Essex Paupers« und die Armen der Kirkby Lonsdale Poor Law Authority ja meist schon unterstützt wurden, mithin als Bedürftige anerkannt waren und um diesen grundlegenden Zugang zu Unterstützung nicht mehr kämpfen mussten. Vgl. Sokoll, Negotiating, S. 28, S. 43.

Kreisen Bernkastel und Wittlich an Gemeindevorsteher, Bürgermeister, Landrat oder höhere Verwaltungsinstanzen gerichtet wurden, kann man primär einen konventionellen Brieftyp erkennen.

Wenn auch oftmals rudimentär, orientierten sich die Schreiben, ob nun von eigener oder fremder Hand verfasst, an den formalen Anforderungen eines Briefes wie Ort, Datum und die gängigen Anredefloskeln. Die Anrede konnte sich sowohl an die Person als auch an die Behörde richten.[122] Während ein Gesuch lediglich »An das Bürgermeisteramt« gerichtet werden konnte, wurden die meisten Schreiben an den »(hoch)geehrten« Herrn Bürgermeister oder, insbesondere im Kaiserreich, an den »wohllöblichen« Gemeinderat gerichtet. Die Anrede »(hoch)wohlgeboren« war in der Regel dem Landrat oder übergeordneten Stellen vorbehalten und findet sich in Schreiben aus der Zeit der Weimarer Republik nur noch selten. Beendet wurden die Schreiben mit »(Hoch)Achtungsvoll« oder »Hochachtend«. Besonders höfliche Schreiber baten den Adressaten um Entschuldigung, dass sie ihn mit ihrem Anliegen belästigten; »gütigst« wurde um eine Unterstützung gebeten. Als abschließende Formel äußerten manche explizit ihre Erwartung auf die Gewährung der Unterstützung, hofften »keine Fehlbitte geleistet zu haben« oder rechneten auf das »Wohlwollen« des Bürgermeisters. Im Grunde sind die Schreiben entlang des Redeaufbaus der klassischen Rhetorik konzipiert:[123]

»Hochgeehrter Herr Bürgermeister!   *[salutatio]*
Da ich mich nun jetzt in einer traurig armen
Lage befinde, so will ich mich einmal an Sie
wenden mit folgender Bitte: *[captatio benevolentiae]*
Ich habe eine Tochter, welche Lungentuber-
kulose hat. Der Arzt sagte, sie müsse in eine
Lungenheil Anstalt. Sie ist nämlich in der

---

122 Um die Jahrhundertwende wurde in einem »Briefsteller« geraten, keine persönlichen Anreden in Schreiben an Behörden zu gebrauchen, »da man es ja nicht mit einer Person, sondern mit einer Verwaltungsstelle zu thun hat«, zitiert bei Karweick, Tiefgebeugt, S. 23.

123 Vgl. auch Sokoll, Writing, S. 100; Bräuer, Bittschriften, S. 297; Karweick, Tiefgebeugt, S. 29. Ob beim Schreiben der Briefe Vorbilder wie »Briefsteller« oder Musterbücher für den Schriftverkehr benutzt wurden, wie es Jörg Karweick anhand seiner Schreiben aus dem 19. Jahrhundert untersucht hat, konnte hier nicht nachgewiesen werden. Vgl. Karweick, Tiefgebeugt, passim.

Krankenkasse aber dieses reicht nicht aus, sie
hat auch erst eine halbe Karte geklebt.   *[narratio]*
Daher möchte ich Sie bitten, mir doch behilf-
lich zu sein, daß das Mädchen doch wieder
hergestellt wird und später sein Brod verdienen
kann.   *[petitio]*
Hochachtungsvoll Frau U.«[124]   *[conclusio]*

Nur sehr selten lassen sich Briefe finden, die allein schon von der
äußeren Form her, speziell in ihrer Länge, außergewöhnlich sind
und sich einer nach Taylor nachdrücklichen und expressiven Aus-
drucksweise bedienen. Normalerweise beträgt der Umfang der
Schreiben wenige Sätze, in denen knapp die Notlage und das Anliegen geschildert wurden.[125] Die außergewöhnlich umfangreichen
Briefe waren in der Regel Beschwerden – die Schilderung der
Gründe dafür, dass man aber doch der Unterstützung bedürfe, oder
der Appell an die Behörden, mit Nachdruck vorgebracht, konnte
viele Zeilen in Anspruch nehmen.

»Perfekt« waren auch die gewöhnlichen formalen Schreiben an
die Behörden nicht; die Schrift war manchmal nicht besonders
flüssig, Rechtschreib- und Kommasetzungsfehler sind ebenso zu
finden wie dialektale Ausdrücke oder Schreibweisen.[126] Außergewöhnliche Schreiben im Sinne von Sokolls »oral writing«-Briefen

---

124 LHAK Best. 655, 213 Nr. 190: Ehefrau Leonard U., Wehlen, an den Bgm.
     Lieser, 7.10.1915.

125 Diese Beobachtungen machte auch Christa Gysin-Scholer bei der Lektüre
     von Armenbriefen des Schweizer Baselbietes und nennt als Ursache für
     das Verwenden allgemeiner Ausdrücke wie »krank« und »mittellos« die
     »Angst, allzu Familiäres, Persönliches oder Emotionales könnte die Ar-
     menpfleger beziehungsweise den Regierungsrat langweilen, ja verärgern,
     statt gnädig – unterstützungswillig – zu stimmen. Denn der gesellschaft-
     lich willkommenste Arme war der schweigende, duldende, anspruchslose
     Arme.« Gysin-Scholer, Krank, S. 17. Das mag eine Erklärung sein. M. E.
     sprechen viele selbstbewusst formulierte (Beschwerde-) Briefe im Unter-
     suchungsgebiet gegen eine solche Annahme. Stärker als die Angst, einen
     Amtsmann zu langweilen, würde ich eine gewisse Scham, sich allzu aus-
     führlich über die eigene Armut oder Krankheit zu verbreiten, bewerten.

126 Als linguistische Arbeit zu den »Grundformen, Varianten und Entwick-
     lungstendenzen in der neuhochdeutschen Alltagssprache ›unterhalb‹ einer
     lange ›geglätteten einheitlichen Oberfläche der Schriftsprache‹« auf
     Grundlage von Auswandererbriefen, 19. Jahrhundert, vgl. Elspaß, Sprach-
     geschichte von unten, S. 20. Als ältere Studie Schikorsky, Schriftlichkeit.

jedoch fallen durch eine oft eklatant schlecht lesbare Schrift und fehlerhafte Orthografie und Zeichensetzung auf. Die Autoren dieser Gesuche erscheinen in den Urteilen der Behörden vielfach als Sonderlinge. Möglicherweise lebten diese Menschen allein oder waren kaum in das Gemeinschaftsleben integriert. Andernfalls hätten sie sich vielleicht um einen Schreiber für ihre Gesuche kümmern können. Witwe Peter O. aus Wehlen, ein extremer Sonderfall, richtete unermüdlich[127] Gesuche, aber auch Beschwerden und Drohungen an die Gemeindeverwaltung, den Bürgermeister und den Landrat. Oder sie beschuldigte andere Dorfmitglieder des Diebstahls. Ihre Schreiben waren in teils sehr expressivem Ton gehalten: In einigen der sehr schlecht lesbaren Schreiben finden sich Forderungen wie »so fort Holz«[128] oder der Gemeinderat wurde mit »ihr Gurgelschneider«[129] beschimpft! Witwe O. wurde von der Gemeindeverwaltung nicht recht ernst genommen. Die Bewertung als »geistesschwache« Person, die ihr zuteil wurde, diente auch in anderen Fällen dazu, Personen, die sich mit außergewöhnlichen oder häufigen Schreiben an die Verwaltung wandten, abzuqualifizieren und ihre Anliegen als Anmaßung darzustellen. Ein besonders außergewöhnliches Beispiel bietet ein Schreiben der Ehefrau Adam O., dessen erste Seite hier abgedruckt ist (Abb. 7).[130] Es wurde an den Landrat des Kreises Wittlich gerichtet, der damit nichts Rechtes anzufangen wusste. Denn in diesem Schreiben beschwerte sich die Antragstellerin nicht etwa darüber, dass ein Antrag abgelehnt wurde, sondern sie beklagte sich allgemein über die Verhältnisse in ihrem Wohnort. Die Leute, sogar die kleinen Kinder, würden ihr auf der Straße nachrufen; die Bewohner des Ortes seien böse und neidisch. Sie reflektierte in dem Brief nicht nur darüber, welche Auswirkungen diese Verhältnisse auf sie selbst hatten, und das mit

127 Vgl. LHAK Best. 655, 213 Nr. 190: Allein für die beiden Jahre 1919 und 1920 sind von Witwe O. acht Gesuche um Unterstützung und 22 weitere Briefe und Postkarten, die primär diffuse Beschwerden und Drohungen enthalten, überliefert.
128 LHAK Best. 655, 213 Nr. 6: Wwe. Peter O., Wehlen, an Landrat Bernkastel, 22.8.1922: »Ich brauch 2 Hemden und 2 Unterhosen, meine Hemden sind gestohlen worden, Ich bitte um gleich Antwort Achtungsvoll Witwe Amalie O. geborene F. so fort Holz«.
129 LHAK Best. 655, 213 Nr. 190: Wwe. Peter O., Wehlen, o. Adr. [Gemeinderat Wehlen], 26.3.1919.
130 Eine Transkription des gesamten Schreibens findet sich im Anhang, Abb. 14.

teilweise sehr bildhaften Ausdrücken und Stilmitteln, sondern auch über ihre Situation als arme Frau und die Armut selbst. Der Brief stellt in seiner Form, von der Länge, den ausufernden Beschreibungen der Verhältnisse und dem nicht genauen Formulieren des Anliegens her ein sehr untypisches Schreiben an eine Behörde dar, auf welches diese mit Unverständnis reagierte.

Insgesamt gewinnt man den Eindruck, dass es den Antragstellern keine besondere Mühe machte oder sie keine Scheu davor hatten, die Schreiben selbst zu verfassen oder schreiben zu lassen – Briefe zu schreiben, sich schriftlich zu artikulieren, war im untersuchten Zeitraum auch bei älteren Antragstellern nicht mehr so außergewöhnlich wie dies noch zu Beginn des 19. Jahrhunderts gewesen sein mag.[131] Eine gewisse Vertrautheit mit den behördlichen Gepflogenheiten lässt sich besonders auf den unteren administrativen Stufen feststellen. In den Schreiben an den Gemeindevorsteher und den Bürgermeister bedienten sich die Antragsteller oft eines sehr informellen Tons, verwiesen auf ihre überall in der Gemeinde bekannte Lebenssituation oder mit den Verwaltern mündlich Ausgemachtes.[132] Der Sinn des Briefes in Abbildung 8 beispielsweise erschließt sich heutigen Lesern nicht sofort, vom Schreiber wurde allerdings wohl vorausgesetzt, dass der Bürgermeister wusste, um was es ging. Mit Hilfe des Gemeinderatsbeschlusses konnte abgeglichen werden, dass Karl W. um eine Unterstützung und die Niederschlagung des Holzsteiggeldes bat. Wer aber war der Vater, der

131 Nach Grosse, Vorbemerkung, S. 11, besuchte am Ende des 19. Jahrhunderts jeder Schüler in Preußen acht Jahre lang die Schule, der Alphabetisierungsgrad war schon recht hoch. Schon 1864 wurde in Preußen die Schulpflicht zu gut 91 Prozent wahrgenommen, »1895 wurden von über 5,3 Millionen eingeschulten Kindern in Deutschland weniger als 500 der Schulpflicht entzogen«; vgl. Engelsing, Analphabetentum, S. 103, S. 105.

132 Etwa LHAK Best. 655, 123 Nr. 967: Georg P., Rachtig, an Bgm. Zeltingen, 11.2.1908: »Da doch bekannt sein dürfte, daß ich so schwer verunglückt in, daß ich total arbeitsunfähig bin und meine Familie bittere Noth leiden muß, ist doch überall bekannt.« LHAK Best. 655, 213 Nr. 190: Hedwig F., Wehlen an Bgm. Lieser, 19.8.1910: »Damals sprach ich mit Herrn Vorsteher Bergweiler, ob die Gemeinde mir die Arzneien bezahlen würde. Herr Vorsteher versprach mir dies auch, wenn ich den Arzt bezahlen würde.« LHAK Best. 655, 213 Nr. 579: Ehefrau Bernhard D., Wehlen, an Landrat Bernkastel, 18.10.1933: »Ich würde Sie gern mal Persönlich sprechen und frage mal ergebenst an wann ich mal bei Ihnen vorsprechen kann.« Vgl. auch Sokoll, Writing, S. 103, 106.

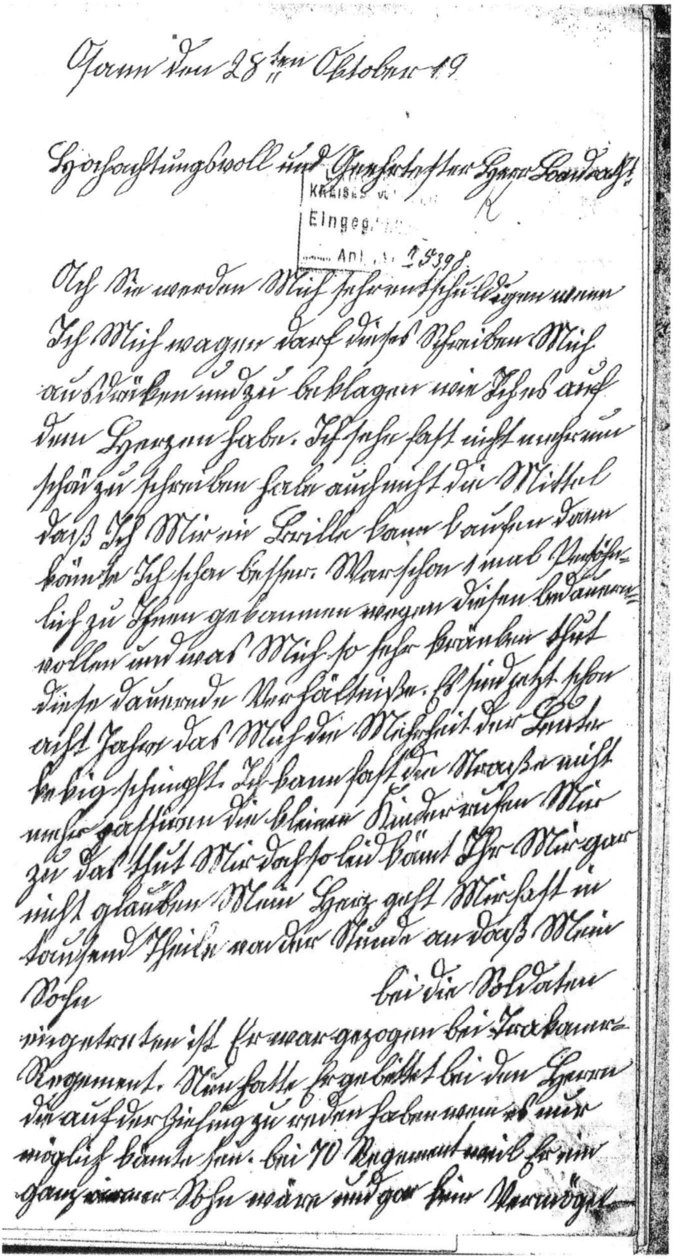

Abb. 7: KAB-W, 2.0.343: Ehefrau Adam O., Osann, an Landrat Wittlich, 28.10.19[11] (erste Seite)

sich nicht um die Kinder sorgte, diesen alles wegtrank und -aß und Schulden machte und von dem Karl W. wollte, dass er »komt wo Er Arbeiten muß«? Anhand von Informationen über die Verwandtschaftsbeziehungen konnte eine plausible Lösung hergeleitet werden: Da die Tochter von Karl W. mit Lukas O. verheiratet war, dessen schlechter Leumund den kommunalen Behörden reichlich bekannt war, macht es Sinn, dass sich Karl W. wohl über diesen Menschen beim Bürgermeister beschwerte, dem wahrscheinlich sofort klar war, wer mit den Beschuldigungen gemeint war.

Generell hielten sich die Schreiber nicht mit der Darlegung von Offensichtlichem und dem »Normalen« auf, sondern teilten meistens »nur das für die Realisierung ihres Anliegens Notwendige und Zweckmäßige«[133] mit, hoben die konkrete Ursache der Bedürftigkeit, die außergewöhnliche Notlage hervor. Je länger Antragsteller den Gemeindevertretern schon bekannt waren, umso knapper konnten die Beschreibungen der Lebensumstände oder die Ursachen der Bedürftigkeit nach dem Motto »Sie wissen doch...« ausfallen. Dies ist besonders bei älteren, schon länger laufend unterstützten Antragstellern zu beobachten, die sich relativ sicher sein konnten, dass ihren Anträgen in der Regel stattgegeben wurde.

Ludwig P. beispielsweise stellte im Januar 1907 im Alter von 70 Jahren seinen ersten Antrag auf Unterstützung und gab als Begründung an: »Indem ich bereits 70 Jahre alt bin, u. zu schwach für in den Tagelohn zu gehen bin, außerdem noch einen Leibschaden habe und sonst durch oder mit nichts etwas verdienen kann so bin ich gezwungen mich an die Gemeinde von Lieser zu wenden. Meine Kinder kann ich nicht in anbetracht ziehen, da sie selbst zahlreiche Familie haben und in drückenten Verhaltnisse leben.«[134] Sein Gesuch wurde zunächst abgelehnt, da er Vermögen habe, schon im November des Jahres jedoch richtete er ein weiteres Schreiben an den Gemeindevorsteher mit der Begründung, »[...] indem ich ja bei meinem Alter keine Arbeit mehr verrichten kann, um daß ich mich vom Tageslohn ernähren könnte. Mit der Bitte mein Schreiben doch berücksichtigen zu wollen, zeichnet mit aller Hochachtung Ludwig P.«[135]

133 Bräuer, Bittschriften, S. 301. Ähnlich Sokoll, Negotiating, S. 32.
134 LHAK Best. 655, 213 Nr. 187: Ludwig P., Lieser, an Bgm. Lieser, 22.1. 1907.
135 LHAK Best. 655, 213 Nr. 187: Ludwig P., Lieser, an Gemeindevorsteher Lieser, 9.11.1907.

*Abb. 8: LHAK Best. 655, 213 Nr. 187: Karl W., Lieser,
an Bgm. Lieser, 18. 7. [1921] (Vorderseite)*

»Lieser den 18 Juli / Hoch Geehrter Herr Bürgermeister von Lieser /
Ich mögte bitten um Understützung indem ich / nicht mehr soleben
kann ich kann nichts mer / arbeiten und soll machen das die Kinder
was / haben sollen denn der Vater Sorcht nicht und. Isst. / und
Tringt ihnen noch das was mann beibringt / und macht schuld auf
Schuld und bezahlt nichts / soviel Hunger habe ich nicht gelieden in
den / Siebensig Jahren Er sacht es könte im kein / Bürgermeister und
kein Landraht konte icht / im etwas anhaben Darum mögte ich
den Herrn / Bürgermeister Bitten der Sache ein Ente zu- / machen.
Damit er komt wo Er Arbeiten / muß Grüß Achtungs [Karl W.]
[Rückseite:] Und dann mögte auch bitte das ich Gedult / gelassen bekome bei dem Hern Jakobs wechen / dem Holz ich kann Jetzt
nicht bezahlen ich habe / kein Geld.«

Er setzte offenbar voraus, dass dem Gemeindevorsteher die weiteren Attribute seiner Bedürftigkeit, sein »Leibschaden« und die zu Unterhaltszahlungen nicht fähigen Angehörigen noch bekannt waren (obgleich das erste Schreiben an den Bürgermeister gerichtet war, wurde es ja dem Gemeinderat zur Entscheidung weitergeleitet). Mit seinem zweiten Gesuch hatte Ludwig P. Erfolg; ihm wurde eine fortlaufende Unterstützung von fünf Mark monatlich gewährt, die offensichtlich zeitlich nicht beschränkt war und später durch die Gewährung von Kohlen ergänzt wurde. So konnte P. im Januar 1912 beinahe selbstverständlich, mit Berechtigung durch jahrelange Unterstützung und nur noch mit Hinweis auf sein hohes Alter, »Brand« beantragen, was ihm nicht abgeschlagen wurde:[136]

»Ew. Wohlgeboren wird es nicht unbekannt sein, daß ich bis jetzt immer Kohlen aus der Gemeinde erhalten habe, indem ich nun gestern zum Herrn Ortsvorsteher Barthen ging, um wieder eine Unterstützung, verwieß er mich an Sie Ew. Wohlgeboren. Als alter Mann ist es mir ganz unmöglich selbst für meinen Brand zu sorgen. Ew. Wohlgeboren bitte ich deshalb ganz gehorsamst mir eine Unterstützung für Brand Kohlen gütigst beantragen zu wollen.[...]«

Ludwig P. hatte einen Schreiber, der ihm die Gesuche verfasste, was man nicht nur an der in einer anderen Schrift gehaltenen Unterschrift erkennt, sondern auch an der relativ fehlerfreien Orthografie des Briefes und dem gekonnten Umgang mit der Titulatur und Floskeln wie »ganz gehorsamst« und »gütigst«. Allerdings finden sich sehr ordentliche, in einer gut lesbaren Schrift und mit halbwegs fehlerfreier Rechtschreibung verfasste Briefe auch von Personen, die offenbar selbst geschrieben haben. Es scheint bei den Antragstellern ein Gespür dafür gegeben zu haben, ob man sich mit Hilfe des eigenen Schreibvermögens an eine Behörde richten konnte oder ob man besser die Hilfe von schreibgewandteren Personen in Anspruch nahm. Erstaunlich selten finden sich von daher in den Akten Briefe, die kaum zu entziffern sind oder in mangelhafter Orthografie verfasst wurden.[137] Vor diesem Hintergrund fallen außergewöhnliche

136 LHAK Best. 655, 213 Nr. 187: Ludwig P., Lieser, an Bgm. Lieser, 3.1.1912. Beschluss des GR Lieser vom 5.2.1912, dass der Gemeindevorsteher ermächtigt wird, dem Antragsteller P. »das erforderliche Quantum Kohlen auf Kosten der Armenspende Lieser verabreichen zu lassen«.
137 Das folgende Beispiel gehört zu den Briefen, in denen vergleichsweise

Schreiben, die den formalen Vorgaben in Bezug auf Umfang, Anrede, Grußformeln nicht entsprachen und zudem schlecht lesbar sind, besonders auf.

2.2. Strategien und Rhetoriken der Antragsteller

Wie erwähnt, hatten die Antragsteller eine ungefähre Ahnung davon, in welchem Licht sie sich zu präsentieren hatten, um als bedürftige und würdige Arme zu gelten. Ohne die dahinter liegende Realität bewerten zu können, fallen Rhetoriken auf, mit denen die Antragsteller ihre Lage bedauerten und die Inanspruchnahme öffentlicher Unterstützung als letzten Ausweg aus der misslichen Situation beschrieben: »Es ist mir auch ein Greuel mich mit einem Unterstützungsgesuche an Sie zu wenden, ich bin aber ganz macht und ratlos [...].«[138]

Geradezu als »rhetorische Pflichtübung«[139] ist das Betonen des eigenen Arbeitswillens und des Bemühens, sich über Wasser zu halten, anzusehen. Natürlich nähme man, wenn man noch arbeitsfähig wäre oder Arbeitsgelegenheit zu finden sei, nie öffentliche Fürsorge in Anspruch.[140] In ähnlicher Weise versicherten Antragsteller,

viele Rechtschreibfehler zu finden waren; es ist trotzdem nicht so durch Fehler »entstellt«, dass sich der Sinn nicht mehr erschließen würde: LHAK Best. 655, 213 Nr. 188: Otto T., Maring, an Gemeindevorsteher Maring, 13.11.1911: »Da meine Frau noch immer ärzliche Hilfe nach der Obperation brauch, da ich nicht genuch beibringe bei meiner vamilie von 5 Kinder zu ernähren bei dem Teuern Naarungsmittel noch Tocktor und Apotheke aus meiner Tasche zu zahlen darum mögte ich bitte die Herren der Armenspende Commission Maring und Noviand. Das sie mir wänigsdenz die Apotheke L. Würfel Mülheim aus der Armenkasse zahlen würden.«

138 LHAK Best. 655 Nr. 188: Albrecht T., Noviand, an Bgm. Lieser, 2.10. 1910. Ähnlich LHAK Best. 655, 213 Nr. 187: Ehefrau Ludwig H., Lieser, an Bgm. Lieser, 7.4.1909: »Ich habe Sie noch nie belästigt aber die Noth treibt mich jetzt denn wir haben den langen Winter nichts verdient und jetzt eine Zeitlang das Hochwasser [...].«

139 Sokoll, Selbstverständliche Armut, S. 259.

140 Vgl. beispielsweise LHAK Best. 655, 213 Nr. 661: Heinrich T., Lieser, an Wohlfahrtsamt Bernkastel, 21.10.1928: »Hätte ich ständigen Verdienst würde ich mich nicht um Unterstützung nach dort wenden. Denn ich schäme mich zu betteln.« Zur Thematisierung der eigenen Arbeitsfähigkeit und -willigkeit vgl. Kap. VII.1.1.

dass sie eine Unterstützung nur so lange in Anspruch nehmen wollten, bis die Ursache der Bedürftigkeit nicht mehr bestehe.[141] Dass man die Unterstützung zurückzahlen werde, fand seltener Betonung – den Antragstellern war anscheinend klar, dass sie das sowieso mussten. Neben der Beteuerung, dass man die Gemeinde noch nie belastet habe, finden sich kaum Hinweise auf die Verdienste als rechtschaffener Staatsbürger oder Soldat.[142] Nur wenige Veteranen des deutsch-französischen Krieges oder des Ersten Weltkriegs argumentierten mit ihrem »Dienst fürs Vaterland«. Ebenfalls selten wurde das pünktliche Bezahlen der Steuern angeführt.[143]

Die Notsituationen, in denen sie sich befanden, schilderten die Antragsteller in der Regel relativ nüchtern, obwohl nicht wenige »von größter Not getrieben«[144] oder »voll von Kummer und Elend gedrückt«[145] waren. Krasse Schilderungen der Armut, die starke Topoi wie hungernde Kinder oder das strafbare Betteln als letzte Alternative enthalten, finden sich vergleichsweise selten, oftmals erst dann, wenn die Antragsteller sich über ein abgelehntes Gesuch beschwerten.[146]

141 Etwa LHAK Best. 655, 213 Nr. 187: Modestus S., Lieser, o. Adr. [Bgm. Lieser], 22.8.1913 »bittet um eine Unterstützung nur so lange bis ich wieder arbeiten kann.«
142 Vgl. zu dieser Strategie auch Rudloff, Wohlfahrtsstadt, S. 847.
143 Vgl. als seltenes Beispiel LHAK Best. 655, 213 Nr. 188: Friedrich C., Maring an Bgm. Lieser, 4.9.1908: »Rücksichtnehmend auf mein vorgerücktes Alter, welches schon 73 Jahre zählt und auch der Strapazen welche ich in den Feldzügen von 1866 und 1870/71 mitgemacht habe, wo ich für mein Vaterland, das Wohl der Gemeinde und meiner Kameraden mitgekämpft habe, ersuche ich nochmals Euer Wohlgeboren Herrn Bürgermeister Pfeiffer meine Bitte nicht unerfüllt zu lassen.«
144 LHAK Best. 655, 213 Nr. 661: Ehefrau Philipp F., Lieser, an KWA Bernkastel, 22.5.1927.
145 LHAK Best. 655, 213 Nr. 190: Leonard U., Wehlen, an Bgm. Lieser, 10.1.1912.
146 Vgl. etwa LHAK Best. 655, 213 Nr. 579: Vinzenz T., Wehlen, an Wohlfahrtsministerium Düsseldorf [sic], 12.11.1929: »Von morgens bis Mittag bringen meine Frau u. ich nicht übers Herz etwas zu essen um aus Liebe zu den Kleinen denen das Brot vom Munde wegzunehmen. Betteln darf man nicht, weil dieses zu strafbaren Handlungen führt.« Oder LHAK Best. 655, 213 Nr. 188: Ehefrau Friedrich W., Maring, an GR Maring-Noviand, 21.10.1912: »Ich bitte daher […] mir eine kleine Unterstützung aus der Kasse zukommen zu lassen. Indem ich doch meine armen Kinder nicht verhungern auch nicht nackt kann daher gehen lassen.«

Welche Haltung nahm man gegenüber den Adressaten ein? Hier ist zum einen die Position des Schreibers zu berücksichtigen: Ein abgewiesener Antragsteller sah die Verwaltung mit anderen Augen als eine alte Witwe, die schon lange Jahre von der Gemeinde unterstützt worden war. Witwe Paul S. etwa richtete ihre im halbjährlichen Rhythmus eingereichten Gesuche um Verlängerung ihrer Unterstützung in einem ausgesucht höflichen Ton an den Bürgermeister, entschuldigte sich für die Belästigungen und wünschte ihm alles Gute:

»Geehrter Herr Bürgermeister Mit Liebe und Vertrauen wende ich mich an Sie, Geehrter Herr Bürgermeister, da Sie in diesem Jahre mir so hilfreich beistanden, mir auch noch das kommende Jahr mir doch noch helfen mögten, Sie haben ja auch kein Schaden dran, ich gedenke Ihrer und Famiele [sic] sehr oft, daß der liebe Gott Sie beschützen möge.«[147]

Ausgesprochen selten finden sich in diesem Zusammenhang allerdings explizite Dankesschreiben von Unterstützten.[148]

Abgewiesene Antragsteller konnten ihre Schreiben auch in einem sehr höflichen, geradezu devoten Ton halten – allerdings kommt hier als Unterscheidungskriterium zum Tragen, ob ein Schreiben an den Gemeindevorsteher, den man gemeinhin kannte, oder an höhere Stellen gerichtet war. Gerade in den Beschwerdebriefen an den Landrat und höhere Stellen lässt sich großer Respekt, fast schon eine gewisse Demutshaltung, oft verbunden mit einem Lob an den Adressaten, feststellen. Das Lob bezog sich meistens darauf, dass der Landrat wohl gütiger und verständnisvoller sei als der Gemeinderat oder Bürgermeister, der ein Gesuch um Unterstützung abgelehnt hatte.[149] So wurde der Landrat »Pflegevater vom Kreis«

147 LHAK Best. 655, 213 Nr. 187: Wwe. Paul S., Lieser, an Bgm. Lieser, 20.12. 1908 (vgl. Abb. 9).
148 Vgl. etwa LHAK Best. 655, 213 Nr. 186: Gustav O., Kesten, an Bgm. Kesten [sic], 20.11.1921: »Wie ich heute ervahren habe, haben Sie mir mit dem Gemeinderaht meiner Gesuch genügend erfühld und habe auch eine Gabe durch Sie aus dem Caritas Verein erhalten und bin auch überzeugt daß wenn Sich eine andere Stelle findet Ihr möglichst wieder thun darum sprich ich und Frau unseren besten Dank aus.«
149 Vgl. beispielsweise KAB-W 2.0.541: Otto F., Bergweiler, an Vorsitzenden Kreisausschuss Wittlich, 20.9.1902: »Nun ist es traurig, daß eine Gemeinde sich der armen Leute nicht besser annimmt, ohne daß sie sich an höhere Beamte wenden müssen.«

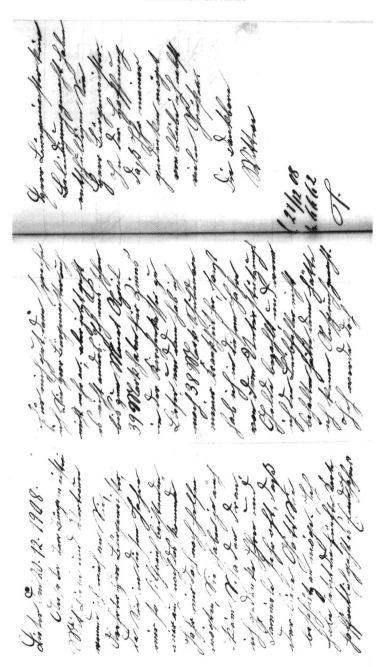

Abb. 9: LHAK Best. 655, 213 Nr. 187: Wwe.
Paul S., Lieser, an Bgm. Lieser, 20.12.1908

genannt;[150] dem Oberpräsidenten der Rheinprovinz, Freiherr von Schorlemer, wurde herzlich gedankt für das, was er in der Vergangenheit, anscheinend noch zu der Zeit, als er in Lieser wohnte, Gutes getan habe.[151] Selten nutzten abgewiesene Antragsteller ihr Recht zur Beschwerde über die Ebene des Kreisausschusses hinaus; nur wenige Schreiben an den Regierungspräsidenten oder an ein »Wohlfahrtsministerium« in Düsseldorf [sic!] oder Berlin lassen sich fassen, die dann zur weiteren Bearbeitung wieder an den Bürgermeister gesandt wurden. Dass viele Antragsteller sich an höchste Autoritäten wandten, lässt sich in den überlieferten Akten nicht nachweisen. Nur zwei Schreiben sind in den untersuchten Akten dokumentiert, die direkt an den Reichspräsidenten gerichtet waren. Die beiden Verfasserinnen stammten aus demselben Ort, und die Briefe wurden im Abstand eines Monats abgeschickt, weshalb ein Austausch zwischen den beiden Frauen angenommen werden kann. Im Januar 1932 richtete die Ehefrau Theodor N. ihr Schreiben an Reichspräsident Hindenburg und legte dabei eine recht devote Haltung an den Tag (»Heute wagt es, eine arme Mutter eine herzl. Bitte an Eur. Hochwohlgeboren Exellenz [sic] zu richten«), verbunden mit einem Argument für ihre Unterstützungswürdigkeit, von dem sie möglicherweise angenommen hatte, dass es von Interesse für den Reichspräsidenten sein könnte – dem Kriegsdienst des greisen Schwiegervaters im Deutsch-französischen Krieg.[152] Ehefrau Johann E., die einen Monat später ihren Brief verfasste, trat etwas selbstbewusster auf: Sie verwies direkt am Beginn ihres Schreibens auf die vor wenigen Tagen herumgegangene Liste »für den Herrn Reichspräsidenten zu wählen«, die auch sie unterschrieben habe, bevor sie ihr Unterstützungsgesuch formulierte. Dem Brief lagen offensichtlich auch Lebensmittelrechnungen bei, die Hindenburg begleichen sollte.[153] Zwei Dokumente sind im untersuchten Quellenkorpus

150 Etwa KAB-W 2.0.541: Wwe. L., Spang, an Landrat Wittlich, 1.4.1901.
151 Vgl. KAB-W 2.0.541: Ehefrau Otto F., Bergweiler, an Oberpräsidenten der Rheinprovinz Freiherr von Schorlemer, 25.1.1906: »Wir wünschen Ihnen viel Glück und Segen in ihrem hohen Amte und danken und beten für sie für das viele Gute was sie uns gethan haben möge der liebe Gott sie und ihre ganze Familie noch recht lange gesund und am Leben erhalten.«
152 LHAK Best. 655, 213 Nr. 579: Ehefrau Theodor N., Kesten, an Reichspräsident Hindenburg, 10.1.1932.«
153 LHAK Best. 655, 213 Nr. 579: Ehefrau Johann E., Kesten, an Reichspräsident Hindenburg, 11.2.1932. In ähnlicher Weise wie Frau N. und Frau E.

überliefert, in denen auf ein an den Kaiser gerichtetes Schreiben Bezug genommen wird;[154] – es stellt sich die Frage, ob möglicherweise die für Petitionen von Bergarbeitern aus dem 19. Jahrhundert herausgearbeitete Vorstellung des »gerechten Königs« auch hier zum Ausdruck kommt.[155] Der gemeinhin respektvolle Umgang mit höheren Ebenen der Bürokratie, auch eine gewisse Demutshaltung und das Beteuern, dass man die Unterstützung nicht annehmen würde, wenn man sich nicht in einer geradezu ausweglosen Situation befände, konnte durchaus, insbesondere in den Schreiben an die bekannten Gemeindevorsteher und den Gemeinderat, mit einem fordernden, gar drohenden Ton einhergehen.[156] Antragsteller wie August O., der als Wohlfahrtserwerbsloser um den Fürsorgerichtsatz wusste, der ihm eigentlich zustand, betonte sein Recht auf eine erhöhte Unterstützung,»denn mit sieben Mark wöchentlich ist es unmöglich alles zu bestreiten. Und soviel mir bekannt ist, steht mir auch mit drei Kindern und Mite [sic] zahlen muss mehr zu«.[157] Um zu beweisen, dass die Gewährung einer Unterstützung gerechtfertigt sei, wiesen einige Antragsteller darauf hin, dass durch die Fürsorgeleistung auch für die Gemeinde Wünschenswertes erreicht[158] oder größerer

---

tauschten sich anscheinend Heinrich F. und die Ehefrau von Vinzenz K. aus Wehlen darüber aus, an welche Stellen man eine Beschwerde über ein abgelehntes Unterstützungsgesuch richten könnte: Beide schrieben innerhalb von zwei Wochen Briefe an das »Wohlfahrtsausschussministerium« in Berlin. Vgl. LHAK Best. 655, 213 Nr. 580: Heinrich F., Wehlen, an »Wohlfahrtsausschussministerium« Berlin, 29.3.1932; LHAK Best. 655, 213 Nr. 582: Ehefrau Vinzenz K., Wehlen, an »Wohlfahrtsausschuß-Ministerium« Berlin, 12.4.1932.

154 Vgl. etwa KAB-W 2.0.541: Ehefrau Otto F., Bergweiler, an Oberpräsidenten der Rheinprovinz, 25.1.1906:»[…] wir hatten am 2 Juni einen Bittgesuch an seine Majestät unsern deutschen Kaiser gerichtet um etwas kleines aus einer Armenkasse zu bekommen […].«

155 Tenfelde/Trischler, Stufen, S. 12, S. 24.

156 Vgl. auch Sokoll, Writing, S. 102. Vielleicht hatten die von Sokoll untersuchten englischen Armen aber auch ein größeres Selbstbewusstsein, solche Forderungen zu stellen, da sie ihre *best card* ausspielen konnten, der Heimatgemeinde mit der Rückkehr zu drohen.

157 LHAK Best. 655, 213 Nr. 662: August O., Lieser, an Bgm. Lieser, 18.1.1932.

158 Vgl. LHAK Best. 655, 213 Nr. 661: Heinrich T. und Anton O., Lieser, an GR Lieser, 29.12.1929:»Mithin langt die Unterstützung kaum für die

finanzieller Schaden ferngehalten werden könnte.[159] Um ein Haus in Osann mieten zu können, hatte Leonard U. eine Abschlagszahlung von 300 Mark zu zahlen. Wohl wissend, dass der Gemeindevorsteher von Wehlen sicherlich nichts dagegen gehabt hätte, die missliebige Familie nicht mehr im Ort wohnen zu haben, bat die Ehefrau von Leonard U. diesen um das Geld mit der Begründung: »[…] dann sind Sie uns ja auch los. Mein Mann ist ja Lungenleidend und kann nur mit großer Anstrengung schwere Arbeiten verrichten, daß wir unsere Haushaltung durchbringen. Wenn er krank wird, oder stirbt so hat die Gemeinde doch noch Umstände und Unkosten mit uns, dann sind rasch 300 Mark fort, und wir geben Ihnen schriftlich nie mehr zurück zu kommen, oder irgend Anspruch zu machen.«[160]

Mit einer extremen Drohung versuchte Frau Sch. eine Unterstützung zu erzwingen. Ihr Mann saß im Gefängnis und sie hatte um Unterstützung für sich und ihre fünf Kinder gebeten. Ihre Gesuche wurden wieder und wieder mit dem Hinweis auf ihren angeblich vermögenden Vater abgewiesen. Nachdem sie zunächst damit gedroht hatte, ihre fünf Kinder im Kloster abzugeben, »um sie vor Hunger und Kälte zu bewahren«[161], und ihren Nachwuchs tatsächlich auch einige Tage verlassen hatte, um die Gemeinde unter Druck zu setzen[162], brachte sie in einem Schreiben an den Bürgermeister fünf

Kinder und bleibt für uns nichts übrig und können mit hungrigem Magen keine Arbeit leisten. Aus diesen Gründen ersuchen wir den Gemeinderat uns eine höhere Unterstützung zu bewilligen erst dann können wir richtige Arbeit leisten wo auch die Gemeinde Vorteil daran hat.«

159 Vgl. LHAK Best. 655, 213 Nr. 188: Amalie W., Maring, an Bgm. Lieser, 16.6.1907: »Ich bitte Herr Bürgermeister Sein sie so gut mir behillig Und lasset mir ~~jeden~~ Monatlich etwas mehr zukomen. Können sie Aber nicht so bin ich wieder Gezwungen ins Kloster zu gehen und mich Fleschen Laßen. Ich denke da Koßets sehr viel Geld. Die Unkosten können Sie sparen. Es ist ~~sie~~ beser sie geben mir Was so kann ich mich selbst Fleschen in Meiner Wohnung […].«

160 LHAK Best. 655, 213 Nr. 190: Ehefrau Leonard U., Wehlen, an Bgm. Lieser, 1.9.1909.

161 LHAK Best 655, 213 Nr. 1591: Ehefrau Simon Sch. an Kreisausschuss Bernkastel, 18.1.1933. Ähnlich LHAK Best. 655, 213 Nr. 188: Max A., Noviand o. Adr. [Bgm. Lieser], 14.2.1906.

162 Vgl. LHAK Best 655, 213 Nr. 1591: Gemeindevorsteher Lieser an Amt Lieser, 4.4.1933.

Monate nach dem ersten Antrag und einigen Beschwerden über dessen Ablehnung eine außerordentlich starke Drohung vor:

[..] Ist es nicht traurig das der Ernährer unserer Familie schon 5 Monate im Gefängnis ist, und wer leidet am meisten darunter, die Frau mit den Kindern, denn der Mann hat wenigstens zu Essen. Aber ich weiß heute nicht ob ich morgen was zu Essen habe oder nicht. Muß es denn ein Unglück geben oder was soll ich beginnen. Einmal war ich von den Kindern gegangen, da erhielt ich die Nachricht, die Kinder würden in ein Waisenhaus gebracht werden und so viel mir bekannt ist den Tag pro Kopf 1,50 M und ich verlange bloß 1 M pro Tag. Aber lieber will ich mit den Kindern sterben als sie unter fremden Menschen wissen. Die Kinder haben die Schuhe und Kleider zerrissen, und keine Bücher für in die Schule. Auf dem Bürgermeisteramt liegen Rechnungen schon seid langem von Brand und Lebensmitteln und werden nicht erledigt und ich werde von den Gläubigern gedrängt. Geborgt bekomme ich nichts mehr und habe schon seid Tagen kein Brot im Hause. Ich bin der Verzweiflung nahe und wenn ich keine Unterstützung bekomme muß ich den Weg wählen den ich erwähnt habe, da ich sonst keine Rettung mehr für uns weiß.«[163]

Eine kausale Beziehung zwischen dem »Ton« eines Schreibens und der Reaktion der Behörden, ob also ein Gesuch abgelehnt oder gewährt wurde, lässt sich nicht herstellen.[164] Auch über die Erfolgsaussichten der Praxis, mehrere Gesuche und Beschwerden gleichfalls an übergeordnete Stellen zu richten, kann keine Aussage getroffen werden. Auf der einen Seite wurden solche Personen oft als lästige »Querulanten« bezeichnet und ihre Gesuche wieder und wieder abgelehnt, auf der anderen Seite konnte ein erneutes Insistieren auf die Notwendigkeit der Unterstützung bei zunächst abgelehnten Anträgen dazu führen, dass der Gemeinderat zumindest eine kleine Unterstützung oder eine teilweise Erstattung von Kosten beschloss. In diesen zweiten und folgenden Gesuchen wurde die Notlage dann noch genauer und eindringlicher geschildert. Ein typischer Fall ist hier die Witwe Friedrich G., die zunächst nur mit den grundlegenden Informationen eine Erstattung von Krankenhauskosten beantragte:

163 LHAK Best 655, 213 Nr. 1591: Ehefrau Simon Sch. an Landrat Bernkastel, 23.3.1933.
164 Sokoll, Essex Pauper Letters, S. 60.

»Mit dem Juli vorigen Jahres ist mein 3jähriges Kind an Hüftgelenksentzündung erkrankt und mußte ich auf Anraten des Arztes Dr. Rosenberger Mühlheim a/ Mosel, das Kind zur chirurgischen Klinik nach Bonn bringen. Vom 24. November bis 18. Dezember 1911 wurde das Kind in besagter Klinik behandelt und nach angelegtem Gipsverband wieder entlassen. Vom 5. bis 8. März wieder zur Klinik beordert zur Abnahme des alten Gipsverband und Anlegung eines neuen. Die hierdurch entstandenen Kosten bin ich nicht in der Lage zu bezahlen. Als Witwe von 4 kleinen Kindern bringe ich nicht einmal das Notdürftigste für die Familie bei. Ich bitte daher mir die Klinikkosten erstatten zu wollen.«[165]

Aufgrund der Angaben hätte man damit rechnen können, dass die Bedürftigkeit der Frau anerkannt würde – und davon ist auch sie wohl ausgegangen. Nur in Bezug auf die entstandenen Kosten ging sie ins Detail (es lag auch ein Attest des Armenarztes bei), ansonsten verwies sie recht knapp auf ihren Status als Witwe mit kleinen Kindern. Ihr Gesuch wurde jedoch abgewiesen, genaue Gründe dafür sind im Beschlussbuch des Gemeinderates nicht angegeben. Die Witwe sah sich gezwungen, ein erneutes Schreiben an den Bürgermeister zu richten, in dem sie ihre Lage weitaus detaillierter schilderte. Sie listete in einem vergleichsweise langen Schreiben allein sieben Punkte auf, die ihre »sehr gedrückte Lage« illustrierten:

»1. Nach monatelanger Krankheit starb erst vor einem Jahr mein Mann. 2. Der verstorbene hinterlässt vier unmündige Kinder. 3. Von diesen ist das älteste (1 Knabe von 14 Jahren) schon über ein Jahr schwer krank. Im letzten Jahre besuchte er nur drei Tage die Schule. 4. Mein jüngstes Kind, ein 3jähriges Mädchen, leidet schon monatelang an Hüftgelenzentzündung, befand sich vom 24. November bis 18. Dezember in der staatlichen Klinik zu Bonn in Behandlung, desgleichen vom 5.–8. März, liegt ständig unter unsäglichen Schmerzen in Gypsverband [sic]. Nunmehr soll ich wieder mit dem unglücklichen Kinde nach Bonn reisen [...].«

Zudem sei fünftens der Grundbesitz hypothekarisch belastet. Eine solche Angabe findet sich häufig in »erneuten Gesuchen«, da die

---

165 LHAK Best. 655, 213 Nr. 188: Wwe. Friedrich G., Noviand, an Bgm. Lieser, 14.3.1912.

Gemeindeverwaltung bei Ablehnungen oft damit argumentierte, dass ja Grundbesitz vorhanden sei, aber über die Belastungen weniger gut informiert war. Zudem, so fuhr Witwe G. fort, sei sie ans Haus gebunden, weshalb andere Leute die Feld- und Weinbergsarbeiten besorgen müssten. Sie schloss mit einer inständigen und vergleichsweise eloquent geschriebenen Bitte (die Schrift und die Unterschrift des Briefes sind identisch): »Diese sieben überaus drückende [...] Umstände mit der Aussicht auf eine angst- und kummervolle Zukunft zwingen mich zu der Bitte: Man wolle mir wenigstens die entstandenen und noch kommenden Unkosten in der Behandlung meines jüngsten erkrankten Kindes aus der Armenspende begleichen. Die Unkosten durch die Behandlung in der Bonner Klinik betragen bis jetzt 145 M. Die schwer heimgesuchte Witwe Friedrich G.«[166]

Trotz ihrer nun gut dokumentierten Notlage gewährte ihr die Armenspende-Kommission allerdings nur 30 Mark mit der Begründung, dass bei der letzten Gemeinderatssitzung nur eine Rechnung von circa 45 Mark vorgelegen habe.[167]

Diese unflexible Praxis, das Pochen auf den Voraussetzungen der letzten Gemeinderatssitzung, war gewiss nicht durch den rechtlichen Rahmen vorgegeben und scheint eher eine durchsichtige Ausrede gewesen zu sein. In den Akten sind weitere Strategien der Verwalter dokumentiert, die Zahlung einer Unterstützung zu vermeiden.

2.3. Der behördliche Umgang mit Antragstellern

Die Verwaltungspraktiken der kommunalen Behörden waren darauf ausgerichtet, die Zahl der Unterstützungsempfänger und die Ausgaben für das Armenwesen möglichst gering zu halten. Das eng gewebte Netz sozialer Kontrolle machte es unwahrscheinlich, dass sich jemand in kleinen Ortschaften Unterstützung hätte »erschwindeln« können. Das ländliche Armenwesen wurde in zeitgenössischen Enquêten und Umfragen als überschaubar und leicht zu organisieren beschrieben: »Der Bürgermeister, der Ortsschulze, der

166 LHAK Best. 655, 213 Nr. 188: Wwe. Friedrich G., Noviand, an Bgm. Lieser, 2.4.1912.
167 Vgl. LHAK Best. 655, 213 Nr. 188: Notiz Gemeindevorsteher Maring-Noviand auf dem zweiten Gesuch von Wwe. Friedrich G., o. D.

Gutsbesitzer, der Pfarrer kennen ihre Leute, und es ist auf dem Lande gewiß nie zu befürchten gewesen, daß jemand Unterstützung bekommen hätte, der sie nicht nötig hatte, oder der sie durch irgendwelche Listen erschleichen konnte.«[168] Die Praxis der Armenpflege auf dem Land wurde in Untersuchungen von Mitgliedern des Deutschen Vereins für Armenpflege und Wohltätigkeit überwiegend kritisch gesehen. So sah Friedrich Freiherr von Reitzenstein 1886 in der kleinräumigen Struktur der Armenverwaltung auf dem Land Nachteile in der Kenntnis der persönlichen Verhältnisse eines Antragsstellers durch die Verwalter, er bemängelte den oftmals zu starken Einfluss von individuellen Absichten und Motiven auf ihr Handeln. Im Vergleich zu städtischen Verhältnissen werde die Armenverwaltung

»in den Landgemeinden bei Weitem mehr von Gesichtspunkten des finanziellen Interesses der Gemeinde und des damit eng verbundenen Privatinteresses der Mitglieder geleitet [...]; diese Interessen pflegen auf die Amtsführung der mit der Armenpflege betrauten Gemeindeorgane einen um so größeren Einfluß zu üben, je weniger dieselben etwa durch eine von ihnen erlangte höhere Bildung in den Stand gesetzt sind, sich von der Bedeutung der Humanitätsaufgaben, um deren Erfüllung es sich in der Armenpflege handelt, gegenüber den Rücksichten auf die beteiligten Privatinteressen Rechenschaft zu geben«.[169]

Neben solcher Kritik wurde in der zeitgenössischen Diskussion jedoch auch immer berücksichtigt, dass der repressive Umgang mit Antragstellern in kleinen Gemeinden auch durch deren mangelnde finanzielle Leistungsfähigkeit verursacht war. Als Abhilfe gegen die »negative und positive Abschiebung«[170] der Bedürftigen

168 Münsterberg, Bemerkungen, S. 1. Ähnlich Roscher, System, S. 29–30: »Auf dem Lande ist die Naturalverpflegung der Armen, oft auch die Arbeitsbeschäftigung derselben viel leichter. Die Controle hat hier viel weniger Schwierigkeit. Der Arme genirt sich hier mehr, da er den Pflegern viel mehr persönlich bekannt ist.«

169 Reitzenstein, Reform, S. 116–117.

170 »Die negative Abschiebung: einfach die Hände in die Tasche stecken und sagen: mach du was du willst, ich kann dir nicht helfen, ich habe keine Mittel; das ist negativ: einfach passiv beistehen. Oder positiv – ein Unternehmen, das mit viel größerem Erfolg immer wieder versucht wurde und versucht wird –: den Betreffenden aus dem Gesichtsfelde herausbringen, ihn über die Grenze des Gemeindebezirks hinausschicken, ihn sich oder einer anderen Gemeinde überlassen [...].« Münsterberg, Bemerkungen, S. 2.

wurde beispielsweise die Bildung größerer Verwaltungseinheiten wie der Gesamtarmenverbände vorgeschlagen.[171] Diese wurden im Untersuchungsgebiet nicht etabliert, weil die Gemeinden seines Amtsbezirkes nach Ansicht des Bürgermeisters von Lieser zumindest etwa 1912 noch in der Lage waren, die Armenlasten selbst aufzubringen.[172] Auch im Altkreis Wittlich wurden im dokumentierten Zeitraum keine Gesamtarmenverbände gebildet, obgleich hier immer wieder Antragsteller, denen man ihre Bedürftigkeit durchaus zugestand, aufgrund miserabler kommunaler Finanzlagen abgewiesen wurden:

»Der Gemeinderat hat dem Simon I. keine Unterstützung anerkannt. Die Gemeinde hätte sonst genug zu Abezahlen [sic] ohne das. Es ist zwar traurig genug für den Mann daß er ganz erwerbsunfähig ist, und trotzdem blos die halbe Rente bekommt. I. kann mit den 46 Mark [Rente, K. M.] unmöglich seine Familie durchbringen.«[173]

Die starke soziale Kontrolle in kleinräumigen Dörfern, wo »die Armenpflege gleichsam vor den Augen des ganzen Dorfes ausgeübt wird«, wurde auch durch die Umfrage zum ländlichen Armenwesen aus dem Jahr 1920 konstatiert, allerdings war ein anderes Ergebnis der Untersuchung, dass insbesondere bei unverschuldeter Armut »das enge persönliche Verhältnis, das durchweg die Dörfer auszeichnet, dazu [beitrage], rein menschliche Gefühle zu wecken, so daß man – Licht und Schatten gerecht verteilt – nicht behaupten kann, daß in ländlichen Gemeinden die Armenpflege widerwillig und kaltherzig betrieben werde«.[174] Tatsächlich genügten in Gesuchen um Unterstützung oftmals Hinweise wie »Die Mehrzahl der Herrn Gemeinderatsmitglieder kennt ja hoffentlich auch unsere Verhältniße, sodaß ich nicht unnötig darüber zu schreiben brauch«, damit der Antragstellerin aufgrund der bekannten »traurigen Lage« eine Unterstützung gewährt wurde.[175]

171 Vgl. Die öffentliche Armenpflege auf dem Land, passim.
172 Vgl. LHAK Best. 655, 213 Nr. 184: Antwort Bgm. Lieser auf ein Rundschreiben des Ministeriums des Innern betr. die Auswirkungen der Novelle des USWG 1908 (Entwurf), 12.7.1912.
173 KAB-W 2.0.343: Gemeindevorsteher Burg an Bgm. Binsfeld, 13.3.1914.
174 Lembke, Forderungen, S. 6.
175 LHAK Best. 655, 213 Nr. 188: Ehefrau Friedrich W., Maring, an GR Maring-Noviand, 18.5.1912, und Auszug Beschlussbuch GR Maring-Noviand, 1.7.1912.

Insgesamt lassen sich die zeitgenössischen Beobachtungen über die Unzulänglichkeiten der ländlichen Armenpflege und die oft willkürlichen Entscheidungen des Bürgermeisters und der Gemeinderäte auch auf der lokalen Ebene feststellen. Die Entscheidungen der kommunalen Verwalter richteten sich in hohem Maße an den eigenen Bedürfnissen aus, weniger hatten sie das Wohlergehen der antragstellenden Gemeindemitglieder zum Ziel. Dies offenbart sich insbesondere dann, wenn man Urteile über Antragsteller im Rahmen der allgemeinen Armenfürsorge mit Einschätzungen ihrer Bedürftigkeit vergleicht, die in anderen Zusammenhängen geäußert wurden. So lassen sich in den Stellungnahmen des Bürgermeisters zu den Anträgen auf Ermäßigung beziehungsweise Befreiung von der Wandergewerbesteuer abweichende Bewertungen derselben Person feststellen. Die Witwe Maria L. beispielsweise wurde 1926 in ihrem Antrag auf Ermäßigung der Wandergewerbesteuer durch den Bürgermeister in ihrem Anliegen wie folgt unterstützt:

»Antragstellerin hat im letzten Jahre durch einen Unglücksfall ihren Ehemann und damit den Ernährer verloren. Nun steht sie mit ihrer 20jährigen, kränklichen, schwächlichen Tochter allein und muß, da sie außer einem Wohnhäuschen kein Vermögen besitzt, und kein Einkommen hat selbst für sich und ihr Kind sorgen. Dies ist für sie, da sie selbst ständig krank ist, eine harte Aufgabe. Sie kann infolge ihres Krankheitszustandes nur zeitweise und dann nur in den umliegenden Dörfern ihr Gewerbe ausüben. Dadurch ist der Ertrag gering und wird 350 RM im Jahr kaum erreichen.«[176]

Als Witwe L. im Mai 1927 allerdings beim Oberpräsidenten einen Antrag auf Unterstützung stellte, schilderte der Bürgermeister ihre Familien- und Einkommensverhältnisse etwas anders. Die Tochter verdiene wöchentlich im Tagelohn etwa zwölf Reichsmark, zudem werde der Lebensunterhalt von Mutter und Tochter von der Sozialrente in Höhe von 38,42 Reichsmark und dem Wandergewerbe mit Fischen, Eier, Butter und Gemüse, was monatlich circa 20 Reichsmark einbringe, bestritten. Neben dem Wohnhaus wurde nun auch ein kleines Gartengrundstück als Besitz mit angegeben; beides habe einen Gesamtwert von circa 2000 Reichsmark. Die

---

176 LHAK Best. 655, 213 Nr. 506: Bemerkungen zum Nachweis über die für 1927 beantragten Wandergewerbe- und Gewerbescheine Bgm. Lieser, o. D. [1926].

Lebensverhältnisse seien also nicht so ungünstig, als dass eine Unterstützung nötig wäre. Vom schwachen gesundheitlichen Zustand der beiden Frauen war keine Rede mehr.[177] Dass die Schreiber außergewöhnlicher Briefe als Sonderlinge angesehen und ihre Gesuche nicht recht ernst genommen wurden, fand schon Erwähnung. Eine Taktik der Gemeinderäte war, sie zu ignorieren, oder wie der Gemeindevorsteher von Wehlen seine Haltung gegenüber den Schreiben von Witwe Peter O. ausdrückte: »Keine Antwort geben ist auch eine Antwort.«[178] Für diesen Umgang mit ihr wurde die Gemeindeverwaltung vom Bernkasteler Landrat gerügt. Er ordnete an, dass, wenn die Gemeinde Wehlen erneut eine Unterstützung ablehne, Witwe O. wenigstens ordnungsgemäß zu bescheiden und in dem Bescheid das zulässige Rechtsmittel anzugeben sei, damit sie sich an den Kreisausschuss wenden könne: »Jedenfalls ist es ein unhaltbarer Zustand, dass der Frau seitens des Ortsarmenverbandes keine ausreichende Unterstützung bewilligt und ihr auch kein schriftlicher Bescheid erteilt wird.«[179]

Das Abwarten der Wochen später stattfindenden nächsten Gemeinderatssitzung auch bei offensichtlich dringlichen Gesuchen war gängige Praxis und erscheint als Strategie der Zahlungsvermeidung. Philipp T. aus Kesten, ein entlassener Soldat, der als Witwer seine fünf unmündigen Kinder in verschiedenen Familien unterbringen musste, stellte am 27. November 1918 ein Unterstützungsgesuch. Dieses wurde zwar schon recht bald, am 6. Dezember 1918, zur »nächsten Gemeinderatssitzung« angesetzt, diese fand jedoch erst am 28. Juni 1919 statt! Hier konnte der Gemeinderat nur noch feststellen, dass sich der Antrag »infolge Wegzuges des Antragstellers […] von selbst erledigt habe«.[180]

177 Vgl. LHAK Best. 655, 213 Nr. 661: Bgm. Lieser an Wasserbauamt Trier (Entwurf), 18.6.1927 (Das Wasserbaumt hatte beim Bgm. Lieser wegen der Unterstützung angefragt, da das Gesuch von Frau L., der Witwe eines Wasserbauarbeiters, an diese Stelle weitergeleitet worden war).
178 LHAK Best. 655, 213 Nr. 190: Gemeindevorsteher Wehlen an Bgm. Lieser, o. D. [März 1919]. Vgl. im Fall der Witwe Peter O. auch Bgm. Lieser an Landrat Bernkastel (Entwurf), o. D. [Januar 1917]: »Über Frau O. besteht hier ein dickleibiges Aktenstück zusammengesetzt aus Stilblüthen beiliegender Art.«
179 LHAK Best. 655, 213 Nr. 6: Landrat Bernkastel an Bgm. Lieser, 30.3.1921.
180 LHAK Best. 655, 213 Nr. 186: Philipp T., Kesten, an Bgm. Lieser, 27.11. 1918; Protokoll nach Vorladung, Lieser, 6.2.1919; Auszug Beschlussbuch GR Kesten, 28.6.1919.

Durch das simple Verschleppen von Anträgen wurde besonders in den zwanziger Jahren darauf spekuliert, dass Erwerbslose doch wieder eine Arbeit fänden und damit die Ablehnung eines Unterstützungsantrages begründet werden könnte. Die Ehefrau von Matthias Sch. richtete am 16. Januar 1927 ein Gesuch an das Kreiswohlfahrtsamt und erklärte, dass die Erwerbslosenunterstützung ihres Mannes zur Ernährung der Familie nicht ausreiche, da Schulden beglichen werden müssten. Fünf Tage später wurde der Antrag an das Bürgermeisteramt Lieser zur Stellungnahme weitergeleitet, aber erst am 14. Mai mit einer ablehnenden Entscheidung zurückgereicht. Als Begründung wurde angeführt, dass Sch. seit Mitte März d. J. Beschäftigung als Weinbergsarbeiter gefunden habe und die Notlage dadurch behoben sei. Von Seiten des Kreiswohlfahrtsamtes wurde daraufhin angefragt, »weshalb die Angelegenheit derart verschleppt worden ist. Wenn auch vielleicht eine dringende Bedürftigkeit nicht vorgelegen haben mag, so geht es doch nicht an, daß Gesuchsteller derart lange auf die Entscheidung warten müssen.« Zur Verteidigung führte der Bürgermeister im Namen des Gemeinderates an, dass dieser doch nicht wegen einer einzigen »zur Erörterung stehenden Angelegenheit« zusammenkommen könne.[181]

Anscheinend fiel die Bürgermeisterei Lieser in dieser Hinsicht besonders negativ auf. Zwei Jahre später warf der Landrat von Bernkastel dem Bürgermeister erneut vor, dass er nicht hinreichend auf die Einhaltung der Fristen zur Bearbeitung von Anträgen in den Gemeinden achte. Eine Antragstellerin habe mehr als zwei Monate auf eine Entscheidung ihres Antrags vom 17. September 1929 in einer Gemeinderatssitzung warten müssen,

»obwohl für die Erledigung Frist auf den *1.10.* gesetzt war. Aus den Vorgängen war nicht ersichtlich, dass der Gemeindevorsteher überhaupt von der Angelegenheit in Kenntnis gesetzt war, vielweniger noch, dass er zur Erledigung der Angelegenheit – Stellungnahme und Anhörung des Gemeinderates – aufgefordert worden wäre. Eine derartige Behandlung der Unterstützungsanträge entspricht durchaus nicht den gesetzlichen Bestimmungen

181 LHAK Best. 655, 213 Nr. 661: Ehefrau Matthias Sch., Lieser, an KWA Bernkastel, 16.1.1927; Weiterleitung des Schreibens an Bgm. Lieser zur Stellungnahme, 21.1.1927; Zurückreichen des Schreibens an KWA Bernkastel, 14.5.1927; KWA Bernkastel an Bgm. Lieser, warum die Angelegenheit so lange verschleppt worden sei, 28.5.1927; Bgm. Lieser an KWA Bernkastel diesbezüglich (Entwurf), 2.6.1927.

und meiner Verfügung vom 6.8.29 II W 752, die ausdrücklich vorschreibt, dass durch entsprechende Fristsetzung die Gemeindevorsteher zur *schleunigen* Erledigung der Unterstützungsanträge anzuhalten sind. Es kann daher nicht Wunder nehmen, dass die Anträge im dortigen Amtsbereich so grosse Verschleppungen erfahren, wenn nicht von Ihnen selbst auf eine beschleunigte Erledigung im einzelnen Falle hingewirkt wird [...] In keinem Amte des hiesigen Kreises treten auch nur annähernd solche Verzögerungen in der Behandlung von Fürsorgeangelegenheiten auf wie in Ihrem Amte.«[182]

Der behördliche Umgang mit Antragstellern auf Armenfürsorge zeugt von einer mangelnden Professionalität im Hinblick auf die verantwortungsvolle und »humanitäre« Aufgabe der Kommunen, die örtlichen Armen angemessen zu unterstützen. Bis 1924 konnten die Entscheidungsträger im Gemeinderat relativ willkürlich über Gewährung und Ablehnung von Unterstützungen entscheiden und auch nach der Reichsfürsorgepflichtverordnung scheint die kommunale Praxis nur in eklatanten Fällen – so hat es zumindest den Anschein – auf Kritik höherer Ebenen wie des Bezirksfürsorgeverbandes gestoßen zu sein.

Auf der anderen Seite des Amtstisches standen die Antragsteller. Wie diese ihre Interessen formulierten, mit welchem Anspruch sie auftreten konnten, war von verschiedenen Voraussetzungen abhängig: von der Dringlichkeit ihrer Notlage, von ihrem Bekanntheitsgrad gegenüber den örtlichen Verwaltern, ihrer »Würdigkeit« und auch materiellen Voraussetzungen. Eine alte, arbeitsunfähige Witwe, die der Gemeinde eine Sicherheitshypothek auf ihr Haus eingeräumt hatte, wählte einen anderen Duktus in ihren Schreiben als

---

182 LHAK Best. 655, 213 Nr. 664: Landrat Bernkastel an Bgm. Lieser, 6.12. 1929. Besonders auffallend waren die langen Wartezeiten in Fällen der Gewährung von Wochenfürsorge, da die Beträge sehr schnell zur Bezahlung von Hebamme usw. an die Wöchnerinnen ausgezahlt werden sollten. LHAK Best. 655, 213 Nr. 661: BFV Bernkastel an Bgm. Lieser, 22.2.1926: »Der fragliche Antrag wurde bereits am 28.1.26 dort gestellt, ging am 9.2. 1926 zur Feststellung der Bedürftigkeit an den Gemeindevorsteher, kam von da am 11.2.1926 zurück und ist erst am 20.2.1926 hier eingegangen. Die dortige Bearbeitung hat also *über 3 Wochen in Anspruch genommen.* Ich nehme daher Anlass, wiederholt darauf hinzuweisen, dass sämtliche Fürsorgesachen mit *grösstmöglicher Beschleunigung* zu bearbeiten sind.« Hervorhebungen im Original.

der wiederholt abgelehnte Erwerbslose, der ahnen konnte, dass ihm im Dorf »Faulheit« nachgesagt wurde.

3. Zwischen öffentlicher und privater Fürsorge: Armenspenden und Stiftungen

Neben dem öffentlichen kommunalen Armenwesen kümmerten sich private (konfessionelle) Fürsorgeinstitutionen um die Armenfürsorge. Als Instrumente, bei denen sich beide Säulen trafen, dienten Armenspenden und Stiftungen, die in der Bürgermeisterei Lieser in dreien der vier Gemeinden, in Lieser, Maring-Noviand und Wehlen, eingerichtet waren. Sie gingen auf private Initiativen zurück; über die Nutzung und Verteilung der Mittel wurde jedoch in kommunalen Gremien entschieden.[183] Die lange Stiftungstradition insbesondere der benachbarten Orte Bernkastel und Kues weist auf eine starke Privatwohltätigkeit wohlhabender Familien der Region hin.[184]

Die Stiftungsurkunden der Armenspenden waren schon 1925 nicht mehr oder nicht mehr im Original und nähere Akten nur noch bruchstückhaft vorhanden, wie der Bürgermeister von Lieser in einem Bericht an den Landrat über die bestehenden Wohltätigkeitsanstalten feststellte. Folgende gesicherte Informationen lassen sich jedoch festhalten:[185] Die Armenspenden gingen in allen drei Fällen auf private Stiftungsinitiativen zurück, sei es ein einmaliger Betrag von 100 trierischen Talern, der 1826 von Anna Maria Glabus in Lieser gestiftet wurde, seien es die Vermächtnisse von sechs Personen in Höhe von insgesamt gut 3000 Talern in Maring-Noviand, allesamt aus dem 18. Jahrhundert.[186] Über die Wehlener Stiftung

183 Als lokale Untersuchungen zum Stiftungswesen in Städten vgl. Kleinknecht, Stiftungen; Küster, Alte Armut; aus dem Kontext des Projektes B 4 im SFB 600 Christmann, Kölner Armenstiftungen. Den Motivationen der Stifter und ihrem sozialen Hintergrund konnte in dieser Arbeit nicht nachgegangen werden.

184 Als Überblick über das Hospital zum Heiligen Geist sowie die Heilig-Geist-Armenspende, die mehrere Stiftungen zusammenfasste vgl. Schmitt, Bernkastel, S. 829–849.

185 Vgl. Best. 655, 213 Nr. 274.

186 LHAK Best. 655, 213 Nr. 299: Gegenerklärung zu der Klage des Pfarrers Zimmer in Noviand gegen den Gemeinderat von Maring-Noviand wegen

konnte der Bürgermeister nur berichten, dass 1849 der Kapitalstock 716 Taler betragen habe. Allerdings ist ein Schreiben des Bischöflichen Generalvikariats Trier an den Kirchenrat zu Wehlen aus dem Jahr 1834 überliefert, nämlich das Begleitschreiben zur Rücksendung der Urkunde des verstorbenen Peter Aloys Ames betreffend die »in die Kirche zu Wehlen gemachte Stiftung eines Anniversarii nebst eine Stiftung für arme Schulkinder und eventualiter für Hausarmen«. Die beiliegende Schenkungsurkunde datiert vom 22. März 1822: »Ein Aniversarium gestiftet Von Ew. Peter Aloys Ames Eigenthümer Von Wehlen, für seine Am 21ten October 1819 Verstorbene Tochter Susanna Ames, zu deßen seeligen Andenkens, und familia [...].«[187]

Das Kapital der Armenspenden wurde im Laufe der Jahre durch verschiedene Zuwendungen und Legate stetig vergrößert. Im Untersuchungszeitraum finden sich in den Jahresrechnungen bei den Einnahmen auch immer wieder kleine Beträge aus Sühnegeldern wegen »groben Unfugs« oder Beleidigungen. Die Bestimmung der Armenspenden war jeweils die Unterstützung von Ortsarmen mit Barmitteln oder Naturalien, spezielle Bestimmungen bei einzelnen Vermächtnissen beziehen sich auf die Beschaffung von Barmitteln für arme Schulkinder. In der Urkunde der Wehlener Anniversariumsstiftung wurde der Empfängerkreis noch etwas genauer festgelegt und die Vergabe von Unterstützungen – wenn auch lose – mit religiösen Zwecken gekoppelt: Vorzugsweise sollten arme Schulkinder unterstützt werden, was darüber hinaus noch übrig sei, solle an

Ausschließung aus der Armenspende-Verwaltungs-Kommission Maring, 17.7.1909: »Die in Maring bestehende Armenspende ist eine von 6 Personen ins Leben gerufene Stiftung und bezweckt eine Unterstützung der Armen von Maring und Noviand in bar und durch Naturalien in der Weise, dass alljährlich die Zinsen des vorhandenen Stiftungs-Kapitals aufgebraucht werden sollen. Gestiftet wurden: 1. von den Eheleuten Nikolaus Weber und Anna Maria geb. Geller in Maring laut Testament vom 1. April 1742 bezw. 22. Juli 1756 bezw. 18. März 1761 1897 Taler 12 Gr. 5 Pf. 2. Von der Anna Steffen geborene Baum zu Maring laut Testament vom 31. Oktober 1764 bezw. 11. Juli 1765 583 Taler 10 Gr. 3. von der Anna Maria Brixius zu Maring am 20. Dezember 1784 41 Taler 20 Gr. 4. von den Gebrüder Andreas und Matthias Lichter in Maring laut Testament vom 4. Juli 1771 500 Taler 27 Gr. 9 Pf. Zusammen 3023 Taler 10 Gr. 4 Pf. oder nach heutiger Berechnung 9070,04 M.«

187 LHAK Best. 655, 213 Nr. 588: Bischöfliches Generalvikariat Trier an Kirchenrath zu Wehlen, 8.7.1834.

die »Haußarmen Vorzugsweise jene, welche dem Aniversario, und H: Messe beiwohnen« verteilt werden.[188] In dieser Bestimmung wird nicht nur das vom Stifter gewünschte religiöse Verhalten der Empfänger manifest, sondern auch die traditionelle Vorstellung, dass das Almosen (oder eine Stiftung) durch die Gebete der Armen zum Seelenheil des Spenders beitrage.[189]

Die Armenspende Lieser, so wird in einem Schreiben der Königlichen Regierung Trier aus dem Jahr 1830 explizit betont, hatte nur das »zeitliche« und nicht das geistige Wohl der Armen zur Aufgabe – der Pfarrer oder der Küster hatten keinen Anspruch auf Bezahlung von Begräbnis- und Leichenkosten aus der Armenspende.[190] Im Untersuchungszeitraum erhielten aus den Armenspenden vorwiegend ältere Ortsarme eine kleine laufende Unterstützung oder Pflegegelder erstattet; zudem Arznei, Schuhe, Kohlen und Fett, Brot usw. Dabei wird aus den Jahresrechnungen der Armenspenden nicht ganz ersichtlich, ob diese Naturalien für die schon Unterstützten zusätzlich gewährt oder ob Lebensmittel, Kleidung, Fett und Kohlen in größeren Mengen gekauft und dann verbilligt an weitere Ortsarme abgegeben wurden – in den Rechnungen ist nur der Händler angegeben, der die Sachen lieferte. Beides wird wohl der Fall gewesen sein; besonders in der Maring-Noviander Überlieferung sind einige Male beispielsweise die Ausgabe von 20 Paar Schuhen an Ortsarme oder der Erwerb von Nierenfett belegt. Die Geldbeträge für diese Naturalien lagen vor der Inflation bei circa zehn Mark – davon könnte ein Ortsarmer einen Monat lang Brot bezogen haben (der Zeitraum ist aber leider auch nicht angegeben) oder einmalig Brot für mehrere Ortsarme beschafft worden sein.

Dass die Unterstützungen der Armenspenden vor allem auch Schulkindern zugute kommen sollten, belegen zumindest im Fall von Maring-Noviand der Erwerb von Büchern und die Gewährung von Unterstützung an Erstkommunikanten: Es finden sich im Februar und März 1910 sechs Gesuche um eine Beihilfe zur Erstkommunion; auch in den überlieferten Jahresrechnungen der Jahre 1930

188 LHAK Best. 655, 213 Nr. 588: Schenkungsurkunde des Peter Aloys Ames, 22.3.1822.

189 Nicht beantwortet werden kann in diesem Zusammenhang die Frage, inwieweit zu Beginn des 20. Jahrhunderts diese Bestimmung noch beachtet wurde.

190 LHAK Best. 655, 213 Nr. 265: Königliche Regierung Trier an Landrat Bernkastel und Bgm. Lieser, 19.1.1830.

bis 1933 wurden allein in dreien der vier Jahre Hilfen an Erstkommunikanten in Höhe von jeweils zehn bis 20 Mark ausgegeben. Den in den Stiftungsurkunden genannten Verwendungszwecken, die Mittel vorwiegend an Kinder und (ältere) Ortsarme zu verteilen, scheinen die verantwortlichen Kommissionen also entsprochen zu haben.

In Wehlen gab es noch eine besondere Stiftung für Armenwohnungen. Sie ging auf eine private Initiative zurück. Die alte Kirche des Ortes war von Gutsbesitzer Jodokus Prüm 1871 umgebaut und der Gemeinde zur Verfügung gestellt worden.[191] Im für Wehlen gut dokumentierten Zeitraum von 1905 bis 1922 wurden dort Ortsarme untergebracht. Da diese Einrichtung in Wehlen bestand, finden sich in den Akten der Gemeinde häufiger als für die anderen Gemeinden Gesuche um die Zuweisung von Wohnraum oder die Gewährung einer Armenwohnung anstatt um Übernahme von Mietkosten – ein Hinweis darauf, dass die Ausgestaltung der lokalen Armenfürsorge von der jeweiligen »Infrastruktur« bestimmt wurde. Die Zuweisung von Wohnraum in diesem gestifteten Gebäude war für die Gemeinde günstiger als die Übernahme einer Miete. Ab Beginn der zwanziger Jahre diskutierte man über die Umwandlung des Gebäudes in eine klösterliche Niederlassung mit einer Kinderbewahranstalt[192]; 1925 gab der Bürgermeister an, dass sie »armen Kindern« zur Wohnung diene.[193] Ob zu diesem Zeitpunkt allerdings die neue Nutzung des Gebäudes schon vollständig erfolgt war, ist fraglich, da in einem Einzelfall aus den Jahren 1930/31 Hinweise darauf zu finden sind, dass erst in diesem Zeitraum die Ortsarmen aus der

191 Vgl. LHAK Best. 655, 213 Nr. 274: Der notarielle Akt diesbezüglich datiert vom 5.12.1871. Vgl. auch LHAK Best. 655, 213 Nr. 588: Abschrift des Vertrages zwischen der Civilgemeinde Wehlen, vertreten durch den Bgm. Lieser, Melsheimer und Johann Kerpen, Ortsvorsteher von Wehlen und Jodok Prüm, 5.12.1871. Das Eigentum an den Kirchenräumen verblieb der Gemeinde,» jedoch wird Jodok Prüm für berechtigt erklärt unentgeltlich seine eigene Wohnung in jenen Räumen zu nehmen, welches Recht übrigens an seine Person geknüpft bleibt und mithin nicht auf dessen Erben und Rechtsnachfolger übergeht.«

192 Archiv der Verbandsgemeindeverwaltung Bernkastel-Kues: Beschlussbuch GR Wehlen, 1916–1924, 24.4.1919.

193 Vgl. Archiv der Verbandsgemeindeverwaltung Bernkastel-Kues: Beschlussbuch GR Wehlen 1924–1933, 30.7.1924, betr. Änderung des Bestimmungszwecks der alten Kirche. Diese Option war schon in der Schenkungsurkunde festgelegt; vgl. LHAK Best. 655, 213 Nr. 248: Bernkastel, 5.12.1871.

alten Kirche fortzogen. Als neue Unterkunft wurden ihnen »Barak-ken« bereitgestellt, über die jedoch nicht Genaueres in Erfahrung gebracht werden konnte.[194] Ebenfalls in erster Linie für die Einwohner von Wehlen gedacht war die Stiftung der Erben S. A. Prüm für ein Freibett im Mosel-krankenhaus, die anscheinend 1910 gegründet wurde und aus der jährlich circa 200 Mark Zinsen zur Verfügung stehen sollten.[195] Nur wenn die Stiftungsmittel nicht für Kranke aus Wehlen aufgebraucht werden mussten, konnten auch Kranke anderer Ortschaften in den Genuss des Freibettes kommen.

Trotz ihres privaten Ursprungs lag die Verwaltung der Armenspen-den in öffentlicher Hand. Bis 1871 wurden die Spenden von einer besonderen Kommission unter dem Vorsitz des Bürgermeisters ver-waltet. Nachdem aber nach § 19 des UWSG die Aufhebung der Armenkommission und Einstellung des Armen-Vermögens unter die Gemeindebehörde festgelegt worden war, wurden die Stiftun-gen der Gemeindeverwaltung angegliedert und seither von dieser, jedoch getrennt vom Gemeindevermögen verwaltet. Die Gemein-den begrüßten es, dass die Verwaltung der Stiftungen bei ihnen verblieb und nicht von anderen, übergeordneten Stellen übernom-men werden sollte. Nach einem Beschluss des Gemeinderates Ma-ring-Noviand wäre es von Nachteil,

»wenn die Unterstützungen aus der Armenspende außerhalb der Gemeinde ausbezahlt würden, da die Meisten der Armen, welche Unterstützungen aus der Armenspendekasse erhalten krankheits-halber, oder sonstigen drückenden Umständen wegen, dieselbe bekommen, daher ein Rechner außerhalb der Gemeinde den Unterstützungsbedürftigen sehr unangenehm sein werde [...]«.[196]

---

194 Vgl. LHAK Best. 655, 213 Nr. 663: Aktenvermerk Bgm. Lieser, 4.5.1931: »In den Baracken sollen die in der alten Kirche bisher untergebrachten Leute untergebracht werden.«

195 Vgl. LHAK Best. 655, 213 Nr. 584: Beschluss Kreistag Bernkastel, 23.3.1910 (Abschrift): Das Sparkassenbuch mit 10000 Mark Stiftungskapital war Eigentum des Kreistages; die Verwaltungskommission bestand aus dem Landrat und zwei Mitgliedern, davon einer der älteste männliche Nach-komme des S. A. Prüm. Gesuche waren an den Landrat zu richten; kein Einwohner des Kreises hatte einen klagbaren Rechtsanspruch auf die Ge-währung der Vergünstigung.

196 LHAK Best. 655, 213 Nr. 299: Auszug Beschlussbuch GR Maring-Noviand, 23.6.1871 und 17.1.1874.

Die Entscheidungen über die Vergabe der Unterstützungsleistungen aus diesen Fonds wurde in Gemeinderatssitzungen oder – wie in Maring-Noviand – in den Sitzungen einer erneut gebildeten Armenspende-Commission verhandelt.[197] Der Pfarrer von Noviand versuchte in einem Klageverfahren gegen die Verwaltung der Armenspende Maring-Noviand zu belegen, dass diese Vermengung von privater Stiftung und öffentlichem Armenwesen unzulässig und sogar gesetzeswidrig sei. Er beschwerte sich zunächst 1906 beim Bürgermeister über den Umstand, dass die Sitzungen der Kommission zu Zeitpunkten wie Sonntag Nachmittags um ein Uhr stattfänden, die es ihm geradezu unmöglich machten, daran teilzunehmen.[198] Drei Jahre später reichte er Klage beim Kreisausschuss Bernkastel-Kues ein: Ohne seine Zustimmung sei er als Mitglied der Kommission ersetzt worden, obwohl die Stiftungsurkunde vom 1. April 1742 festlege, dass der »zeitige« Pfarrer von Noviand geborenes Mitglied der Verwaltungskommission sei. Zudem beschwerte er sich über Ungenauigkeiten in der Rechnungsführung. Auf seine Vorschläge, einen Voranschlag und eine Jahresrechnung aufzustellen, sei erwidert worden, dass dies nicht üblich gewesen sei.[199] Auf die Gegenerklärung des Bürgermeisters, dass die Bestimmungen der Stiftungsurkunde mit dem oben erwähnten Paragraphen 19 des UWSG obsolet geworden seien, betonte der Pfarrer den privaten, seines Erachtens sogar »kirchlichen«[200] Ursprung der Armenspende und beschuldigte die Gemeinde des unrechtmäßigen »Zusammenwerfens« von Armenspende und Ortsarmenverband:

197 LHAK Best. 655, 213 Nr. 188: Auszug Beschlussbuch GR Maring-Noviand, 12.5.1921: 1921 wurde auch in Maring-Noviand die Armenspende-Commission aufgelöst, da der Gemeinderat »das Bestehen dieser Kommission für gänzlich überflüssig« hielt und beschloss: »Die Funktionen dieser Kommission werden fernerhin vom Gemeinderat wahrgenommen.«

198 LHAK Best. 655, 213 Nr. 188: Pfr. Zimmer, Maring-Noviand, an den »Vorsitzenden der Armenspende-Commission von Maring-Noviand«, Bgm. Pfeiffer, 27.12.1906.

199 LHAK Best. 655, 213 Nr. 299: Klage des Pfr. Zimmer zu Noviand als Mitglied der Armenspendeverwaltungskommission gegen den GR Maring-Noviand an Kreisausschuss Bernkastel-Kues, 12.6.1909.

200 LHAK Best. 655, 213 Nr. 299: Antwort des Pfr. Zimmer auf die Gegenerklärung des Gemeinde-Vorstandes von Maring-Noviand (vom 17. Juli 1909) zu seiner Klage wegen Ausschließung aus der Armenspende-Commission Maring-Noviand (Duplikat), 19.8.1909.

»Wenn die Gemeinde Maring-Noviand aufgrund des § 3 des Ausführungsgesetzes vom 8. Maerz 1871 eine eigene Armende-putation und als deren sechstes Mitglied den Pfarrer *wählen* wollte, so war das ihre Sache. Von dieser Armendeputation hat-te ich bisher keine Kenntnis. Sie ist ja für die Ortsarmenver-bände nach § 3 des angezogenen Ausführungsgesetzes vom 8. März 1871 nicht obligatorisch, sondern fakultativ. Sie ist nicht die Armen*spende*-Verwaltungs-Commission. Und wenn die Ge-meinde die Armendeputation nach § 3 des Ausf.Ges. vom 8. März 1871 mit der *bestehenden* Armen*spende*-Commission ver-wechselt und zusammengeworfen hat, so war und ist sie eben in einem groben Rechtsirrtum befangen.«[201]

Wenn es auch nur in Maring-Noviand zum Streit kam, lässt sich die Vermischung von Armenspende-Verwaltung und den öffentli-chen Armenaufgaben der Gemeinde prinzipiell für die drei Ge-meinden mit Armenspende beobachten. In vielen Entscheidungen des Gemeinderates über die Unterstützungsvergabe wird gar nicht klar, aus welchem »Topf« sie finanziert wurde; die Mitglieder der Armenspendekommission waren in der Regel auch Gemeinderats-mitglieder oder deren Sitzungen nicht klar von denen des Gemein-derates getrennt.

Neben der Gewährung von Unterstützungen aus den Zinsen der Spenden wurden Hypotheken und andere Kreditleistungen aus die-sem Einkommen gewährt.[202] Besonders die Maring-Noviander Ar-menspende, die offensichtlich die »begütertste« gewesen ist, gewährte viele Darlehen und Hypotheken an Schuldner. Im Rechnungsjahr 1895/96 sind zwar keine Ausgaben in Form von Unterstützungen an Bedürftige verzeichnet, aber dem Rechner wurden Schuldurkunden gegen 21 Schuldner ausgehändigt! Für das Jahr 1900 sind die Beträge der Schuldscheine und Obligationen überliefert: Sie reichen von kleinen Beträgen wie 150 Mark über 400 bis 600 Mark, was den

---

201 LHAK Best. 655, 213 Nr. 299: Antwort des Pfr. Zimmer auf die Gegener-klärung des Gemeinde-Vorstandes von Maring-Noviand (vom 17. Juli 1909) zu seiner Klage wegen Ausschließung aus der Armenspende-Kom-mission Maring-Noviand (Duplikat), 19.8.1909. Hervorhebungen im Ori-ginal.

202 Zum hohen Stellenwert von Kapitalanlagen in der Ausgabenstruktur der *bureaux de bienfaisance* in der französischen Gemeinde Mognéville und der luxemburgischen Gemeinde Weiswampach vgl. Franz, Durchstaatli-chung, S. 196–198 und S. 208.

Durchschnitt darstellt, bis zum höchsten Schuldbetrag von 6850 Mark.[203] Im Jahr 1923 fielen die teilweise beträchtlichen Vermögen der Armenspenden der Inflation zum Opfer.[204] Für die gemeindliche Armenverwaltung stellten diese Verluste keinen so herben Schlag dar, wie man annehmen könnte, wurden doch überwiegend ergänzende Leistungen aus diesem Topf finanziert. Weit schwerer werden die Auswirkungen auf die durch die Stiftungen ermöglichte Darlehenvergabe gewesen sein. Die Armenspenden konnten in den zwanziger Jahren nur langsam wieder Kapital anhäufen; Unterstützungen wurden bis zum Ende des Untersuchungszeitraumes keine oder nur spärlich gezahlt.

4. Die Zusammenarbeit mit privaten Fürsorgeeinrichtungen

Als unverzichtbare Stütze des kommunalen Armenwesens können private, vor allem konfessionelle Fürsorgeeinrichtungen gelten. Besonders kranke und ältere, pflegebedürftige Ortsarme konnten zu einem relativ günstigen Tarif in von Kongregationsschwestern geleiteten Häusern untergebracht werden. Diese, im Gegensatz zur fast ausschließlich auf die Krankenpflege ausgerichteten Ordensfürsorge katholischer Kongregationen in Allgemeinen Krankenhäusern, als Klosterfürsorge bezeichneten Einrichtungen[205] werden in diesem Teilkapitel anhand der Fallbeispiele des Josefsklosters in Lieser sowie des Klosters zur hl. Familie in Bernkastel vorgestellt. Zudem wird auf das St.-Nikolaus-Hospital in Kues eingegangen, das der Pflege und Versorgung alter Männer diente. Eine wichtige Einrichtung zur Versorgung von Kindern stellte das Waisenhaus in Rheinböllen dar. Weitere Fürsorge- und Erziehungseinrichtungen tauchen nur am Rande in den Fürsorgeakten auf, weshalb nur kurz auf diese eingegangen wird.

203 Vgl. LHAK Best. 655, 213 Nr. 299.
204 Vgl. LHAK Best. 655, 213 Nr. 274: In Lieser betrug der Verlust 15000 Mark, 3½ Prozent preußische Konsol und 7350 Mark Kapital, in Maring 5000 Mark, 5 Prozent deutsche Reichsanleihe und 31100 Mark Depositum bei der Kreissparkasse; in Wehlen 7300 Mark, 3½ Prozent preußische Konsol und 1400 Mark Depositum bei der Kreissparkasse.
205 Zur Unterscheidung der beiden Typen Ordensfürsorge/-pflege und Klosterfürsorge vgl. Nolte, Pietas, S. 5.

4.1. Das Josefskloster in Lieser, das Kloster zur hl. Familie Bernkastel und das St.-Nikolaus-Hospital Kues

Im Februar 1869 wurde das Lieserer »Klösterchen« als eine der ersten Niederlassungen der Waldbreitbacher Franziskanerinnen gegründet, die sechs Jahre zuvor »zur Erziehung von elternlosen und armen Mädchen« die bischöfliche Genehmigung erhalten hatten.[206] In einem der ersten Entwürfe für die Statuten der Kongregation wurden als zentrale Anliegen genannt, »arme, verlassene Kinder, soweit tunlich, unentgeltlich zu erziehen« und »arme Kranke und alte, verlassene Personen unentgeltlich zu pflegen in und außer dem Hause«.[207] Eine Besonderheit der Waldbreitbacher Franziskanerinnen waren viele kleine Filialen im Gebiet des Bistums Trier, wodurch besonders der ländliche Raum versorgt wurde. In den Kreisen Bernkastel und Wittlich bestanden acht eigene Niederlassungen, davon eine auch in Zeltingen.[208] Finanziert wurde die Einrichtung in Lieser durch Spenden, Legate, Zuschüsse und Beihilfen der Gemeinde[209] und die Pflegegelder für Kranke und Ortsarme; ferner versuchten die Schwestern durch Stick- und Näharbeiten Geld zu erwerben.[210] Die Einrichtung diente neben der Pflege von Kranken »hauptsächlich

206 Schneck, Dienst, S. 409.
207 Lemmens, Geschichte, S. 26.
208 Vgl. die unpaginierte Beilage der Festschrift 100 Jahre Kongregation der Franziskanerinnen. Laut dieser Übersicht aus dem Jahr 1963 befanden sich in Lieser (Gründungsjahr 1869), Zeltingen (1887), Neuerburg (1888), Manderscheid (1894), Kröv (1896), Ürzig (1902), Morbach (1902) und Rhaunen (1906) Niederlassungen der Franziskanerinnen.
209 Vgl. etwa Archiv der Verbandsgemeindeverwaltung Bernkastel-Kues: Beschlussbuch GR Lieser, 1892–1909, 5.10.1903: »Der Vorsitzende teilte mit, daß in nächster Zeit die von den Schwestern zu leitende Verwahr- und Nähschule eröffnet werde. Der Gemeinderat beschließt, in anbetracht des großen Segens, welcher aus dieser Einrichtung für die Gemeinde zu erhoffen ist, den Schwestern zur ersten Einrichtung der Schule eine einmalige Beihülfe von 200 Mark und eine jährliche Beihülfe von 75 Mark solange zu bewilligen, als noch nicht die Bauschuld von 25000 Mark getilgt ist.« Der jährliche Zuschuss wurde 1910 auf 100 Mark erhöht; vgl. Beschlussbuch GR Lieser, 1909–1913, 22.2.1910. Ab 1918 wurde dem Kloster jährlich ein Klafter Holz und Reiser aus dem Gemeindewald überlassen; vgl. Beschlussbuch GR Lieser, 1913–1923, 25.3.1918.
210 Zur detaillierten Geschichte der Niederlassung und der Entwicklung des Tätigkeitsspektrums vgl. Althammer u. a., Armenfürsorge, S. 556–557.

[als] Altersheim für Ortsarme aus Lieser und der Umgebung. Nebenbei wird eine Kinderbewahrschule und eine Nähschule unterhalten.«[211]

Obwohl das Josefshaus in Lieser in den zeitgenössischen Quellen als das »Krankenhaus« des Ortes bezeichnet wurde[212], kann unter »Krankenpflege« im Kloster wohl kaum eine professionelle medizinische Behandlung und Versorgung von (Schwer)Kranken verstanden werden. Folgender »Reisebericht über die Besichtigung der Krankenanstalten im Kreise Bernkastel« aus dem Jahr 1902[213] gibt dieser Einschätzung recht. Er vermittelt einen Eindruck von der Einrichtung und den hygienischen Zuständen in den Krankenhäusern. Das Josefshaus bot ein jämmerliches Bild:

»Die Räume der Krankenanstalt bezw. des Klosters in Lieser, in welchem Pfleglinge sich befanden, sind in dem Grade für Licht und Luft unzugänglich und so abgenutzt, daß sie als menschenunwürdig zu bezeichnen sind und eine Schließung desselben in Frage kommen kann. Die Räume des Vordergebäudes entsprechen auch bei Weitem nicht den an Krankenräumen zu stellenden Anforderungen. Gelegenheit zur Abtrennung von Infektionskranken ist nicht vorhanden. Die Krankenanstalt liegt dicht neben und zwischen andern Gebäuden. Die Anstalten in Lieser und Zeltingen entsprechen nicht den geringsten Anforderungen

211 LHAK Best. 655, 213 Nr. 274: Bgm. Lieser an Landrat Bernkastel (Entwurf), 17.11.1925. Die Kindererziehung hatte während des Kulturkampfes aufgegeben werden müssen; 1902 erhielten die Schwestern jedoch die Bewilligung, »in Verbindung mit der in Lieser bestehenden Niederlassung die Pflege und Unterweisung von Kindern katholischer Confession, welche sich noch nicht im schulpflichtigen Alter befinden, in der daselbst neu zu errichtenden KleinkinderBewahranstalt, sowie die Leitung und Unterweisung in einer Handarbeitsschule für katholische Mädchen in nicht mehr schulpflichtigem Alter als Nebenthätigkeit zu übernehmen.« Vgl. ZOA Wbb.: Chronik Niederlassung Lieser: Bgm. Lieser an Generaloberin Franziskanerinnen Waldbreitbach, 29.7.1902.
212 Eigentlich kann erst ab den fünfziger Jahren von einer professionellen medizinischen Versorgung im Josefshaus gesprochen werden. Erst zu dieser Zeit wurde es »nach einem entsprechenden Umbau ganz in ein Krankenhaus, in eine Frauenklinik mit operativer und geburtshelferischer Station« umgewandelt. Am 31. Dezember 1966 wurde die Einrichtung ganz geschlossen. Vgl. Trierischer Volksfreund, 10./11. November 1966, zitiert nach Schmitt, Lieser, S. 771.
213 LHAK Best. 655, 213 Nr. 73.

an Krankenanstalten. Sie stellen gleichfalls lediglich armselige Notbehelfe dar.«

Da zu diesem Zeitpunkt neben den klösterlichen Anstalten in Lieser und Zeltingen nur das Krankenhaus in Bernkastel zur Versorgung der Kranken existierte, musste für den ganzen Kreis von einem »gesundheitlichen Nothstand, welcher zu Epidemiezeiten von sehr bedenklichen Folgen begleitet sein kann«, gesprochen werden. Auch 1905 hatte sich an der Ausstattung der Krankenzimmer noch nicht viel gebessert; der Kreisarzt monierte in seinem Bericht, dass das »Mobilar [sic] meist abgenutzt« sei und »in den Schubladen Unordnung und Unsauberkeit« herrsche. Ein Isolierzimmer und die Möglichkeit zum Baden fehle; auf Letzteres »und auf die ungenügende Ventilation der Krankenzimmer ist die schlechte Luft in den Sälen zurückzuführen«.[214]

Mit dem »Krankenhaus« in Bernkastel war 1902 das Kloster zur hl. Familie unter Leitung der Armen Dienstmägde Jesu Christi gemeint[215]; eine Einrichtung, die den Josefsklöstern der Waldbreitbacher Franziskanerinnen sehr ähnlich war. Auf den Ruinen der 1857 durch Brandstiftung zerstörten Kapuzinerkirche in Bernkastel wurde auf Initiative und mit dem Vermögen des Jodokus Prüm (derselbe, der auch die alte Kirche in Wehlen zu Armenwohnungen umgebaut hatte) von 1868 bis 1870 ein Kloster aufgebaut, das eine Kleinkinder-Verwahranstalt, ein Waisenhaus und ein Krankenhaus umfasste.[216] Die Gebäude verblieben im Eigentum der Stadtgemeinde; die Verwaltung der Anstalt lag in den Händen einer Kommission, die aus dem Bürgermeister, zwei Stadtratsmitgliedern, dem Pfarrer und einem Kirchenratsmitglied bestand. Ähnlich wie in Lieser kamen zunächst zwei Schwestern der Kongregation der Armen Dienstmägde im September 1870 nach Bernkastel, auch sie gründeten eine Nähschule; auch hier wurde durch Legate das Vermögen der Einrichtung vergrößert.[217] Die Krankenpflege im Haus wurde mit dem Neubau des Moselkrankenhauses 1909 ganz eingestellt; schon

214 LHAK Best. 655, 213 Nr. 73: Bericht über die Besichtigung der Krankenhäuser in Lieser, Bernkastel-Kues und Zeltingen am 22.8.1905 durch Kreisarzt Dr. Schaefer, 26.8.1905.

215 Vgl. zu den »Armen Dienstmägden Jesu Christi« Lamp, Kongregation.

216 Vgl. LHAK Best. 615 Nr. 658: Auch hier war die Erziehungsarbeit während des Kulturkampfes eingeschränkt; 1914 wurde die Kinderbewahrschule wieder eröffnet.

217 Vgl. Schmitt, Bernkastel, S. 869–881.

1902 wurden hier ebenfalls »schwerste Mängel« der Krankenanstalt festgestellt.[218] Bis zu diesem Zeitpunkt wurden auch hier überwiegend alte Menschen verpflegt.[219] Es ist anzunehmen, dass hier ähnliche Krankheiten behandelt wurden wie im Josefskloster Lieser bis 1907[220]: Die meisten Patienten litten an Altersschwäche, mit weitem Abstand gefolgt von Lungenschwindsucht beziehungsweise Tuberkulose, Erkrankungen der Knochen und Gelenke, Influenza, angeborener Lebensschwäche, Knochenbrüchen, Entzündungen der Atmungsorgane oder Verwundungen. In Lieser wurde erst zu Beginn der dreißiger Jahre die mangelhafte medizinische Ausstattung verbessert, nachdem dem Josefshaus 1929 verboten worden war, weiter Kranke aufzunehmen. Nach Besprechungen mit dem Medizinalrat, dem Kreisarzt sowie der Bezirks- und Kreisfürsorgerin und einer Eingabe bei der Landesversicherungsanstalt für die Rheinprovinz erhielt das Haus Anfang 1930 wieder die Erlaubnis, »Leichtkranke« aufzunehmen unter der Voraussetzung, dass ein neu eingesetzter Hausarzt die Verantwortung für die medizinischen und hygienischen Verhältnisse im Kloster trug und bauliche Veränderungen wie die Einrichtung eines zweiten Badezimmers oder eines separaten Raums für die erste Hilfe vorgenommen wurden.[221]

Als Krankenhaus beziehungsweise Altersheim war das Josefshaus für die Kommunen zur Unterbringung der örtlichen Alten und Kranken deshalb attraktiv, weil der Tagessatz beispielsweise 1910 nur 1,50 Mark betrug; im nahegelegenen Moselkrankenhaus betrug er zwischen 1,80 und zwei Mark. Das Kloster kann als eine hospitalsähnliche Einrichtung betrachtet werden, deren Patienten überwiegend bedürftige kranke und alte Menschen waren, die nicht mehr eigenständig wohnen oder bei Verwandten untergebracht werden konnten.[222] Als einen typischen Kandidaten schlug der Arzt

218 LHAK Best. 615 Nr. 921: Auszug aus dem Revisionsprotokoll der Regierungskommission, 17. 9. 1902.

219 Vgl. Bürgermeister Bernkastel an Landrat Bernkastel, 27. 4. 1910, zitiert nach Schmitt, Bernkastel, S. 877.

220 Vgl. LHAK Best. 655, 213 Nr. 73.

221 Vgl. ZOA Wbb.: Chronik Niederlassung Lieser. Trotzdem diese Verbesserungen erst zu Beginn der dreißiger Jahre in Angriff genommen wurden, sind in den jährlichen Auflistungen über die Tätigkeit des Josefshauses in der Chronik für die Jahre 1924 und 1925 »Operationen« verzeichnet. Was mit diesen Operationen genau gemeint war, ist nicht angegeben.

222 Vgl. eine ähnliche Beschreibung des Insassenprofils eines Hospitals in Ulm bei Jans, Sozialpolitik, S. 177.

Dr. Kettenhofen dem Bürgermeister von Lieser Balthasar F. vor, »der an Altersschwäche leidet (er ist 82 Jahre alt) und ganz allein für sich haust, entbehrt jeglicher Pflege; da er größtenteils zu Bett liegen muß, und sich selbst wenig helfen kann, wäre eine geregelte Pflege, etwa im Kloster Lieser, dringend erwünscht«.[223] Ein »Verzeichnis der Kranken« aus dem Jahr 1922[224] bestätigt eine solche Charakterisierung des Insassenprofils. Es sind insgesamt zwölf Personen aufgelistet, die aus den Ortschaften der Bürgermeisterei Lieser oder benachbarter Bürgermeistereien stammten. Friedrich A. war der einzige Mann, der sich zu diesem Zeitpunkt im Kloster befand. Die Dominanz der Frauen lässt sich möglicherweise damit erklären, dass für alte Männer das St.-Nikolaus-Hospital in Kues die bevorzugte Einrichtung gewesen sein mag.[225] In der Stiftungsurkunde dieser Einrichtung, die aus dem Jahr 1458 stammt, wurde festgelegt, dass im Hospital

> »immerfort und beständig unterhalten werden dreiunddreissig Arme, nach der Zahl der Jahre, die Christus, unser Erlöser, auf Erden zugebracht hat, nämlich abgearbeitete Greise von 50 Jahren und darüber, nur männlichen Geschlechts, von ehrlichem Rufe, Berufe, Lebenswandel und Namen, Niemanden dienst- oder schuldpflichtig, freien Standes, nicht verheiratet [...]. Die Aufzunehmenden sollen aus der Diözese Trier und (zunächst) aus den Orten stammen, welche dem Hospitale näher liegen.«[226]

Die im Jahr 1922 elf nachweisbaren Frauen im Josefskloster waren entweder verwitwet oder ledig. Laut einer anderen Quelle, den Chroniken der Niederlassung, wurden im Jahr 1922 insgesamt 18 »Kranke im Haus« verpflegt, von denen jedoch die »alten Leuten,

223 LHAK Best. 655, 213 Nr. 187: Dr. med. Kettenhofen, Bernkastel, an Bgm. Lieser, 3.2.1917.
224 Dokumentiert in LHAK Best. 655, 213 Nr. 187 ohne Angabe eines Autors.
225 Vgl. LHAK Best 655, 213 Nr. 187: Auszug Beschlussbuch GR Lieser, 22.8. 1921, in dem festgehalten wurde, dass Karl W. statt einer Unterstützung anheim gestellt werden solle, seine Aufnahme in das St.-Nikolaus-Hospital zu beantragen.
226 Die Stiftungsurkunde ist abgedruckt in Marx, Geschichte, S. 52–63. Wenn die Männer verheiratet waren, mussten die Frauen ein Auskommen haben, beispielsweise in einem Kloster untergebracht sein. Die »dreiunddreißig Armen« beziehungsweise Insassen sollten aus, »wenn sie leicht zu haben sind, sechs Priester, sechs Adlige und 21 gemeine Leute« bestehen.

die immer im Kloster versorgt werden«, ausgenommen waren.[227] Das »Verzeichnis der Kranken« weist wohl eine Schnittmenge dieser beiden Gruppen auf; es finden sich sowohl jüngere Personen wie die 20-jährige Johanna M., die an Knochenerweichung litt, sich jedoch mit Nähen ein Auskommen sichern konnte und ihre Pflege im »Klösterchen« aus eigenen Mitteln bestritt, als auch die 74-jährige Maria N., in deren Fall sich die Gemeinde Kesten verpflichtet hatte, die Pflegekosten zu übernehmen, nachdem ihr Vermögen aufgebraucht war.[228] War abzusehen, dass die Pflege längere Zeit in Anspruch nehmen würde oder bis ans Lebensende zu geschehen hatte, überließen die meisten Insassen dem Kloster ihr Sparbuch oder ihre Rente.[229] Noch halbwegs arbeitsfähige Patienten wie Johanna M. finden sich nur sehr selten in den Akten; auch die Arbeitsleistung im Kloster als (teilweiser) Ersatz für die Pflege lässt sich nur selten durch Beispiele *ex negativo* erschließen.[230]

Die Insassen verblieben teilweise sehr lange in der Anstalt, was ein weiterer Hinweis auf die Hospitalfunktion der Einrichtung ist. Friedrich A. etwa verweilte 1911 nach Ansicht des Gemeindevorstehers von Maring schon zu lange im Josefskloster, weshalb dieser immer wieder beim Armenarzt nachfragte, ob A. nicht bald entlassen werden oder sich zumindest durch Arbeiten im Haus seine Pflegekosten selbst verdienen könne.[231] Die Gemeinde sollte Friedrich A.

227 Vgl. ZOA Wbb.: Chronik der Niederlassung Lieser.
228 LHAK Best. 655, 213 Nr. 186: Auszug Beschlussbuch GR Kesten, 13.5.1921.
229 Vgl. etwa LHAK Best. 655, 213 Nr. 187: Fall der Wwe. Max K., Lieser, die in einem Schreiben an den Bgm. Lieser vom 4.7.1910 schildert, dass sie seit Juni 1907 im Kloster lebe. Das Vermögen, das sie bei der Sparkasse deponiert hatte, war zu diesem Zeitpunkt anscheinend verbraucht. Der Gemeinderat Lieser beschloss am 19. Juli 1910 die Übernahme der Pflegekosten auf die Armenspende unter der Bedingung, dass die Witwe ihre Invalidenrente an die Armenspende abtritt. Eine ähnliche Praxis schildert Jans, Sozialpolitik, S. 177–178.
230 Vgl. etwa LHAK Best. 655, 213 Nr. 187: Verhandelt, Lieser im St. Josefshaus, Schwester Fidulis, 22.2.1922, die sich über die geistesschwachen Schwestern A. äußerte:»Beide Personen zahlten daher auch, da sie als Hilfskräfte für's Haus nicht infrage kommen konnten, stets den üblichen Pflegesatz [...].«
231 Vgl. LHAK Best. 655, 213 Nr. 188: Gemeindevorsteher Maring an Bgm. Lieser, 15.6.1911. Daraufhin Attest des Armenarztes Dr. Rosenberger, Mülheim, 19.6.1911, in dem festgestellt wird, dass Friedrich A. noch nicht imstande sei, die rechte obere Extremität zum An- und Auskleiden zu

noch sehr lange versorgen müssen; in den Ausgabelisten der Gemeinde Maring-Noviand ist er noch bis Mai 1934 verzeichnet. Der Gemeindevorsteher wollte durch eine Eigenbeteiligung des Friedrich A. die Kosten für die Kommune senken. Er pochte möglicherweise auch deswegen so darauf, weil A. 1911 erst 47 Jahre alt war, seine Verletzungen zudem vom Armenarzt als »selbst verschuldet« bezeichnet worden waren und die Ausgaben gerade für solche Arme auf ein Minimum beschränkt bleiben sollten.[232] Im Winter 1910/11 war A. aufgrund von Erfrierungen, Nervenlähmungen und Bewusstlosigkeit, die er sich durch einen Sturz von einer Leiter zugezogen hatte, im Kloster untergebracht worden. Da an anderer Stelle über ihn berichtet wurde, dass er schon Strafen wegen Beleidigungen erhalten habe, die er in betrunkenem Zustande ausgesprochen hatte und er auch einmal eine Verwarnung erhielt und ihm die Unterbringung in eine andere Anstalt angedroht wurde, weil er »öfters sich betrunken hat und dann in diesem Zustande die Ruhe und Ordnung im St. Josefshause in Lieser durch ungebührliches Benehmen und unsittliche Reden gestört, sowie die Kranken in Aufregung gebracht hat«[233], könnte man annehmen, dass er unter Alkoholeinfluss von der Leiter gefallen war – ansonsten wäre der Unfall wohl kaum als »selbst verschuldet« bezeichnet worden.

Diese Episode ist in jedem Fall ein Hinweis auf den Verhaltenskodex, der in dieser konfessionellen Anstalt eingehalten werden musste. Analogien zum Umgang mit Unterstützten in der kommunalen Armenfürsorge drängen sich dabei auf. Wurden Regeln nicht eingehalten, konnten renitente Pfleglinge der Anstalt verwiesen werden. So sollte auf Wunsch der Oberin eine Insassin, »die in letzter Zeit *sehr* zänkisch sei und durch ihr Benehmen die Ordnung im Hause störe, aus dem Kloster entfernt werden«.[234] Die

---

benutzen; bis der Arm wieder brauchbar sei, dürfte es noch Wochen, evtl. Monate dauern – kurz, er bedürfe immer noch der Pflege im Kloster, da er alleinstehend sei. Erneute Bitte des Gemeindevorstehers Maring an Bgm. Lieser, 6.8.1911, dass Friedrich A. sobald wie möglich aus dem Kloster Lieser entlassen werden soll.

232 LHAK Best. 655, 213 Nr. 188: Dr. Rosenberger, Mülheim, an Bgm. Lieser, 11.8.1911.

233 LHAK Best. 655, 213 Nr. 188: Verhandelt, Bernkastel-Kues, Friedrich A., Maring, 19.8.1922.

234 LHAK Best. 655, 213 Nr. 187: Bgm. Lieser an Freifrau von Schorlemer, Lieser (Entwurf), 12.8.1919.

beantragte Unterbringung von Clemens K. im Josefshaus hatte der Gemeinderat Lieser abgelehnt, »weil das bisherige sittliche Verhalten des Kranken dies nicht gestattet«.[235]

Im Erziehungswesen wurde die religiös-moralische Ausrichtung in den Kongregationshäusern, von der man sich gerade auf widerspenstige Kinder und Jugendliche einen heilsamen Einfluss versprach, begrüßt.[236] Wenn sie mit ihrem Verhalten allerdings zu sehr die Hausordnung störten, hatten sie die Anstalt zu verlassen. Die aus Wehlen stammende 19-jährige Gertrud K., die im Josefskloster in Prüm als Dienstmagd für Garten und Stall beschäftigt war, konnte dort nicht mehr länger bleiben, da »Schwestern und Dienstboten sich viele Unarten von ihr gefallen lassen« mussten.[237] Schon kurz nachdem sie mit acht Jahren von Seiten der Gemeinde im Waisenhaus Rheinböllen untergebracht worden war, fiel sie durch ihr »halbidiotes« Verhalten auf.[238] In den Akten taucht sie erst wieder im Alter von 18 Jahren auf, als der Bürgermeister mehrmals versuchte, eine angemessene Arbeitsstelle, bei Privatpersonen und Klöstern, für sie zu finden. Im Josefskloster Prüm war sie untergebracht worden, weil der Bürgermeister sich von der »steten Überwachung und liebevollen Behandlung [...] einen Erfolg für ihren Charakter« versprochen hatte.[239]

Im St.-Nikolaus-Hospital in Kues wurden ähnliche Erwartungen an das Verhalten der »Präbendaten« gestellt. Der bereits erwähnte Friedrich A. sollte als Pfründner dort untergebracht werden, weil die Gemeinde Maring-Noviand nicht mehr in der Lage war, seinen Pflegesatz von 1,50 Mark im Josefshaus zu bezahlen. Im St.-Nikolaus-Hospital hingegen wurde »alten abgearbeiteten Männern unentgeltlich Pflege, Logis, Kleider etc., also Alles was zum Lebensunterhalt erforderlich ist, gewährt«.[240] Der Bürgermeister stellte

235 LHAK Best. 655, 213 Nr. 661: Bgm. Lieser an Landrat Bernkastel (Entwurf), 10.12.1927.

236 Vgl. zu dieser Thematik Althammer u. a., Armenfürsorge, S. 570.

237 LHAK Best. 655, 213 Nr. 190: Schwester M. Perpetua, Josefskloster Prüm, an Gemeindevorsteher Wehlen, 15.3.1918.

238 LHAK Best. 655, 213 Nr. 190: Dechant Sellen, Waisenhaus Rheinböllen, an Bgm. Lieser, 20.8.1906.

239 LHAK Best. 655, 213 Nr. 190: Bgm. Lieser an Helenenhaus Trier, 8.9.1917 (Entwurf). Zur Verbesserung des Klimas in Krankenanstalten durch Ordensschwestern und ihren Umgang mit den Insassen vgl. Althammer u. a., Armenfürsorge, S. 577–578.

240 LHAK Best. 655, 213 Nr. 188: Bgm. Lieser an Oberbürgermeister Koblenz (Entwurf), 9.10.1909.

einen Antrag an die Armenkommission des St.-Nikolaus-Hospitals und versuchte, Friedrich A. in einem möglichst guten Licht zu präsentieren, damit er sich als Präbendat der Anstalt empfahl. A. sei zwar wegen Fischereivergehen bestraft, was in Maring aber an der Tagesordnung sei und dort keinesfalls als belangvoll gelte, des Weiteren auch wegen Beleidigungen und Bedrohungen, die aber darauf zurückzuführen seien, dass er sich selbst überlassen gewesen sei und im betrunkenen Zustand die Herrschaft über sich verloren habe. »Zu seinem Lobe sei jedoch hervorgehoben, daß er seit seiner Unterbringung im Krankenhaus Lieser ein ganz anderer, sehr ordentlicher braver Mensch geworden ist, der sich sehr gut halten kann, sofern die Umgebung auf ihn nicht nachteilig einwirkt.«[241] Die Aufnahme Friedrich A.s wurde jedoch trotz der Empfehlung des Bürgermeisters aufgrund seiner Vorstrafen abgelehnt.

Die Schwestern des Josefsklosters in Lieser waren außer in der Leitung des Kindergartens und der Sonntagsschule nicht im Erziehungswesen aktiv. Im Gegensatz dazu waren im Kloster zur heiligen Familie in Bernkastel neben »Pfründnern« auch bis zu 19 Kinder untergebracht.[242] Die Fürsorgeakten weisen überwiegend kleine Kinder auf, die hier untergebracht wurden, so das uneheliche Kind von Katharina U.[243] oder nach dem Tod der Witwe N. ihre noch minderjährigen Kinder[244]. Beide Einrichtungen betrieben neben der Versorgung von Pflegebedürftigen und Kindern im Haus auch ambulante Krankenpflege.[245] Diese wurde gerade von der ärmeren Bevölkerung des Kreises dringend benötigt: »Nach der Erwerbstätigkeit und Beschäftigung derselben als Tagelöhner in Weinbergs- oder sonstigen Betrieben kann dieselbe auch nicht entbehrt werden. Ein großer Teil des Jahres [sic] sind Männer und Frauen in den

241 LHAK Best. 655, 213 Nr. 188: Bgm. Lieser an Vorsitzenden der Armenkommission des St.-Nikolaus-Hospitals (Entwurf), 20.4.1915.
242 Vgl. LHAK Best. 615 Nr. 658: Bericht über den Zustand der Anstalt, 1911. Laut Rott, Handbuch, S. 225, hatte die Einrichtung 1925 vier Betten für Säuglinge und sechs für Kleinkinder.
243 Vgl. Archiv der Verbandsgemeindeverwaltung Bernkastel-Kues: Beschlussbuch GR Wehlen 1916–1924, 3.3.1921.
244 Vgl. Archiv der Verbandsgemeindeverwaltung Bernkastel-Kues: Beschlussbuch GR Lieser 1923–1930, 21.12.1926.
245 ZOA Wbb.: Chronik Niederlassung Lieser: Die Zahl der »außer dem Hause« verpflegten Kranken stieg von 80 Kranken im Jahr 1917 über 275 im Jahr 1919 bis zu einem Höchststand von 1530 Kranken im Jahr 1923 und ging bis 1933 wieder langsam auf etwa 300 Kranke jährlich zurück.

Weinbergen beschäftigt, kranke Familienangehörige müßten beim Fehlen von Krankenschwestern daher vielfach während des Tages ohne Pflege bleiben.«[246] In einer Institution wie dem Josefshaus oder dem Kloster zur hl. Familie in Bernkastel hatte die kommunale Armenverwaltung einen zuverlässigen Partner, insbesondere wenn es um die Verpflegung alter und kranker Menschen ging. Die Franziskanerinnen nahmen prinzipiell jeden Bedürftigen, ungeachtet etwa seiner Konfession oder finanziellen Lage, auf. Doch die Zusammenarbeit mit den Gemeinden bei der Versorgung von Armen fiel recht einseitig zu Ungunsten der konfessionellen Einrichtung aus. Die sehr auf Sparsamkeit bedachten Gemeinden rechneten offenbar mit einer gewissen christlichen Gutmütigkeit der Schwestern, was sich zum einen in immer wiederkehrenden Versuchen zeigt, den Pflegekostensatz der Untergebrachten zu drücken: Die krankenpflegebedürftige, aber mittellose Witwe N., die im Josefshaus versorgt wurde, stellte beispielsweise im Februar 1915 einen Antrag auf die Übernahme der Pflegekosten auf Rechnung des Ortsarmenverbandes Lieser beim Bürgermeister. Der Gemeinderat beschloss jedoch, die Witwe im Landarmenhaus Trier unterzubringen, da dort der tägliche Pflegesatz nur 90 Pfennige – im Gegensatz zu 1,50 Mark im Josefshaus – betrug. Als sich die Einweisung von Frau N. ins Landarmenhaus bis in den Juni hineinzog, stellte der Bürgermeister der Oberin das Ultimatum, vom 1. Juli an dem Josefshaus keine Pflegekosten mehr zu zahlen – es sei denn, das Krankenhaus erkläre sich bereit, Witwe N. zum Satz des Landarmenhauses in Pflege zu behalten. Im Antwortschreiben teilte die Oberin dem Bürgermeister mit, dass Witwe N. zu dem Preis, der für das Landarmenhaus gezahlt werde, weiter verpflegt werden könne; recht eindeutig wurde aber auf einen noch möglichen Kompromiss aufmerksam gemacht:

»Vor einigen Jahren sollten 2 aus Maring, die auch hier waren ins Landarmenhaus gebracht werden, die alten Leute konnten wir aber nicht fortlassen u. die Gemeinde bezahlt bis jetzt noch 1 M. 20 für eine davon, eine ist vor 3 Jahren gestorben. So hätte auch die Gemeinde Lieser etwas mehr geben können u. wir hätten

246 Zitat aus dem Ersuchen des Stadtbürgermeisters Bernkastel an den Minister des Innern, 22.3.1910, zitiert nach Schmitt, Bernkastel, S. 878. Alle Angaben dieses Abschnitts zum Kloster zur hl. Familie vgl. ebd., S. 869–881.

etwas nachgelassen, so wären beide zufrieden. Ob das sich erreichen läßt, wenn nicht, dann in Gottes Namen, wir können die Leute nicht mit Gewalt fortschaffen u. der liebe Gott wird uns deßwegen nicht ärmer werden lassen.«[247]

Die Gemeinde Lieser ignorierte diesen Vorschlag und beschloss, von einer Überführung der Witwe N. ins Landarmenhaus abzusehen, nachdem sich das Josefshaus bereit erklärt habe, diese zu einem ermäßigten Pflegesatz zu versorgen. In ähnlicher Weise weigerte sich Elisabeth F., die der Gemeinde Wehlen sogar ihre Invalidenrente von zehn Mark monatlich überlassen hatte, ins Landarmenhaus zu gehen. Fast schon ärgerlich merkte Schwester Maxima vom »Klösterchen« Bernkastel in ihrem Schreiben an den Gemeindevorsteher an, dass die Verpflegung der Ortsarmen teuer und eine entsprechende Entlohnung angemessen sei:

»Ich meine die Gemeinde Wehlen ist doch nicht so gestellt, daß sie den geringen Pflegesatz von 1–50 Mark, wo alles doch so teuer hier ist und wir alles kaufen müssen, da wir selbst nichts haben, keinen Garten und nichts, dieses nicht aufbringen kann, & zudem zieht die Gemeinde das Invalidengeld von 10 Mark pro Monat ein, somit ist es doch nur ein Geringes was die Gemeinde zahlen muß. Wir Schwestern wollen denn, wenn die Gemeinde wirklich nicht in der Lage ist, diese 1–50 M. aufzubringen, unsere Mildtätigkeit walten lassen + das arme Wesen für 1 M pro Tag behalten, obgleich es im Vergleich mit der vielen Arbeit bei Tag und Nacht, welche wir mit der Kranken haben, gar nichts ist.«

In diesem Fall beschloss der Gemeinderat jedoch, zumindest einen täglichen Pflegesatz von 1,20 Mark zu entrichten.[248]

Darüber hinaus zeigte sich die mangelnde Kooperationsbereitschaft der Gemeinden mit den konfessionellen Einrichtungen in der fehlenden Mitarbeit bei der Armenspeisung an der Pforte, die in den Josefsklöstern in Lieser und Zeltingen angeboten wurde. Ihre Klientel ist bis zur Weltwirtschaftskrise nicht genau auszumachen, nur vereinzelt finden sich Ortsarme, die auf diese Weise von

---

247 LHAK Best. 655, 213 Nr. 187: Oberin Josefskloster Lieser an Bgm. Lieser, 28.6.1915.
248 LHAK Best. 655, 213 Nr. 190: Schwester Maxima, Kloster zur hl. Familie Bernkastel, an Gemeindevorsteher Wehlen, 9.9.1908. Auszug Beschlussbuch GR Wehlen, 9.9.1908.

ihrer Gemeinde in Naturalien unterstützt wurden.[249] Zu Beginn der
dreißiger Jahre jedoch erlangte die Essensausgabe der Niederlassung
während der »Wohlfahrtskrise« für die Versorgung bedürftiger Personen einen hohen Stellenwert. Dies spiegelt sich in folgendem
Schreiben des Josefshauses an den Bürgermeister von Lieser, datiert
auf den 1. August 1930:

»Im Jahr 1928 sprachen 1279 Personen an der Klosterpforte vor
und baten um Essen; 1929 waren es 1385 und seit d. *1. Jan.ds. J.
sind es schon 3245*. Jan. 290, Febr. 260, März 399, April 541, Mai
579, Juni 507 u. Juli 669. Damit sind wir am äußersten Ende
unserer Leistungsfähigkeit in diesem Punkte angelangt. Es fehlen
uns die notw. Lebensmittel dazu und erst recht das Geld zu deren
Beschaffung.«[250]

Das Anliegen des Briefes war die Bitte um Unterstützung von kommunaler Seite – primär um das Angebot der Armenspeisung aufrecht zu erhalten, nicht zuletzt aber auch, um zu vermeiden, dass
das Ansehen des Ordens geschmälert wurde:

»Abgesehen von christl. Nächstenliebe bewog uns zu den *außergewöhnlichen* Opfern auch das *Ansehen der Religion*. Es gibt ja
gehässige Leute genug, die uns diese Armen zuschicken mit der
Bemerkung: Geht nur ins Kloster, die haben alles genug. Sagt
man nun diesen Armen, daß wir nicht helfen können, glauben
sie es nicht und machen höhnische und bittere Bemerkungen
über die Barmherzigkeit katholischer Ordensschwestern.«[251]

---

249 Etwa LHAK Best. 655, 213 Nr. 661: Auszug Beschlussbuch GR Lieser, 24.8.
 1924: Karl W. sollten für 20 Mark monatlich »Naturalien, vorzugsweise
 Essen vom St. Josefshaus hier verabreicht werden.«
250 LHAK Best. 655, 213 Nr. 580: St. Josefshaus, Lieser, an Bgm. Lieser, 1.8.
 1930. Hervorhebung im Original. Offensichtlich nutzten die Bewohner
 der umliegenden Orte das Josefshaus als verlässliche Einrichtung, besonders Landarme versorgt zu wissen: »Verwundert, daß die Leute so sicher
 unser Klösterchen finden, das doch durch nichts nach außen hin als solches kenntlich ist, erhielten wir auf unsere diesbezügl. Fragen immer die
 Antwort, daß sie von den hiesigen Bewohnern hierhergeschickt würden,
 auch von der Herberge aus.« Mit der Herberge ist möglicherweise das von
 einem Noviander Wirt bereitgestellte Nachtquartier gemeint, wo die Gemeinde Maring-Noviand für jeden Obdachlosen ein Entgelt zahlte.
251 LHAK Best. 655, 213 Nr. 580: St. Josefshaus, Lieser, an Bgm. Lieser, 1.8.
 1930. Hervorhebungen im Original.

Der Bürgermeister sah sich im weiteren Verlauf der Sache nicht dazu veranlasst, eine Regelung nach Vorbild der nahegelegenen Gemeinde Zeltingen zu finden, wie sie von der Oberin vorgeschlagen worden war: Dort »hat die Behörde mit dem Kloster vereinbart, jeden, der um Essen bittet, aufs Amt zu schicken, um dort eine diesbezügliche Anweisung entgegenzunehmen. Für jede, von den Schwestern dem Amt zurückgegebenen Anweisung bekommt das Kloster eine entsprechend vereinbarte Vergütung.« Der Lieserer Gemeinderat beschloss hingegen, dem Kloster mitzuteilen, dass es sich an den Bezirksfürsorgeverband wenden solle, dessen Aufgabe die Regelung der Vergütungsfrage sei. Die Gemeinde selbst sah keine Veranlassung, sich des Problems anzunehmen.

Als der Landrat im Mai des Krisenjahres 1931 anfragen ließ, ob die Tagessätze für Pfleglinge nicht von zu dieser Zeit 2,50 RM auf zwei RM heruntergesetzt werden könnten, wie im Kloster zur hl. Familie in Bernkastel, antwortete die Oberin des Josefsklosters in Lieser, dass dies aufgrund der mangelnden Unterstützung aus der Bevölkerung nicht möglich sei, »vielmehr die Meinung herrscht, daß man vom Kloster leben müßte«. In Bernkastel hingegen sei das Kloster »eher in der Lage als wir, Pfleglinge für einen geringeren Pflegesatz zu nehmen, weil es in einer Kreisstadt liegt mit Geschäften und teils noch wohlhabenden Leuten, wo mit Almosen, Bekleidungsstücken sowie Lebensmittel [sic] zur Unterstützung des Klosters gerechnet werden kann, was hier in Lieser vollständig ausgeschlossen ist [...]«. Sie wies erneut darauf hin, dass die Schwestern an die Grenzen ihrer Leistungsfähigkeit zu stoßen drohten:

»Wir möchten auch zu bedenken geben, daß nur dadurch, daß unsere Schwestern sich mit äußerster Anstrengung und ohne Rücksicht aufs persönliche Wohl der caritativen Tätigkeit zum Wohle der notleidenden u. pflegebedürftigen Menschen sich hingeben, ist es möglich, überhaupt mit solch minimalen Pflegesätzen unsere Anstalt betriebsfähig zu halten und daß man doch nicht von den Ordensleuten das Äußerste verlangen möge, da es für alles eine Grenze gibt.«[252]

252 LHAK Best. 655, 213 Nr. 664: Kreisdeputierter Bergweiler, Bernkastel, an Bgm. Lieser, 6.5.1931; Weiterleitung des Schreibens am 27.5.1931 an das St. Josefshaus; Antwort der Oberin an Bgm. Lieser, 1.6.1931. Im September des Jahres machten die Schwestern allerdings die Ankündigung, »daß wir bereit seien, in Anbetracht der schweren Zeit, die Pflegesätze von 2,50 M ab 1. September auf 2 M. zu setzen. [...] Billiger ist es wirklich nicht zu

In den Jahren 1932 und 1933 wurden jeweils um die 8000 Arme, Durchreisende und Wanderer an der Pforte des Klosters Lieser gespeist; von 1934 bis 1936 sind es jeweils 1500–3000 Personen; ab 1939 werden die Zahlen verschwindend gering.[253] Für die Jahre der Weltwirtschaftskrise kam insbesondere der Essensausgabe an der Klosterpforte als elementarer Versorgung Bedürftiger mit Lebensmitteln große Bedeutung zu. Eine Unterstützung von kommunaler Seite für diese Entlastung kam zumindest dem Josefshaus in Lieser nicht in entsprechendem Maße zugute.

4.2. Waisenhaus Rheinböllen

(Halb-)Waisen der untersuchten Bürgermeistereien wurden überwiegend im Waisenhaus in Rheinböllen untergebracht.[254] Neben der »Erziehung und Pflege der katholischen Waisen und verwahrlosten Kinder« war auch »die Pflege und Unterstützung der Armen und Kranken der Umgegend« Zweck dieser Anstalt.[255] Die Leitung des Hauses, die Erziehung der Kinder und die Pflege der Armen und Kranken sollte in den Händen katholischer Ordensschwestern liegen[256] – da in der Akte zum Waisenhaus in der Überlieferung der Bürgermeisterei Rheinböllen auch die Statuten der Armen Dienstmägde Jesu Christi zu Dernbach zu finden sind, kann wohl angenommen werden, dass dieser Orden mit der Leitung des Waisenhauses betraut war.

Neben Waisen nahm die Anstalt auch »körperlich verwahrloste Kinder, wie zum Beispiel von ihren Eltern freiwillig oder zwangs-

machen, da man doch auch die Armen gerne gut besorgt. Dazu kommen noch die vielen Armen und Arbeitslosen, deren Zahl sich täglich mehrt, um auch gespeist zu werden.« Schwester Maria Sibylla, St. Josefshaus Lieser an Bgm. Lieser, 14.9.1931.

253 ZOA Wbb.: Chronik Niederlassung Lieser.

254 Warum die Kinder überwiegend dort untergebracht wurden und nicht im nähergelegenen Waisenheim in Wolf, konnte nicht eruiert werden. Dieses war nach Rott, Handbuch, S. 225, 1925 zur »Pflege und Erziehung verwaister, verlassener und vernachlässigter Kinder« eingerichtet worden und hatte insgesamt 150 Betten.

255 LHAK Best. 655, 35 Nr. 607: Paragraph zwei der Stiftungsurkunde/Statuten des Waisenhauses, 9.11.1864.

256 LHAK Best. 655, 35 Nr. 607: Paragraph 20 der Stiftungsurkunde/Statuten des Waisenhauses, 9.11.1864.

weise verlassene«, auf,»jedoch sind Idioten, Halbidioten, Epileptische sowie an dauernden Krankheiten leidende ausgeschlossen«.[257] Bei Beantragung der Aufnahme von Kindern aus der Bürgermeisterei Lieser wurde deshalb dem Bürgermeister immer mitgeteilt, dass diese nur,»falls sie körperlich und geistig gesund seien«, aufgenommen werden könnten. In der Vorkriegszeit betrug der Tarif 120 Mark im Jahr, dazu war für schulpflichtige Kinder ein Schulgeld von 20 Mark zu entrichten. Nach der Schulentlassung sollten Mädchen noch ein Jahr in der Anstalt verbleiben,»damit sie in den erforderlichen Hausarbeiten (Kochen, Waschen, Nähen, Bügeln, Putzen etc) unterrichtet werden«.[258] Eine der Aufnahmebedingungen war, dass die Kinder körperlich und geistig gesund waren. Stellte sich heraus, dass ein Kind durch unangepasstes Verhalten oder gar»Geisteskrankheit« die Ordnung im Hause störte, wurde es in einer geeigneteren Anstalt untergebracht. Einige der dokumentierten (Halb-)Waisen tauchen daher in Erziehungsanstalten wie den Klöstern»vom Guten Hirten«, dem Helenenberg bei Trier oder dem Mädchenerziehungsheim Föhren auf.[259]

Besonders tragisch war der Fall des kleinen, sieben Jahre alten Anton H., der nach dem Tod seiner Mutter zusammen mit seiner zwölfjährigen Schwester 1909 im Waisenhaus Rheinböllen untergebracht wurde. Sein Vater konnte sich nicht um seine insgesamt vier Kinder kümmern, als landwirtschaftlicher Arbeiter verdiente er den kärglichen Tagelohn von 80 Pfennigen nebst freier Station.[260] Anfang 1910 teilte Dechant Sellen, der Leiter des Waisenhauses dem

257 LHAK Best. 655, 213 Nr. 184: Pastor Sellen, Waisenhaus Rheinböllen, an Bgm. Lieser, 11.3.1892.

258 Vgl. etwa LHAK Best. 655, 213 Nr. 188: Dechant Sellen, Waisenhaus Rheinböllen, an Bgm. Lieser, 19.11.1911.

259 Da ihre Fälle in der Zuständigkeit der Fürsorgeerziehung liegen, können sie im Rahmen dieser Arbeit nicht behandelt werden.

260 LHAK Best. 655, 213 Nr. 188: Angabe im»Antrag zur Aufnahme eines Idioten in eine Anstalt aufgrund des Armengesetzes vom 11. Juni 1891«, ausgestellt am 18.3.1910. In einem Protokoll vom 14.5.1909 gab der Vater an, dass er wöchentlich 7,20 M und Kost verdiene, was sein Arbeitgeber bestätigte. Zu diesem Zeitpunkt lag der ortsübliche Tagelohn für männliche Arbeiter in Maring-Noviand, dem Wohnort des Vaters, bei 2,50 Mk. im Sommer und 2,20 Mk. im Winter; vgl. LHAK Best. 655,213 Nr. 195: Nachweisung des ortsüblichen Tagelohns gewöhnlicher Tagearbeiter im Kreise Bernkastel o. D. [1904].

Bürgermeister von Lieser mit, dass Anton nicht mehr in der Anstalt bleiben könne:»Derselbe ist halb Idiot, unreinlich, störrisch, und bringt durch sein Geschrei von Zeit zu Zeit alles in Aufregung. Die Schwestern haben zuerst geglaubt, im Laufe der Zeit werde eine Besserung eintreten und viel Geduld gehabt, es war indessen vergeblich. Es wird hierdurch ersucht, bis spätestens zum 1. April d. Js. den Anton H. von hier wegzunehmen.«[261]
Dem Kind wurde »Idiotismus« attestiert, die Aufnahme in eine »Idioten-Anstalt« beantragt[262], und am 2. Mai 1910 erfolgte die Aufnahme im Vinzenzstift Aulhausen. Es bleiben die Fragen offen, ob mit »Idiotismus« tatsächlich eine psychische Krankheit diagnostiziert wurde, oder es sich hier nicht eher um Reaktionen eines Kindes auf den Tod seiner Mutter, die Abwesenheit des Vaters und das Sich-Zurechtfinden in einer neuen Umgebung handelt? Antons Schwester und er waren nach dem Tod der Mutter zunächst bei der Großmutter, dann bei einer Tante mit sieben Kindern untergebracht; von ihren beiden 13 und fünf Jahre alten Brüdern wurden sie getrennt. Gerade das »Unreinliche« und Antons Starrsinn könnten möglicherweise eher als Auswirkungen einer traumatischen Erfahrung denn als »Idiotie« interpretiert werden.

Störten die Minderjährigen, auch wenn sie psychisch krank waren, nicht den normalen Betrieb der Anstalt, konnten sie offenbar weiter dort verbleiben. Mit zunehmendem Alter stellte sich jedoch die Frage, wer die Kosten fortan zu übernehmen hatte. Die 24-jährige Margaretha D. befand sich seit ihrem sechsten Lebensjahr im Waisenhaus Rheinböllen. Ihre Versorgung stellte einen hohen Ausgabeposten der Gemeinde dar, weshalb der Bürgermeister von Lieser dort anfragte, ob sie sich nicht durch Arbeit im Waisenhaus nützlich machen und dadurch der Pflegekostensatz gesenkt werden könne. Margaretha D. war jedoch »körperlich und geistig so beschaffen, daß sie nicht geeignet ist, ihr Brot bei fremden Leuten zu verdienen. [...] Unser Haus ist nicht in der Lage, das Mädchen unentgeltlich zu halten, da ein Schulkind mehr leisten kann, wie Margaretha D.«[263]

261 LHAK Best. 655, 213 Nr. 188: Dechant Sellen, Waisenhaus Rheinböllen, an Bgm. Lieser, 6.1.1910.
262 LHAK Best. 655, 213 Nr. 188: Angabe im »Antrag zur Aufnahme eines Idioten in eine Anstalt aufgrund des Armengesetzes vom 11. Juni 1891«, ausgestellt am 18.3.1910.
263 LHAK Best. 655, 213 Nr. 580: Schw. M. Felice, im Auftrag der Oberin des Kath. Waisenhauses Rheinböllen, an Bgm. Lieser, 6.4.1932.

Die Erziehung im Waisenhaus umfasste auch die Planung des weiteren Lebensweges nach dem Ende der Schulpflicht. Für Jungen war dabei eine Berufsausbildung vorgesehen, für Mädchen die Unterbringung in einer geeigneten Dienststelle.[264] Dechant Sellen sprach sich etwa dagegen aus, dass der schon oben erwähnte Vater der Geschwister H. seine Tochter Anna, nachdem sie das 14. Lebensjahr vollendet hatte, wieder zu sich nehme, um ihm im Haushalt zu helfen. Der Dechant könne dafür sorgen, dass sie »in einen guten Dienst gebracht werden soll. Sie hat sich inzwischen gut entwickelt und ist ein großes, hübsches und anstelliges Mädchen geworden.«[265] Dieser weitere Lebensweg des Mädchens wurde auch vom Bürgermeister befürwortet, weil er »es im höchsten Grade bedauern würde, wenn das Mädchen, welches sich gut entwickelt hat, wieder in die Hände seines Vaters gelangen sollte, der sich um d. Kind nicht gekümmert und die Erziehung anderen Leuten überlassen hat«.[266]

5. Das Trierer Landarmenhaus als »letzte Station«

Unter französischer Herrschaft wurde 1812 in Trier das »dépot de mendicité« errichtet, das ab dem 22. April 1822 von der preußischen Verwaltung übernommen und als »Landarmenhaus« fortgeführt wurde.[267] Zunächst oblag die Verwaltung dem Regierungsbezirk; 1872 ging sie auf den Landarmenverband auf Ebene der Rheinprovinz über. Seit 1919 war es an die Stadt Trier zu Wohnungszwecken vermietet; eine Abteilung für Landarme und Ortsarme wurde daraufhin in der Provinzial-Heil- und Pflegeanstalt Bedburg-Hau errichtet.[268] In den Abteilungen des Landarmenhauses spiegeln sich seine verschiedenen Funktionen als Armenhaus, Arbeitshaus, Krankenanstalt, Waisenhaus und »Besserungsanstalt« wider. Seit dem 22. Juni

264 Vgl. Blum-Geenen, Fürsorgeerziehung, S. 272.
265 LHAK Best. 655, 213 Nr. 188: Dechant Sellen, Waisenhaus Rheinböllen, an Bgm. Lieser, 29.2.1912.
266 LHAK Best. 655, 213 Nr. 188: Bgm. Lieser an Dechant Sellen, Waisenhaus Rheinböllen (Entwurf), 7.3.1912.
267 Vgl. Schmitt, Insassen, S. 3. Die Gebäude befanden sich auf dem Gelände des Augustinerhofes und waren schon 1810 dem Saardepartement als »dépot de mendicité« übertragen worden. Vgl. Monz, Struktur, S. 205.
268 Vgl. Horion, Provinzialverwaltung, S. 119, Fn. 2.

1830 war das Landarmenhaus für die folgenden »Zielgruppen« gedacht:

1. Arbeits- und Besserungsabteilung für Bettler, Straffällige nach Verbüßung ihrer Strafe, für arbeits- und mittellose Handwerker;
2. Erziehungsanstalt für verwahrloste arme Kinder, Findlinge, verwaiste und verlassene Kinder und für zu Freiheitsstrafen Verurteilte bis zum 16. Lebensjahr;
3. Pflegeanstalt für alte, gebrechliche, arbeitsunfähige und hilflose arme Personen;
4. Heilanstalt für heilbare kranke Arme;
5. Irrenpflege-Anstalt.[269]

Im Laufe des 19. Jahrhunderts wurden die Erziehungsanstalt (1861), die Arbeitsanstalt (1874) sowie die »Irrenpflegeanstalt« (1878) geschlossen und die Insassen etwa in die Provinzial-Arbeitsanstalt Brauweiler oder in die Provinzial-Irren-Heil- und Pflegeanstalt Merzig verlegt. Im Untersuchungszeitraum war das Trierer Landarmenhaus eine Heil- und Pflegeanstalt, in der kranke und alte Arme untergebracht und medizinisch versorgt waren.[270]

Einige Fälle der (geplanten) Unterbringung Ortsarmer im Landarmenhaus sind in den untersuchten Fürsorgeakten dokumentiert, da nicht nur Landarme, also Personen ohne Unterstützungswohnsitz, sondern auch »ortsangehörige Arme«, sofern es der Platz gestattete, im Landarmenhaus Trier oder der Landarmenabteilung für Männer der Arbeitsanstalt Brauweiler untergebracht werden konnten. Beantragt wurde die Einquartierung beim Landeshauptmann.[271] In der

---

269 Vgl. Monz, Struktur, S. 206. Bei Schmitt, Insassen, S. 3, sind für das Jahr 1850 folgende Abteilungen angegeben: Hospital für arbeitsunfähige und arme Alte, Heil- und Pflegeanstalt für Blinde und Epileptiker, Irrenanstalt, Arbeitsanstalt für arbeitsscheue Menschen, Erziehungsanstalt für arme Waisen und jugendliche Rechtsbrecher. Ähnlich, allerdings ohne Angabe einer Quelle vgl. Hennen, Wohlfahrtseinrichtungen, S. 37–38.
270 Vgl. den Überblick bei Bodewein, Landarmenhaus, S. 27–38.
271 LHAK Best. 655, 213 Nr. 187: Aus den Aufnahmebedingungen des Landarmenhauses, abgedruckt auf dem Aufnahmebogen der Ehefrau Peter T., Lieser, 29.8.1919: »1. In das Landarmenhaus zu Trier werden Landarme und soweit es der Raum gestattet, auch Ortsarme aufgenommen. Auch finden Privatpfleglinge Aufnahme, wenn der Raum nicht durch Landarme und durch Ortsarme in Anspruch genommen ist. […] 3. Die Entschädigungen (Pflegekosten) werden nach dem Ministerialtarif vom 30. November 1910 berechnet und betragen demnach 90 bezw. 110 Pfg. pro Kopf und Tag. 90 Pfg. Pflegekosten und 20 Pfg. Kurkosten für solche Tage, an

Festschrift zur Jahrtausendfeier der Rheinprovinz 1925, *Die rheinische Provinzialverwaltung*, sah Landesrat Bonsmann rückblickend die Vorteile der beiden Institutionen für die Gemeinden darin, »daß sie schwer zu behandelnde und asoziale Elemente aus ihren Siechenhäusern – die vielfach mit kleinen Krankenhäusern verbunden sind – fernhalten konnten, und daß die Pflegekosten nach dem obenerwähnten Ministerialtarif berechnet wurden, d. h. also, daß der Landarmenverband [...] die allgemeinen Verwaltungskosten trug«.[272] Ebenso wie in der Landarmenabteilung der Arbeitsanstalt war also auch das Landarmenhaus in Trier für eine Klientel gedacht, die nicht unbedingt dem Bild des »würdigen« Armen entsprach.»Unwürdigen Armen« wurde eine Unterbringung dort von Seiten der kommunalen Behörden in Aussicht gestellt beziehungsweise regelrecht angedroht, um sich von anderen Unterstützungsformen zu befreien.[273]

Neben den Land- beziehungsweise Wanderarmen, deren anderweitige Versorgung nicht mehr gewährleistet war[274], wurden vor allem zwei Gruppen von Ortsarmen ins Landarmenhaus geschickt: Zum einen waren dies die Unterstützungsbedürftigen, bei denen

welchem [sic] dem Aufgenommenen Arznei oder ärztliche Hülfe zuteil geworden. Der Zugangstag bleibt außer Berechnung, der Abgangstag wird voll berechnet. [...] 5. Jede Aufnahme ist von der Genehmigung des Landeshauptmannes der Rheinprovinz abhängig und bei diesem unter Benutzung dieses und des beiliegenden Formulars, das genau auszufüllen ist, zu beantragen.«
272 Horion, Provinzialverwaltung, S. 119.
273 Etwa KAB-W Nr. 2.0.541: Bgm. Bombogen/Salmrohr an Kreisausschuss Wittlich, 9.6.1901, Stellungnahme zu Johann N., einem nach Meinung des Bürgermeisters »faulen« und »nichtsnutzigen« Menschen, der zudem die Verwaltung laufend mit Beschwerdeschreiben belästige: »Auch kann N. sowohl wie seine Frau, besonders jetzt im Sommer, sich einen Verdienst durch leichte Arbeit verschaffen. [...] Vielleicht ist es angebracht, den N. dahin zu bescheiden, daß, falls er sich nicht beruhigen wolle, seine Unterbringung im Landarmenhaus in Aussicht genommen werden müsse. Nach seinen eigenen Angaben kann er ja nicht arbeiten; außerdem macht er sich durch Betteln strafbar [...].«
274 Vgl. LHAK Best. 655, 213 Nr. 188: Bgm. Lieser an Landeshauptmann Rheinprovinz, Düsseldorf (Entwurf), 24.9.1914: Der Landarme Adam S. wurde aufgrund einer Verletzung, die er sich in Noviand zuzog, durch den Ortsarmenverband Maring-Noviand vorläufig versorgt. Da er schon 80 Jahre alt und gebrechlich war, schlug der Bgm. Lieser das Landarmenhaus als zweckmäßigste Unterbringung vor.

die Gefahr der Verwahrlosung bestand oder die durch ihr unangepasstes Verhalten schwer zu versorgen waren. Georg Qu. etwa sollte auf Initiative des Amtsgerichts im Landarmenhaus untergebracht werden, weil zu befürchten stand, dass der in einer Hütte allein lebende Mann, der nicht mehr in der Lage war, sich noch im Tagelohn zu ernähren, als »Waldmensch« verkomme.[275] Zunächst wurde sein noch verbliebenes Vermögen zur Deckung des Pflegegeldes verwendet, erst danach wurden die Kosten von der Gemeinde getragen. Die Ehefrau von Peter T., deren ordnungsstörendes Benehmen im Josefshaus von den Schwestern nicht mehr toleriert wurde, war aufgrund ihres Verhaltens eine Kandidatin für das Landarmenhaus.[276]

Zu den Armen, deren Versorgung eine lästige Pflicht für die Kommune darstellte, gehörten offensichtlich auch psychisch Kranke. Ihre Unterbringung im Landarmenhaus erscheint besonders tragisch, war dessen »Irrenabteilung« doch schon Ende der siebziger Jahre des 19. Jahrhunderts geschlossen worden: Josef I. wurde zusammen mit seiner Mutter, einer alten und blinden Frau, schon seit mindestens 1898 unterstützt, als Letztere 1912 seine Unterbringung in einer Anstalt beantragte, da er an »Fallkrampf« leide.[277] Bevor die Einweisung in eine Anstalt erfolgen könne, so die Entscheidung des Gemeinderates, müsse ein ärztliches Gutachten eingeholt werden. Danach sollte I. dann in eine entsprechende Anstalt eingewiesen werden. Armenarzt Dr. Rosenberger untersuchte Josef I. und attestierte, dass dieser im Beobachtungszeitraum keinen epileptischen Anfall gehabt habe, diese aber in Zukunft wahrscheinlich wiederkehren könnten. Eine Anstaltsbedürftigkeit sei nicht herzuleiten, »zumal auch der einzige Anfall, dessen Folge ich in Gestalt einer Zungenbißwunde selbst noch sah, keine *längere oder* schwerere Störung hinterließ. Der I. ist wahrscheinlich als Kind schwer epileptisch gewesen und infolgedessen ziemlich schwachsinnig.«.[278] Als Unterbringung von Josef I. verfiel der Gemeinderat daraufhin auf das

---

275 LHAK Best. 655, 213 Nr. 187: Amtsgericht Bernkastel-Kues an Bgm. Lieser, 1.12.1906.
276 LHAK Best. 655, 213 Nr. 187: Bgm. Lieser an Freifrau von Schorlemer, 12.8.1919 (Entwurf).
277 LHAK Best. 655, 213 Nr. 188: Wwe. I., Noviand, an Bgm. Lieser, 25.1. 1912.
278 LHAK Best. 655, 213 Nr. 188: Attest des Armenarztes Dr. Rosenberger, Mülheim, 6.6.1912.

sicherlich kostengünstige, aber auch inadäquate Landarmenhaus, wo er 1917 starb.

Zum anderen wurde einige Male der Versuch gestartet, vor allem ältere Personen, die schon seit längerem von der Gemeinde unterstützt wurden, im Landarmenhaus unterzubringen, um Kosten zu sparen. Waren die Personen im »Klösterchen« untergebracht, versuchte die Gemeinde, wie schon erwähnt, den Pflegekostensatz zu drücken. In einem Fall war sich der Gemeinderat schon recht sicher, dass die Schwestern sich auf diesen »Handel« einlassen würden. Im Beschlussbuch findet sich die Notiz, das Kloster habe sich bereit erklärt, »den Pflegesatz auf 1 M herabzusetzen« – obwohl die Anfrage diesbezüglich erst acht Tage später erfolgte!²⁷⁹

Die Unterbringung im Landarmenhaus kann als letzte und unfreiwillige Station einer Unterstützungsbiographie angesehen werden. Nie stellte ein Betroffener selbst Antrag auf Unterbringung dort; dies geschah immer auf Initiative des Gemeinderats oder des Bürgermeisters. Solange sich noch eine andere Möglichkeit des Auskommens und der Versorgung fand, wehrten sich die Betroffenen gegen eine Unterbringung im Landarmenhaus. Georg Qu. »entwich« zwei Monate nach seiner Aufnahme dem Landarmenhaus, wurde aber zwei Tage später wieder aufgegriffen und dorthin zurückgebracht. Eine Bemerkung von Seiten des Amtsgerichts vor seiner Einweisung lässt darauf schließen, dass er nicht dort untergebracht werden wollte: Falls er sich weigere, sollte »der Antrag auf Entmündigung zu veranlassen sein, damit zwangsweise Unterbringung erfolgen kann«.²⁸⁰

Im gesamten Untersuchungszeitraum, als in Städten ein ausdifferenziertes Fürsorgewesen etabliert wurde, professionelle Sozialarbeiterinnen und Sozialarbeiter sich um Bedürftige kümmerten und von Experten umfangreiche Diskussionen um die Ausrichtung des Fürsorgewesens geführt wurden, blieb die lokale Praxis der Armenfürsorge im Untersuchungsgebiet in traditionellen Mustern verhaftet. Auch in den Jahren der Weimarer Republik kam es kaum zu einer Reflektion der Verwalter über die gesellschaftspolitische Relevanz ihrer Arbeit. Unterstützung erhielt überwiegend die »klassische

279 LHAK Best. 655, 213 Nr. 188: Auszug Beschlussbuch GR Maring-Noviand, 16.9.1909, und Bgm. Lieser an Oberin Kloster Lieser (Entwurf), 24.9. 1909.
280 LHAK Best. 655, 213 Nr. 187: Amtsgericht Bernkastel-Kues an Bgm. Lieser, 1.12.1906.

Klientel«. Die Hilfsleistungen waren subsidiär und oftmals nur punktuell. Die Gewährung von Hilfe orientierte sich weniger an objektiven Kriterien der Bedürftigkeit als vielmehr an der fürsorgerischen »Infrastruktur«, der finanziellen Ausstattung der Gemeinde oder der allgemeinen Lebenshaltung. Die Frage nach dem Stellenwert der Armenfürsorge innerhalb der sonstigen gemeindlichen Ausgaben kann aufgrund fehlender Quellen nicht beantwortet werden. Wiederholte Klagen von Gemeindevorstehern, dass man einen Bedürftigen aufgrund der leeren kommunalen Kassen nicht unterstützen könne, muten aufgrund der geringen Zahlen der Anträge jedoch sonderbar an. In diesem Kontext stellt sich die Frage, warum zur Verbesserung des Armenwesens keine Gesamtarmenverbände gebildet wurden oder vermehrt um Zuschüsse des Landarmenverbandes nachgesucht wurde. Es kann vermutet werden, dass diese Frage in der weitgehenden fürsorgerischen Abstinenz der kommunalen Verwaltung ihre Antwort findet. Die erhöhte Zahl der Anspruchsberechtigten auf öffentliche Fürsorge in der Weimarer Republik musste auf diese Verwalter wie ein Schock gewirkt haben. Es mag daran liegen, dass in dieser Arbeit nicht die »gehobene Fürsorge« für Kriegsopfer, Sozial- und Kleinrentner usw. in den Blick genommen wurde, deren Klientel möglicherweise eine erhöhte Sensibilität für ihre »unverschuldete« Notlage und die strukturelle Bedingtheit ihrer Bedürftigkeit durch die Verwalter entgegengebracht wurde. In der Historiografie zu Armenfürsorge und Wohlfahrtspflege ist immer auf die »Janusköpfigkeit« der Fürsorge, auf die »Gleichzeitigkeit von Eingriffs- und Leistungselementen«[281] hingewiesen worden. Im Untersuchungsgebiet wurde verstärkt seit dem Ersten Weltkrieg der Ausbau einer vorbeugenden Fürsorge und wohlfahrtspflegerischer Maßnahmen vorangetrieben. Im folgenden Kapitel wird die Umsetzung dieser neu etablierten Einrichtungen auf lokaler Ebene untersucht und der Frage nachgegangen, ob und wie das Verhältnis zwischen Eingriff und Leistung neu austariert wurde.

---

281 Rudloff, Wohlfahrtsstadt, S. 26.

IV. Fürsorgerische und wohlfahrtspflegerische Neuerungen um die Jahrhundertwende und nach dem Ersten Weltkrieg

»Die armen- und strafrechtlichen Begriffe: Abschreckung, Kargheit, Bevormundung, Erniedrigung sind zu ersetzen durch die wohlfahrtspflegerischen Begriffe: Vorbeugung, Erziehung, Selbständigmachung, Achtung der Persönlichkeit und Hebung der Menschenwürde.«[1]

Der Erste Weltkrieg markierte eine Zäsur in der Entwicklung der deutschen Fürsorge und Sozialpolitik: Die insgesamt 13,2 Millionen eingezogenen Männer ließen unversorgte Frauen und Kinder zurück; 4,2 Millionen von ihnen kehrten als Verwundete, 1,5 Millionen als dauerhaft Kriegsbeschädigte zurück. Zwei Millionen Männer fielen im Krieg und hinterließen Witwen und Waisen. Im Reich stiegen die Lebenshaltungskosten zwischen 1914 und 1918 um 210 Prozent.[2] Durch die Abwesenheit der Männer nahm der Anteil der Frauenarbeit vor allem in der Industrie zu, was für viele Frauen (und Mütter) gesundheitliche Schäden zur Folge hatte. Die Lebensverhältnisse des »Mittelstandes« verschlechterten sich.

Für die Geschädigten des Krieges und der Inflation wurden Fürsorgebereiche eingerichtet, die nicht mit dem Stigma der Armenfürsorge behaftet sein sollten. Ausgehend vom Reich und Preußen wurde die Kriegsfürsorge und -wohlfahrtspflege, die Erwerbslosenfürsorge und die Klein- und Sozialrentnerfürsorge als »gehobene Fürsorge« etabliert.[3] Die Finanzierung dieser Fürsorgebereiche trug zu vier Fünfteln das Reich[4]; ihre Verwaltung war in Fürsorgestellen

---

1   Lehrbuch der Wohlfahrtspflege, S. 97.
2   Vgl. Sachße, Mütterlichkeit, S. 152.
3   Vgl. etwa Sachße/Tennstedt, Fürsorge, S. 88–94; Hong, Welfare, S. 91–113; Crew, Wohlfahrtsbrot; Hudemann, Kriegsopferpolitik, S. 269–278.
4   Für die untersuchten Kreise gibt es Hinweise auf Verzögerungen in der Erstattung der verausgabten Beträge durch das Reich. Der Kreis Wittlich hatte bis Ende 1918 zur Finanzierung der Familienunterstützung bei der Landesversicherungsanstalt der Rheinprovinz in Düsseldorf Kredite in Höhe von 3 200 000 Mark, zu 5 Prozent verzinst, aufgenommen. Das Reich hatte zu diesem Zeitpunkt jedoch erst 382 000 Mark erstattet. Vgl. Schaaf, Weimarer Republik, S. 51.

separat von der Armenfürsorge organisiert. Die Vergabe von Familienunterstützung nach dem »Gesetz, betreffend die Unterstützung von Familien in den Dienst eingetretener Mannschaften« beispielsweise organisierten nicht die Ortsarmenverbände, sondern »Lieferungsverbände« auf Ebene der Stadt- und Landkreise. Nicht nur organisatorisch war sie von der allgemeinen Armenfürsorge getrennt: Sie gewährte einen Rechtsanspruch auf Unterstützung und garantierte Mindestsätze von zwölf Mark monatlich in den Wintermonaten beziehungsweise neun Mark monatlich in den Sommermonaten für die Ehefrau und Kinder unter 15 Jahren. Eine »Bedürftigkeit« wurde nicht geprüft.[5]

Neben diesen Sonderfürsorgen für bestimmte Personen wurden auch Formen einer vorbeugenden Wohlfahrtspflege eingerichtet oder ausgebaut, welche die Verbesserung weitreichender sozialer Problemlagen zum Ziel hatte.[6] In deutschen Großstädten lässt sich die zeitgenössisch als »sociale Ausgestaltung« bezeichnete Ausdifferenzierung der Fürsorge in Zweige der »Gesundheits-, Jugend-, Wohnungs- und Arbeitslosenfürsorge, in denen es weniger um die materielle Unterstützung als vielmehr um die persönliche Beratung, Betreuung und Kontrolle der Hilfsbedürftigen ging«[7], schon seit den neunziger Jahren des 19. Jahrhunderts fassen. Im Rückgang der Säuglingssterblichkeit ist die fortschrittlichere Entwicklung in den Städten sichtbar. Schon ab den siebziger Jahren des 19. Jahrhunderts begannen hier die Sterblichkeitsraten zu sinken, während sie auf nationaler Ebene bis zur Jahrhundertwende gleich hoch blieben. Dieser Umstand war zurückzuführen auf die verbesserten Lebensbedingungen in den Städten, auf ein ausgebautes Gesundheits- und Wohnungswesen und die früh ausgebildete Säuglingsfürsorge.[8]

---

5 Das Gesetz stammte aus dem Jahr 1888, wurde im August 1914 und im September 1915 geändert. Vgl. Sachße, Mütterlichkeit, S. 156–158. Dagegen Sachße/Tennstedt, Fürsorge, S. 50, mit der Angabe, dass die Bedürftigkeit in der Familienunterstützung durchaus geprüft wurde, hier jedoch nicht solch strenge Maßstäbe angelegt werden sollten wie in der Armenfürsorge.

6 Vgl. etwa die Definition im Lehrbuch der Wohlfahrtspflege, S. 97: »Wohlfahrtspflege ist: Verhütung von Armut oder die Bekämpfung der Ursachen der Verarmung durch die Ermittlung und Beseitigung von Schadenquellen, unter Ausschaltung armenpflegerischer, armenpolizeilicher und strafrechtlicher Grundsätze.« (Sperrung im Original).

7 Sachße, Frühformen, S. 8.

8 Vgl. Vögele, Urban Infant Mortality, passim; für das Fallbeispiel Berlin Stöckel, Säuglingsfürsorge, S. 8.

Die spätere Umsetzung der Gesundheitsfürsorge auf dem Land wurde in einem der Vorträge thematisiert, die während einer Sitzung der Kreisfürsorgerinnen des Regierungsbezirks Trier 1921 gehalten wurden. Caritasdirektor Laufen aus Arenberg begründete diese Entwicklung damit,»weil man in dem Irrtum befangen gewesen sei, auf dem Lande sei nichts nötig, wie dann die Ergebnisse der Leichenschau allmählich diese Ansicht als falsch nachwiesen, und die Augen öffneten über die hohe Säuglings- und Tuberkulosesterblichkeit auf dem Lande«. Gerade die Regierungsbezirke Trier und Koblenz würden in Preußen mit die höchste Tuberkulosesterblichkeit aufweisen.[9] Gegen Ende des 19. Jahrhunderts wurde überall im Deutschen Reich verstärkt die Bekämpfung der Säuglingssterblichkeit vorangetrieben. Die reichsweite Herausforderung, mit bevölkerungspolitischen Maßnahmen die Gefahren einer Schwächung der»Volkskraft«[10] zu bannen, mündete in dem Verfassungsauftrag, die Familie und die Gesundheit zu schützen (§ 7, 119 und 161 der Weimarer Reichsverfassung).[11] Der Erste Weltkrieg hatte dabei in allen Kriegsgesellschaften eine»Mobilisierung der Wiegen« forciert[12]; durch pronatalistische Initiativen versuchte man einen dramatischen Geburtenrückgang zu entschärfen.[13] Der Mutterschutz

9 LHAK Best. 442 Nr. 16077: Vortrag des Caritasdirektors Dr. Laufen, Arenberg über Landkrankenpflege. Sitzung der Kreisfürsorgerinnen des Regierungsbezirks Trier, 21.12.1921.

10 Vgl. Castell Rüdenhausen, Volkskraft. Zur bevölkerungspolitischen Dimension der Säuglingsfürsorge vgl. Woelk, Säuglingsfürsorge; Weindling, Health, S. 200–209.

11 Weimarer Reichsverfassung, § 119, Absatz 2:»Die Reinerhaltung, Gesundung und soziale Förderung der Familie ist Aufgabe des Staats und der Gemeinden. Kinderreiche Familien haben Anspruch auf ausgleichende Fürsorge.« Absatz 3:»Die Mutterschaft hat Anspruch auf den Schutz und die Fürsorge des Staats.« Zur Einteilung der Entwicklung der Gesundheitspolitik in der Weimarer Republik in drei Phasen in Analogie zum Phasenmodell der Sozialpolitik nach Hentschel, Sozialpolitik, S. 207, vgl. Woelk/Vögele (Hg.), Einleitung, S. 19: Aufbauphase 1919 bis 1923 (Linderung der kriegsbedingten gesundheitlichen Folgen), Phase der Konsolidierung 1924 bis zur Weltwirtschaftskrise, dritte Phase der Krise von der Weltwirtschaftskrise bis 1933.

12 Nach dem Titel einer Veröffentlichung von Ferdinand-Antonin Vuillermet, zitiert nach Daniel, Frauen, S. 134.

13 Zur Familien- und Gesundheitspolitik in europäischer Perspektive als Überblick Mazower, Kontinent, S. 117–156.

wurde ausgedehnt; im Dezember 1914 wurde die Verordnung über Reichswochenhilfe verabschiedet; mit dem »Gesetz über Wochenhilfe und Wochenfürsorge« vom 26. September 1919 wurde neben der Wochenhilfe für versicherte Frauen die Wochenfürsorge für Minderbemittelte etabliert.[14] Gesundheitsministerien auf Ebene des Reiches oder der Länder wurden jedoch nicht eingerichtet; Ministerien wie das Reichsministerium für Ernährung und Landwirtschaft, das Reichswirtschaftsministerium, Reichsarbeitsministerium und Reichsministerium des Innern teilten sich die Verantwortlichkeit. Das Aufgabengebiet des Reichsgesundheitsamtes fand jedoch eine entscheidende Erweiterung. In Preußen waren die Aufgaben des Gesundheitswesens im Ministerium für Volkswohlfahrt, Abteilung »Volksgesundheit« zentralisiert.

»Gesundheit« und »Jugend« stellten, wie es Jürgen Reulecke anhand der Begründung zum Reichsjugendwohlfahrtsgesetz 1922 dargelegt hat, zwei eng miteinander verschränkte Begriffe dar, die zusammen eine »Beschwörungsformel für eine Zukunft [bildeten], die sich von der Gegenwart durch ein breites Spektrum von in der Zukunft erhofften Zuständen neuer Sicherheit, Kraft und Stärke, innerer Einheit und äußerer Macht unterschied«.[15] Die »Janusköpfigkeit öffentlicher Wohlfahrtspflege und Sozialstaatlichkeit«, Helfen auf der einen Seite mit sozialdisziplinierenden Maßnahmen auf der anderen Seite zu verbinden, habe in der Gesundheits- und Jugendfürsorge »einen besonders vielschichtigen Ausdruck« gefunden.[16] Neben dem »persönlichen Recht« auf Gesundheit »stand die staatsbürgerliche Pflicht zur Gesundheit«.[17]

---

14 Vgl. dazu Schmitz, Mutterschutz, S. 151–165; Stöckel, Säuglingsfürsorge, S. 261–268, S. 296–300.

15 Reulecke, »Gesundheit«, S. 74. Vgl. beispielsweise als zeitgenössische Schrift Jung, Wohlfahrtspflege, S. 23.: »In der Erkenntnis, daß Deutschlands Zukunft nur in einem an Körper und Seele starken Geschlechte gewährleistet sei, haben zahlreiche Kommunalverbände, Organisationen und Vereine Kinderheime gegründet, um die entsetzlichen Folgen der Hungerblockade zu beseitigen und unsere stark unterernährte und häufig tuberkulös gefährdete Jugend wieder zu kräftigen und gesundheitlich zu fördern.«

16 Reulecke, »Gesundheit«, S. 75.

17 Stöckel, Säuglingsfürsorge, S. 385.

Die radikalste Seite des Diskurses stellten eugenische und sozialhygienische Ansätze dar, deren Einfluss etwa im Bereich der Säuglingsfürsorge untersucht wurde.[18] Der Weimarer Wohlfahrtsstaat sei von einem »starren Bild ›der‹ deutschen Familie« ohne Berücksichtigung der »vielfältigen Realitäten von ›wirklichen‹ Familien« geprägt gewesen; zunächst beratende Sozialarbeit habe in Zwangsmaßnahmen übergehen können.[19] Dieser Zugriff des Staates auf die Erziehungsgewalt der Eltern trat am augenfälligsten in der Jugendwohlfahrt und Fürsorgeerziehung zu Tage.

Im Folgenden wird untersucht, wie die Maßnahmen einer vorbeugenden Wohlfahrtspflege im Untersuchungsgebiet umgesetzt wurden. In den Quellen fassbar ist vor allem die Etablierung der Gesundheitsfürsorge mit den Schwerpunkten Mütter- und Säuglingsfürsorge, Schulkinderfürsorge, Erholungs- und Tuberkulosefürsorge in Form des neuen methodischen und organisatorischen Konzepts der »Familienfürsorge«. Die Umsetzung von Maßnahmen auf diesem Gebiet ging in vielen Städten des Deutschen Reichs zügig voran. Unter der neuen Leitwissenschaft der Sozialhygiene wurden neue Ämter eingerichtet, die Notwendigkeit solcher von professionell geschulten Kräften zu leistenden Arbeit erkannt und Sozialbeamte und Fürsorgerinnen eingestellt.[20] Im Untersuchungsgebiet wurden solche Initiativen erst im letzten Kriegsjahr ergriffen. Im Herbst 1924 wurde der rechtliche, administrative und finanzielle

18 Stöckel, Säuglingsfürsorge, hier S. 2, auch zur Neubewertung der bis in die achtziger Jahre des 20. Jahrhunderts hinein eher »sozial und fortschrittlich« bewerteten Sozialhygiene: Diese »erwies sich als mit rassenhygienischen Vorstellungen verbunden. Ihr Ziel war der ›gesunde Volkskörper‹, der durch soziale Maßnahmen einerseits und durch ›Auslese und Ausmerze Minderwertiger‹ andererseits erreicht werden sollte.« Zur Gesundheitsfürsorge und Eugenik in Kaiserreich und Weimarer Republik Weindling, Health; Reyer, Eugenik; Weingart u. a., Rasse; Bock, Zwangssterilisation, S. 23–76. Als zeitgenössische Beiträge prägnant Muckermann, Eugenik, S. 213; Muckermann, Familie, S. 218, der die »naturtreue Normalfamilie« zum Ideal erhebt. Sie bringe »aus der restlosen Übereinstimmung mit den biologischen Gesetzen die beste Qualität in entsprechender Quantität« hervor.

19 Die Diskussion ist dargelegt bei Crew, Elternschaft, S. 283–287.

20 Vgl. beispielsweise für Mainz Brüchert-Schunk, Kinder- und Jugendfürsorge, oder für den »Vorreiter«-Regierungsbezirk Düsseldorf Fehlemann, Gesundheitsfürsorge, und Stöckel, Gesundheitswissenschaft, oder für Berlin Stöckel, Säuglingsfürsorge.

Rahmen der Fürsorge neu festgesteckt; die Versorgung der Opfer von Erstem Weltkrieg und Inflation einheitlich kodifiziert. Im ersten Teilkapitel wird der Frage nachgegangen, welche Auswirkungen die Reichsverordnung über die Fürsorgepflicht auf die Ausgestaltung der lokalen Fürsorge hatte.[21]

1. Die Reichsverordnung über die Fürsorgepflicht und ihre Umsetzung

Die Ausdifferenzierung und Ausweitung von Fürsorge und Wohlfahrtspflege, insbesondere nach dem Ersten Weltkrieg und der Hyperinflation, erforderte, um »das schwer erschütterte Gebälk des Wohlfahrtswesens neu zu befestigen«[22], eine neue, reichsweit einheitliche Finanzierung, Administration und gesetzliche Grundlage. Die Kriegsfürsorge und die Klein- und Sozialrentnerfürsorge waren durch Einzelbestimmungen geregelt; ihre Finanzierung geschah durch das so genannte Dotationssystem, wobei das Reich den Ländern und Kommunen ihre Kosten zu vier Fünfteln ersetzte. Dieses System erwies sich insbesondere während der Inflation nachteilig für die Kommunen, da bereits ausgelegte Beträge bei Erstattung schon viel weniger wert waren. Durch die dritte Steuer-Notverordnung vom 14. Februar 1924 wurde dieses System aufgehoben und den Ländern und Gemeinden die Aufgaben der Fürsorge in eigenständiger Organisation zugewiesen, parallel dazu wurde ihr Anteil an der Einkommens- und Körperschaftssteuer auf 90 Prozent erhöht, was die Finanzen der Kommunen wesentlich erleichterte.[23] Als Maßstab zur Durchführung der Fürsorge jedoch sollte eine reichsweite Regelung dienen, die in der »Reichsverordnung über die Fürsorgepflicht« vom 13. Februar 1924 (RFV) und den »Reichsgrundsätzen über Voraussetzung, Art und Maß der öffentlichen

---

21 Zur politischen und weltanschaulichen Diskussion um die Ausrichtung des Weimarer Wohlfahrtswesens und ihren Akteurskonstellationen vgl. Hong, Welfare. Eine neue Auffassung gegenüber Armut – sie weniger als individuelle Verfehlung denn mehr als soziales Problem zu sehen – vertraten nach Young-Sun Hong vor allem die »progressives«, Experten aus dem Umfeld des Deutschen Vereins für öffentliche und private Fürsorge, wie Christian Jasper Klumker oder Wilhelm Polligkeit.

22 Rudloff, Wohlfahrtsstadt, S. 569.

23 Vgl. Jeserich u. a., Verwaltungsgeschichte, S. 515.

Fürsorge« vom 4. Dezember 1924 (RGr) ihren Niederschlag fand.[24] Die RFV kann als Endpunkt der »improvisierten, hektischen Phase« des Weimarer Wohlfahrtsstaates, der Krisenzeit von 1914 bis 1924, angesehen werden und gleichzeitig als Beginn einer »relativen Stabilisierung«.[25] Sie war das Ergebnis von Reformen, die schon lange in Fachgremien wie dem Deutschen Verein für Armenpflege und Wohltätigkeit beziehungsweise ab 1919 Deutschen Verein für öffentliche und private Fürsorge diskutiert worden waren. Ihre Entstehung selbst war jedoch geprägt von einer gewissen Hastigkeit; Entscheidungen über noch nicht ganz zu Ende geklärte Fragen wurden schnell kodifiziert, um die Möglichkeiten des Ermächtigungsgesetzes auszunutzen.[26]

Um die Zuständigkeitsstreitereien um den Unterstützungswohnsitz zu beseitigen und die Freizügigkeit einer immer weniger sesshaften Bevölkerung zu erleichtern, wurde der Unterstützungswohnsitz durch das »Aufenthaltsprinzip« ersetzt, welches nicht mehr an bestimmte Fristen nach der Wohnsitznahme gebunden war. Als »gewöhnlicher Aufenthaltsort«, in dessen Bereich ein Hilfsbedürftiger Anspruch auf Unterstützung haben sollte, wurde der »bis auf

---

24 Als Ausgaben und Kommentare der RFV (RGBl. I S. 100), der Preußischen Ausführungsverordnung zur Verordnung über die Fürsorgepflicht vom 17. April 1924 (Pr. Gesetzsammlung S. 210, im Folgenden Pr. Ausführungsverordnung 1924), der RGr (RGBl. I S. 765) und den Erläuterungen des Reichsarbeitsministers und des Reichsministers des Innern zu den Reichsgrundsätzen über Voraussetzung, Art und Maß der öffentlichen Fürsorge vom 13. Dezember 1924 (RVerf-Bl. 6. Jg., Bl. 38 S. 168, im Folgenden Erläuterungen zu den Reichsgrundsätzen), wurden verwendet Wölz u. a., Fürsorgepflicht; Behrend / Stranz-Hurwitz (Hg.), Sammlung, S. 462–529; Ollendorff / Kreutzberger (Hg.), Wohlfahrtsrecht, S. 12–61, Jung, Wohlfahrtspflege.

25 Vgl. Frie, Wohlfahrtsstaat, S. 20, S. 82. Dabei sollen mit der »Improvisierungsformel« nicht etwa im Sinne von Theodor Eschenburgs »improvisierter Demokratie« die Entwicklungen der Weimarer Republik von ihrem Scheitern her betrachtet, sondern lediglich auf den Begriff gebracht werden, wie sich die sozialpolitische Wirklichkeit von 1914 bis 1924 veränderte.

26 Vgl. Rudloff, S. 570, nach dem Bericht über die Verhandlungen des 38. Deutschen Fürsorgetages von Ministerialdirektor Dr. Ritter, einer der »Väter« der RFV. Allgemein zur Entstehung der RFV und den Debatten im Vorfeld vgl. Rudloff, S. 572–586. Zur Diskussion um die RFV vgl. Hong, Welfare, S. 114–126.

weiteres (nicht nur vorübergehend oder besuchsweise) als gewollter Mittelpunkt des Lebens und der persönlichen Existenz gewählte Aufenthalt« definiert, der schon nach wenigen Tagen an einem Wohnort entstehen konnte.[27] Das administrative System der Orts- und Landarmenverbände wurde neu strukturiert, um die einzelnen Kommunen finanziell zu entlasten. Die RFV unterschied zwischen einer allgemeinen Fürsorge in Bezirksfürsorgeverbänden und einer besonderen Fürsorge durch Landesfürsorgeverbände. In Preußen als dem größten Land des Deutschen Reiches nahmen die Provinzialverbände die Aufgaben der Landesfürsorgeverbände wahr. Stadt- und Landkreise bildeten die Bezirksfürsorgeverbände.[28] Die Regelung der vorläufigen und endgültigen Erstattungspflicht blieb auch in der RFV gleich. Der Bezirksfürsorgeverband des Ortes, »an dem die Familie Wohnung und Haushalt hat«, wurde als der endgültig erstattungspflichtige angesehen (§ 7 RFV).

Der Berichterstatter der Bürgermeisterei Bengel-Neuerburg (Kreis Wittlich) erachtete es in der Umfrage über den gegenwärtigen Stand des ländlichen Armenwesens aus dem Jahr 1920 als dringend notwendig, die Armenlasten auf leistungsfähigere Verbände wie den Kreis zu übertragen, da gerade »in den leistungsschwachen Gemeinden auch die größten Armenlasten sind. Die Gemeindevertretungen neigen hier leicht dazu, die Armenunterstützungen zu sehr zu beschränken.«[29] Insgesamt wurden in der reichsweiten Erhebung jedoch auch Stimmen laut, die befürchteten, die Übertragung der Finanzierung auf »breitere Schultern« hätte eine Steigerung der Ausgaben zur Folge, da »die unterstützungsbedüftigen Personen anspruchsvoller, die Ortsbehörden gegenüber der Anerkennung von Hilfsbedürftigkeit entgegenkommender sein würden«.[30] Die Scham, Unterstützung zu beantragen, werde bei einer »höheren« administrativen Ebene geringer; Verwalter ohne genaue Kenntnis der Umstände »vor Ort« würden über die Gewährung entscheiden, lauteten Bedenken.[31] Insofern sprachen sich Fürsorgetheoretiker dafür aus, dass die Übertragung der konkreten Fürsorgeaufgaben auf die Gemeinden vorgenommen werden sollte, »weil sie diejenige

27 Vgl. Hetzell, Aufenthalt, S. 97.
28 Vgl. Pr. Ausführungsverordnung § 1.
29 Lembke, Forderungen, S. 21.
30 Ebd.
31 Vgl. ebd., S. 21–23.

öffentlich-rechtliche Körperschaft ist, bei der ein besonders enger Zusammenhang der ihr Angehörigen, die Möglichkeit, in die Verhältnisse der Einzelnen Einblick zu gewinnen, besteht«.[32] In der praktischen Ausführung der allgemeinen Fürsorge spielten die Gemeinden neben dem Kreis immer noch eine entscheidende Rolle. Der BFV Wittlich beispielsweise hatte die Aufgaben der Armenfürsorge schon im Mai 1924 an die Bürgermeistereien delegiert, weil zum einen »eine individuelle Behandlung der Fälle beim Bezirksfürsorgeverbande nicht möglich gewesen wäre, ohne die Erledigung derselben erheblich zu verzögern«. Zum anderen aber auch, weil die Bearbeitung der Fürsorgeanträge eine »Personalvermehrung« erfordert hätte. Weil »die Gemeinden in ihrer Eigenschaft als Ortsarmenverbände bisher Träger der Armenpflege gewesen und ihren Aufgaben gerecht worden waren«, hatte man gegen eine Übertragung dieser Verantwortung an sie keine Bedenken.[33] Bindende Richtlinien und Kontrolle des Kreises über die Gemeinden sollten helfen, ein gleichmäßiges Leistungsniveau und den »Rückfall in eine zu restriktive Aufgabenwahrnehmung« zu vermeiden.[34] Doch obwohl die Antragsteller ihre Gesuche nun an den Bezirksfürsorgeverband zu richten hatten, trafen immer noch die Gemeinderäte die Entscheidungen, wer Unterstützung erlangen sollte. Sie mussten zwar dem Landrat als Vorsitzendem des Bezirksfürsorgeverbandes die Gesuche zur Genehmigung vorlegen, jedoch findet sich nur recht selten eine gegenteilige Meinung von dieser Seite über Gewährung oder Ablehnung einer Unterstützung. In der Finanzierung hatte die Kommunen einen Anteil von 25 Prozent, beziehungsweise ab dem 1. April 1925 einen Anteil von 30 Prozent zu tragen. Erst sehr spät wurden eigene Wohlfahrtskommissionen in den Gemeinden gebildet, die jedoch aus Gemeinderatsmitgliedern zusammengesetzt waren.

---

32 Muthesius, Fürsorgerecht, S. 31. Vgl. ähnlich der Landeshauptmann der Rheinprovinz, Johannes Horion: »Die Kreise als Bezirksfürsorgeverbände können aber die Durchführung der ihnen sonach obliegenden Fürsorgeaufgaben ganz oder zum Teil ihren Gemeinden übertragen. Dies ist durchweg geschehen, weil die Unterstützung an den Bedürftigen herangebracht werden muß und die Aufklärung zweckmäßig am Aufenthaltsort unmittelbar erfolgt.« Horion, Provinzialverwaltung, S. 121, Fn. 1.

33 Vgl. KAB-W 2.0.147: Verwaltungsbericht des Fürsorgeamtes Wittlich 1924/25, S. 2.

34 Redder, Armenhilfe, S. 212.

Neben der neuen Finanzierung und administrativen Organisation schlug sich insbesondere in den Reichsgrundsätzen eine neue Programmatik der Fürsorge nieder. Eine Unterstützung sollte generell nicht mehr von einem Antrag abhängig sein (§ 2, Abs. 2 RGr), damit kein Hilfsbedürftiger »aus Unkenntnis oder Scheu der Hilfe verlustig gehen« konnte. Ein eventueller »Verzicht des Hilfsbedürftigen auf Hilfe« entband die Verwaltung nicht von ihrer Unterstützungspflicht.[35] Voraussetzung des Unterstützungsbezuges war immer noch Hilfsbedürftigkeit, die im Einzelfall geprüft wurde. Der »notwendige Lebensbedarf«, dessen nicht ausreichende Beschaffung als Voraussetzung der Hilfsbedürftigkeit definiert wurde (§ 5 RGr), wurde jedoch nicht mehr auf ein Mindestmaß beschränkt, sondern war »von den individuellen Bedürfnissen des Hilfsbedürftigen abzuleiten«[36] und wurde ausgeweitet auf die Hilfe für Schwangere und Wöchnerinnen, die Erziehung und Erwerbsbefähigung Minderjähriger und die Erwerbsbefähigung von Blinden, Taubstummen und »Krüppeln« (§ 6 RGr). Bei der Festlegung der Unterstützungsleistungen war »ohne Engherzigkeit, aber mit der ernsten Verantwortung zu prüfen, die bei Verwendung öffentlicher Mittel besonders geboten ist«.[37] Eventuelles Vermögen, Arbeitsverdienst oder Gaben der freien Wohlfahrtspflege sollten insbesondere bei alten Menschen so angerechnet werden, dass sich die Lage des Bedürftigen nicht noch unangemessen verschärfte (vgl. § 8 RGr).

In besonderem Maße wurden diese Bestimmungen für »Kleinrentner, Sozialrentner und die ihnen Gleichstehenden« und die Kriegsbeschädigten und Kriegshinterbliebenen formuliert, worin eine Hierarchie zwischen den verschiedenen Gruppen der Hilfsbedürftigen nach der RFV, die Unterscheidung einer »gehobenen« von einer »normalen« Fürsorge, hervortritt (vgl. §§ 14–32 RGr).[38]

35 Erläuterungen zu den Reichsgrundsätzen zu §§ 2,3.

36 Begründung zum Entwurf der Sachverständigenkommission des Deutschen Vereins für öffentliche und private Fürsorge zur Grundsätzen über Voraussetzung, Art und Maß öffentlicher Fürsorgeleistungen in einer Eingabe an die Reichsregierung vom 16. Mai 1924, zitiert nach Rudloff, Wohlfahrtsstadt, S. 575.

37 Ritter, Fürsorgepflicht, S. 266. Derselbe Passus findet sich auch in den Erläuterungen zu den Reichsgrundsätzen zu § 10.

38 Vgl. das Schaubild »Die Gruppen der Hilfsbedürftigen«, abgedruckt bei Sachße / Tennstedt, Fürsorge, S. 151.

Die durch den Krieg und die Inflation verursachte Armut wurde als nicht selbst verschuldet angesehen. Eine Passage im Verwaltungsbericht des Fürsorgeamtes Wittlich im Jahr 1924/25 etwa zählt die Fürsorge für Kriegsbeschädigte und Kriegshinterbliebene »zweifellos [...] zu den vornehmsten Aufgaben des Bezirksfürsorgeverbandes, da dieser auf diese Weise denen, die Opfer für die Allgemeinheit gebracht haben, durch seine Fürsorge seinen Dank abstatten und ihnen helfen kann, die schweren Lasten, die der Krieg ihnen gebracht und die Wunden, die er ihnen geschlagen hat, leichter zu ertragen«.[39] Die besondere »Würdigkeit« der Kriegsopfer und Sozial- und Kleinrentner trat auch in besonderen Sammlungen, deren Erlös für diese Gruppe bestimmt sein sollte, zutage: Die »Jahrtausendstiftung« des Kreises Bernkastel, eine »Stiftung für das Gedächtnis an die tausendjährige Zugehörigkeit der Rheinlande zum deutschen Reich«, etwa war für Personen, »die durch die Kriegs- und Nachkriegsverhältnisse in die jetzige Notlage versetzt worden sind«, bestimmt.[40] Die gleiche Zielgruppe war für die »Hindenburgspende« vorgesehen, für deren Erlös der Bürgermeister von Zeltingen »wärmstens« sechs »durchaus ordentliche und ehrenhafte Personen, die auch alle sehr bedürftig sind«, empfahl.[41] Die Allgemeine Fürsorge geriet nun erst recht zum »untersten Sockel der Wohlfahrtspflege«.[42]

In einer Denkschrift des Reichsarbeitsministeriums über die Vorarbeiten zu einem Reichswohlfahrtsgesetz wurde die »Hilfe zur Selbsthilfe« als zentrales Ziel der Fürsorge betont:

»Die Fürsorge soll Werte schaffen, nicht bloß Werte erhalten. Ihr vornehmstes Ziel muß sein, den Hilfsbedürftigen in Willen und Kraft so zu stärken, daß er sich durch eigenes Können, Mühen und Schaffen selbst behauptet. Sie darf das selbstverantwortende

39 KAB-W 2.0.147: Verwaltungsbericht des Fürsorgeamtes Wittlich 1924/25, [o. Seitenangabe, eingeschobenes Blatt].

40 LHAK Best. 655, 123 Nr. 954: Rundschreiben des BFV Bernkastel an die Bgm., 29.10.1929.

41 LHAK Best. 655, 123 Nr. 954: Bgm. Zeltingen an Landrat Bernkastel (Entwurf), 27.7.1928.

42 Rudloff, Wohlfahrtsstadt, S. 344. Die Klein- und Sozialrentner, organisiert in Interessenverbänden und ihre Meinung in eigenen Publikationsorganen äußernd, grenzten sich selbst von der traditionellen Klientel der Fürsorge ab. Vgl. ebd., S. 844. Solche Äußerungen wurden für das Untersuchungsgebiet nicht recherchiert.

Schaffen nicht lähmen, vor allem nicht die Erfüllung der Pflichten gegen die eigene Familie. Sie muß rechtzeitig und ausreichend einsetzen und, wo es nottut, auch vorbeugend zugreifen.«[43] Mit dem »rechtzeitigen Einsetzen« der Fürsorge waren keine vorbeugenden Maßnahmen gemeint. Diese wurden zwar in den Reichsgrundsätzen ausdrücklich zugelassen, zu einer Verpflichtung der Bezirksfürsorgeverbände darauf hätte das Reich jedoch Mittel bereitstellen müssen. Vorbeugende Fürsorge wurde besonders bei Jugendlichen nahegelegt, »in der Erkenntnis, daß sie durch vorbeugende Maßnahmen meist nachhaltiger und sparsamer wirtschaften können«.[44] Mit § 3 der RGr – »Um drohende Hilfsbedürftigkeit zu verhüten, kann die Fürsorge auch vorbeugend eingreifen, besonders um Gesundheit und Arbeitsfähigkeit zu erhalten« – konnte beispielsweise die »Trinkerfürsorge« ihr Anliegen einer »Totalerfassung aller Alkoholiker« legitimieren.[45]

Die traditionelle »Triade« von Arbeit, Eigentum und Familie[46], die der Inanspruchnahme öffentlicher Unterstützung »vorgelagert« sein musste, wurde auch in der RFV hervorgehoben. Jeder sollte entsprechend seinen Eignungen für den Lebensunterhalt arbeiten, sein Vermögen und Einkommen einsetzen und die Unterhaltsleistungen von Verwandten mobilisieren, um die Notwendigkeit der Armenfürsorge zu vermeiden (vgl. §§ 7,8 RGr). Der Stellenwert der Arbeitsfürsorge, die gängige kommunale fürsorgerische Praxis, den Erhalt von Unterstützung an im Gegenzug geleistete Arbeit zu knüpfen oder eigene Arbeitsmöglichkeiten einzurichten, wurde mit § 19 der RFV kodifiziert.[47] Nach der Besichtigung der Wohnung

43 Denkschrift des Reichsarbeitsministeriums über die Vorarbeiten zu einem Reichswohlfahrtsgesetz vom 14.2.1923, zitiert nach Ritter, Fürsorgepflicht, S. 262. Vgl. ähnlich den Passus in den RGr, § 1: »Sie [die Fürsorge, K. M.] soll den Hilfsbedürftigen tunlichst in den Stand setzen, sich und seinen Unterhaltsberechtigten den Lebensbedarf selbst zu beschaffen.«

44 Ritter, Fürsorgepflicht, S. 265.

45 Vgl. für das Fallbeispiel Hamburg Hauschildt, Zweig, S. 129.

46 Rudloff, Wohlfahrtsstadt, S. 577. Vgl. ebd., S. 578–579 die zeitgenössische Diskussion über die Ausdehnung der verwandtschaftlichen Unterhaltspflicht.

47 Vgl. hierzu Wölz u. a., Fürsorgepflicht, S. 73: »Wenn die Verordnung den Gedanken der Arbeitsfürsorge stark betont, so trägt sie damit dem gegenwärtigen wirtschaftlichen Verhältnissen Rechnung, knüpft aber gleichzeitig an bewährte alte Traditionen der Wohlfahrtspflege an. [...] man hat

von Ludwig H. aus Wehlen, dessen Unterstützungsantrag mit einer
traditionellen Begründung von selbst verschuldeter Armut und mangelnder Arbeitswilligkeit abgelehnt worden war[48], stellte die Kreisfürsorgerin des Kreises Bernkastel fest, dass die Familie »sich – ob
verschuldet oder unverschuldet – in großer Not« befinde: »Ich be-
fürworte eine Unterstützung – am besten jedoch eine Arbeitszuweisung.«[49] Keinem Hilfsbedürftigen durfte jedoch unzumutbare Arbeit
als Gegenleistung für Unterstützung zugewiesen werden (§ 7 RGr).[50]
Gegenüber arbeitsfähigen Personen, die aufgrund ihres »sittlichen
Verschuldens« auf Fürsorge angewiesen waren, konnte nach § 20
RFV auch direkter Zwang, verbunden mit der Einweisung in eine
Arbeitsanstalt, ausgeübt werden.[51] Hiermit wurden Bestimmungen

48 für diejenigen, die trotz vorhandener Arbeitsfähigkeit aus Gründen, die in
ihrer Person lagen, auf dem allgemeinen Arbeitsmarkt kein Unterkommen
finden konnten, besondere Arbeitseinrichtungen geschaffen, die es ihnen
ermöglichten, sich einen Teil ihres Unterhalts selbständig zu verdienen.«
Vgl. auch Hetzell, Arbeitspflicht, S. 67, wo auf die in der Weimarer
Reichsverfassung, Art. 168, verankerte »sittliche Pflicht [jedes Deutschen,
K. M.], seine geistigen und körperlichen Kräfte so zu betätigen, wie es das
Wohl der Gesamtheit erfordert«, hingewiesen wird.

48 LHAK Best. 655, 213 Nr. 663: Bgm. Lieser an BFV Bernkastel (Entwurf),
7.2.1929: »H. hat seine heutige Lage durch seinen unsoliden, unehrlichen
Lebenswandel selbst verschuldet; er könnte, wenn er nur ernsthaft wollte,
heute seine Familie von seinem Schneiderhandwerk ebenso ernähren, wie
er dies in den ersten Jahren seiner Ehe getan hat, er will aber anscheinend
nicht mehr arbeiten, sondern läßt sich lieber von der öffentlichen Fürsorge ernähren.«

49 LHAK Best. 655, 213 Nr. 663: Protokoll Kreisfürsorgerin Bernkastel (Abschrift), 8.2.1929.

50 Frauen sollte die Erwerbsarbeit dann nicht zugemutet werden, »wenn dadurch die geordnete Erziehung ihrer Kinder gefährdet würde« oder die
Haushaltsführung und die Pflege von Angehörigen eine Einschränkung
erfahren müsste (§ 7, Abs. 3 RGr). Damit wurde wieder die besondere
Wertschätzung der Familie angedeutet, die beispielsweise auch im § 6 RGr
deutlich wird, wenn die Hilfe für Schwangere und Wöchnerinnen als
Bestandteil des notwendigen Lebensunterhalts definiert wurde.

51 Vgl. auch Pr. Ausführungsverordnung § 21, Abs. 2: »Anstatt der Unterbringung in einer Arbeitsanstalt kann auch die Einweisung in eine Erzie-
hungs- oder Heilanstalt (insbesondere auch Trinkerheilanstalt) angeordnet
werde, in welcher Gelegenheit gegeben ist, den Eingewiesenen mit angemessener Arbeit zu beschäftigen.« Genauere Richtlinien zur Unterbringung in Arbeitsanstalten u.ä. finden sich desweiteren ausführlich ebd. in
den §§ 22–29.

des Preußischen Gesetzes vom 23. Juli 1912 zur Ausübung der Armenpflege bei »Arbeitsscheuen« und säumigen Nährpflichtigen mit Modifikationen übernommen.[52] Die Reichsgrundsätze legten bei »Arbeitsscheu oder offenbar unwirtschaftlichem Verhalten« eine strenge Prüfung der Bedürftigkeit und die Beschränkung der Fürsorgeleistungen »auf das zur Fristung des Lebens Unerläßliche« fest. Es war die Möglichkeit gegeben, nur Anstaltspflege, nicht offene Unterstützung zu gewähren (§ 13 RGr). Explizit noch auf das »Arbeitsscheuengesetz« bezugnehmend, drohte der Bürgermeister von Lieser 1925 Philipp L., der »abends in totalbetrunkenem Zustand vor dem Orte Noviand an der Kreisstraße« gelegen hatte und, »da er nicht mehr gehen oder stehen konnte, mit einem Handwagen nach Lieser in seine Wohnung gebracht werden« musste[53], die Unterbringung in eine Arbeitsanstalt an, da er verpflichtet sei, seine Mutter, mit der er zusammen einen Haushalt führte, zu versorgen.[54] Bei »säumigen Nährpflichtigen« war die Ausübung von Arbeitszwang offenbar wahrscheinlicher, als bei alleinstehenden »Arbeitsscheuen«. Während der Bürgermeister dem 25-jährigen Lukas N. nur »hinsichtlich seines bisherigen Lebenswandels ernste Vorhaltungen« machte und ihm androhte, dass, falls er sich nicht nach einer Arbeitsstelle umsehe, »seine Unterbringung in eine Arbeitsanstalt in Erwägung gezogen würde«[55], waren bei Philipp F. die Bemühungen um eine Einweisung in eine solche Anstalt schon viel konkreter. Allerdings hatte dieser zusammen mit der Ehefrau von Anton F. seine eigene Frau und sechs Kinder verlassen, woraufhin seine Familie auf Unterstützung angewiesen war und auch die Kinder von Anton F. in einer Anstalt untergebracht werden mussten.[56]

52 Vgl. Ausführungsbestimmungen zur Verordnung über die Fürsorgepflicht, S. 255: »Neu ist die Einführung des Begriffs des sittlichen Verschuldens als Voraussetzung für die Unterbringung. Der Kreis der säumigen Unterhaltspflichtigen ist ferner erweitert auf denjenigen, der sich einem unehelichen Kind gegenüber in öffentlicher Urkunde zur Unterhaltszahlung verpflichtet hat oder rechtskräftig dazu verurteilt ist, und auf sämtliche sonstige Unterhaltspflichtige (§ 20 der FV.)« Als kommentierte Ausgabe des Gesetzes vom 23. Juli 1912 vgl. Schlosser, Ausübung.
53 LHAK Best. 655, 213 Nr. 661: Aktennotiz Bgm. Lieser, 21.2.1925.
54 LHAK Best. 655, 213 Nr. 661: Verhandelt nach Vorladung, Bgm. Lieser, Bernkastel-Kues, 25.2.1925.
55 LHAK Best. 655, 213 Nr. 580: Verhandelt nach Vorladung, Bgm. Lieser, Bernkastel-Kues, 15.7.1929.
56 Vgl. LHAK Best. 655, 213 Nr. 1592: Landrat Bernkastel an Bgm. Lieser,

Besonders im Umgang mit jungen, arbeitsfähigen Erwerbslosen lässt sich gut zeigen, dass der »vorbeugende« Charakter der Fürsorge, gar das Eingreifen bei bedürftigen Familien auch ohne Antrag, auf der untersten Ebene nicht griff. Die Frage nach der »eigenen Schuld« des Antragstellers und der Gerechtigkeit des Unterstützungsbezugs im Vergleich mit anderen Gemeindemitgliedern spielte auch nach der Reform des Fürsorgewesens auf der Ebene des entscheidenden Gemeinderates eine sehr große Rolle. Exemplarisch für den Umgang mit Erwerbslosen in der Armenfürsorge stehen die Stellungnahmen des Gemeinderates im Fall des erwerbslosen Friedrich O. Im November 1928 wurde dessen Antrag auf Unterstützung in Höhe seiner bisherigen Arbeitslosenunterstützung mit folgenden Argumenten abgelehnt:

»Der Gemeinderat Lieser hat den Antrag aus prinzipiellen Gründen abgelehnt, da er den Standpunkt vertritt, daß ein Erwerbsloser Armenunterstützung nicht erhalten soll. Im vorliegenden Falle tritt aber noch der Umstand hinzu, daß O. in der Kartoffel- und in der Traubenernte zweifellos hätte Arbeit haben können, sofern er sich ernstlich darum bemüht hätte. Erhält ein Erwerbsloser Armenunterstützung, dann besteht, so sagt sich der Gemeinderat, für ihn kein Anreiz mehr, sich nach Arbeit umzusehen, er wird sich denn [sic] dauernd unterstützen lassen. Richtig ist, daß O., wenn er keine Arbeitsgelegenheit hat, über keinerlei Mittel zur Ernährung seiner Familie verfügt und alsdann unterstützungsbedürftig ist.«[57]

Obwohl zugegeben wurde, dass O. bedürftig und als Ausgesteuerter aus der Arbeitslosenversicherung, als »Wohlfahrtserwerbsloser«, auch berechtigt war, Armenunterstützung zu erhalten, lehnte der Gemeinderat dies »aus prinzipiellen Gründen ab«. Diese »prinzipiellen Gründe« erweisen sich aber als eindeutig gesetzeswidrig. Im Anschluss an die zitierte Passage folgen Aussagen über eine angebliche mangelnde Arbeitsbereitschaft des Friedrich O. Dieser beschwerte

16.12.1933 und Bgm. Lieser an GR Lieser, 18.1.1934. Obgleich sich dieser Fall im Winter 1933/34 abspielte, steht zu vermuten, dass das geplante Verfahren zur Einweisung in die Arbeitsanstalt mit den Bestimmungen der RFV einherging und nicht auf nationalsozialistischen Fürsorgeprinzipen gründete.

57 LHAK Best. 655, 213 Nr. 580: Bgm. Lieser an Landrat Bernkastel (Entwurf), 22.11.1928.

sich über die Entscheidung des Gemeinderates beim Landrat von Bernkastel und gab an, dass er regelmäßig nach Arbeit auf dem Arbeitsamt anfrage. Der Landrat hielt eine Unterstützung nach § 16 der Verordnung über die Fürsorgepflicht erforderlich und wies den Bürgermeister von Lieser diesbezüglich an. Friedrich O. verpflichtete sich, gegen die Unterstützung Arbeit zu leisten, was ihm allerdings von Seiten des Gemeinderates (desselben Gemeinderates, der ihm Arbeitsunwilligkeit unterstellt hatte!) verwehrt wurde:

»Der Gemeinderat Lieser, welcher die Unterstützung des O. für nicht gerecht hält, hat dessen Heranziehung zur Arbeitsleistung abgelehnt. Der Gemeinderat vertritt einerseits den Standpunkt, daß ein gesunder, arbeitsfähiger Mensch nicht unterstützt werden soll, andererseits will er O. deshalb nicht beschäftigen, weil infolge dessen unverträglichen, aufwieglerischen Wesens kein Gemeindearbeiter mit ihm zusammenarbeiten will und eine Einzelbeschäftigung nicht möglich ist.«[58]

Neben charakterlichen Eigenschaften, die O. zugeschrieben werden, findet sich in dieser Begründung die traditionelle Vorstellung einer »gerechten« Vergabe von Fürsorgeleistungen. Eine veränderte Wahrnehmung von Armut und ein veränderter Umgang mit Armen lässt sich im Bereich der allgemeinen Armenfürsorge kaum fassen. Die administrativen und gesetzlichen Neuerungen der RFV, so kann zusammenfassend festgehalten werden, fanden im Untersuchungsgebiet vor allem auf dem Gebiet der Finanzierung ihren Niederschlag. Neue Ansätze lassen sich im Bereich einer vorbeugenden Fürsorge durch das neu gegründete Kreiswohlfahrtsamt fassen. Diesen Maßnahmen der Wohlfahrtspflege im Untersuchungsraum gilt der nächste Abschnitt.

2. Gesundheitsfürsorge auf regionaler und kommunaler Ebene

Die Erkenntnis, dass vorbeugende Maßnahmen insbesondere auf dem Gebiet der Gesundheits- und Jugendfürsorge nicht nur in einem bevölkerungspolitischen Zusammenhang von Wert waren,

58 LHAK Best. 655, 213 Nr. 580: Bgm. Lieser an Landrat Bernkastel (Entwurf), 5.12.1928.

sondern auch helfen konnten, Krankheiten und Behandlungskosten zu vermeiden, führte in den Kreisen Bernkastel und Wittlich zur Einrichtung von Säuglingsfürsorge- und Mütterberatungsstellen, der Erholungsfürsorge für Kinder oder der Tuberkulosefürsorge. Gegen Ende des Ersten Weltkriegs wurden Kreiswohlfahrtsämter und die Wohlfahrtsstelle des Regierungsbezirks gegründet. In der RFV und den Preußischen Ausführungsbestimmungen wurden den Landes- und Bezirksfürsorgeverbänden weitgehende Freiheiten gelassen, wie diese Fürsorgestellen konkret ausgestaltet wurden. In den einschlägigen Kommentaren wurde empfohlen, dass für die »praktische Durchführung der Wohlfahrtspflege nicht nur verwaltungstechnisch geschulte Beamte zur Verfügung stehen [sollten], sondern in hinreichender Anzahl fachmännisch vorgebildete Kräfte, insbesondere auch die genügende Anzahl von Wohlfahrtspflegerinnen«.[59] Die professionelle Arbeit von im sozialen Bereich tätigen Frauen, die sich in deutschen (Groß-)Städten schon seit dem Ausgang des 19. Jahrhunderts voll etabliert hatten[60], ließ sich nun auch im Untersuchungsgebiet fassen.

Die am 23. April 1917 gegründete Wohlfahrtsstelle des Regierungsbezirkes Trier regte die »planmäßige Durchführung der Wohlfahrtspflege auf allen Gebieten« an. Zudem sollten Hilfsmittel und Hilfskräfte zu diesem Zweck vermittelt werden.[61] Als Reaktion auf den Weltkrieg sah man es als »erste zu leistende Aufgabe« an, »bestehende Volksschäden« zu ermitteln und zu beseitigen. Als »zweite weitergehende und umfassendere« Aufgabe setzte man sich die »Schadenverhütung« zum Ziel. Zu Zwecken des Erfahrungsaustausches und der Fortbildung organisierte die Bezirksfürsorgerin des Regierungsbezirkes Trier, Freiin Raitz von Frentz, Lehrgänge und Konferenzen. Schon 1917 konnte eine Schulung zur Einführung in die soziale Arbeit stattfinden, die zum Zweck hatte, »sowohl denjenigen Frauen, die schon jahrelang in aufopfernder Weise sozialcaritative Arbeit leisten, als auch denjenigen, die die Jungmannschaft sozialer Hilfstätigkeit bilden, einen tieferen Einblick in die sozialen Zeitfragen und ihre Zusammenhänge zu verschaffen«. Die Vorträge des Lehrgangs behandelten drängende Probleme der Zeit; sie umfassten Themengebiete wie »Bevölkerungssorgen«, »Einfluss

59 Wölz u. a., Fürsorgepflicht, S. 34.
60 Vgl. dazu als Überblick Sachße, Mütterlichkeit, passim.
61 BA Berlin Best. R 86 Nr. 2321, Band 5: Rundschreiben des Regierungspräsidenten Baltz zur Wohlfahrtsstelle der Regierung, 13.8.1917.

des Krieges auf die Frauenarbeit«,»Hygiene als Grundlage der Wohlfahrtspflege«,»Bedeutung und Durchführung der Säuglingsfürsorge«,»Frauenfürsorge auf dem Lande«, usw.[62] Damit die Wohlfahrtspflege einheitlich und finanziell abgesichert durchgeführt werden konnte, schlug man schon zu diesem Zeitpunkt die Bildung von Kreis- (Stadt-)Wohlfahrtsämtern vor, um die vielfältigen neuen Aufgaben zu koordinieren. Diese wurden sowohl in Bernkastel als auch in Wittlich ein Jahr später, 1918, gegründet.[63] Das Kreiswohlfahrtsamt in Wittlich hatte als Unterabteilungen das Gesundheits-, das Jugend- und das Fürsorgeamt.[64] Es sollte als eine »Einrichtung, die sämtliche Wohlfahrtsbestrebungen innerhalb eines Landkreises zusammenfaßt, um in gemeinsamer Arbeit die Besserung der gesundheitlichen, wirtschaftlichen und kulturellen Verhältnisse des Kreises anzustreben«,»umfassenden« Charakter haben.[65] Als Aufgaben- und Arbeitsgebiet der Kreisfürsorgerin wurde folgendes definiert:

»Die Kreisfürsorgerin hat die Aufgabe, in Verbindung mit dem Vorsitzenden des Kreiswohlfahrtsamts, dem Landrat, und mit dem Kreisarzt die Wohlfahrtspflege auf allen Gebieten im Kreise zu organisieren, Auskunft zu erteilen und Anregungen jeder Art

62 Vgl. BA Berlin Best. R 86, Nr. 2321, Band 5:»Aus der Arbeit der Wohlfahrtsstelle der Kgl. Regierung zu Trier« von Regierungsbezirksfürsorgerin Freiin Raitz v. Frentz: Diese Veranstaltung sei »der erste Lehrgang, der auf dem Gebiete der allgemeinen Wohlfahrtspflege von einer Regierung veranstaltet wurde«, gewesen. Während der Tagung wurden relevante Institutionen wie Kindergärten besucht. Die Vorträge gab die Wohlfahrtsstelle des Regierungsbezirks Trier 1918 heraus, vgl. Einführung in die soziale Arbeit.

63 Vgl. die Bekanntmachungen in den Amtsblättern *Wittlicher Kreisblatt*, 19.1.1918, und *Bernkasteler Zeitung*, 13.2.1918.

64 KAB-W 2.0.147: Verwaltungsbericht Kreiswohlfahrtsamt Wittlich, 1918–1933, S.1. Diese drei Ämter wurden von einer Abteilung W. (Gesundheitsamt,»generelle Bearbeitung« und die erzieherischen Aufgaben des Jugendamtes) und einer Abteilung VI. (wirtschaftliche Aufgaben des Jugendamtes [Vormundschaftssachen, männliche Fürsorgeerziehung, männliche Berufsberatung und Jugendpflege, Fürsorge für Kriegerwaisen und Kriegsbeschädigte, Aufgaben der Fürsorgepflichtverordnung, Erwerbslosenfürsorge und Arbeitsnachweis]) bearbeitet. Vorsitzender des Kreiswohlfahrtsamtes war der Landrat, Leiterin der Abteilung W. die Kreisfürsorgerin und der Abteilung VI. der Kreisausschußobersekretär.

65 Richter, Kreiswohlfahrtsamt, S.17.

zu geben. Ihre Tätigkeit umfaßt neben der Bekämpfung der Tuberkulose die Fürsorge für hoffende Frauen, für Wöchnerinnen, die Säuglings- und Kleinkinderfürsorge, Blinden- und Taubstummenfürsorge, die Fürsorge für Geisteskranke und Trinker usw.

Sie wird zu diesem Zwecke die einzelnen Ortschaften des Kreises besuchen, um Fühlung mit den maßgebenden Persönlichkeiten und Vereinen zu nehmen und sich an Ort und Stelle über die einschlägigen Verhältnisse zu unterrichten, sowie nach Bedarf Beratungsstellen einzurichten.«[66]

In dieser Aufgabenbeschreibung wird die Differenzierung in Innen- und Außendienst deutlich; die Kreisfürsorgerin hatte aktiv Kontakt mit Verwaltern und Klientel aufzunehmen, war jedoch zusätzlich einmal pro Woche in ihrer Sprechstunde anzutreffen. Folgende allgemeine Auswahlkriterien für die Kreisfürsorgerin legte der Regierungspräsident des Regierungsbezirks Trier fest[67]: Sie solle »tunlichst staatlich geprüfte Krankenpflegerin sein, daneben aber auch Kenntnisse des sozialen Rechts [...] besitzen und hat die Absolvierung einer Wohlfahrtsschule, sozialen Frauenschule oder sozialen Frauenhochschule nachzuweisen«. Zudem sollte sie eine »gereifte«, »warmherzige Persönlichkeit sein, die die Leiden und Nöte des Volkes erfasst, und die sich das volle Vertrauen des Volkes zu erwerben imstande ist«. Da die Kreisfürsorgerin zum einen als Bindeglied zwischen »Volk« und Behörde dienen, zum anderen aber die Einheitlichkeit der Wohlfahrtspflege gewährleisten sollte, wurde im Falle einer Arbeitsüberlastung die Anstellung einer zweiten oder dritten Fürsorgerin vorgeschlagen, aber keineswegs die Etablierung von Spezialfürsorgen: »Es ist viel besser, zumal auf dem Lande, die gesamte offene Fürsorge eines gewissen Bezirks möglichst geschlossen in eine Hand zu legen. Das Eindringen in das Heiligtum der

---

66 Vgl. BA Berlin Best. R 86 Nr. 2319, Band 3: undatiertes Dokument zur Einrichtung des Kreiswohlfahrtsamts in Wittlich. Vgl. auch KAB-W 2.o. 198: Satzungen des Kreiswohlfahrtsamtes Wittlich, § 2: »Zweck des Kreiswohlfahrtsamtes ist es, durch Zusammenfassung aller verfügbaren Kräfte und Mittel unter gleichzeitiger Anlehnung an bereits bestehende, kirchliche und private Wohlfahrtseinrichtungen, die innerhalb des Kreisgebietes zu Tage tretenden Notstände auf gesundheitlichem, wirtschaftlichem und socialem Gebiete nach Möglichkeit zu beheben bezw. zu lindern.«

67 Alle Zitate des Abschnittes BA Berlin R 86 Nr. 2321, Band 5: Rundschreiben des Regierungspräsidenten Baltz zur Wohlfahrtsstelle der Regierung, 13.8.1917.

Familie kann nicht vorsichtig genug gehandhabt werden. Es ist deshalb angebracht, einer Fürsorgerin sämtliche Fürsorgeaufgaben in einer Familie zuzuweisen.«

Auf der Ebene der Bürgermeistereien wurde zumindest in Zeltingen ein »Wohlfahrtsunterausschuss« gebildet, der sich aus Vertretern der einzelnen Gemeinden zusammensetzte, nachdem aus Mitteln des Reiches und der »Deutschen Altershilfe« eine Summe in Höhe von circa 77 000 Mark zusammengekommen war, die an Bedürftige verteilt werden sollte. In Analogie zu den Aufgaben der Kreisfürsorgerin setzte sich der Ausschuss zum Ziel, »sich von der Notwendigkeit der Wohlfahrtspflege zu überzeugen, sie zu unterstützen und zu fördern, Aufklärung zu treiben von Mensch zu Mensch. Im Einzelnen sollen die Mitglieder Ermittelungen und Hausbesuche machen, Nothstände aufdecken und ihnen möglichst abzuhelfen suchen.«[68]

Ein wichtiger Ausgangspunkt für die Arbeit von Bezirksfürsorgerin und den Kreisfürsorgerinnen stellte die »Familienfürsorge« dar. Zusammenfassend dargelegt ist deren Konzept und ihre Anwendung in der Praxis in der gleichnamigen Arbeit von Marie Baum aus dem Jahr 1927.[69] Ausgehend von drei Zentren – der

68 LHAK Best. 655, 123 Nr. 854: Richtlinien für die Arbeit der Bürgermeisterei-Wohlfahrtsausschüsse, o. D. [1922].

69 Vgl. Baum, Familienfürsorge, passim. Baum vergleicht in einem speziellen Teil die Entwicklung in Deutschland mit Tendenzen in den USA, England und Holland; konzentriert sich jedoch auf die deutschen Städte, wobei die »Ausgangspunkte« der Familienfürsorge (Regierungsbezirk Düsseldorf, Worms und Charlottenburg) einen hervorragenden Platz einnehmen. Der weitaus größte Teil ihrer Studie setzt sich aus Beschreibungen der Praxis in größeren deutschen Städten zusammen. Von den Armenverwaltungen wurden die Sonderfürsorgen »als Ergänzung oder Entlastung« herangezogen, wobei in der jeweiligen Ausgestaltung Unterschiede festzustellen sind: In Worms und Düsseldorf war die Familienfürsorge eher »für alle normalen« Familien, in Charlottenburg hingegen eher auf gesundheitlich und sittlich Gefährdete ausgerichtet. Exemplarisch wurden die Aufgabengebiete beispielsweise des Mutter- und Kinderschutzes in Düsseldorf umrissen: »1. Säuglingsfürsorge im engeren Sinne, d. h. Mütterberatung und Hausbesuche bei Müttern und Pflegemüttern von Säuglingen. 2. Überwachung sämtlicher Zieh- und unehelichen Kinder bis zum vollendeten 6. Lebensjahr. 3. Fürsorge für Schwangere und Wöchnerinnen. 4. Organisation der Hauspflege für Wöchnerinnen. 5. Arbeit in der Armen- und Waisenpflege; Gewinnung von Vormündern.«

Wohnungsinspektion des Kreises Worms, dem Verein für Säuglingsfürsorge im Regierungsbezirk Düsseldorf[70] und dem Jugendheim in Charlottenburg – wurde zwischen 1900 und 1914 dieses umfassende Fürsorgekonzept propagiert, dem ein Ineinandergreifen gesundheitlicher, wirtschaftlicher und erzieherischer Ansätze zugrunde lag. Ausdrücklich wurde von »Familienfürsorge« gesprochen, »weil man bewusst nicht nur den Notstand eines einzelnen angehen, sondern ihn als Glied seiner Familie sehen will, der insgesamt Hilfe und Stützung zukommen soll«.[71] Nach dem Ersten Weltkrieg wurde die Diskussion um eine Erneuerung der Fürsorge, basierend auf § 119 WRV, der den Schutz der Familie thematisierte, verstärkt geführt. Sie sollte die Grundlage der »Wohlfahrtspflege« bilden, die in Abgrenzung zur traditionellen Armenfürsorge gesehen wurde. Familienpflege sollte »vorbeugend-aufbauend« wirken; hier sollte »mit verständnisvollem Überblick über sämtliche örtlichen Schwierigkeiten, ohne Ansehen der Person (wie das in der Armenpflege Pflicht ist) und mit Mitteln gearbeitet werden [...], die nicht von Ortsarmenverbänden zur Verfügung gestellt werden dürfen. Die Fürsorgerin bedarf auch einer gewissen Autorität, die sie in ähnlicher Unabhängigkeit von der Gemeindeverwaltung arbeiten läßt, wie das der Lehrer, der Geistliche, der Richter gewöhnt ist«.[72] Die Vereinheitlichung und Zusammenfassung der verschiedenen Sonderfürsorge-Bereiche sollte auch dazu führen, dass den Familien der Besuch von beziehungsweise der Gang zu verschiedenen Amtspersonen und Ämtern erspart werden konnte.[73] »Familienfürsorge« stellte auch in der Folgezeit keinen »eigenständigen Fürsorgezweig« dar, sondern zählt als »Mischung aus sozialethischer

---

70 Dahlmann, Verein für Säuglingsfürsorge; Stöckel, Gesundheitswissenschaft, dort auch Hinweise zu den personellen Verschränkungen der drei »Ausgangspunkte« Düsseldorf, Worms und Charlottenburg durch Marie Baum, Marie Kröhne und Marie-Elisabeth Lüders, bes. S. 196 und 200.

71 Linke, Geschichte, S. 323; vgl. auch Simons, Bedeutung. Vgl. hierzu auch Organisation der Wohlfahrtspflege, S. 80: »Die Wohlfahrtspflege erfordert eine bei weitem stärkere Rüstung an persönlichen, sachlichen und Geldmitteln als z. B. die örtliche Armenpflege und die gemeindliche Krankenpflege, da sie sich nicht mit dem einzelnen Notfall, sondern, positiv gesprochen, mit dem Wohl der einzelnen Familie unter dem Gesichtspunkt der Förderung des Gesamtwohls größerer aufeinander angewiesener und voneinander abhängiger Gemeinschaften befasst.«

72 Organisation der Wohlfahrtspflege in Kreis und Gemeinde, S. 81.

73 Baum, Familienfürsorge, S. 21.

Programmatik (Umsetzung von Artikel 119 Weimarer Reichsverfassung, der den Schutz der Familie als Verfassungsauftrag formulierte) und verwaltungsorganisatorischem Vorgehen (Zusammenfassung gesundheits-, erziehungs- und wirtschaftsfürsorgerischer Aufgaben zu einer einheitlichen Bezirksfürsorge) eher zum Bereich der Fürsorge*methoden*.«[74]

Die Probleme bei der Umsetzung nicht nur des Familienfürsorge-Konzepts, sondern auch anderer Maßnahmen der Wohlfahrtspflege wurden vor allem bei Tagungen der Kreisfürsorgerinnen angesprochen, welche die Bezirksfürsorgerin Freiin Raitz von Frentz in halbjährlichem Abstand organisierte. In einem Schreiben an den Geschäftsführer der Preußischen Landeszentrale für Säuglingsschutz in Charlottenburg äußerte sie sich 1920 zur Umsetzung der Familienfürsorge in ihrem Regierungsbezirk:

»Im Rg. Bez. Trier ist die Arbeit [...] von diesem Gesichtspunkte aus unternommen worden und sollte die Fürsorge in Händen von voll ausgebildeten, gleichberechtigt nebeneinanderarbeitenden Fürsorgerinnen, welche je einen Bezirk des Kreises zu versorgen haben, gelegt werden. [...] Ausgangspunkt der Fürsorge war im Trierer Bezirke die Säuglingsfürsorge [...] Was nun die Durchführung der Familienfürsorge *auf dem Lande* anbetrifft, zeigen sich in der Praxis große Widerstände. Familienfürsorge mit voll ausgebildeten Kräften ist teuer, wer gibt uns, um die für das Land notwendige Zahl von Familienfürsorgerinnen, man denke nur an die grossen Entfernungen, anzustellen? Ausserdem haben wir wertvolle Kräfte auf dem Lande, die in der Fürsorge grosse Dienste leisten können, die aber nicht in der Lage sind sich eine 3–4jährige Ausbildung zu leisten, ebenso wenig die anstellende Behörde [...] im Prinzip erachte ich die voll ausgebildete Familienfürsorgerin als das Ideal, das wir anstreben müssen, halte es aber in unseren Eifelverhältnissen für vorläufig undurchführbar, da es an der Mittelfrage scheitert.«[75]

---

74 Wollasch, Tendenzen und Probleme, S. 20, Hervorhebung im Original.

75 LHAK Best. 442 Nr. 16 077: Bezirksfürsorgerin Regierungsbezirk Trier an den Geschäftsführer der Pr. Landeszentrale für Säuglingsschutz, Charlottenburg, 9.3.1920. Unterstreichungen im Original. Ähnliche Klagen einer Nürnberger Fürsorgerin zitiert bei Stöckel, Gesundheitswissenschaft, S. 204.

Vor allem die mangelnde Finanzierbarkeit der Maßnahmen, die in diesem Schreiben angesprochen wurde, stand auch im Zentrum der Zusammenkünfte der Fürsorgerinnen. Im Oktober 1920 fand eine »Konferenz in Angelegenheiten der Wohlfahrtspflege« statt, zu der sich die Landräte, Kreisfürsorgerinnen und Kreisärzte des Regierungsbezirkes Trier versammelten.[76] In Bezug auf die Familienfürsorge wurde immer noch der Mangel an Fürsorgestellen für hoffende Frauen und Kleinkinder konstatiert, die, um die Bezeichnung »Fürsorgestelle« tragen zu dürfen, unter ärztlicher Leitung stehen sollten. Auch 1925 wurde die personelle Situation im gesamten Regierungsbezirk Trier als immer noch sehr unzureichend bezeichnet, ein »verstärkter Ausbau des Fürsorgewesens [schien] dringend geboten«, was jedoch »an der schlechten Finanzlage der Bezirksfürsorgeverbände« scheitere. Notwendig sei

»in erster Linie eine erhebliche Vermehrung der Zahl der Fürsorgerinnen. Diese haben durchweg viel zu grosse Bezirke und sind daher nicht in der Lage, allen Notständen nachzugehen. Erfahrungsgemäss muss man auf 10 000 Einwohner 1 Fürsorgerin rechnen. Im Regierungsbezirk Trier aber besitzt der Kreis

Berncastel	mit 48 816 Einwohnern	1 Fürsorgerin
Bitburg	mit 48 362 Einwohnern	2 Fürsorgerinnen
Daun	mit 32 937 Einwohnern	2 Fürsorgerinnen
Prüm	mit 37 865 Einwohnern	2 Fürsorgerinnen
Saarburg	mit 37 500 Einwohnern	1 Fürsorgerin
Trier-Land	mit 100 478 Einwohnern	4 Kreisfürsorgerinnen
Wittlich	mit 46 193 Einwohnern	1 Kreisfürsorgerin
Baumholder	mit 30 817 Einwohnern	1 Kreisfürsorgerin
Wadern	mit 25 392 Einwohnern	1 Kreisfürsorgerin.«[77]

Auf der Konferenz im Jahr 1920 wurde die unzulängliche Zahl der Fürsorgerinnen nicht nur mit den mangelnden Möglichkeiten der

76 LHAK Best. 457 Nr. 407. Bericht über die Konferenz in Angelegenheiten der Wohlfahrtspflege, Trier, 23.10.1920.

77 LHAK Best. 457 Nr. 72: »Denkschrift über die Hebung der wirtschaftlichen Not des Regierungsbezirkes Trier 1925«. LHAK Best. 457 Nr. 75: Im Verwaltungsbericht des Kreises Bernkastel zur Denkschrift des Landkreisverbandes anlässlich der Jahrtausendfeier der Rheinprovinz o. D. [1925], S. 2–3, findet sich die Angabe, dass 1922 und 1923 eine zweite Fürsorgerin beschäftigt worden war, deren Stelle jedoch »wegen der grossen finanziellen Schwierigkeiten wieder aufgehoben« wurde.

Finanzierung erklärt, sondern auch mit der Akzeptanz dieser Einrichtung bei der Bevölkerung: Der Regierungspräsident des Regierungsbezirkes Trier machte etwa den »Konservatismus des Bauern [...], der allem Neuen mit Misstrauen begegnet«, oder »das Vorurteil der Mütter mit etwa einer Schar Kinder gegenüber der Fürsorgerin, die meist nie ein Kind ihr eigen nennt und trotzdem in den Mütterberatungen Ratschläge erteilt«, dafür verantwortlich.[78]

Die Bezirksfürsorgerin plädierte bei dieser Konferenz auch aus finanziellen Gründen für die Einstellung von mehr Fürsorgerinnen, da sich nämlich »die für die Wohlfahrtspflege ausgeworfenen Mittel [...] als Ersparnis im Armenetat erweisen würden«. Anscheinend war es an der Zeit, diese Tatsache einigen der anderen Anwesenden bewusst zu machen, denn die Einrichtung wohlfahrtspflegerischer Einrichtungen stieß zu diesem Zeitpunkt auf mangelndes Verständnis auch bei kommunalen und regionalen Verwaltern. Der Landrat von Wittlich, Dr. Simons, führte bei selber Tagung etwa an, dass er es »schon im Kreistage mit Vertretern zu tun [habe], die sich über die Bedeutung der Wohlfahrtseinrichtungen nicht klar sind, so sei die Verständnislosigkeit im Bürgermeisterei- und Gemeinderat noch weit grösser«.[79]

Mit der Einführung des Reichsjugendwohlfahrtsgesetzes 1922 und der Reichsverordnung über die Fürsorgepflicht 1924 erwuchsen für die Arbeit der Kreisfürsorgerin neue Probleme. Ihr Arbeitsbereich war dermaßen erweitert worden, dass aufgrund ihres gestiegenen Arbeitsaufwandes die wohlfahrtspflegerischen Maßnahmen nicht mehr in ihrem Amt zusammengefasst werden konnten. Das Ideal, dass in einem begrenzten Gebiet eine Fürsorgerin sämtliche Familien betreute, schien nicht durchführbar zu sein. Die Kreisfürsorgerinnen einigten sich jedoch darauf, die Familienfürsorge »unter Anpassung an die veränderten Verhältnisse wieder anzustreben«. In der Praxis sollte daher die gesamte Korrespondenz von Landrat und Bürgermeistern zu einem Fürsorgefall über die Kreisfürsorgerin laufen; zudem sollte sie den Fall unabhängig noch einmal durch Hausbesuche bewerten. Diese Praxis, den Schreibtisch

---

78 LHAK Best. 457 Nr. 407: Bericht über die Konferenz in Angelegenheiten der Wohlfahrtspflege, Trier, 23.10.1920. Eine ähnliche Bemerkung findet sich in KAB-W 2.1.004: Protokoll einer Sitzung des Kreistags Wittlich, 10.12.1921.

79 LHAK Best. 457 Nr. 407: Bericht über die Konferenz in Angelegenheiten der Wohlfahrtspflege, Trier, 23.10.1920.

der Kreisfürsorgerin gleichsam zum Zentrum der Wohlfahrtspflege zu machen, sollte zudem »unnützes Nebeneinanderarbeiten in den Abteilungen des Kreiswohlfahrtsamtes« vermeiden, »den Kreis vor Doppeltbetreuung und Doppelausgaben« bewahren und »die richtige Verwendung des Geldes« gewährleisten.[80] Der Tätigkeitsbereich der Kreisfürsorgerinnen lag primär in der Gesundheitsfürsorge. Ihr Engagement ist in den Akten der allgemeinen Armenfürsorge nur punktuell fassbar; in erster Linie sind Protokolle von Hausbesuchen bei Familien dokumentiert. In der Forschung wird betont, dass sich mit dem Wandel von der Armenpflege zu neueren Ansätzen der Fürsorge und Wohlfahrtspflege Aspekte der Kontrolle und Erfassung verstärkt hätten.[81] Für das Untersuchungsgebiet ist festzustellen, dass der Lebenswandel von Antragstellern und Unterstützungsempfängern auch von der traditionellen kommunalen Armenverwaltung im Blick behalten wurde, dies jedoch primär aus der Motivation heraus, die Zahl der Unterstützten und die Ausgaben für das Armenwesen möglichst klein zu halten – eine Bedürftigkeitsprüfung, die von den Armen als unangenehm empfunden werden musste. Die Einmischung der Kreisfürsorgerin kann ambivalent bewertet werden: Lassen besonders höfliche Schreiben an sie[82] und Bemerkungen des Bürgermeisters, dass sich eine abgewiesene Antragstellerin durch die Kreisfürsorgerin in ihren Forderungen »gestützt glaube«[83], darauf schließen, dass diese professionelle Sozialarbeiterin in weit höherem Maße als die kommunalen Verwalter ein Gespür für die Belange ihrer Klientel hatte, zeigen die Protokolle der Hausbesuche jedoch gleichzeitig auf, wie die Fürsorgerinnen Lebensführung, »Wirtschaftlichkeit«, Sauberkeit usw. der besuchten Familien festhielten und bewerteten:

---

80 Alle Zitate dieses Abschnitts LHAK Best. 442 Nr. 16078: Sitzung der Kreisfürsorgerinnen, 30.1.1926.
81 Etwa Rudloff, Wohlfahrtsstadt, S. 678.
82 Vgl. LHAK Best. 655, 213 Nr. 662: Wwe. Lukas O., Lieser »an die Fürsorgerin Frl. Himmelreich – Bernkastel«, 13.1.1934, Post Scriptum: »Ich erlaube mir Ihnen und auch Frl. Horbert wenn Sie noch bei Ihnen ist noch nachträglich Gesundheit und Glück im neuen Jahr zu wünschen. Wtw. Lukas O. aus Lieser.«
83 Vgl. LHAK Best. 655, 213 Nr. 1715: Bgm. Lieser an Landrat Bernkastel, 14.8.1931.

»Das Schlafzimmer auf dem Speicher ist für 4 Menschen wirklich klein. Im übrigen waren beide Räume nur mäßig sauber und schlecht aufgeräumt, die Betten noch nicht gemacht (4 Uhr nachm.!).«[84]
»Die Familie besteht aus den Eheleuten und 10 Kindern. Das älteste (Mädchen) ist 15 Jahre alt. Die Wohnung ist klein und innen unsauber und unaufgeräumt, obwohl ich 2 x während der Nachmittagsstunden dort war. (1 Küche, 2 kleine Schlafzimmer). [...] Ich habe bei wiederholten Hausbesuchen feststellen müssen, daß Frau K. sowohl der Hausarbeit als auch der in ds. Verhältnissen bes. schwierigen rechten Verwendung der ihr zugewandten Mittel nicht gewachsen ist. Über Nähkenntnisse verfügt sie nicht. Ich riet ihr damals, ihre älteste Tochter nähen lernen zu lassen, diese besucht z. Zt. einen Nähkursus im Schwesternhaus. [...] Die Kinder des K. sehen alle blutarm und schlecht (aber nicht mager) aus. M. E. fehlt auch die richtige Ernährungsweise. Frau K. ist gutmütig, *aber* unordentlich, ohne Überlegung und Einteilung bei der Hausarbeit.«[85]

Aufforderungen des Kreiswohlfahrtsamtes an den Bürgermeister von Lieser, für die »unwirtschaftliche« Familie F. aus Lieser eine neue Unterkunft zu beschaffen, stießen bei diesem auf Unverständnis. Obwohl weitere Streitigkeiten zwischen den Gemeinden und dem Kreiswohlfahrtsamt nicht dokumentiert sind, scheint im folgenden Fall auf, dass in der unterschiedlichen Auffassung darüber, wie man mit »solchen« Bedürftigen umzugehen habe, ein gewisses Konfliktpotential lag: Von Seiten des Kreiswohlfahrtsamtes erging die Aufforderung, der Familie eine angemessene Wohnung zu verschaffen, da festgestellt worden sei, dass sich ein Sohn der Familie schon »längere Zeit wegen der verschiedensten Leiden in der Fürsorge der hiesigen Stelle befunden« habe, aber kurz nach der Rückkehr ins Elternhaus wieder erkrankt sei, was – »wenn auch die Ursache zum Teil in einer etwas mangelhaften Pflege durch die stark überbelastete Mutter zu suchen ist« – hauptsächlich an den mangelhaften Wohnverhältnissen liege.[86] Zunächst weigerte sich die

84 LHAK Best. 655, 213 Nr. 663: Kreisfürsorgerin Astor, Bernkastel, Protokoll über den Hausbesuch bei Familie Ludwig H., 31.7.1929.
85 LHAK Best. 655, 123 Nr. 970: Kreisfürsorgerin Himmelreich, Bernkastel, Protokoll über den Hausbesuch bei Familie K., Zeltingen, 11.12.1931.
86 LHAK Best. 655, 213 Nr. 440: KWA Bernkastel an den Bgm. Lieser, 1.7. 1927. Der Fall wird auch in Kap. VI.1.3 thematisiert.

kommunale Verwaltung, etwas in der Sache zu tun, da Vater F. schon einmal eine angebotene Wohnung abgelehnt habe, nachdem diese ihm zu teuer gewesen wäre. Die Kommune betonte, es liege zudem eher an der mangelhaften Erziehung der Mutter, dass die Kinder krank seien. Familie F. bediente nicht wenige Charakteristika einer »unwürdigen« Familie; zudem scheint der Anspruch des Bürgermeisters auf, über ihre Lebensverhältnisse besser Bescheid zu wissen als Kreisfürsorgerin und Kreisarzt:

»Es hat den Anschein, als ob beim Kreiswohlfahrtsamt die Umstände, die eine bevorzugte Berücksichtigung der Familie F. als durchaus unangebracht erscheinen lassen, unbekannt sind. F. hat ein Einkommen, das höher ist, als es irgend ein Tagelöhner in Lieser verdient. Statt aber ~~sparsam zu leben~~ bei sparsamem Leben vorwärts zu kommen, verbraucht die Frau das Geld zum Ankauf von Süßigkeiten, die bei ihr die Stelle der sonst üblichen Nahrungsmittel vertreten, was sie aber an Kartoffeln u.s.w. für die Mahlzeiten des Mannes braucht, bettelt sie sich in den rechtsseitigen Moselgemeinden zusammen. Selbstverständlich hat Frau F. keine Zeit, sich um ihre Kinder zu kümmern, vielmehr hat die Nachbarschaft die Auffassung, daß ihr die Kinder ein großes Hemmnis sind, noch freier zu leben. Noch dieser Tage wurde mir erzählt, daß in den ersten Tagen, nachdem das Kind Georg aus der Anstaltspflege zurückgekommen war, die Nachbarschaft oft das Geschrei dieses Kindes gehört hat, das, an die gute Pflege in der Anstalt gewöhnt, der eigentümlichen Ernährungsweise im Hause der Eltern entfremdet war und weil es nicht essen wollte, mit Schlägen traktiert wurde. Eine Frau aus der Bekanntschaft der Frau F. hat mir mitgeteilt, daß diese ihr gegenüber die Bemerkung gemacht habe: ›Hoffentlich holen sie [das Kreiswohlfahrtsamt] das Kind bald wieder fort.‹ Es ist bei diesen Verhältnissen kein Wunder, daß die Bürgerschaft von Lieser gegen die Familie F. Stellung nimmt und die aus Unkenntnis der Dinge bevorzugte Stellung scharf glossiert.«[87]

Die gesundheitsfürsorgerischen Maßnahmen des Kreiswohlfahrtsamtes wurden im Verständnis der »alten Armenfürsorge« interpretiert: Familie F. habe es, auch in den Augen der anderen Einwohner von Lieser, nicht verdient, bevorzugt behandelt zu werden;

---

87 LHAK Best. 655, 213 Nr. 440: Bgm. Lieser an das KWA Bernkastel, 12.7. 1927 (Entwurf).

Frau F. lege es sogar darauf an, dass sich das Kreiswohlfahrtsamt um ihr Kind kümmere. Der Bericht des Bürgermeisters veranlasste den Landrat des Kreises Bernkastel, den Kreismedizinalrat zu einem Gutachten aufzufordern, aus dem laut Landrat hervorgegangen sei, dass »die Wohnungsverhältnisse der Familie F. [...] höchst gesundheitswidrig« seien. Von daher sei der Bürgermeister in seiner Eigenschaft als Polizeiverwalter verpflichtet, »diesen polizeiwidrigen Umstand zu beseitigen und die Familie anderswo unterzubringen.«[88]

Die Armenfürsorgeakten bieten nur einen punktuellen Einblick in die Arbeit der Kreisfürsorgerin und eventuelle Konflikte mit den Vertretern der Gemeinde. Ihre Berichte über »unwirtschaftliche« Familien sind zu spärlich erhalten, als dass der Einfluss eugenischer Ansätze anhand dieser Quelle erforscht werden könnte.[89] Besser dokumentiert sind die Einrichtungen, die das Kreiswohlfahrtsamt auf dem Gebiet der Fürsorge für Mütter, Säuglinge und Kinder und Tuberkulosekranke etabliert hatte.

2.1. Mütterberatung und Säuglingsfürsorgestellen

Die Säuglingsfürsorge war im Gegensatz zum »Säuglingsschutz«, der bei allen Neugeborenen gesundheitliche Gefahren vorbeugen sollte, »auf bestimmte Gruppen der fürsorgebedürftigen Säuglinge eingestellt und richtet sich in Spezialeinrichtungen und -maßnahmen scharf nach dem Fürsorgebedürfnis, sollte es wenigstens tun«. Dieses Bedürfnis richtete sich in erster Linie nach dem Alter (die ersten drei Lebensmonate) und der Art der Ernährung des Babys. Das Bruststillen wurde dabei als »ein unübertreffliches Mittel des Säuglingsschutzes und der Säuglingsfürsorge« angesehen.[90]

Im Deutschen Reich wurde die erste »Säuglingsberatungsstelle« im Jahr 1905 in München gegründet; schon zwei Jahre später gab es 73 dieser Einrichtungen zur Beratung von Müttern.[91] In den letzten

---

88 LHAK Best. 655, 213 Nr. 440: Landrat Bernkastel an den Bgm. Lieser, 8.8. 1927.

89 Vgl. zeitgenössische Berichte über »unwirtschaftliche« Mütter und »ungepflegte« Kinder etwa bei Hetzer, Kindheit und Armut. Dieses Werk, 1929 erstmals erschienen, wurde in der Neuauflage aus dem Jahr 1937 mit einem Vorwort versehen, das den Erfolg nationalsozialistischer Erziehung und Wohlfahrtspflege am Rückgang ungepflegter Kinder herausstrich.

90 Beide Zitate Langstein, Säuglingsfürsorge, S. 547.

91 Zahlen nach Sachße, Frühformen, S. 10.

Kriegsjahren und kurz nach dem Ersten Weltkrieg erreichte die Welle der Gründungen ihren Höhepunkt: Wurden von 1911 bis 1916 jedes Jahr circa 120 bis 130 Säuglingsfürsorgestellen neu eingerichtet, zählte man 1917 und 1918 zusammen 1020 und in den darauffolgenden beiden Jahren knapp 1600 neue Einrichtungen.[92] Bei Sitzungen der Kreisfürsorgerinnen des Regierungsbezirkes Trier 1919 wurde berichtet, dass es momentan 97 Mütterberatungsstellen im Bezirk gebe und der Besuch dieser Stellen »überall als glänzend« bezeichnet werden könne.[93] Im Untersuchungsgebiet wurden 1918 die ersten Fürsorgestellen eingerichtet; fünf Jahre später existierten im Kreis Bernkastel 14 Säuglingsfürsorgestellen, alle unter ärztlicher Leitung, in denen einmal im Monat die Kreisfürsorgerin eine Sprechstunde abhielt.[94] Der Kreis umfasste 93 Ortschaften; es wurde also in fast jeder siebten Ortschaft eine Sprechstunde abgehalten. Allerdings war die von der Kreisstadt am weitesten abgelegene Bürgermeisterei Thalfang mit immerhin 16 Ortschaften zu diesem Zeitpunkt überhaupt noch nicht »versorgt«, wohingegen im nahen Umkreis Bernkastels allein fünf Fürsorgestellen eingerichtet worden waren. Natürlich war hier auch die Bevölkerungszahl eine größere, trotzdem ist eine Schieflage zu konstatieren, die wohl durch die Entfernung zum Kreiswohlfahrtsamt begründet war.

Im Kreis Wittlich wurde ab 1931 ein Höchststand von 27 Säuglingsfürsorgestellen erreicht, die ebenfalls von einem Arzt geleitet einmal monatlich besucht werden konnten.[95] Nicht erst mit der Geburt des Kindes sollte die Säuglingsfürsorge einsetzen, schon für Schwangere war sie bestimmt.[96] So fand in allen Gemeinden im Anschluss an die Säuglingsfürsorge neben der Kleinkinderfürsorge

92 Vgl. Langstein, Säuglingsfürsorge, S. 550.
93 LHAK Best. 442 Nr. 16077: Sitzung der Kreisfürsorgerinnen, 29.3.1919 und 17.9.1919.
94 Vgl. Rott, Handbuch, S. 224–225. Die Fürsorgestellen befanden sich in Bernkastel, Kues, Hottenbach, Hundheim, Lieser, Morbach, Morscheid, Mülheim, Neumagen, Rhaunen, Stipshausen, Wehlen, Wintrich und Zeltingen.
95 Vgl. KAB-W 2.0.147: Verwaltungsbericht Rechnungsjahr 1931. Nach Rott, Handbuch, S. 242–243, befanden sich die Säuglingsfürsorgestellen 1925 in Bettenfeld, Binsfeld, Kröv, Dreis, Eisenschmitt, Großlittgen, Hetzerath, Hontheim, Kinheim, Landscheid, Manderscheid, Meerfeld, Oberkail, Osann, Pohlbach, Reil, Ürzig und Wittlich (in Wittlich erfolgte die Fürsorge zweimal im Monat).
96 Vgl. Langstein, Säuglingsfürsorge, S. 548.

auch eine Schwangerenberatung statt. In Gemeinden, in denen diese regelmäßigen Beratungsstellen nicht eingerichtet worden waren, wurden seit 1926 zweimal im Jahr Sprechstunden in Verbindung mit der Schulgesundheitsfürsorge abgehalten. Offenbar in allen Kreisen des Regierungsbezirkes Trier sollten statt der monatliche Beratungsstunden in ausgesuchten Gemeinden zweimal jährlich in jeder Gemeinde der Kreise Beratungsstunden abgehalten werden, zum einen, um die Kreisfürsorgerinnen zu entlasten, zum anderen aber auch aus Mangel an Geld. Ergänzt wurde das Angebot durch Hausbesuche, um alle Neugeborenen eines Jahrgangs zu erfassen; zudem sollten die Frauen an die Sprechstunde der Kreisfürsorgerin gewöhnt werden.[97] Für Wittlich zumindest sind Hausbesuche ab 1926 dokumentiert, durchgeführt von mittlerweile zwei Kreisfürsorgerinnen, Caritas-Schwestern und Ordensschwestern. Zusätzlich zu den Mütterberatungsstunden bot die Kreisfürsorgerin »Mütterabende« an, hielt Vorträge oder gab im *Wittlicher Tageblatt* Tipps zur richtigen Ernährung und Pflege von Säuglingen.[98] Eine wichtige Arbeit der Kreisfürsorgerin war es zudem, bei der Antragstellung auf Erlangung von Wochenfürsorge und Wochenhilfe behilflich zu sein.[99] In den Mütterberatungsstellen des Kreises Bernkastel sah

97 LHAK Best. 442 Nr. 16078: Sitzung der Kreisfürsorgerinnen, 30.1.1926; KAB-W 2.0.147: Verwaltungsbericht Kreiswohlfahrtsamt Wittlich, 1918–1933, S. 3.
98 Vgl. *Wittlicher Tageblatt*, 29.6.1920: »An unsere Mütter! Einer der größten Feinde unserer Säuglinge ist in der Sommerzeit die große Hitze. Am leichtesten von sämtlichen Nahrungsmitteln verdirbt die Tiermilch. Deshalb gewöhne dein Kind nie in der heißen Jahreszeit ab, sondern gib ihm die Muttermilch, denn sie ist der beste Schutz gegen die Gefahren der Sommerhitze. [...] Nimm für dein Kind das sonnigste, luftigste und größte Zimmer deiner Wohnung und laß Luft und Licht hinein. Du darfst deinen Liebling unter keinen Umständen in die heiße feuchte Küche stellen. [...] Bade dein Kind täglich und nimm zur Kleidung nur leichte waschbare Stoffe. packe es nicht zu dick ein und verbanne vor allen Dingen das gesundheitsschädliche Wickelband. Hemdchen, Jäckchen und 2 Windeln genügen.« Sperrung im Original. Ein Bericht über einen Mütterabend findet sich abgebildet in Marx, Armenfürsorge, S. 185.
99 Vgl. Verwaltungsbericht Kreiswohlfahrtsamt Wittlich, 1918–1933, S. 2. KAB-W 2.0.147. Die Wochenfürsorge war die Fürsorge für nicht-versicherte Wöchnerinnen; hingegen war die Wochenhilfe auf versicherte Wöchnerinnen beschränkt. Die Kreisfürsorgerinnen rieten den Frauen, sich freiwillig weiterzuversichern, statt einige Wochen vor der Geburt aus

man zusätzlich eine wichtige Aufgabe darin, Säuglingswäsche, Wöchnerinnenkörbe, Stärkungsmittel oder Zuschüsse zur ärztlichen Behandlung zu beschaffen.[100] Die Mütter kamen nicht nur wegen der kostenlosen gesundheitlichen Kontrolle der Säuglinge in die Mütterberatungen, sondern auch, weil es dort Nahrungsmittel gab. So beklagte sich die Kreisfürsorgerin aus Daun bei einer Sitzung der Kreisfürsorgerinnen 1920: »Mütterberatungsstellen auf dem Lande üben bekanntlich keine Anziehungskraft aus, wenn nicht irgend ein materieller Vorteil damit verbunden ist. Noch besteht er in Zuweisung von Nährmitteln usw., wenn jedoch in absehbarer Zeit mit Aufhebung der Zwangswirtschaft zu rechnen ist, müssen die betreffenden Stellen darauf bedacht sein, etwas anderes zu bieten.«[101] In diesem Zusammenhang ist auch die Passage im Artikel »Einiges für unsere Mütter«, veröffentlicht von der Kreisfürsorgerin von Wittlich im *Wittlicher Kreisblatt* 1924, zu sehen:

»Das Verabreichen von verbilligten Lebensmitteln, wie so manche Mutter glaubt, ist nicht Zweck der Beratung, sondern es handelt sich um ein bedeutend wertvolleres, um die Gesundheit Deines Kindes, von der die spätere Zukunft abhängt. Deshalb sollte keine Mutter, der das Wohl ihres Kindes am Herzen liegt, es versäumen, von dieser schönen Einrichtung Gebrauch zu machen und nicht nur mit ihren schwächlichen, sondern auch mit ihren gesunden Kindern die Beratung besuchen.«[102]

Die Kreisfürsorgerinnen monierten in den Sitzungen, dass Isolierstationen für infektionskranke Säuglinge im gesamten Bezirk und Entbindungsanstalten auf dem Lande vollständig fehlten. Oft mangelte es an Ärzten auf dem Gebiet der Kinderheilkunde, weshalb

der Krankenkasse auzutreten, damit ihnen die höhere Wochenhilfe zustand. Gleichzeitig wurde so dem Kreis die Zahlung der Wochenfürsorge erspart. Vgl. KAB-W 2.0.198: Verwaltungsbericht des Kreiswohlfahrtsamtes Wittlich 1928, o. S.

100 Vgl. LHAK Best. 457 Nr. 75: Verwaltungsbericht des Kreises Bernkastel zur Denkschrift des Landkreisverbandes anlässlich der Jahrtausendfeier der Rheinprovinz o. D.[1925]. S. 32.

101 LHAK Best. 442 Nr. 16077: Sitzung der Kreisfürsorgerinnen, 9.10.1920. Ähnlich Sitzung vom 18.6.1921, in der Klagen laut wurden, dass der Besuch der Mütterberatungsstunden nachlasse, seit dort keine verbilligten Lebensmittel mehr zugeteilt wurden.

102 *Wittlicher Tageblatt*, 17.1.1924.

eine Fortbildung auf diesem Gebiet gefordert wurde. Nicht nur Kinderärzte, sondern auch allgemeine Ärzte fehlten in den Beratungsstunden. Dieser Umstand erwies sich dann als problematisch, wenn die Fürsorgerin eine Krankheit nicht sofort erkannte. Die Kreisfürsorgerinnen befürchteten, dass die Beratungsstunden dadurch in ein schlechtes Licht geraten könnten.[103] Obwohl dokumentiert ist, dass zumindest die Mütterberatungsstellen von Ärzten geleitet wurden, war deren Mitarbeit möglicherweise nicht vertraglich festgelegt. Neben Allgemeinmedizinern werden auch der Kreismedizinalrat und Sanitätsräte als Ärzte in den Mütterberatungen genannt[104], aber anscheinend war erst 1929 im Kreis Bernkastel mit der Anstellung eines Kreiskommunalarztes ein Mediziner vorhanden, der »insbesondere die Mütter-, Tuberkulose- und Krüppel-Beratungen und auch die Schulkinderuntersuchungen durchführen« sollte.[105]

Das Leistungsangebot der Fürsorgestellen immer aufrechtzuerhalten, war problematisch und die Finanzierung der Mütterberatungen immer unsicher. Wiederholt wurden in den Sitzungen der Kreisfürsorgerinnen Klagen über eine mangelhafte Milchversorgung und unpünktliche Belieferung mit Lebensmitteln laut[106], und »auf den Einwand der Bezirksfürsorgerin, die nachbarschaftliche Hilfe könne auch auf dem Lande vieles wieder gut machen, wurde erwidert, dass diese ganz versage«.[107] Freiwillige Spenden zu Wohlfahrtswecken seien kaum zu beschaffen. Man war auf punktuelle Hilfen und Zuschüsse angewiesen: Im Kreis Wittlich beispielsweise erzielten Wäschesammlungen 1918 und 1919 ein »schönes Ergebnis«.[108] Frauen der Stadt Wittlich hielten 1920 einen wöchentlichen »Nähtag« ab, an dem sie Rohnessel aus der Amerikahilfe zu Windeln und Hemden verarbeiteten.[109] Die Gemeinden unterstützten

---

103 LHAK Best. 442 Nr. 16077: Für den Abschnitt und die darin angeführten Zitate Sitzung der Kreisfürsorgerinnen, 29.3.1919, zwanglose Sitzung am 17.9.1919, Sitzung am 9.10.1920, 20.11.1920.

104 Vgl. Rott, Handbuch, S. 224–225 und 242–243.

105 LHAK Best. 655, 213 Nr. 664: Landrat Bernkastel an die Bürgermeister, 22.5.1929.

106 LHAK Best. 442 Nr. 16077: Sitzung der Kreisfürsorgerinnen, 29.3.1919 und 17.9.1919.

107 LHAK Best. 442 Nr. 16077: Sitzung der Kreisfürsorgerinnen, 29.3.1919.

108 Bericht über die Tagung des Kreiswohlfahrtsamtes am 15. November 1920, *Wittlicher Kreisblatt* vom 8.12.1920.

109 KAB-W 2.0.198: Denkschrift über Zweck, Organisation und bisherige Tätigkeit des Kreiswohlfahrtsamtes Wittlich, 1921.

die Kreisfürsorgerin nur minimal; sie lehnten Zuschüsse zu den Mütterberatungen ab oder stellten höchstens Brennholz zur Verfügung.[110] In Einrichtungen wie dem Josefshaus fanden die Mütterberatungen statt. Die Schwestern halfen anscheinend auch mit; 1926 zumindest teilte der Bernkasteler Landrat der Generaloberin der Franziskanerinnen in Waldbreitbach mit, dass der Kreisausschuss für die Mitarbeit von Schwester Euthalia »in der Wohlfahrtspflege, insbesondere in der Mutterberatung und bei den Solbädern eine Jahresvergütung von 300 RM bewilligt« habe.[111] Durch Finanzbeihilfen des Reiches waren Unterstützungen für Schwangere und Wöchnerinnen in der ersten Hälfte der zwanziger Jahre in Form von Wäsche- und Kleiderspenden oder Stillprämien[112] möglich. Nach dem Ausbau der Leistungen aus Wochenfürsorge und Wochenhilfe fielen diese Beihilfen 1926 weg; am Ende der zwanziger/zu Beginn der dreißiger Jahre war es mit Zuschüssen der Landesversicherungsanstalt der Rheinprovinz möglich, an bedürftige hoffende Frauen Milch, Wäsche, Lebertran usw. abzugeben.

Ab dem 1. April 1932 bestand die Säuglingsfürsorge nur noch aus den Hausbesuchen der Kreisfürsorgerinnen, Caritas- und Ordensschwestern; »aus Sparsamkeitsgründen« wurden die Beratungsstellen ab diesem Zeitpunkt eingestellt. Im Verwaltungsbericht wurde diese Entwicklung bedauert, schrieb man doch der Säuglingsfürsorge ein Verdienst daran zu, dass die Säuglingssterblichkeit in den letzten Jahren gesunken sei: Im Kreis Wittlich ging sie von 16,1 Prozent 1918 auf 6,6 Prozent 1931 zurück.[113]

110 Vgl. beispielsweise Archiv der Verbandsgemeindeverwaltung Bernkastel-Kues: Beschlussbuch GR Lieser 1913–1923, 17.10.1922: »Heizmaterial für Mütterberatungsstelle Lieser nach landrätl. Verfügung vom 2.10. zur Verfügung gestellt.« Oder Beschlussbuch GR Maring-Noviand 1914–1926, 19.10.1922: »Überlassung des für die Solbadekuren armer Kinder dem Kloster in Lieser überlassenen Holzes an die Mütterberatungsstelle dort. Wird abgelehnt.«

111 ZOA Wbb.: Chronik Niederlassung Lieser.

112 Leider fand ich nur Hinweise darauf, dass solche Prämien wohl verteilt wurden, allerdings keine Angaben zu den Empfängern, der Akzeptanz, einer lokalen/regionalen Diskussion um den Beitrag des Bruststillens zum Rückgang der Säuglingssterblichkeit o. ä. Vgl. zu dieser Thematik Fehlemann, Stillpropaganda; Vögele, Bruststillen.

113 KAB-W 2.0.147: Verwaltungsbericht Kreiswohlfahrtsamt Wittlich, 1918–1933, Anlage zu Blatt 4. In KAB-W 2.0.198: Verwaltungsbericht des Kreiswohlfahrtsamtes Wittlich 1928, ist der Rückgang mit »von 17,5% im Jahre 1915 auf 8,4% im Jahre 1928« angegeben.

2.2. Schul- und Kleinkinderfürsorge

Hatte reichsweit der Schwerpunkt in der Kinder- und Jugendfürsorge im Kaiserreich auf der Säuglingsfürsorge gelegen, wurde in der Weimarer Republik zusätzlich der Ausbau der Kinderfürsorge forciert. Die Sterblichkeit der älteren Kinder war angestiegen, nicht aber die Säuglingssterblichkeit; zudem rückten Probleme der Jugendfürsorge infolge des Krieges stärker in den Mittelpunkt der Diskussion.[114]

Neben einer »Kleinkinderberatung« in der Kreisstadt Wittlich, die von 1918 bis April 1932 von monatlich rund 30 bis 35 Kindern besucht wurde, bestand die Gesundheitsfürsorge für Kindergarten- und Schulkinder in den ländlichen Gemeinden aus ärztlichen Untersuchungen und Kinderspeisungen. Der Kreis Bernkastel nahm die Schulgesundheitsfürsorge wahrscheinlich 1923 in Angriff. In den untersuchten Gemeinden fassten die Gemeinderäte, bei denen um eine Beihilfe zur Einrichtung dieser Maßnahme nachgefragt worden war, trotz der staatlichen Zuschüsse in diesem Jahr der Hyperinflation und in den folgenden Jahren Beschlüsse, in denen sie sich »infolge des schlechten Standes der Gemeindefinanzen« gegen die Einrichtung einer Schulgesundheitspflege aussprachen oder nur dann mitmachen wollten, wenn für sie keine Kosten entstünden.[115] Ab 1928 wurde zumindest in Kesten ein Teil der Kosten übernommen und Heizmaterial zur Verfügung gestellt.[116] Ab 1923 wurden auch im Kreis Wittlich jedes Jahr die Schüler der ersten, vierten und achten Klasse untersucht. Mit Abstand die häufigste festgestellte Krankheit bei den Untersuchungen war Skrofulose; im Zeitraum zwischen 1925 und 1932 wurde sie insgesamt knapp 1900 Mal festgestellt. Etwa 600 Mal diagnostizierten die Ärzte in diesem Zeitraum Sehstörungen. Knapp 500 Mal bestand Verdacht auf Tuberkulose, tatsächliche Erkrankungen daran wurden 74 Mal festgestellt.

114 Vgl. Fehlemann, Gesundheitsfürsorge, S. 71.
115 Archiv der Verbandsgemeindeverwaltung Bernkastel-Kues: Beschlussbuch GR Maring-Noviand 1914–1926, 28.6.1923 und 10.10.1923. Ähnlich etwa Beschlussbuch GR Wehlen 1916–1924, 19.7.1923: »Der Gemeinderat ist leider gezwungen, von der Einführung der Schulgesundheitspflege abzusehen, da die trostlose Lage der Gemeinde jegliche Belastung mit neuen Ausgaben verbietet.«
116 Vgl. Archiv der Verbandsgemeindeverwaltung Bernkastel-Kues: Beschlussbuch GR Kesten, 27.1.1928 und 10.10.1928.

Andere der kranken Kinder litten unter Gehörstörungen oder Rachitis, hatten Ungeziefer oder wurden als »Krüppel« bezeichnet.[117] Im April 1932 musste aus finanziellen Gründen auch die Schulgesundheitsfürsorge eingestellt werden, nur noch »gelegentlich« besuchten die Kreisfürsorgerinnen Schulen. Die Lehrer meldeten gefährdete Kinder; eine eingehende medizinische Untersuchung wurde nicht mehr durchgeführt. Eltern konnten so nicht mehr relativ früh auf eine Krankheit ihres Kindes aufmerksam gemacht und eine entsprechende Behandlung eingeleitet werden.

Über die Akzeptanz der Schulgesundheitsfürsorge oder die Haltung von Eltern gegenüber dieser Einrichtung ist nichts in den Quellen überliefert. David F. Crew stellte ambivalente Einstellungen gegenüber der Schulgesundheitsfürsorge fest: Habe die Elternversammlung einer Berliner Schule diese Maßnahme richtiggehend gefordert, waren in einem Hamburger Schulbezirk Elternabende des Schularztes schlecht besucht; Eltern verweigerten die Teilnahme ihrer Kinder an den Untersuchungen und verstanden festgestellte Kopfläuse oder Unterernährung als gegen sie selbst gerichtete Angriffe.[118] In einem Rundschreiben 1925 teilte der Regierungspräsident von Trier mit, dass die Staatsregierung drei Millionen Mark als Zuschuss zu den Kosten von Kinderspeisungen in Preußen bereitgestellt habe. Dabei wurde in besonderem Maße darauf hingewiesen, »dass die Speisungen nicht als Armenspeisungen angesehen werden dürfen, dass sie vielmehr als vorbeugende Ernährungsfürsorge für geschwächte Kinder aller Volksschichten anzusehen sind«.[119] Da mit weiteren finanziellen Beihilfen von der Provinz und anderen Stellen zu rechnen sei, machte der Landrat von Bernkastel die Bürgermeister seines Verwaltungsbezirks darauf aufmerksam, dass die Beteiligung der Gemeinden an »bis zu zwei Dritteln der Kosten pro Portion keine die Durchführung der Speisungen hemmende Rolle« spielen dürfe, bei der Auswahl der Kinder »nicht engherzig« zu verfahren sei.[120] In der Bürgermeisterei Zeltingen sind Kinderspeisungen

---

117 KAB-W 2.o.147: Verwaltungsbericht Kreiswohlfahrtsamt Wittlich, 1918–1933, S. 5.
118 Vgl. Crew, Elternschaft, S. 280–282.
119 LHAK Best. 655, 123 Nr. 854: Rundschreiben des Regierungspräsidenten Trier, 26.7.1925.
120 LHAK Best. 655, 123 Nr. 854: Landrat Bernkastel an die Bürgermeister, 4.8.1925. Die Mittel für die Kinderspeisungen wurden von Staat und Provinz bezuschusst, die Finanzierung lag überwiegend auf den Schultern

für den Zeitraum von 1924 bis 1929 dokumentiert; sie fanden, je nach Gemeinde, in mehreren Zeiträumen im Jahr statt.[121] Die Zusammenarbeit mit den Schwestern des Josefsklosters in Zeltingen verlief anscheinend problemlos; die Gemeinden fanden sich zu Zuschüssen bereit.

1925 wurde beispielsweise in Zeltingen-Rachtig an über 100 »schlecht ernährte und schwächliche Kinder minderbemittelter Eltern« ein Frühstück in Form von Milch oder Kakao mit einem Brötchen ausgegeben.[122] Der Bürgermeister berichtete über die Auswirkungen der Kinderspeisungen, dass sich zwar ein »greifbarer Erfolg [...] natürlicherweise nicht feststellen [ließ]. Zweifellos handelt es sich aber hier um eine Einrichtung, die zu gegebener Stunde wiederholt zu werden verdient und die in allen Teilen der Bevölkerung als gut und segensreich empfunden wird.«[123]

In den Kindergärten des Kreises Wittlich wurde, finanziert durch Spenden des »Deutschen Zentral-Komitees in Essen«, von 1923 bis 1925 für alle Kinder ein Frühstück, bestehend aus Milch, Milchbrei oder Kakao mit Gebäck, eingerichtet. Weitere Maßnahmen der Kleinkinderfürsorge bestanden in der Abgabe von Lebertran an rachitische und unterernährte Kinder sowie einer Verbesserung der Spielgelegenheiten und der Inneneinrichtung in verschiedenen Kindergärten.[124] Von 1926 bis 1930 erlaubte das Spendenaufkommen

des Kreises und der Gemeinden, wobei der Anteil der Gemeinden als recht gering eingestuft werden kann: Die Gemeinden der Bürgermeistereien Zeltingen und Lieser übernahmen lediglich die Heizkosten; vgl. etwa Archiv der Verbandsgemeindeverwaltung Bernkastel-Kues: Beschlussbuch GR Lieser 1923–1930, 28.7.1926.

121 LHAK Best. 655, 123 Nr. 92: Verwaltungsbericht für das Kalenderjahr 1927. In diesem Jahr fanden die Speisungen in Zeltingen im Zeitraum von insgesamt 20 Wochen statt, in Rachtig ebenso. In Lösnich wurde im Zeitraum von nur 14 Wochen, in Erden im Zeitraum von nur sechs Wochen eine Speisung durchgeführt.

122 Vgl. LHAK Best. 655, 123 Nr. 854: Bgm. Zeltingen an Landrat Bernkastel, 19.8.1925. Vgl. ebd. Bgm. Zeltingen an das hiesige Kloster (Entwurf), 4.8. 1926; Verfügung des Bgm. Zeltingen, 9.10.1926, den hiesigen Krankenschwestern für ihre »Mühewaltung« bei der Kinderspeisung 25 RM zu vergüten. In LHAK Best. 655, 123 Nr. 954 sind die Kinderspeisungen bis 1929 dokumentiert.

123 LHAK Best. 655, 123 Nr. 854: Bgm. Zeltingen an Landrat Bernkastel, 11.10.1926 (Entwurf).

124 Vgl. KAB-W 2.0.147: Verwaltungsbericht Kreiswohlfahrtsamt Wittlich, 1918–1933, S. 4.

nur noch Speisungen für kränkliche Kinder, die vom Arzt dafür ausgesucht worden waren. In ähnlicher Form wurden ab 1924 für ausgesuchte Kinder auch in den Schulen Speisungen durchgeführt. Nachdem im ersten Jahr 875 Kinder eine Mahlzeit erhalten hatten, pendelte sich die Zahl der Kinder in den folgenden Jahren bei circa 250 bis 300 Kindern ein.[125]

Auch im Kreis Bernkastel konnten ab dem Winter 1932/33 keine Kinderspeisungen mehr finanziert werden. Bereits im September 1932 hatte der »Rheinische Provinzialausschuss für Kinderspeisung und Auslandshilfe beim Landeshauptmann der Rheinprovinz« den Ortsausschüssen für Kinderspeisung mitgeteilt,»dass die zur Verfügung stehenden Mittel gegenüber dem Vorjahr erheblich geringer seien«.[126] Im Januar 1933 stand schließlich fest, dass in diesem Winter keine Speisungen mehr vorgenommen werden könnten, weil die Mittel dafür fehlten.[127]

Auf dem Gebiet der Erholungsfürsorge organisierten die Kreiswohlfahrtsämter Solbade- oder Liegekuren für Kinder; von 1929 an auch für erschöpfte, kinderreiche Mütter. Erste Ansätze in der Erholungsfürsorge für Kinder und Mütter lassen sich im Untersuchungsgebiet mit der Entsendung von »unterernährten erholungsbedürftigen Kriegerwaisen« an die See und in Solbäder 1921 fassen.[128] Ähnlich wie die Mütterberatungen oder die Kinderspeisungen war auch die Finanzierung der Erholungsfürsorge nie gesichert, war man immer auf die Bewilligung von Mitteln vom Reich, der Provinz oder der LVA angewiesen. Bei der Erholungsfürsorge für Kinder waren im besonderen Maße auch die Eltern angehalten, einen Zuschuss zu den vergleichsweise hohen Kosten zu leisten. Daran scheiterte häufig die Entsendung der Kinder. Ob die Eltern diesen

125 Vgl. KAB-W 2.0.147: Verwaltungsbericht Kreiswohlfahrtsamt Wittlich, 1918–1933, S. 8.

126 LHAK Best. 655, 123 Nr. 970: Rundschreiben des Rheinischen Provinzialausschusses für Kinderspeisung und Auslandshilfe beim Landeshauptmann der Rheinprovinz an Ortsausschüsse für Kinderspeisung (Abschrift), 20.9.1932.

127 LHAK Best. 655, 123 Nr. 970: Aktennotiz Bgm. Zeltingen, 25.11.1932; Aktennotiz Bgm. Zeltingen, 10.1.1933.

128 LHAK Best. 655, 123 Nr. 854: KWA Bernkastel an Bgm. Zeltingen, 11.1. 1921, mit der Bitte um die Angabe von Kindern, die für eine solche Maßnahme in Frage kommen. Die Kinder, die beispielsweise die Pfarrer von Wolf und Rachtig auf Anfrage nannten, waren unterernährt, blutarm oder skrofulös.

Maßnahmen »keinen Wert beimaßen«, wie die Verwalter vermuteten, wenn Eltern nicht auf das Angebot der Erholungsfürsorge reagierten, kann zwar nicht entschieden werden, der materielle Aspekt spielte jedoch sicherlich eine entscheidende Rolle.[129] Speziell für kinderreiche Familien richtete das Landesjugendamt ab 1929 Maßnahmen in Form von Erholungskuren für Mütter und Erziehungs- und Ausbildungsbeihilfen für Kinder ein. Im Kreis Wittlich bot man etwa vierwöchige Erholungskuren für kinderreiche Mütter an, an denen 1929 drei Mütter, 1930 schon 18 und 1931 13 Mütter teilnahmen; 1932 sank ihre Zahl auf neun und 1933 auf eine Mutter.[130] In der Bürgermeisterei Zeltingen konnten im Jahr 1929 Berufsausbildungsbeihilfen an fünf Familien in Höhe von insgesamt 860 RM ausgezahlt werden.[131]

Neben Erholungsaufenthalten an der Ostsee wurden Kuren auch in zum Teil neu errichteten nahegelegenen Bädern durchgeführt. Im Kreis Wittlich konnten in den zwanziger Jahren jeweils circa 60 Schulkinder an mehrwöchigen Solbade- und Liegeluftkuren teilnehmen, die wenige Stunden täglich in Anspruch nahmen. 1930 wurden Ganztageskuren durchgeführt; das Tagesprogramm bestand aus Liegekuren, Bewegungsspielen, Gesundheitsturnen, Atemübungen und einem abschließenden »Brausebad«.[132] In Mülheim wurde

129 LHAK Best. 655, 123 Nr. 854: Rundschreiben Landrat Bernkastel an die Bgm., 13.3.1925, betr. freie Plätze in dem Seeheim Göhren auf Rügen für skrofulöse und lungenkranke Kinder, die allerdings recht teuer seien (täglicher Pflegesatz 3,– RM), weshalb eine Entsendung nur in den dringendsten Fällen stattfinden könne. Sei ein Elternteil in der Invalidenversicherung, könne ein Antrag an die LVA gestellt werden, die zwei Drittel der Kosten übernehme, andere Eltern müssten »entsprechend ihrer Vermögenslage« selbst einen Anteil tragen. Der Gemeindevorsteher von Zeltingen schlug nach Rücksprache mit dem Pfarrer und dem Lehrpersonal drei Kinder vor, bemerkte jedoch in einem Schreiben an den Bgm. Zeltingen, 22.3.1925: »Bei der großen Geldknappheit, in Bezug auf die entstehenden Unkosten und bei der weiten Entfernung, der Unterbringungsstelle, haben die Eltern Bedenken ihre Kinder dort unterzubringen.« Aktennotiz Bgm. Zeltingen, 8.4.1925: »Es waren alle Eltern vorgenannter Kinder hierherbestellt worden. Es ist aber nur Franz J. erschienen u. scheinen die übrigen keinen Wert auf die Unterbringung zu legen.«

130 KAB-W 2.0.147: Verwaltungsbericht Kreiswohlfahrtsamt Wittlich, 1918–1933, S. 10.

131 LHAK Best. 655, 123 Nr. 192: Verwaltungsbericht Bgm. Zeltingen 1929.

132 KAB-W 2.0.147: Verwaltungsbericht Kreiswohlfahrtsamt Wittlich, 1918–1933, S. 7.

1930 unter Trägerschaft des Kreises Bernkastel ein »Licht- und Luftbad [...] für die unterernährten Kinder der notleidenden Moselwinzer« errichtet.[133] Im Sommer 1925 richtete das KWA im Moselkrankenhaus Bernkastel, im Kloster Lieser und im evangelischen Krankenhaus Rhaunen sechs Solbadekuren von je sechs Wochen für je 16 Kinder ein, deren Kosten hauptsächlich vom Kreis getragen wurden. Die Eltern mussten für die örtlichen Erholungskuren zwar nur geringe Zuschüsse leisten, waren jedoch hierzu auch oftmals nicht in der Lage.[134] Nach den Bädern, die dreimal in der Woche durchgeführt wurden, erhielten die Kinder eine Mahlzeit, die aus Milchgebäck mit Mehlsuppe, Reispudding oder Kakao bestand. Diese Maßnahmen reichten jedoch in keiner Weise für die erholungsbedürftigen Kinder aus.[135] Auch hier unterstützten die Gemeinden diese Maßnahmen des Kreiswohlfahrtsamtes nur in geringem Maße, etwa durch die Überlassung von Brandholz.[136]

2.3. Tuberkulosefürsorge

Schon seit Beginn des Jahrhunderts wurde zumindest auf Ebene des Regierungsbezirks über die Notwendigkeit der Tuberkulosefürsorge diskutiert. Da Tuberkulose insbesondere unter der ländlichen Bevölkerung verbreitet war, schien es notwendig, eine eigene Heilstätte für den nördlichen Teil des Regierungsbezirks zu errichten. Im Grünewald bei Wittlich, circa 2,5 Kilometer von der Kreisstadt

133 LHAK Best. 442 Nr. 16109: Die Planung eines solchen Bades ist seit 1928 in der Akte dokumentiert. Die Kosten von 2500 RM trug nur zu einem kleinen Teil der Kreis, die Hauptlast lag bei der Landesversicherungsanstalt der Rheinprovinz und dem Ministerium für Volkswohlfahrt.

134 Vgl. LHAK Best. 655, 213 Nr. 664: Bgm. Lieser an Landrat Bernkastel, 16.4.1932: Bericht über die Familien-, Vermögens- und Einkommensverhältnisse der Väter von zur Erholungskur im Kindertagesheim Mülheim vorgeschlagener Kinder.

135 LHAK Best. 457 Nr. 72: Bericht des Kreisarztes Dr. Schneweis an Landrat Bernkastel, 14.2.1925.

136 Vgl. etwa Archiv der Verbandsgemeindeverwaltung Bernkastel-Kues: Beschlussbuch GR Maring-Noviand 1914–1926, 10.10.1923, oder die Bemerkung in LHAK Best. 655, 123 Nr. 192: Verwaltungsbericht Bgm. Zeltingen 1929, zur Unterbringung von Kindern in Erholungs- und Heilstätten, dass die Kosten größtenteils vom Kreiswohlfahrtsamt getragen wurden: »Die Gemeinden haben sich an den Kosten nicht beteiligt.«

entfernt, stellte Landrat Mannkopff einen Bauplatz unentgeltlich zur Verfügung. Mit Beihilfen der Kreise Bernkastel, Daun, Merzig, Saarburg, Trier-Land, Trier-Stadt und des deutschen Zentralkommitees zur Einrichtung von Heilstätten für Lungenkranke wurde die Anstalt »Maria Grünewald« 1902 fertig gestellt.[137] Auch auf Kreisebene kann schon vor dem Ersten Weltkrieg ein Bewusstsein für die Notwendigkeit präventiver Maßnahmen gegen diese Krankheit festgestellt werden: In Bernkastel stellte der Kreistag im Haushaltsplan für das Jahr 1907 den Betrag von 500 Mark für die Errichtung einer Auskunfts- und Fürsorgestelle für Tuberkulose bereit.[138] Spätestens ab 1911 scheint auch im Kreis Wittlich eine Finanzierungsquelle für »Tuberkulosezwecke« bereitgestanden zu haben: Der Bürgermeister von Monzel informierte den Landrat darüber, dass die Gemeinde Pohlbach die Unterstützung einer Witwe, deren Kind an einer tuberkulösen Fistel erkrankt war, abgelehnt habe: »Da eine operative Behandlung des Kindes nicht mehr weiter verschoben werden kann, habe ich mich nach Lage der Verhältnisse entschlossen, dadurch zu helfen, daß ich aus den mir zur Verfügung stehenden, bei der Kreissparkasse angelegten Beträgen der Gemeinden, die für Tuberkulosezwecke bestimmt sind, […] 50 M auszahlen lasse.«[139] Das Preußische »Gesetz zur Bekämpfung der Tuberkulose«[140] vom 4. August 1923 legte eine Meldepflicht Tuberkulosekranker fest. Die Errichtung eigener Fürsorgestellen schrieb es dagegen nicht vor, vielmehr wurde von ihrer Existenz ausgegangen.[141] Im Kreis Bernkastel ist dokumentiert, dass die Gemeinden ab spätestens 1919 einen Beitrag von zehn Pfennigen pro Einwohner zur Tuberkulosefürsorgestelle des Kreises zu zahlen hatten.[142] 1925 waren offenbar vier Untersuchungs- und Beratungsstellen mit festen Sprechstunden eingerichtet.[143]

137 Vgl. Burgard, Maria Grünewald, S. 66–69.

138 LHAK Best. 655, 213 Nr. 126: Bürgermeister-Konferenz, 11.5.1907.

139 KAB-W 2.0.343: Bgm. Monzel an Landrat Wittlich, 16.6.1911.

140 Behrend/Stranz-Hurwitz (Hg.), Sammlung, S. 424–432.

141 Vgl. Sachße, Mütterlichkeit, S. 205.

142 Vgl. Archiv der Verbandsgemeindeverwaltung Bernkastel-Kues: Beschlussbuch GR Maring-Noviand 1914–1926, 11.12.1919 oder Beschlussbuch GR Wehlen 1916–1924, 10.12.1919. Vgl. auch LHAK Best. 655, 213 Nr. 126: Bürgermeister-Konferenz, 21.4.1920.

143 Vgl. LHAK Best. 457 Nr. 75: Verwaltungsbericht des Kreises Bernkastel zur

Im Kreis Wittlich ist die Einrichtung der Sprechstunde für Tuberkulosekranke und die Entwicklung der erfassten Personen recht gut dokumentiert. Schon ab 1918 waren die Ärzte des Kreises dazu angehalten, Tuberkulosekranke dem Wohlfahrtsamt zu melden[144]; eine eigene Tuberkulosesprechstunde wurde erst 1925 eingerichtet, geleitet vom Kreiskommunalarzt in Zusammenarbeit mit den Kreisfürsorgerinnen. Sie wurde im Kreiskrankenhaus zunächst alle 14 Tage, ab 1926 aufgrund starker Nachfrage wöchentlich abgehalten. Die Zahl der erfassten Personen stieg von 480 im Jahr 1925 auf jeweils um die 960 ab 1929. Zur Heilung wurden die Kranken in Krankenhäuser, Heilstätten, Solbäder und Genesungsheime überwiesen; sie erhielten Milch, Lebertran und Badesalz.[145] Die Besichtigungen der Wohnungen von tuberkulösen und kinderreichen Familien ergab, dass in der Mehrzahl der Fälle Betten fehlten. Durch den Umbau und die Erweiterung von Wohnungen sowie die Beschaffung von Betten wurde diesem Umstand abgeholfen.[146]

Man kann in der Zeit der Weimarer Republik sicherlich davon sprechen, dass »Elemente sozialer Dienstleistung gegenüber der materiellen Sicherung zunehmend in den Vordergrund rückten«.[147]

Denkschrift des Landkreisverbandes anlässlich der Jahrtausendfeier der Rheinprovinz o. D. [1925]: »Zur Bekämpfung der Tuberkulose werden Stärkungs- und Lebensmittel, Medikamente, Spucknäpfe usw. ausgegeben, Desinfektionen vorgenommen beziehungsweise Desinfektionsmittel verteilt. Für Erwachsene werden Zuschüsse zu Heilverfahren und Krankenhauskosten gegeben. Jährlich werden 50 Kinder in auswärtige Heilstätten, Sol- und Seebäder geschickt, ausserdem unentgeltlich 100 Kuren in 3 eigenen örtlichen Solbädern (zu Bernkastel-Cues, Lieser und Rhaunen) durchgeführt. Ferner werden Impfungen, Röntgendurchleuchtungen und Bestrahlungen mit künstlicher Höhensonne vorgenommen.«

144 KAB-W 2.0.198: Denkschrift über Zweck, Organisation und bisherige Tätigkeit des Kreiswohlfahrtsamtes Wittlich, 1921.

145 Vgl. KAB-W 2.0.147: Verwaltungsbericht Kreiswohlfahrtsamt Wittlich, 1918–1933.

146 Vgl. KAB-W 2.0.198: Tätigkeitsbericht des Kreiswohlfahrtsamtes Wittlich, 1929. Vgl. KAB-W 2.0.198: Verwaltungsbericht des Kreiswohlfahrtsamtes Wittlich, 1928: Von den 853 Personen, die 1928 die Tuberkulosefürsorgestelle besuchten, hatten 479 kein eigenes Bett und 644 kein eigenes Schlafzimmer; KAB-W 2.0.147: Verwaltungsbericht des Fürsorgeamtes Wittlich 1931: Durch eine Spende der LVA war es möglich, 65 Tuberkulösen ein eigenes Bett zu verschaffen.

147 Sachße/Tennstedt, Fürsorge, S. 9.

Zumindest gilt das für die fürsorgerische Programmatik. Das Selbstverständnis als Wohlfahrtsstaat drückte sich schon in der Zusicherung sozialer Rechte in der Weimarer Reichsverfassung aus. Die Umsetzung dieser Programmatik stellte sich jedoch angesichts der Krisenhaftigkeit dieser Zeit weniger als »planvolle sozialpolitische Gestaltung«, sondern vielmehr als »unmittelbar drängende, häufig fast hektische Reaktionen auf akute soziale Notstände« dar.[148] Im Untersuchungsgebiet waren die neu gebildeten Bezirksfürsorgeverbände mit der Durchführung der ausdifferenzierten Fürsorgeaufgaben überfordert. In einer Denkschrift des Jahres 1925 wurden die in den Haushaltsplänen vorgesehenen den tatsächlich notwendigen Ausgaben für das Fürsorgewesen gegenübergestellt:[149]

Tab. 6: Wohlfahrtsausgaben der Kreise des
Regierungsbezirkes Trier, 1925

Kreis	Wohlfahrtsausgaben (in Mark)		Auf den Kopf der Bevölkerung entfällt (in Mark)	
	tatsächlich vorgesehene	wirklich notwendige	nach Spalte 2	nach Spalte 3
Bernkastel	135 000	250 000	2,67	4,94
Bitburg	197 520	360 000	4,00	7,46
Daun	144 000	230 000	4,37	6,98
Prüm	160 780	250 000	4,26	6,62
Saarburg	142 790	215 490	3,76	5,67
Trier-Land	533 950	1 000 000	5,33	10,00
Wittlich	240 000	400 000	5,36	8,94
Baumholder	141 850	270 000	4,73	9,00
Wadern	114 200	175 000	4,57	7,00
Trier-Stadt	1 160 000	1 600 000	19,68	27,15

148 Sachße, Mütterlichkeit, S. 188.
149 LHAK Best. 457 Nr. 72: »Denkschrift über die Hebung der wirtschaftlichen Not im Regierungsbezirk Trier« 1925: »Dabei sind die wirklich erforderlichen Ausgaben unter strenger Einhaltung des Grundsatzes wirtschaftlicher Sparsamkeit errechnet; sie treffen aber nur solange zu, als nicht durch besondere Ereignisse, z. B. Arbeiterentlassungen im Saargebiet, Zuwanderung von Flüchtlingen, neuerliche Mißernte die z. Zt. bestehenden Notstände wesentlich verschärft werden.«

Die Finanzierung von Maßnahmen im Bereich der Kinder- und Gesundheitsfürsorge war nie gesichert; zur Durchführung der Kinderspeisungen oder der Säuglingsfürsorge war man, auch angesichts der mangelnden Bereitschaft der Gemeinden, etwas zuzusteuern, auf Zuschüsse der Provinz, der Landesversicherungsanstalt oder anderer Träger angewiesen. Die Akten der allgemeinen Armenfürsorge bieten nur Einblicke in die Rolle der Kreisfürsorgerin in diesem Bereich. Die in der Forschung diskutierte Ambivalenz des Weimarer Wohlfahrtsstaats, einerseits die »Ausdehnung der Wohlfahrtsproduktion« vorangetrieben, andererseits auch eine »wachsende öffentliche Interventionsmacht«[150] dargestellt zu haben, lässt sich im Untersuchungsgebiet nur punktuell fassen, etwa wenn die Kreisfürsorgerin bei ihren Wohnungsbesichtigungen die »Wirtschaftlichkeit« von Bedürftigen bewertete. Es fehlt jedoch eine eigene Überlieferung der Gesundheits- und Jugendämter, mit der man dieser Frage in stärkerem Maße hätte nachgehen können.

150 Vgl. Rudloff, Wohlfahrtsstadt, S. 25.

V. »Economy of makeshifts«: Überlebensstrategien von Armen

Der geringe Prozentsatz von Antragstellern und Unterstützten und die gleichzeitige Beobachtung, dass sich die Vielzahl der Bewohner des Untersuchungsgebietes in einer prekären Lage befunden haben muss, wirft die Frage auf, mit welchen Strategien die Inanspruchnahme öffentlicher Unterstützung vermieden beziehungsweise auch bei Bezug einer sehr geringen öffentlichen Unterstützung das Auskommen gesichert werden konnte.

Die Einkommenssituation vieler in den Fürsorgeakten fassbaren Menschen kann als eine Art »Patchwork«[1] angesehen werden: Der Verdienst aus Landwirtschaft und Weinbau, Erträge aus eigenem oder gepachtetem Besitz, wurden durch Tagelohn, Handwerk und Handel und weitere Zusatztätigkeiten[2] ergänzt. Dabei stellte Mehrberufigkeit in ländlichen Gebieten noch bis weit ins 20. Jahrhundert hinein die Normalität dar.[3] Bei Arbeitsunfähigkeit, die durch

---

1 Laura Balbo verwendet *patchwork* und *quilt* als Chiffren für weibliche Tätigkeiten wie das Nähen eines Quilts als Beitrag zum Familieneinkommen. Darüber hinaus verweisen die Begriffe »auf die ständige Aufgabe, das Verfügbare zu sortieren und zusammenzufügen, auf das Bemühen, zu sparen und wiederzuverwenden, auf die Fähigkeit, Tag für Tag ein umfassenderes und langfristigeres Vorhaben zu organisieren.« Balbo, Crazy Quilts, S. 179. Zur Einkommenssituation Armer prägnant Wales, Poverty, S. 352 (eigene Übersetzung): »Alle Armen waren, in Abstufungen, die sich je nach der lokalen Wirtschaft und Gesellschaft verändern konnten, auf eine ganze Reihe an Einkommensquellen angewiesen, um ihren Lebensunterhalt bestreiten zu können – Tagelohn, Nebenerwerb und Gelegenheitsarbeiten, gemeinsame Eigentumsrechte, wohltätige Unterstützungen, nachbarschaftliche und/oder verwandtschaftliche Unterstützung, Kredit und Betteln.«

2 Vgl. Castel, Metamorphosen, S. 150, Fn. 29, wo er auf den Begriff der »activités annexes« verweist, verwendet in Lefebvre, G., Les Paysans du Nord pendant la Révolution, Paris 1924, zur »Kennzeichnung des Umstands, daß man notgedrungen auf das Landhandwerk, auf Arbeit bei reicheren Bauern, auf die Nutzung der Allmenden, auf Wilderei usw. zurückgreift«.

3 Zu den fließenden Übergängen zwischen »Berufen«, Beschäftigungsverhältnissen und sonstigen Tätigkeiten, zu »Mischerwerb« und familiärer Arbeitsteilung im ländlichen Raum vgl. etwa Mitterauer, Familie, passim oder als Fallstudie Beck, Unterfinning, S. 20. Zu den flexiblen Strategien

Krankheit oder Alter verursacht war, stand den Versicherten des Untersuchungsgebietes ein monatlicher Betrag aus der Alters- oder Invalidenrente zur Verfügung, deren Höhe jedoch keinesfalls die Existenz sichern konnte.[4] Neben der kommunalen Fürsorge gewährleisteten vereinzelte Wohltäter und mildtätige Vereine materielle Hilfe in Notlagen. Prekäre Lebenssituationen erforderten Überlebensstrategien, die von Olwen Hufton und in ihrer Nachfolge von anderen Historikern, die sich mit Armut beschäftigen, als »economy of makeshifts«, im Deutschen meist übersetzt mit »Ökonomie des Notbehelfs«, bezeichnet wurden.[5] Olwen Hufton untersuchte das Frankreich des 18. Jahrhunderts, in dem noch keine geregelte staatliche Fürsorge existierte, auf die man in Notsituationen hätte zurückgreifen können. Im Gegensatz dazu stand den hier untersuchten Armen als letzte Möglichkeit die kommunale Armenfürsorge zur Verfügung, was als Argument dienen könnte, dass sich das Konzept auf den Untersuchungszeitraum nicht anwenden lässt.[6] Öffentliche Unterstützung war jedoch in

der Existenzsicherung zählen auch Mobilität und Migration. Vgl. dazu Ammerer, Heimat, S. 62.

4   Auf den Stellenwert der Renten innerhalb des Einkommens der fassbaren Antragsteller und Unterstützungsbezieher kann hier nicht eingegangen werden. Es fehlen Statistiken zu diesem Gebiet; die Quellenlage ist zu disparat, als dass eine systematische Auswertung erfolgen könnte. Für den Untersuchungszeitraum kann jedoch festgehalten werden, dass die Leistungen aus den staatlichen Versicherungssystemen unzureichend waren; vgl. etwa Tennstedt, Ausbau, S. 225.

5   Hufton, Poor. Zwei Kapitel ihres Werks (über Migration und Betteln) wurden mit »economy of makeshifts« übertitelt. Ihre weiteren Forschungen beziehen sich größtenteils auf die Frühe Neuzeit und das 19. Jahrhundert. Vgl. als Überblick King/Tomkins, Introduction. Smith, Plight, S. 150, wendet den Begriff auch auf arbeitsfähige Arme in französischen Städten zu Beginn des 20. Jahrhunderts an. In der deutschsprachigen Forschung wird die »Ökonomie des Notbehelfs« von Armen und Bettlern überwiegend in Untersuchungen zur Frühen Neuzeit analysiert, etwa bei Ammerer, Heimat, S. 379–457, oder Mooser, Unterschichten, S. 325.

6   Tomkins/King, Introduction, S. 11–12 (eigene Übersetzung), gehen beispielsweise davon aus, dass »ein Ausdruck wie ›economy of makeshifts‹ nicht hätte formuliert werden können um die Verteilung der Fürsorge beispielsweise in den protestantischen Niederlanden zu beschreiben, die wohl eins der bestimmtesten wenn auch dezentralisiertesten ›Systeme‹ in Europa im späten 17. und 18. Jahrhundert besaßen. Eine Zusammenarbeit zwischen den Kommunen und der Staatskirche gewährte ein echtes Sicherheitsnetz um die niederländischen Armen aufzufangen.«

den preußischen Gemeinden auch zu Anfang des 20. Jahrhunderts noch keineswegs ein verlässliches Auffangnetz, das anderweitige Formen der Hilfe und des Einkommens obsolet gemacht hätte.

Wenn die »Ökonomie des Notbehelfs« losgelöst von den tatsächlichen historischen Rahmenbedingungen als sämtliche Anstrengungen Armer, ihr Auskommen zu sichern, definiert wird, ist eine Übertragung des Konzepts auf andere Zeiten und Länder durchaus möglich. Es fand seine Modifizierungen durch englische Armuts- und Fürsorgehistoriker in Ausdrücken wie »the economics of survival« oder »ways of getting a living«.[7]

Als ergänzende Bestandteile einer »Ökonomie des Notbehelfs« wurden in der Forschung Betteln, Kleinkriminalität, Gelegenheitsprostitution[8], die Notwendigkeit des Schuldenmachens und die Inanspruchnahme privater Mildtätigkeit thematisiert.[9] Nicht oder nur schlaglichtartig können diese aufgrund der Quellenlage beleuchtet werden; es wurde versucht, die wichtigsten in den Briefen angesprochenen »Größen des täglichen Überlebenskampfes«[10] zu thematisieren.

Die Fürsorgeakten können nur einen kurzen Ausschnitt aus dem Leben der Antragsteller und Unterstützten und ihren Überlebensstrategien präsentieren. Sie begegnen uns zudem im Moment des Scheiterns ihrer Bemühungen, eigenständig das Auskommen zu sichern. Trotzdem bieten die Unterstützungsgesuche eine reiche Quelle für das alltägliche Bemühen der Armen, ihr Auskommen zu

7   Vgl. Tomkins/King, Introduction, S. 13.
8   Vgl. für die Frühe Neuzeit und städtische Kontexte Hufton, Frauenleben, S. 450: »Die Ökonomie der Arbeiterklasse war immer eine Ökonomie der vielfachen Notbehelfe, und in diese Ökonomie der Notbehelfe konnten auch Prostitution oder Kuppelei eindringen. Das soll nicht heißen, daß jede hungrige Hemdmacherin, die ohne Arbeit dastand, sich automatisch prostituiert hätte, sondern nur, daß manche auf diese Weise ein Zusatz- oder Ersatzeinkommen erzielen konnten und auch erzielten.«
9   Vgl. etwa für die Frühe Neuzeit Hufton, Poor; Dinges, Stadtarmut.
10 Vgl. Rudloff, Wohlfahrtsstadt, S. 629, der hier Überlegungen der Münchener Fürsorgebehörde anführt. Ein Wohlfahrtsreferent der Stadt versuchte 1925, bei der Kalkulation der Unterstützungssätze den Posten der »geheimen Einkommensquellen« von Bedürftigen zu berücksichtigen. Rudloff nennt hier als gemutmaßte Einkommensquellen »Schwarzarbeit, karitative Gaben, Bettelgelder, Sustentationen, Familien- und Nachbarschaftshilfen, Entgelt für Botengänge und sonstige kleine Dienstleistungen mehr«.

sichern. Eine Reflektion der fragilen Einkommenssituation wird allein schon auf semantischer Ebene durch die Wahl der Begriffe deutlich: Antragsteller benutzen Umschreibungen ihrer Lage wie »durchbringen« oder »sich durchschlagen«.[11] Sie sprechen davon, ihr »kümmerliches« Leben »fristen« zu müssen und dass auch durch »äußerst sparsame Haushaltung« die Existenz nicht gesichert sei.[12] Auf inhaltlicher Ebene berichteten die Antragsteller oft darüber, wie sie ihren Lebensunterhalt verdienten. Die Fürsorgeakten bieten somit zumindest Ausschnitte aus den (Erwerbs-)Biographien der Armen, in manchen Fällen über einen recht langen Zeitraum. Indem man ergänzende Quellen hinzuzieht, lassen sich die unterschiedlichen Verdienstmöglichkeiten noch etwas mehr erhellen. Insbesondere eine Auswertung der Nachweisungen über die Wandergewerbesteuer erwies sich hier als ertragreich. Allerdings liegt nur für dieses Unterkapitel eine eigene Überlieferung vor; über die anderen Tätigkeiten und »Berufe« informieren hauptsächlich die Fürsorgeakten. Einschränkend ist zu sagen, dass die Angaben zu beruflichen Tätigkeiten besonders in den Briefen unvollständig und vage sind. Nur die Minderheit der Antragsteller gab einen Beruf an und wenn, dann finden sich oft pauschale Begriffe wie »Arbeiter« und »Tagelöhner«.[13] Manchmal sind selbst diese rudimentären Angaben nicht vorhanden, es ist nur von einem »Verdienst« (wahrscheinlich Tagelohn) im Gegensatz zur Hausarbeit die Rede.[14]

11 Vgl. etwa LHAK Best. 655, 213 Nr. 188: Wwe. Friedrich W., Maring, an den GR Maring-Noviand, 21.10.1912: »Ich unterzeichnete befinde mich mit meinen 5 Kindern in einer sehr bedürftigen und notleidenden Lage, da ich mit meinem Tagelohn nicht die Haushaltung durchbringen kann.«

12 Vgl. LHAK Best. 655, 213 Nr. 186: Michel F., Kesten, an den Landrat Bernkastel, 26.11.1928: »Ich habe nichts als mein nacktes Handwerk als Schneider wo von ich meine Familie kümmerlich ernähren muß.« LHAK Best. 655, 213 Nr. 186: Wwe. F., Kesten, an den Bgm. Lieser, 16.6.1920: »Meine bejahrte Schwester sucht durch äußerst sparsame Haushaltung uns das Durchkommen auf jede Weise zu ermöglichen. Aber ohne namhafte Unterstützung müssen wir unseren letzten Sparpfennig hingeben, um unser Leben fristen zu können.«

13 Noch pauschaler waren diese Angaben in Briefen englischer Armer zu Beginn des 19. Jahrhunderts, vgl. Sokoll, Negotiating, S. 31.

14 Vgl. etwa LHAK Best. 655, 213 Nr. 187: Angela F., Lieser, an den Bgm. Lieser, 22.10.1905: »Mein ältester Bruder 18. Jahre verdient zwar etwas kleines aber was heißt das für so viele 4 von meinen Geschwistern gehen in die Schule ich kann darum unmöglich etwas verdienen denn ich hab genug im Haus zu schaffen.«

Als Beispiel für eine Erwerbsbiographie, die durch den ständigen Wechsel von einer Verdienstmöglichkeit zur nächsten, zeitweiliger Inanspruchnahme kommunaler Unterstützung beziehungsweise Arbeitslosenunterstützung und ergänzenden Gaben der freien Wohltätigkeit die »economy of makeshifts« veranschaulicht, können die Lebensläufe der Familien von Matthias E. und seinem Sohn gleichen Namens dienen:

Tab. 7: Matthias E. sen. und jun. – zwei Unterstützungs-
und Einkommensbiographien

Matthias E. sen. (*1872),	Matthias E. jun. (*1902),
»Fischer«, Lieser	»Fischereigehilfe«, Lieser
Besitz: 1 Wohnhaus, 20 Ruten Gartenland	*»vermögenslos«*
im Haushalt: Ehefrau Ida (*1878)	im Haushalt: Ehefrau Martha (*1898)
Sohn Philipp (*1915), in den Dokumenten ab 1929 als einziges Kind im Haushalt erwähnt	Die Kinder Hilda (*1924), Gertrud (*1925), Anna (*1930)
1906–1914: Ehefrau betreibt das Wandergewerbe zum Steuersatz von 6 M.	
1919: Übernahme von Sargkosten der Tochter auf die Armenspende.	
	1925: Beendigung des Fischerei-Pachtverhältnisses.
	ab Juli Ziegeleiarbeiter in Wittlich, im Dez. dort Betriebseinschränkung.
	Dez.: Weihnachtsgeschenk des Vaterländischen Frauenvereins (Kinderwäsche).
	März *1926*: 15,55 RM ELU wöchentl.
	Vom 11.11.*1927* bis 26.5.*1928* ALU.
	Im Juli 1928 wieder Beschäftigung als Fischereigehilfe.

Im Winter *1928 / 1929* sind Vater und Sohn als Gemeindearbeiter mit Kiesklopfen beschäftigt.

| *1929*: Im Februar will Ehefrau Ida »in Gemeinschaft mit ihrem Ehemann es mit dem Wandergewerbe versuchen«, da der Mann ohne Arbeit ist. Er kann keine ALU erhalten, weil er 1928 keine 26 Wochen in Arbeit stand. | *1929*: Im Januar Beantragung des Gewerbescheins zum Betreiben eines »Fischhandels« – E. will zusammen mit dem Schuster P., der auf seinem Handwerk nicht mehr genügend Beschäftigung findet, hausieren. |

Nov.: Gemeindearbeit bis zu einem Verdienst von 40 RM.

1930: Am 1.4. stellt E. Antrag auf Unterstützung von 2 RM täglich. Begründung: Seit Aug. 1929 sei er ohne festen Verdienst, bestreitet den dürftigsten Lebensunterhaltes durch Gelegenheitsarbeiten (Netzsticken, Salatstechen).
»Seine Absicht, durch Anpachtung der Fischereistrecke Dusemond – Berncastel sich einen Lebensunterhalt zu verschaffen, ist fehlgeschlagen.«
Ab Mai sind 40 RM monatliche Unterstützung verzeichnet.

Juni: Arbeiter bei der Reichseisenbahnverwaltung.

1930: Im März erhält Martha E. 40 RM Wochenfürsorge. ebenfalls am 1.4. Antrag auf Unterstützung von 2,50 RM täglich. Begründung: kein Verdienst, notdürftiger Lebensunterhalt durch Salatstechen.

Ab Mai monatlich 40 RM Unterstützung gegen 12 Tage Gemeindearbeit im Monat.

August: gemeinsames Gesuch um Erhöhung der Unterstützung von momentan 10 M wöchentlich.

November: erneute gemeinsame Bitte um Erhöhung der Unterstützung. Die Unterstützung wird offenbar nicht erhöht – bis 4.4.1931 werden an beide jeweils 10 RM wöchentlich gezahlt.

1931: Im Dezember erhalten beide Familien von privater Seite eine »Weihnachtsfreude«, bestehend aus 6 Bezugsscheinen für je ein Pfund Schweineschmalz.

1932: Im März Unterstützungsantrag mit der Begründung: »Der Ertrag der Fischerei reicht nicht aus, um die Pacht zu bezahlen; er deckt auch bei Weitem nicht die Lebenshaltungskosten meiner Familie. Es besteht auch keine Möglichkeit, Verdienst durch Arbeit zu erhalten.« Statt Gewährung einer Unterstützung wird die Fischereipacht herabgesetzt.

zusammengestellt nach LHAK Best. 655, 213 Nr. 174, Nr. 187, Nr. 580, Nr. 661, Nr. 662.

Bevor im Folgenden auf die einzelnen Bestandteile des »Patchwork« unterschiedlicher Verdienst- und Hilfsquellen eingegangen wird, soll die Besitz- und Beschäftigungsstruktur der meisten Antragsteller vorgestellt werden. Die Bewirtschaftung des eigenen Grundbesitzes, das Anbauen von Lebensmitteln auf dem Acker oder im

Garten und die Arbeit im Tagelohn bildete die Basis des Famili-
eneinkommens der Bedürftigen, die in den Fürsorgeakten festgehalten sind. In diesem Kapitel wird der Unterhalt durch Angehörige ausgeblendet; er wird in Kapitel VII.3. thematisiert. Familien
wurden jedoch als eine »Verdienstgemeinschaft« verstanden, zu der
jedes Mitglied nach seinen Fähigkeiten beizutragen hatte und die
sich den Gegebenheiten anpassen konnte (»adaptive family economy«).[15] Innerhalb einer Familie wurden dabei von den unterschiedlichen Mitgliedern jeweils andere Tätigkeiten ausgeübt. So ist beispielsweise ein überdurchschnittlich hoher Anteil von Ehefrauen
am Wandergewerbe zu konstatieren.

1. Bewirtschaftung des kleinen Besitzes, Tagelohn und weitere Verdienstmöglichkeiten

In seinem Bericht zur »Denkschrift über die Hebung der wirtschaftlichen Not des Regierungsbezirkes Trier« aus dem Jahr 1925
beschrieb der Bürgermeister der Bürgermeisterei Bernkastel-Land,
die aus zwölf Hunsrückgemeinden und nur einer Moselgemeinde
bestand, die Einkommenssituation der Einwohner seines Verwaltungsbezirks wie folgt:

»Die landwirtschaftlichen Betriebe sind durchweg Kleinbetriebe
mit einem Durchschnittseigenbesitz von etwa 2 ha. Der größte
landwirtschaftliche Betrieb der Bürgermeisterei zählt etwa 15 ha.
Die Bauernfamilien müssen deshalb darauf halten, daß der eine
oder andere Familienangehörige noch einer gewinnbringenden Beschäftigung nachgeht. [...] In der Moselgemeinde (Graach) gehört
zu einem Betrieb, der seinen Mann einigermaßen ernähren kann,
ein Besitz von etwa 4000 bis 5000 Stöcken. Da eine sehr große
Anzahl diese Besitzgröße nicht erreicht, sind diese weniger Begüterten auf den Tagelohn angewiesen, wozu sie Gelegenheit in den

---

15 Kaschuba/Lipp, Dörfliches Überleben, S. 136 verwenden in diesem Zusam-
    menhang den Begriff der »familiären Gesamtarbeitskraft«. Als »Illustration
    of the Adaptive Family Economy« vgl. Wall, Work. Zur Charakterisie-
    rung des »Zusammentragens« der Einkommen aller Familienmitglieder
    etwa Wales, Poverty, S. 352–353. Als Fallbeispiel für das Frankreich im
    Zeitraum 1870 bis 1914, mit Fokus auf der Arbeit der Frauen Tilly,
    Individual Lives.

großen Weingütern (Josefshof, Friedrich-Wilhelm Gymnasium Trier, von Schorlemer, usw.) finden. Von den 200 Haushaltungen dieser Gemeinde sind mehr als die Hälfte auf diesen Nebenverdienst angewiesen. Aus den rd. 800 Haushaltungen der übrigen Gemeinden gehen etwa 580 Personen einer gewinnbringenden Beschäftigung nach.«[16]

Diese Beobachtungen sind auf die untersuchten Bürgermeistereien Lieser und Zeltingen übertragbar. Die Fürsorgeakten bieten nur unvollständige Angaben zum Grundbesitz und dem daraus erwirtschafteten Einkommen. Es lässt sich jedoch festhalten, dass die meisten der Antragsteller sowohl eigenen Grundbesitz bewirtschafteten als auch einem Verdienst, meist im Tagelohn, nachgingen. Neben geringen Erträgen vor allem aus dem Weinbau, sicherte die kleine Landwirtschaft auf eigenem Besitz oder gepachtetem Land oder ein eigener Garten die Versorgung mit Nahrungsmitteln.[17] Matthias E. sen. beispielsweise hatte etwa 20 Ruten Gartenland im Besitz, auf dem er Gemüse oder Ähnliches anpflanzen konnte; andere bauten Kartoffeln auf Ackerparzellen an.[18] Früchte wie Heidelbeeren konnten, auch von den Kindern, im Wald gesammelt werden.[19]

Eine besondere Bedeutung kam dem Gemeindenutzungsrecht zu. Die Gemeindenutzung konnte etwa in der Gemeinde Lieser durch ein Einkaufsgeld in Höhe von 24 Mark (1913) erworben werden; jedes Jahr hatten die Nutzungsberechtigten eine Landtaxe von 1,50 Mark zu entrichten.[20] Den Gemeindenutzungsberechtigten stand

16 LHAK Best. 457 Nr. 72: Bgm. Bernkastel-Land an Landrat Bernkastel, 14.2.1925.

17 Vgl. dazu auch die Beobachtungen im württembergischen Ort Kiebingen von Kaschuba/Lipp, Dörfliches Überleben, passim.

18 Vgl. etwa LHAK Best. 655, 213 Nr. 582: Bgm. Lieser an den Landrat Bernkastel, 10.5.1932: »Kartoffeln pp. werden aus den zur Verfügung stehenden 50 ar Gemeinde-Nutzungsland gewonnen.« *Ex negativo* etwa LHAK Best. 655, 213 Nr. 1232: Alois F., Wehlen, an das Wohlfahrtsamt Bernkastel-Kues, 12.1.1933: »Ich, wie auch meine Frau, haben keinen Pfennig an Vermögen, noch nicht mal Gemeinde-Land um uns was zu pflanzen.«

19 Etwa KAB-W 2.0.541: Ehefrau Otto F. an den Landrat Wittlich, 24.9.1905.

20 Vgl. Archiv der Verbandsgemeindeverwaltung Bernkastel-Kues: Beschlussbuch GR Lieser, 1913–1923, 27.10.1923: Ortsgesetz über das Gemeinde-

neben der Bebauung von Land auch das Recht zu, sich Holz im Wald zu sammeln – eine Erlaubnis, die in Maring-Noviand beispielsweise ab 1913 auch »armen oder bedürftigen Leuten der Gemeinde« gegeben wurde.[21] Friedrich Lembke, der 1920 die Antworten einer Umfrage zum ländlichen Armenwesen zusammenfasste und kommentierte, betonte angesichts unzureichender kommunaler Unterstützungsleistungen die Wichtigkeit der Subsistenzwirtschaft mit eigener kleiner Landwirtschaft und der Nutzung des Gemeindelandes: »40 M. monatlich! – Die Summe reicht ja kaum für zwei Tage! Ja, wenn der eigene Garten und Acker nicht wäre! Das Gemeindeland spielt deswegen in der ländlichen Armenpflege auch eine nicht zu unterschätzende Rolle.«[22]

Die Subsistenzwirtschaft zur Sicherung elementarer Nahrungsmittel muss als Vorteil eines Lebens auf dem Land im Vergleich zu städtischen Verhältnissen Berücksichtigung finden. Landbewohner, so das Stereotyp, hatten sich zumindest um ihre Nahrung weniger Sorgen zu machen. Zu bedenken bleibt jedoch, dass durch die Abhängigkeit vom Ertrag des Angebauten die Versorgung mit Nahrungsmitteln nicht in jedem Jahr gesichert war. So stellte Witwe A. im Jahr 1910 einen Antrag mit folgender Begründung: »Da die Kartoffelernte sehr schlecht ausfällt und die Weinberge ebenfalls einen sehr geringen Ertrag abwerfen, weiß ich nicht, wie ich ohne Unterstützung mein Dasein fristen soll, da ich niemand habe der für mich sorgt.«[23]

Für die kommunalen Entscheidungsträger dienten die Möglichkeiten der Selbstversorgung auch als Argumente, Antragsteller abzuweisen.[24] Das Gesuch von Lukas O. wurde nicht gewährt mit der

Nutzungsrecht. Zur Gemeindenutzung in Gemünden (Kreis Simmern) im 19. Jahrhundert vgl. Zissel, Armenversorgung, S. 32–37.

21 Vgl. Archiv der Verbandsgemeindeverwaltung Bernkastel-Kues: Beschlussbuch GR Maring-Noviand, 1905–1914, 3.12.1913.

22 Lembke, Forderungen, S. 11.

23 LHAK Best. 655, 213 Nr. 180: Verhandelt, Bürgermeisteramt Lieser, Bernkastel-Kues, Wwe. A., Noviand, 3.10.1910.

24 Vgl. etwa KAB-W 2.0.343: Bgm. Monzel an den Landrat Wittlich, 14.1. 1913, betr. die Ablehnung einer Erhöhung bereits bestehender Unterstützung der Wwe. Lukas Qu., Osann. Neben der Gewährung von 30 Pfennigen pro Tag sei der Gemeinderat davon ausgegangen, »daß sie, die im Besitze der Gemeindenutzung ist, sich in den Gemeinderereien, welche ihr zur Nutzung überwiesen seien, genügend Kartoffeln und Frucht für Brot gewinnen könne und auch noch in der Lage sei, durch Ausübung

Begründung:»Bestimmend hierfür war die Tatsache, daß Sie Ihren Hausgarten, aus welchem Sie durch ~~ordentliche Bewirtschaftung~~ Bebauung einen großen Teil Ihres Lebensmittelbedarfs, wie Kartoffeln und Gemüse gewinnen könnten, brach liegen lassen.«[25] Die meisten der dokumentierten Antragsteller waren – wenn sie eine Tätigkeit angaben – als Tagelöhner oder »Arbeiter« beschäftigt; Handwerksberufe sind vergleichsweise selten vertreten. Ihr Arbeitsgebiet lag – wie es der Bürgermeister von Bernkastel-Land beschrieb –, überwiegend in der Landwirtschaft und im Weinbau. Gesinde war im Untersuchungsgebiet relativ selten beschäftigt, was damit zusammenhängt, dass hier Höfe von Großbauern, in denen das ganze Jahr über ein Bedarf an zusätzlichen Arbeitskräften bestanden hätte, kaum vorhanden waren.[26] Die Kleinbauern konnten ihren geringen Landbesitz selbst, mit Hilfe der Familienangehörigen bewirtschaften; auf größeren Weingütern wurden in den Saisonspitzen Tagelöhner beschäftigt.[27]

Wenn Frauen Zeit fanden, neben der Versorgung ihrer Kinder zu arbeiten, gingen sie meist ebenfalls, wenn auch nicht ständig, in den Tagelohn. Die Witwe Angela F. gab zu ihrer Einkommenssituation an:»Außer einem Wohnhaus besitze ich kein Vermögen;

des Hausiergewerbes sich Verdienst zu verschaffen.« Auch das Kiebinger Kirchen-Konvent wies 1838 Kritik an der spärlichen Vergabe von Mitteln der Armenfürsorge mit der Begründung ab,»daß jeder Arme einen Allmandplatz von 2 Viertel 1 Sechzehntel besitzt, auf welchen die erforderlichen Erdbirnen und Kraut gebaut werden können [...] Von dem Ertrag der Allmand und da der größere Theil durch Taglöhnen noch etwas verdienen kann, ist daher jeder im Stande, Schmalz und Salz sich zu erkaufen.« Vgl. Kaschuba/Lipp, Dörfliches Überleben, S. 6.

25 LHAK Best. 655, 213 Nr. 662: Bgm. Lieser an Lukas O., Lieser (Entwurf), 20.1.1931.

26 Allerdings ist hier offenbar zwischen dem Kreis Bernkastel und dem Kreis Wittlich zu unterscheiden: Noch bis ins Jahr 1906 wurde in Wittlich am zweiten Weihnachtstag ein »Gesindemarkt« abgehalten, auf denen Dienstverhältnisse, auf ein Jahr begrenzt, eingegangen wurden. Vgl. Hesse/Wisniewski, Wittlich-Land, S. 222–223. Ob das Aufheben des Gesindemarktes 1906 etwas mit der veränderten Beschäftigungsstruktur zu tun hat, ob die vormals als Gesinde zumindest ein Jahr lang fest beschäftigten Mägde und Knechte nun immer mehr auf Tagelohnverhältnisse angewiesen waren, bleibt unklar.

27 Vgl. für Bayern im 18./19. Jahrhundert zu den Voraussetzungen, ob Gesinde oder Tagelöhner beschäftigt wurden Beck, Unterfinning, S. 324–331.

der Unterhalt meiner aus vier Personen bestehenden Haushaltung wird von meinem zeitweisen Tagelohnverdienst bestritten. Sonstiges Einkommen ist nicht vorhanden.«[28] Anscheinend waren die Frauen vor allem mit speziellen »weiblichen Arbeiten« zumindest im Weinberg beschäftigt, die in ähnlicher Weise wie der Tagelohn der Männer von den saisonalen Arbeitsspitzenzeiten abhängig waren und insbesondere während der Wintermonate kaum etwas einbrachten.[29] Konrad T. gab im März 1932 zu Protokoll, dass der Verdienst seiner Frau und Tochter im Weinberg »nur noch die nächsten 14 Tage [dauere], danach seien sie wieder arbeitslos bis die Reben gebunden werden«.[30] Seltener ist dokumentiert, dass Frauen aufgrund der Krankheit oder Arbeitslosigkeit ihres Ehemannes alleine das Einkommen der Familie bestritten.[31] So wurde der Unterstützungsantrag des arbeitslosen Heinrich F. abgelehnt »weil Ihre Ehefrau z. Zt. als Weinbergsarbeiterin verdient und dadurch der Lebensunterhalt gesichert ist.«[32]

Erwachsene, männliche Tagelöhner verdienten im ersten Jahrzehnt des 20. Jahrhunderts in Weinbau, Landwirtschaft und Waldarbeit in den untersuchten Gemeinden circa zwei Mark bis 2,50 Mark, was im Vergleich mit anderen Bürgermeistereien etwa des Hunsrücks hoch war. Frauen und Jugendliche verdienten weniger; im Winter wurde der Tagelohn heruntergesetzt.[33] Im Vergleich mit den Lebensmittelpreisen dieser Jahre war der Tagelohn kaum ausreichend[34], um eine

28 LHAK Best. 655, 213 Nr. 582: Verhandelt, Bürgermeisteramt Lieser, Bernkastel-Kues, Wwe. Angela F., Wehlen, 19.5.1932.

29 Vgl. etwa LHAK Best. 655, 213 Nr. 190: Verhandelt, Bürgermeisteramt Lieser, Bernkastel-Kues, Josef W., Wehlen, 12.8.1922: »Leider hat sie [die Ehefrau, K. M.] im Winter keine Verdienstmöglichkeit, weil in dieser Jahreszeit weibliche Kräfte im Weinbau nicht beschäftigt zu werden pflegen.«

30 LHAK Best. 655, 213 Nr. 582: Verhandelt, Bürgermeisteramt Lieser, Bernkastel-Kues, Konrad T., Wehlen, 8.3.1932.

31 Kerstin Werner untersuchte den Anteil der landwirtschaftlichen Arbeit von Frauen am Familieneinkommen auf Grundlage von Interviews mit Bäuerinnen eines mittelhessischen Dorfes, vgl. Werner, Ernährerin.

32 LHAK Best. 655, 213 Nr. 580: Bgm. Lieser an Heinrich F., Wehlen (Entwurf), 8.4.1933.

33 Vgl. LHAK Best. 655, 213 Nr. 195: Nachweisung des ortsüblichen Tagelohns gewöhnlicher Tagearbeiter im Kreise Bernkastel o. D. [1904].

34 Vgl. Schaaf, Kaiserzeit, S. 38, nennt als Preise im März 1906 0,85 Mark für das Pfund Schweinefleisch, 1,00 bis 1,10 Mark für ein Pfund Butter und für ein Ei 10–12 Pfennige. Ein Pfund Weizenmehl kostete Ende 1909 18 Pfennig.

Familie mit Kindern zu ernähren; auch alleinstehende Frauen konnten sich nur schlecht allein durch den Tagelohn ernähren, was die Notwendigkeit einer Subsistenzwirtschaft herausstreicht. Neben der Entlohnung in Geld wird stellenweise auch die Beköstigung durch den Arbeitgeber erwähnt; so verdiente die Witwe Josef T. aus Wittlich im Tagelohn 0,80 Mark »bei freier Kost«.[35] In Wehlen erhielten die Tagelöhner etwa im Sommer »Wein im Wert von 20 bis 40 Pfennig«. Mit diesem »Wein« oder »Trunk«, wie er in Kesten bezeichnet wurde[36], ist wahrscheinlich Tresterwein gemeint. Dieses dialektal »Bubbel« oder »Fluppes« genannte Getränk war nur für den Hausgebrauch erlaubt; es wurde durch Nachgärung des Tresters unter Zusatz von Zucker gewonnen.[37] In bedeutend höherer Konzentration als Most oder Wein enthielt Tresterwein Spritzmittelrückstände.

Im Untersuchungsgebiet war nur wenig Industrie angesiedelt: Die Zigarrenfabrikation bot insbesondere Frauen eine Verdienstmöglichkeit;[38] daneben stellte die holzverarbeitende Industrie im Kreis Wittlich und nach der Berufsstatistik von 1895 das Baugewerbe mit Arbeitsmöglichkeiten für Arbeiter, Maurer und Steinmetzen einen erwähnenswerten Verdienstzweig dar.[39] In der schon

---

35 KAB-W 2.0.343: Bgm. Stadt Wittlich an den Landrat Wittlich, 22.10.
    1910.
36 Vgl. LHAK Best. 655, 213 Nr. 195: Gemeindevorsteher Wehlen an den
    Bgm. Lieser, 24.1.1909 und Gemeindevorsteher Kesten an den Bgm. Lieser, 26.1.1909, als Antworten auf ein Rundschreiben des Bgm. betr.
    ortsüblichen Tagelohn.
37 Vgl. Honold, Arbeit, S.113. Dass man vom reichlichen Genuss des Tresterweins »fußkrank« und »beinleidend« werden konnte (Ebd., S.70) ist
    möglicherweise ein Hinweis auf die schlechte Qualität des Getränks.
38 LHAK Best. 442 Nr. 16077: Die Zigarrenfabrikation wurde als eine
    frauentypische Arbeitsstätte auch in einer Sitzung der Kreisfürsorgerinnen,
    27.5.1922 genannt. Vgl. auch in KAB-W 2.0.343 die Argumentation beispielsweise des Stadtbürgermeisters Wittlich, Aktennotiz, 22.8.1910, dass
    eine Unterstützung für die Familie von Peter A. während seiner Inhaftierung nicht in Frage käme, »da die Frau arbeitsfähig ist und für ihren
    Lebensunterhalt selbst sorgen kann, besonders da jetzt in der Cigarrenfabrikation hinreichend Arbeitsgelegenheit und guter Verdienst vorhanden
    ist. Das Kind kann bei den Eltern der Frau untergebracht werden.« Als
    Fallstudie zur Arbeit von Frauen in der Gießener Tabakindustrie vgl. Hanika, Fabrikarbeit.
39 Vgl. Tab. 13 im Anhang.

erwähnten Denkschrift aus dem Jahr 1925 wurde bemerkt, dass die Arbeiter des Regierungsbezirkes Trier »von jeher darauf angewiesen [waren], als Saisonarbeiter einen Teil des Jahres in die Industrie des benachbarten Saargebietes, Lothringens und des Ruhrgebietes zu gehen und dort das Fehlende hinzuzuverdienen, wozu ihnen die im eigenen Betrieb nur zu einem Teil ausgenutzte Arbeitskraft die Möglichkeit bot«.[40] Zudem war der Verdienst in den Stahlbetrieben und Bergwerken höher; die Tagelöhne betrugen 1906 etwa bei Krupp in Essen 5,35 Mark.[41] Die Biographien dieser Menschen, die aufgrund der prekären Erwerbssituation abwanderten, können mit Fürsorgeakten aus dem Abwanderungsgebiet nicht erfasst werden, weil sie oft für immer wegzogen. Die Zuwanderung aus der Eifel und dem Hunsrück, insbesondere ins Ruhrgebiet, kann als eine »ausgesprochene Gruppen- und Kettenwanderung« charakterisiert werden. »Ganze Familien oder durch verschiedene Verwandt-schaftsbeziehungen verbundene Gruppen« verließen ihre Heimat.[42] Ulrich Zumdick hat die Arbeiterstammlisten der »Phoenix-Hütte« in Duisburg-Laar ausgewertet und die Lebens- und Familienge-schichten einiger Arbeiter dargestellt; viele von ihnen stammten aus Ortschaften des Untersuchungsgebietes.[43] Richard Graafen hat an-hand der Heiratsorte von in Eifelgemeinden getauften Katholiken die starke Abwanderung nachgewiesen: So heirateten 48 Prozent der in Laufeld, Kreis Wittlich, im Zeitraum von 1822 bis 1909 Getauften im Großraum Köln-Bonn-Düsseldorf-Ruhr.[44]

Die in Clara Viebigs Roman *Das Weiberdorf* geschilderte Fami-lienkonstellation von auf sich gestellten Frauen und Kindern, deren Männer und Väter den Großteil des Jahres als Saisonarbeiter in den Industrierevieren des Ruhrgebietes arbeiten, war gewiss verbreitet, ist jedoch nicht in den untersuchten Akten dokumentiert.[45] Punktuell tauchen in den Fürsorgeakten Söhne, die mit ihren Familien im

40 LHAK Best. 457 Nr. 72: »Denkschrift über die Hebung der wirtschaftli-chen Not des Regierungsbezirkes Trier 1925«.
41 Vgl. Graafen, Aus- und Abwanderung, S. 78.
42 Zumdick, Hüttenarbeiter, S. 106.
43 Vgl. ebd., S. 521–552.
44 Vgl. Graafen, Aus- und Abwanderung, S. 79.
45 Viebig, Weiberdorf. Unter den Beschwerdebriefen an den Wittlicher Landrat (1901–1914, KAB-W 2.0.541 und 2.0.343) befinden sich Schreiben aus Eisenschmitt, das als Vorbild für den fiktiven Ort »Eifelschmitt« diente, doch im Ruhrgebiet verdienende Männer oder Söhne sind nicht erwähnt.

Ruhr- und Saargebiet wohnen, oder Ehemänner, die ihr Auskommen in Lothringen hatten, auf. Witwe Erich I. aus Veldenz beispielsweise gab, zu ihren Vermögens- und Familienverhältnissen anlässlich ihres Zuzugs im Josefshaus Lieser 1931 befragt, folgende Informationen zu ihren sieben Kindern an: Eine Tochter war die Ehefrau eines Bergmanns in Schonebeck (Ruhr), eine weitere Bergarbeiterswitwe in Steele bei Essen. Ein Sohn, der früher Bergmann in Lothringen gewesen sei, lebe jetzt bei Frankfurt am Main und erhalte Flüchtlings-Unterstützung.[46] Während vor dem Ersten Weltkrieg in Lothringen »eine große Anzahl Arbeiter« beispielsweise aus der Bürgermeisterei Bernkastel-Land beschäftigt gewesen war, hatte sich durch die Gebietsabtretungen des Versailler Vertrages »die Arbeitsmarktlage sehr verschlechtert«.[47] Im gesamten Kreis Bernkastel waren 1925 circa 550 Arbeiter im Saargebiet beschäftigt, was im Vergleich mit Kreisen wie Trier-Land oder dem Restkreis Baumholder eine recht geringe Anzahl darstellte.[48] Diese Arbeiter kamen »nur in grösseren Zeiträumen nach Hause«[49]; ihr Lohn war Mitte der zwanziger Jahre so gering, dass er kaum mehr zur Bestreitung des Lebensunterhalts dienen konnte.[50]

46 LHAK Best. 655, 213 Nr. 187: Protokoll, Bürgermeisteramt Lieser, Bernkastel-Kues, 14.3.1921. Vgl. etwa auch LHAK Best. 655, 213 Nr. 580: Die Frau von Philipp F., Lieser, stellte am 5.9.1930 beim Bgm. Lieser Antrag auf Unterstützung, u. a. da die erste Lohnsendung ihres Mannes, der seit dem 25.8.1930 bei der Fa. Hochtief in Metz arbeite, nicht vor dem 17.9. 1930 erfolgen könne.

47 LHAK Best. 457 Nr. 72: Bgm. Bernkastel-Land an den Landrat Bernkastel, 14.2.1925 (Bericht zur Vorbereitung der »Denkschrift über die Hebung der wirtschaftlichen Not des Regierungsbezirkes Trier«).

48 Vgl. Tab. 14 im Anhang.

49 LHAK Best. 457 Nr. 75: Verwaltungsbericht des Kreises Bernkastel zur Denkschrift des Landkreisverbandes anlässlich der Jahrtausendfeier der Rheinprovinz o. D. [1925].

50 LHAK Best. 457 Nr. 72: »Denkschrift über die Hebung der wirtschaftlichen Not des Regierungsbezirkes Trier 1925«: »Der Lohn dieser Frankenverdiener beträgt durchschnittlich, selbst für einen Arbeiter mit 8–10 Kindern nach 30jähriger Arbeitszeit 130 bis 150 Franken (26–30 RM) wöchentlich. Nach Abzug des Verpflegungsgeldes und der Fahrtkosten für den Arbeiter selbst, der in der Regel nur Samstags nach Hause zurückkehren kann, verbleiben für die oft 4-10-köpfige Familie nur 80–100 Franken (16–20 RM) gegenüber einem aufs äusserste bemessenen Existenzminimum von wöchentlich 20 RM für *eine* Person.« Hervorhebung

In den Jahren 1925 bis 1933 bestand der »Wanderungsverlust« im Kreis Wittlich aus nur 125 Männern gegen 1138 Frauen. Die Stellen für weibliches Dienstpersonal waren weit weniger wirtschaftlichen Schwankungen unterworfen als die Arbeitsplätze für Männer.[51] Dienstmädchen und Hausangestellte sind in den Akten fassbar. Sie stellten typische Berufe für alleinstehende Frauen aus unteren sozialen Schichten dar. Untersuchungen zu Dienstmädchen in Städten um die Jahrhundertwende ergaben, dass die meisten von ihnen aus einem ländlichem Umfeld der näheren Umgebung stammten und ihre Väter überwiegend Handwerker, Bauern oder Arbeiter waren.[52] Dokumentiert sind in den untersuchten Fürsorgeakten vor allem Töchter von Antragstellern, die ihre bedürftigen Eltern nicht unterstützen konnten, weil sie sich in Bernkastel, Trier, Köln oder Städten des Ruhrgebietes »in Stellung« befanden und nur für ihren eigenen Lebensunterhalt ausreichend verdienten.[53] Zudem richteten die Armenverwaltungen anderer Städte Anfragen an Ortsarmenverbände des Untersuchungsgebietes nach der Anerkennung des Unterstützungswohnsitzes, wenn junge, als Dienstmädchen arbeitende Frauen bedürftig geworden waren.[54] Vergleichsweise häufig waren

im Original. LHAK Best. 655, 123 Nr. 192: Verwaltungsbericht der Bürgermeisterei Zeltingen 1929 über die Einrichtung der Grenzgängerfürsorge: »Um die Not der Frankenverdiener zu lindern und um angestammte Arbeitsplätze im Saargebiet und in Elsaß-Lothringen den deutschen Arbeitern zu erhalten, wurde im Jahre 1926 die Saargängerfürsorge eingeführt. Die Saargänger bezw. die Lothringengänger erhalten neben einer monatlichen Fahrtentschädigung von 30,– RM eine Unterstützung. Diese beträgt für Verheiratete 14 RM und für Ledige 7 RM monatlich.[...] Grundbedingung ist, daß die betr. Personen in dem hiesigen Grenzgebiet wohnhaft sind und wenigstens einmal im Monat nach Hause kommen.«

51 Vgl. Graafen, Aus- und Abwanderung, S. 87–88.
52 Vgl. Wierling, Mädchen, S. 25–29.
53 Vgl. etwa LHAK Best. 655, 213 Nr. 582: Antragsformular, BFV Bernkastel, Albrecht T., Wehlen, 17.3.1932, zum Verdienst der Kinder: »Gertrud T., Tochter, Köln, ledig, 1 Kind, Dienstmädchen in Köln, verdient 7, 50 RM pro Woche – Margaretha T., Tochter, Koblenz, ledig, keine Kinder, Servierfräulein, verdient 4 RM pro Woche und Kost – [...] – Amalie T., Tochter, Cochem, ledig, keine Kinder, Hausmädchen, verdient 10 RM pro Woche und Kost und Wohnung.«
54 Vgl. LHAK Best. 655, 213 Nr. 190: Protokoll, Städtische Armenverwaltung Düsseldorf, 8.3.1915 (Abschrift): Sybille E., Dienstmädchen ohne Stellung seit 15.2.1915, geb. am [...] in Wehlen, pr., kath., ledig, im Haushalt

unter den Dienstmädchen, die in den Quellen nachweisbar sind, ledige Mütter. Damit wird eine Tendenz bestätigt, die schon in zeitgenössischen Studien festgestellt wurde, genauere Aussagen können darüber jedoch nicht getroffen werden.[55] Die schon erwähnte Witwe Josef T. aus Wittlich arbeitete nicht nur als Tagelöhnerin, sondern auch als »Wasch- und Putzfrau«.[56] Solche Reinigungsarbeiten waren als spezifisch weibliche Tätigkeiten verbreitet.[57] In ähnlicher Form waren Haus- und Handarbeiten wie Nähen, Flicken oder Stricken eine Möglichkeit des wenn auch mühsamen und kärglichen Zuverdienstes von Frauen[58], die zum Teil auch von den Behörden angeregt wurde. Der Bürgermeister von Monzel gestand ein, dass es der Witwe Konrad L. an »geistiger Spannkraft« mangele, »immerhin aber könnte sie wohl Wasch- und Flickarbeiten gegen Lohn verrichten [...]«.[59] »Von Seiten der freien Wohlfahrtspflege« war für die Ehefrau Lukas O. angeregt worden, »eine Strickmaschine zu beschaffen, damit sie mit Strickarbeiten den Lebensunterhalt für sich und die Kinder gewinnen kann.«[60]

befindliche Kinder: Karl E., geb. am [...] 1915 in Düsseldorf, bittet um Krankenhausaufnahme. Sybille E. war im November 1914 in Düsseldorf zugezogen, vordem hatte sie immer in Wehlen gewohnt. Sie war nicht krankenversichert, aber im Besitz einer Quittungskarte der Invalidenversicherung. Ursache der Hilfsbedürftigkeit: »Krankheit und Mittellosigkeit«. Städtische Armenverwaltung Düsseldorf an den OAV Wehlen, 16.3. 1915 mit der Anfrage um Anerkennung des Unterstützungswohnsitzes und der Erstattungspflicht.

55 Vgl. Wierling, Mädchen, S. 226–227.
56 KAB-W 2.0.343: Bgm. Stadt Wittlich an Landrat Wittlich, 22.10.1910.
57 Vgl. etwa KAB-W 2.0.343: Matthias W., Cröv, an den Landrat Wittlich, 18.2.1914:»Was meine Frau anbelangt, ist ihr absolut nichts vorzuwerfen, diese wäscht noch für andere Leute, neben ihrer Arbeit, bei sehr geringer Kost.«
58 Etwa LHAK Best. 655, 213 Nr. 188: Amalie W., Maring, an den Bgm. Lieser, 16.6.1907:»Ich will auch meine Anliegen Schreiben daß ich imer [sic] kränklich Bin und kann Nicht mehr Auf Meine Strückarbeit mich Ernähren.« Ebd.: Ehefrau Friedrich C., Maring, an den Bgm. Lieser, 15.2. 1908: Ihre Tochter verdiente nach Angabe der Mutter als Näherin nur »wenige Pfennige«.
59 KAB-W 2.0.541: Bgm. Monzel an den Kreisausschuss Wittlich, 10.2.1903.
60 LHAK Best. 655, 213 Nr. 580: Vorsitzender des Kreisausschusses Bernkastel an den Bgm. Lieser, 31.10.1930. Diese Anschaffung wurde jedoch nicht gewährt, da man befürchtete, der Ehemann könne sie versetzen; Bgm. Lieser an den Kreisausschuss Bernkastel (Entwurf), 11.11.1930.

Die körperlich behinderte Johanna L. konnte mit Hilfe einer solchen Strickmaschine lange Jahre ihr Auskommen bestreiten: »Ich Unterzeichnete habe als Kind im Alter von 6/2 [sic] Jahren das linke Bein oberhalb des Knies verloren. Infolge der Amputation habe ich auch der Hand gelitten, so daß ich mit dieser Hand nicht gut arbeiten kann. Ich schaffte mir im Jahre 1914 aus eigenen Mitteln eine Strickmaschine an. Während des Krieges ging es ganz gut mit dem Stricken, auch die ersten Jahre nach dem Kriege, seit her ging es nicht mehr so gut. Vom Frühjahr an bis jetzt hatte ich fast gar keine Arbeit, ich kann mich bemühen um Arbeit wie ich will aber alles ist vergebens. Ich habe mich trotz des Verlustes des linken Beines redlich geplagt aber durch die es geht mit dem besten Willen nicht mehr.«[61]

Dass Antragsteller als Berufsbezeichnung einmal »Kleinwinzer«, ein anderes Mal »Tagelöhner« angeben oder sich als »Arbeiter und Friseur«[62] bezeichnen, war insbesondere unter den Erwerbslosen der zwanziger und dreißiger Jahre nicht selten.[63] Der Weinbergsbesitz warf in manchen Jahren nicht genug ab, um sich ausschließlich davon ernähren zu können; ein Auskommen im erlernten Beruf als Maler oder Küfer war wegen schlechter Auftragslage nicht mehr möglich, so dass man gezwungen war, sich etwa als Bauhilfsarbeiter zu verdingen. Die Biographien insbesondere dieser Personengruppe verdeutlichen den Wechsel zwischen verschiedenen Gelegenheitsarbeiten und Verdienstmöglichkeiten anschaulich.

Ein gut dokumentiertes Beispiel stellen die schon eingangs angeführten Erwerbsbiographien von Vater und Sohn Matthias E. dar. Beide waren von Beruf Fischer beziehungsweise Fischereigehilfe, arbeiteten aber, etwa weil sie die Pacht nicht aufbringen konnten,

61 LHAK Best. 655, 213 Nr. 582: Johanna L., Wehlen, an den Landrat Bernkastel, 11.9.1933. LHAK Best. 655, 213 Nr. 190: Schon 1912 wies ihre Mutter in einem Antrag auf den Nebenverdienst von Johanna hin: Protokoll, Bürgermeisteramt Lieser, Bernkastel-Kues, Ehefrau Matthias L., Wehlen, 27.8.1912.

62 LHAK Best. 655, 213 Nr. 579: Antragsformular des Vinzenz T., Wehlen, 16.12.1930.

63 In den monatlichen Nachweisungen des Bürgermeisters über die Wohlfahrtserwerbslosen werden bei manchen der Männer im Zeitraum 1931 bis 1933 bis zu vier Tätigkeiten angegeben: etwa »ungelernter Arbeiter«, »Tagelöhner«, »Bauhilfsarbeiter«, »Weinbergsarbeiter«. Vgl. zu dieser Thematik auch Stazic, Arbeitslosigkeit, S. 39–41.

kurze Zeit als Ziegeleiarbeiter, bei der Reichseisenbahnverwaltung oder führten Gelegenheitsarbeiten wie Netzsticken oder Salatstechen aus. Als Gemeindearbeiter sind sie im Winter 1928/29 mit Kiesklopfen beschäftigt. Zusammen mit seiner Frau versuchte sich Matthias E. sen. auch kurzzeitig im Wandergewerbe. Einige Erwerbslose versuchten, durch Kleinhandel etwas dazuzuverdienen und sind in den Akten zur Nachweisung der Wandergewerbesteuer nachweisbar, die für die Gemeinden der Bürgermeisterei Lieser erhalten sind.

2. Hausindustrie und Wandergewerbe

Die wissenschaftliche Erforschung von Wandergewerbe und Hausieren als Form des Neben- und Zuverdienstes begann in Deutschland mit der Enquête zur »Lage des Hausiergewerbes«, die vom Verein für Socialpolitik 1896 in Auftrag gegeben wurde.[64] Keiner der Forscher setzte sich allerdings mit der Situation der Wandergewerbetreibenden im Untersuchungsgebiet, auch nicht in einem weiteren Rahmen wie etwa dem Regierungsbezirk Trier, auseinander. Dem preußischen Saargebiet wurde jedoch eine Untersuchung gewidmet, die – abgesehen von den Spezifika des saarländischen Industriereviers – besonders in den Abschnitten über die Kreise Saarburg, Merzig und St. Wendel ähnliche Ergebnisse wie im Untersuchungsraum Bürgermeisterei Lieser erbrachte.[65]

64 Untersuchungen über die Lage des Hausiergewerbes in Deutschland. Im Vorwort des ersten Bandes wird die »Pionierfunktion« der Studien angesprochen (»[...] daß das in Frage stehende Gebiet litterarisch noch völlig unangebaut war [...]«). Stieda, Wilhelm, Vorwort zum Ersten Band, S. X. In der Folge wurden weitere regional begrenzte Untersuchungen in Angriff genommen, etwa Dennig, Hausierhandel in Baden.

65 Nachweisungen über die Beantragung und Ausstellung von Wandergewerbescheinen sind für die Jahre 1906 bis 1934 für die Gemeinden Lieser, Maring-Noviand und Wehlen in Akten der Bürgermeisterei-Verwaltung Lieser erhalten. Warum die noch fehlende Gemeinde der Bürgermeisterei, Kesten, in den Auflistungen nicht vorkommt, konnte nicht ergründet werden. Entweder wurde von der dortigen Gemeindeverwaltung ein eigener Nachweis geführt, was sehr unwahrscheinlich ist, da die Anträge über den Bürgermeister an den Landrat oder den Regierungspräsidenten weitergeleitet wurden, oder in der kleinsten Gemeinde der Bürgermei-

Das Wandergewerbe als Form des Nebenverdienstes ist seitdem kaum erforscht worden; Studien zum Hausieren beziehen sich eher auf das Wanderhandwerk und den in einem größeren Rahmen betriebenen Wanderhandel.[66] Darunter fällt auch das professionell betriebene Wandergewerbe von Menschen aus »Hausiererdörfern«, die in einem teils beachtlichen Radius ihre Waren feilboten.[67] Diese Händlergemeinden entstanden unter anderem dann, wenn »ungünstige Boden- und Klimaverhältnisse, starke Realteilung, kleine Gemeindemarkung und eine schwach entwickelte Industrie zusammentreffen und ein ganzes Dorf in seiner agrarischen Existenz bedrohen«.[68] So nimmt es nicht wunder, dass die dort vorzufindende Kombination aus in Heimarbeit selbstgefertigten Waren wie Mausefallen oder Tongeschirr und dem Handel damit sich auch in Gemeinden der Eifel als Reaktion auf die mangelnden Erträge aus der Landwirtschaft und die fehlenden industriellen Erwerbsmöglichkeiten verbreitete. Auch in einigen Ortschaften des Kreises Wittlich (Landscheid, Niederkail, Burg und Binsfeld) lassen sich diese Hausierer schon seit dem

sterei wurde in diesem Zeitraum von niemanden das Wandergewerbe ausgeübt. Im Folgenden wurden die Angaben zusammengestellt aus den unpaginierten Akten LHAK Best. 655, 213 Nr. 174, Nr. 506 und Nr. 498.

66 Vgl. als Überblick hierzu etwa Bade, Europa, S. 42–59, oder Oberpenning, People. Eine Ausnahme bildet die Studie von Christian Glass, der Wanderhändler in Württemberg untersucht hat und eine Systematisierung der unterschiedlichen Formen vorgenommen hat; u. a. kommen dabei auch das von Ortsarmen ausgeübte Hausieren und die »Nothausierer« zur Sprache; vgl. Glass, Haus. Als Bestandteil einer »economy of makeshifts« wird der Kleinhandel, hier mit Devotionalien der oberbayerischen Wallfahrtsorte, geistlicher Literatur usw. auch bei Beck, Unterfinning, S. 357–374, thematisiert.

67 Zu den Hausierergemeinden der Eifel vgl. Doering-Manteuffel, Eifel, S. 186–192, die volkskundliche Arbeit von Ginzler, »Musfallskrämer« (Drahtwarengewerbe in Neroth), und das Kapitel »Der Handel mit ›steinen Geschirr‹« in Kerkhoff-Hader, Lebens- und Arbeitsformen (Töpferhandwerk und -handel in der Südwesteifel). In anderen Regionen vgl. etwa Bumiller, Reise; als zeitgenössische Untersuchung für die Pfalz vgl. Emrich, Hausierhandel.

68 Glass, Haus, S. 141. Für sein Untersuchungsgebiet Württemberg benennt Glass als zweite wichtige Ursache zur Entstehung von Händlergemeinden Peuplierungsmaßnahmen – die Kolonisten waren gezwungen, sich ein Auskommen auch ohne landwirtschaftlichen Besitz zu suchen. Vgl. ebd., S. 137–139.

16. Jahrhundert nachweisen.[69] Dass sich eine Hausindustrie und ein Wandergewerbe in dieser Form in den Moselgemeinden nicht in diesem Maße feststellen lässt, ist dem dortigen relativen Wohlstand zuzuschreiben, wie auch schon in einer anderen im Rahmen der »Schriften des Vereins für Socialpolitik« erschienenen Untersuchung zumindest noch für das Jahr 1899 beobachtet wird:

»Der Mosel entlang [...] findet sich keine Hausindustrie; ›hoffentlich wird dieselbe‹, so schreibt mir ein Moselaner, ›auch nie einer solchen bedürfen. Hausindustrie ist doch gewöhnlich nur ein Notbehelf. Not leidet aber die Mosel nicht, solange sie ihren Weinbau besitzt. Ein gutes Weinjahr wirft mehr Ertrag ab, als zehn Jahre Hausindustrie. Auch giebt es im Weinbau Arbeit für alle zwölf Monate des Jahres.‹«[70]

Der »gewöhnliche Hausierhandel« jedoch war in den untersuchten Gemeinden der Bürgermeisterei Lieser Normalität – das zeigen die Nachweise über die Wandergewerbesteuer von 1906 bis 1934. Nach Christian Glass lässt sich erstens der »Lebensmittelhandel im Kleinen«, der von Bauern mit Produktionsüberschüssen betrieben wurde, zweitens das Hausieren von Ortsarmen und Tagelöhnern und drittens das Wanderhandwerk voneinander unterscheiden. Er erwähnt auch den Begriff des »Nothausierers«, der auf die im Rahmen der Untersuchungen des Vereins für Socialpolitik von Johann Plenge durchgeführten Studie über die Situation im Westerwald zurückgeht. Dieser benennt eine wieder eigene Gruppe von Menschen, die aufgrund einer individuellen oder strukturellen Notlage den Wanderhandel aufnehmen; es werden Kranke, Alte und Gebrechliche genannt sowie solche, »die ihren Lebensunterhalt nicht nur zeitweise, sondern ausschließlich durch den Hausierhandel sicherstellen mußten«, wie aus dem Arbeitsprozess ausgeschiedene

---

69 Vgl. Langner, Gewerbe, S. 282; Hesse/Wisniewski, Wittlich-Land, S. 223–226. Siehe auch Tab. 13 im Anhang, in der die Zahl der Hausierer für den Kreis Wittlich 1895 mit 70 angegeben ist; für den Kreis Bernkastel findet sich diese Rubrik gar nicht! Noch höhere Zahlen nennen Hesse/Wisniewski, Wittlich-Land, S. 225–226, wenn sie aus dem Adressbuch des Kreises Wittlich für das Jahr 1906 zitieren, wo allein für den Ort Niederkail 75 von 137 Haushaltsvorständen als »Hausierer« bezeichnet werden (in Landscheid 28 »Hausierer« bei 135 Haushaltsvorständen, in Binsfeld 14 bei 134 Haushaltsvorständen und in Burg 7 bei 74 Haushaltsvorständen).

70 Hohn, Hausindustrie, S. 86.

Personen. Dieser Begriff ist wenig trennscharf besonders zur Gruppe der hausierenden Ortsarmen und Tagelöhner[71], die Unterscheidungskriterien werden nicht ganz klar. Meines Erachtens ist »Nothausierer« ein sehr treffender Begriff auch zur Charakterisierung der wandergewerbetreibenden Ortsarmen, weshalb ich beide Kategorien in einem Begriff miteinander verbinde. Zur genaueren Ausdifferenzierung der unterschiedlichen Hausierergruppen wurden für dieses Teilkapitel zudem das Kategorienraster übernommen, das auf die zeitgenössischen Enquêten des Vereins für Socialpolitik zurückgeht: Um die Einheitlichkeit der Untersuchungen zu gewährleisten, gab die verantwortliche Kommission ein Frageraster vor, das sich auf die sozialen und wirtschaftlichen Dimensionen des Hausierhandels bezog.

Was die Untersuchung des Vereins für Socialpolitik in den Augen der dafür zuständigen Kommission notwendig machte, war der Umstand, dass dem Hausiererstand »mit ebenso viel Vorurteil als Unkenntnis begegnet« werde[72], zum einen in wirtschaftlicher Hinsicht – Konkurrenz zum »stehenden Gewerbe«, ansässigen Handwerkern und Kleinhändlern – als auch in moralischer Hinsicht: Hausierer »übervorteilten« ihre Kunden, spekulierten auf »den Leichtsinn, die Unerfahrenheit, die Eitelkeit der Käufer«.[73] Zumindest Referendar Klein aus Köln, der die Studie zum Saargebiet durchführte, kam aber zu dem Ergebnis, dass diese Vorurteile unbegründet seien: Die Gruppe der Hausierer bestünde nicht, wie vielfach angenommen, aus »minderwertigen Elementen« und sittlich schlechten Menschen[74]; vielmehr sei »die allgemeine Existenzberechtigung dieses Standes […] nicht anzuzweifeln«: »Denn zum großen Teil rekrutiert er sich aus armen Leuten, denen kein anderer Weg als dieser sich bietet, den nötigen Unterhalt sich zu verschaffen. Es sind vielfach Witwen der Bergleute, Frauen und Töchter von Arbeitern, die auf diese Weise ihren Lebensunterhalt zu verdienen oder das geringe Einkommen ihrer Familie zu erhöhen suchen.«[75]

71 Vgl. die Kritik auch von Glass, Haus, S. 145–150.
72 Stieda, Vorwort, S. XIII.
73 Ebd., S. VI. Vgl. diese Urteile noch in der zeitgenössischen Studie von Dennig, Hausierhandel, S. 67–72.
74 Vgl. insbesondere die Ergebnisse aufgrund seiner Nachfragen bei den Ortsbehörden des Kreises Saarbrücken. Klein, Hausiergewerbe, S. 278–281.
75 Ebd., S. 260. Zum hohen weiblichen Anteil unter den Wandergewerbetreibenden siehe auch ebd., S. 274.

Abb. 10: Kesselflicker, Plein (Kreis Wittlich), vor dem Zweiten Weltkrieg

Diese Beobachtung einer weitgehenden Armut der Wandergewerbetreibenden trifft auch auf den Untersuchungsraum zu. Das geht zum einen daraus hervor, dass die überwiegende Zahl entweder nur die niedrigsten Sätze der Wandergewerbesteuer bezahlen musste oder sogar ganz von der Zahlung befreit war.[76] Im Regierungsbezirk Trier erhöhte sich die Zahl der Wandergewerbescheine insgesamt im Zeitraum von 1877 bis 1890 von 2431 auf 3647, wobei insbesondere die Zahl der Scheine, die zu niedrigen Steuersätzen ausgegeben wurden, rasch anwuchs: Betrugen die steuerfreien Scheine 1877 noch ein Drittel Prozent der ausgefertigten Scheine, waren es in dieser Kategorie 1890 schon 3,6 Prozent; die Prozentzahlen stiegen im gleichen Zeitraum beim Steuersatz von sechs Mark von zwölf auf 24,8 Prozent und beim Steuersatz von zwölf Mark von 16,5 auf 27,3 Prozent, während die Scheine, die zu einem höheren Steuersatz ausgefertigt wurden (ab 24 Mark) zurückgingen.[77] Zudem geht die Armut der Hausierer daraus hervor,

76 Vgl. LHAK Best. 655, 213 Nr. 174, Nr. 506, Nr. 498. Die niedrigen Steuersätze lagen vor der Inflation bei sechs Mark, nach der Inflation bei vier bis 20 Reichsmark.
77 Vgl. die Tabelle bei Klein, Hausiergewerbe, S. 295. Der Steuersatz richtete

dass einige der Personen, die einen Antrag auf den Wandergewerbeschein stellten, früher oder später auch als Antragsteller auf oder Bezieher von öffentlicher Armenfürsorge in Erscheinung treten oder im Kontext der Beantragung des Scheins von behördlicher Seite als »mittellos« oder »arm« bezeichnet wurden.[78] Von den 164 untersuchten Wandergewerbetreibenden der Bürgermeisterei Lieser im Zeitraum von 1906 bis 1933 wurden 41 im Laufe ihres Lebens unterstützt und acht Personen stellten zumindest einen Antrag auf Armenfürsorge. Zwei Personen, die zwar nicht in den Akten der Armenfürsorge auftauchen, wurden jedoch im Kontext der Wandergewerbesteuer vom Bürgermeister als »bedürftig« bezeichnet. Einschränkend zu diesen holprigen statistischen Angaben ist zu bemerken, dass nur für die Gemeinde Lieser die Armenfürsorgeakten für den gesamten Zeitraum überliefert sind – möglicherweise wären sonst Hausierer aus Maring-Noviand und Wehlen für den Zeitraum ab 1923 auch als Antragsteller oder Unterstützungsbezieher nachweisbar.

Weitere Aspekte, die auf Armut unter den Wandergewerbetreibenden hinweisen, gehen aus einem Schreiben des Bürgermeisters von Lieser an den Landrat hervor. Zunächst ging er auf den geringen Umfang und Ertrag des örtlichen Wandergewerbes ein: Er beschrieb den Handel seines Verwaltungsbezirks als »Hausierhandel im Kleinen«, deren Betreiber »sich des Morgens mit einem Quantum Waren in die Ortschaften der nächsten Umgebung begeben, dort ihre Waren absetzen und spätestens abends wieder zu Hause sind«. Daher benötigten diese auch nur einen »einfachen Gewerbeschein (Hausierschein)« und keinen »Wandergewerbeschein«, der »einen Handel im Umherziehen von Ort zu Ort mit längerer ununterbrochener Abwesenheit vom Wohnort« voraussetze. Der Bürgermeister betonte diesen Unterschied infolge des Umstandes, dass einfache Gewerbescheine nicht mit einer Photographie des Inhabers versehen sein mussten. In diesem Zusammenhang wurde wiederum

sich nach den Zeiträumen, in denen hausiert wurde, nach der Art des Gewerbebetriebs, dem Umfang des Handels, dem daraus erzielten Einkommen und der Bedürftigkeit des Antragstellers. Vgl. Klein, Hausiergewerbe, S. 270.

78 Über weitere Indizien für die Bedürftigkeit der Wandergewerbetreibenden, ob nämlich der beantragte Gewerbeschein auch tatsächlich eingelöst wurde oder ob beantragt wurde, den Steuersatz zu reduzieren oder ganz zu erlassen, können hier keine genauen Aussagen getroffen werden, da über diese Umstände die Aktenlage nur sehr unvollständig ist.

die Mittellosigkeit der Hausierer angesprochen: »Im Interesse der Gewerbetreibenden des hiesigen Bezirks, welches alle ärmere Leute sind, denen die alljährliche Beibringung der Photographie Kosten und Umstände verursacht, würde ich es begrüßen, wenn ihnen dies erspart werden könnte.«[79] Das Hausieren als Zuverdienst für armutsgefährdete Personen stellte für die lokalen Verwalter ein geeignetes Mittel dar, die Gefahr von Bedürftigkeit einzugrenzen; in vielen Fällen unterstützten sie nachdrücklich den Antrag auf Erlangung des Gewerbescheins. So bat beispielsweise der Lieserer Bürgermeister den Regierungspräsident von Trier, Karl W. einen Gewerbeschein »zum Orgelspielen im Umherziehen« auszustellen. Auf diese Weise könne W., »eine Person mit missgestalteten Beinen, 57 Jahre alt, völlig arbeitsunfähig, vermögenslos«, mit Hilfe seiner Frau, die ebenfalls aufgrund ihrer schwachen körperlichen Konstitution nicht mehr arbeitsfähig sei, mit einem Hundefuhrwerk umherziehen. Einige Male hätten sie schon beim Bezirksausschuss einen Antrag auf einen solchen Gewerbeschein gestellt, der jedoch bislang immer abgewiesen worden sei, »weil die zulässige Zahl von solchen Gewerbescheinen ausgestellt sei«. Der Bürgermeister bat darum, diesmal eine Ausnahme machen zu wollen, denn: »Wird der Gewerbeschein nicht ausgestellt, so muß der Ortsarmenverband Lieser die Familie ernähren.«[80]

Ähnlich motiviert war die Unterstützung des Bürgermeisters von Anträgen auf Freistellung von oder Reduzierung der Wandergewerbesteuer und der Ausfertigungsgebühr des Scheins. Genau und mit ungewöhnlichem Engagement schilderte der Bürgermeister in diesen Fällen in Briefen an den Landrat die Familien- und Einkommensverhältnisse, um darzulegen, dass die Entrichtung der Hausiergewerbesteuer eine zusätzliche Belastung für den Betreffenden darstelle, zumal viele der Antragsteller schon auf öffentliche Unterstützung angewiesen seien:

---

79 LHAK Best. 655, 213 Nr. 174: Bgm. Lieser an den Landrat Bernkastel, 14.10.1914 (Entwurf). Seine Initiative war jedoch nicht von Erfolg gekrönt, denn in einer Aktennotiz des Bürgermeisters vom 23.3.1915 ist zu lesen:»Fernerhin ist nicht nur zu jedem Wandergewerbescheine, sondern auch zu jedem Gewerbe- bzw. Hausirschein [sic] die Photographie des Inhabers beizubringen.«
80 Zitate in diesem Abschnitt aus LHAK Best. 655, 213 Nr. 174: Schreiben des Bgm. Lieser o. Adr. [Regierungspräsident Trier] (Entwurf), 17.12.1908.

»Sie führt für sich allein Haushaltung; ihre Kinder sind alle nach auswärts verheiratet und leben in solch ärmlichen Verhältnissen, daß sie der Mutter beim besten Willen nichts zuwenden können. Wenn man nun noch in Erwägung zieht, daß die Antragstellerin nur zeitweise, soweit es ihre zerrüttete Gesundheit zulässt, dem Gewerbe nachgeht, so glaube ich ihren Antrag auf Befreiung von der Gewerbesteuer befürworten zu müssen, zumal sie kein Vermögen besitzt, sogar von der Gemeinde eine laufende Unterstützung zur Bezahlung der Wohnungsmiete erhält.«[81]

Die Bemessung der Gewerbesteuer orientierte sich am Umfang des Gewerbes, dem »Radius« der besuchten Gemeinden und der sonstigen familiären und finanziellen Situation. Viele der gewerbetreibenden Witwen vor allem waren von der Steuer ganz befreit, weil sie nur zeitweilig und mit einer geringen Auswahl an Waren die umliegenden Dörfer aufsuchten.

Charakteristisch für das Wandergewerbe war, dass viele der Hausierer sich nicht nur aufgrund ihrer Armut, sondern auch aufgrund von Alter und Krankheit diesem Gewerbe zuwandten. Andere Berufe konnten sie deshalb nur schwer oder gar nicht ausüben. Hausieren war ein Beruf, »der am wenigsten Vorkenntnisse verlangt, der das geringste Kapital erheischt und gleichwohl Vorteile verspricht«.[82] Wenn diese Vorteile auch äußerst begrenzt waren – der Großteil der Witwen und Ehefrauen kam auf einen durchschnittlichen Jahresumsatz von ungefähr 300 bis 400 Mark – sahen sich viele gezwungen, dieses strapaziöse Gewerbe als Alternative zur öffentlichen Fürsorge auf sich zu nehmen. Zudem war Hausieren in einer überwiegend landwirtschaftlich geprägten Region, in der Arbeitsgelegenheiten in der Industrie rar waren, eine Möglichkeit, mit den »Landesprodukten« Geld verdienen zu können.[83]

Eine professionellere Form des Wandergewerbes in einem größeren Umkreis lohnte sich für die ärmeren Hausierer anscheinend nicht, wie aus dem Schreiben eines Antragstellers aus Kröv, Kreis Wittlich, hervorgeht:»Unser Herr Bürgermeister gab mir den Antrag, wieder ein Hausierhandel zu betreiben, daß wäre nicht übel,

---

81 LHAK Best. 655, 213 Nr. 174: Bgm. Lieser an den Landrat Bernkastel (Entwurf), 5.7.1912.

82 Klein, Hausiergewerbe, S. 265.

83 Vgl. ebd., S. 267, der für die ländlichen Kreise Merzig, Saarburg und St. Wendel festgestellt hat, dass hier der Anteil der Hausierer höher war als in den industriellen Kreisen Saarbrücken, Saarlouis und Ottweiler.

wenn die damit verbundenen Unkosten nicht wären. Denn 1, 50 M bis 2 M verdinen [sic] und für Kost und Logis 3 bis 3,50 M ausgeben. Ich habe die Ehrfahrung gemacht, bei zweijähriger Hausierhandel 500 M einzubüßen, schuld der theuere Reisekosten.«[84] Zur genaueren Differenzierung der gehandelten Waren und Dienstleistungen wird das Kategorienschema herangezogen, das in der Enquête des Vereins für Socialpolitik 1896 Verwendung fand[85]:

---

84 KAB-W, 2.0.343: Matthias W., Cröv, an den Landrat Wittlich, 18.2.1914.

85 In anderen Untersuchungen werden beispielsweise »Fremdhausierer« und »Selbsthausierer« unterschieden: Erstere erstanden die Waren, mit denen sie hausieren gingen, letztere stellten diese in Eigenproduktion her. Vgl. Hartke, Funktionen, S. 212–213. Bade, Europa, S. 21 grenzt hiervon zusätzlich die »Lohnhausierer« ab, die abhängigen ambulanten Handel betrieben.

Tab. 8: Wandergewerbetreibende in der Bürgermeisterei Lieser:
Gehandelte Waren und Dienstleistungen[86]

Gemeinde	Einwoh-nerzahl	Zahl der Hausierer	Art des Hausierbetriebes							
			I	II	III	IV V VI	VII	Begl.	k. A.	
Lieser	ca. 1600	63	1	2	41	13 – 4	1	9	2	
Maring-Noviand	ca. 1500	74	2	4	49	30 1 3	1	4	3	
Wehlen	ca. 1300	27	–	1	19	4 – 1	1	5	–	

I: Wanderhandwerker (Scherenschleifer, Kesselflicker, Schuh-
    macher u. ä.)
II: »Hausindustrielle«, Hausierer, welche mit selbstgefertigten
    Waren handeln (Korbmacher, Drahtflechter u. ä.)
III: Hausierer, die selbstgewonnene oder durch Aufkauf erwor-
    bene forst- und landwirtschaftliche Erzeugnisse feilbieten
    (Brennholz, Beeren, Sämereien, Obst, Gemüse, Vieh, Ge-
    flügel, Eier, Butter u. ä.)
IV: Warenverkäufer im engeren Sinn (Verkauf von aus fremden
    Geschäften, von Fabrikanten oder Kaufleuten bezogenen
    Waren), auch Handelsreisende
V: Verkäufer von Druckschriften und kirchlichen Gegenstän-
    den
VI: Sammler von und Händler mit Lumpen, Alteisen, Knochen
    etc.
VII: Spielleute und fahrende Leute, Glücksbudenbesitzer etc.
Begl.: Begleiter

Die Wandergewerbetreibenden handelten meistens mit Obst, Gemüse, Sämereien, Eiern, Butter und anderen »Landesprodukten«,

86 Die Kategorien wurden zusammengestellt unter Verwendung der vorge-
    gebenen Kategorien der Kommission des Vereins für Socialpolitik, die im
    Vorwort aufgelistet sind und der Kategorien, die Referendar Klein für
    seine Untersuchung über das Saargebiet verwendet hat. Ausgelassen wurde
    die Kategorie »Inhaber von Wanderlagern und Veranstalter von Waren-
    auktionen«: diese Form des Verkaufs fand in der Bürgermeisterei Lieser
    einige Male statt, wurde aber nur von auswärtigen Händlern initiiert.
    Wanderlager und -auktionen waren, soweit die Aktenlage diesen Schluss
    erlaubt, keine Einkommensquelle der ansässigen Wandergewerbetreiben-
    den. Die Einwohnerzahlen stammen aus dem Jahr 1908, vgl. LHAK Best.
    655, 213 Nr. 446.

wobei nicht sicher festgestellt werden konnte, ob diese in Eigenproduktion erwirtschaftet oder gekauft wurden. Unter Kategorie III
wurde auch der Handel mit Tieren wie Federvieh, Schweinen und
Rindvieh gezählt.»Mehrfachnennungen« waren in dieser Tabelle
möglich; verbreitet besonders bei den handelnden Frauen war eine
Kombination mit dem Verkauf von Kurz- und Spielwaren, Schmuck,
Zuckerwaren, Glas, Porzellan oder Seife.[87] Vor allem die hausierenden Männer sammelten zudem Lumpen oder Alteisen (Kategorie
VI). Punkt II ist sehr schwach vertreten; nur wenige der Händler
boten selbstgefertigte Hotten oder Drahtsiebe feil – ein Indiz dafür,
dass an der Mosel »Hausiergemeinden« in Kombination mit Hausindustrie kaum vorhanden waren.[88] Nur ein Hausierer handelte
– und das auch nur kurzfristig – mit Druckschriften (Kategorie V).
Darin wurde er sehr vom örtlichen Pfarrer unterstützt, da er »gute,
in religiöser und sittlicher Beziehung einwandfreie Druckschriften«

87 Diese Waren kauften die Wandergewerbetreibenden wohl überwiegend
    an; nur einmal jedoch wurde als Hinweis darauf in den Akten der Ar-
    menfürsorge das Schreiben einer Seifenfabrik gefunden, in dem nach dem
    Tod einer Wandergewerbetreibenden und Unterstützungsempfängerin
    noch ausstehende Forderungen an die Ortsbehörde gerichtet werden. Vgl.
    LHAK Best. 655, 213 Nr. 188: Schreiben der Fa. F. Welcker & Buhler
    Dampfseifen-, Seifenpulver- und Glycerin-Fabrik, Neuwied, an die Orts-
    behörde Maring, 27.9.1913.
88 LHAK Best. 655, 213 Nr. 190: Im Zuge einer Anfrage um die Erstattung
    von Pflegekosten an den OAV Gonzerath ist in den Lieserer Fürsorgeakten
    die zehnköpfige Korbmacherfamilie von Albert K. aus diesem Hunsrück-
    ort fassbar. Die Frau war im Zeltinger Fährhaus, das auf der Wehlener
    Moselseite lag, schwer erkrankt und musste im Josefshaus Zeltingen ver-
    pflegt werden. Sie gab zu Protokoll, Josefshaus Zeltingen, 24.4.1913:»Wir
    haben in Gonzerath während des Winters eine Wohnung gemietet und
    ziehen in den Sommermonaten mit einem Wagen im Kreise Berncastel
    umher, wobei wir das Korbmachergewerbe ausüben. Im letzten Winter
    hatten wir zwar keine Wohnung gemietet und hielten mit unserem
    Wohnwagen auf dem Gemeindeplatz in Gonzerath, von Anfang Oktober
    1912 bis 25. Januar 1913 daselbst. In den Jahren 1901 bis 1905 war ich mit
    meiner Familie in Trier wohnhaft, vordem aber stets in Gonzerath wohn-
    haft. Im vorigen Jahr erhielt ich Unterstützung von der Gemeinde Gon-
    zerath, durch armenärztliche Behandlung mehrerer Kinder von mir.« Die
    Tatsache, dass die Familie offenbar gezwungen war, selbst im Winter in
    ihrem Wohnwagen zu leben und ihr Angewiesensein auf öffentliche Un-
    terstützung ist ein Hinweis darauf, dass Familie K. das Korbmacherge-
    werbe als eine Form des »Nothausierens« betrieb.

vertreiben wollte.[89] Ob er mit diesem Handel allerdings viel Erfolg hatte, ist nicht aus den Quellen ersichtlich – jedenfalls tritt der Betreffende schon kurze Zeit später als »Eierhändler« in Erscheinung.

Eine weitere Diagnose Kleins über das »Sozialprofil« der Wandergewerbetreibenden, nämlich dass es überwiegend von Frauen betrieben wurde, kann für den Untersuchungsraum weitgehend bestätigt werden. Dies mag allerdings damit zusammenhängen, dass es sich im vorliegenden Fall überwiegend um ein Hausieren im Neben- und Zuverdienst handelte; Forschungen für den Wanderhandel im Haupterwerb oder für die Hausiererdörfer in der Eifel zeigen, dass hier die Männer sich längere Zeit von zuhause entfernten und ihre Frauen und die Restfamilie die Landwirtschaft besorgten.[90] Hausieren war insbesondere vor dem Ersten Weltkrieg eine

89 LHAK Best. 655, 213 Nr. 174: Pfr. Zimmer, Noviand an den Bgm. Lieser, 14.12.1907: »Durch mehrere Herren im Kreise Bernkastel bin ich beauftragt, einen Hausierer zu gewinnen, der entsprechend den Vorschriften der Reichsgewerbeordnung (§§ 55 ff.) gute, in religiöser und sittlicher Beziehung einwandfreie Druckschriften zu vertreiben hat. Es ist diese Colportage auch für unsere Gegend durchaus notwendig, da es eine feststehende Tatsache ist, daß auch hier nicht bloß unreligiöse, unsittliche Schriften mit Bilder sondern auch bereits sozialdemokratische, Staat und Kirche bekämpfende Bücher und Schriften Verbreitung finden.« Eine Sonderform des Verkaufs von religiösen Gegenständen im Untersuchungsgebiet stellten die »Buden« neben der Klausener Wallfahrtskirche dar, in denen während der Wallfahrtszeit Devotionalien sowie Zucker- und Spielwaren verkauft wurden. Vgl. zu dieser Thematik Dohms, Eberhardsklausen, S. 199–200. Nachweislich eine Antragstellerin aus Pohlbach (Pohlbach und Krames waren die beiden Zivilgemeinden, die zur Pfarrkirche Eberhardsklausen gehörten) betrieb eine solche Bude, vgl. KAB-W 2.0.343: Bgm. Monzel an den Landrat Wittlich, 15.4.1910.

90 Vgl. Bade, Europa, passim, und die Übersicht über die Zeitpunkte und Dauer der Wander-»Touren« der Nerother Drahtwarenhändler bei Ginzler, »Musfallskrämer«, S. 128 f.: Diese waren, wenn sie Landwirtschaft betrieben, zu den wichtigsten Ernteterminen des Jahres zuhause. In vierteljährlichem Rhythmus reisten sie »nach Weihnachten bis zur Frühjahrsfeldbestellung (Ende März), nach der Feldbestellung bis zur Heuernte (Juni/Juli), nach der Heuernte bis zur Herbstsaat (Oktober), sie blieben bis Kirmes (Sonntag nach dem 20. Oktober), von Allerheiligen bis Weihnachten«. Casimir Bumiller stellt jedoch in seiner Untersuchung der Hausiererdörfer des Killertals den hohen Anteil von Frauen heraus, die zum Teil selbständig dem Wandergewerbe nachgingen, während ihre Männer die Landwirtschaft besorgten. Vgl. Bumiller, Reise, S. 47–54.

Domäne der Frauen[91], wobei dieser Gewerbezweig sowohl für alleinstehende oder verwitwete Frauen eine Form des Unterhalts als auch für Ehefrauen eine Form des Zuverdienstes zum Familieneinkommen darstellte:

Tab. 9: Verteilung der »Typen« Bgm. Lieser 1906–1934

»Typen« der Wandergewerbetreibenden	Anzahl im Zeitraum 1906–1934 (gesamt)
Hinzuverdienende Ehefrau	44
Witwe (ohne Altersangabe)	5
Ältere Witwe	18
Jüngere Witwe	9
Alleinstehende Frau	14
Mann	4
Alleinstehender Mann	2
Ehemann	27
Begleiter	21
»Semi-Professioneller«	20
Erwerbslose	20
k.A.	3

Zur statistischen Aufbereitung der Fälle ist anzumerken, dass auch hier »Mehrfachnennungen« möglich waren, was sich daraus ergibt, dass der gesamte Zeitraum von 1906 bis 1933 dargestellt ist – eine verheiratete Hausiererin konnte zum Beispiel in jungen Jahren, als sie noch kleine Kinder hatte, nur zeitweilig etwas hinzuverdienen oder nur als Begleitung ab und an ihren Ehemann im Wandergewerbe unterstützen. Im Laufe der Jahre trennte sie sich womöglich von ihrem Mann und zählte als »alleinstehende Frau« oder wurde – was weitaus häufiger vorkommt – zur Witwe. Es mussten bei der Zuordnung der Personen zu den einzelnen »Typen« Prioritäten gesetzt werden: Ein »Semi-Professioneller« konnte natürlich entweder ein Ehemann oder ein alleinstehender Mann sein, war aber in erster Linie ein Wandergewerbetreibender, der sein Gewerbe in großem Umfang betrieb – der Typus »Ehemann« beispielsweise wird, wie im Folgenden erläutert, anders charakterisiert. Die Typenbildung war

---

91 Im gesamten untersuchten Zeitraum bestand die Gruppe der Hausierer aus 55 Prozent Frauen und 45 Prozent Männern.

notwendig, um die behandelte Gruppe besser analysieren zu können, besonders im Hinblick auf die Verteilung der »Typen« über die Jahre hinweg – eine bloße Differenzierung nach Alter oder Geschlecht wäre wenig aussagekräftig gewesen.

Die Personengruppe, die mit Abstand am meisten unter den Wandergewerbetreibenden vertreten war, ist die der hinzuverdienenden Ehefrauen. Sie hatten meist nur für kürzere Zeit oder nur für ein paar Wochen im Jahr einen Wandergewerbeschein, weil kleinere Kinder im Haushalt vorhanden waren, die versorgt werden mussten. Die Ehefrauen, die längere Zeit den Wandergewerbeschein hatten, wie zwei Frauen, die fast über den ganzen untersuchten Zeitraum hinweg, 27 Jahre lang, hausierten, waren überwiegend ältere Frauen (1906 um die 50 Jahre alt), die während des Zeitraums auch in die Kategorie »ältere Witwe« fielen und bei denen davon ausgegangen werden kann, dass, falls jüngere Kinder vorhanden waren, diese von ihren älteren Geschwistern beaufsichtigt wurden.[92]

Die Ehemänner von 16 der 44 »hinzuverdienenden Ehefrauen« übten zeitweilig ebenfalls das Wandergewerbe aus. Diese zahlten für sich selbst Wandergewerbesteuer, hatten zum Teil ein anderes Warenspektrum und übten das Wandergewerbe meist nur kurzfristig aus. Bei dreien von ihnen ist explizit Erwerbslosigkeit als Grund für das Hausieren angegeben; andere hatten eine Krankheit, die sie von anderen Verdienstmöglichkeiten abhielt und die sie wohl auch in der Ausübung des Wandergewerbes einschränkte.

Unter die Kategorie »Begleiter« fallen Personen, die den eigentlichen Wandergewerbetreibenden bei seiner Tätigkeit unterstützen, indem sie beispielsweise einen Hundewagen führten, einen Kraftwagen fuhren oder in sonstiger Weise zu Hilfe waren. Acht Ehefrauen begleiteten ihre Männer; drei Ehemänner begleiteten ihre Frauen. In zwei Fällen sind es Geschwister, die ihren Bruder unterstützen. Sechsmal wurde ein Wandergewerbeschein für Sohn oder Tochter beantragt, der jedoch in zwei Fällen wegen der Tatsache abgelehnt wurde, dass das Kind unter 25 Jahre alt war. Einmal

92 Angaben zu Kindern konnten nur dann vermerkt werden, wenn in den Akten dazu Angaben zu finden waren. Die Dauer der Wandergewerbe-Tätigkeit verteilt sich unter den hinzuverdienenden Ehefrauen wie folgt: 20 von ihnen übten es ein bis fünf Jahre lang aus, zehn sechs bis zehn Jahre lang, wiederum zehn elf bis 15 Jahre lang, drei Frauen gingen 16 bis 20 Jahre dem Wandergewerbe nach und drei Frauen betrieben es 21 bis 27 Jahre lang.

wurde ein offensichtlich schon recht betagter Vater (75 Jahre alt) mitgeführt.

Witwen waren unter den Wandergewerbetreibenden ebenfalls stark vertreten, wobei der Anteil der »älteren Witwen« (1906 beziehungsweise bei Beginn des Wandergewerbes als Witwe über 50 Jahre alt) am höchsten lag. Der Typ »jüngere Witwe« war 1906 oder zu Beginn des Wandergewerbes als Witwe unter 50 Jahre alt und musste, was als weitaus wichtigeres Differenzkriterium anzusehen ist, kleine beziehungsweise minderjährige Kinder versorgen.[93] Eine der Witwen konnte sowohl der Kategorie »jüngere Witwe« als auch der Kategorie »ältere Witwe« zugerechnet werden. Sie verkörpert typische Lebensläufe beider Kategorien: Die Witwe Lukas A. aus Lieser verlor 1900, damals war sie 42 Jahre alt, ihren Ehemann durch Ertrinken und war fortan darauf angewiesen, durch das Wandergewerbe mit Zwiebeln, Obst, Gemüse und Eiern sich und ihre sieben Kinder zu ernähren. Beides konnte sie wohl bravourös unter einen Hut bringen, da der Bürgermeister von Lieser 1927 rückblickend über sie sagte: »Aber trotz aller Schwierigkeiten verstand sie es ohne nennenswerte Inanspruchnahme der öffentlichen Armenfürsorge ihre Kinder *brav und ehrlich* heranzuziehen [...] Die Kinder sind alle fleißige, brave Menschen, von denen keiner eine Strafe erlitten hat; ein Sohn ist im Krieg gefallen.«[94] Dass man gerade als verwitwete Hausiererin mit kleinen Kinder auf öffentliche Unterstützung angewiesen war, mussten auch fünf weitere der insgesamt neun »jüngeren Witwen« erfahren.[95] Im Alter konnte Witwe A. ihr Gewerbe nur noch beschränkt ausüben; ihre Gesundheit

93 Beim nur als »Witwe« bezeichneten Typus ist weder ein Geburtsdatum/Alter vermerkt noch finden sich Angaben zu den Kindern.

94 LHAK Best. 655, 213 Nr. 174: Bgm. Lieser an den Regierungspräsidenten Trier, 30.3.1927 (Entwurf). Der Bürgermeister setzte sich in diesem Schreiben dafür ein, dass Witwe A. eine Wandergewerbestrafe von 20 RM erlassen werden sollte. Regelmäßig habe diese ihren Gewerbeschein beantragt und eingelöst, nur in diesem Jahr habe ihr hierzu das Geld gefehlt, und sie sei trotzdem im Januar ihrem Gewerbe nachgegangen, ohne den Schein vorher eingelöst zu haben. Es sei aber anzunehmen, dass sie dazu die feste Absicht gehabt habe; sobald sie das Geld hatte, habe sie auch die Einlösung bewirkt. Sie habe sich stets »tadellos geführt«, deshalb befürwortete der Bürgermeister ihren Antrag auf Erlass der Strafe.

95 Zwei stellten einen Antrag, zwei sind als Bezieherinnen einer Unterstützung nachweisbar, bei weiteren zwei wurde in der Korrespondenz in den Wandergewerbesteuer-Akten der Unterstützungsbezug angesprochen.

ließ nur zeitweise das Hausieren in den umliegenden Dörfern zu – ebenso wie das die meisten der anderen »älteren Witwen« nur noch konnten.

In Zeiten von Massenarbeitslosigkeit wurde das Wandergewerbe auch für erwerbslose Männer attraktiv: Machten bis zum Ersten Weltkrieg die circa 20 hinzuverdienenden Ehefrauen pro Jahr die stärkste Gruppe der Hausierer aus gegenüber den anderen »Typen«, die mit bis zu zehn Wandergewerbetreibenden pro Jahr vertreten waren, so lag die Zahl der Frauen im Wandergewerbe (Witwen und Ehefrauen) Ende der dreißiger Jahre bei je unter fünf Hausierern pro Jahr, während Erwerbslose und »Semi-Professionelle« die höchsten Werte mit je sechs bis acht Vertretern belegten. Insgesamt ist nach dem Ersten Weltkrieg und vor allem nach der Inflation ein starker Rückgang des Wandergewerbes im Untersuchungsraum zu verzeichnen.

Die hausierenden Erwerbslosen bildeten eine recht junge Gruppe, zwischen 23 und 43 Jahren alt. Sie beantragten meist nur für ein Jahr einen Wandergewerbeschein; keiner übte das Wandergewerbe länger als vier Jahre aus. Sie wurden zu »Nothausierern«, wenn andere Formen der Unterstützung oder des Einkommens nicht bestanden: Heinrich F. aus Wehlen etwa versuchte sich 1932 im Handel mit Toilettenseife und Auffrischungspolitur für Möbel. Seit Januar des Jahres bezog er keine Arbeitslosenunterstützung mehr und konnte keine andere Erwerbsmöglichkeit finden.[96] »Eigentlich« hatten alle erwerbslosen Hausierer einen Handwerksberuf erlernt oder waren sonst als Tagelöhner beschäftigt. Meist war der Verdienst im Wandergewerbe durch andere Gelegenheitsarbeiten unterbrochen; bei den Erwerbslosen der zwanziger Jahre wird in besonderem Maße das »Patchwork« verschiedener Einkommensmöglichkeiten sichtbar. Der erwähnte Heinrich F. stellte im Februar 1933 einen Antrag auf Unterstützung, da er seit 6. Januar des Jahres arbeitslos war. Als letzten Arbeitgeber gab er einen Weingutsbesitzer in Wehlen und die Gemeinde Wehlen an, für die er im Holzschlag gearbeitet hatte.[97] Besonders lange kann er 1932 also seinen Handel nicht betrieben haben. Hausieren war wohl deswegen für die Erwerbslosen eine akzeptable Verdienstmöglichkeit, weil es leicht wieder aufgegeben oder nur noch

---

96 Vgl. LHAK Best. 655, 213 Nr. 498: Bemerkung des Bgm. Lieser im Nachweis der 1932 beantragten Wandergewerbe- und Gewerbescheine, o. D.

97 LHAK Best. 655, 213 Nr. 580: Antragsformular, BFV Bernkastel, Heinrich F., Wehlen, 1.2.1933.

nebenbei betrieben werden konnte, wenn sich eine einträglichere Arbeitsgelegenheit ergab. Es mag zunächst verwundern, dass erst relativ spät und recht wenige Erwerbslose dem Wandergewerbe nachgingen. Es steht zu vermuten, dass der Großteil der Ehemänner, die nur kurzfristig hausierten, auch als »Erwerbslose« angesehen werden können, jedoch nicht explizit als solche bezeichnet wurden. Auch einige der »Begleiter«, besonders die jugendlichen Söhne von Wandergewerbetreibenden, hatten womöglich nur keine andere Möglichkeit des Verdiensts gefunden und sahen sich so gezwungen, zumindest ihre Eltern zu unterstützen. Normalerweise scheint Hausieren nicht als ein »richtiges« Gewerbe, vor allem nicht für junge Männer, angesehen worden zu sein – so lehnte der Bürgermeister von Lieser den Antrag eines 26-jährigen jungen Mannes mit folgender Begründung ab: »H. ist ein junger und kräftiger Mensch und kann als solcher seinen Lebensunterhalt in einem andern Berufe erwerben.«[98] Auf der anderen Seite wurden ältere, kranke und zu sonstiger Arbeit unfähige Männer dafür gelobt, dass sie zumindest durch das Wandergewerbe noch etwas zum Unterhalt der Familie beitrugen.[99] In diesem Zusammenhang mag die recht hohe und konstante Anzahl der »Semi-Professionellen« erstaunen. Sie betrieben nebenbei auch ein stehendes Gewerbe; ihr relativ umfangreicher Handel scheint in gutem Ansehen gestanden zu haben und auch gebraucht worden zu sein. Sie mussten immer die höchsten Gewerbesteuer-Beträge zahlen und erzielten den höchsten Umsatz. Im Winter

98 LHAK Best. 655, 213 Nr. 174: Bemerkung des Bgm. Lieser zum Nachweis der 1924 beantragten Wandergewerbe- und Gewerbescheine, o. D.

99 LHAK Best. 655, 213 Nr. 506: Bgm. Lieser an den Regierungspräsidenten Trier (Entwurf), 29.10.1928, Stellungnahme zu einem Gesuch um Ermäßigung der Wandergewerbesteuer: »Da Qu. zu Hause das Klempner-Handwerk als stehendes Gewerbe nicht betreiben kann, – denn es fehlt ihm eine Werkstätte und das Handwerkszeug, auch die Kundschaft-, übt er das Handwerk, jedoch nicht als Klempner, sondern als Kesselflicker, Löffelgießer, Verpicher und Verzimmer in den nächsten Dörfern der Umgebung aus. Er geht morgens vom Hause weg und kehrt abends wieder zurück, kann folglich seinen Wirkungskreis nicht weit ausdehnen. Er kann auch nicht, da er stets im Freien arbeitet, während des ganzen Jahres das Gewerbe ausüben, der Winter scheidet für ihn gänzlich aus. Es ist Qu., der schon 64 Jahre alt und mit einem Leistenbruch behaftet ist, zu loben, daß er auf diese für ihn einzig mögliche Art noch etwas für seine Familie zu verdienen sucht. Viel kann er allerdings nicht herausholen, mehr als 400 RM wird er jährlich nicht verdienen.«

1925/26 war bei ihnen jedoch »infolge der allgemeinen Geschäfts-flauheit ein starker Rückschlag eingetreten«.[100] Generell sank die Anzahl der Wandergewerbetreibenden in der Bürgermeisterei Lieser im Laufe des Untersuchungszeitraums. Ein besonders harter Einbruch war während und kurz nach dem Ersten Weltkrieg zu beobachten. Insbesondere die Frauen waren in der Zwischenkriegszeit nur noch schwach vertreten. Während des Ersten Weltkriegs wurde das Ausüben des Hausierhandels durch verschiedene Bestimmungen erschwert: Der Handel mit Eiern war verboten, Wolle, Wollwaren, Seife, Hülsenfrüchte und Garn dem freien Handel entzogen. Wandergewerbescheine zum Viehhandel wurden nur an Mitglieder des Rheinischen Viehhandelsverbandes ausgestellt, Obsthandel konnten nur noch die Händler betreiben, welche die Genehmigung zum Groß- oder Kleinhandel mit Obst besaßen. Lumpensammeln erforderte, für eine von einer Kriegs-amtsstelle beauftragte Sortieranstalt zu sammeln.[101] Viele der Händler mussten aufgrund dieser Bestimmungen von einer Beantragung des Gewerbescheins absehen. Gerade Obst und Eier stellten mit das vorwiegende Warenangebot der Frauen dar. In den zwanziger Jahren steht möglicherweise auch zu vermuten, dass die Frauen der Konkurrenz durch »Semi-Professionelle« und Erwerbslose nicht mehr standhalten konnten. Eine Ausgangsvermutung, dass die Zahl der Hausierer während der Weimarer Republik angestiegen sei und dies als ein Ausdruck der Krisenhaftigkeit dieser Zeit bewertet werden könne, konnte nicht bestätigt werden. Allerdings kann die Änderung des Spektrums – die Zunahme von jungen Männern, die eigentlich auch in einem anderen Beruf tätig wären – in einem solchen Sinne interpretiert werden.

Bei der Analyse der Lebensläufe, die ergab, dass viele der Wandergewerbetreibenden von einer Kategorie in die andere fallen konnten – begleitende Kinder übernahmen das Gewerbe des Vaters als »Semi-Professioneller«, die hinzuverdienende Ehefrau wurde Witwe – fällt zudem auf, dass es manche »Familienbande« unter

100 LHAK Best. 655, 213 Nr. 506: Bgm. Lieser an den Regierungspräsidenten Trier, 24.2.1926 (Entwurf). Stellungnahme zu einem Gesuch um Ermä-ßigung der Wandergewerbesteuer.

101 Vgl. LHAK 655, 213 Nr. 174: Schreiben des Bezirksausschusses Trier an den Landrat Bernkastel, 17.1.1918 »unter Hinweis auf den mit Verfügung des Herrn Regierungs-Präsidenten vom 21. Juli 1917 I. E. 23445 mitgeteilten Erlaß des Herrn Handelsministers vom 8. Januar 1917 III 7820 M.f.H. II.«

den Hausierern gab. So lassen sich allein zehn Hausierer-»Clans« ausfindig machen, die sich über zwei Generationen erstreckten und allein 30 der insgesamt 166 untersuchten Personen umfassen. In einem Fall heiratete sogar die Tochter eines Hausierer-Ehepaars, die ihre Eltern bis zu ihrer Verheiratung als Begleiterin unterstützt hatte, den Sohn eines anderen Hausierer-Ehepaars und übte mit ihm ebenfalls das Wandergewerbe aus, zeitweilig unterstützt durch den Vater ihres Ehemannes.

Die Gewerbetreibenden der untersuchten Bürgermeisterei vertrieben ihre Waren nur in die angrenzenden Ortschaften und machten mit ihrem Handel den örtlichen Krämern anscheinend keine Konkurrenz – zumindest finden sich in den Akten keine Klagen. Zudem wurde dem überwiegenden Teil der Hausierer von den örtlichen Verwaltern oder dem Pfarrer ein guter Leumund bescheinigt. Es lässt sich feststellen, dass die untersuchten Wandergewerbetreibenden nicht dem Klischee des unehrlichen und »sittlich minderwertigen«, den Gefährdungen der Landstraße erlegenen Hausierers entsprachen. Eine »Notwendigkeit« des Hausierhandels im Sinne der Versorgung abgelegener Gebiet mit Waren bestand wohl kaum[102]; man hätte den Hausierern wohl nicht unbedingt etwas abkaufen müssen. Der Bekanntheitsgrad und die Akzeptanz der Hausierer mag dagegen hoch gewesen sein: Man wird »seinen« Scherenschleifer aus dem Nachbarort gekannt haben, der armen Witwe, von der man wusste, dass sie sich mit Eierverkauf »über Wasser hält«, möglicherweise aus Mitleid etwas abgekauft haben. Vielleicht war hier die Grenze zum Betteln beziehungsweise auf Seite der Käufer zur mildtätigen Gabe auch durchlässig:

»Daß es zwischen den Praktiken von Hausierern und Bettlern zu Überschneidungen kam, war gewiß nicht nur Produkt boshafter Erfindung. Es war zu naheliegend, die Aufforderung zum Erwerb dieser oder jener Waren im Zweifelsfall mit dem Hinweis auf Frau und Kinder, auf die eigene Notlage zu unterfüttern, zumal solche Hinweise in der Mehrzahl der Fälle nur wiedergegeben hätten, was den Hausierer auch wirklich zum Schultern seines Traggestells veranlaßt hatte.«[103]

---

102 Vgl. Dennig, Hausierhandel, S. 65, der auf das Verschwinden von »dem Weltverkehr entrückten Ortschaften« in Zeiten des Ausbaus und der Erweiterung des Straßennetzes hinweist [1899].

103 Beck, Unterfinning, S. 382. Vgl. auch Ludi, Frauenarmut, S. 27: »Eine

Jedoch nur einmal wird in den Nachweisungen eine junge Antragstellerin, deren Mann arbeitsfähig ist, explizit verdächtigt, dass in ihrem Fall das Hausieren nur »die Ausübung des Bettelgewerbes verschleiern« soll.[104] Ob bei den älteren Witwen, selbst wenn sie Hausieren und Betteln verbunden haben sollten, von behördlicher Seite dagegen vorgegangen wäre, bleibt anzuzweifeln.

3. Schulden, Betteln und Kriminalität

Klassische »Ökonomien des Notbehelfs«, die in dieser Arbeit aufgrund mangelnder Quellen nicht näher thematisiert werden können, bestanden zum einen in der Bettelei und Kriminalität[105], zum anderen im Beleihen von Besitz.[106] Matthias W. etwa war beim Hausierhandel von einem Hund in die rechte Hand gebissen worden, was ihn arbeitsunfähig gemacht hatte. Schulden erschwerten seine Situation:

»Also konnte ich seitdem nichts verdienen, sondern Schulden machen müssen, welches bei sechs Kindern im Alter von ein bis elf Jahren unausbleiblich ist, trotz aller Einschränkung. [...] Meine Schulden belaufen sich auf 940 M., dazu kommen noch die Zinsen an die Sparkasse Wittlich 108 M. nebst eine Rathe von 50 M. welche Ende 1913 bezahlt sein müssen. Ich ersuchte am 8. ds. Mts. unsere Herrn Bürgermeister, um Vorschuß der Gemeindeverwaltung, bekam den Bescheid: die Gemeinde habe kein Geld. Auch kann ich kein Anleihen beantragen von der Sparkasse Wittlich, denn das wenige was ich auf dem Namen habe, ist schon überbelastet.«[107]

typisch weibliche Einkommensquelle, die in diesem Grenzbereich von Erwerbstätigkeit und Bettel lag, war das Hausieren.« Aus den kommunalen Akten KAB-W 2.0.343: Verhandelt, Bürgermeisteramt Monzel, Wwe. Anton Qu., Pohlbach, 1.6.1911: »Ich bin meist draußen auf dem Hausierhandel. Bei dieser Gelegenheit werde ich viel von wohltätiger Seite unterstützt.«
104 LHAK Best. 655, 213 Nr. 174: Bemerkung des Bgm. Lieser zum Nachweisung der Anträge auf den Wandergewerbeschein 1923, o. D.
105 Etwa Shore, Crime.
106 Vgl. Sokoll, Negotiating a Living, S. 37, oder für Arbeitslose am Ende des 19. und zu Beginn des 20. Jahrhunderts Führer, Arbeitslosigkeit, S. 28.
107 KAB-W 2.0.343: Matthias W., Cröv, an den Landrat Wittlich, 12.11.1913.

In ähnlicher Weise erwähnten auch viele der anderen Antragsteller-verschuldeten Grundbesitz, rückständige Mietzahlungen, Ausstände beim Lebensmittelhändler[108] oder hypothekarische Belastungen, doch in welcher Form sie Kredite aufnahmen, Pfandleihe betrieben oder wie verbreitet das »Anschreiben« beim Krämer gewesen sein mag, wurde in den Fürsorgeakten nicht thematisiert. In den Beschlussbüchern der Gemeinderäte festgehaltene Notizen über die Gewährung von Darlehen[109] oder die gängige Praxis, bei der Armenspende oder der »Kirchenkasse«[110] einen Kredit aufzunehmen, deuten darauf hin, dass viele Einwohner des Untersuchungsgebietes insbesondere vor größeren Anschaffungen oder dem Bau eines Hauses Schulden machen mussten.

Über das Betteln von Bedürftigen äußerten sich sowohl die kommunalen Verwalter als auch die Antragsteller selbst. Erstere führten Betteln primär als Indiz der mangelnden »Würdigkeit« von Antragstellern an[111], insbesondere, wenn Kinder angeblich von ihren Eltern zum Betteln angehalten wurden[112] Seltener sah man Betteln als

108 Etwa LHAK Best. 655, 213 Nr. 187: Ehefrau Ludwig H., Lieser, an den Bgm. Lieser, 7.4.1909: »[...] wir haben den langen Winter nichts verdient und jetzt eine Zeitlang das Hochwasser wo nicht viel zu machen war sind wir in Schulden beim Bäcker N. und beim Krämer Rochus F. geraten daß ich ohne Geld nichts bekomme.« Ähnlich LHAK Best. 655, 213 Nr. 580: Heinrich F., Wehlen, an das »Wohlfahrtsausschussministerium«, 29.3. 1932:»Weil ich aber noch 4 Monat Miete zurück bin und gedroht bekomme mich auf die Strasse zusetzen, weil ich die Miete nicht bezahlen. Auch beim Bäcker kein Brot mehr geborgt bekomme weil ich noch für 38,25 zu bezahlen habe.«

109 Vgl. etwa Archiv der Verbandsgemeindeverwaltung Bernkastel-Kues: Beschlussbuch GR Lieser, 1892–1909, 28.04.1904: »Dem Modestus S. wird ein zu 4 Prozent zu verzinsendes Darlehen von 750 M zum Neubau eines Wohnhauses unter der Bedingung gewährt, daß das Darlehen in zehn Jahren abgetragen sein muß.«

110 LHAK Best. 655, 213 Nr. 187: Die Kreditnahme bei der Armenspende ist für Maring-Noviand gut dokumentiert, und die Antragsteller aus Lieser gaben einige Male an, bei der »Kirchenkasse« noch Zins bezahlen zu müssen wie etwa Wwe. Paul S., Lieser, in einem Schreiben an den Bgm. Lieser, 20.12.1908.

111 KAB-W 2.0.343: Baptist J. wurde in einem Schreiben des Bgm. Bausendorf an den Landrat Wittlich, 10.4.1913 wie folgt charakterisiert: »Zum Arbeiten ist derselbe zu faul und verlegt sich auf den Bettel.«

112 KAB-W 2.0.541: Der Bürgermeister von Bergweiler bat den Landrat Wittlich, 21.2.1906, um die Ablehnung einer Beschwerde der Eheleute Otto

Merkmal einer Notlage, der mit der Gewährung einer Unterstützung oder der Anstaltsunterbringung abgeholfen werden sollte.[113] Darauf, dass Betteln eine verbreitete Strategie der Ortsarmen gewesen sei, sich ein Auskommen zu verschaffen, deuten die Quellen nicht hin; die Verwalter des Untersuchungsgebietes äußerten sich nicht über Bettler als Gruppe, deren vermehrtes Auftreten zu beobachten sei o.ä. Auch in den Briefen der Antragsteller wurde Betteln selten thematisiert: Sie stellten es als eine illegale Alternative dar, auf die man »notgedrungen« zurückgreife.[114] Einige verwiesen auf die Notwendigkeit des Bettelns, sollte das Unterstützungsgesuch nicht gewährt werden[115]; manche Antragsteller drohten regelrecht damit, »sich zum Bettelhandwerk niederzulassen«.[116] Über kriminelle Handlungen, die möglicherweise durch die Notlage eines Bedürftigen motiviert waren, kann keine begründete Aussage gemacht werden. Fischereivergehen, Diebstähle, und vereinzelt genannter Jagd- und Forstfrevel[117] könnten in diese

F., Bergweiler, die »ihre Kinder zu Zeiten in ganz ungehöriger Weise bettelnd umherziehen ließen«.

113 KAB-W 2.0.541: Um eine bislang laufend unterstützte Witwe vom Betteln abzubringen, ordnete der Bgm. der Stadt Wittlich ihre Einweisung in das Hospital Wittlich an. Bgm. Wittlich-Stadt an den Landrat Wittlich, 11.6. 1906.

114 KAB-W 2.0.541: Wwe. Ludwig M., Olkenbach, an den Kreisausschuss Wittlich, 9.5.1905: »Nach dem Tode meines Mannes, dem ich fünfzehn Kinder geboren – neun davon sind tot – habe ich mich mit den fünf Kindern, die ich bei mir habe, und von denen damals keines etwas verdienen konnte, ehrlich und redlich durchgeschlagen durch Flicken und Stricken – letzteres oft halbe Nächte lang –, wohl auch notgedrungen durch Betteln, um nur ja der Gemeinde keine Unkosten zu machen.«

115 Vgl. etwa KAB-W 2.0.343: Matthias Qu., Manderscheid, an den Landrat Wittlich, 5.4.1911: »Ich kann hier nehmlich gar nicht mehr sein sonst muß ich mich zum Betteln entschließen etwas was doch sehr hart und traurig ist.« LHAK Best. 655, 213 Nr. 579: Vinzenz T., Wehlen, 12.11.1929 an das Wohlfahrtsministerium Düsseldorf [sic]: »Betteln darf man nicht, weil dieses zu strafbaren Handlungen führt. Weil ich meiner Lebzeit, sowie auch bei meiner vier Jahre Kriegszeit noch niemals bestraft bin, will ich mir auch jetzt diese Unehre ersparen.«

116 KAB-W 2.0.541: Jakob Qu., Eisenschmitt, an den Landrat Wittlich, 29.8. 1901: »Und wenn ich kein Gehalt bekomme werde ich mich ganz einfach zum Bettelhandwerk niederlassen.«

117 Der Zusammenhang zwischen Armut und Holzdiebstahl wurde in regionalen Untersuchungen für das 19. Jahrhundert erforscht; vgl. für Westfalen Mooser, Furcht; für die Pfalz Grewe, Not.

Richtung interpretiert werden, es fehlen jedoch Informationen über die konkrete Tat und den Hintergrund der Täter. Im September 1931 zumindest wurde im *Wittlicher Tageblatt* geklagt, dass »Felddiebstähle und Einbrüche [...] in diesem Herbst kein Ende zu nehmen« schienen:

»Die Dreistigkeit der Diebe kennt fast keine Grenzen. Sie scheuen sich nicht, am hellen Tage zentnerweise Obst zu ernten und lassen sich bei ihrer Arbeit nicht einmal durch in der Nähe weilende Leute stören [...] In einer der letzten Nächte wurde in eine Feldscheune eingebrochen und etwa 15 Zentner Kartoffeln gestohlen. In einem anderen Falle wurden einem Landwirt von seinem Felde rund 80 Weißkohl-, Rotkohl- und Wirsingköpfe abgeschnitten und gestohlen. Zweifellos werden viele durch die Not zu diesen Taten getrieben, aber dadurch werden sie trotzdem nicht gerechtfertigt.«[118]

4. Wohltätige Mitmenschen und Vereine

Neben der öffentlichen Armenfürsorge bestanden vielfältige Hilfsangebote durch private Vereine oder Einzelpersonen, die jedoch nicht in ihrer Ganzheit erfasst werden können. Die meisten dieser Einrichtungen wie die Speisung armer Familien durch die Gutsverwaltung in Lieser durch die Familie Schorlemer[119] tauchen nur punktuell in den Akten auf, es kann keine Aussage darüber getroffen werden, mit welcher Regelmäßigkeit oder für welchen Personenkreis diese Hilfe durchgeführt wurde.

Ein System der gegenseitigen Hilfe innerhalb des Dorfes sowohl bei landwirtschaftlichen Arbeiten als auch durch materielle Zuwendungen schien – zumindest bei »würdigen« Armen – recht gut zu greifen. Erstaunlich oft werden andere Dorfmitglieder erwähnt, die etwa den Acker für eine alte Witwe bestellen oder die einen alten kranken Mann für seine geringfügigen Arbeitsleistungen versorgen.[120] Pauschal ist von »mildtätigen Menschen« oder Wohltätern

118 *Wittlicher Tageblatt*, 26.9.1931.
119 LHAK Best. 655, 213 Nr. 580: Vgl. Anfrage des Landrats Bernkastel an den Bgm. Lieser, 24.12.1930.
120 Etwa KAB-W 2.0.541: Bgm. Manderscheid an den Landrat Wittlich, 25.6. 1902, dass die »Gemeindeeingesessenen« der Witwe Philipp D. beim Be-

die Rede, welche eine Familie unterstützten.[121] Wiederholt ist das
Engagement von einzelnen Personen dokumentiert. Nachweisbar
ist die Finanzierung der Unterbringung von Witwen im Josefshaus
durch die Freifrau von Schorlemer[122]; ein Weingroßhändler aus
Bernkastel leitete das Bittschreiben eines Bedürftigen, der ihn als
»guter Vater« bezeichnete, mit der Bitte um eine Unterstützung an
den Landrat weiter und ließ ihm auf seine Kosten fünf Zentner
Kartoffeln liefern.[123] Insbesondere der Pfarrer wies einige Male auf

stellen des Ackers »hilfreich zur Hand« gingen. LHAK Best. 655, 213 Nr.
188: Anton M., Maring an den Bgm. Lieser, 17.2.1911: »Jedoch verabreichen mir wohltätige Leute mir für meine geringe Arbeit Kost und pflegen
mich wenn ich krank bin.« Ähnlich LHAK Best. 655, 213 Nr. 187: Bgm.
Lieser an die Armenverwaltung Köln, 23.9.1911, Stellungnahme zur Anfrage, ob August K. für seine Tochter Unterhalt leisten könne: »Der Tagelöhner August K. zu Lieser ist ein vollständig mittelloser Mensch, der an
Schwerhörigkeit und Geistesschwäche leidet, der aus öffentlichen Armen-
mitteln unterhalten werden müßte, wenn er nicht von einem wohltätigen
Einwohner aus Lieser für seine sehr geringfügige Arbeit freie Beköstigung
und ein wöchentliches Taschengeld von 1 M erhielte.« Vgl. auch in au-
tobiografischer Erinnerung Jakoby, Leben im Moseldorf, S. 47–48. Im
Gegensatz dazu Beobachtungen einer soziologischen Untersuchung von
sozialen Beziehungen in Dörfern des Hunsrücks und des Nahegebietes;
vgl. Kirch, Person, S. 21–22.

121 KAB-W 2.0.343: Bgm. Bausendorf an den Landrat Wittlich, 10.4.1913
über einen Antragsteller: »Die Einwohner von Diefenbach treten der Familie hilfreich bei, geben derselben Lebensmittel, helfen den Acker be-
bauen, haben sich bereit erklärt beim Wiederaufbau seines Hauses die
Hand- und Spanndienste zu leisten und der Gemeinderat hat beschlossen
dem Beschwerdeführer das nötige Holz zum Bau seines Hauses unentgeltlich aus dem Gemeindewald zu überlassen.« Oder KAB-W 2.0.343: Bgm.
Wittlich-Stadt an den Landrat Wittlich, 27.12.1910 »Die Familie X. lebt
in ärmlichen Verhältnissen und ist einer Unterstützung würdig und bedürftig. [...] Sonstiges Einkommen, als das vorstehend angegebene der
Kinder, hat die Familie X. nicht, sie ist auf die Mildtätigkeit fremder
Leute angewiesen um ihren Lebensunterhalt fristen zu können.«
122 Vgl. etwa LHAK Best. 655, 213 Nr. 187: Verpflichtungserklärung der Freifrau Schorlemer, Lieser, 9.6.1922: »Für die Unterbringung der Frau O. bei
den Franziskanerinnen hier in Lieser werde ich aufkommen.« Oder Aktennotiz Bgm. Lieser, o.D. [Juni 1913]: »Witwe T. ist auf Kosten der
Freifrau von Schorlemer im Kloster zu Lieser aufgenommen worden, [...].«
123 KAB-W 2.0.343: Michel H., Platten an Weingroßhändler Max C., Bernkastel, 1.12.1910. Max C., Bernkastel an den Landrat Wittlich, 1.12.1910,

bedürftige Einwohner hin oder beantragte für die Kommunionkinder seiner Pfarrei eine Unterstützung.[124] Die Hilfen von dieser Seite wurden teilweise explizit in den Entscheidungen des Gemeinderates genannt als Argument, ein Gesuch abweisen zu können wie etwa im Fall des Michel H.:»H. besitzt ein Wohnhaus und 0,19 ha Land, auch hat er die Gemeindenutzung. Die Familie wird, wie mir bekannt, von wohltätigen Leuten viel unterstützt. Der Gemeinderat würde sich zu einem Unterstützungsantrag des H. ablehnend verhalten. Die Familie leidet keine Not.«[125]

Allerdings sind diese hilfsbereiten Mitmenschen eher in der Zeit des Kaiserreiches in den Akten zu fassen als während der Weimarer Republik. In Krisenzeiten schien die Arbeit der wohltätigen Vereine anzuwachsen; speziell um Familien mit vielen, kleinen Kindern kümmerte sich ab 1918 anscheinend verstärkt die Kreisfürsorgerin.

> beiliegend das Schreiben des Michel H.:»Es ist hier einmal Not vorhanden. Der Mann persönlich ist krank, alt und verschlissen und auch seine Frau soll sich in leidendem Zustande befinden, sodass wohl voraus zu sehen ist, dass auch die Kinder unter diesen kümmerlichen Verhältnissen kaum ein menschenwürdiges Dasein führen können und wohl allmälich [sic] leiblich zu Grunde gehen.«

124 Etwa LHAK Best. 655, 213 Nr. 1592: Pfr. Henrich, Lieser, o.Adr. [Bgm. Lieser], 24.10.1933: »Die Eheleute Lukas A. und Anna geb. T. sind beide bettlägerig krank. Der Mann ist 80 Jahre alt, die Frau 79. Wegen der Krankheit der alten Eltern kann auch die Tochter nicht in Verdienst gehen. Die Rente, die der Mann bezieht, reicht für das Notwendige nicht aus. Auch die private Liebestätigkeit kann das Fehlende nicht ganz ersetzen. Die Familie bittet daher durch mich um Unterstützung.« Oder LHAK Best. 655, 213 Nr. 299: Pfr. Esch, Noviand, an den GR Maring-Noviand, 19.2.1932, mit der Bitte um Mittel für die Ausstattung der Erstkommunikanten, von denen wenigstens zehn nicht in der Lage seien, neue Kleider beschaffen zu können, »da die Familienväter keine oder ganz unzureichende Unterstützung beziehen«.

125 KAB-W 2.0.343: Bgm. Monzel an den Landrat Wittlich, 10.12.1910. Ähnlich KAB-W 2.0.541: Auszug aus dem Protokollbuch des GR Bergweiler, 22.5.1901 über die Herabsetzung einer Unterstützung: »Der Gemeinderath geht dabei von der Erwägung aus, daß N. nunmehr zwei Kinder in Diensten hat, die genug verdienen, um etwas abgeben zu können, und auch im übrigen genügende Einnahmen hat, u. a. durch Wohltäter, um seine Familie bzw. seinen jetzigen Hausstand, der aus der recht gesunden und kräftigen Frau und zwei schulpflichtigen Kindern besteht, zu ernähren.«

Nicht umfassend dokumentiert ist die Arbeit der wohltätigen Vereine. Nur vereinzelt finden sich Hinweise auf ihre Aktionen in den Akten und der lokalen Presse, weshalb nur bruchstückhaft ihre Tätigkeit rekonstruiert werden kann. Nachweisbar sind punktuelle Hilfen vor allem durch den Vaterländischen Frauenverein. Um die Jahrhundertwende wurden in den Städten Bernkastel und Wittlich Zweigvereine gegründet, die in Wittlich unter Vorsitz der Frau des Landrates standen, in Bernkastel bei seiner Gründung unter Vorsitz der Baronin Schorlemer aus Lieser, der Frau des Oberpräsidenten. Das Tätigkeitsspektrum des Vereins umfasste beispielsweise in Wittlich die Ausgabe von Mittagessen an Kranke, die Ausgabe von Erstlingswäsche an Wöchnerinnen, von Milch an Säuglinge und die Beschäftigung armer Frauen mit Strick- und Näharbeiten gegen Bezahlung.[126]

Besonders während des Ersten Weltkriegs und in der Zeit der Weimarer Republik führte der Verein, auch in Zusammenarbeit mit anderen wohltätigen Vereinen, besondere Aktionen durch. Für die Bürgermeisterei Lieser sind vom Vaterländischen Frauenverein angeforderte Listen überliefert, die mit dem Ziel erstellt wurden, »kleinere Weihnachtsgeschenke an durch Armut und Krankheit besonders bedürftige Kreiseingesessene zu verteilen«.[127] Die Geschenke bestanden überwiegend aus Wäsche, Kinderkleidung und Lebensmitteln. Ähnliche Listen sind auch von anderen Einzelaktionen überliefert, wie etwa die Abgabe von Brennholz an »Unbemittelte« beziehungsweise »wirklich bedürftige Personen«.[128] Weihnachten

---

126 Vgl. Petry, Frauenverein, S. 586–587. Im *Wittlicher Kreisblatt*, 12.12.1901 veröffentlichte der Vaterländische Frauenverein eine Auflistung seiner Ausgaben im laufenden Jahr: Insgesamt knapp 400 Mark wurden für Milch, Brot, Kolonialwaren, Kohlen und Kostgeld verausgabt; dazu kamen ca. 270 Mark für »Strickwolle, Stoffe zu Bekleidungsstücken aller Art und Arbeitslohn an arme Leute« sowie 280 Mark für »Kurgebrauch in Kreuznach«.

127 LHAK Best. 655, 213 Nr. 327: Zweigverein des Vaterländischen Frauenvereins an den Bgm. Lieser, 30.9.1925.

128 LHAK Best. 655, 213 Nr. 187: Oberförster Morbach an den Gdevorsteher Lieser, 11.11.1922: »Auf Grund d. Min. Erl. v. 6. Okt. 22. III. 12953 darf vom Holzeinschlag 1922/33 [sic] nur an ›Unbemittelte‹ *[mit Bleistift nachträglich eingefügt:] nicht an Minderbemittelte* Brennholz freihändig abgegeben werden. Als ›Unbemittelte‹ im Sinne des Erlasses sind nur wirklich bedürftige Personen anzusehen, die arbeitsunfähig oder erheblich in ihrer Arbeitsfähigkeit beschränkt sind und einen eigenen Haushalt führen. – Ich ersuche um Namhaftmachung der ›Unbemittelten‹ Ihrer

1931 wurden Bezugsscheine auf Schweineschmalz »von privater Seite« an Bedürftige verteilt; auch Matthias E. jun. wurde damit bedacht.[129] In Wittlich tat sich 1923 ein Arbeitssausschuss der »Wittlicher Nothilfe« zusammen, der Geld und Sachspenden sammelte[130]; im Herbst 1931 organisierten Arbeiterwohlfahrt, Caritasverband, Evangelische Innere Mission, Jüdischer Frauenbund, Kriegerverein, Reichsbanner, St.-Sebastianus-Bruderschaft, Stahlhelm, Vaterländischer Frauenverein und der Zweigverein vom Roten Kreuz eine erneute »Nothilfe« in Wittlich, die beispielsweise Weihnachtspakete unter den Hilfsbedürftigen verteilte oder Briketts zu verbilligtem Preis an Unterstützungsempfänger abgab.[131]

Der Caritasverband suchte in seinen Aufrufen im Winter 1931/32 vor allem um Kleidung, Schuhe und Wäsche für Minderbemittelte, »deren Bedürftigkeit und Würdigkeit besonders geprüft sind«, nach. Es wurden überwiegend kinderreiche Familien, deren Väter schon seit längerer Zeit arbeitslos waren, und ältere Menschen angeführt:

»1. Wer kann einem arbeitslosen Familienvater mit ganz unzureichender Wohlfahrtsunterstützung für seine vier Kinder von neun, acht, zwei und einem Jahren die notwendige Wäsche und Schuhe, besonders für die beiden schulpflichtigen Kinder, zur Verfügung stellen? [...]

6. Wer kann einem schon seit mehreren Jahren ohne Verdienst lebenden kinderreichen Kleinackerer mit unzureichender Ackernahrung mit Bettwäsche für die bevorstehende sechste Niederkunft seiner Ehefrau aushelfen?

7. Wer kann für einen durch Arbeitslosigkeit schuldlos in Not geratenen Familienvater mit drei Kindern von sechs bis zwölf Jahren, dem es öfters auch an Brot und Kartoffeln fehlt, warmes Bettzeug für das älteste, schon jahrelang kranke Kind abgeben? [...][132]

2. Ein 90 Jahre alter Invalide mit einer kleinen Rente braucht notwendig eine brauchbare Joppe. Wer hilft uns, den Wunsch des alten Mannes zu erfüllen?«[133]

Gemeinde bis zum 1. XII. 22. u. um Angabe des Namens auf den das Holz geschrieben werden soll.« Hervorhebung im Original.

129 LHAK Best. 655, 213 Nr. 664: Bgm. Lieser an die Begünstigten (Entwurf), 24.12.1931.

130 Vgl. Petry, Aufbau, S. 370.

131 Vgl. *Wittlicher Kreisblatt*, 23.12.1931 und 27.2.1932.

132 Alle Angaben dieses Abschnitts *Wittlicher Kreisblatt*, 12.12.1931.

133 *Wittlicher Kreisblatt*, 9.2.1932.

Die Personen, die insbesondere mit Hilfe der für die Einzelaktionen erstellten Listen mit Namen Bedürftiger erfasst werden können, empfingen zum Teil auch öffentliche Unterstützung, zum Teil stellten sie Anträge (die abgelehnt wurden), viele von ihnen erhielten jedoch gar keine öffentliche Unterstützung, obwohl sie doch – auch und insbesondere aus Sicht der Verwaltung –»wirklich bedürftig« waren. Dass sie auf diesen Listen auftauchen, unterstreicht die Hypothese, dass nicht nur die Antragsteller und die Unterstützungsbezieher, sondern darüber hinaus noch ein großer Teil der Bevölkerung des Untersuchungsgebiets als »wirklich bedürftig« gelten kann. Die zum Lebensunterhalt nicht ausreichenden Zahlungen aus der öffentlichen Fürsorge wurden durch Lebensmittel- und Kleidergaben der freien Wohltätigkeit ergänzt. Bei anderen Personen, die als kommunal Unterstützte zumindest nicht in den Akten geführt sind, wurde ihre offensichtliche Bedürftigkeit mit punktuellen »Liebesgaben« so weit eingedämmt, dass sie nicht akut auf die Armenfürsorge angewiesen waren.

Die Fürsorgeakten bieten Einblicke in die alltäglichen Bemühungen Minderbemittelter, sich ein Auskommen zu sichern. Das Patchwork unterschiedlicher Strategien, die Mobilisierung von Einkommensmöglichkeiten sämtlicher Familienmitglieder und die Inanspruchnahme von jeglicher Hilfe war eine ständige Notwendigkeit. Äußerungen der Bürgermeister und Gemeindevorsteher lassen erkennen, dass die unterschiedlichen Formen des Verdienst der einzelnen Familienmitglieder, wenig einträgliche Gelegenheitsarbeiten oder kleiner Hausierhandel und nicht zuletzt Hilfen »mildtätiger Mitmenschen« einer Inanspruchnahme öffentlicher Unterstützung vorgelagert sein sollten.[134] Die geringen Unterstützungssätze im Untersuchungszeitraum und Hinweise in den Briefen, dass man auch

---

134 KAB-W 2.0.343: Bgm. Monzel an den Landrat Wittlich, 15.4.1910: »Die Witwe Qu. selbst ist 42 Jahre alt und erwerbsfähig. Recht fleißig, betreibt sie das Gewerbe als Lumpensammlerin gegen Austausch der zum kleinen Nadelkram gehörigen Waren sowie den Handel mit geringwertigen Woll- und Baumwollwaren, Kurz-, Zucker- und Papierwaren, und während der Wallfahrtszeit hat sie in Clausen eine Bude zum Verkauf dieser Waren aufgeschlagen. Dabei wird sie, wie hier bekannt, von wohltätiger Seite auf verschiedene Weise unterstützt. Zu all den Unterstützungen liegt bei den armen Verhältnissen Notwendigkeit vor. Aber die Lage ist noch nicht derart, daß die Gemeinde Veranlassung hätte, Unterstützung zu leisten oder eine Wohnung für die Familie zu beschaffen. Der Gemeinderat hat daher auch den bezüglichen Antrag abgelehnt.«

mit einer öffentlichen Unterstützungen nur gerade so auskommen könne, lassen erkennen, dass die Ökonomien des Notbehelfs auch während des Bezugs öffentlicher Unterstützung notwendig waren. Dass dies von Seiten der Verwaltung erwartet wurde, zeigen auch Studien zu anderen Untersuchungsgebieten, etwa für München.[135] Öffentliche Unterstützung beantragten die Antragsteller meist dann, wenn die unterschiedlichen Strategien der Existenzsicherung nicht mehr griffen oder das Familieneinkommen exorbitant belastet wurde, etwa weil in den Krisenjahren der Weimarer Republik auch nach angestrengtem Suchen keine Verdienstmöglichkeit mehr zu finden war oder die Krankheitskosten eines Familienmitglieds das Vermögen über Gebühr strapazierten.[136] Die zentralen Armutsursachen und spezifisch armutsgefährdenden Lebensabschnitte, die es nicht mehr ermöglichten, sich weiter »durchzuschlagen«, sind das Thema des nächsten Kapitels.

---

135 Vgl. Rudloff, Wohlfahrtsstadt, S. 629.
136 Vgl. etwa LHAK Best. 655, 213 Nr. 190: Verhandelt, Bernkastel-Kues, Adam C., Wehlen, 15.1.1910: »Wir leben in sehr ärmlichen Verhältnissen, besitzen nur ein Wohnhaus, worauf noch 500 M Schulden lasten, müssen vom Tagelohn uns durchschlagen und könnten dies auch, wenn nicht mein Vater seit circa 7 Monaten krank und arbeitsunfähig wäre, er leidet an der Gicht.«

VI. Armut im biographischen und lebensweltlichen Kontext: Realitäten und Wahrnehmungen

Als Ursachen ihrer Bedürftigkeit nannten die Antragsteller auf Unterstützung meist ein Geflecht mehrerer Armutsursachen unterschiedlicher Natur. Sie schilderten neben dem konkreten Anlass ihrer Bedürftigkeit wie beispielsweise den Kosten für eine ärztliche Behandlung oder die Arbeitslosigkeit des Familienvaters meistens noch andere Notstände wie eine »zahlreiche Familie«, Mittellosigkeit oder Schulden. Armut wurde nicht nur durch bestimmte Lebensumstände verursacht, sondern hatte ihrerseits Auswirkungen auf Gesundheit und Ernährung oder Zusammenleben und Haushaltsstruktur. Eine beengte, unhygienische Wohnsituation, wie sie typisch für ärmliche Lebensumstände war, konnte Krankheiten zufolge haben, die noch verbleibendes Vermögen einer Familie aufbrauchten – der Arme begann sich immer schneller an der »spiral of precariousness« entlang abwärts zu bewegen.

Im Folgenden sollen sowohl Bedingtheiten als auch Auswirkungen von Armut durch und auf den Lebenslauf und die konkreten Lebensumstände analysiert werden. Die Grundidee dieses Kapitels ist es, Ursachen und Folgen von Armut zusammenzusehen und zu beleuchten, welcher Stellenwert Armut in bestimmten Lebenssituationen zukommen konnte: In welchen Lebensphasen trat Armut typischerweise auf?[1] Welche Familienstrukturen begünstigten Armut, und welche Auswirkungen hatte Armut auf Familie und Verwandtschaft? Wie brachten die sozioökonomischen Erscheinungen, die für den Untersuchungszeitraum spezifisch sind, wie Massenarbeitslosigkeit und Weltwirtschaftskrise, eine neue Art von Armut hervor?

Als die »ausgetretenen Pfade«, auf denen »die Armen in den Sumpf der Armut« wanderten[2], benannten zeitgenössische Experten und Armutshistoriker Krankheit (Unfälle, Verletzungen, Behinderungen), Alter, das Leben als Witwe oder Waise, Arbeitslosigkeit und mangelnde Verdienstmöglichkeiten und die Belastung junger Eltern

---

1   Zu diesem Ansatz vgl. die detaillierte »Pionierstudie« von Tim Wales über Gemeinden in Norfolk im 17. Jahrhundert; Wales, Poverty. In der Nachfolge etwa Stapleton, Inherited Poverty.

2   Feld, Armenstatistik, S. 1027, nach Webb, Problem, S. 6–7.

mit (vielen) kleinen Kindern.[3] Armutsursachen können verschieden kategorisiert werden, nach individuellen (Krankheit, Alter, hohe Kinderzahl) und strukturellen Ursachen (konjunkturelle Arbeitslosigkeit, Inflation), die wiederum kurz- oder längerfristige Armut zur Folge haben können (Inhaftierung des Familienvaters auf der einen, Arbeitsunfähigkeit durch schwere Krankheit auf der anderen Seite).

Manche Krisen konnten die Menschen schockartig treffen wie eine schwere Krankheit oder vorhersehbar sein wie das Alter, in dem unweigerlich die Arbeitskraft und die Verdienstfähigkeit nachließ. Die in den Quellen fassbaren Ursachen und Auswirkungen von Armut und die Lebensphasen, in denen die Armutsgefährdung groß gewesen ist, können verschiedenen Kategorien zugeordnet werden, so dass ein starres Schema nicht sinnvoll erscheint.

Zudem ist der Versuch, die Ursachen quantifizierend darzustellen, fehlgeschlagen. Dies ist vor allem durch eine disparate Quellengrundlage im Hinblick auf die Form der Gesuchstellung bedingt. In den ausgefüllten Formularen war oftmals nur der akute Anlass der Bedürftigkeit angegeben, während in Briefen Zusätzliches beschrieben wurde – man hätte beispielsweise in einem Fall nur »Verdienstunfähigkeit« oder »Krankheit« verzeichnen können, während in einem anderen Fall als zusätzliche Kategorien »Schulden« oder »minderjährige Kinder« hätten hinzukommen können. Eine quantifizierende Darstellung der Bedürftigkeitsursachen wäre dadurch sehr verzerrt worden. Viele der Gesuche sind zudem nur noch durch die Beschlussfassung im Gemeinderat erhalten – hier hätte auf die Armutsursache höchstens durch die Art der gewährten Unterstützung geschlossen werden können.

Die »oft schwer aufzudeckende Verbindung mehrerer Umstände«[4] von Unterstützungsbedürftigkeit und die Unterscheidung der »Armutsursachen« vom konkreten Anlass der Bedürftigkeit, dem

3 Vgl. z. B. Hitchcock u. a., Introduction, S. 6. Hier werden insbesondere die Briefe von Armen als eine ergiebige Quelle herausgestellt, um die Erfahrungen der Armen mit diesen »Schicksalsschlägen« zu untersuchen. Taylor, Voices, S. 122 (eigene Übersetzung) benennt »Kinder, Arbeitsunfähigkeit und Arbeitslosigkeit« als »Trinität auf die die meisten Unterstützungsgesuche zurückzuführen waren, recht häufig in Kombination«. Martin Scheutz macht als »klassische Armutstrias Alter, Arbeitslosigkeit und Krankheit« für die Frühe Neuzeit aus, während er eine große Kinderzahl, Alkoholismus oder Wohnungsnot eher als begleitende Armutserscheinungen ansieht. Vgl. Scheutz, Ausgesperrt, S. 31.

4 Evert, Theorie, S. 89.

Unterstützungsgrund, stellte schon für zeitgenössische Statistiker ein generelles Problem dar.[5] Dies muss auch in der Statistik über die öffentliche Armenpflege aus dem Jahr 1885 Berücksichtigung finden. Nichtsdestoweniger gibt sie einen vergleichsweise repräsentativen Überblick über die prozentuale Verteilung der Armutsursachen auch im Untersuchungsgebiet (siehe Tab. 10).[6] Sowohl in der gesamten Rheinprovinz als auch in den beiden Kreisen Bernkastel und Wittlich stellten Krankheit, Tod des Ernährers, körperliche und geistige Gebrechen und Altersschwäche die häufigsten Armutsursachen dar.[7]

Bis in die zwanziger Jahre hinein änderte sich an dieser »Hierarchie« der Armutsursachen in den untersuchten Bürgermeistereien kaum etwas; das Profil der Bedürftigen blieb weitgehend gleich. Ab Mitte des Jahrzehnts jedoch gewannen im Zuge von Massenarbeitslosigkeit und »Winzernot« im Untersuchungsgebiet die Armutsursachen »mangelnde Verdienstmöglichkeiten« und »Schulden« immer mehr an Gewicht.

In Anbetracht der schwierigen Darstellbarkeit der quantitativen Verteilung von Armutsursachen und -auswirkungen im Lauf des Untersuchungszeitraums wurde versucht, sie thematisch zusammenzufassen. Zunächst werden allgemeine Beobachtungen über die Lebensumstände der Armen, Nahrung, Kleidung und Wohnen, dargelegt; es schließt sich eine Analyse des Stellenwerts der wichtigsten Armutsursachen an. Neben den »Realitäten«, das heißt mehr

5   Vgl. etwa Feld, Armenstatistik, S. 1026: »Es ist schwer zu bestimmen, ob ein dem Trunk ergebener Vagabund wegen Arbeitsscheu oder Trunksucht unterstützt wurde, oder zu unterscheiden zwischen Altersschwäche, dauernder Krankheit und Gebrechen, da letztere nicht selten als Folge von Altersschwäche eintreten. Geringer Verdienst ist sehr oft auf beschränkte Erwerbsfähigkeit zurückzuführen. Hat der Unterstützte auch noch mehrere Kinder, so ist sogar zwischen drei Ursachen zu entscheiden. Ob der Bearbeiter stets ›die richtige hauptsächlichste, die am meisten ausschlaggebende‹ unmittelbare Ursache treffen wird?«

6   Zu den Armutsursachen, die in dieser Statistik zur Auswahl standen, vgl. auch Kap. III.1.3.

7   Vgl. Statistik der öffentlichen Armenpflege im Jahre 1885, S. 78–79 und S. 122–123. Als weitere zeitgenössische Quelle für Deutschland vgl. die Ergebnisse der Armenstatistiken seit Beginn der 1880er Jahre, zusammenfassend dargelegt bei Hong, Welfare, S. 24: Krankheit, Alter, Tod des Ernährers und Arbeitslosigkeit waren die am häufigsten genannten Armutsursachen.

Tab. 10: Prozentuale Verteilung der Bedürftigkeitsursachen nach der Statistik der öffentlichen Armenpflege 1885

	Rheinprovinz 139 städt. Gmd. (1845918 EW) 2852 ländl. Gmd. (2495571 EW) 2 Gutsbezirke (64 EW) 2 Gemischte Verbände (2974 EW) Unterstützte: 175346*		Kreis Bernkastel 1 städt. Gmd. (2401 EW) 92 ländl. Gmd. (41988 EW) Unterstützte: 1072*		Kreis Wittlich 1 städt. Gmd. (3425 EW) 77 ländl. Gmd. (34575 EW) Unterstützte: 492*	
	absolut	%	absolut	%	absolut	%
eigene Verletzung (durch Unfall)	3975 (1882 + 2093)	2,3 %	–	-	4 (4)	0,8 %
Verletzung des Ernährers (durch Unfall)	101 (35 + 66)	0,05 %	–	-	–	-
Tod des Ernährers (durch Unfall)	1055 (347 + 708)	0,6 %	–	-	6 (5 + 1)	1,2 %
Tod des Ernährers (nicht durch Unfall)	35150 (15247 + 19903)	20 %	266 (109 + 157)	24,9 %	123 (64 + 59)	25,1 %
Krankheit des Unterstützten oder in dessen Familie (n. d. U.)	59964 (26435 + 33529)	34,2 %	411 (136 + 275)	38,4 %	171 (74 + 97)	34,9 %
körperliches oder geistiges Gebrechen (nicht durch Unfall)	17149 (11437 + 5712)	9,7 %	127 (65 + 56)	11,9 %	87 (62 + 25)	17,8 %
Altersschwäche	18694 (15712 + 2982)	10,7 %	87 (75 + 12)	8,1 %	60 (55 + 5)	12,2 %
große Kinderzahl	14073 (2196 + 11877)	8 %	52 (7 + 45)	4,9 %	–	-
Arbeitslosigkeit	12947 (3373 + 9574)	7,4 %	64 (23 + 41)	6 %	13 (5 + 8)	2,7 %
Trunk	2027 (760 + 1267)	1,2 %	15 (2 + 13)	1,4 %	3 (3)	0,6 %
Arbeitsscheu	772 (317 + 455)	0,4 %	7 (2 + 5)	0,7 %	1 (1)	0,2 %
andere bestimmt angegebene Ursachen	9434 (4001 + 5433)	5,4 %	49 (21 + 28)	4,6 %	24 (9 + 15)	4,9 %
nicht angegebene Ursachen	5 (5)	0 %	–	-	–	-

Summe der	Selbstunterstützten und	Mitunterstützten (Ehefrauen, Kinder < 14 J.)
Rheinprovinz	81747 Personen	93599 Personen
Bernkastel	440 Personen	632 Personen
Wittlich	282 Personen	210 Personen

In den absoluten Zahlen ist jeweils fett gedruckt die Summe der Selbst- und Mitunterstützten angegeben (in Klammern aufgefächert)

oder weniger objektiv beschreibbaren Umständen, die Armut begleiteten, soll auch die Wahrnehmung der Betroffenen selbst in den Blick genommen werden: Wie erlebten sie ihre Armut, ihre Krankheit, ihr Alter, ihre Erwerbslosigkeit?[8]

1. Grundbedürfnisse

Die Beschreibungen der Lebensumstände, wie sie in den Gesuchen um Unterstützung dokumentiert sind, erzählen eher von dem, was fehlte, und nicht von dem, was zur Verfügung stand. Es mangelt im Untersuchungsgebiet an ergänzenden Quellen wie etwa den für England untersuchten »pauper inventories«, die eine genauere Analyse der materiellen Ausstattung von Armenhaushalten erlauben würden.[9] Insofern stellen die folgenden Ausführungen zu Nahrung, Kleidung und Wohnverhältnissen der Armen keine repräsentativen Angaben dar. Allgemeine Fragen, etwa danach, wo[10] und wie arme Menschen wohnten oder was hauptsächlich auf ihrem Speiseplan stand, können nur ansatzweise beantwortet werden. Es kann zum

8 Dieselben Fragestellungen verfolgt Tamara Stazic-Wendt im Hinblick auf Arbeitslose in den Trierer Vororten. Vgl. Stazic, Arbeitslosigkeit, S. 104–154.
9 Vgl. King, Pauper Inventories. Mit Hilfe von Vermögensinventaren wurde auch in Deutschland der Frage nachgegangen, welche Möbel oder Haushaltsgegenstände in welchem Zeitraum bei bestimmten sozialen Schichten üblich waren. Vgl. etwa Mohrmann, Wohnkultur.
10 Susanne F. Eser beispielsweise kann für Augsburg eine »Topographie der Unterstützungsbedürftigkeit« präsentieren. Vgl. Eser, Verwaltet, S. 244–253. Bestimmte Straßen oder Viertel, in denen bevorzugt ärmere Menschen lebten, konnten in den hier untersuchten Gemeinden nicht identifiziert werden: Eine Auswertung der Adressen von dokumentierten Antragstellern und Unterstützungsempfängern, die aufgrund der Adressangaben in den Antragsformularen der zwanziger Jahre und für einen früheren Zeitpunkt mit Hilfe der Adressbücher der Kreise Wittlich und Bernkastel für das Jahr 1906 beziehungsweise 1909 versucht wurde, ließ keine Straßen erkennen, in denen diese bevorzugt wohnten. Möglicherweise sind sowohl die untersuchten Ortschaften als auch die Anzahl der dokumentierten Bedürftigen zu klein, als dass sich eine »soziale Topographie« untersuchen lassen kann. Vgl. zu dieser Thematik auch Hauser, Dinge, S. 113–115.

Beispiel noch nicht einmal eine genaue Aussage darüber getroffen werden, wie viele der Familien in den untersuchten Gemeinden in eigenen Häusern oder in Mietwohnungen lebten.

Bezogen auf die untersuchte Gruppe der Antragsteller und Unterstützungsempfänger lassen sich bezüglich der Lebensumstände oft nur vage Angaben herauslesen, da in vielen Fällen auf diese kein Bezug genommen wird, weil die Hauptursache für die Beantragung von Unterstützung eine andere ist. So können im Folgenden also nur Schlaglichter auf Mangelzustände geworfen werden – auf unzureichende Wohnsituationen, Hunger und unpassende Kleidung.

1.1. Ernährung

Aus der folgenden Auflistung mit Lebensmitteln, deren Kauf in Form einer Naturalunterstützung gewährt wurde, wird ersichtlich, welche Nahrungsmittel und Kurzwaren die Ehefrau von Philipp F. aus Lieser beim örtlichen Kolonialwarenhändler im September 1930 gekauft hat[11]:

Tab. 11: Naturalunterstützung der Ehefrau Philipp F., Lieser (1930)

1930			Mk.	Pfg.
Sept.	6	¼ l. Salatoel	-	35
		1 Fl. Essigessenz	-	60
		2 Pfd. Salz	-	20
	7	1 Pfd. Schmalz	1.	20
		1 P. Rama	-	50
		1 R. Zwirn	-	50
		1 P. Natron	-	10
		1 Ds. Schuhwichse	-	50
		1 Pfd. Zucker	-	40
	8	2 P. Gemüsenudel	-	80
	9	2 Kerzen	-	20
		2 Pfd. Mehl	-	70
		1 P. Rama	-	50
		½ Pfd. Schmierseife	-	20
	10	1 P. Haferflocken	-	70

11 LHAK Best. 655, 213 Nr. 580: Rechnung des Kolonialwarenhändlers Fritz König, Lieser, für die Ehefrau Philipp F., Lieser, 15.9.1930.

	1 P. Bleichsoda	-	15
	1 dzd. Knöpfe	-	30
11	1 Sr. (?) Stickgarn	-	30
	1 Pfd. Zucker	-	40
	1 P. Rama	-	50
	1 Pfd. Schmalz	1.	20
12	2 P. Gemüsenudeln	-	80
	1 Ds. Schuhwichse	-	50
	Seife	-	40
14	1 P. Rama	-	50
	1 P. Streichholz	-	35
	1 Ds. Schuhwichse	-	50
	1 l. Oel	1.	20
	Limburger Käse	-	85
	1 Fl. Maggi	-	65
15	1 P. Rama	-	50
	4 Heringe	-	40
	½ Dzd. Druckknöpfe	-	15

Mk: 17. 70

Welche Aussagen erlaubt diese Aufstellung über die Versorgung der
Familie mit dem Notwendigsten? Auffällig ist, dass die Grundnahrungsmittel Brot und Kartoffeln (oder auch Gemüse) nicht auftauchen.[12] Vielleicht wurden zumindest die Kartoffeln selbst gezogen.
Frau F. gab allerdings in ihrem auf dem Amt protokollierten Antrag als Grundbesitz nur ihr Haus und 800 Stöcke Weinberg an. In
einer Unterstützungssache der Familie aus dem Jahr 1927 wurden
jedoch auch fünf Ar Ackerland als Grundbesitz erwähnt.[13] Ob diese
drei Jahre später nicht mehr im Eigentum der Familie war, kann
nicht entschieden werden, doch in der Regel wurde eigenes oder
gepachtetes Ackerland beziungsweise die Gemeindenutzung von
den Antragstellern selbst erwähnt. Insbesondere bei in Formularen

12 Brot (auch »Brotsuppe«) und Kartoffeln stellten im Untersuchungszeit-
    raum die wichtigsten Lebensmittel dar, die in einer Untersuchung zu den
    Essgewohnheiten in einem Eifeldorf insbesondere für die »ärmeren Dorf-
    leute« als Hauptnahrungsmittel herausgestellt wurden. Vgl. Herrig, Nah-
    rung, S. 101.
13 LHAK Best. 655, 213 Nr. 661: Bgm. Lieser an den Landrat Bernkastel,
    14.6.1927.

oder per Protokoll festgehaltenen Anträgen gehörte ein solches zum abgefragten Besitz. Spätestens die kommunalen Entscheidungsträger hätten auf einen Garten oder eine Kuh hingewiesen, wenn dies als Argument dafür, dass die Versorgung mit Grundnahrungsmitteln gewährleistet und eine Unterstützung nicht nötig sei, hätte angeführt werden können.

Familie F. hatte also anscheinend kein Land mehr in Besitz, auf dem man Kartoffeln oder Gemüse hätte anpflanzen können. Insgesamt lässt sich jedoch festhalten, dass ein Garten beziehungsweise Landbesitz, die Gemeindenutzung und eventuell eine Kuh, eine Ziege oder Hühner bei vielen der Antragstellern die Versorgung mit den Grundnahrungsmitteln sicherstellen halfen und dass diese kleine Subsistenzwirtschaft sehr verbreitet war. Frau F. wird ihr Obst und Gemüse, vielleicht auch Eier bei einem anderen Krämer als dem Kolonialwarenhändler, möglicherweise auch bei einer Hausiererin aus der Nachbarschaft, erstanden haben. Die große Menge an Rama, die sie innerhalb der dokumentierten elf Tage kauft, mag ein Hinweis darauf sein, dass sie nur wenig Butter und stattdessen die billigere Margarine verwendet hat. Ob Frau F. ihr Brot selbst gebacken hat, scheint fraglich, kauft sie doch nur einmal zwei Pfund Mehl, was beim betrachteten Zeitraum für ihre Familie mit fünf Kindern nicht ausgereicht hätte. Sie wird das Brot beim Bäcker gekauft haben, schon 1927 gab ihr Mann in seinem Gesuch an, dass er bei seinem kleinen Grundbesitz nicht in der Lage sei, »meinen Kindern das nötige Brot zu kaufen«.[14] Wie verbreitet das Backen von Brot im eigenen Haushalt oder im Backhaus zu diesem Zeitpunkt noch war, konnte nicht genau festgestellt werden; zu Beginn des Jahrhunderts jedoch war dies wohl die gängige Herstellungsweise.[15] Antragsteller merkten beispielweise noch 1915 als eine Besonderheit an, dass sie sich ihr Brot hätten kaufen müssen.[16]

Dass Frau F. 1930 auch Öl, Zucker und Käse ohne Beanstandungen erwerben und diese Waren selbständig auswählen konnte, ist möglicherweise ein Hinweis auf Veränderungen im Umgang mit Unterstützungsempfängern in der Armenfürsorge. Noch 1907 wurde

---

14   LHAK Best. 655, 213 Nr. 661: Philipp F. an das Wohlfahrtsamt des Kreises
     Bernkastel, 22.5.1927.
15   Vgl. Herrig, Nahrung, S. 113–114; Wrede, Bauernleben, S. 399.
16   Vgl. etwa LHAK Best. 655, 213 Nr. 188: Josef G., Maring, an den Vorsitzenden des GR Maring-Noviand, 3.2.1915: »Seid [sic] Oktober mußte ich schon für meine Familie das Brot kaufen.«

eine Rechnung der »Colonial-, Manufactur- und Modewaaren Heinrich Kreusch« über an Witwe O. ausgegebenen Öl, Wein, Zucker, Tabak, Käse nicht bezahlt mit der Begründung, »wer diese Artikel kauft, die auf dieser Rechnung stehen, muß Geld haben«.[17] Die Lebensmittel, die Frau F. auf Rechnung der Gemeinde beim Kolonialwarenhändler kaufte, wurden in den überlieferten Akten selten angesprochen. Gemeinhin thematisierten die Antragsteller die Grundnahrungsmittel Brot, Kartoffeln, Fett, und wenn Kinder vorhanden waren, Milch. Dabei lassen sich graduelle Unterschiede feststellen: Wurde in manchen Fällen die Beschränkung der täglichen Nahrung auf die (trockene) Kartoffel und das (trockene) Stück Brot als Merkmal ärmlicher Lebensumstände beschrieben[18], kann als Indiz absoluter Armut die Bedrohung durch Hunger angesehen werden: So bat Gustav O. aus Kesten um eine Unterstützung »um mir das notwendige was zum Lebensunterhalt gehört wie Brod, Kartoffel, Fett kaufen könt [sic], daß ich und meine Frau nicht brauchen zu hungern«.[19]

Die Erwähnung von Hunger in den Schreiben der Antragsteller, besonders wenn die darbenden Kinder beschrieben wurden, erweckt leicht den Eindruck einer klischeehaften Rhetorik des Bettelns, mit der Mitleid bei den Entscheidungsträgern erweckt werden sollte.[20] Gleichwohl – vielfach wurde detailliert beschrieben,

17 LHAK Best. 655, 213 Nr. 187: Bemerkung des Gemeindevorstehers Lieser unter der Rechnung, Lieser, o. D. [April 1907].

18 Vgl. etwa KAB-W 2.0.541: Adam G., Cröv, an die Königl. Regierung Trier, o. D. [»11 1906«]: »[...] da bei uns tiefstes Elend eingetreten ist. Meine Krankenkost besteht aus trocknen Kartoffeln und ein Stückchen schweres Kornbrod als Getränk schwarze Kaffeebräu ohne Kaffeebohnen [...].« Oder LHAK Best. 655, 213 Nr. 190: Ehefrau Leonard U., Wehlen, an Gemeindevorsteher Wehlen, o. D. [Juni 1910]: »Wir leben so einfach wie man nur leben kann trockenes Brot und Kartoffeln, ich kann doch die armen Kinder nicht verhungern lassen.«

19 LHAK Best. 655, 213 Nr. 186: Gustav O., Kesten, an den Bürgermeister Kesten [sic], 20.9.1920.

20 Vgl. LHAK Best. 655, 213 Nr. 187: Ehefrau Ludwig H., Lieser, an den Bgm. Lieser, 7.4.1909: »Und ich hab soviel wie auf einer Hand keine Kartoffeln kein Geld und heut Morgen hab ich den letzten Mark gegeben für Brot was nun machen meine Kinder dem Hunger preiszugeben oder betteln zu schicken.« Oder LHAK Best. 655, 213 Nr. 579: Vinzenz T., Wehlen, an das Wohlfahrtsamt Bernkastel, 6.11.1929: »Ich kann es nicht mehr zusehen, wie meine Familie mit fünf unmündigen Kindern darben

welche Lebensmittel man sich mit dem Verdienst oder einer schon gewährten Unterstützung leisten könne und dass es nicht ausreiche.[21] Die ausreichende Versorgung mit Nahrung war auch aus Sicht der Verwalter zwingende Notwendigkeit. Der Bürgermeister von Hetzerath pflichtete der Beschwerde von Ehefrau Jakob M. über die Entscheidung des Gemeinderates Hetzerath bei, dass sie mit 20 Mark monatlicher Unterstützung und ihrem geringen Verdienst mit Waschen und Flicken ihren erkrankten Mann und vier Kinder nicht ernähren könne. An Grundbesitz habe die Familie nur eine »Parzelle, in welcher die nöthigsten Kartoffeln gezogen werden können«. Jeden Tag verbrauche sie ein sechspfündiges Brot, welches allein schon 65 Pfennige koste. Mit der bewilligten Unterstützung habe sie für Fett, Kleider und Schuhe pro Tag nur $1\frac{1}{2}$ Pfennige übrig, was tatsächlich unzureichend sei. Die Unterstützung solle von daher auf 30 Mark angehoben werden.[22]

In vielen Fällen wurden, auch in ärztlichen Attesten, Krankheiten und Entwicklungsfehler festgestellt, die auf Mangelernährung zurückgingen[23], sodass es plausibel erscheint, dass sich die Antragsteller von ihrem Verdienst oder einer schon gewährten Unterstützung nur das Allernotwendigste hatten kaufen können: Bei der 52-jährigen Witwe Josef T. beispielsweise, die von der Stadt Wittlich eine

muß. Kein Geld für Kleider. Selber muß ich von morgens bis zu Mittag ohne was zu essen warten, um nicht das nötige Brot meinen Kindern wegzunehmen.«

21 Vgl. etwa KAB-W 2.0.343: Matthias W., Cröv, an den Landrat Wittlich, 18.2.1914: »Wir können trotz aller Einschränkung mit 20 M in Zukunft nicht leben. Wir brauchen jeden Monat ein Ztner Mehl für Brot macht 14 M, die Kartoffeln sind schnell fort, nun fehlt pro Monat für zwölf M Kartoffeln zu zwei M pro Zentner ferner für Konlialwaren [sic] zwölf M. Zudem fehlen noch Kleider und Schuh.«

22 KAB-W 2.0.541: Bgm. Hetzerath an Landrat Wittlich, 24.9.1901.

23 Vgl. zum Beispiel LHAK Best. 655, 213 Nr. 190: Dr. Schmitz, Bernkastel, an den Bgm. Lieser über einen 17-jährigen Tagelöhner, 18.1.1910: »Bei dem p. C. ist z. Z. Lungentuberculose nicht nachweisbar. Dagegen steht ein hoher Grad von allgemeiner Körperschwäche u. Blutarmuth in Folge sehr schlechter Wohnung u. ungenügender Ernährung.« LHAK Best. 655, 213 Nr. 1232: Johann X., Zeltingen, an das Wohlfahrtsamt Bernkastel, 5.9. 1931, vermutete, dass sein Enkelkind, das aufgrund der Krankheit seiner Mutter bei den Großeltern lebte, »sicher schon laufen [könnte], wenn wir die Nötigen Mittel dazu hätten«. Sie seien jedoch nicht in der Lage »in dem Mase für den Knaben daß aufbringen, waß so ein Kind haben muß«.

geringe monatliche Unterstützung erhielt und sich mit Gelegenheitsarbeiten etwas hinzuverdiente, stellte Armenarzt Dr. Köchling fest, dass sie schlecht genährt sei (sie wog 48 Kilogramm) und nur ein geringes Fettpolster und eine schlaffe Muskulatur habe.[24] In den Krisenjahren der Weimarer Republik geben Berichte von Kreisärzten einen Eindruck von der Unterernährung insbesondere von Kindern.[25] Die Schulkinderspeisungen, deren Finanzierung nie gesichert war, waren nur ein unzureichendes Mittel, diesem Umstand abzuhelfen. Nicht nur die Versorgung mit den Grundnahrungsmitteln konnte den Antragstellern Schwierigkeiten bereiten. Insbesondere wenn schwangere oder stillende Frauen und kleine Kinder hochwertige Nahrung benötigten oder aufgrund einer Krankheit kräftigende Lebensmittel verordnet worden waren, reichte das eigene Einkommen oftmals nicht mehr aus.[26] Wie groß der Druck, seine Familie

24 Vgl. KAB-W 2.0.343: Gutachten des Armenarztes Dr. Köchling, 28.2. 1912. Er stellte zudem Narben, die von Drüsen- und Knochentuberkulose herrührten, »mäßig beschleunigte Herztätigkeit« und einen Bronchialkatarrh fest. Sie sei nicht mehr im Stande, schwerere Arbeiten wie Tagelohnarbeiten, Waschen oder Putzen zu verrichten. Die Wohnungsverhältnisse seien denkbar ungünstig und unhygienisch; Mutter und Tochter schliefen in einem Bett.

25 LHAK Best. 457 Nr. 72: Der Bernkasteler Kreisarzt stellte bei einer Schuluntersuchung 1925 neben anderen »Armutskrankheiten« wie Skrofulose und Tuberkulose fest, dass von 1059 untersuchten Kinder 163 »schwach und unterernährt« gewesen seien. Vgl. Kreisarzt Dr. Schneweis, Bernkastel, an den Landrat Bernkastel, 14.2.1925. In einem Aufruf der »Wittlicher Nothilfe«, veröffentlicht im *Wittlicher Tageblatt*, 20.2.1923, wurde als plastische Schilderung des Elends Folgendes angeführt: »Die Krankheit infolge Unterernährung wütet heute stärker denn je. Kleine Kinder siechen dahin, weil die Armut keine Mittel finden kann, die armen Lebewesen ausreichend zu ernähren.« Zu den Krankheitsfolgen von Arbeitslosigkeit und Armut vgl. auch Führer, Arbeitslosigkeit, S. 467.

26 Vgl. etwa LHAK Best. 655, 213 Nr. 187: Ehefrau Matthias Qu., Protokoll, Bernkastel-Kues, 2.10.1908, mit der Bitte um Erhöhung ihrer Unterstützung: »Da ich das neugeborene Kind selbst nähre, muss ich kräftige Nahrung haben. Wir haben noch Mangel am Nötigsten.« LHAK Best. 655, 213 Nr. 190: Ehefrau Leonard U., Wehlen, an den Landrat Bernkastel, 23.12. 1911: »Wir haben das kranke Kind, welches Tuberkulose hat, der Arzt verschrieb ihm Milch und Eier, ich konnte ihm noch keine geben, wir sind zu arm.« Dieselbe an den Bgm. Lieser, 15.6.1916, ihre Tochter werde »in Folge schlechter Nahrungsmittel immer schwacher. Sie soll Milch trin-

mit Lebensmitteln zu versorgen, gewesen sein konnte, wird in den sonstigen Verwaltungsakten nur schlaglichtartig fassbar. Besonders drastisch erscheint jedoch die Meldung in der Statistik des Jahres 1915, dass von den zwei registrierten Selbstmördern der Bürgermeisterei Lieser der eine sich aufgrund von »Schwermut infolge Nahrungssorgen« das Leben genommen habe und acht Kinder unversorgt zurückließ.[27]

1.2. Kleidung und Schuhe

Oft wurden in Kombination mit fehlender Nahrung unzureichende Kleidung und mangelhaftes Schuhwerk als Merkmale ärmlicher Lebensumstände und als Argument, Unterstützung zu erlangen, in den Gesuchen angeführt. Typisch sind Äußerungen wie »ferner teile Ihnen ganz ergebenst mit, daß es der vollsten Wahrheit gemäß bei mir recht arm und elendlich geht, gar keinen Verdienst, schlechtes Schuhwerk sehr wenig Kartoffeln und meine Kinder haben sehr oft Hunger und ich kann ihnen beim besten Willen nicht helfen«.[28] Oder: »Ich kann beinahe die armen hungrigen und barfüßig [sic] Kinder nicht mehr in die Schule schicken.«[29] In manchen Fällen

ken, man bekomt [sic] ja keine hier kein Fett und nichts sie soll kräftig essen, ich kann ihr leider nichts geben als Kartoffeln ohne Fett und trokkenes Brod, ich bin froh, wenn ich dieses beibringen.«

27 LHAK Best. 655, 213 Nr. 339: Zählkarten für Selbstmorde, Statistik Bgm. Lieser, 1915. Am 26. Mai 1901 wurde ein ähnlicher Fall aus Koblenz im *Wittlicher Kreisblatt* geschildert: »Aus Noth und Verzweiflung beschloß eine Arbeiterfrau, deren Mann seit Monaten im Hospital verpflegt wird, in den Tod zu gehen. Sie hatte alle Anstrengungen gemacht, ihre vier Kinder durch ihre Arbeit zu unterhalten, so lange der Vater im Hospital sei, aber oft mußte sie die Kinder hungrig zur Schule schicken. Als nun auch der Hauswirth wegen rückständiger Miethe mit Ausweisung drohte, gerieth die Frau in solche Aufregung, daß sie ihrem Leben durch Erhängen ein Ende setzen wollte. Schon hatte sie die Schlinge um den Hals gelegt, als sie ihren Entschluß dahin änderte, vor ihrem Tode ihre Kinder umzubringen. Es gelang ihr, sich wieder aus der Schlinge herauszuwinden; als sie aber die Kinder umzubringen versuchte, kamen auf deren Geschrei die Nachbarn herbei. [...]«

28 KAB-W 2.0.343: Michel H., Platten, an Weingroßhändler Max C., Bernkastel, 1.12.1910.

29 KAB-W 2.0.343: Wwe. Anton Qu., Pohlbach, an den Regierungspräsidenten Trier, 25.4.1914.

suchten Antragsteller konkret um Kleidungsstücke nach. Die Gewährung von Kleidung, die der Jahreszeit angemessen war, vor Krankheiten schützen und es dem Betroffenen ermöglichen sollte, die Arbeitsstelle oder die Schule zu besuchen[30], gehörte zum Aufgabenbereich der kommunalen Armenfürsorge. Insbesondere Schuhe waren demzufolge eine in der Regel gewährte Unterstützung. In den Auflistungen der Armenspende von Maring-Noviand ist 1900 der Kauf von 20 Paar Schuhen vermerkt, die an »ältere Leute« und Schulkinder verteilt werden sollten.[31] Die Aufrufe des Wittlicher Caritasverbandes um Kleidung und Schuhe im Winter 1931/32, die im *Wittlicher Tageblatt* veröffentlicht wurden, lassen erkennen, dass es in dieser Krisenzeit insbesondere an Bettzeug, Unterwäsche und wärmenden Kleidungsstücken (Strümpfe und Mäntel) für ältere Menschen und Kinder sowie an Schuhen mangelte.[32]

Neben der absolut notwendigen Kleidung sprachen die Antragsteller auch an, dass sie kaum Kleider zum Wechseln hätten[33] und

30 Vgl. etwa KAB-W 2.0.541: Adam G., Cröv an die Königliche Regierung Trier, November 1906 (Tag nicht angegeben): »[...] diejenigen die in meiner Familie noch nicht erkrankt sind müssen dieß werden weil die Nothwendigste Fußbekleidung fehlt, es ist unmöglich, daß Ich meine Kinder zur Schule schicken kann, weil keins mehr Schue hat zum anziehen, auch die Mutter die für alle sorgen muß hat keine Schue mehr.«
31 Vgl. LHAK Best. 655, 213 Nr. 299.
32 Vgl. etwa *Wittlicher Tageblatt*, 5.12.1931: »Tuet Gutes allen! 1. Wer spendet einem 77 Jahre alten, verwitweten Sozialrentner ein Paar gebrauchte, aber noch gut erhaltene Schuhe und seinen sechs armen Enkelkindern im Alter von neun Jahren bis drei Monaten Wäsche und Kleidungsstücke? [...] 4. Wer schenkt einer verschämten, notleidenden Familie mit sechs kleinen Kindern die dringend notwendige Bettwäsche?« LHAK Best. 457 Nr. 72: Zur schlechten Ausstattung mit angemessener Kleidung bei den »Frankenverdienern«, Kleinbauern und -winzern im Regierungsbezirk Trier vgl. die »Denkschrift über die Hebung der wirtschaftlichen Not des Regierungsbezirkes Trier« aus dem Jahr 1925: »Diese Verhältnisse erklären es, dass bei allen diesen Schichten die grösste Not an Kleidern und Wäsche herrscht, da die Bestände der Haushaltungen infolge der Kriegs- und Nachkriegsverhältnisse (11 Jahre) aufgebraucht sind. Insbesondere findet man alte Leute ganz besonders unzureichend bekleidet. Kinder sind vielfach ohne Unterwäsche. Bei den Schuluntersuchungen fehlt häufig selbst das Hemd.«
33 Etwa LHAK Best. 655, 213 Nr. 579: Ehefrau Theodor N., Kesten an Reichspräsident Hindenburg, 10.1.1932, über ihren 86-jährigen Schwiegervater: »Heute ist er infolge dessen und der traurigen Zeiten so arm, daß er nicht mal mehr das allernotwendigste hat, ein Hemd zum wechseln.«

sich insbesondere am Sonntag zum Kirchgang oder zu besonderen Festen wie der Erstkommunion nicht ordentlich kleiden könnten. Die Folge davon war, dass man nicht mehr angemessen unter die Leute gehen konnte, sich seines Aussehens schämte[34]: Die Ehefrau Philipp K. bat den Landrat von Bernkastel um eine Unterstützung zum Kauf von Kommunionsanzug und -schuhen für ihren Sohn und bemerkte zudem: »[…] überhaupt sind die Kinder und auch mein Mann Sonntags so schlecht gekleidet, daß man sich schämt sie vor die Türe gehen zu lassen, denn meinem Mann sein neuester Anzug ist schon neun Jahre alt.«[35]

Zu besonderen Anlässen wie der Erstkommunion wurde der Mangel an passender Kleidung besonders offensichtlich. Anton X. bat anlässlich der Erstkommunion seines Sohnes um »noch ein paar Schuhe und eine Hose, da er die Hose das ganze Jahr hindurch anziehen mußte«.[36] Insbesondere aus der Maring-Noviander Armenspende erhielten Kommunionkinder einen Zuschuss zum Anzug oder neuen Schuhen.[37] Auch der Aufenthalt in einer Anstalt erforderte angemessene Kleidung: Dem Sohn von Lukas O. fehlten zur Teilnahme an einer Erholungskur Unterkleidung, Strümpfe, ein Anzug und ein Paar Schuhe.[38] Bei der Einweisung der Kinder H. in das Waisenhaus Rheinböllen teilte Dechant Sellen dem Bürgermeister mit, dass diese »nur das, was sie auf dem Leibe trugen, mitgebracht haben« und die Anschaffung noch fehlender Kleidungsstücke notwendig gewesen wäre. Das Ausbessern verschlissener Kleidungsstücke, um sie möglichst lange tragen zu können, das Besohlen von Schuhen anstatt ein neues Paar zu kaufen, erscheint in diesem Zusammenhang als Selbstverständlichkeit; auch Frau F. kaufte beim

---

34 Vgl. für das Fallbeispiel der Arbeitlosen in den Vororten Triers ähnliche Beobachtungen bei Stazic, Arbeitslosigkeit, S. 120.

35 LHAK Best. 655, 123 Nr. 970: Ehefrau Philipp K., Lösnich, an den Landrat Bernkastel, 18.3.1931. Ähnlich LHAK Best. 655, 213 Nr. 190: Ehefrau Leonard U., Wehlen, an den Landrat Bernkastel, 23.12.1911: »Meine Kinder gehen Sonntags wie Werktags gekleidet, ich kann es im Winter nicht beibringen, ich bin froh, wenn ich die nöthigsten Lebensmittel habe.«

36 LHAK Best. 655, 213 Nr. 299: Anton X., Noviand, an »Gemeinde Maring-Noviand«, 9.4.1933.

37 LHAK Best. 655, 213 Nr. 299: Auflistungen von Erstkommunikanten, auf denen die Kinder »hilfsbedürftiger Eltern« vermerkt sind, denen eine Beihilfe zur Kommunionkleidung gewährt werden soll.

38 Vgl. LHAK Best. 655, 213 Nr. 661: Verhandelt, BFV Bernkastel, Ehefrau Lukas O., 4.12.1926.

Kolonialwarenhändler Kurzwaren wie Durchziehgummi, Zwirn und Knöpfe.[39]

1.3. Wohnen

Die Wohnverhältnisse waren unter zeitgenössischen Experten Ende des 19. und Anfang des 20. Jahrhunderts ein wichtiges Kriterium, um Unterschiede zwischen Stadt und Land zu benennen. Wurde auf der einen Seite von der verbreiteten städtischen Praxis des Untervermietens und vom Schlafgängerwesen berichtet, von engem Wohnen in Mietskasernen, von lichtlosen Hinterhofgebäuden, hatte das Wohnen auf dem Land ein weitaus positiveres Image: Der »stete Aufenthalt in frischer, freier Luft, ausgiebige körperliche Bewegung, kräftige Kost, das Fehlen der nervenaufreibenden Vergnügungen und Einrichtungen der Stadt, die weiträumige Wohnweise und nicht zuletzt die den Kindern gebotene Möglichkeit, sich nach Herzenslust im Freien zu tummeln«, seien geeignet, »etwaige Mängel der Wohnhygiene aufzuwiegen«.[40] Dass dieses Bild ein agrarromantisch verklärtes Klischee darstellte, kritisierte auch schon der Verfasser der zitierten Passage, Oskar Kürten, und im Anschluss daran dokumentierte er mit Hilfe seiner in Sachsen gewonnenen Daten durchaus unzureichende ländliche Wohnverhältnisse. Forschungen seit den siebziger Jahren bestätigen nicht nur die Annahme, dass das Wohnen auf dem Land bei weitem nicht so gesund gewesen sein mag, wie es das Klischee vom idyllischen Landleben suggerierte, sondern dass sogar im Gegenteil ein Umzug in die Stadt »zunächst einmal eine Verbesserung der Wohnsituation mit sich« brachte.[41] Mit Hilfe der üblichen Statistiken wie Landeswohnungszählungen ließ sich für Landgemeinden in Baden und Württemberg im Gegensatz zu städtischen Gemeinden eine schlechtere Versorgung mit Wohnraum pro Person feststellen und auch eine schlechtere Wohnungsausstattung, zum Beispiel der fehlende eigene

---

39 Vgl. ähnlich LHAK Best. 655, 213 Nr. 662: Wwe. O., Lieser, an die Fürsorgerin Frl. Himmelreich, Bernkastel, 13.1.1934: »Ich möchte Sie gütigst bitten mir wenn es Ihnen möglich ist ein Hemd zu besorgen. Auch mögten [sic] Sie bitte veranlassen daß mir meine Schuhe besohlt werden sonst gehen sie ganz kaputt. Dafür sind sie zu schade, sonst kostets paar neue die sind teurer wie 1 M – 1, 50 M.«

40 Diese Ansicht referierend Kürten, Wohnungsverhältnisse, S. 345.

41 Gransche/Rothenbacher, Wohnbedingungen, S. 88.

Abort. Auf dem Land allerdings war der Anteil des Wohneigentums deutlich größer, was die negative Einschätzung des ländlichen Wohnens wieder relativiert. Zudem, so Elisabeth Gransche und Franz Rothenbacher, sei zu einer Beurteilung der Wohndichte auf dem Land zu berücksichtigen, ob auf dem Land nicht doch »durch die Verfügbarkeit von Hofräumen, Gärten usw., durch die weniger enge Bebauung der Parzellen und die geringere Geschosszahl erheblich günstigere Verhältnisse vorherrschend waren, deren Bewertung im Vergleich zu großstädtischen Gegebenheiten aber schwierig ist«.[42]

Wenn auch eine eindeutige Entscheidung darüber, ob auf dem Land oder in der Stadt bessere Wohnverhältnisse herrschten, also nicht getroffen werden kann, ist in zeitgenössischen Quellen wie Reise-, Sanitätsberichten und wissenschaftlichen Abhandlungen über die Situation im Untersuchungsgebiet Ende des 19. Jahrhunderts die Beschreibung mangelhafter Wohnverhältnisse festzustellen.[43] Die Wohnungen beispielsweise in der Eifel seien eng, kalt und feucht; die Möglichkeit, genügend Licht und frische Luft hineinzulassen, bestehe kaum.[44]

Nach dem Ersten Weltkrieg verschärfte sich die Situation: Im Regierungsbezirk Trier wurde in einem zeitgenössischen Bericht der Mangel an Wohnungen und Wirtschaftsräumen als Folge des Stilliegens der Bautätigkeit im Krieg und der Besatzung beklagt.[45] 1919 scheute man sich etwa noch davor, die alte Kirche in Wehlen für eine klösterliche Niederlassung bereitzustellen, da »bei der großen Wohnungsnot es schwer fallen wird, die in der alten Kirche wohnenden Familien anderweit unterzubringen«.[46] Im Laufe der zwanziger Jahre

---

42 Ebd., S. 91–93.

43 Vgl. die Zusammenfassung verschiedener Autoren bei Korff, Wohnalltag, passim und als zeitgenössische Quelle für die achtziger Jahre des 19. Jahrhunderts Schwartz, Gesundheitsverhältnisse.

44 Gottfried Korff zitiert einen Bericht des Kreis-Physikus von Schleiden aus dem Jahr 1881, der den Bewohnern »eine fast ängstliche Scheu vor frischer Luft« und mangelnden »Sinn für Reinlichkeit des Körpers und der Wohnungen« attestiert – mithin den Bewohnern dieses Landkreises in der Eifel selbst die Schuld an den unhygienischen Zuständen zuschreibt. Vgl. Korff, Wohnalltag, S. 114.

45 LHAK Best. 457 Nr. 72: Bericht des Kreisbaumeisters an den Landrat Bernkastel, 16. 2. 1925.

46 Archiv der Verbandsgemeindeverwaltung Bernkastel-Kues: Beschlussbuch GR Wehlen, 1916–1924, 24. 4. 1919.

wurde die Umwandlung des Gebäudes nicht vorgenommen; 1931 siedelte man die Ortsarmen, die in der alten Kirche wohnten, in »Baracken« aus.[47] Noch 1925 berichtete der Bürgermeister von Lieser von einer »beträchtlichen« Zahl Wohnungssuchender, überwiegend Jungverheiratete oder Zugezogene, die eine Zwei- oder Dreizimmerwohnung benötigten. In allen Fällen sei es allerdings gelungen, Wohnungen zu finden; Zwangseinmietungen seien nicht notwendig gewesen. Der Zustand des vorhandenen Wohnraums lasse jedoch »in vielen Fällen sehr zu wünschen übrig«.[48] Für die Stadt Bernkastel findet sich der Hinweis auf die Gründung einer gemeinnützigen Baugenossenschaft 1924, welche die Errichtung von Wohnungen »für die minderbemittelte Bevölkerung« zum Ziel hatte.[49]

In anderen Gemeinden des Kreises Bernkastel wurde die Wohnsituation durch das Hochwasser im Februar 1925 entscheidend verschärft, wie der Kreisarzt berichtete: »Durch die ungünstigen Wohnungsverhältnisse waren die Bewohner auch gezwungen, gleich die nassen Wohnungen zu beziehen. Eine Menge von Erkältungskrankheiten war die Folge.« Allgemein beklagte er sich über den geringen Wohnstandard der vorhandenen Wohnungen: »Die ländlichen

47 Leider konnte Weiteres über diese Baracken nicht herausgefunden werden, etwa, wie viele es waren und wo sie aufgestellt wurden. Im Dezember 1931 zumindest waren sie noch nicht an eine Wasser- und Lichtleitung angeschlossen, was der Pfarrer von Wehlen beim Landrat forderte. Der Bgm. Lieser äußerte sich, für Wasser sei in den Baracken dadurch gesorgt, dass in unmittelbarer Nähe der Überlauf des Hochbehälters der Gemeinde-Wasserleitung vorbeifließe. Zur Beleuchtung, so wurde über einen Antragsteller gesagt, solle dieser sich Petroleumlampen aufstellen. Vgl. LHAK Best. 655, 213 Nr. 663: Vermerk Landrat Bernkastel, 4.12.1931; Bgm. Lieser an den Landrat Bernkastel (Entwurf), 19.12.1931. Zwischen Trier und dem Vorort Euren befand sich eine weitere Barackensiedlung, die 1912/1913 für Soldaten errichtet worden war. Seit der Mitte der zwanziger Jahre quartierte die Stadtverwaltung Trier dort wohnungslose, überwiegend arbeitslose Familien ein. Zur Wohnsituation dort vgl. Stazic, Arbeitslosigkeit, S. 133.

48 LHAK Best. 655, 213 Nr. 440: Bgm. Lieser an den Landrat Bernkastel, 2.1. 1925 (Entwurf) betr. Wohnungswesen, anscheinend Antwort auf ein Rundschreiben oder Fragebogen (nicht dokumentiert).

49 Vgl. Marx, Geschichte, o. Seitenangabe (Fortschreibung der Geschichte des St.-Nikolaus-Hospitals von Peter Kremer für die Zeit nach 1907). Die Hospitalkommission überließ der Genossenschaft zu diesem Zweck Bauland durch Einräumung eines Erbbaurechts.

Wohnungen sind meist armselig und kümmerlich, licht- und luftarm; sie genügen meist nicht den bescheidenen Ansprüchen. Ebenso mangele es in sehr vielen Familien an der nötigen Anzahl Betten. Es gebe noch grössere Familien, denen nur zwei bis drei Betten zur Verfügung stehen.«[50] Dieser Hinweis auf die unzureichende Anzahl eigener Betten ist wahrscheinlich im Kontext der Tuberkulosebekämpfung zu sehen. Der Zusammenhang von Tuberkulose und beengter Wohnsituation[51] wurde gesehen und auch berücksichtigt: In den beiden Kreisen Bernkastel und Wittlich wurden bis 1930 circa 150 neue Wohnungen im Rahmen von Wohnungsbauprogrammen errichtet.[52] 1927 beschäftigte die Unterbringung der Familie F. aus Lieser das Kreiswohlfahrtsamt und den Bürgermeister, da deren Wohnung höchst unzureichend war. In seinem Gutachten stellte der Kreisarzt die Verbindung zwischen der Wohnsituation und den Erkrankungen der Kinder fest:

»Die Familie besteht aus sieben Köpfen und zwar den Eltern und fünf Kindern im Alter von 13 Monaten bis fünf Jahren. Die Wohnung besteht aus einem schmalen Hausflur, der augenblicklich als Küche in Benutzung ist und zwei kleinen ca. 180 cm hohen, ca. zwei bis drei Meter langen Räumen. Der eine Raum dient als Wohnraum, muss aber gleichzeitig als Schlafraum für zwei Kinder benutzt werden, von denen das eine in einem Wäschekorb auf dem Fussboden schläft. Der Schlafraum enthält zwei Betten – eins für Erwachsene und ein Kinderbett – in denen die Eltern und drei Kinder untergebracht sind. Als Fenster dient eine kleine Luke; die Luft im Schlafraum ist muffig. Die Wände und Decken sind feucht, die Decke ist teilweise baufällig. Die Wände des Wohnraumes sind ebenfalls durchaus feucht. Der Schlafraum ist schon des geringen Luftraumes wegen für fünf Personen absolut unzureichend. Hinzu kommt die mangelhafte Lüftungsmöglichkeit und die durchaus ungesunden Feuchtigkeitsverhältnisse. Die Wohnung muss, zumal für eine siebenköpfige Familie, in der ohnedies die Kinder stark skrophulös erkrankt und tuberkulosegefährdet sind,

50 LHAK Best. 457 Nr. 72: Bericht des Kreisarztes Dr. Schneweis an den Landrat Bernkastel, 14.2.1925.
51 »Die Tuberkulose geht der Wohnungsdichtigkeit parallel«. Schwan, Wohnungsnot, S. 22, rekurrierend auf »Rubner 1890« ohne genaue Angabe der Quelle.
52 Vgl. Schaaf, Weimarer Republik, S. 83.

als höchst gesundheitswidrig bezeichnet werden. Eine anderweitige Unterbringung der Familie F. ist dringend geboten.«[53]

Einen sehr anschaulichen Eindruck über die Verhältnisse im Moselgebiet und der Eifel Ende der zwanziger Jahre vermittelt der Reisebericht von Bruno Schwan, Geschäftsführer des Deutschen Vereins für Wohnungsreform, aus dem Winter 1928/1929.[54] Am 14. und 15. Januar durchfuhr er, ausgehend von Trier, die zum Landkreis Trier-Land gehörigen Hochwaldgemeinden Mandern, Waldweiler und Hermeskeil, wo er vor allen Dingen in den »berüchtigten Manderner Hütten« äußerst schlechte Wohnbedingungen vorfand. Die Kreisfürsorgerin von Trier-Land berichtete von schweren gesundheitlichen Folgen, Familieninfektion, Rachitis, »Ausschlag und Geschwüren infolge der Unsauberkeit« und »verwahrloster Jugend«.[55] Am zweiten Tag der Reise erreichte Schwan die Mosel, wo er gegenüber des Dorfes Kesten »die winzigste Wohnung, die man sich vorstellen kann«, die Behausung eines Korbflechterehepaars, sah.[56] Auf seiner Fahrt durch die Dörfer moselaufwärts berichtet Schwan immer wieder von »baulichem Verfall«, schmalen Häusern, von »steilen, wackligen und vermorschten Treppen«, nassen und dunklen Räumen und schadhaften Wänden und Decken. In Lieser

---

53 LHAK Best. 655, 213 Nr. 440: Gutachten des Kreisarztes Dr. Schneweis, Bernkastel, an den Landrat Bernkastel, 29.7.1927. Vgl. auch die Darstellung des Falls in Kap. IV.2.

54 Vgl. Schwan, Wohnungsnot, S. 41 und S. 49–111.

55 Schwan, Wohnungsnot, S. 86–97. In genau diesen Hochwaldgemeinden (Waldweiler, Schillingen, Heddert und Mandern) führte Robert Koch 1902 Untersuchungen zur Ausbreitung des Typhus-Erregers durch, da hier Fälle von Typhus, überwiegend bei Kindern, gehäuft aufgetreten waren. U.a. durch diese Untersuchungen bewies Koch, dass Typhus nur von Mensch zu Mensch übertragen werden kann. Vgl. Marx, Rise, S. 103–107.

56 Schwan, Wohnungsnot, S. 99: »Ein kleiner Planwagen steht dort. Hinten heraus ein qualmendes Ofenrohr. Das Vorderteil ist mit einer Holzwand geschlossen. Durch einen fensterähnlichen Ausschnitt blicken wir hinein. Neben dem Oefchen auf der Bank sitzt ein wettergebräunter Alter, der sein Pfeifchen schmaucht. Er schaut seiner Alten nach, die soeben von ihm gegangen ist. Noch sehen wir sie, den schlappen Rucksack auf dem Rücken. Sie schreitet im Schneegetümmel rüstig aus. Sie geht nach Arbeit ins Dorf, nach Arbeit und auch nach Brot. Die beiden flechten und flicken Körbe und ernähren sich damit recht und schlecht. Sie wohnen miteinander in diesem Wägelchen. Im Hinterteil desselben sehen wir ihr Lager.«

machte er länger Pause, um zwei Häuser zu besichtigen. Obwohl in
beiden die Wohnverhältnisse sehr beengt waren, wurden die »recht
ordentlichen und strebsamen« Bewohner des einen Hauses gelobt,
die ihre Behausungen pflegten und sauber hielten (vgl. Abb. 11).[57]
Mangelhafte Wohnverhältnisse sprachen die Antragsteller in Gesuchen um Unterstützung vergleichsweise selten an; in erster Linie
wurde die Enge in kleinen Wohnungen bei vielen Kindern oder
dem Zusammenleben mit den Eltern thematisiert. Besonders wenn
Antragsteller in Provisorien wie dem Gemeindehaus untergekom-
men waren, bezogen sich die Klagen neben beengten Wohnverhältnissen vor allem auf schlechte Heizbarkeit oder die Feuchtigkeit der
Wohnungen. So beschwerte sich die Ehefrau von Jakob S. über ihre
Unterkunft im »kalten und feuchten« Spritzenhaus von Ober-
scheidweiler und führte die Krankheit ihres Ehemannes, Rheumatismus, auf diesen Umstand zurück.[58] Witwe L. hatte Obdach im
Gemeindehaus von Spang und schilderte anschaulich ihre Wohnsituation:

»Es ist blos eine Stube und ein Ziegenstälchen. In der Stube ist
kein Boden und überall so feucht daß das Wasser von den Wänden läuft. Wenn es regnet dann kommt das Wasser zum hinter-
sten Frund und Mauer hinein gelaufen, in die Stube. Hochwohl-
geborener Herr Landrath, Auch will ich Ihnen mittheilen, daß
ich fast den Winter erkaltet bin weil in dem Grunde wo daß
Kamin baufältig ist. Es geht kein Rauch mehr durch das Kamin
sondern der Rauch geht durch die Mauern. Und in der Stube ist
es immer dunkel von Rauch, daß ich immer die Thüre muß
aufstellen. Und es ist gänzlich verboten Feuer in die Wohnung zu

---

57 Alle Zitate dieses Kapitels Schwan, Wohnungsnot, S. 99–101.
58 KAB-W 2.0.343: Verhandelt, Wittlich, Ehefrau Jakob S., 20.9.1912: »Der
    Boden sei nicht gedielt, sie hätten ihn teilweise mit Brettern lose belegt.
    An einer Stelle befänden sich statt einer Umfassungsmauer aufgenagelte
    Hölzer, zwischen denen der Wind in das Innere des Spritzenhauses ein-
    dringe, wodurch dieses gar nicht ausreichend erwärmt werden könne. [...]
    Ihr Mann sei jetzt drei Wochen lang an Rheumatismus erkrankt gewesen,
    den er sich zweifellos durch die feuchte Wohnung zugezogen habe. Auch
    eines ihrer Kinder sei während acht Tagen krank gewesen. [...]« Am 25.
    Oktober 1909 teilte der Bgm. Manderscheid dem Landrat Wittlich mit,
    dass Arbeiten mit dem Ziel, das Spritzenhaus »wohnlich herstellen« zu
    lassen, in Angriff genommen worden seien.

Abb. 11: Wohnverhältnisse in Lieser 1929

Begleittext:

»[…] Ein junges Arbeiterehepaar wohnt hier mit zwei kleinen Kindern und dem 70jährigen Großvater zusammen. Die Haustür schließt nicht mehr recht. Sie hängt schief in den Angeln und steht an der oberen Kante zwei Finger breit vom Pfosten ab. Sie hat auch große Löcher und schützt nur wenig vor Wind und Kälte. Und doch liegt unmittelbar hinter dieser altersschwachen Tür die Schlafkammer der jungen Leute (3 x 1½ Meter). Decke und Wände der Kammer sind vom Alter verschwärzt, rissig und voller Sprünge. Aber das saubere Bett (siehe Bild 23) – auf dem Kopfkissen ist eingewirkt ›Gute Nacht‹ –, das Nachttischchen davor, auch das weiter vornstehende, auf dem Bilde nicht sichtbare Kinderbettchen und selbst die an der Wand hängenden Kleidungsstücke (es fehlt an Platz für ein Spind) – zeigen, wie sauber die junge Frau ist. Sie gehört zu denen, deren Ordnungs- und Sauberkeitsverlangen auch das ärgste Wohnungselend nicht umbringt. Sie schläft zusammen mit ihren Kindern in dieser Kammer. Der Mann ist gegenwärtig im Krankenhaus. Neben der Kammer liegt die Küche. Klein, dunkel, baufällig wie alles in diesem Häuschen. Der 70jährige Großvater schläft in einem Bodenverschlage (wie es hier zu Lande heißt: ›auf dem Speicher‹). Den Aufgang zu seiner Schlafstätte sieht man auf dem Bilde 23 im Hintergrund neben der Tür des Vorratsschränkchens. Schwarz und schmal wie ein Schornsteinschacht. Nur so ein kleines und dürres Männchen wie dieser Großvater vermag sich dort durchzuschlängeln.«[59]

59 Schwan, Wohnungsnot, S. 101–103.

machen. Ich habe mir als Kaffe müssen kochen im Nachbarhause, weil ich nicht im Stande war, Feuer zu machen, daß ich immer dachte das Haus ging in Brand.«[60]

Der Landrat von Wittlich wies den Bürgermeister von Binsfeld dringend an, eine Wohnung für die Familie von Balthasar Sch., einem Hausierer aus Landscheid, zu beschaffen, da »Sie als Polizeibehörde für Beschaffung einer Wohnung für den Sch. Sorge zu tragen haben, [...] vgl. auch Anmerkung I. 14 d zu § 28 des Unterstützungswohnsitz- Gesetzes vom 6. Juni 1870 [...].« Sch. hatte wegen Baufälligkeit sein Haus räumen müssen, keinen Wohnraum zu mieten gefunden und lebte nun mit seiner Frau, seinen fünf Kindern und seiner 78-jährigen Mutter in einem Zelt im Wald. Sch. hatte sich zuvor an den Bürgermeister gewandt, der ihn an den Gemeindevorsteher von Landscheid verwiesen habe; »dieser habe ihm erklärt, daß er nichts für ihn tun könne«.[61] Balthasar Sch. fand nach kurzer Zeit auf einem Hofgut Arbeit und Unterkunft. Andere Antragsteller, die keine Wohnung fanden, wurden, falls keine eigenen Wohnungen wie in Wehlen bestanden, in provisorischen Wohnungen wie dem Gemeindehaus, der Schule oder eben dem Spritzenhaus untergebracht.

Welche Konflikte beengtes Wohnen hervorbringen konnte, wurde in den untersuchten Akten nur am Rande dokumentiert. Sie entsponnen sich am stinkenden Abwasserlauf des Nachbarn[62] oder dem Verhalten eines missliebigen Mieters.[63] Anton J. aus Wehlen beispielsweise bat das Wohlfahrtsamt Bernkastel um die Beschaffung einer Wohnung für seinen Mieter Ludwig H., der wiederholte Kündigungen ignorierte. In seinem Beschwerdebrief schilderte Anton J. sehr anschaulich Wohnverhältnisse, die ständig Anlass zu Streitigkeiten gaben:

---

60 KAB-W 2.0.541: Wwe. L., Spang, an den Landrat Wittlich, 1.4.1901.
61 Vgl. KAB-W 2.0.343: Protokoll, Landratsamt Wittlich, Balthasar Sch., Landscheid, 23.3.1912; Landrat Wittlich an den Bgm. Binsfeld, 23.3.1912.
62 LHAK Best. 655, 213 Nr. 567: In der Akte zur Orts- und Wohnungshygiene in der Bürgermeisterei Lieser ist ein Schreiben von J. K., Kesten an den Bgm. Lieser, 16.11.1903, dokumentiert, in dem er sich beschwert, dass seine Nachbarin den Platz, auf dem sie ihren Kehricht ablade, nicht eingefasst habe, sodass ihm bei Regen die Exkremente zur Kellertür hineinliefen.
63 Vgl. dazu den Fall der Familie Matthias F., Kap. VII.2.

»Wir haben H. schon am 16. September 3 Jahr bei uns wohnen und können denselben nicht länger behalten und zwar aus folgenden Gründen: 1.) müssen H., wenn es trübes Wetter ist und überhaupt vom Nachsommer bis zum Frühjahr den ganzen Tag Brand haben, was wir bezahlen müssen [...] 2.) Müssen H. bei uns in der Küche das Wasser holen, Gemüse auf unserer Wäsche abwaschen, überhaupt immerfort durchgehen, was doch oft sehr gräslich für uns ist und das durchlaufen mit den Kindern auf den Hof und zumal für den Winter wo es sehr kalt in unserer Küche ist, was H. sehr genau weiß. 3.) Kann man das Haus nicht verlassen, weil kein Vertrauen da ist und schon im ersten Jahre die Erfahrung wahrnehmen mußten und außerdem selbst den Platz brauchen und eingeschränkt sind und dadurch: 4.) müssen wir unser Küchengeräte und Esswaren in der Scheune aufbewahren, schon die drei Jahre, wo alles dem Staub ausgesetzt ist. 5.) Fehlt jede Reinlichkeit und alles ist nicht in Ordnung gehalten. Die Fenster sind kabut und mit Papier beklebt und die Lumpen und Wäsche liegt in allen Ecken durcheinander und mit der Miete sind sie überhaupt zurück, wenn man als nicht Anzüge häten machen lassen [Ludwig H. war Schneider, K. M.], aber das kann man ja nicht immer und es sind noch beinahe 100 M zurück. Da dieses alles auf Wahrheit beruht, so kann alles nachgesehen werden. Es sind und werden noch Wohnungen frei; aber H. wird sich nicht bemühen und von seinen eigenen Leuten ist er verstoßen. Auch seine Schwiegermutter Wittwe P. hätte Platz für ihn. In der alten Kirche ist eine Wohnung frei geworden und sonst überall. Erwarte also Ihren näheren Bescheid indem wir H. nicht länger halten können.«[64]

Der extreme Sonderfall einer »Zwangswohngemeinschaft« ist mit der zu Armenwohnungen umgebauten alten Kirche in Wehlen recht gut dokumentiert. 1912 wohnten hier mindestens vier in den Fürsorgeakten auftauchende Parteien:

Familie U. bezog mit vier halbwüchsigen Kindern im Sommer 1910 drei Zimmer. Das Wohnen in der alten Kirche war für diese Familie die letzte Möglichkeit, ein Obdach zu finden: Von ihrer Vermieterin nicht mehr länger gelitten und auch sonst – nach dem Urteil des Gemeindevorstehers – auch woanders im Dorf schwer

---

64 LHAK Best. 655, 213 Nr. 663: Anton J., Wehlen, an das Wohlfahrtsamt Bernkastel, 18.9.1929.

unterzubringen, schlugen die Versuche, ein Haus in Wehlen oder einem anderen Ort zu kaufen oder auch nur anzumieten, fehl. Die Familie nutzte zwei Räume in der alten Kirche als Schlafzimmer und einen dritten als Wohnzimmer. Im Winter 1911 wurde Familie W. (mindestens zwei Kinder), deren Odyssee aus Kündigung durch den Vermieter und vergeblicher Suche nach Wohnung ebenfalls in Armenhaus endete, Wohnraum in der alten Kirche zugewiesen. Seit 1909 lebte auch die Witwe Peter O. in zwei Zimmern der alten Kirche, eine Frau, der schon bei Einzug zur Auflage gemacht wurde, dass sie »sofort das Zimmer zu räumen hat, sobald sie streitsüchtig und unverträglich wird.«[65] Als vierte Partei lebten die Geschwister K. 1912 in einer der Armenwohnungen. In der alten Kirche standen den mindestens 13 Bewohnern, die zu diesem Zeitpunkt dort lebten, elf Räume und offenbar nur ein Klosett zur Verfügung.[66]

Es kann davon ausgegangen werden, dass die Wohnsituation kaum Privatsphäre zuließ. Auf zwei zentrale Aspekte der beengten Wohnverhältnisse ging Frau U. in einem Beschwerdeschreiben an den Bürgermeister ein: Familie U. hatte sich erst nach langen Auseinandersetzungen mit der Gemeinde bereit erklärt, eines der ihnen zuvor zugewiesenen Zimmer an Familie W. abzugeben. Offensichtlich wurde nun eins der beiden Zimmer immer noch als Wohnzimmer genutzt und nur in einem Raum schlief die gesamte Familie. Darüber beschwerte sich die Ehefrau und begründete dies zunächst damit, dass das älteste Kind an Tuberkulose leide und allein in einem Bett liegen müsse. Neben diesem medizinischen benannte sie jedoch auch ein »sittliches« Argument, der Familie mehr Zimmer zuzuweisen. Sie führte an, dass es »gesetzwiederlich mit so große Kindern« – die beiden ältesten

65 Archiv der Verbandsgemeindeverwaltung Bernkastel-Kues: Beschlussbuch GR Wehlen, 1907–1916, 20.3.1909.
66 LHAK 655, 213 Nr. 245: Plan der alten Kirche Wehlen. Ihm zufolge befanden sich im Untergeschoss die Kapelle, ein Spritzenraum und sechs Räume und im Obergeschoss ein Sitzungszimmer und fünf Räume. Vgl. Archiv der Verbandsgemeindeverwaltung Bernkastel-Kues, Beschlussbuch GR Wehlen, 1916–1924, 30.3.1922: »Von den Bewohnern der alten Kirche will Niemand das überfüllte Closett reinigen, es sollen daher sämtliche Bewohner aufgefordert werde, das Closett sofort zu reinigen, andernfalls sie die Wohnungen sofort zu räumen haben.«

Abb. 12: Alte Kirche in Wehlen, aufgenommen 1958

Töchter waren mittlerweile 15 und 13 Jahre alt – sei, dass die gesamte Familie in einem Raum schlafe.[67] Mangelernährung, elende Wohnverhältnisse und unzureichende Kleidung gingen vor allem im Winter häufig mit dem Auftreten von Krankheiten einher. Besonders in den Jahren der »sozialen Not« nach Erstem Weltkrieg und Inflation verschlechterten sich die gesundheitlichen Verhältnisse sehr, nicht nur bei Industriearbeitern, sondern auch bei der landwirtschaftlichen Bevölkerung, wie in einer Denkschrift des Regierungsbezirkes Trier 1925 festgestellt wurde: Hochwertige Lebensmittel wie Butter, Eier und Milch seien aus Geldmangel verkauft »und die eigenen Familienmitglieder mit Kartoffeln und Brot abgespeist« worden. Ärztliche Hilfe werde bei den ärmlichen Verhältnissen »nur im äussersten Notfall, wenn es meistens zu spät ist«, in Anspruch genommen.[68] Dass Armut Krankheit

67 LHAK Best. 655, 213 Nr. 190: Ehefrau Leonard U., Wehlen, an den Bgm. Lieser, 8.7.1912. Vgl. ähnlich KAB-W 2.0.343: Michel L., Olkenbach, an den Landrat Wittlich, 8.12.1910:»Meine Ehefrau kommt in kurzer Zeit in Wochen, jetzt diese arme kleine Wohnung bei schon so verständige Kinder, wenn der Fall bei Nacht vorkommt, muß ich die armen kleinen Kinder in die Nachbarschaft unterbringen [...].«
68 LHAK Best. 457 Nr. 72:»Denkschrift über die Hebung der wirtschaftlichen Not im Regierungsbezirk Trier« 1925.

bedingt und umgekehrt, liegt auf der Hand. Im nächsten Teilkapitel soll diese Verbindung unter besonderer Berücksichtigung der
nachlassenden Gesundheit im Alter genauer beleuchtet werden:
Welche Auswirkungen hatten Krankheit und Alter auf die physische und psychische Konstitution des Einzelnen und seiner Angehörigen, welche materiellen und immateriellen Auswirkungen waren damit verbunden?

2. Alter und Krankheit

Krankheiten, körperliche oder geistige Gebrechen und Alter bildeten in den Armutsstatistiken wie der aus dem Jahr 1885, wie schon
erwähnt, mit die wichtigsten Ursachen der Bedürftigkeit von Unterstützungsempfängern. Kranke und alte Arbeitsunfähige waren
die »klassische Klientel« der Fürsorge; ihre Armut wurde als unverschuldet angesehen.

Die Faktoren Alter und Krankheit sind entsprechend in den untersuchten Anträgen auf Armenfürsorge als häufigste Begründungen
der Bedürftigkeit zu finden. Forschungen haben ergeben, dass der
Verlust der Arbeitsfähigkeit nicht nur »eine Bedrohung der materiellen Existenzbasis, sondern darüber hinaus auch entscheidende Ein-
bußen an sozialem Status und an sozialer Rollenkompetenz«[69] zur
Folge haben konnte. Vieles, was an psychischen und physischen Folgen mit diesem Verlust der körperlichen Kraft verbunden war, wurde
in den vorliegenden Quellen nicht angesprochen.[70] Sicherlich ist die
hier vorgestellte Antragssituation, der Kontakt mit einer Behörde,
auch nicht der richtige Rahmen, um dieses Feld zu thematisieren –
der Kranke in den untersuchten Fürsorgeakten war nicht der Patient,
der dem Arzt seine Beschwerden schildern musste, sondern hatte
lediglich das Bedürfnis, für die Auswirkungen von Krankheit oder
Alter Unterstützung zu erhalten. Insofern benutzten die Antragsteller
zur Beschreibung ihres Zustandes vornehmlich allgemeine Begriffe
wie »krank«, »kränklich«, »schwächlich«, »leidend«, »gebrechlich«,
»verschlissen« oder Ähnliches. Konkrete Bezeichnungen einzelner
Krankheiten finden sich eher selten, meist dann, wenn für eine

---

69 Vgl. Kaschuba, Volkskultur, S. 205.
70 Thomas Sokoll beschreibt den wenngleich extremen Fall des William Ja-
    mes, der sich in insgesamt 53 (!) Briefen ausführlich über seine nachlassen-
    de Arbeitskraft äußerte. Vgl. Sokoll, Old Age, S. 143–144.

ärztliche Behandlung oder Operation um Kostenerstattung nachgesucht wurde.[71]

Die Auswirkungen von Krankheit und Alter können in die Einschränkung beziehungsweise den Verlust der Arbeitskraft sowie Behandlungs- und Pflegebedürftigkeit und die damit verbundenen materiellen und sozialen Belastungen unterteilt werden. Arbeitsunfähigkeit im Alter war eine weitgehend akzeptierte und kaum hinterfragte Angelegenheit – zwar lag die Messlatte dessen, was älteren Menschen an Arbeitspensum noch zugemutet wurde, hoch[72], aber gemeinhin wurden alte und arbeitsunfähige Menschen unterstützt, die sich im Tagelohn nichts mehr verdienen konnten oder zu schwach waren, selbst im Wald Holz zu sammeln. Stellte Arbeitsunfähigkeit im Alter ein »vorhersehbares« Armutsrisiko dar, konnte Verdienstlosigkeit durch Krankheit die Betroffenen unvorhergesehen und plötzlich in eine (dauerhafte) Notlage stürzen:

»Mein Ehemann hat vor drei Wochen einen Schlaganfall erlitten, wodurch ihm der linke Arm und das rechte Bein gelähmt wurde. Hierdurch sind wir in eine traurige Lage geraten. Nicht nur, daß dadurch der Ernährer der Familie gänzlich arbeitsunfähig geworden ist, entstehen durch die ärztliche Behandlung und Versorgung des Kranken mit Arzneien uns unerschwingliche Kosten, die wir nicht aufbringen können.«[73]

Hier werden neben der Erwerbsunfähigkeit auch die durch Krankheit verursachten Kosten angesprochen. Solche Krankheitskosten, vor allem die Verpflegung in Anstalten und Operationen stellen auch in den Auflistungen der Gemeindeausgaben für das Armenwesen einen bedeutenden Posten dar. Die meisten der laufend Unterstützten in Pflegeanstalten waren ältere Personen, die sich nicht mehr alleine versorgen konnten. Mussten Angehörige diese Kosten

---

71 Überlegungen dazu, wie in den Gesuchen um Armenunterstützung über Krankheit gesprochen wurde, stellte ich im September 2004 auf der Tagung »Poverty, Poor Relief and the Development of Health Care in the Nineteenth and Twentieth Centuries: International Perspectives« an der Brookes University Oxford vor. Der Sammelband erscheint demnächst.

72 Vgl. etwa KAB-W 2.0.343: Bgm. Binsfeld an den Landrat Wittlich, 13.10. 1910: »Die Witwe Peter A. 70 Jahre alt, aber noch körperlich gesund und rüstig und nach der Ansicht des Unterzeichneten noch sehr wohl im Stande, sich das Nötige mit dem Hausierhandel zu verdienen.«

73 LHAK Best. 655, 213 Nr. 187: Verhandelt, Bernkastel-Kues, Ehefrau Baptist Qu., Lieser, 30.8.1923.

tragen, konnten sie dadurch selbst in eine Notlage geraten, wie die Geschwister Konrad E. und Johanna T., geb. E., die zu Unterhaltszahlungen für ihre im Kloster Lieser untergebrachte Großmutter herangezogen werden sollten.

Beide suchten um die Befreiung der Unterhaltspflicht von 1,20 Mark pro Tag nach, da sie nur geringes Einkommen hatten und ihr Vermögen väterlicherseits für die Verpflegung der Großmutter schon zu einem guten Teil aufgebraucht worden war.[74]

Neben den Pflegekosten konnten auch weitere Krankenkosten horrend werden und führten nicht selten erst dazu, dass öffentliche Unterstützung in Anspruch genommen werden musste: Der Erkrankte musste sich einer Operation unterziehen, in einer Anstalt oder durch eine Kur therapiert werden, wozu er oft Kleidungsstükke und Toilettenartikel anzuschaffen hatte. Fahrtkosten für Reisen zu Spezialärzten oder Kliniken in Trier oder Bonn konnten das Budget zusätzlich belasten. Weiterhin lagen Rechnungen des behandelnden Arztes und des Apothekers vor. In einigen Fällen sollten therapeutische Gerätschaften und Prothesen wie Bruchband, Stützkorsett oder Brille angeschafft werden, dann wieder wurden nach einer Operation kräftigende Nahrungsmittel wie Rotwein oder Eier angeordnet.

Wenn alte oder kranke Menschen starben, konnte auch die Finanzierung der Sterbekosten, Ausgaben für Sarg, Leichenschau, Totenhemd, Kerzen, Totengräber und die Trauerfeier problematisch werden: Die Beerdigung des Bedürftigen Balthasar E. im Jahr 1931 stellte seine Frau, die im Jahr 1928 bereits um Unterstützung für die lang andauernde Krankheit ihres Ehemannes nachgesucht hatte, erneut vor Schwierigkeiten.[75] Ihr Mann war sehr lange krank gewesen. In seinem und anderen Fällen, in denen Krankheiten länger andauerten, wurde das eventuell vorhandene Vermögen langsam aufgebraucht und später Schulden gemacht:

74 LHAK Best. 655, 213 Nr. 187: »Gesuch der Erben E. um Befreiung von der Unterhaltungspflicht gegenüber ihrer im Krankenhaus zu Lieser untergebrachten Großmutter Hedwig E.«, Lieser, an den GR Lieser, 23.12.1906 und Verhandelt, Bernkastel-Kues, Konrad E. und Johanna T., Lieser, 29.12.1908.

75 LHAK Best. 655, 213 Nr. 1715: Wwe. Balthasar E., Kesten, an das KWA Bernkastel, 22.5.1931: »Durch die lange Krankheit meines Mannes bin ich aller Mittel entblößt. Ich weis nicht womit ich, mit meinen vier Kindern, leben soll. Bereits vier bis fünf Jahre hatten wir keinen Verdienst. [...] Durch die lange Pflege, bin ich selbst so geschwächt, sodaß ich mir auch nicht einen Pfennig verdienen kann.«

»Seit vier Wochen ist mein Mann wieder bettlägerig; das Lungenleiden, daran er schon jahrelang leidet, hindert ihn ganz und gar, seinem Handwerksverdienst nachzukommen. Das ist nun doppelt schlimm, das wir durch die jahrelange Krankheit meines Mannes noch erhebliche Schulden haben, und dafür die Zinsen nichtmal beibringen, weil wir noch vier kleine Kinder haben von sechs, fünf, vier und drei Jahren haben [sic]. Ich bitte Sie, Herrn Bürgermeister daß Sie dies mein Gesuch befürworten wollen, da die Not uns sehr drückt.«[76]

Auch wenn der Betroffene krankenversichert war, war damit nicht zwangsläufig gewährleistet, dass auf die öffentliche Unterstützung verzichtet werden konnte, da die Krankenkassen auch nur eine bestimmte Dauer des Krankenhausaufenthaltes finanzierten und Hilfsmittel nicht vollständig erstatteten. Die Höhe der Renten war so gering, dass das Alter keineswegs abgesichert war und viele arbeitsunfähige ältere Menschen auf die Unterstützung innerhalb der Familie oder auf die kommunale Armenfürsorge angewiesen waren.[77]

In den meisten Fällen waren die Antragsteller in ein familiäres Umfeld eingebettet, das durch die überwiegend unvorhergesehenen Kosten schwer belastet wurde. Neben der materiellen Not als Folge von Krankheit – dem Aufbrauchen des familiären Vermögens oder der eingeschränkten Verdienstfähigkeit des »Ernährers« – wurden Familien auch durch die Notwendigkeit der Pflege der kranken Angehörigen zusätzlich in Mitleidenschaft gezogen. Als der Unterstützungsantrag der Witwe von Ludwig H., den sie aufgrund ihrer Krankheit und der daraus resultierenden Arbeitsunfähigkeit stellte, mit dem Hinweis abgelehnt wurde, dass die 18-jährige Tochter sie mit ihrem Tagelohn, der 1,40 Mark betrage, unterstützen könne, stellte Tochter Berta klar, dass sie schon seit drei Monaten nichts mehr verdienen könne, weil ihre Mutter seit dieser Zeit bettlägerig sei und sie diese versorgen müsse. Schon seit längerer Zeit sei diese kränklich, habe schon »mitunter längere Zeit darnieder gelegen«, weshalb ihr Verdienst auch vorher eingeschränkt gewesen sei.[78]

---

76 LHAK Best. 655, 213 Nr. 1715: Ehefrau Balthasar E., Kesten, an den Bgm. Lieser, 30.10.1928.
77 Vgl. Tennstedt, Ausbau, S. 225. Zur geringen Zahl der Krankenversicherten im Regierungsbezirk Trier vgl. Marx, Rise, S. 180.
78 LHAK Best. 655, 213 Nr. 188: Berta H., Noviand an den Landrat Bernkastel, 23.10.1905. Ähnlich KAB-W 2.0.343: Protokoll, Kreisausschuss Wittlich, Theodor X., Kinderbeuern, 3.3.1914, der die Unterbringung sei-

Eine kleine Kette von Verdienstausfällen zog die Krankheit von Amalie W. nach sich, deren Schwester, die Ehefrau Friedrich St. aus Longkamp, sich um sie kümmerte. Deren Mann stritt sich über einen längeren Zeitraum hinweg mit dem Ortsarmenverband Maring um eine Erstattung der Pflege, die seine Frau an ihrer Schwester geleistet habe:

»Mein Schwägerin Amalie W. aus Maring liß meine Frau am 7 Dezember 1905 durch Thelefon rufen, weil sie schwer krank war und niemand zur Flege hatte. Auf dieses Rufe fuhr meine Frau sofort zu seiner Schwester. Mittags kamm mein ältes Kind mich rufen, ich mußte den Taglohn versäumen für die Kinder kochen und sie pünktlich in die Schule schicken, Ich mußte 2 Mark 80 Pfg pro Tag versäumen. Und meine Haushaltung versehen. [...] Zu Fleche war meine Frau Johanna St. geborn W. vom 7 Dezember bis den 21 Dezember. Keine Nacht im Bett mit Tag und Nacht pro Tag 3 Mark 14 Tag 42 Mark. Meine Frau als Büglerin versäumte 20 Mark Ich als Taglöhner versäumte pro Tag 2 Mark 80 Pfg. In 14 Tagen 39, 20 M. Ich bin ein Armer Taglöhner habe nichts als was ich im Taglohn und meine Frau mit Bügeln verdient.«[79]

Waren in der Familie kleine Kinder vorhanden, stellte die Krankheit der Mutter ein besonderes Problem dar. Im Fall der Frau von Lukas P. wurden die minderjährigen Kinder bei den Großeltern versorgt, die so bedürftig waren, dass ihnen schon Brot von der Gemeinde hatte zukommen müssen. Das Verbleiben der jüngeren Kinder bei der Mutter war jedoch ausgeschlossen, da sie aufgrund eines schweren Herzleidens jede »Aufregung und Anstrengung« vermeiden sollte.[80]

ner an Magenkrebs erkrankten Frau in ein Krankenhaus und die Unterbringung seines zehn Monate alten Kindes »in Pflege« beantragt, denn »dadurch, daß er seine Frau pflegen und die Kinder beaufsichtigen müsse, könne er keinem Verdienst nachgehen«.

79 LHAK Best. 655, 213 Nr. 188: Friedrich St., Longkamp, an den Bgm. Lieser, 13.9.1908.

80 LHAK Best. 655, 213 Nr. 1232: Bericht der Kreisfürsorgerin Himmelreich, Bernkastel, 6.11.1931. LHAK Best. 655, 123 Nr. 967: Auch die schwer kranke Frau von Georg N. konnte ihre kleinen Kinder nicht mehr versorgen, weshalb ihr Mann am 24.1.1907 an das Bürgermeisteramt Zeltingen einen Antrag auf Pflegekosten zur Unterbringung der Kinder bei Verwandten stellte.

Im schlimmsten Fall wurden andere Familienmitglieder körperlich mit der Krankheit infiziert: »[…] Vor ungefähr vier Wochen sind meine beiden Kinder an Tiphus erkrankt und vor circa vierzehn Tagen bin ich ebenfalls an Tiphus erkrankt. Durch die vielen Arbeiten, welche meiner Frau dadurch entstanden sind, ist dieselbe jetzt ebenfalls erkrankt.«[81] Die Ehefrau musste nicht notwendigerweise auch an Typhus erkrankt sein, sondern sie konnte auch an Erschöpfungszuständen oder Übermüdung, hervorgerufen vielleicht durch Nachtwachen, gelitten haben. Die Ehefrau Lukas H. sprach in ihrem Antrag an, dass sie durch die Nachtwachen bei ihrem bettlägerigen Mann schon »selber krank« geworden sei; sie könne »nicht in den Tagelohn gehen und auch fast gar nicht stricken weil ich ihn pflegen muß«.[82] Die Ehefrau von Franz K. wurde durch die Fußschmerzen ihres Ehemannes, die sich dieser durch einen Unfall zugezogen hatte, durch dessen »Weinen und Seufzen« in ihrer Nachtruhe gestört.[83]

Die Gefahr der Ansteckung war bei manchen Krankheiten so groß, dass mit der Infektion eine soziale Isolation einherging; bestimmte Krankheiten wie Flechten oder Hauttuberkulose waren zudem mit Entstellungen des Aussehens verbunden, die den Kontakt mit anderen Menschen erschwerten bis unmöglich machten. Dazu ein zugegebenermaßen extremes Beispiel: Die Brüder von Philipp K. baten um dessen Unterbringung in eine Anstalt, denn »sein Bruder sei im Gesicht derart mit Ausschlag behaftet, daß ihn Niemand bei sich zur Arbeit aufnehmen wolle«. Der Antrag wurde vom Gemeinderat abgelehnt, nicht nur, weil die Brüder zur Übernahme der Anstaltskosten in der Lage seien, sondern auch, weil es »den Anschein [habe], daß die Geschwister sich nur auf bequeme Weise des Bruders [Philipp] entledigen wollten, weil dessen Gesicht in abstoßender Weise vollständig mit Ausschlag bedeckt und daher das Zusammenleben mit ihm wenig angenehm sei«. Zudem sei Philipp erwerbsfähig – auf Befragen des Kreisarztes antwortete dieser jedoch, dass das Gesicht so entstellt sei, dass Philipp K. keine Arbeit finde. Der Kreisarzt fand auch Verständnis dafür, dass seine

81 LHAK Best. 655, 123 Nr. 967: Lukas K., Zeltingen, an den GR Zeltingen, 26.11.1909.
82 LHAK Best. 655, 213 Nr. 187: Ehefrau Lukas H., Lieser an den Bgm. Lieser, 17.4.1910.
83 Vgl. LHAK Best. 655, 213 Nr. 190: Ehefrau Franz E., Wehlen, an den Landrat Bernkastel, 1.12.1918.

Brüder nicht mehr mit ihm zusammenleben wollen: »Zudem verbreiten die eitrigen Absonderungen der Geschwüre einen derartigen Geruch, dass es den Brüdern des Philipp K. nicht verargt werden kann, ihren Bruder in eine geeignete Pflegeanstalt zu bringen. Der Ausschlag ist auch ansteckend.«[84] Als große Belastung für die Familie wurde insbesondere die Versorgung von »Schwachsinnigen« angesehen, die sogar in einem Fall von einem Angehörigen selbst als »Unglück« beschrieben wurde.[85] Auch die Behörden sahen psychisch Kranke nicht in erster Linie als Kranke, deren Leiden therapiert werden konnte, an, sondern vielmehr als bemitleidenswerte oder auch lästige Personen; letzteres insbesondere dann, wenn von angeblich »geistig nicht Normalen«[86] Gesuche an die Behörden gerichtet wurden. Unter die Bezeichnungen »nicht recht bei Verstand sein«, »geistig nicht normal«, »geistesgestört« »geistig zurückgeblieben«, »blöd«, »hysterisch« oder »idiot« fielen im Untersuchungszeitraum sicherlich die verschiedensten Ausprägungen psychischer Krankheiten, die zumindest den Fürsorgebehörden nicht in ihrer Bandbreite bekannt waren und mit deren Symptomen im »normalen« Rahmen einer Familie und auch eines Hospitals oder eines Waisenhauses nicht umgegangen werden konnte. Zum einen werden mit diesen wenn auch nicht korrekten Begriffen wohl tatsächlich psychisch Kranke bezeichnet worden sein, zum anderen konnte aber auch die Klassifizierung »geistesschwach« als Mittel dienen, um Antragsteller abzuqualifizieren und ihr Anliegen als Anmaßung darzustellen. An welchen Krankheiten die Betroffenen tatsächlich gelitten haben, ist somit kaum rekonstruierbar, insbesondere auch deswegen, weil die Sicht der Ärzte auf psychisch Kranke in den untersuchten Quellen der allgemeinen Armenfürsorge leider kaum dokumentiert ist.

Die Versorgung von Geisteskranken fiel allerdings nicht in das Ressort der hier untersuchten Ortsarmenverbände, sondern war

84 Vgl. KAB-W 2.0.541: Protokoll, Landratsamt Wittlich, Johann K., Lüxem, 7.11.1904; Ablehnung des Antrags in Bgm. Wittlich-Land an Landrat Wittlich, 14.11.1904; Kreisarzt Wittlich an Landrat Wittlich, 24.11.1904.
85 LHAK Best. 655, 213 Nr. 188: Paul Qu., Maring an den GR Maring-Noviand, zu Händen des Bgm. Lieser, 1.2.1913: »Da ich heute froh bin wenn ich meine Familie durchbringe und noch das Unglück mit meiner schwachsinnigen Tochter habe […].«
86 Vgl. etwa KAB-W 2.0.343: Bgm. Monzel an Landrat Wittlich, 8.11.1911; Urteil über Ehefrau Adam O., Osann.

Sache des Landarmenverbandes / des Landesfürsorgeverbandes auf Ebene der Rheinprovinz.[87] In den Akten der allgemeinen Armenfürsorge begegnet »Geistesschwäche« in verschiedenen Kontexten: »Geistige Beschränktheit« konnte – wie körperliche Krankheiten – mit Arbeitsunfähigkeit einhergehen, wodurch die kommunale Armenfürsorge beantragt werden musste: »Nach einer in der Kreisausschuß-Sitzung laut gewordenen Mitteilung« sollte etwa die Witwe von Konrad L. »geistig nicht ganz normal sein, wenigstens soll es derselben an der nötigen geistigen Spannkraft fehlen, um Arbeiten zu verrichten.«[88]

Eine besondere Problematik stellten die durch den Ersten Weltkrieg verursachten traumatischen Erfahrungen dar, die noch Jahre später Auswirkungen auf die Psyche haben konnten.[89] Jakob K. war nach der Rückkehr aus dem Krieg nur noch eingeschränkt arbeitsfähig. Über seinen Fall sind aus dem Jahr 1927 Protokolle seiner Frau und weiterer Soldaten aus Lieser, die mit ihm gedient hatten, überliefert. Sie wurden zwecks Beantragung einer Rente aufgenommen. Anscheinend war dieses Antragsverfahren nicht erfolgreich, noch 1931 wurde an Frau K. ein Wochenfürsorge-Betrag ausgezahlt, unter anderem, weil ihr Mann keine Rente erhielt.[90] 1927 gab sie zu Protokoll:

»Die unzähligen Schlachten, Gefechte und Stellungskämpfe, die mein Ehemann während seines Kriegsdienstes mitgemacht hat, haben bei ihm, der nach seiner Geistesverfassung und seinen Nerven für solche Schreckensszenen nicht stark genug war, unheilvolle Folgen hinterlassen. [...] Nach dem Krieg und zwar besonders seit dem Jahre 1922 zeigten sich bei meinem Ehemanne

---

87 LHAK Best. 655, 213 Nr. 184: Vgl. dazu Rundschreiben des Ministeriums des Innern, 15.9.1891, in dem über die Gesetzesänderung informiert wird, nach der die Landarmenverbände die Verpflichtung haben, die »Fürsorge für Geisteskranke, Idioten, Taubstumme, Sieche und Blinde [...] unmittelbar zu übernehmen«.

88 KAB-W 2.0.541: Kreisausschuss Wittlich an den Bgm. Monzel, 7.2.1903.

89 Vgl. zu dieser Thematik den Überblick bei Ulrich, Kriegsneurosen.

90 Vgl. ähnlich LHAK Best. 655, 213 Nr. 661: Philipp P., Lieser, an den BFV Bernkastel, 30.8.1928: Auch dessen »Nervenleiden, das aus dem Krieg herrührt« war 1928 zumindest noch nicht vom Versorgungsamt anerkannt. Da er sich aber deswegen in »teurer ärztlicher Behandlung« befand, stellte Philipp P. einen Antrag auf Unterstützung aus der allgemeinen Armenfürsorge.

immer mehr die Nachwirkungen des Krieges, immer mehr nahmen die Geistesstörungen zu, mein Mann litt eine Zeitlang an starkem Verfolgungswahn, sah sich andauernd von den Franzosen verfolgt, die ihn, wie er sagt, holen wollten, dann wurde er äusserst ängstlich, fürchtete sich, versteckte sich auf den Speicher, nahm abends beim Schlafengehen einen Besen oder einen Knüppel mit und stellte ihn hinter die Schlafzimmertüre, dann predigt er für sich hin, läuft hin und her, arbeitet nichts mehr, ist überhaupt nicht mehr selbstständig, kann keinerlei Rechtsgeschäfte mehr erledigen, bei der für die Steuerveranlagung im Oktober 1926 erfolgten Personenstandsaufnahme unterschrieb mein Ehemann unsere Haushaltungsliste: ›Franz Dracke, Grossist, in Berlin‹. Stundenlang sitzt er jetzt auf einem Stuhl und dösst [sic] für sich hin und gibt auf alle Fragen keine Antwort, man bringt ihn auch nicht dazu einen Arzt aufzusuchen, einmal brachten wir ihn mit Gewalt und zwar unter Zuhilfenahme von 5 Männern zum Nervenarzt Dr. Staudacher in Burbach (Saar). Dieser erklärte, dass mein Ehemann an Verfolgungswahn leiden würde, ein Leiden, das zweifelsohne seinen Ursprung im Kriege genommen hat. Mein Ehemann fürchtet heute auch jeden Apparat, insbesondere das Telefon und oft behauptet er, es sei ein Apparat im Hause aufgestellt gegen ihn u. dgl. m. Als Arbeitskraft ist mein Ehemann schon seit über 3 Jahren ausgeschieden und da wir nur ein kleines Grundvermögen, bestehend in 2000 Stock Weinberg und etwa 380 Ruten Land und Wiesen haben, von dessen Ertrag wir auch dann nicht leben könnten, wenn mein Ehemann dasselbe bewirtschaften könnte, so befindet sich meine Familie in Not.«[91]

Wie bei körperlich Kranken, stellte neben ihren eingeschränkten Verdienstmöglichkeiten die Pflege psychisch kranker Personen eine finanzielle Belastung für die Familienmitglieder dar. Da in den Akten der allgemeinen Armenfürsorge in der Regel keine psychisch Kranken auftauchen, deren Unterbringung in einer Anstalt veranlasst werden musste, finden sich hier überwiegend als »geistesschwach« qualifizierte Personen, die innerhalb der Familie verpflegt werden konnten. Nachdem ihre Eltern gestorben waren, wurde die 36-jährige Dorothea H. von ihrer Schwester versorgt, die aus folgendem Grund um einen Zuschuss zu deren Unterhalt bat:

---

91 LHAK Best. 655, 213 Nr. 514: Verhandelt, Bernkastel-Kues, Ehefrau Jakob K., 3.10.1927.

»Dieselbe ist blödsinnig und schwach im Gedächtniß, kann sich ihren Lebensunterhalt nicht verdienen weil sie auch sehr schlecht sieht und im Gehen unsicher ist, was alles von früheren Krankheiten herrührt. Ich habe meiner Mutter versprochen, meine Schwester zu mir zu nehmen und zu unterhalten da aber sozusagen gar kein Vermögen da ist, mein Mann zur Zeit sich in Gefangenschaft befindet und ich mit meiner Kriegsunterstützung kaum auskomme für mich und mein Kind bei dieser hohen Teuerung durchzubringen, so trage ich darauf an, daß mir wenigstens während der Kriegszeit eine entsprechende Unterstützung gewährt wird um meine Schwester mit unterhalten zu können.«[92]

Eingeschränkte Arbeitsfähigkeit oder Arbeitsunfähigkeit aufgrund von Alter und Krankheit, die Pflegebedürftigkeit von »Siechen« und Kranken, hohe Operationskosten und die Notwendigkeit ärztlicher Versorgung stellten in den untersuchten Akten die wichtigsten Gründe für die Beantragung öffentlicher Fürsorge dar. Die Betroffenen galten als »unverschuldet« Arme und ihre Gesuche wurden in den meisten Fällen bewilligt, so die Kosten als notwendig oder das Gebrechen als die Verdienstfähigkeit tatsächlich einschränkend angesehen wurden. Krankheit, Alter und Tod konnten massive Auswirkungen auf das Leben von Familie und Verwandtschaft haben: Der »Tod des Ernährers« stellte in der Statistik von 1885 die zweithäufigste Ursache der Unterstützungsbedürftigkeit in den Kreisen Bernkastel und Wittlich dar; ältere Menschen konnten durch ihre Pflegebedürftigkeit ihre jungen Kinder finanziell schwer belasten. Auf die Folgen von Armut für das Zusammenleben in Familie und Verwandtschaft wird im folgenden Teilkapitel noch näher eingegangen. Dabei steht besonders die Bedrohung durch Armut in bestimmten Lebensphasen im Vordergrund.

3. Armut im Lebenslauf und die familiäre Bedingtheit von Armut

In der »economy of makeshifts« des Einzelnen kam Familie und Verwandtschaft zentrale Bedeutung zu, um sich mit verschiedenen

---

92 LHAK Best. 655, 213 Nr. 190: Ehefrau Adam K., Wehlen, an den Bgm. Lieser, 27. 2. 1916.

Tätigkeiten und Hilfsquellen über Wasser zu halten.[93] Mit Hilfe ausreichenden »Sozialkapitals« war man in der Lage, zumindest vorübergehend, »jenseits der kurzfristigen ökonomischen Rationalität marktförmiger Beziehungen zu überleben, ohne in die Abhängigkeit von Sozialhilfeinstitutionen zu geraten«.[94] Die wechselseitigen Beziehungen der Familienmitglieder gingen über das Emotionale weit hinaus, der Einzelne war eingebunden in ein System gegenseitiger Verpflichtungen: »Eltern zogen ihre Kinder auf und sorgten für sie in der doppelten Erwartung, daß die Kinder baldmöglichst zu arbeiten beginnen und sie später im Alter versorgen würden.«[95] Die Versorgungspflicht innerhalb der Familie war armenrechtlich festgelegt. Nach dem Prinzip der Subsidiarität mussten unterhaltspflichtige Angehörige für ihre bedürftigen Verwandten sorgen, um den Bezug von Armenunterstützung zu vermeiden.[96] Insofern stellten in erster Linie solche Personen einen Antrag auf Armenunterstützung, die durch das familiäre und verwandtschaftliche Netz nicht mehr ausreichend aufgefangen wurden. Bei anderen, die unterhaltspflichtige, jedoch nicht zum Unterhalt fähige Angehörige benannten, stellten die kommunalen Armenverwalter zunächst fest, ob diese tatsächlich keine Unterstützung leisten konnten. Schaut man sich dieses »Fahnden« nach unterhaltspflichtigen Angehörigen genauer an, trifft man auf »versteckte Arme«, die zwar nicht als

93 Vgl. etwa Hitchcock u. a., Chronicling Poverty, S. 12; Barrett, Kinship, passim.

94 Dinges, Frühneuzeitliche Armenfürsorge, S. 20. Pierre Bourdieu definiert das Sozialkapital recht weit als »die Gesamtheit der aktuellen und potentiellen Ressourcen, die mit dem Besitz eines dauerhaften Netzes von mehr oder weniger institutionalisierten *Beziehungen* gegenseitigen Kennens oder Anerkennens verbunden sind, oder, anders ausgedrückt, es handelt sich dabei um Ressourcen, die auf der *Zugehörigkeit zu einer Gruppe* beruhen«. Kursivsetzungen und Sperrung im Original. Das soziale Kapital kann dabei unter bestimmten Voraussetzungen in ökonomisches Kapital umgewandelt werden. Vgl. Bourdieu, Kapital, S. 190–191 und 195–198.

95 Hareven, Familiengeschichte, S. 38. Ähnlich Dinges, Frühneuzeitliche Armenfürsorge, S. 20.

96 Vgl. Kap. II.1. Martin Dinges wies 1995 auf die Ausweitung des Kreises der »leistungspflichtigen« Angehörigen auf weitere Verwandtschaftsgrade wie die Geschwister durch eine Novellierung des Bundessozialhilfegesetzes hin. Dies widerspreche der »linearen Geschichtsauffassung von Armut und Fürsorge, nach der ›der Staat‹ im Lauf der Geschichte immer mehr die Selbsthilfe ersetzte.« Vgl. Dinges, Aushandeln, S. 7.

Antragsteller in den Fürsorgeakten dokumentiert sind, aber deren Unfähigkeit zur Sicherung des Unterhaltes mit »dürftigen Verhältnissen« begründet wurde. Durch Einbeziehung dieser Personen war die Untersuchung eines weiteren Kreises von Armen in familiären Zusammenhängen möglich.

Neben dieser rechtlich festgelegten materiellen Versorgungspflicht bedürftiger Angehöriger sind in diesem Teilkapitel besonders das Zusammenleben armer Familien und ihre Haushaltungen von Interesse. Die Forschungsdiskussion, ob arme alte Menschen überwiegend sozial isoliert lebten[97], oder ob versorgungsbedürftige Personen mit ihren Angehörigen in erweiterten Familienformen zusammengelebt haben, kann für das Untersuchungsgebiet nicht entschieden werden.[98] Es lassen sich verschiedene Formen des Zusammenlebens ausmachen: die Kleinfamilie, »erweiterte« Familien, in denen auch die Großeltern mit in einem Haushalt lebten, Großeltern, die das uneheliche Kind einer Tochter neben ihren eigenen erzogen usw. Im Folgenden soll vielmehr aufgezeigt werden, welche familiären Konstellationen und welche Phasen im Leben eines Einzelnen besonders anfällig für das Abrutschen in Armut sein konnten, beziehungsweise welche wenig dazu geeignet waren, bedürftige Verwandte »aufzufangen«.[99]

In der historiographischen Erforschung der Familie ist betont worden, dass Haushaltsstrukturen recht flexibel waren, »wie eine Ziehharmonika, die sich je nach den wechselnden familialen Erfordernissen und äußeren Umständen dehnte oder zusammenzog«.[100] Angesichts dieser flexiblen Veränderbarkeit von Haushalten

97 Die Diskussion ist dargelegt bei Sokoll, Negotiating, S. 41, und Sokoll, Old Age, S. 138.

98 Eine eingehende Untersuchung zu dieser Thematik für zwei Gemeinden in Essex legte Sokoll, Household, vor. Allgemein zur Diskussion um die vorindustriellen »komplexen Haushalte« und die Diskussion um den »Mythos Großfamilie« vgl. den Überblick bei Gestrich u. a., Geschichte der Familie, S. 388–389, Hareven, Familiengeschichte, S. 52–58, Rosenbaum, Formen, S. 59–64.

99 Ich lege es nicht darauf an, hier allgemeine »Regeln« oder »Typen« für die Abfolge von Familienformen aufzustellen, sondern thematisiere nur Fälle, die mir im untersuchten Quellenmaterial als »typische« Formen begegnet sind. Vgl. als Überblick über die Forschung Freitag, Haushalt. Als Studie zur »Armut im Lebenslauf« und der Dauer von Sozialhilfebezug im modernen deutschen Sozialstaat vgl. Leibfried u. a., Zeit.

100 Hareven, Familiengeschichte, S. 40. Zur dynamischen Betrachtung von Familienverhältnissen vgl. ebd., S. 29.

erscheint es weniger tragisch, dass keine quantifizierenden Aussagen darüber gemacht werden können, welche Familienformen im Untersuchungs(zeit)raum die typischen beziehungsweise am häufigsten vorkommenden gewesen sein mögen, wer in welchem Alter geheiratet und einen eigenen Haushalt gegründet hat, wie hoch die Ledigenquote gewesen ist usw. Die Akten geben es nicht immer her, dass genau rekonstruiert werden kann, wer alles in einem Haushalt zusammenlebte oder in welchem Modus die Übergabe des Grundbesitzes geregelt war. Thematisiert wurde die Zusammensetzung der Hauhalte verstärkt in den zwanziger Jahren, als in den Antragsformularen immer angegeben werden musste, welche unterhaltsberechtigten Personen im Haushalt leben. In der vorhergehenden Zeit, in der die Gesuche verstärkt in Briefform gestellt wurden, war dieses Thema nur dann angesprochen worden, wenn daraus eine problematische Situation erwuchs. Etwa indem damit argumentiert wurde, dass man im überfüllten Haus der Schwiegereltern leben müsse, oder wenn die Tochter eine Unterstützung beantragte, um ihre alte Mutter zu sich nehmen zu können.[101] Probleme des Zusammenlebens ergaben sich etwa in erzwungenen Haushaltungen mit den Schwiegereltern oder unehelichen Kindern des Partners, also Fällen, in denen die verwandtschaftlichen Beziehungen zu der bedürftigen Person nicht so eng waren. So gab der 71-jährige Schuhmacher Christian A. bei seiner Bitte um Unterstützung an, »daß er in den letzten Tagen fast nur von Kartoffeln habe leben müssen und diese hätte seine Tochter ihm noch hinter dem Rücken ihres Mannes geben müssen, der nicht haben wolle, daß sie ihn unterstütze«.[102] Der Tagelöhner Theodor G. weigerte sich, Unterhaltszahlungen für das vierjährige uneheliche Kind seiner Frau zu leisten, das bei seiner Großmutter lebte und dort mit zwei Mark monatlich von der Gemeinde unterstützt wurde.[103]

Im Folgenden werden spezielle Phasen der »Verwundbarkeit« im Lebenslauf ausgemacht.[104] Setzt man mit der Verheiratung eines

101 Vgl. Sokoll, Old Age, S. 136.

102 KAB-W 2.0.343: Handschriftliche Notiz des Landrats Wittlich über eine protokollierte Aussage von Christian A., o. D. [August / September 1913].

103 KAB-W 2.0.541: Theodor G. an den Landrat Wittlich, 13.1.1902, und Stellungnahme des Bgm. Oberkail / Eisenschmitt, 3.3.1902.

104 Eine graphische Darstellung der Armutsanfälligkeit in verschiedenen Lebensphasen hat für das Frankreich des 18. Jahrhunderts Robert Schwartz angefertigt, vgl. Schwartz, Policing, S. 106.

jungen Paares ein, kann davon ausgegangen werden, dass diesem nur geringes eigenes Vermögen zur Verfügung stand, und es in vieler Hinsicht noch auf die Hilfe der Eltern angewiesen war. Bevölkerungshistoriker beobachten zumindest für das 19. Jahrhundert ein starkes Streben junger Paare, einen eigenen Haushalt zu gründen, und so wird auch dieses Paar relativ schnell den elterlichen Haushalt verlassen haben, insbesondere wenn es ein Kind erwartete.[105] Auch in den Quellen finden sich Hinweise auf die Norm, dass man nach einigen Jahren als Ehepaar ein eigenes Haus oder eine eigene Wohnung erworben hatte.[106] War jedoch auch das Zusammenwohnen aufgegeben, blieben in einer landwirtschaftlich geprägten, auf den Erhalt des Besitzes ausgerichteten Familienstruktur gewisse Abhängigkeiten zu den Eltern dadurch bestehen, dass man Grundbesitz zur Nutznießung und Bewirtschaftung überlassen bekommen hatte. Vinzenz X. etwa war zwar schon seit einem Jahr verheiratet, hatte jedoch kein eigenes Vermögen. Er half seinen Eltern und Schwiegereltern bei der Bebauung ihres Grundbesitzes und erhielt dafür eine Vergütung in Naturalien im Wert von 150 Mark im Jahr.[107]

Eine eigene Wohnung wurde nicht zuletzt wegen eigener Kinder notwendig. Mit der Geburt der Kinder begab sich das junge Paar in eine Phase der erhöhten Anfälligkeit für Verarmung, was zum einen daran lag, dass Schwangerschaft, Geburt und Pflege des Säuglings die Verdienstfähigkeit der Mutter für einige Zeit außer Kraft setzten. So führte die Ehefrau von Benedikt K. als Begründung ihrer Bedürftigkeit an: »Gern würde ich helfen Geld verdienen. Aber bei kleinen Kindern von 10. 9. 4. 2. Jahren und ein kleiner von 4 Monate, da ist an kein Geld verdienen von mir aus mehr zu denken.«[108] Zum anderen waren mehrere, kleine Kinder

105 Vgl. Hareven, Familiengeschichte, S. 39.
106 LHAK Best. 655, 213 Nr. 1715: So lässt sich zumindest eine Bemerkung des Gemeindevorstehers von Kesten an den Bgm. Lieser, 10.4.1937, in einer Stellungnahme zu einem Unterstützungsantrag verstehen: »Die Eheleute J. haben in den 16 Jahren die sie verheiratet waren, es als einzige Familie von hier nicht fertig gebracht sich eine eigene Wohnung anzuschaffen.« Vgl. dazu auch Gestrich u. a., Geschichte der Familie, S. 364.
107 LHAK Best. 655, 213 Nr. 661: Bgm. Lieser an den Landrat Bernkastel, 15.12.1926, betr. Antrag des Winzers Vinzenz X. auf Gewährung der Wochenfürsorge zur Entscheidung.
108 LHAK Best. 655, 213 Nr. 661: Ehefrau Benedikt K., Lieser, an den Bgm. Lieser, 21.4.1924.

eine Armutsursache.[109] Um eine »große Familie« aus überwiegend minderjährigen Kindern zu ernähren, reichte der alleinige Verdienst des Ehemannes oftmals nicht aus; besaß man kein eigenes Haus, war es mit einer »großen Familie« schwierig, eine preiswerte Wohnung zu finden.[110] Die »große Kinderzahl« als Hauptursache von Armut findet sich jedoch selten in den Briefen der Antragsteller; auch die Statistik von 1885 spiegelt auf den ersten Blick die geringe Bedeutung dieser Ursache wider. Es ist anzunehmen, dass viele oder kleine Kinder von den lokalen Behörden zwar als ein Umstand angesehen wurde, der es den Eltern erschwerte, ihre Familie zu ernähren, aber nicht als eigentliche Ursache der Bedürftigkeit. Möglicherweise wurden Familien mit mehreren Kindern auch eher von wohltätigen Vereinen oder von Dorfbewohnern unterstützt; zumindest weisen die wenigen diesbezüglichen Hinweise in den Akten darauf hin, dass ältere Menschen oder eben Familien mit vielen Kindern deren bevorzugte »Zielgruppe« waren.[111]

Anträge junger Familien mit Kindern lehnten die Gemeinderäte, wenn ihre Eltern noch lebten und zu einer Unterhaltsleistung fähig erachtet wurden, oftmals mit dem Hinweis ab, dass diese sie unterstützen könnten, weil sie Vermögen besäßen oder auch ein

109 Vgl. etwa in der klassischen Studie Rowntrees über York: »Aber es bleibt eine Tatsache, dass jeder Arbeiter, der drei Kinder hat, eine Zeit überstehen muss, möglicherweise bis zu zehn Jahre lang, in der er sich in einem Zustand ›primärer‹ Armut befindet, in anderen Worten, in der er und seine Familie *unterernährt* sein werden.« Hervorhebung im Original. Rowntree, Poverty, S. 169 (eigene Übersetzung).

110 Vgl. etwa KAB-W 2.0.343: Protokoll, Landratsamt Wittlich, Ehefrau Lukas H., Platten, 18.2.1914: »Sie habe 6 Kinder und lebe in der größten Not. Ihr Mann verdiene auf seinem Handwerk sehr wenig, bei Weitem nicht soviel, daß davon die allernotwendigsten Lebensbedürfnisse für die aus 8 Köpfen bestehende Familie bestritten werden könnten.« LHAK Best. 655, 123 Nr. 1040: Lukas H., Rachtig (neun Kinder) an den Bgm. Zeltingen, 13.2.1911: »Wenn ich die Zinsen nicht bezahle wird mein Haus versteigert und für 12 Mark bekomme ich für meine große Familie keine Wohnung mehr.«

111 Beispielsweise KAB-W 2.0.343: Protokoll, Kreisausschuss Wittlich, Peter L., Eisenschmitt, 3.7.1912: »Da er jetzt nicht dem Verdienst nachgehen könne, sei er zur Ernährung seiner zahlreichen Familie auf die Mildtätigkeit Anderer angewiesen. Eingesessene Eisenschmitt's und die Ortsgruppe Eisenschmitt des Vaterländischen Frauenvereins unterstützten ihn, jedoch sei das, was er bekomme, für eine Familie von 10 Köpfen nicht ausreichend.«

Wohnhaus, in das die junge Familie ziehen könnte, um die Miete zu sparen.[112] Dies wiederum konnte die Familie der Eltern in eine Notsituation bringen, insbesondere, wenn diese selbst noch minderjährige Kinder zu versorgen hatten und ihre Wohnverhältnisse nicht ausreichten, um ein erwachsenes Kind, dessen Partner und Enkelkinder aufzunehmen. Als der Kriegsinvalide Adam St. sich auf Veranlassung des Versorgungsamtes eines Heilverfahrens wegen Lungentuberkulose unterziehen musste, waren seine Frau und drei Kinder im Alter von fünf, drei und einem Jahr gezwungen, sich bei den Eltern der Ehefrau einzuquartieren. Diese hatten jedoch selbst noch fünf unverheiratete Kinder im Haushalt: »Sie leben als eine Tagelöhnersfamilie selbst in den ärmlichsten Verhältnissen und können deshalb meine Frau und Kinder nicht länger behalten, da auch die Wohnungsverhältnisse sehr unzulänglich sind«.[113]

Aus der Sicht der Verwaltung wurden neben den Eltern auch die Geschwister in einer Familienökonomie hinzugerechnet, deren »Gewinn« – Arbeitsverdienste, aber auch Renten und Besitztümer – auf sämtliche Köpfe »umgelegt« wurde:

»Die Mutter des Antragsstellers ist während der Zeit der weiblichen Arbeiten bei der Verwaltung von Schorlemer beschäftigt. Sie erhält nach den Angaben die Unfallrente ihres Sohnes Nikolaus in Höhe von 25 Mark. Gleichzeitig sind nach den Angaben zwei Kinder in Stellung. Nach diesen Angaben sollte angenommen werden, daß der Antragsteller Max A. auch noch ohne Wohlfahrtsunterstützung bei der Mutter leben könnte.«[114]

Durch die Abwesenheit des »Ernährers« – in den untersuchten Quellen vorrangig durch dessen Inhaftierung oder Militärdienst – verschärfte sich die Situation der abhängigen Frauen und Kinder: Es sind Fälle dokumentiert, in denen Ehefrauen selbst nichts verdienen konnten, insbesondere wenn sie ihre kleinen Kinder zu versorgen hatten oder schwanger waren[115]; auch Witwen, deren Unterhalt vom

---

112 Vgl. LHAK Best. 655, 213 Nr. 580: Bgm. Lieser an den BFV Bernkastel, 18.3.1932.

113 LHAK Best. 655, 213 Nr. 6: Verhandelt, Bernkastel-Kues, Adam St., Kautenbach, 30.11.1922 (Abschrift). Die Familie wohnte zuvor in Wehlen und beantragte die Unterbringung in ihrer alten Wohnung.

114 LHAK Best. 655, 213 Nr. 580: Stellungnahme des Gemeindevorstehers Lieser, 16.5.1932.

115 Vgl. etwa LHAK Best. 655, 213 Nr. 188: Ehefrau Otto K., Maring, o.

erwachsenen, noch unverheirateten Sohn bestritten wurde, stellten aufgrund seiner Abwesenheit einen Unterstützungsantrag.[116] Wenn ein Ehepartner starb, war besonders für Witwen mit minderjährigen Kindern der Tod des Ernährers ein hartes Los. Die Witwe von Friedrich P. beschrieb in ihrem Gesuch an den Gemeindevorsteher, dass der Tod ihres Mannes sie zum Übertreten der »Schwelle«, Armenunterstützung zu beantragen, zwang:

»Ich bin im 26 Jahr verheirath, durch vieles Unglück und jegliche Art, Krankheit Sterbefall, vor 4 Jahren 2 Söhne von 17 und 19 durch den Todt verloren, dadurch gerieten wir immer tief in die Armuth hinein, jetzt nahm mir Gott noch die letzte Stütze unser Ernährer und Brodgeber. Sehr Geehrter Herr jetzt stehe ich hier Heimatslos von allen Mitteln entsagt mit 2 schulpflichtigen Kinder schwach und kränklich sodas ich jetzt noch zu kleiner Arbeit noch fähig bin, deshalb bin ich gezwungen, das schwerste Wort meines Herzens auszusprechen, und Sie gütichst um ein Jahr Unterstützung bitten, diese möchten Sie mir beisamm anzahlen.«[117]

Junge Witwen, die durch die Versorgung ihres Nachwuchses keine oder nur eingeschränkte Verdienstmöglichkeiten hatten, waren entweder auf die Armenfürsorge angewiesen oder mussten ihre Kinder anderweitig unterbringen. Die Witwe Adam R., die fünf Kinder im Alter von neun, acht, fünf, vier und zwei Jahren hatte, brachte die drei jüngsten Kinder nachmittags ins Hospital Wittlich, um im Tagelohn arbeiten zu können.[118] Als eher untypisch ist der Fall der

Adressat, 1.3.1915: »Ich würde gerne auf alles verzichten wenn ich mein Mann zu Hause hätte anstatt daß er in den Vogesen muss kämpfen.« LHAK Best. 655, 213 Nr. 187: Ehefrau Ludwig H., Lieser, an den Bgm. Lieser, 7.4.1909: »Wie Ihnen bekannt ist haben Sie Gestern meinen Mann ins Gefängniß abgeführt und mich mit meinen 5 Kindern der drückendsten Noth preisgegeben [...]«.
116 Etwa LHAK Best. 655, 213 Nr. 186: Ehefrau Albrecht T., Kesten, an den Landrat Bernkastel, 9.10.1914. Oder LHAK Best. 655, 213 Nr. 188: Josef G., Maring, an den Vorsitzenden des GR Maring-Noviand, 3.2.1915: »Meine beiden Söhne, welche in Mülheim beschäftigt waren sind zur Fahne einberufen. Von dem Verdienst meiner beiden Söhne bestritt ich den Unterhalt meiner Familie.«
117 LHAK Best. 655, 213 Nr. 190: Wwe. Friedrich P., Machern, an den Gemeindevorsteher Wehlen, 19.4.1913.
118 KAB-W 2.0.343: Protokoll, Landratsamt Wittlich, Wwe. Adam R., 27.6.1913.

im Jahr 1919 31-jährigen Witwe Rosa F. anzusehen, die nach dem Tod ihres Mannes 1915 in Köln als Stundenarbeiterin verdiente und deren vierjährige Tochter Mathilde bei ihrem 78-jährigen Großvater Jakob S., einem verwitweten Tagelöhner in Zeltingen, verpflegt wurde. Ihre beiden anderen Söhne waren spätestens ab 1920 auf Kosten der Gemeinde Zeltingen in der Diözesan-Erziehungsanstalt Marienhausen untergebracht.[119] Dass die Kinder ständig bei relativ weit entfernt wohnenden Familienmitgliedern unterkamen, gar ein so kleines Mädchen bei dem doch recht betagten Großvater, ist seltener dokumentiert. Eher schienen die Witwen mit ihren minderjährigen Kindern zusammenbleiben zu wollen, auch wenn sie dafür einen geringeren Verdienst oder die Notwendigkeit öffentlicher Unterstützung in Kauf nehmen mussten.

Die 24-jährige Witwe von Ernst I., die mit ihrem Mann, einem Hüttenarbeiter, in Malstatt-Burbach gelebt hatte, kehrte 1905 nach dessen Tod wieder zu ihren Eltern nach Wehlen zurück. Obwohl auch ihre Eltern keinen Unterhalt leisten konnten, da sie selbst ohne Vermögen und arbeitsunfähig waren und nur von einer kleinen Rente lebten, kann angenommen werden, dass Witwe I. mit ihrem Kind zurückkehrte, weil sie sich dort besser aufgehoben fühlte als in Malstatt-Burbach, in Wehlen wohl auch kostenlos wohnen konnte. Zu diesem Zeitpunkt konnte sie noch keinem Verdienst nachgehen, weil sie ihren einen Monat alten Sohn noch stillen musste; 1910 wurde die Unterstützung des Ortsarmenverbandes Malstatt-Burbach jedoch mit der Begründung eingestellt, dass sie arbeitsfähig sei. Es wurde anscheinend vorausgesetzt, dass ihre Eltern ihr Kind nun beaufsichtigen und sie selbst dem Verdienst nachgehen konnte.[120]

119 LHAK Best. 655, 123 Nr. 1040: Die Angaben wurden zusammengestellt aus den Dokumenten Jakob S., Zeltingen, an den Bgm. Zeltingen, 29.5.1919; OB Köln, Armenverwaltung, an den Bgm. Zeltingen, 29.11.1919, betr. Anerkennung des UWS und Übernahme der Pflegekosten, die durch die Geburt des vierten Kindes entstanden sind; Festsetzung der Armenunterstützungen für 1920/21, GR Zeltingen-Rachtig, 22.4.1920.

120 LHAK Best. 655, 213 Nr. 190: Verhandelt, Bernkastel-Kues, Wwe. Ernst I., Wehlen, 22.9.1905; Bgm. Saarbrücken an Bgm. Lieser, 10.6.1910. Vgl. ähnlich LHAK Best. 655, 213 Nr. 187: Fall der Ehefrau Franz Sch. aus Kirn-Sulzbach, die sich im Dezember 1914 mit ihren fünf kleinen Kindern bei ihrem Vater in Lieser aufhielt, da ihr Ehemann schon seit zwei Monaten als vermisst geführt wurde. Aktennotiz des Bgm. Lieser, 28.12.1914.

Die Notwendigkeit, wieder arbeiten zu können, schien im Allgemeinen bei Witwern stärker ausgeprägt gewesen zu sein als bei Witwen. Verloren sie ihre Frau und die Mutter ihrer Kinder, war oftmals die älteste Tochter, so sie denn nicht mehr minderjährig war, gezwungen, sich um die Hausarbeiten und die Erziehung der jüngeren Geschwister zu kümmern. Angela, die 19jährige Tochter des Witwers Heinrich F., der zusätzlich noch für drei Wochen ins Gefängnis musste, beschrieb ihre Lage wie folgt:

»Ich bin die älteste von 7. Kindern bis 19. Jahre alt und muß unserer Familie vorstehen. Womit aber soll ich unsere Familie durchbringen da wir jetzt niemand haben der uns etwas verdient Mein ältester Bruder 18. Jahre verdient zwar etwas kleines aber was heißt das für so viele 4 von meinen Geschwistern gehen in die Schule ich kann darum unmöglich etwas verdienen denn ich hab genug im Haus zu schaffen.«[121]

Falls keine ausreichend alte Tochter vorhanden war, stellten viele Witwer eine Haushaltshilfe ein oder brachten die Kinder in Pflegefamilien, bei der Verwandtschaft oder in Waisenhäusern unter, damit sie wieder einem Verdienst nachgehen konnten.[122] Möglicherweise tauchen sie deshalb seltener als Witwen mit minderjährigen Kindern in den Fürsorgeakten auf, weil der so ermöglichte Verdienst ausreichte, um die Pflege der Kinder zu finanzieren. Bei Max St. war das jedoch nicht der Fall; schon knapp zwei Wochen nach dem Tod seiner Frau richtete er ein Gesuch an den Bürgermeister:

»Meine Frau ist am 29 Januar 1912 im Wochenbett gestorben und zwar mit Zwiling [sic] welche noch leben. Ich bin nun Vater von vier unerwachsenen Kindern wovon das älteste fünf Jahre alt ist.

121 LHAK Best. 655, 213 Nr. 187: Angela F., Lieser, an den Bgm. Lieser, 22.10. 1905. Dass der älteste Sohn den Haushalt führen musste, wurde als ungewöhnlicher Umstand dargestellt: Vgl. LHAK Best. 655, 213 Nr. 579: Bgm. Lieser an den Landrat Bernkastel, 9.7.1924.
122 Etwa KAB-W 2.0.541: Bgm. Monzel an den Landrat Wittlich, 23.2.1905: Von den fünf Kindern Nikolaus O.s aus Pohlbach im Alter von sieben bis einem Jahr war das Älteste bei einer Witwe in Klausen untergebracht, ein zweites bei einer Familie in Pohlbach und die anderen waren beim Vater. Oder LHAK Best. 655, 213 Nr. 190: Anton T., Wehlen, an den GR Wehlen, 27.8.1912: Dieser hatte seine drei Töchter, neun, acht und fünf Jahre alt, im Waisenhaus Rheinböllen untergebracht und suchte um einen Zuschuss zu den Pflegekosten nach.

Die zwei kleinsten Kinder mußte ich nun in Pflege geben und bezahle dafür monatlich 36 M. Als Rottenarbeiter habe ich einen monatlichen Verdienst von 68 bis 70 M. Somit stehen mir und meinen beiden andern Kindern noch 35 M. monatlich für Nahrung und Kleidung zur Verfügung und zudem kommt noch die fremde Hülfe welche ich haben muß denn ohne die könnte ich nicht auf Verdienst gehen wovon ich doch allein leben muß. Es ist mir nun unmöglich daß ich so durchkommen kann.«[123]

St. wurden erst am 25. März 1912 in Anbetracht der »recht traurigen Verhältnisse« 15 Mark monatlich gewährt; die Unterstützung allerdings schon im Mai des Jahres wieder eingestellt, da die kleinen Zwillingskinder verstorben waren.[124] Allein die Säuglinge wurden vom Gemeinderat als Voraussetzung für die Bedürftigkeit des St. angesehen; als die Kosten für deren Pflege mit ihrem Tod wegfielen, erachtete der Gemeinderat den Vater als fähig, ausreichenden Unterhalt für sich und die Versorgung seiner beiden Kinder durch die erwähnte »fremde Hülfe« zu verdienen.

Theodor P. hatte seine Frau drei Tage nach der Geburt des zwölften Kindes verloren. Seine Heimatgemeinde Altrich musste jährlich 1200 Mark für die Verpflegung der Kinder bezahlen, weshalb das Haus des P. zugunsten der Gemeinde versteigert werden sollte. Das älteste der Kinder war ein Junge von erst 13 Jahren, der kurz nach dem Tod der Mutter ebenfalls verstarb, ebenso wie der Säugling.[125] Hätte Theodor P. ältere Kinder gehabt, mit deren Versorgung er nicht überfordert gewesen wäre, die ihn im Haushalt oder mit ihrem Verdienst hätten unterstützten können, wäre sein Haus möglicherweise nicht versteigert worden, um die Unterbringung der Kinder in Pflegefamilien und Anstalten zu finanzieren.

Für die Neuzeit ist erforscht worden, dass die Wiederverheiratungsquote von Witwern höher war als die verwitweter Frauen, da

123 LHAK Best. 655, 213 Nr. 188: Max St., Noviand an den Bgm., 11.2.1912.
124 Vgl. Archiv der Verbandsgemeindeverwaltung Bernkastel-Kues: Beschlussbuch GR Maring-Noviand 1905–1914, 25.3.1912 und 1.5.1912: »Nachdem inzwischen die beiden Zwillingskinder des [St.] verstorben und damit die Voraussetzungen für Weiterbewilligung der Unterstützung in Wegfall gekommen sind, stellt der Gemeinderat die durch Beschluß vom 25. März d. J. No. 5 bewilligte Unterstützung vom 1. Juni d. J. ab ein.«
125 KAB-W 2.0.343: Protokoll, Landratsamt Wittlich, Theodor P., Altrich, 19.1.1914, und Stellungnahme des Bgm. Wittlich-Land an den Landrat Wittlich, 4.2.1914.

sie eher im Stande gewesen seien, selbständig – und mit dem Verdienst der älteren Kinder – einen Haushalt zu führen.[126] Dieser Befund lässt sich mit großer Wahrscheinlichkeit auch auf das Untersuchungsgebiet übertragen, obwohl aufgrund der Quellenlage keine genauen quantifizierenden Angaben zu dieser Thematik gemacht werden können, auch nicht über das wohl oftmals spannungsreiche Verhältnis der Kinder zu den Stiefeltern. Es finden sich nur vereinzelte Hinweise: So wurden etwa die jährlichen Zahlungen von 180 Mark Pflegegeld, das die Gemeinde Zeltingen im Rechnungsjahr 1907/08 für die im September 1905 geborene Paula N. verzeichnete, eingestellt, als der Vater sich im Juni 1908 erneut verheiratete. Der Vater, Georg N., hatte an Heiligabend 1906 und im Januar 1907 Anträge an den Bürgermeister von Zeltingen auf Gewährung von Unterstützung für seine schwer kranke Frau und die Verpflegungskosten zur Unterbringung seiner vier Kinder bei Familienangehörigen gestellt. Es ist anzunehmen, dass seine Frau nicht mehr lange lebte; der Vater verheiratete sich also höchstens anderthalb Jahre nach dem Tod seiner ersten Frau erneut.[127] Wie schnell sich ein Witwer wieder verheiratete, war sicherlich vom Alter des Mannes und der Kinder abhängig: Anton T., im Jahr 1912 erst 36 Jahre alt, verheiratete sich 1914 erneut und nahm seine minderjährigen Kinder aus erster Ehe (zwischen zwölf und sechs Jahren), die er nach dem Tod ihrer Mutter 1912 im Waisenhaus Rheinböllen untergebracht hatte, wieder zu sich.[128]

126 Vgl. etwa Gestrich u. a., Geschichte der Familie, S. 627, oder aufgrund von historisch-demographischen Mikrostudien Imhof, Lebensuhr, S. 189–190. Der Familienforscher Heinrich Theodor Weber hat das Familienbuch der Pfarrei St. Nikolaus in Birresborn (Kreis Daun) für den Zeitraum von 1803 bis 1899 im Hinblick auf das generative Verhalten ausgewertet. Mehrfaches Heiraten war hier bei Männern um ein Dreifaches häufiger als bei Frauen. Obgleich Weber keinen Mittelwert für die Zeitspanne zwischen dem Tod der ersten Ehefrau und der Verheiratung mit der zweiten Ehefrau angibt, weisen angeführte Fallbeispiele darauf hin, dass diese aufgrund kleiner Kinder recht kurz war. Vgl. BATr Abt. R 73, Beilage zum Familienbuch St. Nikolaus Birresborn.

127 Vgl. LHAK Best. 655, 123 Nr. 967: GR Zeltingen-Rachtig, Festsetzung der Unterstützungen für das Etatsjahr 1907/08 (25.3.1907) und 1908/09 (31.3. 1908). Georg N., Zeltingen, an den Bgm. Zeltingen, 24.12.1906, und 24.1.1907. Die Gemeinde bewilligte lediglich die Pflegekosten für das jüngste Kind (vgl. Aktennotiz Bgm. Lieser, 16.2.1907).

128 LHAK Best. 655, 213 Nr. 190: Aktennotiz des Gemeindevorstehers Wehlen, o. D., dass T. seine Kinder am 29. Juni 1914 wieder zu sich genommen habe.

Nicht eindeutig ist das Verhältnis eines alleinstehenden Elternteils zu seinen Kindern zu bewerten. Kann man den Eindruck gewinnen, dass verwitwete Väter leichteren Herzens ihre Kinder im Waisenhaus oder Pflegefamilien unterbrachten, wehrten sich die Mütter manchmal dagegen. Allerdings bleiben die Umstände hierfür im Dunkeln, hingen jedoch sicherlich von Anzahl und Alter der Kinder und davon abhängig ihrer Versorgungsbedürftigkeit, ihren Fähigkeiten zur Mithilfe im Haushalt und ihrer Verdienstfähigkeit – ihrem Beitrag zur Familienökonomie – ab.[129] Für heutige Ohren hört es sich schroff an, wenn die Witwe N. in ihrem Antrag bemerkte, dass sie durch ihre sechs minderjährigen Kinder »sicher keine Hülfe, sondern nur Unkosten habe«.[130] Die Witwe Philipp D. hingegen wollte das älteste ihrer vier Kinder, die in einer Anstalt untergebracht werden sollten, bei sich behalten, »da es ihr im Haushalt schon helfen kann«.[131] Beachtet man die Rollenverteilung zwischen Mann und Frau, war in der damaligen Zeit ein Witwer mit der Betreuung von vier kleinen Kindern, gar Säuglingen, sicherlich überforderter als eine Frau. Erwachsene Kinder, die schon einem Verdienst nachgingen, »belasteten« ihr Elternteil nicht mehr, trugen sogar im Gegenteil etwas zum Familieneinkommen bei.[132] So stellte die Witwe Matthias E., Mutter von sechs kleinen Kindern, in ihrem Gesuch ein Ende der Unterstützung in Aussicht, sobald eines der Kinder aus der Schule entlassen werde.[133]

129 Vgl. zu dieser Thematik beispielsweise für das französische Fallbeispiel Tilly, Individual Lives, S. 143.
130 LHAK Best. 655, 213 Nr. 188: Wwe. N., Noviand, an den GR Maring-Noviand, 6.10.1908.
131 LHAK Best. 655, 213 Nr. 187: Kgl. Amtsgericht Bernkastel-Kues an den Bgm. Lieser, 22.1.1914.
132 KAB-W 2.0.343: Im Fall der Wwe. Anton Qu. erwartete der Bürgermeister von Monzel auch, dass das Älteste ihrer acht Kinder möglichst bald nach der Schulentlassung eine Tätigkeit ausübte, die sofort Verdienst einbrachte: »Mit Rücksicht auf ihre armen Verhältnisse riet ich der Frau im verflossenen Jahre, den Sohn das Handwerk vorläufig nicht erlernen zu lassen, sondern ihn gleich dort unterzubringen, wo er etwas für die Familie verdienen werde. Diesem Rat kam man nicht nach, da die Frau Wert darauf legte, dass der Sohn das Anstreicherhandwerk, welches auch dasjenige des Vaters gewesen, jetzt erlerne.« Bgm. Monzel an den Landrat Wittlich, 15.4.1910.
133 LHAK Best. 655, 213 Nr. 190: Wwe. Matthias E., Wehlen, an den Landrat Bernkastel, 8.3.1916.

Ob man einer Mutter oder einem Vater mangelnde Elternliebe vorwerfen konnte, nur weil er oder sie sich für eine Unterbringung der Kinder in einer Anstalt aussprachen, kann aufgrund des Quellenmaterials nicht beantwortet werden. Albrecht T. jedenfalls war in Sorge um die Erziehung seiner Kinder, als er die Gemeinde um deren adäquate Unterbringung bat:

»Am 19 Juni d. Jrs. starb meine Ehefrau und hinterlies mir 5 Kinder, von denen 3 Kinder im Alter von 10, 8 und 2 Jahren sind. Da es mir bei meinem geringen Tagelohn nicht möglich ist, eine weibliche Person ins Haus zu nehmen um die Kinder zu erziehen und zu pflegen, bitte ich die Hochlöbliche Armenspendeverwaltung die drei jüngsten Kinder mit *meiner* Beihülfe unterzubringen, damit dieselben nicht ganz verwahrlosen.«[134]

Die Abwesenheit beziehungsweise der Tod eines Elternteils hatte nicht selten zur Folge, dass sich die Familienmitglieder trennen mussten und die Kinder ihre Geschwister nicht mehr sahen, weil sie in unterschiedlichen Anstalten verpflegt oder bei verschiedenen Verwandten oder Pflegefamilien untergebracht waren. Zwei der vier Kinder von Bernhard H. waren bei seiner Mutter, die beiden anderen Kinder im Haushalt der Schwiegermutter und des Schwagers untergebracht.[135]

Waren die Kinder allerdings schon verdienstfähig und trugen zum Familieneinkommen bei, standen die Chancen gut, dass die Familie zusammenbleiben konnte. Noch unverheiratete Kinder, auch wenn sie schon im Verdienst standen, lebten gemeinhin im elterlichen Haushalt. Die Witwe von Peter N. lebte 1926 mit ihren sechs Kindern und einer Enkeltochter zusammen; eine Tochter und ein Sohn waren noch minderjährig, die anderen befanden sich in Dienstverhältnissen. Aufgrund der Krankheit ihrer Mutter führte die älteste Tochter Dorothea den Haushalt.[136]

Schon 1923 war diese – wie sie es selbst ausdrückt,»gezwungen, in das Elternhaus zurückzukehren«, da sie ein zehn Monate altes

134 LHAK Best. 655, 213 Nr. 188: Albrecht T., Noviand, o. Adressat [Armenspendeverwaltung Maring-Noviand], 5.11.1911. Hervorhebung im Original.

135 LHAK Best. 655, 213 Nr. 188: Verhandelt, Bgm. Mülheim, Bernhard H., Maring, 14.5.1909.

136 Vgl. LHAK Best. 655, 213 Nr. 661: Wwe. Peter N., Lieser, an den BFV Bernkastel, o. D.

Kind zu versorgen hatte, dessen Vater nur unzureichende Unterhaltszahlungen leistete. Weiter einer Arbeit nachzugehen, war ihr deswegen damals nicht mehr möglich.[137] Es ist anzunehmen, dass sie als Dienstmädchen gearbeitet hatte, da sie sich nach dem Tod ihrer Mutter 1927 (wieder?) nach Trier in Stellung begab.

Unter Müttern unehelicher Kinder – so stellten es zeitgenössische Studien für deutsche Großstädte fest – waren viele Dienstmädchen auszumachen. Da ein überwiegender Anteil der städtischen Hausangestellten aus einem ländlichen Umfeld stammte, wird die dort herrschende Vorstellung, dass eine Schwangerschaft eine baldige Heirat erwarten ließ, als Ursache für diesen Umstand genannt.[138] Die ledigen Mütter, die im Quellenkorpus fassbar sind, wohnten entweder noch bei ihren Eltern oder kehrten in ihr Elternhaus im Untersuchungsgebiet zurück. Tatsächlich hatten einige von ihnen als Hausangestellte oder Dienstmädchen gearbeitet; wie hoch ihr Anteil gewesen sein mag, kann allerdings nicht genau angegeben werden. Meist kehrten sie aus eigener Motivation zu ihren Eltern zurück; die Unterbringung bei den eigenen Eltern war eine Möglichkeit für ledige Mütter, die Trennung vom Kind und eine mögliche Anstaltseinweisung zu umgehen.[139] In die untersuchten Akten haben nur Kinder Eingang gefunden, deren Mütter und Großeltern mit Unterstützungen aus der

137 LHAK Best. 655, 213 Nr. 187: Dorothea N., Lieser, an den Bgm. Lieser, 30. 8. 1923.
138 Vgl. Wierling, Mädchen, S. 226–227. Das Klischee des verführenden Oberhauptes der herrschaftlichen Familie oder des heranwachsenden Sohnes auf der Suche nach ersten sexuellen Kontakten kann durch die Tatsache in Frage gestellt werden, dass die Väter der unehelichen Kinder von Dienstmädchen überwiegend Arbeiter, Dienstpersonal, kleinere Angestellte usw. waren. Dorothee Wierling gibt allerdings zu bedenken, dass bei Schwängerung durch ein Mitglied der Herrschaft möglicherweise eher eine Abtreibung vorgenommen oder bei sexuellen Kontakten empfängnisverhütende Mittel benutzt wurden. Vgl. ebd., S. 227.
139 LHAK Best. 655, 213 Nr. 188: Bgm. Lieser an OB Köln, 25. 3. 1920. Zum Zusammenleben der Kinder mit ihren Großeltern vgl. Buske, Fräulein Mutter, S. 48; Kaschuba/Lipp, Dörfliches Überleben, S. 437–438: Kinder lediger Mütter wuchsen gewöhnlich bei den Großeltern auf; für das Essex des frühen 19. Jahrhunderts vgl. Sokoll, Negotiating a Living, S. 38 (eigene Übersetzung):»Vielleicht die charakteristischste Form eines erweiterten Familienhaushaltes, auf die man in Armenbriefen trifft, ist die, wenn eine unverheiratete Frau mit einem unehelichen Kind bei ihren Eltern wohnt.«

Gemeindekasse oder dem Polizeistrafgelderfonds bedacht wurden, was erforderlich war, weil der Kindsvater keinen oder nicht ausreichenden Unterhalt zahlte. In der überwiegenden Zahl der dokumentierten Fälle ist von schwebenden Verfahren gegen die Kindsväter oder unzureichenden Zahlungen die Rede[140]; Väter, die sich ausreichend um ihre unehelichen Kinder kümmerten, tauchen hier nicht auf. Ihre Heranziehung zum Unterhalt schien ein oftmals schwieriges Unterfangen gewesen zu sein. Als ein »Grundproblem, das sich durch das gesamte Jahrhundert zieht«, bezeichnet jedenfalls Sybille Buske den Kampf von ledigen Müttern und Vormündern um die Alimente, da in der Praxis die Bestimmungen des BGB und des StGB bezüglich der Verletzung der Unterhaltspflicht nicht in wünschenswertem Maß umgesetzt werden konnten.[141]

Wie die ledigen Mütter in den Augen der Dorfmitglieder und Gemeindeoberen gesehen wurden, kann nicht mehr rekonstruiert werden. Dass manche der Frauen auch deswegen wieder in ihr Heimatdorf zurückkehrten, weil hier im Gegensatz zur Stadt das Urteil über ihren »Fehltritt« milder ausgefallen sein mag, wie dies eine Untersuchung vom Beginn des Jahrhunderts für Mägde in Schlesien feststellte, oder ob ihr Zurückkehren doch eher materielle Ursachen hatte, kann nicht mehr beantwortet werden.[142] Die Eltern von Johanna A. jedenfalls sprachen von der »Schande«, die ihnen ihre unehelich schwangere Tochter bereitet habe. Sie weigerten sich, die Pflegekosten für die Entbindung in der Frauenklinik Bonn zu tragen. In einem Schreiben an ihren Sohn nannten sie jedoch auch die möglicherweise entscheidenden Gründe, weshalb sie ihre Tochter nicht mehr unterstützen und nach der Entbindung zu sich nehmen wollten: »Es ging ja ohne unsern Willen fort und sagte so oft, es wäre nicht verpflichtet, bei uns zu bleiben da es hier doch gut hätte; also sind auch wir nicht verpflichtet, es jetzt, wo es uns diese Schande angethan hat, bei uns zu nehmen. Es hätte sich doch schämen sollen, von seinen alten Eltern fort zu gehen.«[143]

---

140 LHAK Best. 655, 213 Nr. 661: Im Fall der Dorothea N. stellte das Jugendamt 1927 Strafantrag gegen den Kindsvater, der nun offenbar gar keinen Unterhalt mehr bezahlte; vgl. Stellungnahme des Bgm. Lieser an den Landrat Bernkastel, 2.9.1927.
141 Buske, Fräulein Mutter, S. 32.
142 Gertrud Dyrenfurth: Ein schlesisches Dorf und Rittergut. Geschichte und soziale Verfassung. Leipzig 1906. Zitiert nach Buske, Fräulein Mutter, S. 36.
143 LHAK Best. 655, 123 Nr. 967: Franziska und Lukas A., Zeltingen, an Karl

Es kann wohl als Zufall angesehen werden, dass dieser Brief an den Bruder in den Fürsorgeakten enthalten ist; in diesem sehr privaten Schreiben äußerten die Eltern ihre Gefühle über die Tochter. Die üblicherweise in den Akten überlieferte Korrespondenz bietet solche Einblicke nicht; genauere Angaben zur Wahrnehmung der unehelichen Mütter innerhalb der Familie und des Dorfes können daher nicht gemacht werden. Nur punktuell ist in den Akten dokumentiert, wie die ledige Mutterschaft in Zusammenhang mit der Moral der Frauen gebracht wurde, wenn es etwa heißt:»Ida P. steht im Rufe eines liederlichen Frauenzimmers und hat schon drei uneheliche Kinder geboren.«[144] Ebenfalls nur am Rande scheint die Beziehung der Frauen zu ihren Kindern auf. Katharina U. sollte nach Meinung des Gemeinderates Wehlen unbedingt an den Kosten der Unterbringung ihres unehelich geborenen Kindes im»Klösterchen«Bernkastel beteiligt werden,»weil sonst zu gewärtigen ist, daß die U. die Sorge für das Kind einfach der Gemeinde überlässt. Die Gemeinde erhofft von der erzwungenen Teilnahme der U. an den Kosten eine heilsame Einwirkung auf diese, während sie andernfalls befürchtet, daß bei Wegfall der Pflichten die U. das Kind bald im Stich läßt und sich der Prostitution in die Arme wirft.«[145]

Die oben erwähnte Witwe von Peter N. starb 1927. Möglicherweise blieben nach ihrem Tod die erwachsenen, verdienenden Kinder bis zu ihrer Verheiratung im elterlichen Haus; Tochter Dorothea ging wieder in Stellung. Deren Kind wurde im Kloster zur hl. Familie in Bernkastel untergebracht, ebenso wie die minderjährige Tochter der Witwe von Peter N., in diesem Fall auf Kosten des Pfarrers.[146]

Die Versorgung von Vollwaisen wurde durch Vormünder geregelt. Ihr Verwandtschaftsverhältnis zu den Kindern konnte mit Hilfe der untersuchten Quellen nicht immer bestimmt werden;

A., Meiderich, 9.3.1902. Der Bürgermeister von Meiderich/Niederrhein hatte am 8. Februar 1902 beim Bgm. Zeltingen nachgefragt, ob die UWS und die Pflicht zur Erstattung der Kosten anerkannt werden. Der Gemeinderat Zeltingen lehnte dies ab und verwies auf die Unterhaltspflicht der Eltern. Johanna A. hatte seit Dezember 1901 in Meiderich als Dienstmädchen gearbeitet (und anscheinend bei ihrem Bruder gewohnt).

144 KAB-W 2.0.541: Stellungnahme des Bgm. Bausendorf an den Landrat Wittlich, 6.6.1903.

145 LHAK Best. 655, 213 Nr. 190: Auszug Beschlussbuch GR Wehlen, 21.6.1920.

146 Vgl. Archiv der Verbandsgemeindeverwaltung Bernkastel-Kues: Beschlussbuch GR Lieser 1923–1930, 21.12.1926.

oft sind es Onkel, Tanten oder die Großeltern. In den Fürsorge-akten erscheinen diese Fälle nur, wenn die Familie schon vor dem Tod der Eltern unterstützt wurde oder durch das Aufbrauchen des Vermögens der Kinder eine Übernahme der Pflegekosten aus Gemeindemitteln beziehungsweise aus dem Polizeistrafgelderfonds notwendig wurde.[147] Bei älteren Kindern bestand die Sorge des Vormundes auch in der Unterbringung in einer Dienst- oder Ausbildungsstelle. Generell ist die Vormundschaft / die Versorgung von Waisen dem Bereich der Fürsorgeerziehung und weniger der Armenfürsorge zuzuordnen, weshalb in den untersuchten Akten diese Fälle nur punktuell auftauchen.

Die Witwe von Peter N. starb, bevor alle ihre Kinder erwachsen waren – keine Seltenheit in einer Zeit, bevor sich die Geburten-kontrolle durchsetzte und in der Frauen in einem relativ langen Zeitraum Kinder bekamen. Für viele Mütter und Väter, die ein relativ hohes Alter erreichten, war es keine Seltenheit, dass noch minderjährige Kinder im eigenen Haushalt lebten.[148] Das Zusam-menleben von erwachsenen Kindern im Haushalt der alten Eltern oder des verwitweten Elternteils half deren Unterhalt zu sichern. Die 70-jährige Witwe Lukas S. sah sich erst nach der Heirat ihres Sohnes gezwungen, die kommunale Armenfürsorge in Anspruch zu nehmen.[149] Andere ältere Ehepaare, Witwen und Witwer, die eine eigene Haushaltung geführt hatten, waren im Alter darauf ange-wiesen, in den Familien ihrer verheirateten Kinder unterzukom-men.[150] In den untersuchten Fürsorgeakten begegnen einem diese

147 LHAK Best. 655, 213 Nr. 188: Matthias Sch., Maring, teilte am 21.1.1909
   dem Bgm. Lieser mit, dass das Vermögen seiner Mündel, der beiden jüngsten Kinder von Heinrich A., Margarethe und Angela, durch Pflegekosten
   aufgebraucht sei und bat, dass die Gemeinde Maring die Kosten weiter
   übernehme. Zu diesem Zeitpunkt war die neunjährige Margarethe bei
   ihrer Großmutter und Angela, deren Alter nicht angegeben ist, im Kloster
   zur hl. Familie in Bernkastel untergebracht.
148 Vgl. Ehmer, Sozialgeschichte, S. 180.
149 LHAK Best. 655, 213 Nr. 187: Verhandelt, Bürgermeisteramt Lieser, Bernkastel-Kues, 12.8.1921, Wwe. Lukas S., Lieser:»Mein Sohn Anton S. hat
   vor wenigen Wochen sich verheiratet und führt, obwohl er bei mir im
   Hause wohnt, für sich getrennte Haushaltung. Seither bin ich mittellos
   und in Sorgen wie ich meinen Lebensunterhalt bestreiten soll.«
150 Für Ehepaare war es leichter, den eigenen Haushalt bis ins Alter selbständig weiterzuführen, während ein verwitwetes Elternteil eher auf das Zusammenleben mit den erwachsenen Kindern angewiesen war. Vgl. Ehmer,
   Sozialgeschichte, S. 168–176.

erweiterten Familienformen aus alten Eltern und erwachsenen (verheirateten) Kindern in erster Linie dann, wenn die Notwendigkeit der Versorgung bestand oder der eigenständige Haushalt nicht finanziert werden konnte. Das liegt sicherlich an der Quellenart, mit der Personen in den Blick genommen werden, die es sich nicht aussuchen konnten, ob sie lieber alleine oder in den Familien ihrer Kinder lebten. Erweiterte Familien auf freiwilliger Basis finden sich in Fürsorgeakten kaum. Es hat allerdings den Anschein, dass der eigene Haushalt aufrecht erhalten wurde, solange alte Menschen sich noch selbst versorgen konnten und dass das Zusammenleben mit den Kindern und deren Familien erst aus materiellen Erwägungen heraus eine Alternative zur Selbständigkeit wurde.[151] Ähnlich wie das Streben junger Ehepaare, den elterlichen Haushalt zu verlassen, war auch bei älteren Menschen im Allgemeinen eine starke Tendenz vorhanden, möglichst lange selbständig zu bleiben.[152]

Die Unterhaltspflicht konnte zu einer großen Belastung für die Kinder werden, etwa wenn die alten Eltern kein Vermögen hatten oder keine Rente bekamen[153] oder die Kinder selbst Familie hatten und sich »in dürftigen Verhältnissen« befanden, nur wenig Einkommen und Vermögen besaßen, oder in beengten Wohnverhältnissen lebten.[154] Eine Tochter bat für ihre Mutter, die Witwe Christian H.,

151 Die Frage, ob Frauen eher in der Familie versorgt wurden und Männer eher in einer Anstalt, lässt sich für den kleinen untersuchten Personenkreis nicht beantworten. Vgl. Ehmer, Sozialgeschichte, S. 173–174.
152 Vgl. Hareven, Familiengeschichte, S. 39.
153 Florian Tennstedt bemerkt, dass Renten »eine wichtige Funktion für die Aufbesserung des Budgets der erwachsenen Kinder [hatten], die die Alten um der Rente willen gern bei sich duldeten.« Tennstedt, Ausbau, S. 225.
154 Vgl. etwa KAB-W 2.0.343: Protokoll, Landratsamt Wittlich, Wwe. Peter A., Landscheid, 3.10.1910: »Sie sei 70 Jahre alt und habe jetzt zwei Monate bei ihrer Tochter in Bruch gewohnt. Ihre Tochter könne sie aber nicht mehr behalten, weil diese selber arm sei. Im Sommer habe sie vier Monate bei ihrem Sohn Konrad gewohnt. Dieser sei jetzt verheiratet und müsse selber eine Familie von dem geringen Ertrage des Hausierhandels ernähren. [...] Außerdem habe sie noch eine Tochter in Landscheid verheiratet. Diese habe sieben Kinder und sei nicht in der Lage, sie zu unterstützten, ein Sohn und eine Tochter seien im Niederlande verheiratet und könnten sie gleichfalls nicht unterstützen.« Oder: LHAK Best. 655, 213 Nr. 190: Protokoll, Bernkastel-Kues, Johann J., Wehlen, 6.12.1916: Der 80-jährige Witwer, der in seinem Geburtsort Wehlen zuziehen wollte, hatte vorher bei seiner Tochter in Bochum gelebt. Diese jedoch »wies mich weil sie mit

um eine Unterstützung, denn »wir Kinder können unmöglich aus unserer Kraft alles aufbringen, da wir schon all die Jahre hindurch alles so mit durch gemacht haben. Nun ist Mutter schon seit dem 13. November vorigen Jahres stets schwer krank, hatt schon in Ehrang 5 volle Wochen fest gelegen bei meinem Bruder, und der hatt selbst 5 Kinder, und seit dem 29. Dezember jetzt hier. [...]«.[155] Mittellose Eltern wurden offenbar auch bei den Geschwistern »herumgereicht«, um ihre Versorgung auf mehreren Schultern zu verteilen: Mathilde K. legte in einem Protokoll, zum Zuzug ihrer Mutter, Witwe F., befragt, dar, dass die Gemeinde Lieser für deren Unterstützung nie werde aufkommen müssen, da »ihre Mutter von ihren vier Kindern unterhalten würde, jedes Kind würde dieselbe drei Monate in Kost und Logis nehmen, sie wandere so abwechselnd von einem Kind zum andern und könne so niemals ihren Unterstützungswohnsitz in Lieser erwerben«.[156] Schon bald bat Frau K. jedoch darum, diese Frist aufzuheben und um die Erlaubnis, ihre Mutter noch länger bei sich behalten zu dürfen: »Es ist doch für einen Menschen, der sich sein Leben lang redlich durchgeschlagen hat, hart und niederdrückend im Alter von 72 Jahren von Ort zu Ort zu wandern, abgesehen davon, daß im Winter ein Aufenthaltswechsel für die alte Frau gesundheitsschädlige [sic] Folge haben kann.«[157] Neben einem Bruder im nahegelegenen Lösnich lebten die weiteren Geschwister von Mathilde K. immerhin in Brobach und Groß-Anheim bei Hanau, was teilweise ein recht langes Reisen bedeutete.

Lebensmittel etc. schlecht versorgt war, vor die Türe.« Auf das schwierige Zusammenleben von alten Frauen mit den Familien ihrer Kinder aufgrund der Wohnungsnot vgl. für das Beispiel Hamburg Hagemann, Arbeiterfrauen, S. 283. Meines Erachtens waren es während des gesamten Untersuchungszeitraums in erster Linie materielle Gründe, die es den Kindern mit eigener Familie erschwerten, ihre Eltern bei sich aufzunehmen. Zumindest konnte ich nicht nachweisen, dass in der Zeit der Weimarer Republik das Familienideal einer Erziehungsgemeinschaft zugunsten der Kinder und nicht der Älteren Auswirkungen auf die Behandlung der Großelterngeneration gehabt hätte, wie es Kenan H. Irmak in einer diskursanalytischen Studie zur Versorgung alter Menschen festgestellt hat. Vgl. Irmak, Sieche, S. 74–77.

155 LHAK Best. 655, 213 Nr. 187: Wwe. Paul V., Lieser, an den Bgm. Lieser, 4.2.1914.

156 LHAK Best. 655, 213 Nr. 187: Verhandelt, Bernkastel-Kues, Mathilde K., Lieser, 8.10.1923.

157 LHAK Best. 655, 213 Nr. 187: Mathilde K., Lieser, an den Bgm. Lieser, 15.11.1923.

Die gemeinsame Unterhaltspflicht für die bedürftigen Eltern barg ein gewisses Konfliktpotential. Margarethe W. etwa gab dem Bürgermeister von Zeltingen zweimal den Hinweis, dass auch ihre Geschwister zu Unterhaltszahlungen für ihren »hochbetagten« Vater in Zeltingen heranzuziehen seien. Sie selbst habe ihm Naturalienpakete geschickt und schon über 100 Mark Bargeld zukommen lassen. Der Bürgermeister richtete Anschreiben an ihre sechs Geschwister, in denen er sie unter Androhung von Bestrafung nach § 361 No. 10 StGB an ihre Unterhaltspflicht gemahnte.[158] Erich Qu., einer ihrer Brüder, der in Trier lebte, beschwerte sich in seiner Antwort über diese Vorgehensweise, machte auf seine Pflichten zur Versorgung der eigenen Familie aufmerksam und verwies zugleich auf weitere Geschwister:

»Soeben empfing ich dieses Schreiben offen von einem Polizeidiener in meine Wohnung gebracht, wirklich ein nettes Verfahren. Solches offnes Schreiben wo jeder das Recht hat die Nase hereinzustecken ist absolut zwecklos, mit Gewalt ist bei mir nichts zu erreichen, wenn Vermögen da wäre ist das allerdings eine andere Sache. Zudem finde ich es für überflüssig von andern an meine Kinderpflichten erinnert zu werden, ich kenne meine Pflichten selbst. Ich habe auch Kinder u. für die zu sorgen ist für mich die Hauptsache, wer heut zu tage in der Stadt eine Familie von 5 Köpfen ehrlich ernährt ohne Schulden zu machen muß schon viel Geld verdienen. [...] Wenn ich meinem Vater was tun kann tue ich es schon aus mir, aber nicht wenn ich auf solche Art dazu aufgefordert werde u. dann wird noch mit Strafen gedroht – nur zu – wer ernährt dann meine Familie? – Ich bin wirklich sehr überrascht warum wenden Sie sich nicht an meine zwei älteste Brüder die die ganze Sache verschulden und ihr Schäfchen im Trockenen haben.«[159]

Dass viele der Kinder in Zeiten zunehmender Mobilität nicht mehr im Umfeld wohnten, sondern in teils weit entfernte Gegenden gezogen waren[160], war ein weiterer Grund dafür, dass bei Bedürftigkeit

158 LHAK Best. 655, 123 Nr. 967: Margarethe W., geb. Qu., o. Ort, an den Bgm. Zeltingen, 10.4.1908 und 12.2.1909. Bgm. Zeltingen an die Kinder des Theodor Qu. (Entwurf), 4.1.1909.

159 LHAK Best. 655, 123 Nr. 967: Erich Qu., Trier, an das Bgm. Zeltingen, 16.1.1909.

160 Vgl. Jans, Sozialpolitik, S. 139–140.

der alten Eltern die Gemeinde sich um deren Versorgung kümmern musste. Und naturgemäß trat dieser Fall bei alleinstehenden alten Menschen ein, die keine unterhaltspflichtigen Angehörigen mehr hatten. Ledige Personen konnten besonders im Alter in geringerem Maße auf die Unterstützung von Angehörigen rechnen als Verheiratete; ihre Geschwister und deren Kinder waren nicht zum Unterhalt verpflichtet.[161] Der 64-jährige, sehbehinderte Weber-Geselle Karl Qu. stellte aufgrund seiner Krankheit und Arbeitsunfähigkeit einen Antrag auf Unterstützung. Er hatte nie genug verdient, um sich etwas für die »alten Tage« zurückzulegen, und bezog monatlich nur 9,50 Mark aus der Invalidenkasse. Seine einzige Verwandte war seine Schwester, die mit ihrer sechsköpfigen Familie in Essen lebte und ihn nicht unterstützen konnte.[162] Während ihres Lebens gelang es ledigen Personen seltener, einen eigenen Hausstand zu gründen. Die Einordnung in andere »hausrechtliche abhängige Arbeitsverhältnisse« war die Folge, die »eine für die Jugendphase kennzeichnende Beschränkung der sozialen Autonomie und der Chancen auf Selbstbestimmung bis in das hohe Alter« nach sich ziehen konnte.[163]

Das Kern-Untersuchungsgebiet war eine durch kleinbäuerliche Struktur gekennzeichnete landwirtschaftliche Gegend und wies demzufolge viele Tagelöhner und wenig landwirtschaftliches Gesinde, Knechte und Mägde, auf.[164] Insofern kann die Frage, ob diese Berufsgruppen auf dem Hof ihres Bauern im Alter ein Auskommen hatten, hier leider nicht beantwortet werden. Für das Mitteleuropa des 18. und 19. Jahrhunderts zumindest stellt Josef Ehmer fest, dass sich mit zunehmendem Verlust der Arbeitskraft diese festen Arbeitsverhältnisse auflösten und ältere Knechte und Mägde als Tagelöhner von Hof zu Hof ziehen mussten.[165] Dieser Prozess spiegelt sich auch wider im Fall des Knechts Peter Qu., den sein Arbeitgeber früh genug loswerden wollte. Dieser Herr von Berg, Gutsbesitzer des Hofes Mellich und Gemeinderatsmitglied in Arenrath

---

161 Vgl. Graeffner/Simm, Armenrecht, S. 271: »Unterhaltspflichtig sind nach dem Bürgerlichen Gesetzbuch Verwandte in gerader Linie (§ 1601 BGB), deren Abkömmlinge, Kinder, Enkelkinder, Eltern, Großeltern, n i c h t G e s c h w i s t e r.« Sperrung im Original.

162 LHAK Best. 655, 123 Nr. 967: Karl Qu., Rachtig, an den Bgm. Zeltingen, 4.3.1900.

163 Ehmer, Sozialgeschichte, S. 166.

164 Vgl. Gestrich u. a., Geschichte der Familie, S. 419.

165 Vgl. Ehmer, Sozialgeschichte, S. 167.

im Kreis Wittlich, richtete ein Schreiben an den Landrat, um für die Gemeinde Ausgaben für das Landarmenhaus, in das Qu. schließlich geriet, zurückzufordern:

»Hatte einen Knecht Peter Qu. 16 Jahre, entließ denselben 1903 im November, war dann bis 1905 auf verschiedenen Höfen, kam zurück um wieder hier zu bleiben, lehnte dies jedoch ab, weil mir bewußt, daß er schließlich der Gemeinde zufalle. Hatte in der Zeitung gelesen, daß Herr Direktor Dingels, Hospital Cues, einen älteren Mann als Schweinefütterer suche, wandte mich an den betreffenden Herrn, dieser nahm p. Qu. im Januar 1905 an als *Knecht* gegen freie Station, Taback und Kleidung. 1912 im Mai wurde p. Qu. entlassen, fiel der Gemeinde Arenrath für's Landarmenhaus zur Last, nachdem er 7 Jahre in Cues tätig war. Bitte Euer Hochwohlgeboren, wollen gef. verfügen daß p. Qu. dem Hospital Cues überwiesen, das von der hiesigen Gemeinde gezahlte Jahr zurückerstattet.«[166]

Dazu bemerkte der zuständige Bürgermeister von Binsfeld in seiner Stellungnahme, dass von Berg»die Lage des armen Mannes mitverschuldet hat«, und plädierte für die Ablehnung der Gemeinde Arenrath, die Kosten zu erstatten.[167]

Frauen traf das Los der Altersarmut härter als Männer. Auch wenn diese noch in fortgeschrittenen Lebensjahren arbeitsfähig waren, waren sie auf prekäre, schlecht bezahlte Tätigkeiten angewiesen (sie hatten beispielsweise im Tagelohn einen geringeren Verdienst). Ein eventuelles Vermögen konnte den Lebensunterhalt meist nicht bis zum Tod sichern – »die höhere Lebenserwartung von Frauen wurde ihnen vielfach zum Fluch«.[168] Beispiele aus den Fürsorgeakten zeigen aber, dass bei ledigen Frauen, die als Dienstmädchen gearbeitet hatten, auch im Alter noch ein enges Verhältnis zu den »Herrschaften« bestehen konnte. Margarethe L., die 40 Jahre lang, seit ihrem 13. Lebensjahr, bei dem Lederfabrikanten Z. in Trier als Hausmädchen angestellt war, wurde 1902 aufgrund eines Beinbruchs arbeitsunfähig. Sie kehrte in ihre Heimatgemeinde Wehlen zurück und fand Wohnung bei ihrem ledigen Neffen Ernst. Als dieser 1920 starb, wurde die mittlerweile 71-Jährige ins Josefshaus

---

166 KAB-W 2.0.343: Gutsbesitzer von Berg an den Landrat Wittlich, 1.1.1914. Hervorhebung im Original.
167 KAB-W 2.0.343: Bgm. Binsfeld an den Landrat Wittlich, 7.1.1914.
168 Borscheid, Altern, S. 241.

aufgenommen. Sie bat die Nachkommen ihrer ehemaligen Arbeit-
geber offenbar wiederholt um Zuschüsse zu ihren Pflegekosten im
Josefshaus, so dass sich ein Neffe der Familie genötigt sah, den
Bürgermeister von Lieser zu bitten, sich auf die Suche nach unterhaltspflichtigen Angehörigen zu machen oder die gemeindliche
Fürsorge einzuschalten:»Wenn auch die Nachkommen + Frau
Z. Margarethe L. dauernd zu Festtagen & aus bes. Anlässen teils
mit Geld teils mit Sachen unterstützt haben, so ist eine dauernde
Unterstützung bei den heut. Zeitverhältnissen gänzlich ausgeschlossen.«[169] Diese Erwartung, dass das langjährige Dienstverhält-
nis auch eine Versorgungsverpflichtung im Alter begründen konnte,
hatte Margarethe L. wohl gehegt.[170]

In der vorliegenden Studie wird ein zu kurzer Zeitraum betrachtet,
um feststellen zu können, welche Auswirkungen Armut auf den Lebensweg der Nachkommen von Antragstellern und Unterstützungsbeziehern hatte. Sicher finden sich einige der Familiennamen immer
wieder in den Akten, schafften es Kinder nicht, aus den trostlosen
Verhältnissen ihrer Familie herauszukommen und führten später ein
ähnliches Leben wie diese. Dass arme Familien sich jedoch in einer
»Subkultur der Armut« einrichteten, die Hemmungen, öffentliche
Unterstützung in Anspruch zu nehmen, von Generation zu Generation schwanden und die Armen in einem lethargischen, handlungs-
lähmenden Zustand verharrten, scheint mir allerdings kein hinrei-
chendes Erklärungsmuster für diese Beobachtungen.[171]

4. Strukturelle Krisen

Wirtschaftliche und konjunkturelle Krisen als Ursachen für das
Angewiesensein auf die Armenfürsorge lassen sich in den unter-
suchten Akten verstärkt in der Zeit der Weimarer Republik fassen.
Für die Opfer des Ersten Weltkrieges und ihrer Angehörigen, die

169 LHAK Best. 655, 213 Nr. 190: Dr. August Sch., Köln, an den Bgm. Wehlen
    [sic], 24.11.1920.
170 Nur wenige Dienstmädchen übten diese Tätigkeit ihr Leben lang aus (ca.
    eins bis fünf Prozent). Vgl. Wierling, Mädchen, S. 223. Vielleicht begrün-
    dete im vorgestellten Fall eine innige Verbundenheit, die sich in der Un-
    terstützung im Alter äußerte, das außergewöhnlich lange Dienstverhältnis
    (und umgekehrt).
171 Vgl. etwa Rheinheimer, Großsolt, S. 81–89.

Klein- und Sozialrentner und die Erwerbslosen waren Maßnahmen der »gehobenen Fürsorge« geschaffen worden. Diese Systeme waren jedoch oftmals nicht ausreichend und mussten durch die allgemeine Armenfürsorge ergänzt werden. Wenn also auch nicht die Sonderfürsorgen der Weimarer Zeit das Thema der Arbeit sind, lassen sich die Auswirkungen von Erstem Weltkrieg und Inflation, von Massenarbeitslosigkeit und Weltwirtschaftskrise auch im Hinblick auf die allgemeine Armenfürsorge feststellen. Daneben wird eine wirtschaftliche Krise des Untersuchungsgebietes, die »Winzernot« der zwanziger Jahre, in diesem Teilkapitel thematisiert.

4.1. Erster Weltkrieg und Inflation

Schon während des Ersten Weltkrieges ging die Zahl der Antragsteller und Unterstützungsbezieher in der allgemeinen Armenfürsorge zurück – eine Tendenz, die auf den ersten Blick widersinnig erscheint. Standen doch die Angehörigen der Kriegsteilnehmer ohne ihren »Ernährer« da, vergrößerte sich die existentielle Not der Menschen insbesondere durch die Nahrungsmittelknappheit während des Kriegs drastisch. Der Mangel an Lebensmitteln besonders im »Steckrübenwinter« führte zur Errichtung einer »Kriegsküche« in der Stadt Bernkastel 1917.[172] Schon seit Beginn des Krieges wurden in der Bürgermeisterei Lieser beispielsweise Mehl und Salz bestellt und an Minderbemittelte »unter Gewährung von Zahlungsausstand« abgegeben[173]; ab 1915 wurden Brot, Fleisch, Butter und Milchprodukte rationiert. Die Schulchronik von Rachtig beschreibt folgende Zustände im letzten Kriegsjahr:

»Die Ernährungsverhältnisse waren wie in den Vorjahren so auch 1918 sehr ungünstig. Die Vorräte aus früheren Zeiten waren aufgebraucht, aus dem Ausland kam infolge der Blockade nichts mehr herein. Besonders mangelte es an Kartoffeln [...]. Im Juni wurde die ohnehin knapp bemessene Mehlration von 200 Gramm pro Woche auf 160 Gramm ermäßigt. [...] Im Herbst wurden vier fleischlose Wochen eingelegt; in der Woche, wo es Fleisch gab, betrug die Ration etwa 120 Gramm, die zu kochen sich kaum

---

172 Schaaf, Weimarer Republik, S. 48. Allgemein zu den Ernährungsverhältnissen während des Ersten Weltkriegs vgl. Mai, Hunger, S. 47–53.

173 LHAK Best. 655, 213 Nr. 324: Antwort des Bgm. Lieser auf eine Anfrage des Landrats Bernkastel betr. Stand der Arbeitslosigkeit, 19.9.1914.

lohnte. [...] Eier und Käse waren große Raritäten geworden, lebende Schweine wurden bis zu zehn Mark pro Pfund bezahlt.

Sehr schlecht stand es mit der Milch; die Versorgung der Säuglinge und Kinder – von den Kranken ganz abgesehen – war ungenügend, und für manches kleine Geschöpf wurde die Unterernährung der Grund zu dauerndem Siechtum.«[174] Die Landwirtschaft war durch den Verlust der Arbeitskräfte getroffen; im Weinbau mussten die just zur Zeit der Einberufung notwendigen Spritzarbeiten liegen bleiben, »da diese Beschäftigungen nicht durch schmächtige Jünglinge und Frauen ausgeführt werden können und die übriggebliebenen Männer in der sonstigen Bewirtschaftung des Grundbesitzes [...] schon über alle Maßen angespannt waren«.[175] Ein Großunternehmen im Baugewerbe, der Brückenbau in Wehlen, musste eingestellt werden, da alle Meister und 95 Prozent der Facharbeiter einberufen worden waren. Die dort beschäftigten Tagelöhner fanden in der Landwirtschaft Beschäftigung. Insofern war Arbeitslosigkeit zu Beginn des Krieges kein gravierendes Problem[176]; vielmehr konnten notwendige Arbeiten nicht erledigt werden. Der Soldat Heinrich X. bat den Bürgermeister von Lieser, »ein Gesuch für mich zu machen, daß ich einstweilen nicht mit aus zu rücken brauch«, nachdem ein Gesuch um Arbeitsurlaub schon nicht bewilligt worden war. Er hatte im August die zusammen mit seinem Bruder betriebene Gastwirtschaft aufgeben müssen und auch die Arbeit in Feld und Weinbergen konnte nicht angemessen erledigt werden:

»Vieh wird von unserem Nachbar gefüttert, der auch einige Felder im Herbst bestellte. Da der Staat auch das Getreide beschlagnahmt hat, möchte ich die anderen Felder noch mit Hafer

---

174 Schulchronik von Rachtig, zitiert nach Gessinger, Zeltingen-Rachtig, S. 82–83.

175 LHAK Best. 655, 213 Nr. 324: Antwort des Bgm. Lieser auf eine Anfrage des Landrats Bernkastel betr. Stand der Arbeitslosigkeit, 19.9.1914. Aus Kesten waren 43 Mann (8,2 Prozent der Einwohner), aus Lieser 128 Mann (8,4 Prozent der Einwohner), aus Maring-Noviand 94 Mann (sieben Prozent der Einwohner) und aus Wehlen 107 Mann (acht Prozent der Einwohner) einberufen worden.

176 LHAK Best. 655, 213 Nr. 324: Antwort des Bgm. Lieser auf ein Rundschreiben des Regierungspräsidenten Trier vom 8.9.1914, 11.9.1914 (Entwurf). Zur Arbeitslosigkeit zu Beginn des Ersten Weltkriegs und zur Kriegserwerbslosenfürsorge vgl. etwa Lewek, Arbeitslosigkeit, S. 27–49.

und Kartoffeln bestellen, daß wir wenigstens im Herbst, wenn wir zurück kommen sollten, etwas zu ernten haben. Mit den Weinbergen sieht es noch schlechter aus. Wir haben 6–7000 Stöcke, welche in 25 Parzellen im Berge verstreut sind, sodaß sie von etwaigen Arbeitern, womit es allerdings auch schlecht bestellt ist, nicht einmal alle gefunden werden. Da wir durch Übernahme des Hauses und Viehbestandes in 1913 noch reichlich Schulden haben sind wir nicht in der Lage viel Arbeitslohn zu bezahlen. Bei der großen Zahl der Gesuche können wohl nicht alle berücksichtigt werden, aber es liegen auch nicht überall solche Verhältnisse vor.«[177]

Obgleich die sozioökonomischen Rahmenbedingungen also durchaus ungünstig waren, blieben die Antragszahlen auf allgemeine Armenfürsorge gering – dies lässt sich zum einen mit während des Krieges neu eingerichteten Fürsorgeformen erklären: Die durch den Wehrdienst, Gefangenschaft oder den Tod des »Ernährers« verursachte Not von Familien wurde durch die Maßnahmen der Kriegsfürsorge aufgefangen. Die Mindestsätze in der Familienunterstützung wurden im Lauf des Krieges mehrmals erhöht, da sie von Beginn an als nicht ausreichend eingestuft wurden.[178] In den Akten der allgemeinen Armenfürsorge findet sich in den Jahren 1914 bis 1918 ab und an in den wenigen Anträgen auf Armenfürsorge der Hinweis darauf, dass die Familienunterstützung nicht immer ausreichend war, wie im Gesuch der Ehefrau Otto K.:

»Schriftliche Bitte das meinem vier Schulflichtigen Kindern Schuhe aus der Armenkasse erhalten. Ich bin nicht in der Lage das ich ein paar kaufen kann. Denn von der Kriegsunterstützung wo ein Kind 20 Pfg hatt, und ich Brot u. Kartoffeln kaufen mus es fehlt doch auch noch jedem Strümpfe u. Hemd und grade das allernötigste. Wenn ich auch den von 16 Jahren habe der die paar Mark verdient, davon bin ich auch wenn er damit so viel übrig hab das ich die Zinsen bezahlen kann.«[179]

177 LHAK Best. 655, 213 Nr. 186: Heinrich X., Maring, z. Zt. Cöln, an den Bgm. Lieser, 20.3.1915.
178 Vgl. Sachße/Tennstedt, Fürsorge, S. 51. Zu Beginn des Krieges betrugen sie für die Ehefrau zwölf Mark pro Monat in den Wintermonaten und neun Mark in den Sommermonaten; für jedes Kind unter 15 Jahren kamen sechs Mark monatlich hinzu.
179 LHAK Best. 655, 213 Nr. 188: Ehefrau Otto K., Maring, o. Adressat [Bgm. Lieser], 1.3.1915.

Das Gesuch wurde vom Gemeinderat Maring-Noviand ohne Begründung abgelehnt; in der Sitzung wurde jedoch gleichzeitig ein anderer Antrag eines Vaters, dessen beide verdienstfähigen Söhne »zur Fahne einberufen« wurden, nicht bewilligt, »weil, wenn Antragsteller unterstützungsbedürftig ist, er sich um die Kriegsunterstützung bemühen mag«.[180] Die Meinung, dass sich Frau K. um mehr Kriegsunterstützung bemühen sollte, keineswegs jedoch die allgemeine Armenunterstützung für ihre Notlage zuständig sei, hatte wohl auch die Ablehnung ihres Gesuches motiviert.

Die Unterstütztenzahlen gingen zurück, weil die neuen Armengruppen zum einen durch Familienunterstützung und Maßnahmen der Kriegsfürsorge und -wohlfahrtspflege aufgefangen wurden, zum anderen, weil die Kommunen finanziell nicht leistungsfähig genug waren.[181] Schon im September 1914 sprach der Bürgermeister von Lieser in einem Schreiben an den Landrat Bernkastel an, dass Armenunterstützungen vorläufig nicht in Frage kämen, weil den Bedürftigen durch Überweisung von freiwilligen Spenden, die aus den betreffenden Ortschaften zur Verfügung gestellt waren, geholfen werden könne. Mit den Empfängern dieser Unterstützungen meinte der Bürgermeister offenbar Familien, deren Väter eingezogen worden waren, da er auch im Folgenden von spezifischen Einrichtungen der Kriegswohlfahrtspflege sprach: »Die Errichtung von Kriegskindergärten ist ins Auge gefasst. Leider mußten es sich die

180 Vgl. Archiv der Verbandsgemeindeverwaltung Bernkastel-Kues: Beschlussbuch GR Maring-Noviand, 1914–1926, 2.3.1915. Der Hinweis auf die Zuständigkeit des Lieferungsverbandes findet sich des öftern, vgl. etwa Archiv der Verbandsgemeindeverwaltung Bernkastel-Kues: Beschlussbuch GR Kesten, 1913–1934, 23.10.1914: »Der Gemeinderat erkennt die Unterstützungsbedürftigkeit der Antragstellerin an und ist der Ansicht, dass die vom Lieferungsverband Berncastel bisher gewährte Unterstützung von sechs Mark monatlich ungenügend ist. Da aber die Unterstützungspflicht in diesem Falle dem Lieferungsverband Berncastel obliegt, weil der Sohn der Antragstellerin, der sie bisher ernährte, zum Kriegsheer eingezogen ist, so lehnt der Gemeinderat eine Unterstützung aus Gemeindemitteln ab.«
181 Wilfried Rudloff nennt für München, wo die Zahl der in Armenpflege Unterstützten zwischen 1914 und 1918 um ein Drittel gesunken war, als wichtigen Grund, dass sich »für bisher schwer auf dem Arbeitsmarkt unterzubringende Männer und Frauen [...] neue Erwerbsgelegenheiten« geboten hatten. Vgl. Rudloff, Wohlfahrtsstadt, S. 347. Dieser Befund konnte für die wenigen Personen, die im Untersuchungszeitraum laufend unterstützt wurden, nicht überprüft werden.

Gemeinden versagen in größerem Umfang derartige gemeinnützige Maßnahmen zur Durchführung zu bringen, da hierfür keine Mittel vorhanden sind.«[182] Die Abgabe von verbilligten Lebensmitteln und Kohlen wurde auch in der Nachkriegszeit beibehalten. Die finanzielle Situation der Kommunen und der Mangel an diesen Gütern erschwerte jedoch die Zuteilung: Am 30. März 1922 etwa beschloss der Gemeinderat von Wehlen, dass »in anbetracht des großen Kohlenmangels und der außerordentlich hohen Kohlenpreise [...] fernerhin die Belieferung der Gemeinde-Nutzungsberechtigten mit Bürgerkohlen, wie dies bisher üblich war, nicht mehr erfolgen [könne], weil die Gemeinde hierzu auch nach Lage ihrer ungünstigen Finanzverhältnisse nicht mehr imstande ist.«[183]

Die Inflation verschlimmerte die wirtschaftliche Lage: die Bautätigkeit ging zurück; im Zuge schlechter Ernten wie im Jahr 1922 wurde die Anstellung landwirtschaftlicher Arbeitskräfte eingeschränkt, »da sowohl Landwirtschaft wie Weinbau ihre durch Witterungseinflüsse verringerte Ernte zu niedrigen, den Erstehungskosten kaum entsprechenden Preisen absetzen müssen«.[184] Für den Kreis Wittlich sind in den Jahren 1920 bis 1923 Lohnstreiks der Arbeiterschaft, etwa der Ziegelei Felzen & Meyer oder der Maschinenfabrik Merrem & Knötgen, dokumentiert; in Ürzig forderten 80 Weinbergsarbeiter 1921 eine Erhöhung ihres Tagelohns von 24 Mark, mit dem sie »nicht einmal das nackte Leben bestreiten« könnten.[185]

Klagen über die »jetzigen Teuerungsverhältnisse«[186] ziehen sich schon seit Beginn des Krieges durch die Anträge auf allgemeine

182 LHAK Best. 655, 213 Nr. 324: Antwort des Bgm. Lieser auf eine Anfrage des Landrats Bernkastel betr. Stand der Arbeitslosigkeit, 19.9.1914.

183 Archiv der Verbandsgemeindeverwaltung Bernkastel-Kues: Beschlussbuch GR Wehlen, 1916–1924, 30.3.1922.

184 Vgl. LHAK Best. 457 Nr. 72: Bgm. Bernkastel-Land an den Landrat Bernkastel (Bericht zur Vorbereitung der »Denkschrift über die Hebung der wirtschaftlichen Not des Regierungsbezirkes Trier«), 14.2.1925.

185 Vgl. Schaaf, Weimarer Republik, S. 75.

186 LHAK Best. 655, 213 Nr. 188: Verhandelt, Bernkastel-Kues, Adam F., Siebenborn, 23.1.1920: Der Antragsteller legte dar, dass ihn seine erwachsenen Kinder nicht unterstützten könnten, »wünschen im Gegenteil von mir noch Hilfeleistung, selbst mein zu Hause befindlicher Sohn zahlt mir monatlich 200 M, wofür ich ihm Kost, Wohnung und Wäsche stelle, alles Leistungen, die bei den jetzigen Teuerungsverhältnissen so zu bewerten sind, dass ich an der geldlichen Gegenleistung keinen Vorteil habe.«

Armenfürsorge beziehungsweise deren Erhöhung. So bat die Witwe von Bernhard A. etwa 1917 schon um eine Erhöhung der Unterstützung, zum einen weil ihr Sohn Anton, der ihre »einzige Stütze mein Ernährer« war, 1916 einberufen worden war und zum anderen »weil alles so theuer ist«.[187] Von 1916 bis 1922 sind vom Ehepaar beziehungsweise der späteren Witwe Friedrich A. Gesuche dokumentiert wie: »Durch die so hohen Preise für die Lebensmitteln und für die täglichen Bedürfnissen reichen 25 M. Unterstützung nicht aus, welche ich erhalten; daher bitte ich Hochwohlgeb. nochmals gütigst mir eine Zulage zukommen zu lassen.«[188] In der Auflistung über die Gewährungen und Ablehnungen von Anträgen in der Bürgermeisterei Zeltingen im Zeitraum von 1914 bis 1923 fällt ins Auge, dass verhältnismäßig viele Anträge auf Erhöhung einer schon gewährten Unterstützung oder des von der Gemeinde bezahlten Pflegegeldes gestellt werden.[189]

Dass sich die Zahl der Unterstützten trotzdem kaum erhöhte, lässt sich auch hier zum einen mit der Einrichtung von Spezialfürsorgen (Klein- und Sozialrentnerfürsorge) als auch mit der mangelnden Finanzkraft der Gemeinden erklären. Als die Oberin des Josefsklosters in Lieser für die Unterbringung des Friedrich A. anstatt der bislang gezahlten fünf Mark monatlich »mit Rücksicht auf die allgemeine Not und Teuerung« im April 1915 den regulären Pflegesatz von 1,50 Mark verlangte, legte der Bürgermeister von Lieser schon zu diesem Zeitpunkt dar, dass dessen zuständiger Ortsarmenverband, Maring-Noviand, dazu nicht in der Lage sei: »Hat diese Gemeinde doch heute schon derartige Summen an Armenlasten aufzubringen, daß im laufenden Rechnungsjahr ein Umlegesatz von 1000% zur Deckung der laufenden Ausgaben kaum reichen wird.«[190]

187 LHAK Best. 655, 213 Nr. 188: Wwe. Bernhard A., Noviand an den Vorstand der Armenspende in Maring und Noviand, 19.12.1917: »Jetzt im Winter wo alles fehlt der theuere Brand, es fehlen Lebensmittel, es fehlen mir Schuhe Alletags Kleider wovon alles herholen wo alles so theuer ist, wo ich bis jetzt auch nur eine kleine Unterstützung erhalten habe, und ich mit dem besten Willen davon nicht leben kann, weil alles so theuer ist.«
188 LHAK Best. 655, 213 Nr. 187: Wwe. Friedrich A., Lieser, an den Bgm. Lieser, 23.6.1919.
189 Vgl. LHAK Best. 655, 123 Nr. 967 und 1040.
190 LHAK Best. 655, 213 Nr. 188: Bgm. Lieser an den Vorsitzenden der Armenkommission des St.-Nikolaus-Hospitals Bernkastel (Entwurf), 20.4.1915.

Bargeld verlor insbesondere im Zuge der Hyperinflation 1923 mit einer solchen Schnelligkeit an Wert, dass Schreiben dokumentiert sind, in denen um prompte Zahlung, etwa von Arztrechnungen oder Unterstützungen gebeten wurde.[191] Das Kapital der Armenspenden, aus deren Töpfen in einigen der untersuchten Gemeinden Arme unterstützt und günstige Kredite vergeben wurden, war spätestens zu diesem Zeitpunkt nichts mehr wert.

4.2. Krisen im Weinbau

Die finanzielle Situation der Winzer in beiden untersuchten Kreisen stand und fiel mit dem Ertrag des Weinbaus. Missernten infolge ungünstiger Witterung oder Schädlingsbefalls können als hauptsächliche Ursache für Armut und Verschuldung unter auch zuvor wohlhabenden Winzern (und Landwirten) des Untersuchungsraums benannt werden. Im Monatsbericht der Bürgermeisterei Zeltingen wurden etwa die Auswirkungen schlechter Ernten im Jahr 1882 geschildert:

»Die Rebe ist allerdings ziemlich gut entwickelt und haben sich speziell die besseren Lagen lange Zeit gegen die schädlichen Witterungsverhältnisse gehalten, aber mehr und mehr kömmt doch Alles zu Schade und ein geringer Wein wird wohl nur bei den besten Winzern gezogen werden können. Die ärmeren, kleineren Winzer werden voraussichtlich gar Nichts herbsten können.[...] Wohl noch schlimmer für die ganz armen Leute ist der fast völlig mißrathene Ausfall der Kartoffelernte. Von Tag zu Tag nimmt die

191 Vgl. etwa LHAK Best. 655, 213 Nr. 187: Dr. med. Manfred Bassfreund, Mülheim, an Ehefrau Erich A., 20.8.1923, Rechnung für die Monate Juni und Juli 1923, Gesamtbetrag von knapp 1,6 Millionen Mark, die er bittet umgehend einkommen zu lassen,»da das Geld heute doch längstens entwertet ist«. Die Rechnung wurde dem Bürgermeister von Lieser zur Erstattung vorgelegt. LHAK Best. 655, 213 Nr. 189: Der Vormund Konrad V. beschwerte sich beim Bgm. Lieser am 8.10.1923 darüber, dass Geld für im Juni beantragte Schuhe und Anzug für sein Mündel Theodor V. noch nicht ausgezahlt worden sei. Wie er gehört habe,»sollten 3 Millionen M. schon vor längerer Zeit zu diesem Zwecke hinterlegt worden sein, anstatt dieselben dem Herrn P., wo sich der Geistesschwache befindet [...], auszuhändigen, damit derselbe ein Paar Schuhe kaufen könne, läßt man ruhig die Sache liegen. Damals konnte man noch ein Paar Schuhe erhalten für 3 Millionen.«

Fäulniß zu. Ausgenommene Kartoffeln faulen sofort im Keller, besonders die Frühkartoffeln. [...] Hauptsächlich aus den sub I verzeichneten traurigen Verhältnissen nimmt die Armut und der Geldmangel sehr stark und schnell zu. Besonders wurden bei den Bäckern und Fleischern Schulden gemacht. Eine Obligation, eine Hypothek nach der anderen muß aufgenommen werden, damit die geringeren Leute trotz Allen Fleißes ihren Hunger stillen können und man fürchtet die Wiederholung der Zeiten, in welchen Leute, welche 3–4 Fuder Wein sonst herbsten, ihr Brot borgen mußten.«[192]

Nachdem schon in den Gesuchen um Unterstützung zwischen 1905 und 1909 Missernten dieser Jahre, der schleppende Weinhandel und Schulden als Ursachen der Bedürftigkeit angegeben worden waren[193], wurde die Abhängigkeit von guten Ernten während der »Winzernot« der zwanziger Jahre besonders augenfällig.

Nachdem der Herbst 1925 sehr schlecht ausgefallen war und die Moselorte im Winter 1925/26 durch ein Hochwasser geschädigt worden waren, eskalierte die Krise im Februar 1926 mit dem »Winzersturm«, einer Demonstration vor dem Bernkasteler Finanzamt, während der die Behörde auch gestürmt wurde, Akten

192 Vgl. LHAK Best. 655, 123 Nr. 714: Monatsbericht Bgm. Zeltingen, 19.9. 1882. Weiter Monatsbericht Bgm. Zeltingen, 19.12.1882, in dem das »Schwinden des früher hier herrschenden Wohlstands« beklagt wird: »Versteigerungen aus Noth und die Aufnahme von Hypothekenschulden finden fast täglich statt. Was das Schlimmste dabei ist – die Leute können nicht einmal den Bäcker mehr bezahlen und zwar solche Leute, welche sich früher ziemlich behäbigen Wohlstandes erfreuten.«

193 Vgl. Schaaf, Weimarer Republik, S. 35. Vgl. als Beispiele aus den Akten etwa LHAK Best. 655, 213 Nr. 187: Clemens E., Lieser, an den Bgm. Lieser, 15.12.1907, dem eine Kuh gestorben war: »Es bedeutet dies für mich einen sehr schweren drückenden Verlust, den ich als junger Mann mit nicht gerade günstigen Vermögensverhältnissen bei einer zahlreichen Familie und den jetzigen schlechten Zeiten, Mißernten der letzten Weinjahre sowie bei dem schlechten Weinhandel nicht auszugleichen im Stande bin.« Oder ebd. Protokoll, Bernkastel-Kues, Ehefrau Max P., Lieser, 4.11.1909: »Unsere diesjährige Mosternte die, wie allgemein, sehr gering ausfiel, ist bereits verkauft, von dem Kaufpreis blieb uns jedoch nichts zurück, im Gegenteil hat dies bei weitem nicht zur Begleichung der dringlichsten Schulden gereicht und so besitzen wir keinen Pfg. zur Bestreitung der laufenden Haushaltungskosten, weitere Darlehn können wir nicht aufnehmen, weil unser Kredit erschöpft ist.«

und Büroinventar angezündet und die Finanzkasse und das Zollamt in Cues verwüstet wurde.[194] Waren durch die Kriegs- und Inflationskonjunktur und zwei außergewöhnlich gute Ernten in den Jahren 1915 und 1917[195] selbst die Kleinwinzer in der Lage gewesen, Vorkriegsschulden zu tilgen; waren zudem die Absatzchancen für deutschen Wein für ausländische Käufer in dieser Zeit außerordentlich gut, so verringerte sich jedoch seit Beginn der zwanziger Jahre die Nachfrage nach den Qualitätsweinen der Mosel im Deutschen Reich spürbar.[196] Mit der Stabilisierung der Mark ließ die ausländische Nachfrage nach deutschem Wein nach; zudem drängten billigere Südweine, vor allem spanischer Herkunft, auf den deutschen Markt, begünstigt durch geringere Produktionskosten, gesenkte Einfuhrzölle und den Verzicht auf Mengenkontingentierung, was zu einem Preisverfall des deutschen Weins führte.[197] Der Bürgermeister von Lieser machte Anfang 1925 insbesondere den spanischen Handelsvertrag für den stockenden Absatz verantwortlich.[198]

Durch die Gebietsabtretungen des Versailler Vertrags war die problematische Lage der Landwirtschaft noch verschärft worden, da die Absatzgebiete im Westen, das Saargebiet, Luxemburg, Eupen

194 Zu den Winzerunruhen, ihren Ursachen und Auswirkungen vgl. Blaich, Winzersturm, und Conrad, Winzerunruhen.
195 Zu den Weinjahren in Lieser von 1895 bis 1972 vgl. Schmitt, Lieser, S. 309–324.
196 Fritz Blaich macht als typische Bevölkerungsschicht, die diesen Wein zu schätzen wusste, »die Angehörigen der selbständigen, nicht zwangsversicherten Berufe […] wie z. B. Ärzte, Rechtsanwälte oder Künstler, die gewohnt waren, für ihre Altersversorgung Geld zu sparen«, aus. Blaich, Winzersturm, S. 5–6.
197 Vgl. Conrad, Winzerunruhen, S. 74. Der Handelsvertrag zwischen dem Deutschen Reich und Spanien war am 25. Juli 1924 abgeschlossen worden, wurde jedoch schon am 25. Oktober 1925 aufgrund des Widerstandes der deutschen Weinwirtschaft wieder gekündigt. Am 18. November 1925 wurde – nach einem kurzen Zollkrieg – erneut ein Abkommen auf sechs Monate geschlossen, das die Einfuhr von Verschnittweinen begünstigte, die Einfuhr von Fass- und Flaschenweinen jedoch mit höheren Zöllen belastete. Vgl. Blaich, Winzersturm, S. 6–7.
198 Vgl. LHAK Best. 457 Nr. 72: Bgm. Lieser an den Landrat Bernkastel (Bericht zur Vorbereitung der »Denkschrift über die Hebung der wirtschaftlichen Not des Regierungsbezirkes Trier«), 19. 2. 1925.

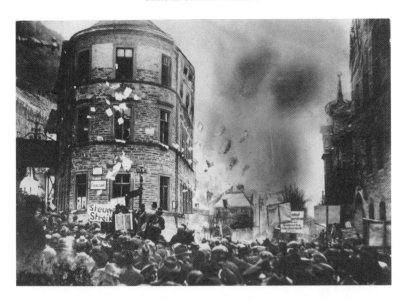

Abb. 13: »Winzersturm« auf das Bernkasteler Finanzamt 1926

und Malmedy, verloren gegangen waren.[199] Die im Zuge der Entmilitarisierung aufgelöste Garnison in Trier hatte mit rund 9000 Mann (1913) ebenfalls einen wichtigen Abnehmer dargestellt, der jetzt wegfiel.[200] Durch die »Saarzollgrenze« fiel der Absatz von Wein ins Saargebiet von 60700 hl 1921 auf 4800 hl 1928.[201] Mit der innerdeutschen Konkurrenz Schritt zu halten, gestaltete sich aufgrund der langen Verkehrswege in den Norden und in den Osten und der relativ ungünstigen Produktionsverhältnisse im gesamten Regierungsbezirk Trier als äußerst schwierig. Während der Jahre der großen Nachfrage hatten die Moselwinzer ihre Anbauflächen

199 Vgl. mit unverhohlener Polemik im Bericht des Regierungspräsidenten Saassen, Grenzlandnot, der sich doch sehr als Angriff gegen das »Versailler Diktat« versteht. Vgl. auch LHAK Best. 457 Nr. 72: Bgm. Stadt Bernkastel an den Landrat Bernkastel (Bericht zur Vorbereitung der »Denkschrift über die Hebung der wirtschaftlichen Not des Regierungsbezirkes Trier«), 27.2.1925, der die Wichtigkeit des Saargebietes als Absatzgebiet betonte. Im gleichen Zusammenhang bedauerten auch weitere Bürgermeister des Kreises den Verlust des Saargebietes, Lothringens und Luxemburgs als Absatzgebiete; der Bürgermeister von Kempfeld wies auf die Bedeutung des Saargebietes als Absatzgebiet auch für Holzwaren und Milch hin, 16.2.1925.
200 Vgl. Conrad, Winzerunruhen, S. 32.
201 Vgl. ebd., S. 31.

ausgeweitet.[202] Zusammen mit der gesunkenen Nachfrage fielen nun die Preise für Wein 1925 dramatisch; von den Ernten der Jahre ab 1921 (einem »Jahrhundertjahrgang«) war einiges noch unverkauft.[203] Der bis 1923 erzielte Erlös wurde durch die Inflation vernichtet. Besonders unter den Winzern nahm die Verschuldung zu; Steuern konnten nicht entrichtet werden.[204] In den Darstellungen zum »Winzersturm« wird gerade das Pochen der Finanzbeamten und Steuereintreiber auf das Bezahlen der Steuern mit dafür verantwortlich gemacht, dass sich der Protest am verhassten Finanzamt entlud.

Der »Winzersturm« fand literarische Verarbeitung im Roman *Die goldenen Berge* von Clara Viebig, in dem die Auswirkungen der »Winzernot« im fiktiven Ort Porten, der sich zwischen Bernkastel und Cochem an der Mosel befinden soll, sehr drastisch geschildert werden. Insbesondere werden der Preisverfall des Weines und die Absatzschwierigkeiten thematisiert und das Gefühl der Winzer, dass ihre Probleme von der Reichsregierung vernachlässigt würden:

»An der Mosel stand es gleich schlecht mit dem Verkaufen. [...] Vereinzelte Notschreie waren schon oft genug laut geworden,

202 Vgl. Blaich, Winzersturm, S. 5.
203 Nach Conrad, Winzerunruhen, S. 76, lagerten insgesamt an der Mosel von folgenden Jahrgängen im Januar 1926 noch in den Kellern der Winzer und Genossenschaften: 1921 4,6 Prozent; 1922 7,5 Prozent; 1923 14 Prozent; 1924 59 Prozent; 1925 94 Prozent.
204 Vgl. etwa LHAK Best. 457 Nr. 72: Bgm. Bernkastel-Land an den Landrat Bernkastel (Bericht zur Vorbereitung der »Denkschrift über die Hebung der wirtschaftlichen Not des Regierungsbezirkes Trier«), 14.2.1925: »Für das Jahr 1924 ist noch der größte Teil der fälligen Steuern im Rückstande. Bei den Landwirten sind zwar größere Verschuldungen noch nicht zu verzeichnen, weil durch Ausnutzung jeder Nebenverdienstmöglichkeit und den Verkauf kleinerer Mengen der landwirtschaftlichen Erzeugnisse der allernotwendigste Lebensunterhalt, der das Maß der sogenannten armen Leute nicht mehr übersteigt, noch bestritten werden konnte. Dagegen hat die Verschuldung der Winzer sehr zugenommen.« Im gleichen Zusammenhang berichtet der Bgm. Lieser an den Landrat Bernkastel, 19.2.1925: »Waren die Winzer noch vor 2 Jahren alle schuldenfrei, so ist im letzten Jahre eine ganz bedenkliche Verschuldung eingetreten. Nach den angestellten genauen Ermittelungen beläuft sich die heutige Verschuldung des Winzerstandes der Bürgermeisterei an Wechsel-Krediten, Anleihen bei Spar- und Darlehenskassen, Kreissparkasse und rückständigen Gemeindegefällen und Steuern [auf] insgesamt 616 748 Mark oder durchschnittlich 729 Mark pro Winzer.«

aber sie waren verhallt. Ob ungehört? Es verlautete etwas von Verhandlungen im Reichstag, es sollten Abgeordnete geschickt werden in die Weinbaugebiete, um sich zu informieren. Oh, was hatte das wohl für einen Zweck?! Überall fanden sich noch einige große Leute, die die Abgesandten zuvorkommend aufnahmen, es gab gut zu essen, noch besser zu trinken, mit rotglänzenden Gesichtern standen die Herren von der Tafel auf und fanden zuletzt, daß die Winzernot doch nicht so groß sei. Und sie war groß. Oh, daß die Herren von Berlin doch nur einmal einen einzigen Tag bei dem weniger großen, bei dem kleinen und kleinsten Winzer verweilten! In der kinderreichen Stube säßen, in der die Kleinen nicht Schuhe, nicht Strümpfe anhaben, auf dem kahlen, gestampften Lehmboden der Säugling ohne wärmendes Höschen mit nackten Schenkeln herumrutscht! So war's bei dem Loesenich und so war's bei vielen. Oh, daß sie jene Stufen hinabkröchen, die, finster und ausgetreten, in jene Keller führen, die nach nichts, nach gar nichts aussehen und doch voll sind von Fässern mit Wein, von unverkäuflichem Wein.«[205]

Die Winzerunruhen in Bernkastel waren von Erfolg gekrönt, insofern sie mit eine Ursache für die Aufhebung der Weinsteuer wenige Wochen später, am 1. April 1926, waren.[206] Langfristig hatte diese Maßnahme jedoch keine sonderlich positiven Folgen. Die Abschaffung der Weinsteuer hatte auf die Finanzpolitik des Reiches sehr negative Auswirkungen[207]; für die Moselwinzer brachte sie kaum Vorteile. Auch ausländische Weine profitierten von der

205 Viebig, Die goldenen Berge, S. 115–116. Im Roman wird die Nichtbeachtung des Moselgebiets durch die Reichsregierung besonders deshalb von den Moselwinzern als Undankbarkeit empfunden, weil man auch in Zeiten der Besatzung nicht zu »Franzosenknechten« werden will. Dies äußert eine der Hauptfiguren des Romans, Simon Bremm, gegenüber seinem Sohn Joseph, der sich den Separatisten angeschlossen hat, in einem Streitgespräch. Für ihn steht fest: »Wir Winzer sind arm, et is uns noch nie sonderlich gut gegangen, aber wir fallen darum vom Reich doch nit ab.« Ebd., S. 26. Der Roman wird als literarische Verarbeitung der »Winzernot« auch von Claudia Schmitt vorgestellt; Schmitt, Winzernot.
206 Zur Geschichte der Weinsteuer und insbesondere der Rolle des Zentrumsabgeordneten Peter Kerp (Wahlkreis 21, Koblenz-Trier) bei der Diskussion um die Abschaffung der Weinsteuer vgl. Blaich, Winzersturm, S. 8–17.
207 Im Etatjahr 1927 waren dem Reichsfinanzministerum dadurch schätzungsweise 120 Mio. RM verloren gegangen. Vgl. Blaich, Winzersturm, S. 18.

Steuererleichterung – bereits im Mai 1928 hörte man von der Mosel wieder Klagen über den geringen Absatz der Weine.

Um die Notstände in den Winzergemeinden zu lindern, vergab das Reich ab Juli 1925 Kredite, in deren Rahmen jedem Winzer jedoch nur geringe Beträge zustanden. Aus dem »Winzerfürsorgefonds« beim Landratsamt Bernkastel sind in den Akten der allgemeinen Armenfürsorge noch bis 1931 Zahlungen aus »Restmitteln« dieses Topfes dokumentiert. Auszahlungslisten, an wen welcher Betrag gezahlt wurde, sind für die Bürgermeisterei Lieser nicht mehr erhalten, doch erweckt eine Untersuchung der wenigen Fälle, für die Zahlungen dokumentiert sind, den Eindruck, dass die Winzerfürsorge vom Bezirksfürsorgeverband als Ergänzung der Mittel aus der allgemeinen Armenfürsorge genutzt wurde. Der Personenkreis, dem diese Leistungen zugute kommen konnten, war jedoch eng begrenzt: »Bei der grossen Zahl der mir vorgelegten Anträge war es nicht möglich, alle zu berücksichtigen. Es sind zunächst nur kinderreiche Familien bedacht worden und von diesen in erster Linie diejenigen, die geringeren Weinbergsbesitz und nur wenig Acker- und Wiesenland haben, bei denen also anzunehmen ist, dass die Nahrungssorgen am grössten sind.«[208]

Im schon zitierten Roman *Die goldenen Berge* werden die Maßnahmen der »Winzerhilfe nur als ein Tropfen auf den heißen Stein dargestellt; zudem laufe es dem »Stolz« der Winzer zuwider, diese Hilfe annehmen zu müssen:

»Was sollen uns die fünfundzwanzig Reichsmark pro Morgen, die die Winzerhilfe jedem zuweist, der Antrag darum stellt?! Ein Bettelgroschen. Und der Winzer bettelt nicht; er will nur sein Recht. Schöne Worte wollen wir auch nicht – Worte sind keine Stüber. Wenn es heißt, die Regierung dächte Tag und Nacht darüber nach, wie sie dem Winzerstand aufhelfen könne, so ist uns das ganz egal. Tut was dafür, tut alles dafür, daß wir verkaufen! Nicht betteln wollen wir, verkaufen wollen wir, verkaufen! Und sagt doch nicht: der Kleinbesitz, der ist unrentabel, der ist die Wurzel von allem Übel Damit gebt ihr jedem von uns einen Schlag ins Gesicht. Der Kleinbesitz soll keine Berechtigung haben, warum nicht?!«[209]

208 LHAK Best. 655, 213 Nr. 664: Landrat Wittlich an den Bgm. Lieser, 20.1. 1930.

209 Viebig, Die goldenen Berge, S. 116–117.

Eine Untersuchung von Armen- und Wochenfürsorgeanträgen dieser Jahre macht deutlich, welche Folgen die Krise im Weinbau auch auf andere Berufszweige neben den Winzern oder landwirtschaftlichen Tagelöhnern hatte: Baptist Sch. aus Lieser, ein selbständiger Maler, bekam kaum noch Aufträge, da seine Kundschaft überwiegend aus Winzern bestand[210], das Küferhandwerk, das Franz D. betrieb, brachte wegen der »Stille im Weinhandel« nichts mehr ein[211], und die Winzer gaben der Witwe Gustav U., die eine Branntweinbrennerei betrieb, ebenfalls wenige Aufträge, »da die Zeiten für sie ungünstig sind«.[212]

4.3. Das »Wohlfahrtserwerbslosenproblem« und die Weltwirtschaftskrise

Die Weimarer Republik war seit ihrem Beginn geprägt von einer Massenarbeitslosigkeit[213], die eine bisher nicht gekannte Notwendigkeit der Fürsorge hervorrief. Die Unterstützungssysteme für

210 LHAK 655, 213 Nr. 661: Bgm. Lieser an den Landrat Bernkastel betr. Antrag von Ehefrau Baptist Sch., Lieser, auf Gewährung der Wochenfürsorge (Entwurf), 20.1.1927.
211 LHAK Best. 655, 213 Nr. 661: Bgm. Lieser an den Landrat Bernkastel (Entwurf), 30.3.1926.
212 LHAK Best. 655, 213 Nr. 661: Wwe. Gustav U., Lieser, an das KWA Bernkastel, 17.3.1927. Zu weiteren Auswirkungen vgl. LHAK Best. 457 Nr. 72: Bgm. Bernkastel-Land an den Landrat Bernkastel (Bericht zur Vorbereitung der »Denkschrift über die Hebung der wirtschaftlichen Not des Regierungsbezirkes Trier«), 14.2.1925: »Die Not der Winzer wirkt sich auch auf die Landwirtschaft des Hunsrücks aus, da die Winzer stets gute Abnehmer für landwirtschaftliche Produkte und Vieh waren.«
213 Aussagen über die Höhe der Arbeitslosigkeit im Untersuchungsgebiet können nen aufgrund fehlenden statistischen Materials kaum getroffen werden. Reichsweit sind als wichtige Phasen ein Anstieg der Arbeitslosenzahlen direkt nach der Revolution, und zwischen 1919 und 1922 eine Phase der »relativen Stagnation« trotz einer Erholung der Wirtschaft, allerdings unterbrochen durch eine »Zwischenkrise« zwischen den Sommern 1920 und 1921, auszumachen. Nach dem Krisenjahr 1923 galt die Zeit zwischen 1924 und der Weltwirtschaftskrise als eine Phase »relativer Stabilisierung«, es ist jedoch eher eine »zögernde Erholung« 1924 festzustellen, gefolgt von einer erneuten Krise, der »Rationalisierungskrise« 1925/26 und einen »kurzatmigen Aufschwung« 1927/1928. Zwischen 1924 und 1928 lag die Arbeitslosigkeit bei durchschnittlich 11,1 Prozent. Vgl. zu den Schwankungen in der Höhe der Arbeitslosigkeit, den unsicheren statistischen Grundlagen

Erwerbslose, die nach dem Ersten Weltkrieg etabliert wurden, wurden neben der sozialpolitischen Notwendigkeit vor allem als ein Mittel gesehen, »die Arbeiter von der Straße fernzuhalten«, die Gefahr politischer und sozialer Unruhen einzudämmen.[214] Diese Einrichtungen waren vielfältig – die unterschiedlichen Unterstützungssysteme und die Voraussetzungen ihres Erhalts sollen im Folgenden vorgestellt werden, um die Gruppe der »Wohlfahrtserwerbslosen«, der Arbeitslosen in der Armenfürsorge, besser verorten zu können. Auch wenn nicht die vollständige »Unterstützungsbiographie« dieser Personengruppe nachgezeichnet werden kann, ist die Kenntnis der verschiedenen Fürsorgearten für Arbeitslose in der Weimarer Republik hilfreich für das Verständnis des »Fallens« der Arbeitslosen von Erwerbslosen-, Krisen- und Arbeitslosenfürsorge in die Armenfürsorge.[215]

Im Rahmen der Kriegswohlfahrtspflege wurde vor allem in größeren Städten ab 1914 so genannte Erwerbslosenfürsorge gewährt.[216] Im November 1918 verpflichtete dann die Revolutionsregierung alle Gemeinden zur Einführung einer Fürsorge für Erwerbslose, die explizit nicht den »Rechtscharakter der Armenpflege« haben sollte. Ihre Verwaltung oblag den Gemeinden, die zu diesem Zweck Fürsorgeausschüsse einrichten sollten. Berechtigt zu ihrem Erhalt waren »arbeitsfähige und -willige« Personen über 14 Jahren, die infolge des Kriegs erwerbslos geworden waren.[217] Die Entscheidung über

und den kaum zu ermittelnden Zahlen »verdeckter Arbeitslosigkeit« und Kurzarbeit etwa Lewek, Arbeitslosigkeit, S. 83–106, und S. 199–210, Petzina, Arbeitslosigkeit, S. 239–250, oder Führer, Arbeitslosigkeit, S. 144–149. Zur Entstehung der »sozialen Kategorie« der Arbeitslosigkeit beziehungsweise des Arbeitslosen vgl. Zimmermann, Arbeitslosigkeit.

214 Vgl. etwa Lewek, Arbeitslosenversicherung, S. 51 und S. 105.
215 Für die Vororte der Stadt Trier sind diese Biographien analysiert in Stazic, Arbeitslosigkeit.
216 Viele Orte lehnten eine solche ab, »teils wegen günstiger Arbeitsmarktverhältnisse, […] teils jedoch aus sozialem Unverständnis, wegen finanzieller Bedenken, in der Meinung, die Notstandsarbeiten könnten alle Probleme lösen, oder auch im Vertrauen auf das baldige Anziehen der Konjunktur.« Faust, Arbeitsmarktpolitik, S. 252.
217 Verordnung über Erwerbslosenfürsorge vom 13.11.1918. Zu Ansätzen im Kaiserreich, ein Unterstützungs- beziehungsweise Versicherungssystem für Arbeitslose einzuführen, vgl. Faust, Arbeitsmarktpolitik, passim, Dorn, Arbeitslosigkeit, S. 31–33, oder Führer, Arbeitslosigkeit, S. 37–118, und für die Zeit während des Ersten Weltkrieges S. 119–143.

Gewährung, Unterstützungsdauer und Umfang der Leistungen lag bei den Gemeinden; diese überprüften die Bedürftigkeit der Antragsteller. Finanziert wurde die Erwerbslosenfürsorge zu einem Sechstel von der Gemeinde, zu einem Drittel vom Land und zur Hälfte vom Reich.

Parallel zur Erwerbslosenfürsorge wurde die Arbeitsvermittlung ausgebaut. Schon seit Mitte des 19. Jahrhunderts waren Arbeitsnachweise vor allem in Städten eingerichtet worden, deren Trägerschaft jedoch sehr vielfältig war – es existierten beispielsweise kommunale, gemeinnützige, gewerkschaftliche und andere verbandseigene Vermittlungsstellen.[218] Während des Ersten Weltkrieges entwickelten sich in manchen Städten die öffentlichen Arbeitsnachweise »zu kommunalen Behörden mit ausgreifendem Aktionsfeld« und erhielten mancherorts schon die Bezeichnung »Arbeitsamt«.[219] Reichsweit wurde die Arbeitsvermittlung mit der Etablierung des Reichsamtes für Arbeitsvermittlung und dem Arbeitsnachweisgesetz im Juli 1922 geregelt.[220]

Schon kurz nach ihrer Etablierung wurden in der Erwerbslosenfürsorge Bestimmungen erlassen, die nach und nach ihren Abbau und finanzielle Einsparungen zum Ziel hatten: Dies sollte erreicht werden durch strenge Kontrolle der Arbeitslosen, der Zuweisung von Arbeitsmaßnahmen im Rahmen der »produktiven Erwerbslosenfürsorge«, der Verringerung der Leistungen durch Höchstsätze und der Verkürzung der Unterstützungsdauer.[221] Zum Bezug von Leistungen aus der Erwerbslosenfürsorge war von Beginn an eine strenge Bedürftigkeitsprüfung notwendig.[222] Mit dem Gesetz vom

218 Die Effektivität dieser Einrichtungen ist kritisch zu beurteilen; sie wurde durch deren »Nähe zur Armenpflege beeinträchtigt, da die Arbeitgeber hier kaum geeignete Arbeitskräfte vermuteten und die Arbeiter die Fürsorge mieden. Eine marktgerechte Vermittlung war deshalb kaum möglich […].« Vgl. Faust, Arbeitsmarktpolitik, S. 46. Allgemein zur Arbeitsvermittlung im Kaiserreich ebd., S. 46–109.

219 Ebd., S. 221. Zum Arbeitsnachweis in den Provinzialverbänden vgl. Frie, Wohlfahrtsstaat, S. 97–128.

220 Vgl. Führer, Arbeitslosigkeit, S. 234.

221 Vgl. Lewek, Arbeitslosigkeit, S. 106–113. Zur Bewertung des finanziellen und arbeitsmarktpolitischen Erfolgs der »produktiven Erwerbslosenfürsorge« vgl. ebd., S. 115–116.

222 Vgl. Rundschreiben des Pr. Ministers für Volkswohlfahrt an die Regierungspräsidenten betreffend die Bedürftigkeitsprüfung Erwerbsloser, 23.11.1923, zitiert nach Führer, Unterstützung, S. 278. Als Gegenleistung

15. Oktober 1923 wurde zugleich festgelegt, dass die Erwerbslosenfürsorge dem öffentlichen Arbeitsnachweis anzugliedern sei; der
Vorsitzende des jeweiligen Arbeitsnachweises sollte die Gesuche bearbeiten.[223] Für die Praxis in kleineren und mittleren Ortschaften
des Untersuchungsgebietes ist jedoch festzustellen, dass auch weiterhin die Entscheidungsmacht über die Anträge auf Erwerbslosenunterstützung bei den kommunalen Gremien lag.[224] Generell ist die
Akzeptanz und Effektivität des öffentlichen Arbeitsnachweises gerade auf dem Land kritisch zu bewerten; traditionelle Vermittlungs-
formen in freie Arbeitsstellen dauerten hier noch lange an.[225] In den
Kreisen Bernkastel und Wittlich scheint der Arbeitsnachweis aufgrund der typischen Besitz- und Beschäftigungsstruktur (eigener kleiner Grundbesitz, Nebenverdienst im Tagelohn) in der ersten Hälfte
der zwanziger Jahre noch keine große Notwendigkeit gewesen zu
sein. 1925 wurde etwa im Verwaltungsbericht des Kreises Bernkastel
festgestellt, dass von 1919 bis April 1924 ein Arbeitsnachweis mit
Berufsberatung bestanden habe – jedoch »grössere Bedeutung hat der
Arbeitsnachweis wegen der verhältnismässig günstigen Beschäftigungsverhältnisse im Kreise nicht erlangt«.[226] Der Bürgermeister von

für die Unterstützung war Arbeit zu verlangen; der »Arbeitswille« sollte
scharf geprüft werden.

223 Vgl. beispielsweise Führer, Arbeitslosigkeit, S. 250.

224 In den untersuchten Gemeinden der Bürgermeisterei Lieser wurden erst
im Herbst 1923 eigene Kommissionen zur Erledigung der Erwerbslosenfürsorge gebildet; ihre Beschlüsse sind in den Beschlussbüchern der Gemeinderäte festgehalten. Vgl. Archiv der Verbandsgemeindeverwaltung Bernkastel-Kues: Beschlussbücher GR Lieser, 1913–1923; GR Maring-Noviand,
1914–1926; GR Wehlen, 1916–1924 und GR Kesten, 1913–1934. In den Vorortgemeinden der Stadt Trier blieb die Erwerbslosenfürsorge eng an die
Armenfürsorge angebunden: »Die gleichen Personen, die über Anträge in
der Armenfürsorge entschieden, waren auch für die Entgegennahme und
Prüfung der Anträge sowie die Beschlussfassung in der Arbeitslosenunterstützung zuständig.« Stazic, Arbeitslosigkeit, S. 8. Die Zusammenführung
mit der Arbeitslosenversicherung 1927 sollte die Arbeitsvermittlung endgültig von der kommunalen Selbstverwaltung lösen. 1927 wurde die
Reichsanstalt für Arbeitsvermittlung und Arbeitslosenversicherung gegründet, deren behördlicher Unterbau die Arbeitsämter waren.

225 Vgl. etwa Führer, Arbeitslosigkeit, S. 228–252, oder Stazic, Arbeitslosigkeit,
S. 9–10.

226 LHAK Best. 457 Nr. 75: Verwaltungsbericht des Kreises Bernkastel zur
Vorbereitung der Denkschrift des Landkreisverbandes anlässlich der

Zeltingen gab an, dass von den industriellen Saisonarbeitern in seinem Verwaltungsbezirk zu Beginn des Jahres 1920 nur 15 und zu Beginn des Jahres 1923 25 Personen arbeitslos gewesen seien. Keiner von ihnen hatte Erwerbslosenunterstützung bezogen, da es sich bei diesen Arbeitern um Kleinwinzer und Winzersöhne handelte, »welche nach ihrer Rückkehr wieder im eigenen oder elterlichen Betrieb beschäftigt wurden.«[227] Ein Rechtsanspruch auf Erwerbslosenfürsorge bestand nicht; in der Forschung wird betont, dass sie lediglich »die Möglichkeit der fakultativen Unterstützung in besonderen Notfällen« bot und weite Teile der Arbeitslosen »mit den Techniken der alten Armenpolitik aus der Fürsorge ausgeschlossen werden« konnten.[228] Vergleichbar der Armenfürsorge war es weitgehend willkürlich den Gemeinden überlassen, die »Bedürftigkeit« eines Antragstellers festzustellen und die Höhe der Unterstützungssätze festzulegen.[229] Parallel zu den Voraussetzungen der allgemeinen Armenfürsorge war die Durchführung der Erwerbslosenfürsorge und die Höhe der Unterstützungssätze auf kommunaler Ebene vom Haushaltsbudget der Gemeinden abhängig. Der Gemeinderat Lieser beispielsweise weigerte sich, den Arbeitsverdienst vormals in der Industrie beschäftigter Erwerbsloser als Grundlage für die Berechnung des Gemeindeanteils an deren Erwerbslosenunterstützung zu berücksichtigen. Vielmehr erklärte er sich nur dazu bereit, den Tariflohn der Weinbergsarbeiter zu Grunde zu legen. Ansonsten hätten die Beträge der Erwerbslosenfürsorge höher als die Löhne der Weinbergsarbeiter gelegen.[230]

Jahrtausendfeier der Rheinprovinz, S. 29: Seit April 1924 war der Kreis Bernkastel dem Arbeitsnachweis in Trier angegliedert.

227 LHAK Best. 655, 123 Nr. 147: Aktennotiz des Bgm. Zeltingen zur Vorbereitung der Beantwortung einer Anfrage des Landrats Bernkastel, 25.5. 1925. Zu den geringen Zahlen der Erwerbslosen in den Vorortgemeinden der Stadt Trier von Januar 1919 bis Dezember 1922; jedoch auch zu den Mängeln ihrer statistischen Erfassung vgl. Stazic, Arbeitslosigkeit, S. 14–15.

228 Lewek, Arbeitslosigkeit, S. 134.

229 Zur Diskussion um die einheitliche Festlegung eines Mindestsatzes von drei Mark und die unterschiedliche Festlegung des Mindestsatzes in den Gemeinden vgl. Lewek, Arbeitslosigkeit, S. 57–74. Zur relativen Willkür der Bedürftigkeitsprüfung in der Erwerbslosenfürsorge und zur Festlegung der Unterstützungshöhe vgl. Führer, Arbeitslosigkeit, S. 386–392, und S. 435–483.

230 Vgl. Archiv der Verbandsgemeindeverwaltung Bernkastel-Kues: Beschlussbuch GR Lieser, 1913–1923, 1.2.1923: »Das kann nicht in der Absicht der

War die Erwerbslosenfürsorge bis Oktober 1923 aus Steuermitteln finanziert, wurden ab diesem Zeitpunkt vier Fünftel der Kosten durch die gleich hohen Beiträge von Arbeitgebern und krankenversicherungspflichtigen Arbeitnehmern erbracht; im Februar 1924 wurde der Gemeindeanteil auf ein Neuntel abgesenkt.[231] Durch die Umstellung auf Beiträge wurde eine Anwartschaft, der Nachweis einer 13-wöchigen ununterbrochenen krankenversicherungspflichtigen Beschäftigung innerhalb der letzten zwölf Monate vor Antragstellung, im Februar 1924 eingeführt. Diese Regelung führte insbesondere während der »Rationalisierungskrise« 1925/26 dazu, dass viele Arbeitslose keine Berechtigung zum Erhalt der Erwerbslosenfürsorge erlangen konnten, da viele von ihnen, wenn überhaupt, nur noch in kurzfristigen Beschäftigungsverhältnissen Verdienst fanden.[232] Bislang zum Erhalt der Erwerbslosenfürsorge berechtigte Gruppen wie Selbständige oder höhere Angestellte wurden durch die Beschränkung auf die versicherungspflichtigen Arbeitnehmer ab diesem Zeitpunkt ausgeschlossen.[233]

Trotz der Einführung dieses Versicherungsprinzips hatten sich Antragsteller weiterhin einer Bedürftigkeitsprüfung auszusetzen.[234] Die typischen Elemente einer »traditionellen« Bedürftigkeitsprüfung

---

Reichsbehörden gelegen haben, die anscheinend bei der Festsetzung der Mindestarbeitslosenunterstützung auf 4000 Mark nur industrielle Verhältnisse im Auge gehabt haben. Weiter beschließt der Gemeinderat, die Erwerbslosen vorhanden in der Gemeinde zum Weinbergarbeiterlohn zu beschäftigen.« Als durch landrätliche Verfügung festgelegt wurde, den Erwerbslosen bei Beschäftigung den früheren Industrielohn zu zahlen, sah der Gemeinderat davon ab, die Erwerbslosen zu beschäftigen. Vgl. ebd., 7.3.1923.

231 Vgl. etwa Führer, Arbeitslosigkeit, S. 287–290.

232 Vgl. ebd., S. 414–416: »Die Nichterfüllung der Anwartszeit sollte als Indiz dafür gelten, daß die betreffenden Antragsteller ›entweder nicht über den normalen Arbeitswillen verfügen oder sich in einem für sie ungeeigneten Beruf befinden oder überhaupt nicht mehr arbeitsfähig sind.‹«

233 Vgl. etwa Faust, Fürsorge, S. 265.

234 Vgl. Hentschel, Geschichte, S. 107: »So entstand ein notgeborener Zwitter, den es in der Systematik der sozialen Sicherung eigentlich gar nicht gibt: ein Institut sozialer Sicherung, das Beiträge einforderte, die kein unbefragtes Anrecht auf vorwegbestimmte Leistungen konstituierten. Die Leistungen der Erwerbslosenfürsorge hingen vielmehr weiterhin von einer demütigenden Bedürftigkeitsprüfung ab und wurden nach Ermessen bestimmt.«

finden sich in den ablehnenden Entscheidungen zu Anträgen auf Erwerbslosenfürsorge beispielsweise im Gemeinderat Wehlen Ende 1923: Zunächst wurde festgestellt, dass die Gemeinde nicht in der Lage sei, ihren Anteil an der Erwerbslosenfürsorge zu übernehmen und von daher nur der vom Reich zur Verfügung gestellte Betrag zur Auszahlung kommen könne. Die drei vorliegenden Anträge wurden jedoch allesamt mit altbekannten Begründungen abgelehnt. Der erste, da der Antragsteller »sich nicht um Arbeit bemüht hat«; der zweite, da die Kinder des Antragstellers diesen unterstützen könnten und der dritte, da der Antragsteller, »in der Zeit, wo er in Conz arbeitete, genügend Franken zurücklegen konnte«.[235]

Da die Arbeitslosigkeit andauerte, kam es zu einer teilweisen Rücknahme der verschärften Bedingungen in der Erwerbslosenfürsorge; die Höchstbezugsdauern wurden beispielsweise wieder angehoben, im März 1926 auf zunächst 39, im Juni des Jahres auf 52 Wochen.[236] Nachdem die maximale Unterstützungsdauer erreicht war, wurden Arbeitslose »ausgesteuert« und waren auf kommunale Armenfürsorge angewiesen. Ab Herbst 1926 wurde die Krisenfürsorge eingerichtet, die zum einen als Reaktion auf eine Arbeitslosigkeit, die neue soziale Schichten erfasste und immer länger andauerte, zu sehen ist. Zum anderen war sie auch auf die Kritik der Kommunen zurückzuführen, die vermeiden wollten, dass die aus der Erwerbslosenfürsorge Ausgesteuerten direkt den Gemeinden zur Last fielen. Neben der Bedürftigkeitsprüfung war die Aussteuerung aus der Erwerbslosenfürsorge oder das Nichterreichen der Anwartschaft die Voraussetzung für den Bezug von Krisenfürsorge. Sie war zeitlich nicht befristet und wurde zu drei Vierteln vom Reich und zu einem Viertel von den Gemeinden finanziert.

Im Jahr 1927 wurde dem Versicherungscharakter der Arbeitslosenfürsorge mit dem Gesetz über Arbeitsvermittlung und Arbeitslosenversicherung (AVAVG) der Vorrang gegenüber Fürsorgeprinzipien eingeräumt. Die Versicherungsbeiträge wurden zur Hälfte von den Versicherten, zur Hälfte von den Arbeitgebern getragen; ergänzt wurden sie durch öffentliche Zuweisungen. Die Finanzierung der Arbeitslosenfürsorge war jedoch von Beginn an nicht gesichert.[237]

235 Archiv der Verbandsgemeindeverwaltung Bernkastel-Kues: Beschlussbuch GR Wehlen, 1916–1923, 19.12.1923.
236 Im September 1927 wurde die Höchstbezugsdauer wieder auf 26 Wochen herabgesenkt. Vgl. Führer, Arbeitslosigkeit, S. 425–426.
237 Vgl. Berringer, Sozialpolitik, S. 439–460.

Die Bedürftigkeitsprüfung wurde abgeschafft, obgleich der Antragsteller nachzuweisen hatte, dass er »arbeitsfähig und arbeitswillig, aber unfreiwillig arbeitslos« sei. Anspruch hatten Arbeitslose, die 26 Wochen in den letzten zwölf Monaten vor Antragstellung einbezahlt hatten. Damit konnte eine Anwartschaft vornehmlich von Arbeitnehmern erreicht werden, die regelmäßig beschäftigt waren. Die Höchstdauer des Unterstützungsbezugs war auf 26 Wochen begrenzt; die Leistungen wurden »arbeitslohnbezogen« differenziert.[238] Nach der Verabschiedung des AVAVG wurde die Krisenfürsorge in die Arbeitslosenunterstützung eingegliedert; ihre Leistungen blieben auf nur noch wenige Berufsgruppen beschränkt.[239] Wer die Voraussetzungen zum Bezug von Krisen- und Arbeitslosenunterstützung nicht erfüllte oder den Anspruch erschöpft hatte, fiel als »Wohlfahrtserwerbsloser« der allgemeinen Armenfürsorge anheim: »Ich bin am 4. ds. Mts. wegen Erschöpfung des Anspruchs aus der Arbeitslosenfürsorge ausgeschieden; Krisenunterstützung wird mir als Weinbergsarbeiter nicht gewährt. Ich bin vermögenslos und ohne jedes Einkommen; beantrag deshalb Wohlfahrtsunterstützung bezw. evtl. spätere Einstellung als Gemeindefürsorgearbeiter.«[240] Dass arbeitsfähige Männer[241] aus öffentlichen Mitteln unterstützt werden sollten, sickerte nur langsam in das Selbstverständnis der lokalen Verwaltung ein. Der arbeitsfähige Arme gehörte traditionell nicht zur Klientel der allgemeinen Armenfürsorge; seine Problematik wurde nicht durch das kommunale Unterstützungssystem erfasst.[242] Nach traditionellen Grundsätzen zur Prüfung der Bedürftigkeit war »davon auszugehen, dass jeder, selbst der Vermögenslose, der zu arbeiten fähig ist, imstande ist, so viel zu verdienen, um ohne Armenunterstützung auszukommen«.[243]

238 Ebd., S. 102.
239 Vgl. ebd., S. 101, Fn. 275: Sie blieb auf die Berufsgruppen Metallverarbeitung, Maschinenbau, Bekleidungsgewerbe, Lederindustrie, Holz- und Schnitzstoffgewerbe, Gärtnerei und Angestellte beschränkt.
240 LHAK Best. 655, 213 Nr. 663: »Verhandelt«, Bernkastel-Kues, Friedrich J., Wehlen, 4.1.1934.
241 Erwerbslose Frauen tauchen als »Wohlfahrtserwerbslose« in den Akten der allgemeinen Armenfürsorge in den untersuchten Bürgermeistereien nicht auf. Vgl. im Gegensatz dazu die Trierer Vorortgemeinde Euren, wo der Anteil der Frauen unter den Wohlfahrtserwerbslosen 26 Prozent betrug. Vgl. Stazic, Arbeitslosigkeit, S. 36.
242 Zur »Unterstützungsproblematik« und zur »Arbeitsproblematik« vgl. Castel, Metamorphosen, S. 27–30.
243 Graeffner/Simm, Das Armenrecht, S. 12.

Der Begriff des »Wohlfahrtserwerbslosen« wurde erst im Sommer 1930 als statistische Größe eingeführt. Antragsteller und Unterstützungsbezieher, die auf die allgemeine Armenfürsorge angewiesen waren, weil sie sich in keinem bezahlten Beschäftigungsverhältnis befanden, tauchen allerdings schon früher, verstärkt ab dem Winter 1925/1926, auf. Die Ursachen hierfür sind zum einen in unzureichenden Leistungen und verschärften Berechtigungsvoraussetzungen der staatlichen Arbeitslosen-Unterstützungssysteme zu suchen. Die Erwerbslosenfürsorge war so knapp bemessen, dass Erwerbslose für die Bezahlung außergewöhnlicher Belastungen wie Arzt- und Arzneikosten Mittel aus der Armenfürsorge beantragten.[244] Zum anderen wurde die strukturelle Arbeitslosigkeit durch die »Winzernot« und Defizite der Beschäftigungsstruktur im Untersuchungsgebiet verstärkt.[245] Vielen Arbeitern, wie etwa Max S. gelang es nicht »eine ständige Beschäftigung zu erlangen, [...] da in Kesten nur kleine oder mittlere Winzer wohnen, welche ihre Arbeit zum größten Teil selbst verrichten«.[246] Matthias Sch. war, wie seine Frau 1927 anführte, »in den verflossenen Jahren 1925–26 [...] ohne Verdienst, und konnte erst Ende Juli nach langem, mühseligem Umherlaufen nach Arbeit an der Noviander Brücke beschäftigt werden, und wurde schon im November weil überzählig entlassen.«[247] Ähnliche Beispiele könnten noch in großer Zahl angeführt werden, festzuhalten bleibt, dass die Behörden nur unzulänglich auf

244 Vgl. beispielsweise LHAK Best. 655, 213 Nr. 661: Antragsformular, BFV Bernkastel, Wilhelm F., Lieser, 4.2.1927: Der Arbeiter, verheiratet, zwei kleine Kinder, war seit 18. Oktober 1926 erwerbslos und bezog eine wöchentliche Erwerbslosenunterstützung von 19,95 RM. Sein Sohn war im Januar an einer eitrigen Blinddarm-Entzündung erkrankt, die eine Operation zur Folge hatte; es lagen Rechnungen in Höhe von 376,50 RM vor. Allgemein zu den unzulänglichen Unterstützungssätzen in der Erwerbslosenfürsorge vgl. auch Stazic, Arbeitslosigkeit, S. 20.

245 In den Weimarer Mitteljahren kann von einer neuen Form der Dauerarbeitslosigkeit aufgrund »eines tiefgreifenden Rationalisierungs- und Strukturwandlungsprozesses der deutschen Wirtschaft« gesprochen werden. Arbeitslosigkeit dauerte immer länger an; die Phasen zwischenzeitlicher Erwerbstätigkeit wurden immer kürzer. Vgl. Lewek, Arbeitslosigkeit, S. 211, oder auch Führer, Arbeitslosigkeit, S. 151.

246 LHAK Best. 655, 213 Nr. 579: Bgm. Lieser an den Landrat Bernkastel, 21.1.1927.

247 LHAK Best. 655, 213 Nr. 661: Ehefrau Matthias Sch., Lieser, an das Kreiswohlfahrtsamt Bernkastel, 16.1.1927.

das Auftauchen von Erwerbslosen in der Armenfürsorge reagierten. Die Anträge wurden abgewiesen oder die Antragsteller mit einmaligen Zahlungen bedacht. In der Gemeinde Lieser fällt der hohe Anteil an einmaligen Wochenfürsorge-Beträgen im Jahr 1926 auf.[248] Diese Leistungen in Höhe von 30 bis 50 Mark können als solche einmaligen Zahlungen angesehen werden; ihre Gewährung befürwortete der Bürgermeister von Lieser in den Stellungnahmen an den Landrat in den meisten Fällen. Der Grund dafür wird darin gelegen haben, dass die Väter der überwiegend jungen Familie sich in prekären Arbeitsverhältnissen befanden, unter der »schlechten Wirtschaftslage«, der »Stille im Weinhandel« oder der Missernte des Jahres 1925 litten.[249] Mit Hilfe der Wochenfürsorge konnte die Notwendigkeit öffentlicher Armenfürsorge noch eine Zeitlang hinaus gezögert werden.

Die Beschäftigungsverhältnisse der in den Armenfürsorgeakten fassbaren Erwerbslosen wie auch ihr Verweilen in den unterschiedlichen Unterstützungsformen war von einem ständigen Wechsel geprägt: Die Arbeitslosenunterstützung war auf 26 Wochen begrenzt, danach konnte man auf die allgemeine Armenfürsorge angewiesen sein, oder man schaffte es, in ein meist wieder nur kurz anhaltendes Arbeitsverhältnis zu gelangen. Mit diesem ständigem Hin und Her rechnete auch die lokale Verwaltung, wenn sie gerade Anträge von Erwerbslosen so lange auf dem Schreibtisch liegen ließ, bis der Betreffende wieder eine Arbeit gefunden hatte.

Die Unterstützungen wurden in der Regel gegen eine Arbeitsleistung gewährt, um die »Arbeitswilligkeit« der Unterstützten zu prüfen.[250] Schon ab 1919 wurden in der Erwerbslosenfürsorge Notstandsarbeiten eingeführt, mit der Verordnung vom 15. Oktober 1923 die

---

248 LHAK Best. 655, 213 Nr. 664.

249 Vgl. etwa LHAK Best. 655, 213 Nr. 661: Bgm. Lieser an den Landrat Bernkastel, 18. 2. 1926: »Antragssteller besitzt 1800 qm Weinberg und 12 ar Land. Sein Einkommen hieraus kommt aber kaum infrage, da die geringe Weinernte des letzten Jahres noch unverkauft lagert. L. war zuletzt als Tagelöhner bei der Brückenbaustelle der Gemeinde Wehlen beschäftigt, ist aber infolge vorläufiger Beendigung der Arbeiten seit einigen Wochen erwerbslos und bezieht wöchentlich 17,95 RM Arbeitslosenunterstützung. Dieser Betrag reicht aber kaum zur Ernährung der Familie aus, welche aus vier Personen besteht. Aus diesem Grunde ist es dem Antragsteller auch nicht möglich, die Hebammengebühren und die Kosten des Wochenbettes, die sich auf insgesamt 50 RM belaufen, aufzubringen. Die Gewährung einer Beihilfe von 50 RM wird daher befürwortet.«

250 Vgl. etwa Führer, Unterstützung, S. 281–285.

»Pflichtarbeit« im Rahmen der »produktiven Erwerbslosenfürsorge«. Gemeinnützige Arbeiten wurden im Untersuchungsgebiet vorwiegend in Form von Wegebauarbeiten oder Reinigung des Dorfbaches durchgeführt.[251] Die Bezeichnungen für diese Arbeit variieren in den untersuchten Quellen zwischen »Fürsorgearbeit«, »Gemeindearbeit« und »Pflichtarbeit«. Der Unterschied zwischen der Pflichtarbeit und anderen Arbeitsleistungen bestand darin, dass die Pflichtarbeit kein tarifrechtliches Arbeitsverhältnis, sondern vielmehr eine Zwangszuweisung von Arbeit darstellte. Es hat den Anschein, als ob die in den Fürsorgeakten oftmals geradezu euphemistisch als »Gemeindearbeiter« bezeichneten Arbeitslosen de facto Pflichtarbeit ableisteten. Die AOK der Moselbürgermeistereien des Kreises Berncastel wies beispielsweise im Juni 1931 den Bürgermeister von Lieser darauf hin, dass die Gemeinde Lieser seit Ende Dezember 1930 mehrere Erwerbslose, die Wohlfahrtsunterstützung erhalten, beschäftigen solle: »Dieselben unterliegen der Krankenversicherungspflicht und bitten wir um nachträgliche Anmeldung.« Der Bürgermeister antwortete jedoch, dass die Wohlfahrtserwerbslosen in keinem Arbeitsverhältnis zu der Gemeinde stünden, sondern Pflichtarbeit gemäß § 19 der Verordnung über die Fürsorgepflicht leisteten. Auf nochmalige Nachfrage der Krankenkasse wurde präzisiert, dass die Wohlfahrtserwerbslosen keinen Lohn, sondern Unterstützung bekämen und dafür Pflichtarbeit leisteten.[252]

Proteste gegen diese Art der Arbeitszuweisung und die schlechte Bezahlung finden sich im Untersuchungsgebiet kaum, was damit zusammenhängen mag, dass die Arbeiter und Tagelöhner kaum gewerkschaftlich organisiert waren und es auf lokaler und regionaler Ebene auch kaum zu einer parteipolitisch motivierten Diskussion um Arbeitslosigkeit und den Umgang mit Arbeitslosen kam. Im September 1927 jedoch legten immerhin 600 bis 700 Notstandsarbeiter des Mittelmoselstraßenbaus die Arbeit nieder – »offenbar durch kommunistische Hetzer verleitet«, wie das *Wittlicher Tageblatt* vermutete. Sie forderten eine Vergütung der Wegstunden und durch Regen oder Frost ausfallenden Arbeitsstunden sowie eine bessere sanitäre

251 Vgl. etwa Beschlussbuch GR Lieser, 1923–1930, 28.7.1926 oder KAB-W 2.0.147: Verwaltungsbericht des Fürsorgeamtes Wittlich 1924/25, [o. Seitenangabe].

252 LHAK Best. 655, 213 Nr. 664: AOK der Moselbürgermeistereien Kreis Bernkastel an Bgm. Lieser, 2.6.1931; Antwort des Bgm., 16.6.1931; erneute Anfrage der AOK, 24.6.1931; erneute Antwort des Bgm., 1.7.1931.

und hygienische Ausstattung in den Aborten und Unterkunftsräumen. Viele von ihnen seien schon seit Jahren erwerbslos; es fehle ihnen an angemessener Arbeitskleidung. Eine Deputation der Arbeiter sprach beim Regierungspräsidenten vor, der einen Teil der Forderungen als berechtigt ansah und die Arbeitsbedingungen im Rahmen des Möglichen verbessern wollte.[253] Für Städte ist der Einfluss etwa der KPD auf Erwerbslosenproteste untersucht worden.[254]

Mit dem Ansteigen der Arbeitslosenzahlen während der Weltwirtschaftskrise wurden die Zugangsbestimmungen zur Arbeitslosenfürsorge verschärft. Vollends mit der Notverordnung im Juni 1932 wurde der versicherungsrechtliche Charakter der Arbeitslosenfürsorge abgebaut, schrittweise wurde auch hier eine Bedürftigkeitsprüfung eingeführt.

Auf kommunaler Ebene wurde mit der zunehmenden Belastung der Armenfürsorge durch die Wohlfahrtserwerbslosen ein immer härterer Sparkurs gefahren. Die im Rahmen der Sparverordnungen immer knapper bemessenen Richtsätze wurden oft kaum beachtet. So wies der Bezirksfürsorgeverband Bernkastel den Bürgermeister Lieser an, die Unterstützung von August O. auf dessen Beschwerde hin »mit Rücksicht darauf, daß O. tatsächlich mit der Unterstützung von sieben RM den Lebensunterhalt der Familie nicht bestreiten kann, [...] von dieser Woche ab eine Unterstützung von zehn RM wöchentlich vorläufig zu zahlen. Die Unterstützung bleibt alsdann immer noch vier RM unter dem Richtsatz.«[255]

Dass mit diesen Sätzen kaum das Lebensnotwendigste beschafft werden konnte, illustriert auch ein anonymer Leserbrief an das *Wittlicher Tageblatt*:

»Es wird so viel von Not gesprochen, aber die meisten, die davon sprechen, wissen nicht, was rechte Not ist. Ich will nur eine Tatsache von vielen hier mitteilen. Mein Haushalt besteht aus 6 Personen. Ich erhalte eine Unterstützung von 14 Mark die Woche. Da darf man ans Sattessen nicht denken, viel weniger ans Wein trinken. Auch wird es schwer sein, eine Hose zu flicken, wenn man den Stoff dazu nicht beibringt. Man wird sagen, die Faulenzer können ja Arbeit nehmen. Aber das ist schwer auszuführen. Ein

---

253 Vgl. *Wittlicher Tageblatt*, 10.9. und 12.9.1927.
254 Vgl. etwa Auts, Erwerbslosenproteste.
255 LHAK Best. 655, 213 Nr. 662: BFV Bernkastel an den Bgm. Lieser, 2.3. 1932.

jeder, der sein sicheres Einkommen hat, soll nicht gleich murren, wenn er ein Opfer in Gestalt von ein paar lumpigen Mark bringen muß. [...] Liebe Leser, denkt daran, wie es manchem Familienvater zu mute ist, der an euch vorübergeht. Einer von vielen, die sich nicht satt essen können.«[256]

Nicht nur, dass die gewährten Unterstützungen äußerst gering bemessen waren, die lokalen Verwalter schränkten zudem den Personenkreis der Unterstützten ein. So erläuterte der Bürgermeister von Lieser dem Landrat von Bernkastel im Oktober 1930, vom Gemeinderat Lieser werde,»um die Zahl der Wohlfahrtserwerbslosen möglichst gering zu halten«, ein »*möglichst* strenger Maßstab« angelegt.»Nur wirklich dringend notwendige Fälle« würden bei der Gewährung von Unterstützung berücksichtigt.[257]
Bürgermeister und Ortsvorsteher bemühten sich also nach Kräften, Antragsteller nach ihrer Bedürftigkeit»auszusieben« – bei den »dringend notwendigen Fällen« wurden insbesondere die Kinderzahl oder die Besitzverhältnisse berücksichtigt.[258] Andere Antragsteller wurden abgewiesen, weil ihnen Arbeitsunwilligkeit als Element ihrer»Unwürdigkeit«, Unterstützung zu erhalten, unterstellt wurde. Dabei wiesen die Behörden immer wieder auf bestehende Arbeitsmöglichkeiten hin, die sich bei näherem Hinsehen als nicht ausreichend herausstellen. Im Mai 1931 wurde etwa der Antrag von Philipp F. auf Verlängerung seiner Wohlfahrts-Unterstützung mit der Begründung abgelehnt,»daß Sie bei den jetzt einsetzenden Frühjahrsarbeiten im Weinberg usw. leicht Beschäftigung finden können«.[259] F. beschwerte sich gegen diesen Entschluss mit dem Hinweis, dass er»trotz aller Mühe« keine Arbeit finden könne, um seine achtköpfige Familie zu ernähren.[260] In seiner Weiterleitung

256 *Wittlicher Tageblatt*, 9.8.1931. Auch zitiert bei Petry, Aufbau, S. 372.
257 LHAK Best. 655, 213 Nr. 580: Bgm. Lieser an den Landrat Bernkastel (Entwurf), 31.10.1930.
258 Vgl. LHAK Best. 655, 213 Nr. 664: Bgm. Lieser an den LR Bernkastel (Entwurf), o. D. [14.8.1930]: Es sollten pauschal alle Weinbergsarbeiter, die einen Weinbergsbesitz von über 1500 qm ihr eigen nannten, als»nicht unterstützungsbedürftig von der Erwerbslosenfürsorge ausgeschlossen« werden.
259 LHAK Best. 655, 213 Nr. 1592: Bgm. Lieser an Philipp F., Lieser (Entwurf), 2.5.1931.
260 LHAK Best. 655, 213 Nr. 1592: Philipp F., Lieser, an den BFV Bernkastel, o. D. [Eingang 16.5.1931].

des Schreibens an den Bürgermeister wies der Landrat diesen darauf hin, dass »die jetzt gegebene Begründung [...] im Widerspruch mit dem dortigen Bericht vom 27. Mai 1931 Nr. 1748 [stehe], nach dem die weitere Unterstützung von fünf Wohlfahrtserwerbslosen in Lieser erforderlich erscheint, weil Arbeitsgelegenheit nicht gegeben ist«.[261] Die Antwort des Bürgermeisters offenbart, dass es sich bei den saisonalen Tätigkeiten nur um kurzfristige Gelegenheitsarbeiten handelte und hinter dem Hinweis an die abgewiesenen Antragsteller, dass Verdienstmöglichkeiten gegeben seien, auch eine andere Motivation lag: »Die Unterbringung einer Anzahl Erwerbsloser in ein ständiges Arbeitsverhältnis ist bei der jetzigen wirtschaftlichen Lage schwierig; jedoch dürfte es einem Einzelnen nicht so schwer sein, bei den Arbeiten im Weinberg usw. – Spritzen, Heuernte – wenn auch nur vorübergehend, eingestellt zu werden. Damit würde F. auch den Beweis seines Arbeitswillens liefern.«[262]

Die Prüfung der Arbeitswilligkeit von Wohlfahrtserwerbslosen stand im Zentrum auch allgemeiner Korrespondenzen zwischen Bürgermeister und Landrat beziehungsweise Kreisausschuss. So fragte der Kreisdeputierte Bergweiler in der schon eben erwähnten Anfrage im Mai 1931 an,

»ob die zur Zeit in Unterstützung befindlichen Wohlfahrtserwerbslosen auch noch während des Sommers unterstützt werden müssen. Es erscheint immerhin bedenklich, die Leute während des Sommers zu unterstützen, während bei den Landwirten und Winzern die Arbeit sehr drängt. Wenn es sich bei den Unterstützten um Personen handelt, die als arbeitsscheu zu bezeichnen sind, ist zu prüfen, ob Ihnen nicht eine Arbeit zugewiesen werden kann, wodurch ihr Arbeitswille geprüft werden könnte.«[263]

Ergänzende Tätigkeiten wie sogar das Sammeln von Beeren und Kräutern legte der Landrat von Bernkastel dem Bürgermeister von Lieser im Sommer des Jahres als Verdienstmöglichkeit nahe, damit Wohlfahrtserwerbslose nicht mehr auf Fürsorge angewiesen sein müssten. Klischees über angeblich arbeitsunwillige Arbeitslose

261 LHAK Best. 655, 213 Nr. 1592: Landrat Bernkastel an den Bgm. Lieser, 3.6. 1931.
262 LHAK Best. 655, 213 Nr. 1592: Bgm. Lieser an LR Bernkastel, 15.6.1931 (Entwurf).
263 LHAK Best. 655, 213 Nr. 664: Kreisdeputierter Bergweiler an den Bgm. Lieser, 6.5.1931.

tauchen auch in seiner Anfrage auf: »Ich halte es nämlich nicht für angebracht, dass diese Leute, die, wie mir dortseits bestätigt worden ist, nicht zu den Arbeitsfreudigsten gehören, während des Sommers aus öffentlichen Mitteln unterstützt werden. [...] Anderseits ist auch zu berücksichtigen, dass die Wohlfahrtserwerbslosen nach und nach vollständig geregelter Arbeit entwöhnt werden.«[264] Zu Beginn der dreißiger Jahre überlagerten sich die Notstände dramatisch: Das Ansteigen der Erwerbslosenzahlen stellte die augenfälligste Auswirkung der Weltwirtschaftskrise dar. Die Zahl der Wohlfahrtserwerbslosen betrug im Kreis Wittlich Anfang 1931 83 und war bis Ende des Rechnungsjahres auf 389 gestiegen.[265] Mit der Zahlung regelmäßiger Unterstützungen sahen sich Gemeinden und Kreis überfordert; die Finanzierung des Fürsorgewesens brach zusammen.[266] In den Verwaltungsberichten des Kreises Wittlich findet sich zum Beispiel die Formulierung, dass die Ausgaben in der allgemeinen Armenfürsorge in »nicht vorauszusehender Weise« beansprucht worden seien. Die im Haushaltsplan für das Jahr 1931 eingeplanten 90 000 Mark reichten nicht aus, obwohl im November 1930 die Richtsätze gesenkt worden waren. Der Kreis hatte den Gemeinden in diesem Jahr rd. 130 000 Mark zu erstatten.[267] Ergänzende Hilfsmaßnahmen für die Bevölkerung bestanden etwa in der Ausgabe von verbilligten Briketts[268] oder Frischfleisch[269] im Winter 1931/32. Die Ausgabe von Brotgetreide wurde insbesondere aufgrund schlechter Roggenernten in den Jahren 1931 und 1932 notwendig.[270]

264 LHAK Best. 655, 213 Nr. 579: Landrat Bernkastel an den Bgm. Lieser, 8.6. 1931.

265 Vgl. KAB-W 2.0.147: Verwaltungsbericht des Fürsorgeamtes Wittlich 1931.

266 Vgl. Lohalm, Wohlfahrtskrise, S. 199.

267 Vgl. KAB-W 2.0.147: Verwaltungsbericht des Fürsorgeamtes Wittlich 1931.

268 Vgl. etwa LHAK Best. 655, 213 Nr. 664: Schreiben von vier Arbeitslosen aus Wehlen unter Federführung von Adam J., Wehlen, an das Bgm. Lieser, 24.10.1931, wegen einer Braunkohle-Lieferung, von der sie »erfahren« hatten. Nach einem Schreiben des Rhein. Braunkohlen-Syndikats an den Bgm. Lieser, 5.1.1932, waren für den Amtsbezirk der Bürgermeisterei Lieser als erste Zuteilung 50 Zentner vorgesehen.

269 Vgl. etwa LHAK Best. 655, 213 Nr. 664: Schreiben des BFV Bernkastel an die Bgm. des Kreises, 16.1.1932, betr. Berechtigung zum Empfang der Bezugsscheine für verbilligtes Frischfleisch und verbilligte Kohle.

270 Vgl. LHAK Best. 655, 123 Nr. 970: BFV Bernkastel an die Bgm., 17.5.1932, betr. Mangel an Brotgetreide; Bgm. Zeltingen an den Landrat Bernkastel, 2.6.1932: »Es gibt z.Zt. kaum noch eine Winzerfamilie, die eigene Brot-

»In Anbetracht der im Kreise vorliegenden großen Notlage« wurde von Seiten des Oberpräsidenten der Rheinprovinz ein Betrag von 500 RM angewiesen, um Kleidung, Schuhe und Lebensmittel zu beschaffen.[271] Die »jetzigen traurigen Zeitverhältnisse«[272] wurden in den Gesuchen um Unterstützung immer wieder angesprochen, sehr ausführlich schilderte die Ehefrau von Vinzenz K. aus Wehlen in einem Beschwerdebrief an das »Wohlfahrtsausschuß-Ministerium« Berlin ihre Arbeitslosigkeit. Wenn auch etwa die Beteuerung ihrer Arbeitswilligkeit oder ihr fatalistisches Sich-Hineinfügen in den Willen Gottes als Klischees einer Rhetorik der Mitleiderweckung in diesem »strategischen Schriftstück« aufgefasst werden können, scheinen die Schilderungen ihrer von Mangel geprägten Lebenssituation plausibel:

»Weinbergsbesitzer, welche früher 8 – 10 Arbeiter hatten, behelfen sich heute mit der Hälfte, denn infolge der schlechten Wirtschaftsverhältnisse, ist es denselben fast nicht möglich, für die paar Arbeiter den Lohn auf zu bringen. Ich und mein Mann, würden gerne arbeiten von Morgens früh bis abends spät, wenn uns Arbeits Gelegenheit geboten würde. Habe mich schon auf wie viel Stellen angeboten, aber leider war es mir bis heute noch nicht möglich anzukommen. Es wär einem ja egal was man arbeiten würde, wenn man nur was verdienen könnte. Brot – geschweige denn Fleisch, kennen wir fast garnicht mehr. Die Bäkker können nichts mehr borgen, weil sie selbst sofort müssen

frucht besitzt. Fast alle Winzer sind darauf angewiesen, das Brot beim Bäcker zu kaufen. Die Einkommens- und Vermögensverhältnisse der *meisten* Winzer sind aber wirklich so, daß sie nicht in der Lage sind, Brot in ausreichendem Maße zu kaufen. In meinem Bezirk schätze ich die Zahl derer, die als notdürftige Winzer anzusprechen sind, auf 2500 Personen, also auf rd. 50 Prozent der Gesamtbevölkerung. Bei einem Tagesverbrauch von einem Pfund Brot pro Kopf, errechne ich einen Gesamtbedarf an Roggen von 25 Ztr. pro Tag. Da die neue Ernte erst mit Ende August verwertbar wird, müßte die Hilfsaktion sich auf die Monate Juni, Juli und August erstrecken. Das würde also einem Roggenbedarf von 2250 Ztr. entsprechen. [...]« Eine ähnliche Aktion wird auch im Winter 1932/33 durchgeführt.

271 LHAK Best. 655, 213 Nr. 664: BFV Bernkastel an die Bgm. des Kreises, 28.12.1931. Zu den Initiativen von Seiten der privaten Wohltätigkeit vgl. Kap. V.4.

272 LHAK Best. 655, 213 Nr. 580: Ehefrau Clemens Sch., Lieser, an das KWA Bernkastel, 6.2.1931.

bezahlen. Noch nicht mal Kartoffeln hat man zum essen, geschweige denn Setzkartoffeln, also auch keine Aussicht, daß es das nächste Jahr besser wird. Wovon Kartoffeln kaufen, wo sie 4 Mark kosten und man kein Geld hat. So muß man tatsächlich schwarzen [sic] Hunger leiden. Sie können sich gar keinen Begriff machen, von der bitteren Not, die hier herrscht. Wahrhaftig die Verzweiflung bleibt einem nur mehr übrig. Mein Mann ist schon 3 Jahre arbeitslos. So muß man tatsächlich verhungern, und verelenden, wenn einem nicht Hilfe wird. So habe ich denn als letzte Hilfsquelle mich an sie gewandt mit dem festen Vertrauen auf Ihre Hilfe. Wir sind schon gerne zufrieden wenn mein Mann nur Arbeit bekommt, eventuell Unterstützung. [...] Da ich ein schweres Halsleiden habe, wurde mir von Ärzte angeraten einen Antrag ans Wohlfahrtsamt zu machen, zwecks Unterbringung in einer Heilstätte. Auch dieses wurde mir abgelehnt. Was liegt daran, ob ein Mensch mehr oder weniger auf der Welt ist, ob man heute stirbt oder Morgen. Nun ja wie unser Herrgott will, ich hab alle Hoffnung aufgegeben.«[273]

In den ablehnenden Entscheidungen der Gemeinderäte und des Bezirksfürsorgeverbandes tauchen als Begründungen immer wieder die schlechte wirtschaftliche Lage, die »Notlage der Steuerzahler« unter anderem aufgrund einer Missernte 1931, und die leeren kommunalen Kassen auf.[274] Die Zahl der unterstützten Wohlfahrtserwerbslosen in der Armenfürsorge blieb aufgrund einer restriktiven Verwaltung im Vergleich zu städtischen Kontexten jedoch äußerst gering.

In den ausgewerteten Gesuchen um Unterstützung sprachen die Antragsteller Ursachen und Auswirkungen ihrer Notlage an. Dabei wurde meist nicht nur der konkrete Anlass der Bedürftigkeit wie die Erstattung von Krankenhauskosten oder die Inhaftierung des Ehemannes genannt, sondern auch oft die ärmlichen Lebensumstände

---

273 LHAK Best. 655, 213 Nr. 582: Ehefrau Vinzenz K., Wehlen, an das »Wohlfahrtsausschuss-Ministerium« Berlin, 12.4.1932.

274 Vgl. etwa LHAK Best. 655, 213 Nr. 1715: Ablehnung des Unterstützungsantrages der Wwe. Balthasar E., Kesten, durch den GR Kesten, 21.7.1931. Von Seiten des Bezirksfürsorgeverbandes vgl. LHAK Best. 655, 213 Nr. 580: Landrat Bernkastel an den Bgm. Lieser, 12.7.1932, in dem die eigenmächtige Gewährung einer Unterstützung durch den Gemeinderat ohne eine Genehmigung des BFV unter anderem aufgrund der finanziellen Zwänge des BFV kritisiert wird.

beschrieben. Zentral waren hierbei Beeinträchtigungen auf den Gebieten Wohnen, Nahrung und Kleidung. Zu den Beschreibungen der eigenen Lage ist zu sagen, dass nicht mehr rekonstruiert werden kann, was hier möglicherweise als rhetorisches Mittel und was als tatsächliche Beschreibung der eigenen Lebenssituation gelten muss. Dadurch, dass die Briefe der Antragsteller in Zusammenhang mit zeitgenössischen Beobachtungen gebracht wurden, kann jedoch auch extrem anmutenden Beschreibungen der eigenen Lage eine hohe Plausibilität zugesprochen werden.

Die traditionellen Armutsursachen blieben bis zum Ende des Untersuchungszeitraums zentral. Die Erstattung von Krankenkosten, die Verdienstunfähigkeit im Alter oder durch Krankheit und der Tod des Ernährers waren in den meisten Fällen der »Anlass der Bedürftigkeit«, die Ursache »zuviel«, die Arme dazu brachten, die »Schwelle« der Beantragung von Unterstützung zu überschreiten.

Die Armutsrisiken im Lebenslauf und familiäre Konstellationen, die Verarmungsrisiken auffangen oder auch begünstigen konnten, wurden gesondert betrachtet: Die Belastung mit (vielen) kleinen Kindern, Witwenschaft und die Verdienstunfähigkeit und Pflegebedürftigkeit im Alter können als die wichtigsten Phasen der Armutsgefährdung benannt werden. Die Fürsorgeakten bieten einen Einblick sowohl in funktionierende familiäre und verwandtschaftliche »Auffangnetze« wie auch deren übermäßige Belastung durch einen bedürftigen Angehörigen. Dabei wurde deutlich, dass Frauen, wie auch schon aus den quantifizierenden Ausführungen über die Entwicklung der Antragszahlen hervorging, einem deutlichen höheren Armutsrisiko als Männer ausgesetzt waren und schneller zu Klientinnen der Fürsorge wurden.

Armutsursachen, die im Lauf der Weimarer Republik Bedeutung erlangten, allen voran die Arbeitslosigkeit, fanden im Vergleich zu deutschen Städten kaum Niederschlag in den Akten der allgemeinen Armenfürsorge. Dies liegt zum einen an der Etablierung spezifischer Sicherungssysteme zum Auffangen dieser Risiken, zum anderen aber auch an den finanziellen Problemen der Gemeinden und des Bezirksfürsorgeverbandes und an der Fortdauer einer auf Sparsamkeit und die Exklusion arbeitsfähiger Armer ausgerichteten lokalen Verwaltung.

VII. Die Wahrnehmung von Armen im dörflichen Gefüge

Die Antragsteller, die um öffentliche Unterstützung nachsuchten, wurden nicht nur einer Bedürftigkeitsprüfung unterzogen, die sich an objektiven Kriterien wie Grundbesitz, Einkommen und Kinderzahl orientierte. Sie sollten sich auch durch ihren Lebenswandel als »gute«, »würdige Arme« bewähren. Die Beweislast lag bei den Hilfesuchenden: »In jeder Gesellschaft – da macht eine christliche Gesellschaft keine Ausnahme – muss der Arme viel Bescheidenheit an den Tag legen und überzeugende Beweise für seine unglückliche Lage vorzeigen, um nicht in den Verdacht zu kommen, ein ›schlechter Armer‹ zu sein.«[1] Der Bezug von Armenfürsorge hatte also nicht nur eine sozialpolitische, sondern auch eine gesellschaftliche Dimension.

Der auffallende Umstand, dass im Untersuchungsgebiet relativ selten Armenunterstützung beantragt wurde[2], lässt darauf schließen, dass der Bezug von Armenfürsorge nicht nur auf materieller Ebene wie etwa durch die Pflicht zur Rückzahlung oder die oft geforderte Sicherheitshypothek, sondern auch in gesellschaftlicher Hinsicht einen Zustand darstellte, den man möglichst zu vermeiden hatte.[3]

1   Castel, Metamorphosen, S. 57. Mit dem Fokus auf den Umgang mit Frauen auf dem Sozialamt in der BRD vgl. Riedmüller, Frauen, S. 54. Eigene Studien zu »würdigen« und »unwürdigen« Armen fehlen bislang; die Unterscheidung wird in den einschlägigen Forschungen zur Geschichte der Armenfürsorge jedoch immer thematisiert. Eine kleine mikrohistorisch ausgerichtete Studie anhand eines Häftlings im Zucht- und Manufakturhaus Odense (18. Jahrhundert) haben Brinkmann u. a., Losgänger vorgelegt. Zur Konstante, dass Unterstützungsempfänger als »Gegenleistung« zur öffentlichen Unterstützung einen entsprechenden Lebenswandel an den Tag legen mussten, finden sich in lokalen Studien immer wieder Hinweise, etwa für das Amsterdam des 19. Jahrhunderts, vgl. Leeuwen, Surviving, S. 331.
2   Vgl. die statistischen Angaben in Kap. III.1.2.
3   Vgl. dazu Coser, Soziologie, S. 40: »Hierzu vertrete ich die These, daß der schlichte Akt der Gewährung von finanzieller Hilfe, die bloße Zuordnung einer Person zur Kategorie der Armen, nur um den Preis einer Herabwürdigung der betreffenden Person zu haben ist. [...] In dieser Sicht kommt es darauf an, wie die Gesellschaft eine Person sieht, weil so das soziale Gesicht einer Person verändert wird.«

Neben den stigmatisierenden rechtlichen Konsequenzen des Unterstützungsbezuges, wie dem Verlust des Wahlrechts (bis 1919), musste auch das Eindringen in die Privatsphäre, das Offenlegen der Familien- und Vermögensverhältnisse, die dem Bezug von Unterstützung vorausging, so unangenehm gewesen sein, dass man anonymere Formen der Unterstützung bevorzugte. Wolfgang Kaschuba und Carola Lipp konstatieren zum Armenwesen im schwäbischen Kiebingen:

»Bezeichnenderweise suchten die Ortsarmen immer wieder den dörflichen Außenraum, wenn sie auf zusätzliche Hilfe angewiesen waren. Auch sie standen mit ihren Bedürfnissen, mit ihrer Bitte um Unterstützung vor dem mahnenden Zeigefinder des ehrbaren Dorfgenossen in gewissem Sinne als Unmündige und Abhängige da, waren auf einen dörflichen ›Kinderstatus‹ zurückverwiesen, der jede Gabe mit einer Belehrung und Mahnung verbunden sein ließ und dabei noch einen treu-dankbaren Augenaufschlag verlangte.«[4]

»Belehrung und Mahnung« – Armenfürsorge umfasste nicht nur materielle Unterstützung, die Sicherung der physischen Existenz, sondern auch die (Wieder-)Eingliederung in die Gesellschaft von Menschen, die zu verwahrlosen drohten, oder von Kindern, die eine bessere Erziehung genießen sollten, als dies bis dahin der Fall gewesen sein mochte.

Obgleich den »schwachen« und »unselbständigen« Armen auch von zeitgenössischen Fürsorgeexperten wie Christian Jasper Klumker gewissermaßen ein »Kinderstatus« zugewiesen wurde, erhob gerade Klumker ein geradezu verständnisvoll zu nennendes Betreuungsverhältnis des Pflegers zu seinem »Schützling« zum Ideal der Fürsorge. Dieses sollte dem Armen helfen, wieder »selbständig handeln« zu können.[5] Eine damit verbundene »Rücksicht auf die Selbständigkeit des Armen«, die »Achtung vor der Persönlichkeit« des Betreuten[6], lässt sich in den untersuchten Akten kaum finden. Zumindest bis 1918 waren im Untersuchungsgebiet keine professionellen Fürsorgerinnen oder Fürsorger angestellt und auch danach hatte der überwiegende Anteil der Antragsteller nur Kontakt zu den kommunalen Entscheidungsträgern im Gemeinderat oder auf dem

4 Kaschuba/Lipp, Dörfliches Überleben, S. 43.
5 Klumker, Fürsorgewesen, S. 76–87.
6 Ebd., S. 84.

Bürgermeisteramt. Mit Ausnahme der klassischen Klientel der »würdigen« Armen sprachen diese den Unterstützten sehr oft selbst eine Schuld an ihrer Lage zu und übten die Fürsorge für diese sehr restriktiv aus.

Die verschiedenen Formen der Unterstützung, Versorgung und Unterbringung und die damit verbundenen Intentionen wurden schon im dritten Kapitel dargelegt. Hier soll es darum gehen, welche Meinungen über die Antragsteller und Unterstützungsbezieher in den verschiedenen kommunalen Gremien und in Korrespondenzen mit übergeordneten Stellen geäußert wurden. Welche Erwartungen an einen »würdigen« Armen können aus diesen Äußerungen erschlossen werden? Aus welchen Komponenten setzte sich das Bild eines solchen zusammen?

Um die Sicht »von außen« zu komplettieren, sollen auch die »Meinungen unter den Dorfmitgliedern in den Blick genommen werden. Bewahrheiten sich möglicherweise die Klischees des »zähen« Landbewohners, der die Härte, die er sich selbst abverlangt, auch von anderen erwartet? Untersuchungen vor allem auf Grundlage von *oral-history*-Befragungen von Bewohnern ländlicher Gebiete haben gezeigt, welch hoher Stellenwert dem »Arbeitenkönnen – Arbeitenmüssen« und auch dem »Arbeitenwollen« zukommt.[7] Finden sich daher auf dem Land Äußerungen und Handlungen gemäß dem biblischen Grundsatz aus dem zweiten Paulusbrief »Wer nicht arbeiten will, der soll auch nicht essen«?[8]

Die Entscheidung über den Erhalt von Unterstützungsleistungen in den untersuchten Gemeinden trafen Gemeinderatsmitglieder und Bürgermeister, die gut über die Einwohner informiert waren oder denen es ein Leichtes war, das Meinungsbild der Dorfbewohner über einen Antragsteller durch »Feststellungen«[9] zu ermitteln.

7   In Anlehnung an Mutschler, Ländliche Kindheit, Kap. 1.1.2 (S. 45–53).
8   Zurückgehend auf den zweiten Brief des Apostels Paulus an die Thessalonicher, Kap. 3, Vers 10. Bei Reitzenstein, Reform, S. 120, wird ein Landrat aus Bayern zitiert, demzufolge diese »Überzeugung, daß wer nicht arbeite auch nicht essen solle« dazu beitrage, »zumal dort, wo die Entscheidung in den Händen des Gemeindevorstandes ruht, [...] die Gewährung der Hülfe auf die Fälle dringendsten Bedürfnisses zu beschränken [...] Es gelangen so die *restringierenden* und *repressiven* Tendenzen in der ländlichen Armenpflege regelmäßig zu vollerer Geltung als in der städtischen.« Hervorhebungen im Original.
9   Vgl. etwa KAB-W 2.0.343: Bgm. Stadt Wittlich an Tagelöhner Modestus A., Wittlich, 12.12.1910, dass der Unterstützungsantrag abgelehnt werde,

Dies war vom armenrechtlichen Standpunkt aus in Ordnung und gewünscht, so lange die Feststellungen im Rahmen der Bedürftigkeitsprüfung durchgeführt wurden. Es war Aufgabe der kommunalen Verwalter, die angegebenen Familienverhältnisse, Einkommen und Besitz zu kontrollieren[10] und auch die Arbeitsfähigkeit oder die Erziehung der Kinder bei der Entscheidung über eine angemessene Unterstützung oder Unterbringung im Auge zu behalten. Gesetzeswidrig handelten die Verwalter allerdings dann, wenn aufgrund angestellter Untersuchungen die »Würdigkeit« eines Antragstellers mit dessen eigener, schuldhafter Verantwortlichkeit für die Bedürftigkeit in Verbindung gebracht und aufgrund dessen eine Fürsorgeleistung verweigert wurde. Darum wird es in diesem Kapitel vor allem gehen; die Überprüfung der Einkommens- oder Besitzverhältnisse ist hier dagegen nicht von Interesse.

Die Angaben, welche die Antragsteller selbst über ihre Lebensumstände machten, ergänzten die Entscheidungsträger durch eigene Feststellungen, aber auch durch Beobachtungen Dritter.[11] In kleinen Gemeinden stieß man hierzu anscheinend auf bereitwillige Gewährsmänner und -frauen, wenn es etwa in dem Entwurf einer Stellungnahme des Lieserer Bürgermeisters heißt: »T. ist im Dorfe Lieser als ein *sittlich verkommener*, fauler, nachlässiger Mensch bekannt.«[12] Antragsteller »galten« als »Müßiggänger und Faulenzer«[13] oder wurden »vormittags 8 Uhr schon stark betrunken gesehen«.[14]

»da nach diesseitigen Feststellungen Sie und Ihre Kinder in der Lage sind, den Lebensunterhalt für Ihre Familie zu erwerben«. Zur »sozialen Kontrollinstanz« Armenpflegschaftsrat vgl. auch Hotz, Armut, passim.

10 Vgl. etwa KAB-W 2.0.343: Bgm. Monzel an den Landrat Wittlich, 15.4. 1910. Der Bürgermeister von Monzel wies etwa nach, dass der Sohn von Antragstellerin Witwe Qu. in seiner Arbeitsstelle an der Pohlbacher Wasserleitung »nach Aussage des Unternehmers 1,80 – 2,00 M täglich, nicht wie angegeben 1,40 Mark« verdiene.

11 David Crew kommt für seinen Untersuchungsraum sogar zu dem Schluss, dass die Angaben der Antragsteller kaum ernst genommen wurden; vgl. Crew, Gewalt, S. 34.

12 LHAK Best. 655, 213 Nr. 661: Bgm. Lieser an den Landrat Bernkastel (Entwurf), 21.3.1927.

13 KAB-W 2.0.343: Bgm. Monzel an den Kreisausschuss Wittlich, 13.1.1913: »Er ist von Beruf Maurer, jedoch kein fleißiger Mann, gilt vielmehr als Müßiggänger und Faulenzer, der die wenigen Groschen, die er auf dem Handwerk verdient, größtenteils in den Wirtschaften draufbringt.«

14 LHAK Best. 655, 213 Nr. 187: Aktennotiz des Bgm. Lieser, 27.9.1919.

Es verwundert nicht, dass einige Male Dorfbewohner von sich aus die Initiative ergriffen, die kommunalen Verwalter über Antragsteller oder Unterstützungsbezieher »aufzuklären«.[15] Es soll nicht außer Acht gelassen werden, dass dieses enge Netz gegenseitigen Wissens über den jeweils anderen auch von den Antragstellern selbst genutzt wurde; der Verweis auf die bekannte ärmliche Situation, der in Briefen an die Behörden häufig zu finden ist, wurde schon angesprochen. Verschämten Armen konnte so auch Unterstützung durch andere Personen, prominent durch den Pfarrer, zuteil werden. Vereinzelte Fälle weisen darauf hin, dass manche Einwohner von der gesamten Dorfgemeinschaft als arm und unterstützungswürdig angesehen wurden.[16] Heinrich E. aus Bonsbeuern beispielsweise sprach auf dem Landratsamt vor und erklärte, dass der Witwe L. eine Unterstützung von lediglich fünf Mark monatlich gewährt worden sei, was der fünfköpfigen Familie »bei Weitem« nicht zur Bestreitung ihrer Lebensbedürfnisse ausreiche. Es mag sein, dass Heinrich E. in einem verwandtschaftlichen oder freundschaftlichen Verhältnis zur Witwe L. stand und sich deswegen so für sie einsetzte. Er betonte jedoch auch, dass »sämtliche Einwohner von Bonsbeuern« der Ansicht seien, die Höhe der Unterstützung sei zu gering.[17] Der Bürgermeister von Monzel führte, um sein Votum für die Erhöhung einer Unterstützung an Nikolaus O., einem Witwer mit fünf minderjährigen Kindern, zu verstärken, in ähnlicher Weise an, dass »mit wenigen Ausnahmen [...] sämtliche Pohlbacher Bürger dieser Ansicht« seien. »Ein ähnlicher Fall der Unterstützungsbedürftigkeit liegt in Pohlbach nicht vor.«[18]

Leider lassen es die Quellen nicht zu, einem tiefenpsychologischen Ansatz nachzugehen, den Martin Rheinheimer in seiner Studie über Armut in einer ländlichen Gemeinde in Schleswig-Holstein angesprochen hat: »Vordergründig haben wir es mit Formen

15 Ein ähnliches Umfeld sozialer Kontrolle wurde auch für die Vororte von Trier herausgearbeitet; vgl. Stazic, Arbeitslosigkeit, S. 82–83 und S. 148–150. Über die »Öffentlichkeit« dörflicher Beziehungen und das gegenseitige Wissen übereinander vgl. aus einer zeitgenössischen Studie (1927) zu Dörfern des Hunsrücks Rüssel, Nachbarschaft, S. 29.

16 Zur dörflichen »Polarität der Elemente ›Solidarität‹/›Interaktion‹ einerseits und ›Kontrolle‹ andererseits« vgl. als Überblick knapp Troßbach/Zimmermann, Geschichte, S. 184–186.

17 KAB-W 2.0.541: Protokoll, Landratsamt Wittlich, Heinrich E., Bonsbeuern, 21.12.1904.

18 KAB-W 2.0.541: Bgm. Osann/Monzel an Landrat Wittlich, 16.3.1904.

der Bewältigung von Armut zu tun; im Hintergrund aber lauert die Angst. Auf der einen Seite die Versorgung von Bedürftigen, auf der anderen Seite die Abschreckung und Verfolgung von ›falschen‹ Armen: der ganze Umgang mit den Armen wird von einer Ambivalenz beherrscht, die ihren Ursprung in der Angst hat.«[19] Sicherlich wurde angenommen, dass gerade von »unwürdigen«, »moralisch nicht einwandfreien«, »verwahrlosten« und »arbeitsunwilligen« Armen eine Bedrohung für die gesellschaftliche Ordnung ausging. Eine traditionelle bürgerliche Sicht auf »die Armen«, deren »Mittellosigkeit und Untätigkeit als Beginn eines ›Entsittlichungsprozesses‹«, Ursache von Kriminalität und Quelle einer Revolutionsgefahr angesehen wurde, mag insbesondere in Bezug auf jüngere Arbeitslose dahinter gestanden haben.[20] Inwiefern aber tatsächlich »Angst« dahinter steckte, kann in diesem Rahmen nicht beantwortet werden.

1. Die Sicht der Behörden: Kriterien der »Unterstützungswürdigkeit«

Die zeitgenössische Sicht auf die Ursachen von Armut im 19. Jahrhundert wies bestimmten Armen selbst eine Schuld an ihrer Lage zu. Martin Rheinheimer, der den Umgang mit Armut in einem ländlichen Kirchspiel in Schleswig untersucht hat, stieß in seinen Quellen aus der ersten Hälfte des 19. Jahrhunderts immer wieder auf Stereotype wie »Alkoholmissbrauch, Lotteriespiele, Tanzfeste, das frühe Heiraten, ein Sinken der Volksreligiosität, aber auch schlicht und einfach Faulheit«. Des Weiteren wurden die Armen zum Beispiel von ihrem Pastor einer luxuriösen Lebensweise, insbesondere des Kaffeetrinkens, beschuldigt.[21] Die Sorglosigkeit der Armen wachse durch die ›Hoffnung, daß die Kommüne sie unterstützen muß, wenn sie verarmen‹«.[22]

---

19 Rheinheimer, Großsolt, S. 27.
20 Vgl. Führer, Arbeitslosigkeit, S. 34–35; zum Diskurs in der Weimarer Republik Zukas, Social Construction.
21 Zur ambivalenten Bewertung des Kaffeetrinkens in frühneuzeitlichen Diskursen zur Arbeitsmoral vgl. Schivelbusch, Paradies, S. 25–95.
22 Rheinheimer, Großsolt, S. 36–37.

Es tauchen hier stereotype Anschuldigungen auf, die sich auch in Schreiben der kommunalen Verwalter in den Kreisen Bernkastel und Wittlich finden. Selten wurde explizit ein Antragsteller als »unwürdiger« Armer bezeichnet; die Einschätzungen umfassten vielmehr ein weites Spektrum unterschiedlicher Komponenten der »Unwürdigkeit«, das sich von der Arbeitsfähigkeit und »Arbeitswilligkeit« der Antragsteller über ihren Lebenswandel, ihr Verhalten, ihre Moralität bis zum Vergleich mit anderen Gemeindemitgliedern spannte.[23]

Der Begriff des unwürdigen Armen und der wünschenswerte Umgang mit ihm wird hier aus der Sicht der Entscheidungsträger und der anderen Dorfmitglieder rekonstruiert. Die Bürgermeister sprachen in ihren Mitteilungen an die Antragsteller, ob ihnen eine Unterstützung gewährt wurde oder nicht, Bewertungen der Moral oder »Arbeitswilligkeit« selten direkt an, und abgelehnte Antragsteller wurden meist nur mit einem »weil bei Ihnen keine Bedürftigkeit besteht« oder ähnlichen Floskeln beschieden. In den Beschlussbüchern des Gemeinderates wurde zudem nur knapp die Entscheidung des Gemeinderates festgehalten; deshalb können aus dieser Quelle schwerlich Bewertungen über die »Würdigkeit« von Antragstellern herausgelesen werden. Insbesondere die Aspekte der »Würdigkeit« kamen erst dann zur Sprache, wenn sich abgewiesene Antragsteller bei übergeordneten Stellen, in erster Linie dem Kreisausschuss, beschwerten und Bürgermeister beziehungsweise Gemeindevorsteher und Gemeinderat zu einer ausführlichen Stellungnahme über den Fall aufgefordert wurden. Insofern bildet vor allem der Korpus der »Beschwerden von Hülfsbedürftigen« an den Wittlicher Landrat eine wichtige Grundlage dieses Kapitels.

Für die Entscheidungen der kommunalen Verwalter war die Würdigkeit nicht das allein ausschlaggebende Kriterium. Ein Gesuch wurde in den untersuchten Fällen nicht aufgrund der besonderen »Würdigkeit« eines Antragstellers gewährt. Selbst ein vom Pfarrer als »ordentlicher, nüchterner und fleißiger Familienvater« beschriebener arbeitsloser Mann erhielt zunächst keine Unterstützung, weil drei erwachsene Söhne (von insgesamt acht Kindern) Verdienst hatten. Erst nachdem sich zusätzlich der Landrat für den Antragsteller einsetzte, erhielt er eine geringe Unterstützung, für die

---

23 Vgl. ähnliche Beobachtungen zur Definition von »Würdigkeit« und den Wertungen über Antragsteller für die Bürgermeisterei Trier-Vororte Stazic, Arbeitslosigkeit, S. 76–90, und S. 100–103.

er Gemeindearbeit leisten musste.[24] Dass Nicht-Bedürftigen keine
Unterstützung gewährt wurde, heißt jedoch nicht, dass alle Bedürftigen unterstützt wurden. Auch bei zugegebener »Bedürftigkeit«,
die in keinen Gesetzen oder Verwaltungshandbüchern konkret festgelegt war, konnten Antragsteller abgelehnt werden – etwa weil der
Gemeinde keine ausreichenden Mittel mehr zur Verfügung standen, aber auch weil Antragsteller einer Unterstützung nicht »würdig« genug erschienen.[25]

1.1. Arbeitsfähigkeit und »Arbeitswilligkeit«

Die Arbeitsunfähigkeit stellte »das entscheidende Kriterium der
Unterstützungswürdigkeit dar«.[26] Mit dem Anwachsen armer Bevölkerungsschichten in den spätmittelalterlichen Städten und forciert durch die Krisenerscheinungen des 14. Jahrhunderts suchten
vor allem die städtischen Magistrate nach neuen Möglichkeiten,
dem Armutsproblem zu begegnen. Bereits Thomas von Aquin hatte
im Rückgriff auf noch ältere, zum Teil antike Schriftsteller eine
Hierarchisierung der Bedürftigen vorgenommen und arbeitsfähige
Arme als nicht bedürftig eingestuft.[27] Im Übergang vom Spätmittelalter zur Frühen Neuzeit entwickelte man verschiedene Kontroll-
verfahren, um die tatsächliche beziehungsweise »wahrhafte Not-
durft« der Armen zu überprüfen.[28]

---

24 LHAK Best. 655, 213 Nr. 582: Pfr. Weber, Wehlen, an den Bgm. Lieser,
31.1.1932.
25 Dass bedürftige Antragsteller aufgrund ihrer »Unwürdigkeit« abgelehnt
wurden, findet sich noch stärker bei Erwerbslosen in der Armenfürsorge.
Für das Fallbeispiel Trier-Vororte vgl. Stazic, Arbeitslosigkeit, S. 77–78:
Der Landrat des Kreises Trier-Land forderte den Bürgermeister der Vororte 1926 sogar explizit dazu auf, die »Unterstützungswürdigkeit« »zum
wesentlichen Kriterium für die Gewährung öffentlicher Hilfe zu machen«.
26 Faust, Arbeitsmarktpolitik, S. 37.
27 Zur Vepflichtung des Menschen zur Arbeit bei Thomas v. Aquin etwa
Scherpner, Theorie, S. 29–33.
28 Vgl. zu dieser Entwicklung Schubert, »starke Bettler«; Bräuer, Leipziger
Rat, S. 21–23. Zu den Wendepunkten in der Armutsgeschichte vgl. auch
Hunecke, Überlegungen, S. 491–496. Jütte, Arme, S. 191, setzt diese Entwicklung erst im späten 15. und frühen 16. Jahrhundert, an. Auch Faust,
Arbeitsmarktpolitik, S. 37 markiert den Beginn einer Unterscheidung von
Unterstützungswürdigen anhand des Kriteriums der Arbeitsfähigkeit mit
dem Absolutismus.

Für arbeitsfähige Arme schuf man in der Frühen Neuzeit Internierungseinrichtungen – in den Quellen zumeist als »Arbeits-«, »Zucht-« oder »Spinnhäuser« bezeichnet –, damit ihre Arbeitskraft genutzt werden konnte.[29] Der Höhepunkt dieser Entwicklung lag in den deutschsprachigen Territorien des Heiligen Römischen Reichs in der Zeitspanne zwischen zweiter Hälfte des 17. und erster Hälfte des 18. Jahrhunderts.[30] Mit der Industrialisierung entstand der Gegensatz zwischen dem arbeitenden »Proletariat« und den nicht-arbeitenden »Paupern«. Beide Gruppen wurden als arm angesehen, und es bildete sich neben der allgemeinen Armenfürsorge mit der Sozialversicherung ein neues Versorgungssystem für das »Proletariat« am Ende des 19. Jahrhunderts heraus. In den Genuss der Leistungen kamen die »Proletarier« jedoch erst, wenn sie an den klassischen Armutsursachen Alter und Krankheit litten. Das Problem der von struktureller Arbeitslosigkeit oder der von Armut trotz Arbeit Betroffenen, der *working poor* also, wurde weder durch die Sozialversicherung (zumindest nicht bis zum AVAVG 1927) noch durch die Armenfürsorge aufgegriffen. Vielmehr bestanden auch in Zeiten von Massenarbeitslosigkeit in den zwanziger und dreißiger Jahren, als evident war, dass dieses Phänomen nicht auf das Fehlverhalten der Antragsteller selbst, sondern auf die konjunkturellen Schwierigkeiten zurückzuführen war, noch immer Klischees der selbst verschuldeten Arbeitslosigkeit aufgrund von »Arbeitsunwilligkeit«, »Arbeitsscheu« oder »Faulheit«.[31]

Dass Arbeitsfähige sich ihren Lebensunterhalt selbst zu verdienen hatten, war ein Grundsatz der Armenfürsorge. So schien es geradezu empörend, wenn Personen von guter körperlicher Konstitution einen

29 Vgl. etwa den Überblick bei Ayaß, »korrektionelle Nachhaft«, S. 184–186.
30 In Wien wurde bereits 1671 ein Zucht- und Arbeitshaus eingerichtet. Vgl. Scheutz, Ausgesperrt, S. 15.
31 Vgl. dazu die Aussage von Gans, Funktionen, die aufgrund von Untersuchungen über die amerikanische *underclass* gemacht wurde. Zu den Aspekten der »Würdigkeit« in Fürsorgerinnenberichten aus Hannover, die sich auf Wohlfahrtserwerbslose beziehen, vgl. Marquardt, Sozialpolitik, S. 96–104. Für die Vorortgemeinden der Stadt Trier gibt es ähnliche Beobachtungen bei Stazic, Arbeitslosigkeit, S. 101. Eine Untersuchung zur fürsorgerischen Praxis im Umgang mit arbeitsfähigen Armen und Arbeitslosen in französischen Städten Ende des 19. Jahrhunderts bis zum Beginn des Ersten Weltkrieges bietet Smith, Plight. Zum Diskurs um »Arbeitslosigkeit zwischen individueller Schuld und kollektivem Risiko« in Deutschland vgl. Zimmermann, Arbeitslosigkeit, S. 44–68.

Antrag auf Unterstützung stellten. Wendet man sich dem Untersuchungsgebiet zu, stößt man etwa auf den Fall der Witwe Martha F. Ihren Antrag auf Versorgung von fünf kleinen Kindern wies die Kommune zurück, da sie selbst in der Lage sei, diese zu versorgen, zumal sie »noch kräftig, jung und völlig arbeitsfähig« sei.[32] Auch in einer Zeit, in der immer mehr junge, arbeitsfähige Männer aufgrund der strukturellen Arbeitslosigkeit einen Antrag auf Fürsorge stellten, beharrte der Gemeinderat von Lieser »auf dem Standpunkt, daß derjenige, welcher gesund und arbeitsfähig ist, seine Familie ohne Inanspruchnahme öffentlicher Mittel durchzuhalten habe. Würde dieser Grundsatz nicht festgehalten, so müsste heute die Mehrzahl der Dorffamilien unterstützt werden.«[33]

Lag offensichtlich ein Handicap der Antragsteller vor, forderte man ihnen Tätigkeiten gemäß ihrer noch vorhandenen Fertigkeiten ab, sollte eine öffentliche Unterstützung gewährt werden. So begründete die 52-jährige Witwe von Max B. die Beschwerde über ein abgelehntes Gesuch um Erhöhung ihrer Unterstützung damit, dass sie vermögenslos sei und zudem »völlig arbeitsunfähig«. Sie sehe sehr schlecht und könne daher nicht einmal nähen.[34] Der Bürgermeister von Wittlich-Land betonte jedoch: »Sie besitzt wenig, ist aber nicht völlig arbeitsunfähig. [...] Ich bin dahin vorstellig geworden, daß man ihr dort leichte Beschäftigung gibt, auch eine anderweitige leichte Tätigkeit kann sie erhalten; bisher hat sie solche Anerbieten nicht ungern angenommen oder die Arbeit sehr bald wieder aufgegeben.«[35]

Wurde die Notwendigkeit einer Unterstützung mit eingeschränkter körperlicher Arbeitskraft begründet, kam es häufig vor, dass die Entscheidungsträger diese Einschränkungen relativierten. Zum einen behaupteten sie, dass die Krankheit, Behinderung oder Verletzung sie nicht in solchem Maße in ihrer Arbeitsfähigkeit einschränke, wie sie angaben. Die Ehefrau Jakob M. gab in einem Gesuch an, dass sie ihrem Beruf als Wäscherin aufgrund eines Lungenleidens nicht mehr nachgehen könne.[36] Der Gemeinderat Hetzerath

---

32 KAB-W 2.0.541: Bgm. Hetzerath an den Landrat Wittlich, 14.12.1905.
33 LHAK Best. 655, 213 Nr. 661: Bgm. Lieser an den Landrat Bernkastel (Entwurf), 23.3.1926.
34 Vgl. KAB-W 2.0.541: Protokoll der Wwe. Max B., Kreisausschuss Wittlich, 5.4.1905.
35 KAB-W 2.0.541: Bgm. Wittlich-Land an den Landrat, 8.4.1905.
36 KAB-W 2.0.541: Ehefrau Jakob M., Hetzerath, an den Kreisausschuss Wittlich, 9.9.1903.

ging jedoch in seiner ablehnenden Entscheidung des Gesuchs davon aus, dass die Frau »kräftig« sei und sich mit Hilfe ihrer 15-jährigen Tochter den Lebensunterhalt verdienen könne. Auf ihre Krankheit wurde im Gemeinderatsbeschluss überhaupt nicht eingegangen.[37] Um eine angeblich simulierte Arbeitsunfähigkeit zu belegen, zitierte ein Bürgermeister den Polizeisergeanten, der den an der Hand verletzten Matthias W. »einen großen Karren Holz ziehend« gesehen hatte »und in vergangener Woche hat er ihn Grundarbeit mit der Schaufel machen sehen; wie jeder andere Arbeiter«.[38] Auch Otto F. »soll kürzlich mit einer großen Last Holzrechen von Bergweiler zur Mosel gewandert sein; eine Arbeitsunfähigkeit kann daher bei ihm wohl nicht vorliegen«. Seiner Frau wurde zugleich vorgeworfen, dass sie »seit Jahren zum größten Teil eingebildet krank« sei.[39]

Zum anderen wurde den Antragstellern unterstellt, dass sie schon arbeiten könnten, wenn sie nur wollten.[40] Der erwähnte Otto F. bat den Landrat von Wittlich um eine Erhöhung seiner Unterstützung mit dem Argument, dass seine Frau »schon sechs Jahre ganz arbeitsunfähig« sei, »doch habe ich meine Familie bis jetzt mit aller Sorge und Plage durchgebracht aber dieses Jahr geht es schlecht weil ich selbst nicht arbeiten kann denn ich leide sehr an Rheumatismus.«[41] In der daraufhin von Bürgermeister Wittlich-Land abgegebenen Stellungnahme wurde überhaupt nicht auf die Krankheit eingegangen, sondern erläutert, dass es der Gemeinderat von Bergweiler bislang abgelehnt habe, die Unterstützung zu erhöhen,

---

37 KAB-W 2.0.541: Beschluss des GR Hetzerath, 1.6.1903.
38 KAB-W 2.0.343: Bgm. Cröv an den Landrat Wittlich, 21.2.1914. Ähnlich KAB-W, 2.0.541: Bgm. Bombogen/Salmrohr an den Landrat Wittlich, 9.6.1901: »Seine durch Trunkenheit und Übernachten im Freien in früheren Jahren zugezogene Gicht soll ihn nach seiner Aussage am Arbeiten hindern und ihm das Gehen unmöglich machen, dabei wandert er aber unglaublich oft nach Wittlich und zieht, wie der Gemeinderath von Bergweiler behauptet, häufig bettelnd über Land.«
39 KAB-W 2.0.541: Bgm. Wittlich-Land an den Landrat Wittlich, 23.10. 1905.
40 Vgl. etwa KAB-W 2.0.343: Stellungnahme des Bgm. Monzel an den Landrat Wittlich, 14.1.1913, über die Witwe Lukas Q.: »Die Krankheit der Q. ist unwesentlich und gestattet bei nur gutem Willen dem Hausiergewerbe nachzugehen.«
41 KAB-W 2.0.541: Otto F., Bergweiler, an den Vorsitzenden des Kreisausschusses, 20.9.1902.

weil Otto F. »ein fauler und frecher Mensch sei«,[42] und in einem Beschluss des Gemeinderates wurde notiert, dass »es den Anschein habe, als ob der F. nicht mehr arbeiten wolle und sich derselbe von der Gemeinde ernähren lassen will«.[43] Ebenso wenig wurde der Witwe Konrad L. geglaubt, dass sie neben der Hausarbeit und der Versorgung ihrer vier Kinder im Alter von neun, acht, sechs und drei Jahren nicht genügend Zeit fand, einem Verdienst nachzugehen. Sie legte in einer protokollarischen Vernehmung auf dem Landratsamt dar, dass es ihr »durchaus unmöglich« sei, »Arbeiten für andere zu verrichten, da mir keine Zeit hierfür verbleibt. Für die Kinder habe ich fortwährend zu flicken und zu waschen, auch bin ich genötigt, meinen Bedarf an Holz im Walde zu suchen. Habe ich sodann noch meine übrigen Handarbeiten verrichtet, so ist der Tag vorbei.« Auch habe sie nicht ihr gesamtes Ackerland mit Kartoffeln bepflanzen können.[44] Der Bürgermeister von Monzel allerdings war in seiner Stellungnahme der Ansicht, dass sich die Frau mit Waschen und Flicken etwas dazu verdienen könne, »sie hat aber den nötigen Willen dazu nicht und verlässt sich auf die Gemeinde. Daß sie im verflossenen Jahre ihre Ackerfelder nicht eingebaut bekommen, ist nur ihre Schuld der Faulheit u. weil sie sich nicht die nötige Mühe gab. Einer besorgten, fleißigen Witwe würde das nicht passieren.«[45]

Neben der körperlichen Arbeitsfähigkeit erscheint der »Arbeitswille« als zentral für die Bewertung würdiger Armer, obgleich selten explizit hervorgehoben wurde, dass Antragsteller »fleißig« seien oder alle Familienmitglieder das ihre zum Einkommen beitragen würden.[46] Dies setzten die kommunalen Behörden anscheinend als

42 KAB-W 2.0.541: Stellungnahme des Bgm. Wittlich-Land an den Landrat Wittlich, 1.10.1902.

43 KAB-W 2.0.541: Auszug aus dem Protokollbuch GR Bergweiler, 25.9. 1902. Vgl. ein ähnliches Zitat bei Hotz, Armut, S. 29.

44 KAB-W 2.0.541: Protokoll, Kreisausschuss Wittlich, Wwe. Konrad L., Platten, 20.12.1902.

45 KAB-W 2.0.541: Stellungnahme Bgm. Monzel an den Landrat Wittlich, 9.1.1903.

46 Vgl. etwa KAB-W 2.0.343: Bgm. Monzel an den Landrat Wittlich, 15.4. 1910, über Witwe Qu.: »Recht fleißig, betreibt sie das Gewerbe als Lumpensammlerin [...].« Oder Bgm. Stadt Wittlich an den Landrat Wittlich, 27.12.1910 »Die Familie X. lebt in ärmlichen Verhältnissen und ist einer Unterstützung würdig und bedürftig. Es sind 4 Kinder im Alter von 20 bis 10 Jahren vorhanden. Das älteste Kind – 20 J. alt – ist Büglerin und

Selbstverständlichkeit voraus. Gemäß der Überzeugung, dass prinzipiell jeder so viel arbeiten solle, wie er könne, war es möglich, körperlich arbeitsfähigen Personen einen mangelnden »guten Willen«[47] zur Arbeit zu unterstellen. Dieser mangelnde Wille konnte sich im fehlenden Bemühen bei der Suche nach einer Arbeitsstelle, nicht ausreichendem Elan bei Ausüben einer Tätigkeit oder dem selbst verschuldeten Verlust der Arbeitsstelle zeigen. Dem Johann T., der ebenso wie seine Frau laut Attest des Armenarztes gesund und vollständig arbeitsfähig sei, wurde etwa vorgeworfen, dass er sich nicht ausreichend um Arbeit bemühe: »Bei gutem Willen kann es dem T. an Arbeitsgelegenheit nicht mangeln. Außerdem ist die Stadtverwaltung bereit, einheimische, arbeitslose Leute gegen Lohn zu beschäftigen. Trotzdem dies allgemein bekannt ist, T. es also auch wissen muß, ist derselbe bisher wegen Beschäftigung hier nicht eingekommen.«[48]

Auch der Erwerbslose Karl C. aus Lieser wurde selbst für seine Lage verantwortlich gemacht, da ihm »anscheinend der Arbeitswille fehlt, und dies auch in der Hauptsache der Grund ist, weshalb C. trotz Arbeitsgelegenheit, wenn auch nicht nachgewiesen, bis jetzt keine Arbeit erhalten hat«.[49] Der Bürgermeister stellte den angeblichen mangelnden Arbeitseifer heraus, während offenbar unzureichende Verdienstmöglichkeiten die Erwerbslosigkeit verursachten: »C. hat zeitweise bei Heyden gearbeitet, soll sich aber nie ernstlich um weitere Arbeit bemüht haben. Auch im elterlichen Betriebe, der etwa 3000 Stock Weinberg umfasste, hat er sich nie ein Bein ausgerissen, zudem war, da damals noch ein Bruder sich im Haushalt befand, für zwei männliche Arbeitskräfte keine ausreichende Beschäftigung.«[50] Auch für Adam St. hatten die Verwalter wenig Verständnis: Dieser habe die »s. Zt. bei der Verwaltung Josefshof verschaffte Stelle [...] durch seine Unbotmässigkeit verscherzt« und

verdient wöchentlich 4–5 Mark, das zweite – 18 J. a. – ist Lehrmädchen in Bernkastel und verdient neben freier Kost und Wohnung monatlich 20 Mark; eine 15jährige Tochter ist Stundenarbeiterin und verdient monatlich 12 Mark.«

47 Dieselbe Floskel – »Bei gutem Willen...« – wurde auch in der administrativen Korrespondenz dieser Jahre in den Vororten von Trier verwendet: Vgl. Stazic, Arbeitslosigkeit, S. 90–103.

48 KAB-W 2.0.541: Bgm. Stadt Wittlich an den Landrat Wittlich, 30.1.1903.

49 LHAK Best. 655, 213 Nr. 1825: Stellungnahme des Bgm. Lieser an den Landrat Bernkastel (Entwurf), 29.5.1933.

50 LHAK Best. 655, 213 Nr. 1825: Aktennotiz Bgm. Lieser, 2.6.1933.

hege nun einen bequemeren Berufswunsch:»Der Mann will eben
unter allen Umständen Beamter werden, weil er glaubt, alsdann
nur sehr wenig oder auch nichts zu arbeiten brauchen und doch
recht viel Geld erhalten zu können.«[51]
Als nachdrücklichen Beweis für fehlenden Arbeitswillen galt,
wenn eine angebotene Verdienstmöglichkeit ausgeschlagen oder
schnell aufgegeben wurde. Der Gemeinderat von Bergweiler setzte
etwa die Unterstützung des Johann N. unter anderem deshalb von
zwölf auf acht Mark monatlich herunter, weil dieser die Stelle des
Gemeindeschweinehirten ausgeschlagen hatte.[52] Und dem Erwerbslosen Matthias E. wurde sein Gesuch um eine Unterstützung abgelehnt»mit der Begründung das E. nicht arbeiten will, weil er die
Arbeitsgelegenheit, die ihm die Gemeinde gab nämlich Kiesklopfen
nicht machen will. Er hat zwar Kies geklopt [sic] hätte aber viel
mehr können arbeiten. Er ist arbeitsscheu.«[53]
Das Argument,»bei gutem Willen« werde man schon Arbeit
erhalten oder hätte durchaus mehr arbeiten können, wurde gerade
in ablehnenden Bescheiden an die Erwerbslosen der zwanziger und
dreißiger Jahre gerne benutzt. Dabei kann vermutet werden, dass es
den kommunalen Entscheidungsträgern klar gewesen sein muss,
dass die erfolglose Suche der Antragsteller nach Verdienstmöglichkeiten durchaus auf mangelnden dauernden Arbeitsgelegenheiten
gründete; mithin die Zuschreibung von»Arbeitsunwilligkeit« eine
in Zeiten leerer kommunaler Kassen und anwachsender Erwerbslosenzahlen bequeme und gleichsam reflexartig gebrauchte Floskel
darstellte.[54]

51 LHAK Best. 655, 213 Nr. 6: Landrat Bernkastel an den Bgm. Lieser, 5.2.
1923.

52 KAB-W 2.0.541: Auszug aus dem Protokollbuch GR Bergweiler, 22.5.
1901.

53 LHAK Best. 655, 213 Nr. 580: Notiz [des Gemeindevorstehers Lieser?],
o. D. auf einem Schreiben des E. an das KWA, Lieser, 29.12.1928.

54 Vgl. dazu auch Stazic, Arbeitslosigkeit, S. 76–103. In Bezug auf »schwierige« Klienten machte David F. Crew eine ähnliche Beobachtung für die
von ihm untersuchten Städte:»Wohlfahrtsbeamte mögen diese Beschreibung ihrer schwierigeren Klienten tatsächlich geglaubt haben, aber diese
Attribute dienten auch als rhetorische Strategie mit dem Ziel, die Stimmen der Unterstützungsempfänger zum Schweigen zu bringen und den
Wert oder die Rechtmäßigkeit ihrer Ansprüche und Beschwerden zurück-
zuweisen.« Crew, Germans, S. 75 (eigene Übersetzung).

»Arbeitsunwilligkeit«, »Arbeitsscheu« und »Faulheit« deuteten die lokalen Verwalter in einigen Bewertungen geradezu als Charakterzug. Jakob L. und seine Frau wurden beide als »Erzfaulenzer« bezeichnet, die eigentlich noch »munter und rüstig genug« seien, sich durchzuschlagen.[55] Im Fall des Emil H. führte der Bürgermeister von Monzel als Beispiel dafür an, »wie sehr die Faulheit bei ihm eingerostet ist«, dass dieser seine auf Parzellen der Gemeindenutzung angepflanzten Kartoffeln nicht erntete[56], und bei Franz T. wurde angezweifelt, dass er »bei seiner notorischen Arbeitsscheu« jemals »eine geregelte Beschäftigung ausüben« werde.[57] Den Begriff der »notorischen Arbeitsscheu« äußerte der Lieserer Bürgermeister im Jahr 1934. Möglicherweise schlug sich hier der nationalsozialistische Diskurs über »Asoziale« nieder.[58] Eine Auswertung des Quellenmaterials hinterlässt jedoch den Eindruck, dass die Verwendung des Begriffs »arbeitsscheu« nicht als Indikator einer Radikalisierung des Fürsorgewesens gedeutet werden kann. Er taucht im gesamten Untersuchungszeitraum selten auf und wurde Ende der zwanziger Jahre nicht häufiger verwendet als zu Beginn des Jahrhunderts.[59]

Ein besonderes Ärgernis stellten »Arbeitsunwillige« dann dar, wenn sie für alle sichtbar offensichtlich nichts taten, sich stattdessen umhertrieben oder andere »unnütze« Sachen machten. Der Bürgermeister von Wittlich-Land hatte Verständnis für die Gemeinde Altrich, die der Witwe Max B., »die sich gehen läßt und oft nichts tuend in den Straßen herumläuft und unnütze Reden führt«, die Unterstützung kürzte.[60] Der Gemeindevorsteher von Lösnich begründete einen ablehnenden Bescheid damit, dass die Antragstellerin »zwei erwachsene Töchter hat, wovon die eine fast das ganze Jahr hindurch, wenn die Töchter anderer Ortseingesessen in Feld und Weinbergsarbeiten beschäftigt sind, nobel aufgeputzt spazieren geht oder im Schatten sitzt, und solange diese das Arbeiten

55 KAB-W 2.0.541: Bgm. Bausendorf an den Landrat Wittlich, 17.6.1904.
56 KAB-W 2.0.343: Bgm. Monzel an den Landrat Wittlich, 13.1.1913.
57 LHAK Best. 655, 213 Nr. 662: Bgm. Lieser an den Landrat Bernkastel (Entwurf), 22.11.1934.
58 Vgl. Ayaß, Asoziale, S. 138–156 (Aktion »Arbeitsscheu Reich« 1937/38).
59 Vgl. auch den Namen des »Arbeitsscheuengesetzes« 1912. Dazu als Quellengrundlage Schlosser, Ausübung. Oder schon in der Armenstatistik des Jahres 1885 die Möglichkeit, als Armutsursache »Arbeitsscheu« anzugeben. Statistik der öffentlichen Armenpflege im Jahre 1885.
60 KAB-W 2.0.541: Bgm. Wittlich-Land an den Landrat Wittlich, 8.4.1905.

nicht nothwendig hat, hält der Gemeinderath eine Unterstützung für nicht nothwendig und höchst ungerecht.«⁶¹ Den Gipfel der Unverschämtheit erklommen in den Augen der Gemeindevertreter jene, die tätige Menschen ob ihrer Arbeitsamkeit verspotteten. Der schlechte Leumund vom Michel L. wurde vom Gemeindevorsteher mit folgender Episode bekräftigt:

»An dem fraglichen Tage, als der Kreisarzt zu dem p. L. seiner angeblich kranken Frau gerufen wurde, war der Waldhüter F. im Neuweg für die Gemeinde im Kies einlegen beschäftigt. Dem p. L. seine Frau war in der Nähe mit Binden im Weinberge, und zwar im Tagelohn, aber während der ganzen Zeit hat der p. L. seiner Frau im Weinberg zugesehen, und nichts gearbeitet. Der p. L. machte dem F. verschiedene Bemerkungen, und lachte über F., daß derselbe über das Kies einlegen so schwitzen würde. Ferner wird bemerkt, daß der Waldhüter F. eines Abends spät zu p. L. kam, da traf F. seine angeblich kranke Frau mit Holzsägen beschäftigt, während p. L. ruhig in seinem Bette lag, und seiner Frau zugesehen hat.«⁶²

Den Antragstellern war bewusst, dass die Bereitschaft zu arbeiten ein wichtiges Kriterium ihrer Würdigkeit darstellte. Dementsprechend finden sich in ihren Schreiben immer wieder Beteuerungen der Arbeitswilligkeit, einmal geradezu in Abwandlung des Pauluswortes: »Ich arbeite so gern als ich esse wenn ich nur meine Glieder gebrauchen könnte.«⁶³ Auf mangelnde Verdienstmöglichkeiten und Versuche, sich trotzdem mit Gelegenheitsarbeiten durchzubringen,

61 LHAK Best. 655, 123 Nr. 967: Gemeindevorsteher Lösnich an den Bgm. Zeltingen, 28.12.1903.

62 KAB-W 2.0.541: Gemeindevorsteher Piesport an den Bgm. Monzel, 15.5. 1904. Vgl. ähnlich KAB-W 2.0.343: Auszug aus dem Protokoll-Buch GR Kinderbeuern, 8.3.1914: »Da, wie X. in seinem Antrag erwähnt kein Brot und keine Kartoffeln hat ist kein Wunder, denn er pflanzt nichts, wenn im Sommer die Bauersleute nachmittags in Feld gehen zur Arbeit, dann sitzen diese Leute bei ihren Türen im Schatten, rauchen ihre Pfeife und lachen schließlich die Bauersleute noch aus.«

63 KAB-W 2.0.541: Frau Otto F., Bergweiler an den Oberpräsidenten, 25.1. 1906. Ein ähnliches Argument verwendete ihr Mann in einem Schreiben an den Vorsitzenden des Kreisausschusses, 20.9.1902: »Es kann ja sein, daß ich das nächste Jahr wieder arbeiten kann was ich ja auch sehr hoffe dann will ich mich ja auch wieder plagen und will die Gemeinde nicht mehr belästigen.«

wird immer wieder hingewiesen.[64] Die Beteuerung des eigenen Arbeitswillens beziehungsweise *ex negativo* Klagen über den Verlust der Arbeitskraft sind nicht nur als Strategie zu werten: Thomas Sokoll weist darauf hin, dass hier auch »eine tief verwurzelte Würdigung der menschlichen Arbeit und ihrer gesellschaftlichen Funktion«[65] zum Ausdruck kommt. Studien über die Folgen lang anhaltender Arbeitslosigkeit haben gezeigt, welche massiven Auswirkungen diese Situation auf das Selbstbewusstsein der Betroffenen, ihre sozialen Kontakte, ihre physische und psychische Gesundheit haben kann.[66] Insofern insistierten insbesondere Wohlfahrtserwerbslose darauf, dass sie sich um Arbeit bemühten, aber keine zu finden sei, baten oftmals um eine Unterstützung oder die Zuweisung von Arbeit, um ihren Arbeitswillen zu demonstrieren.[67] Ähnlich sind in vielen Fällen die Beteuerungen der Antragsteller zu werten, dass man der Gemeinde nicht zur Last fallen wolle und die Armenfürsorge nie in Anspruch nehmen würde, wenn es nicht unausweichlich sei – zu sehr war die Armenfürsorge ein repressives System, als dass man sich ohne drängende Umstände hinein begeben hätte.

64 Vgl. etwa LHAK Best. 655, 213 Nr. 190: Ehefrau Leonard U., Wehlen, an den Landrat Bernkastel, 6.6.1910:»Ich arbeite sicher gern, konnte aber seit dem Frühling noch kein Pfg. verdienen.« Oder LHAK Best. 655, 213 Nr. 187: Verhandelt, Bernkastel-Cues, Vinzenz T., Lieser, 29.12.1908: »Ich, Vinzenz T., bin z. Z. außer Arbeit, weiß auch keine zu finden und habe mich öfters vergeblich um Arbeit bemüht. Um nun nicht ganz ohne Verdienst zu sein, helfe ich während des Winters dem Fischereipächter F. in Lieser fischen.«

65 Sokoll, Selbstverständliche Armut, S. 259.

66 Vgl. dazu auf Grundlage von Einzelfallakten der Arbeitslosen- und Armenfürsorge für den Raum Trier Stazic, Arbeitslosigkeit. Als klassische zeitgenössische Studie ist hervorzuheben Jahoda, Arbeitslosen, passim.

67 Vgl. etwa LHAK Best. 655, 213 Nr. 1232: Alois F. an das Wohlfahrtsamt Bernkastel-Kues, 12.1.1933:»Auch will ich die Unterstützung nicht für nichts haben. Die Gemeinde Wehlen hatt [sic] Arbeit genug, die ich gern dafür leiste. Sobald wie ich auch sonst wo Arbeit bekommen will ich gern drauf verzichten.« LHAK Best. 655, 213 Nr. 661: Karl T. an den Gemeinderat Lieser, 12.7.1926:»Anliegen betr. Einstellung bei den Arbeitslosen. Wenn dieses sich nicht ermöglichen läst [sic], dann bitte ich um die Gewährung der Armenhilfe oder sonst irgendwelche Hilfsmasnahmen [sic], die es mir ermöglicht meine Familie zu ernähren. [...] indem ich mich um viele Arbeitsstellen beworben habe, und bei einer in Aussicht genommen wurde, bitte ich bis dahin um die gütige Gewährung einer Arbeit bezw. Unterstützung.«

1.2. Mangelnde Häuslichkeit und »Unwirtschaftlichkeit«

Einer vermeintlichen »Unwirtschaftlichkeit« von Antragstellern sind wir bereits im Zusammenhang mit der Gewährung von Unterstützung in Naturalien begegnet. »Unwirtschaftliche« Personen konnten nach Meinung der Behörden nicht mit Geld umgehen, das heißt sie planten ihre Ausgaben schlecht oder verwendeten ihr Bares für die falschen Dinge.[68] So wurde Witwe F. mit ihren beiden erwachsenen Kindern und einer 15-jährigen Tochter der wenig vorausschauende Umgang mit Geld vorgeworfen: »Was in der Familie verdient wird, wird auch sofort verzehrt, von sparen will dieselbe nichts wissen.«[69] Dabei wurde jedoch keine Aussage darüber getroffen, ob Familie F. überhaupt in der Lage war, etwas zurückzulegen oder ob sie vielleicht gezwungen war, ihren nicht näher bezeichneten Verdienst direkt auszugeben.

Ebenso konnte eine »schlechte Heirat« im Sinne von »Unwirtschaftlichkeit« interpretiert werden. Obwohl Heiratsbeschränkungen für Arme nicht rechtlich fixiert waren, war es offenbar jedoch von behördlicher Seite möglich, Eheschließungen polizeilich zu »erschweren«.[70] Solche Fälle sind in den überlieferten Fürsorgeakten nicht zu finden; allerdings äußerten die kommunalen Verwalter einige Male die Ansicht, dass ein Armer besser nicht auch noch einen ebenso unbemittelten Partner geheiratet hätte. So wurde Baptist J. indirekt dieser Vorwurf gemacht, wenn betont wurde, dass dieser »große Faulenzer« auch noch eine »arme Witwe geheiratet [hat], welche ihm 4 unversorgte Kinder mit in die Ehe gebracht hat«[71] und sich so seine finanzielle Situation verschlechtert hatte.

Zur Wahrnehmung »unwirtschaftlichen« Verhaltens gehört der Vorwurf der »mangelnden Häuslichkeit« gegenüber Antragstellerinnen: Während Männer eher über körperliche Arbeitskraft und Arbeitswillen definiert wurden, lag es in der Hand der Frauen, den Haushalt ordentlich zu führen oder den Garten angemessen zu

---

68 Vgl. etwa Klumker, Theorie, S. 5–9.
69 KAB-W 2.0.541: Bgm. Bausendorf an den Landrat Wittlich, 20.4.1905.
70 Vgl. Dorn, Arbeitslosigkeit, S. 19–20.
71 KAB-W 2.0.343: Bgm. Bausendorf an den Landrat Wittlich, 5.3.1913. Vgl. ähnlich LHAK Best. 655, 213 Nr. 1825: Die Wohlfahrtskommission Lieser könne es im Fall des Karl C. »nicht einsehen, weshalb Unterstützung gezahlt werden soll, nachdem C. fast seit 1 Jahr erwerbslos ist und sich, trotzdem er keine Arbeitslosen-Unterstützung bezog, verheiratet hat.«

pflegen. So berichtete der Bürgermeister von Cröv über das Ehepaar Qu., dass beide Vermögen gehabt hätten, »aber der Leichtsinn und die Arbeitsscheu des Ehemanns, die nicht hinreichende Häuslichkeit der Ehefrau haben das Vermögen aufgezehrt.«[72] Die Beobachtung, dass Antragsteller oder deren Familienmitglieder ihr Geld für unnötige Sachen, für »Luxus« geradezu verschwendeten[73], diente als Argument für die Zurückweisung eines Gesuchs, da sie mit diesem Verhalten indirekt bewiesen, dass eine Bedürftigkeit nicht vorlag. Der Gemeindevorsteher von Lieser brachte diese Argumentation in einer Stellungnahme knapp auf den Punkt: »Wer Geld hat für einen Hund zu halten sind keiner Unterstützung bedürftig sonst würden Sie das Geld, und Futter für den Hund, für die Famiele [sic] verwenden [...].«[74] Lukas O. wurde gleichsam rückwirkend für seinen wenig vorausschauenden Umgang mit Geld bestraft, indem ihm ein Gesuch um ein neues Gebiss abgeschlagen wurde, weil seine Zähne nach Aussage des Bürgermeisters schon in einer Zeit defekt gewesen waren, in der O. noch zur Anschaffung der Prothese auf eigene Rechnung imstande gewesen wäre:

72 KAB-W 2.0.343: Bgm. Cröv an den Landrat Wittlich, 12.8.1911. In einer Entscheidung des Gemeinderats der Obermosel-Gemeinde Wiltingen am 15.9.1875 wurde die Ablehnung eines Unterstützungsgesuchs wie folgt begründet: »Der Beschwerdeführer W. ist ein noch arbeitsfähiger, aber arbeitsscheuer Mann, hat eine ebenfalls arbeitsfähige, aber infolge ihrer Trägheit und moralischen Verkommenheit weder für Häuslichkeit noch für Erfüllung ihrer mütterlichen Verpflichtungen zur Erziehung ihrer Kinder bedachte Frau [...].« Zitiert nach Kramp, Landstreicherin, S. 7. In dieser Begründung – deren Wortlaut im Übrigen den Urteilen der Gemeinderäte in den untersuchten Gemeinden sehr ähnelt! – wird der häuslichen Sphäre auch die Kindererziehung zugerechnet.

73 Etwa KAB-W 2.0.541: Bgm. Wittlich-Land an den Landrat Wittlich, 21.2.1906: »Die erwachsene Tochter soll dazu ganz ungewöhnlichen Putz treiben.« Vgl. einen ähnlichen Fall in der Obermosel-Gemeinde Wiltingen aus dem Jahr 1886, wo das Gesuch eines Ehepaars mit der Begründung abgelehnt wurde, da »der Sohn, der sich noch vor Jahresfrist ein neues Jagdgewehr für 50 Mark gekauft hat, im Stande sein muß, die Eltern, die wenigstens noch theilweise arbeitsfähig sind, genügend zu unterstützen.« Zitiert nach Kramp, Jahresfrist, S. 6.

74 LHAK Best. 655, 213 Nr. 187: Gemeindevorsteher Lieser an den Bgm. Lieser, 10.4.1909.

»Damals, in der Inflations- und der nachfolgenden Zeit hat O. sehr viel Geld verdient, ohne daß er damals seinen Mund in Ordnung bringen ließ; vielmehr wurde damals das Geld für seine Liebschaften ausgegeben (von denen er sogar eine wochenlang in Lieser einquartierte) und die Frau O. gestattete sich, als sie eine Theaterveranstaltung besuchen wollte, sich eine Friseuse nach Lieser kommen zu lassen.«[75]

Da die öffentliche Unterstützung nur auf das Lebensnotwendigste beschränkt sein sollte, konnte die kommunale Verwaltung nicht tolerieren, dass Nicht-Bedürftige überhaupt und dann auch noch mit Bargeld, das unsachgemäße Verwendung finden konnte, unterstützt wurden. Vor der Gewährung von Armenunterstützung waren die Antragsteller dazu verpflichtet, ihre Arbeitskraft, ihr Vermögen und Einkommen so weit als möglich einzubringen, um öffentliche Hilfe zu vermeiden. Es lag also gewissermaßen im Aufgabenbereich der kommunalen Verwalter, genau zu überprüfen, inwieweit ein Antragsteller noch arbeitsfähig und »arbeitswillig« war und ob er Vermögen hatte. Auch der »Leumund« eines Antragstellers sollte – zumindest nach den Grundsätzen der »alten« Armenpflege – durch »persönliche Aufsuchung desselben in seiner Wohnung sowie durch Befragung zuverlässiger Personen« unter die Lupe genommen werden.[76] Inwiefern dieser Aspekt einen Einfluss auf die Vergabe der Fürsorgeleistungen hatte, ist Thema des folgenden Abschnitts.

1.3. »Trunksucht«, sittlich-moralisches Verhalten und Anmaßungen

Die Entscheidungen über die Vergabe einer Unterstützung führten sehr oft Wertungen über den Lebenswandel der Antragsteller mit sich, die das Eingreifen der Armenfürsorge oder disziplinierender

---

75 LHAK Best. 655, 213 Nr. 661: Bgm. Lieser an den Landrat Bernkastel (Entwurf), 23.6.1927. Ähnlich LHAK Best. 655, 123 Nr. 1040: Ablehnung des Gesuchs um Erhöhung der Unterstützung von Ehepaar P., Gemeindevorsteher Wolf an den Bgm. Zeltingen, 25.6.1909: »Der Frau P. vorläufig nicht mehr wie zehn Mark zu bewilligen. Habe Sie früher mit ihrem Mann Reh & Hasenbraten gegessen möge sie jetzt sich auch mit etwas geringerem begnügen, die Gemeinde trage ja hier keine Schuld sondern lediglich Mann & Frau P.«
76 Gerlach, Handbuch, S. 45.

Maßnahmen wie der Einweisung in eine Arbeitsanstalt oder eine Trinkerheilanstalt notwendig werden ließen. »Arbeitsscheu« wurde, wie schon erwähnt, gleichsam als Charakterzug gesehen; als weitere Komponenten eines »unwürdigen« Lebenswandels wurden daneben »Trunksucht«, nicht einwandfreie Moralität und Anmaßungen gegenüber Dorfmitgliedern und Gemeindevertretern angesprochen. Erst in Ansätzen wurde im Untersuchungszeitraum – zumindest im hier thematisierten Gebiet – Alkoholismus als eine behandelbare Krankheit angesehen.[77] Gängiger war immer noch die Vorstellung, dass es sich dabei um eine moralische Verfehlung handele. Aus einem Schreiben des Armenarztes Dr. Rosenberger aus dem Jahr 1912 wird die ambivalente Bewertung der »Trunksucht« ersichtlich. Er führte darüber Beschwerde, »daß ich mehrfach auf Armenschein zu Leuten gerufen wurde, die meines Ermessens durchaus kein Anrecht darauf haben«, und nannte als Beispiel »L. Gesunder, jedoch dem Trunke stark ergebener Mann. Gesunde Frau. Das Vermögen zum Teil durch den Ehemann vertan, zum Teil noch vorhanden. Wenn die Mittel zum Wirtshause da sind, sollten sie für nötigere Dinge wohl auch gefordert werden können.«[78] Die Formulierung »dem Trunke ergeben« kann als Hinweis auf die Sucht des Kranken gedeutet werden. In der Bemerkung des Arztes, dass L. neben seinen Ausgaben im Wirtshaus auch für »nötigere Dinge« noch Geld bereitlegen müsse, scheint jedoch auch die Vorstellung auf, dass L. zu einem rationalen Umgang mit seiner Sucht und den Mitteln, die er dafür verwende, in der Lage sein müsste.[79] Trinken wurde primär

77 In Deutschland wird die Diskussion um Alkoholismus als Suchtkrankheit unter Experten schon in der ersten Hälfte des 19. Jahrhunderts angesetzt; »Trunksucht« wurde jedoch immer wieder »zwischen Laster und Krankheit« angesiedelt und Strafen für Erkrankte gefordert. Vgl. Hauschildt, Trinkerfürsorge, S. 33–36. »Erst nach der Jahrhundertwende sollte die Krankheit über das Laster siegen« – und die Durchsetzung des neuen Paradigmas war eng mit Evolutionstheorien, vor allem der Degenerationstheorie Morels verbunden: »Es war die lautstark vorgetragene Idee einer durch Alkohol bewirkten ›Keimschädigung‹ und der ›Durchseuchung‹ der erbgesunden Rasse durch das ›minderwertige‹ Erbgut von Trinkern, die der Sucht zum Durchbruch verhalf.« Spode, Trunksucht, S. 222.

78 LHAK Best. 655, 213 Nr. 57: Dr. Rosenberger, Mülheim, an den Bgm. Lieser, 25.1.1912.

79 Vgl. ähnlich LHAK Best. 655, 213 Nr. 661: Bgm. Lieser an den Landrat Bernkastel (Entwurf), 23.6.1927: »Übrigens scheinen auch jetzt die Verhältnisse des O. keine schlechten zu sein, da man ihn öfters in betrunkenem Zustande sieht und er auch öfters Wirtschaften aufsucht.«

als Ursache von Geldverschwendung oder der Vernachlässigung geregelter Arbeit und familiärer Verpflichtungen gesehen.[80] Mithin wurde »Trunksucht« eher als Ursache denn als mögliche Folge von Armut wahrgenommen.[81] Dass der ehemals selbständige Metzger Alois F. »sein Handwerk vernachlässigt und sich in Wirtshäusern umhergetrieben« hat, hatte den »Rückgang des Geschäfts und zunehmende Verschuldung, die dann auch zur Einstellung des Betriebes führte«, zur Folge.[82] »Wegen Verschwendung oder Trunksucht« konnte ein Entmündigungsverfahren eingeleitet werden[83], was im Fall des Philipp L. auch vom Bürgermeister versucht wurde, da durch dessen »Saufleidenschaft« die mit ihm zusammenlebende Mutter gezwungen war, einen Antrag auf Unterstützung zu stellen. Auch die Trunksucht von Max S. führte zur Vernachlässigung seiner Familie und deren Angewiesensein auf öffentliche Unterstützung:

»Wie es Ihnen schon bekannt sein wird, wurde mein Mann im Monat April wegen Trunksucht entmündigt. Was er früher weniger trank, das trank er nach der Entmündigung desto mehr. Er führte sich derart ungebührlich auf und trank trotz allen Ermahnungen unsinnlich weiter und sorgte für mich und das kleine Kind von sieben Monaten schon lange nicht mehr. Ich mußte mich vor Hunger und Misshandlung zu meinen Eltern nach Monzel flüchten.«[84]

80 Vgl. etwa KAB-W 2.0.343: Bgm. Stadt Wittlich an den Landrat Wittlich, 18.7.1910: »Im Übrigen bemerke ich, daß J. ein dem Trunk ergebener Mensch ist, der alles Geld, was er in Hände bekommt, in Branntwein umsetzt.« Ähnlich KAB-W 2.0.541: Gemeindevorsteher Niederkail an den Landrat Wittlich, 6.7.1901: »Der Vater wäre ganz gut im Stande die Kinder zu ernähren, wenn er nicht dem Trunke ergeben wäre und arbeiten würde.« Oder LHAK Best. 655, 213 Nr. 661: Bgm. Lieser an den Landrat Bernkastel (Entwurf), 14.6.1927: »Aber statt den Verdienst zum Unterhalt der Familie zu verwenden, vertut er das Geld in Wirtshäusern, so hat er kürzlich zu der Zeit, wo seine Frau sich im Krankenhause befand, in einer Nacht seinen Wochenverdienst in der in keinem guten Ruf stehenden Wirtschaft F. hier ausgegeben.«
81 Vgl. Gysin-Scholer, Krank, S. 69.
82 LHAK Best. 655, 213 Nr. 1232: Bgm. Lieser an den Landrat Bernkastel (Entwurf), 3.2.1933.
83 Vgl. Graeffner/Simm, Armenrecht, S. 379.
84 LHAK Best. 655, 213 Nr. 188: Schreiben der Ehefrau Max S., Noviand, an den Bgm. Lieser, 15.1.1912.

Die Fürsorgeerziehung war ähnlich der Arbeitshauseinweisung für Erwachsene die disziplinierende Maßnahme für kriminelle oder doch zumindest auffällige Kinder und Jugendliche, bei Jungen vor allem in der »Kontrolllücke« zwischen Schulentlassung und Militärdienst. Seit 1900 konnten zwar nicht straffällige, aber doch »verwahrloste« Minderjährige in Anstalten oder Pflegefamilien untergebracht werden.[85] Obwohl diese Thematik in dieser Arbeit nicht behandelt werden kann und solche Fälle nur sporadisch in den Akten der Allgemeinen Armenfürsorge vorkommen, sind die Urteile über die Erziehungsverantwortlichen von Interesse, deren Lebenswandel ein Eingreifen der Fürsorgeerziehung erforderte.[86] Die schon erwähnte Witwe Martha F. beispielsweise zeigte keinerlei verantwortungsvolles Verhalten als Elternteil: Sowohl sie als auch ihre Eltern kümmerten sich nicht ausreichend um ihre fünf Kinder und seitens des Vormundschaftsgerichtes Wittlich wurde die Unterbringung der drei Jüngsten in Pflegefamilien angeordnet. Über die Mutter wurde folgendes Urteil abgegeben:

»Diese, obwohl noch kräftig, jung und völlig arbeitsfähig, ist ein freches, faules und sittlich tief stehendes, rohes Frauenzimmer, die bei einigem guten Willen bei der in Rievenich und Umgegend Jahr aus und ein vorhandenen reichlichen Arbeitsgelegenheit sehr wohl in der Lage wäre für sich und ihre Kinder zu sorgen, zumal ihre Eltern, die allerdings nicht besser wie ihre Tochter sind, ihr in der Kinderversorgung zur Seite stünden. Aber statt ihren Pflichten als Mutter zu genügen, treibt sich die Wittwe F. fast andauernd draußen umher, läßt ihre Kinder betteln gehen und kümmert sich blutwenig um das Wohlergehen derselben. [...] Am 27. 7. d. Js. verließ die Wittwe F. ihr Wohnhaus und kehrte erst am Abend des 4. 8. d. Js. zurück. Sie hinterließ während dieser Zeit ihre fünf kleinen Kinder, sorgte in dieser Zeit in keiner Weise für dieselbe, sodaß fremde Mildtätigkeit hier einzugreifen gezwungen war [...]. Während dieser Zeit trieb sich das verrohte Frauenzimmer in empörendster Weise mit verheirateten und unverheirateten Arbeitern in Wittlich herum.«[87]

85 Vgl. dazu etwa Blum-Geenen, Fürsorgeerziehung, S. 18, S. 41.
86 Vgl. Crew, Elternschaft, S. 272: »Verwahrlosung‹ galt gleichermaßen als Symptom wie als Produkt der Unfähigkeit von Eltern, ihrer Aufgabe angemessen nachzukommen. Insofern richtete sich der Beschluss zu ›Fürsorgeerziehung‹ mindestens ebenso gegen die Eltern wie gegen das Kind oder die Kinder selbst.«
87 KAB-W 2.0.541: Bgm. Hetzerath an den Landrat Wittlich, 14.12.1905.

Das moralisch-sexuelle Fehlverhalten, das hier angesprochen wird, diente dazu, vor allem Frauen als »liederlich« und damit als »unwürdig« zu klassifizieren. In den Stellungnahmen der Bürgermeister zu abgelehnten Anträgen wurden Gerüchte innerhalb des Dorfes über angebliche Affären kolportiert.[88] Der Witwe Margarethe L. wurde unterstellt, dass sie sich nur deshalb geweigert habe, im Landarmenhaus untergebracht zu werden, weil ihr dort »der Verkehr mit einem gewissen ›Robert‹ versagt sei«. Auch sie habe, wie Witwe F., ihre fünf Kinder vernachlässigt; ein erwachsener Sohn treibe sich »in der Welt umher«, zwei Kinder seien in Zwangserziehung untergebracht, und eine Tochter befinde sich im Mädchen-Erziehungsheim Föhren. Folgendes Urteil wird daher über die Mutter gefällt: »Die p. L., 43 Jahre alt, ist ein in jeder Beziehung verkommenes freches Frauenzimmer, welches die Gemeinde Niersbach zwingen will sie zu unterstützen ohne daß sie Niersbach zu verlassen nothwendig hat.«[89]

Neben dem Lebenswandel, der Antragsteller als nicht unterstützungswürdig klassifizierte, war auch ihr Umgang mit den Behörden und ihre Erwartungshaltung an die Gemeinde Gegenstand der Bewertung. Wiederholt kommentierten die lokalen Verwalter mit Unverständnis, Empörung geradezu, Unterstützungsgesuche von Antragstellern, die offenbar Vermögen hatten oder arbeitsfähig waren:

»Ich finde es auch geradezu unerhört, dass Sie einen solchen Antrag stellen. Sie führen doch mit Ihrem erwachsenen Sohne, der unverheiratet ist, gemeinsame Haushaltung und haben nur für sich und Ihren Sohn zu sorgen. Nun wurde Ihr Sohn zu Ihrer Unterstützung vom Militärdienst befreit und kann seiner Unterstützungspflicht auch sehr gut genügen, denn er arbeitet doch Tag für Tag als Rottenarbeiter auf der Eisenbahn und verdient einen schönen Lohn. Da soviel hier bekannt, Ihr Sohn seiner Pflicht nachkommt, so fehlt Ihnen jeder Grund zur Beantragung einer Unterstützung.«[90]

---

88 Vgl. etwa KAB-W. 2.0.541: Bgm. Oberkail an den Landrat Wittlich, 14.9. 1904: »Es wird gemunkelt, als ob die p. N. sich während der Zeit der Erkrankung ihres Ehemannes nicht einwandfrei geführt habe, obgleich Beweise hierfür nicht erbracht werden können.«

89 KAB-W 2.0.541: Bgm. Hetzerath an den Landrat Wittlich, 10.3.1901.

90 LHAK Best. 655, 213 Nr. 188: Bgm. Lieser an Wwe. Bernhard A., Noviand, 10.7.1912 (Entwurf). Ähnlich LHAK Best. 655, 213 Nr. 190: Bgm. Lieser an den Landrat Bernkastel, 20.9.1912 (Entwurf), Stellungnahme zu einem

Allein die Tatsache, dass sich abgewiesene Antragsteller beschwerten oder sich auch mehrmals an die lokalen Stellen wandten, um ihr Anliegen wieder und wieder zu formulieren, konnte von den Verwaltern als eine Belästigung angesehen werden, die die Chancen auf eine eventuelle Gewährung der Unterstützung verschlechterte. So wurden die Briefe und Postkarten der Witwe Peter O., die sich laufend an den Gemeindevorsteher oder den Bürgermeister schickte, irgendwann gar nicht mehr beantwortet. Ähnlich wurde Matthias Q. als »nichtsnutziger Querulant [...], der seit *einem* Jahren andauernd das Bürgermeisteramt mit Beschwerden beschäftigt« in einer Stellungnahme des Bürgermeisters von Bombogen/Salmrohr an den Landrat von Wittlich charakterisiert. Dies bedeutete zunächst unterschwellig, dann explizit formuliert, dass man seine Schreiben gar nicht ernst nehmen müsse: »Der Beschwerdeführer verdient nur eine kurze Abweisung seiner Beschwerde oder besser gar keine Antwort. Es ist dieselbe Persönlichkeit, die in letzter Zeit wiederholt auf dem Landratsamte vorstellig wurde.«[91]

Die Unterstellung, dass sich Antragsteller auch deswegen nicht aus eigenem Antrieb um ihren Unterhalt bemühten, da sie der Ansicht seien, die Gemeinde werde schon für sie aufkommen, das bei Witwe L. angesprochene »Zwingen« einer Unterstützung, findet sich ebenso immer wieder in den Akten. Matthias W. wurde vorgeworfen, »daß der Antragsteller anzunehmen scheint, die Gemeinde, das heißt der Ortsarmenverband sei verpflichtet ihn und seine Familie vollständig zu erhalten, ohne daß er seinerseits irgend etwas leistet«.[92] Otto F. fordere eine Unterstützung ein, indem er

abgelehnten Gesuch: Nach einer Aufzählung der Verdienste der einzelnen Familienmitglieder schließt der Bürgermeister wie folgt: »Ich finde es unbegreiflich, daß eine Familie, die 3 arbeitsfähige und im Verdienst stehende Angehörige hat, Unterstützung beansprucht.«

91 KAB-W 2.0.343: Stellungnahme des Bgm. Bombogen/Salmrohr an den Landrat Wittlich, 7.11.1910. Ähnlich KAB-W 2 0541: Stellungnahme des Bgm. Bombogen/Salmrohr an den Landrat Wittlich, 9.6.1901, im Fall des Johann N., »den Beschwerdeführer energisch abzuweisen, damit endlich dessen Belästigungen der Behörden und Privatpersonen ein Ende gemacht wird.«

92 KAB-W 2.0.343: Bgm. Cröv an Matthias W., Cröv, 16.2.1914. Ähnlich KAB-W 2.0.541: Bgm. Bombogen/Salmrohr an den Landrat Wittlich, 26.4.1903, über Familie X: »Nach Angabe des Ortsvorstehers hat die Familie sich stets gehen lassen und gesucht, von der Gemeinde unterhalten zu werden.«

»in herausfordernder Weise im Orte einherspaziert und die Bemerkung macht, er würde die Gemeinde schon zwingen, seine Familie zu unterhalten«.[93] Die Zitate legen nahe, dass es bei den Antragstellern die Vorstellung eines Rechtsanspruches auf Unterstützung gegeben haben muss. Auffallend ist, dass gerade die, die dieses Recht einforderten, als unverschämt charakterisiert wurden, was die These untermauert, dass sich »würdige« Arme bescheiden zeigen mussten.

Neben disziplinierenden Maßnahmen wie der Einweisung in ein Arbeitshaus sollten »unwürdige« Antragsteller mit Entzug der Unterstützung bestraft werden, zum einen, weil man wohl tatsächlich glaubte, abgewiesenen Antragstellern damit in einem erzieherischen Sinn eine »Lehre erteilen« zu können. Der Gemeindevorsteher von Wehlen schloss Leonard U. von der Gemeindearbeit aus, da dieser randaliert und ihn beschimpft habe. Nachdem sich Frau U. mit einer Beschwerde deswegen an den Landrat von Bernkastel gewandt hatte, legte der Bürgermeister von Lieser dar, dass der Gemeindevorsteher schon dafür gesorgt habe, dass die Kinder der Familie U. versorgt wären, »wenn aber die Alten einmal sollen hungern müssen, so sei dies nun lediglich ihre Schuld gewesen. Er habe den U. nicht dauernd von der Gemeindearbeit ausschliessen wollen, sondern ihn nur strafen wollen.«[94] Explizit wurde der erzieherische Impetus durch den Gemeindevorsteher von Wehlen in einem Schreiben vom November 1933 angesprochen, wo eine äußerst geringe Unterstützung mit Folgendem begründet wurde. »Die Leute müssen an [sic] Sparsamkeit und Arbeit erzogen werden, bisher verlegten sie sich auf das Betteln.«[95] Solche Überzeugungen waren nicht Ausdruck einer spezifisch nationalsozialistischen Auffassung von Fürsorge, sondern stehen in einer langen Tradition des Umgangs mit Armen.

Zum anderen wurden Anträge aber auch abgewiesen, weil man befürchtete, »durch die Gewährung einer Unterstützung würde dem lockeren Lebenswandel des Antragstellers Vorschub geleistet«[96],

93 KAB-W 2.0.541: Bgm. Wittlich-Land an den Landrat Wittlich, 21.2.1906.
94 LHAK Best. 655, 213 Nr. 190: Bgm. Lieser an den Landrat Bernkastel (Entwurf), 18.1.1912.
95 LHAK Best. 655, 213 Nr. 579: Gemeindevorsteher Wehlen an den Bgm. Lieser, 13.11.1933.
96 LHAK Best. 655, 213 Nr. 661: Bgm. Lieser an den Landrat Bernkastel (Entwurf), 14.6.1927.

mit der Unterstützung die Eigeninitiative gebremst[97] und letztlich die gemeindlichen Ausgaben verschwendet.[98] So traute man Lukas O. zu, dass er eine Strickmaschine, deren Anschaffung das Kreiswohlfahrtsamt empfohlen hatte, damit die Ehefrau einem Nebenverdienst nachgehen könne, »sehr bald verkaufen und das Geld ~~zur Stillung seines andauernden Durstes~~ zu anderen Zwecken verwenden wird«.[99] Der Lebenswandel von Antragstellern wurde oft in Verhältnis zu anderen Dorfbewohnern gesetzt, die nach Ansicht der kommunalen Entscheidungsträger weit besser wirtschafteten oder ordentlicher und fleißiger waren und deshalb keine öffentliche Unterstützung in Anspruch nehmen mussten.[100] In den Stellungnahmen zu abgelehnten Gesuchen findet sich der Hinweis auf andere Dorfmitglieder, die ebenfalls Hilfe nötig hätten, denen diese aber, etwa aufgrund der miserablen finanziellen Situation der Kommune, auch nicht gewährt werden könne.[101] Forderungen nach einer Erhöhung einer Unterstützung lehnten die Verwalter mit dem Argument ab, dass andere Fürsorgeempfänger mit ähnlich hohen oder geringeren Sätzen auskämen.[102] Die Armut des Einzelnen wurde in Verhältnis

---

97 Vgl. etwa KAB-W 2.0.541: Bgm. Bombogen / Salmrohr an den Landrat Wittlich, 9.6.1901: »Der Gemeinderath von Bergweiler ist gern bereit, seine Armen zu unterstützen, will aber die Trägheit der Familie N. nicht noch fördern.«

98 Dies insbesondere im Zusammenhang mit »trunksüchtigen« Antragstellern; vgl. etwa KAB-W 2.0.541: Bgm. Bombogen / Salmrohr an den Landrat Wittlich, 26.4.1903: »Gebe man dem Vater eine Unterstützung, so werde der schon verdienende Sohn seinen Lohn nicht mehr abgeben, sondern vertrinken.«

99 LHAK Best. 655, 213 Nr. 580: Bgm. Lieser an den Kreisausschuss Bernkastel (Entwurf), 11.11.1930.

100 Vgl. etwa KAB-W 2.0.541: Bgm. Bombogen / Salmrohr an den Landrat Wittlich, 9.6.1901: »Zum Vergleich führe ich an, dass die Witwe Sch. zu Bergweiler ihre fünf Töchter ohne jegliche Unterstützung von der Gemeinde allein großgezogen hat, mithin dürfte die rüstige Frau N. wohl im Stande sein, ihre zwei unmündigen Kinder zu ernähren.«

101 Etwa KAB-W 2.0.541: Auszug aus dem Protokollbuch GR Kröv, 6.10. 1906: »[...] so lehnt die Vertretung eine Unterstützung um so mehr ab, als im Orte vielfach weit bedürftigere Leute vorhanden sind, die sich, ohne die öffentliche Armenpflege in Anspruch zu nehmen, durchschlagen.«

102 Etwa LHAK Best. 655, 213 Nr. 662: Bgm. Lieser an den Landrat Bernkastel (Entwurf), 20.2.1932: »Auch mit Rücksicht darauf, daß andere Unter-

zur »durchschnittlichen« Armut innerhalb der Gemeinschaft gestellt: Ebenso, wie es Antragsteller gab, in deren Fall ein ganzes Dorf aufgrund ihrer außergewöhnlichen Bedürftigkeit der Ansicht war, dass sie unterstützt werden sollten, konnte in anderen Fällen aufgrund der Armut des ganzen Dorfes ein Antragsteller abgewiesen werden mit der Argumentation, dass sonst »alle« unterstützt werden müssten und es keinen Grund dafür gebe, ausgerechnet ihm Hilfe zukommen zu lassen.[103]

Das Verhältnis der Antragsteller zu den Dorfmitgliedern wurde auch in anderer Hinsicht in den Korrespondenzen der Verwalter thematisiert. Es gibt Hinweise auf gegenseitige Hilfe innerhalb des Dorfes, auf mildtätige Mitmenschen, die Ärmere unterstützten. Manchen Antragstellern wurde vorgeworfen, dass sie nicht auf öffentliche Unterstützung angewiesen sein müssten, würden sie sich nur besser mit den anderen Einwohnern des Ortes verstehen. Dann hätten sie keine Probleme, eine Wohnung zu finden, oder es würde ihnen auch sonst geholfen werden: »Wären die Eltern nicht in hohem Maße unerträglich und ärgerniserregend, so würde sie auch von den Ortseingesessenen reichlich unterstützt werden.«[104]

Der Lebenswandel des Einzelnen wurde von den Mitmenschen beobachtet und je nach dem, wie man sich verhielt, konnte man im Netzwerk des Dorfes aufgefangen oder fallengelassen werden. Wie genau sich die wechselseitigen Unterstützungen innerhalb eines Ortes gestalteten, wie die komplexe Abfolge von »Geben und Nehmen« in ländlichen Gesellschaften immer wieder neu austariert wurde, kann in dieser Arbeit nicht beleuchtet werden. Hier kommen nur die Personen in den Blick, die einen Antrag auf Fürsorge

stützungsempfänger mit zahlreicheren Familien den gleichen Unterstützungsbetrag erhalten, damit auskommen und zufrieden sind, hat sich die Wohlfahrtskommission gutachtlich gegen die Erhöhung der Unterstützung ausgesprochen.«
103 Vgl. etwa KAB-W 2.0.343: Bgm. Monzel an den Landrat Wittlich, 15.4. 1910, betr. Beschaffung einer Wohnung für Wwe. Anton Qu. aus Pohlbach: »Verschiedene andere Familien in Pohlbach befinden sich in gleich armen Verhältnissen, ohne daß die Gemeinde Unterstützung auf die eine oder andere Weise leistete. Würde man in diesem Falle eine Wohnung beschaffen, so kämen zweifellos bald die anderen mit gleichen Anforderungen. Die sehr arme mit Umlagen belastete Gemeinde kann nur in den allerdringendsten Fällen etwas leisten.«
104 KAB-W 2.0.541: Bgm. Wittlich-Land an den Landrat Wittlich, 23.10. 1905.

stellten oder Unterstützung erhielten. Wie diese Menschen in den Augen ihrer Mitmenschen wahrgenommen wurden, ist Gegenstand des folgenden Teilkapitels.

2. Andere Dorfmitglieder und Institutionen: Soziale Kontrollmechanismen

Das soziale Gefüge in der ländlichen Gesellschaft war in starkem Maße an Besitz geknüpft. Vermögenslose Personen besaßen somit wenig Ansehen. Im Dorf Ohmenhausen bei Reutlingen beispielsweise, wo Susanne Mutschler in den achtziger Jahren Interviews durchgeführt hat, existierte das »Schneckendörfle«, eine auf einer Anhöhe liegende, von dem übrigen Dorf getrennte Siedlung, wo die »armen Leute« wohnten. Als geradezu ein »Kindheitstopos« wird in der Untersuchung herausgearbeitet, dass dessen Bewohner »die sichtbar Anderen« waren, »die wie die Schnecken außer ihren winzigen Häuslein gar nichts hatten« und von den Kindern gemieden, gar »in der Woche ein paar Mal heimgehauen« wurden.[105] Über den Umgang mit einer solch großen und örtlich festgelegten Gruppe von armen Personen findet sich in den von mir untersuchten Akten leider nichts. Einzelpersonen und Familien jedoch konnten durchaus in dem Ruf stehen, in der Dorfgemeinschaft nicht besonders wohlgelitten zu sein, weshalb sich die Wohnungssuche der Betreffenden schwer gestaltete oder ihnen von mildtätigen Leuten des Dorfes nichts gegeben wurde.

Von diesem pauschalen »Nicht-gelitten-sein« innerhalb des Dorfes sind jedoch konkrete Anschwärzungen zu unterscheiden, in der sich andere Einwohner direkt an die Behörde wandten, um diese darüber in Kenntnis zu setzen, dass ein Unterstützungsbezieher ihrer Ansicht nach die öffentliche Hilfe nicht benötige oder dass er sie falsch verwende.[106] Diese Denunziationen hatten – so kann zumindest vermutet werden – oftmals ihre Ursachen in anderweitigen Konflikten der beiden Parteien. So beschwerte sich August K. beim Bürgermeister von Lieser unter Heranziehung der gängigen Merkmale eines »unwürdigen« Armen darüber, dass Max V. eine Unterstützung gewährt wurde:

---

105 Mutschler, Ländliche Kindheit, S. 43.
106 Für die Weimarer Republik vgl. dazu Crew, Germans, S. 86–88.

»Ew. Wohlgeboren will ich zu wissen thun, daß mir mitgetheilt worden ist Max V. Noviand sei eine Unterstützung von 20 M. gemacht worden was ich für unnötig erkenne, da er ein gesunder kräftiger Mann ist und noch kaum 14 Tage ohne Arbeit aus welcher er fortgelaufen sein soll. Früher hatte er schöne Stellung beim Herrn Letixerant da hätte er bleiben sollen dann hätte er Verdienst. Er hat doch Geld für ins Wirtshaus zu gehen und mit Familie das Theater zu besuchen, dann will mann noch unterstützt sein. Selbst in meiner Gegenwart prangt er sich er habe an einem Nachmittage 27 Glas Bier getrunken ohne betrunken zu sein. Auch hat er Geld für großartige Prozesse in ungerechter weise mit mir zu führen. Er hat mir jetzt im Prozeßvervaren [sic] eine Rechnung von 136 M. durch seinen Anwalt zugeschickt binnen 3 Tagen zu zahlen falls es nicht geschickt er Fänden [sic] werde, außerdem hatte ich schon in dieser Sache über 232 M Unkosten dann bekommt er ja wieder Geld genug für im März mit uns vors Gericht zu gehen und brauch nicht zu arbeiten dann hat er noch mehr Zeit uns zu verspotten und verfolge. Er drückt sich aus mit dem Revolver würde er sich mit uns vereinigen, er brächte uns noch an einen kühlen Ecken […]. Wenn der 20 M. erhalten soll so würde uns eher was gebühren da meine Mutter schon 2 Monate schwer krank ist wo sie Ärztliche Hilfe brauchen muß.«[107]

August K. hielt es nicht für richtig, dass einem Mann, der seine Arbeitsstelle aufgegeben hatte, oft Wirtschaften und das Theater besuchte, eine Unterstützung gewährt worden war. Diese Ansicht hob er geradezu ins Allgemeingültige (»dann will mann noch unterstützt sein«), um seiner Empörung darüber Nachdruck zu verleihen. Fraglich ist allerdings, ob sich August K. die Mühe gemacht hätte, solch ein Schreiben zu verfassen, hätte er zu diesem Zeitpunkt nicht mit Max V. einen Prozess geführt, für den diesem – so

107 LHAK Best. 655, 213 Nr. 188: August K. an den Bgm. Lieser, Noviand, 12.2.1912. Die Antwort des Bgm. Lieser an August K., Lieser (Entwurf), 15.2.1912 lautete: »Es liegt für mich keine Veranlassung vor, auf Ihre Eingabe vom 12. d. Mts. näher einzugehen.« Max V. erhielt zu diesem Zeitpunkt tatsächlich eine einmalige Unterstützung von 20 Mark aufgrund der Erkrankung seiner Kinder. Vgl. Archiv der Verbandsgemeindeverwaltung Bernkastel: Beschlussbuch GR Maring 1905–1914, 8.2.1912. Eine Gesuch um diese Unterstützung ist in den Fürsorgeakten nicht dokumentiert.

die Befürchtung K.s – jetzt wieder neue Mittel zuflossen. Ähnlicher Begründungen wie August K. bediente sich auch der Hausbesitzer Adam T., um die bei ihm zur Miete wohnenden Eheleute Matthias F. aus dem Haus zu weisen. Zunächst führte er an, dass die Eheleute ihm bei Begründung des Mietverhältnisses falsche Angaben über ihre Vermögensverhältnisse gemacht hätten. Er sei jedoch auf eine pünktliche Bezahlung der Miete angewiesen, um seine Zinsen zu bezahlen. Neben dieser rechtlich sicherlich ausreichenden Begründung der Kündigung erschienen ihm die Eheleute F. jedoch auch aus moralischen Gründen als Mieter nicht mehr genehm:

»Ferner kam eines Tages ein fremder Motorradfahrer zur Familie F., den die Frau F. als ihren Stiefvater bezeichnete, wohingegen ich später in Maring erfuhr, daß dieser Mann ein Italiener sei, in Hermeskeil wohne und von seiner Ehefrau getrennt lebe. Die Eheleute F. hierüber zur Rede gestellt, gaben sie nur zu, mich belogen zu haben. Dieser Mann ist dann, wie mir erzählt ist worden [sic], sogar einmal spät in der Nacht mit Frau F. auf dem Motorrad in mein Haus gekommen. Schließlich mietete sich bei den Eheleuten F. die Schwester des Ehemannes F. ein, eine Person, die unverheiratet ist. Diese gab vor, sich besuchsweise bei ihrem Bruder aufzuhalten, fuhr aber öfters mit dem fremden Motorradfahrer aus, blieb einmal sogar 14 Tage aus und kehrte dann wieder zurück. Ein solcher Verkehr in meinem Hause konnte mir nicht zusagen und deshalb suchte ich die Familie F. loszuwerden, erst recht, als ich obendrein noch erfuhr, daß die Eheleute F. wohl standesamtlich, aber nicht kirchlich getraut seien.«[108]

Obgleich es sich beim Fall der Eheleute Matthias F. nicht um eine Beschwerde wegen unrechtmäßig gewährter Unterstützung handelt, sind die Schilderungen des Adam T. ein sprechendes Beispiel dafür, dass sich das Privatleben vor den beobachtenden Augen nicht nur des Vermieters, sondern auch der anderen Dorfbewohner abspielte – wenn es denn überhaupt der Wahrheit entsprach, hatte man »in Maring« die Informationen über Nationalität, Herkunftsort und Familienstand des fremden Motorradfahrers wohl kaum von diesem selbst erfahren.

108 LHAK Best. 655, 213 Nr. 580: Verhandelt, Bernkastel-Kues, Adam T., Lieser, 16.7.1932.

Nicht selten bei Beschwerdeschreiben über die Gewährung von Unterstützung an die »falschen« Personen war der Hinweis auf die eigene Bedürftigkeit – August K. machte auf seine alte Mutter aufmerksam –, die den Kontrast zur ungerechtfertigten Gewährung von Unterstützung an die beschuldigte Person noch verstärkte.[109] Ging der Bürgermeister auf die Beschwerde von August K. nicht ein, so nahm er in einem anderen Fall »Informationen« der Dorfbewohner als Anlass, genauere Erkundigungen über einen Fürsorgeempfänger einzuziehen. Ein extremes Beispiel sozialer Kontrolle ereignete sich 1906 in Maring: Max A. erhielt zu diesem Zeitpunkt kommunale Unterstützung, unter anderem, weil er aufgrund einer Verletzung arbeitsunfähig war. Die Arbeitsunfähigkeit war im April des Jahres in einem ärztlichen Gutachten festgestellt worden.[110] Im Juli richtete der Gemeindevorsteher ein Schreiben an den Bürgermeister. Er führte eine ganze Reihe von »Zeugen« auf, die fast täglich Arbeitsaktivitäten des Max A. beobachtet hatten:

»Am 9.10. u. 11. April soll A. Dünger geladen und gefahren haben Zeugen O. August und P. Modestus aus Noviand. Am 12. u. 13. April soll A. am Orte Noviand gepflügt haben Zeugen Konrad V. aus Noviand. Am 13. Charfreitag hätte A. noch kaum den Gottesdienst abgewartet, denn er wäre schon mit den ersten Leuten die aus der Kirche kamen in Feld gefahren. Zeugen Matth. J. Bernhard S. Sohn und noch mehrere. [...] Am 8. Juni soll A. schon vor 5 Uhr Dünger gefahren haben. Zeuge Lukas G. Feldhüter zu Noviand. Am 18. Juni Gras gemäht im Distrikt Etzwiese schon vor 4 Uhr Morgens. Zeugen: Anton D. und Matthias T. aus Noviand, ferner gemäht für Sybille L. aus Noviand dieselbe Zeugen. [...] Nebenbei Bemerke ich, daß derjenige der in diesem Jahre wo es sich schwer und schlecht gemäht hat nicht arbeitsunfähig ist. Daß A. seine ererbten sowie seine errungenen liegende Güter bebaut und bestellt kann hundertfach noch gewiesen werden [...]«[III]

---

109 Vgl. ähnlich LHAK Best. 655, 213 Nr. 187: Matthias Qu., Carthaus an Gemeindevorsteher Lieser, 25.7.1907: »[...] alle Lumpen haben Wohnungen gebaut bekommen, und ich kann noch nicht einmal eine Beihilfe als Invalid mit einem Bein und 4 Kinder erhalten [...]«.

110 Vgl. LHAK Best. 655, 213 Nr. 188: Attest des Dr. Licht, Bernkastel, 7.4.1906.

III LHAK Best. 655, 213 Nr. 188: Gemeindevorsteher Maring an Bgm. Lieser, 23.7.1906.

Zudem wurde behauptet, Max A. besitze Kühe und Schweine. Für den Gemeindevorsteher war damit die Bedürftigkeit sehr zweifelhaft. Auf Vorladung erschien A. Anfang August auf dem Bürgermeisteramt und gab zu,»zeitweise gearbeitet zu haben, es bleibt mir auch nichts anderes übrig, denn von 15 M. monatlicher Unterstützung kann ich nicht meine aus zwölf Personen bestehende Familie ernähren«.[112] Zu diesem Zeitpunkt hatten die»Gewährsmänner«, von denen einige den A. sogar selbst zum Grasmähen angestellt hatten, bereits Klage beim Bezirks-Ausschuss eingereicht; die Eingabe wurde gar von den»Gemeinde-Eingesessenen Maring-Noviand« unter Federführung des Gemeindevorstehers von Noviand getätigt.[113] Nicht nur, dass Max A. es verstanden habe, den Arzt »durch Heuchelei zu einem KrankheitsAttest und Arbeitsunfähigkeit zu veranlassen«, nein, so die Kläger, er verkaufe auch Branntwein und habe eine Zeugin, die gegen ihn aussagen wollte, zum Meineid veranlassen wollen. Die Sache wurde an den Kreisausschuss und von dort an den Bürgermeister weitergeleitet und die Arbeits- und Vermögensverhältnisse des A. neu geprüft. Eine neuerliche Entscheidung des Gemeinderates findet sich leider nicht mehr in den Akten oder dem Beschlussbuch des Gemeinderates.

Abgesehen von der»tatsächlichen« Arbeitsunfähigkeit und Bedürftigkeit – Max A., der sich anscheinend nicht immer gesetzeskonform verhalten hatte (eine Schlägerei und ein Gefängnisaufenthalt wurden ebenfalls erwähnt), dessen zahlreiche Familie vielleicht auch im Ort relativ ungewöhnlich war, war den Blicken seiner Mitmenschen verstärkt ausgesetzt. Sowohl sein Unterstützungsbezug als auch seine Arbeitsaktivitäten waren im Dorf bekannt und wurden von verschiedenen Bewohnern beobachtet und offensichtlich genau notiert.

Nach Durchsicht der Akten stechen die Fälle sozialer Kontrolle durch die kommunalen Behörden und andere Dorfmitglieder stärker ins Auge als die positiven Begleiterscheinungen des Umstands, dass in kleineren Ortschaften»jeder jeden kennt«. Dies mag daran liegen, dass die Überlieferung der»freien Liebestätigkeit« nicht mehr erhalten ist. Es ist gut vorstellbar, dass Damen des Vaterländischen Frauenvereins oder der Caritas aufgrund der Tatsache, dass

112 LHAK Best. 655, 213, Nr. 188: Protokoll Bürgermeisteramt Lieser, Bernkastel-Kues, 2.8.1906.
113 LHAK Best. 655, 213, Nr. 188: Eingabe der Gemeinde-Eingesessenen Maring-Noviand beim Bezirksausschuss Trier, 28.7.1906.

sie die Leute kannten, auf Notstände hinwiesen und dafür sorgten, dass »verschämte Arme« eine kleine Unterstützung bekamen – auch aus Mitteln der privaten Wohlfahrtspflege, die weniger mit dem Stigma der öffentlichen Armenfürsorge behaftet war.

3. Vom moralischen zum eugenischen Diskurs?

Im Untersuchungszeitraum gerieten »unwürdige« Armengruppen wie »Arbeitsscheue«, »Asoziale« oder Alkoholiker in Diskurs und Praxis der Armenfürsorge verstärkt in den Blick. Bereits seit dem Beginn des 20. Jahrhunderts verbreiteten sich bevölkerungspolitische und eugenische Überlegungen.[114] Beispielsweise war die Diskussion um die Einführung der Säuglingsfürsorge rassenhygienisch gefärbt – es hieß, dass sie zuviel Geld koste, auch schädige sie die »Volksgemeinschaft«, indem die Überlebenschancen »Debiler« gefördert würden.[115] Insbesondere in der Zeit der Weltwirtschaftskrise, als die Kommunen mit den Fürsorgeausgaben außerordentlich belastet wurden und Maßnahmen der Wohlfahrtspflege wie die Gesundheitsfürsorge nicht mehr finanzierbar waren, stellte sich die Frage nach dem »Wert« der Menschen, die diese Leistungen erhielten.[116] Im Folgenden ist danach zu fragen, inwieweit diese Diskussion zur Praxis »vor Ort« durchsickerte. Lässt sich ein Wandel in der Beurteilung der Antragssteller festmachen, insofern diese mit Hilfe eugenischer Kategorien wie »Minderwertigkeit« oder »Asozialität« bewertet wurden?

Die Überlieferung der zwanziger Jahre deutet nicht auf die Etablierung eines genuin neuen eugenischen Diskurses auf der Ebene der lokalen Verwaltung hin.[117] »Asozialität« oder »Minderwertigkeit« waren auch in den Jahren der Wohlfahrtkrise Ende der zwanziger / Anfang der dreißiger Jahre kein geläufiges Bewertungskriterium. In der kommunalen Praxis war die Entscheidung über die Leistungsvergabe jedoch auch schon in den Anfangsjahren des 20. Jahrhunderts in hohem Maße von moralisch und sozialhygienisch gefärbten

114 Zur Entwicklung der Eugenik/Rassenhygiene vgl. Weindling, Health; Reyer, Eugenik.
115 Vgl. Stöckel, Säuglingsfürsorge, etwa S. 308.
116 Vgl. etwa Woelk/Vögele, Einleitung, S. 25.
117 Vgl. das Ergebnis Wilfried Rudloffs für München; Rudloff, Wohlfahrtsstadt, S. 714.

Kriterien der »Arbeitsscheu« oder »Liederlichkeit« geprägt. Aber auch wenn sich die Begrifflichkeiten nicht geändert haben, so vielleicht doch die Konnotationen. Das würde erklären, weshalb das Attribut »asozial« nicht aufkommen musste, weil andere Begriffe wie »liederlich«, »trunksüchtig« oder »unwirtschaftlich« diese Konnotation bereits hatten. Jürgen Reyer etwa stellt fest, dass die Interpretation von Armut als »unwirtschaftlicher Lebensführung« ein »Einfallstor« für rassenhygienische Argumentationsmuster bereitstellte.[118]

Das folgende Quellenbeispiel zeigt, wie der Bürgermeister von Lieser der Mutter eines Alkoholikers in gewisser Weise eine Schuld an der »Trunksucht« ihres Sohnes gab und beiden Personen »Energielosigkeit« zuschrieb. In seinem Entwurf ist zu erkennen, wie der Bürgermeister die richtigen Begriffe zur Charakterisierung von Philipp L., einem Schuhmacher, der zusammen mit seiner Mutter lebte und nicht in der Lage war, genug Geld für den gemeinsamen Lebensunterhalt zu verdienen, gegeneinander abwog. Philipp L. wurde beschrieben als

»geistesschwacher energieloser Mensch mit verkrüppelten Beinen, der eine zeitlang arbeitet und dann ebensolange *sinnlos* säuft [...]. Seine Sauftouren sind so häufig geworden, daß ich ihn auf die Säuferliste setzen mußte, jedoch hat diese Maßregelung nicht viel gefruchtet, denn nunmehr geht er anstatt in die Wirtschaften bei Privatleute trinken. Seine Mutter [...] hat keine Energie, gegen ihren Sohn wegen seiner Saufleidenschaft etwas zu unternehmen, fällt mir sogar immer in den Rücken, wenn ich Antrag auf Entmündigung gestellt habe. Der Gemeinderat ist für die Unterstützung der Wwe. L. aus dem Grunde nicht zu haben, weil diese alsdann, bei der Schwäche ihrem Sohn gegenüber, zum größten Teil den arbeitsscheuen Sohn zugute kommen würde.«[119]

118 Vgl. Reyer, Eugenik, S. 59. Christa Schikorra stellt den »liederlichen Lebenswandel« als ein Element von »Asozialität« in ihren Akten über Frauen, die der Prostitution verdächtigt werden, dar (1937–1945). Vgl. Schikorra, Kontinuitäten, S. 47. Gabriele Czarnowski referiert das rassenhygienische Standardwerk von Erwin Baur, Eugen Fischer und Fritz Lenz, Menschliche Erblehre und Rassenhygiene (Eugenik), wenn sie »sexuelle Triebhaftigkeit«, »Leichtsinn« und »mangelnde Vorsorglichkeit« als Symptome »leichten Schwachsinns« darlegt. Czarnowski, kontrollierte Paar, S. 59.

119 LHAK Best. 655, 213 Nr. 661: Bgm. Lieser an den Landrat Bernkastel (Entwurf), 19.2.1925.

Aufschlussreich an diesem Briefentwurf ist, dass der Bürgermeister auf der einen Seite den Begriff »geistesschwach« zugunsten von »energielos« strich. Der Beweggrund hierfür ist nicht ganz klar: War hier ein gewisses Taktgefühl federführend oder war hier die Überlegung entscheidend gewesen, dass einem »energielosen« Menschen einfacher als einer »geistesschwachen« Person dafür die Schuld gegeben werden konnte, nicht arbeitswillig zu sein? Auf der anderen Seite erwähnte der Bürgermeister nämlich gar nicht mehr den Grund der verminderten Arbeitsfähigkeit, die verkrüppelten Beine. Es kann also vermutet werden, dass der Bürgermeister Philipp L. zu einem gewissen Teil die Schuld an seiner Armut geben wollte – ihm und seiner Mutter.

Sowohl die Mutter als auch der Sohn wurden als »energielos« bezeichnet. Im »Handbuch der Erbkrankheiten« von Arthur Gütt, dem »Vater« des Gesetzes zur Verhütung erbkranken Nachwuchses von 1933, wird »antriebsarm« als ein Charakteristikum psychopathischer Persönlichkeit angeführt.[120] Dies ist eine nationalsozialistische Radikalisierung, aber unterschwellig scheint eine solche Begrifflichkeit als Indikator einer Erbkrankheit oder »vererbbarer Asozialität« angesehen worden zu sein. Obgleich wir keine expliziten Aussagen über die Vererbbarkeit bestimmter Charaktereigenschaften oder sogar die Notwendigkeit einer Zwangssterilisation bei solchen Personen finden können, sind möglicherweise Äußerungen wie die, dass eine ganze Familie »nicht viel tauge«[121], in diese Richtung deutbar.

Die Interpretation vertraulicher Briefe und Korrespondenzen, in denen oft Meinungen und Wertungen über andere mitgeteilt wurden, erweist sich als sehr heikel. Die Äußerungen wurden einer pragmatisch-semantischen Analyse unterzogen und eine mögliche Intention des Autors unterstellt. Es können keine Aussagen darüber getroffen werden, welches die dahinter stehende Realität gewesen sein mag, ob Otto F. also tatsächlich »faul« oder Alois F. ein »Trinker« war. Bei der Untersuchung der Wahrnehmung von Armen im dörflichen Kontext ging es jedoch nicht darum, im jeweiligen Fall die Frage zu entscheiden, wer »Recht« hatte. Durch die thematische Fokussierung auf Aspekte würdigen oder vielmehr unwürdigen Verhaltens wurden die Argumentationsmuster herausgearbeitet, die

---

120 Vgl. Gütt, Handbuch, S. 261.
121 KAB-W 2.0.343: Bgm. Bombogen/Salmrohr an den Landrat Wittlich, 7.11.1911.

von kommunalen Entscheidungsträgern und anderen Dorfmitgliedern immer wieder geäußert wurden. Der Stellenwert der Arbeitsfähigkeit und insbesondere des »Arbeiten-Wollens«, der schon in anderen Studien zur ländlichen Gesellschaft herausgearbeitet wurde, erweist sich auch im Untersuchungsgebiet als zentral. Diese Kriterien zur Unterscheidung würdiger und unwürdiger Armer stehen in einer langen Tradition innerhalb der kommunalen Fürsorge, ebenso wie die Bewertung des Lebenswandels und der Moralität eines Antragstellers. Auffallend war, dass nationale und konfessionelle Ressentiments im Hinblick auf die Bewertung von Antragstellern und Unterstützungsempfängern nicht geäußert wurden, was aber wohl in der Homogenität der untersuchten Gruppe – es kommen vornehmlich Deutsche und Katholiken in den Blick – seine Begründung findet. Die traditionellen Argumentationsmuster der »Unwürdigkeit« wurden im städtischen wie im ländlichen Kontext angewendet; die Nähe untereinander auf dem Dorf erleichterte jedoch die Kontrolle des Lebenswandels eines Armen – besonders bemerkenswert erscheint hier der Fall einer geradezu täglich von vielen Dorfmitgliedern protokollierten Arbeitsleistung eines Unterstützungsempfängers.

Die Motivation, »unwürdige« Arme aus dem System der Armenfürsorge auszuschließen, war in erster Linie dadurch begründet, dass man diese Personen nicht mit kommunalen Geldern unterstützen wollte. Sozialdisziplinierende Konzepte, die hinter diesem Verhalten hätten stehen können, waren hingegen kaum nachweisbar. Die Etablierung neuer, in Expertenkreisen oder auf politischer Ebene gepflegter Diskurse wie der eugenische fanden zumindest im Untersuchungszeitraum nicht den Weg in die Diskussion auf lokaler Ebene. Dass rassenhygienische Argumentationsmuster explizit zum Ausschluss einer Familie herangezogen wurden, ist in den überlieferten Fürsorgeakten auch gegen Ende des Untersuchungszeitraumes nicht erkennbar.

Schlussbetrachtung

Warum wurde in dieser Untersuchung der Fokus auf Armut und Armenfürsorge »auf dem Land« gelegt? Die Eingrenzung der Dissertation auf ländliche Gebiete impliziert, dass Armut und Armenfürsorge hier im Gegensatz zu städtischen Gebieten anders gewesen sein muss. Aber was war anders? Die erste Reaktion in Gesprächen über das Dissertationsvorhaben war oft, dass Armut auf dem Land doch nicht so schlimm gewesen sein könne wie in der Stadt, man denke an Hamsterfahrten nach den Kriegen, wo auf dem Land wenigstens noch Essbares zu finden war. Die Frage, ob es Armen auf dem Land »besser« oder »schlechter« ging als in der Stadt, konnte im Rahmen der Untersuchung nicht beantwortet werden; es ist fraglich, ob sie überhaupt beantwortet werden kann. Welche Kategorien wären für einen solchen Vergleich relevant? Liegen der Dichotomie nicht eher Klischees zugrunde?

Ein Startpunkt der Untersuchungen war die Beobachtung, dass Armut und Fürsorge in ländlichen Gebieten in der historischen Forschung in Deutschland bis in die neunziger Jahre des 20. Jahrhunderts hinein vernachlässigbar schien und sich Studien eher auf die Industriearbeiterschaft oder Städte konzentrierten. Erst in den vergangenen Jahren wurde die Erforschung ländlicher Armut und Armenfürsorge als Desiderat festgestellt. Der Gegenstand dieser Arbeit waren von daher die Ausprägungen von Armut und die Praxis der lokalen Armenfürsorge in einer ländlich geprägten Region, den beiden Altkreisen Bernkastel und Wittlich. Der mikrohistorische Ansatz erlaubte sowohl die Analyse kommunalen Verwaltungshandelns in kleinen Dörfern als auch einen lebensweltlichen Zugang zum Alltag der Armen.

Der räumliche Schwerpunkt lag auf kommunaler Ebene; die Gemeinden der Bürgermeistereien Lieser und Zeltingen wurden im Zeitraum zwischen den achtziger Jahren des 19. Jahrhunderts (Armenstatistik 1885) und 1933 untersucht. Grundlage der Arbeit bildeten knapp 370 Unterstützungsfälle[1] aus den Akten der lokalen

---

1 Diese Zahl ist eine Mindestangabe; sie bezeichnet die Unterstützungsfälle, die durch Antragstellung und Unterstützungsbezug verlässlich in den statistischen Auswertungen dokumentiert sind. Sie umfasst nicht die Fälle aus Maring-Noviand und Wehlen, die Ende der zwanziger Jahre in den verstreut überlieferten Akten auftauchen, ebenso wenig Anfragen nach dem Unterstützungswohnsitz, Unterhaltsfälle usw.

Armenverwaltung, die für den Zeitraum von 1898 beziehungsweise 1905 bis 1933 ausgewertet wurden. Daneben wurden etwa 80 Fälle von abgewiesenen Antragstellern des Kreises Wittlich, die sich auf der nächsthöheren Ebene des Kreisausschusses über die Ablehnung ihres Gesuchs beschwerten, herangezogen. Die Fallzahl erschien damit ausreichend, um repräsentative Aussagen zu treffen.

Die Unterstützungsanträge, die im Untersuchungszeitraum noch zu einem großen Teil in Form von selbst verfassten Briefen an die Behörden gerichtet wurden, die Entscheidungen des Gemeinderates und die nachfolgende Korrespondenz zwischen den unterschiedlichen Stellen (in erster Linie Gemeinderat, Bürgermeister, Landrat und Kreisausschuss) wurden anhand quantifizierender und qualitativer Zugänge ausgewertet. Besonders die statistische Analyse der Akten war mit einigen Schwierigkeiten verbunden, da es sich hier nicht um eine serielle Quelle mit immer gleichförmigen Angaben handelte, sondern viele Lücken blieben, die nur punktuell mit Hilfe von Dokumenten wie den Beschlussbüchern der Gemeinderäte ergänzt werden konnten. »Trends« in der statistischen Auswertung festzustellen, war vor allem wegen der geringen Fallzahlen schwer: Wenn in einer Gemeinde in einem Jahr nur zwei Personen unterstützt werden, können nur wenigsagende Feststellungen über die prozentuale Verteilung etwa des Geschlechts oder des Alters der Unterstützten oder »Ablehnungsraten« gemacht werden.

Auch die qualitative Auswertung hatte ihre Tücken: Wiederholt wurde in der Arbeit darauf hingewiesen, dass eine Trennung zwischen wahrheitsgemäßer Darstellung und Übertreibung im Nachhinein und ohne genauere Kenntnis des Falles insbesondere bei den Briefen der Antragsteller nicht mehr vorgenommen werden kann. Sie wurden dennoch zur Beschreibung der Lebensumstände von Armen als Quelle herangezogen. Zum einen wurde davon ausgegangen, dass aufgrund der kleinräumigen Strukturen im Untersuchungsgebiet Antragsteller und Unterstützungsempfänger Beobachtung und sozialer Kontrolle ausgesetzt waren und infolgedessen in den überlieferten Anträgen grobe Unwahrheiten in den allerseltensten Fällen zu finden sind. Zum anderen wurden die Aussagen in den Briefen so kontextualisiert, dass Aussagen über die Plausibilität der Schilderungen gemacht werden konnten. Allgemein muss festgehalten werden, dass die Studie sehr stark vom überlieferten Quellenmaterial abhängig war, »klassische« Untersuchungsfelder lokaler Fürsorge und Wohlfahrtspflege wie etwa der »public-private-welfare-mix« konnten nur exemplarisch angeschnitten werden. Die Untersuchung stieß in vielerlei Hinsicht an Grenzen.

An einer mikrohistorischen Studie kann immer kritisiert werden, dass man jetzt über einen bestimmten räumlichen Ausschnitt mehr wisse als zuvor, doch damit noch nichts Generelles, hier zur ländlichen Armenfürsorge, behauptet werden könne. Die durchgeführte »histoire-problème« jedoch, das Heranziehen zeitgenössischer Untersuchungen zum ländlichen Armenwesen und immer wieder vorgenommenen »Seitenblicke«, wie das Armenwesen in anderen Kommunen gestaltet wurde[2], erlauben durchaus generalisierbare Aussagen. Die Mikrogeschichte ergänzt die Makrogeschichte, und zwar durch den genauen Blick darauf, wie Armenfürsorge »vor Ort« praktiziert und wie mit Armen in kleinen Gemeinden umgegangen wurde. Zur systematischen Vergleichbarkeit der Ergebnisse wären jedoch weitere Studien zu Dörfern und Kleinstädten im ländlichen Raum vonnöten.

Im ersten Teil der Arbeit stand die Verwaltungspraxis der kommunalen Armenfürsorge im Vordergrund. Folgende zentrale Ergebnisse können hier festgehalten werden:

1. Die Unterstützung von Armen durch die Gemeinden lässt sich im Untersuchungsgebiet nicht auf die öffentliche Armenfürsorge reduzieren. Es galt, andere Formen der Hilfe wie einmalige Unterstützungen und Darlehen aus den Armenspenden oder den Erlass von »Holzsteiggeld«, zu differenzieren und abzugrenzen. Insbesondere da für die Zeit vor 1924 noch keine regelmäßigen Auflistungen über gewährte Unterstützungen und ihre Höhe vorliegen, erscheint die Versorgung Bedürftiger in den untersuchten Gemeinden wenig transparent. Die überlieferten Akten erscheinen nicht nur aufgrund der geringen Fallzahlen recht dünn, sondern erwecken den Eindruck, sie seien schlecht geführt: kaum zu entziffernde Bleistiftkritzeleien, die schnelle Notiz einer gewährten Unterstützung und herumfliegende Schmierblätter geben möglicherweise einen Hinweis auf ein zaghaft formuliertes erstes Ergebnis: Den untersuchten Gemeinden, per Gesetz als »Ortsarmenverbände« definiert, lag ein geregeltes Armenwesen nicht sonderlich am Herzen.

2. Dieser Eindruck wird untermauert durch einen Blick in die Praxis, den Umgang mit Antragstellern und Unterstützungsbeziehern. Zeitgenössische Urteile über eine mangelhafte Ausgestaltung der Armenfürsorge gerade auf dem Land können weitgehend bestätigt werden. Schon die Ergebnisse der Armenstatistik des Jahres

---

2   Zu nennen sind hier insbesondere die Untersuchungen von Rudloff, Wohlfahrtsstadt, Jans, Sozialpolitik, und Stazic, Arbeitslosigkeit.

1885 zeigten, dass kleinere Gemeinden vergleichsweise wenige Personen unterstützten und geringere Ausgaben für das Armenwesen hatten. In Enquêten zum ländlichen Armenwesen wurde gegen Ende des 19. Jahrhunderts und auch noch 1920 die Unzulänglichkeiten in der Behandlung der Armen und den Leistungen kommunaler Fürsorge betont. Unter dem Primat der Sparsamkeit scheuten die lokalen Verwalter nicht davor zurück, auch bedürftige Antragsteller von einer Unterstützung auszuschließen; ihrer »humanitären« Aufgaben waren sie sich nicht bewusst. Vorstellungen über die »gerechte« Vergabe von öffentlicher Hilfe und die mangelhafte Kenntnis der gesetzlichen Bestimmungen im Gemeinderat führten zu einer recht willkürlichen Vergabepraxis. Ein zeitgenössisches Diktum über Armenfürsorge im Allgemeinen, dass sie nicht durch die Zahl der Bedürftigen, sondern durch die Zahl der vorhandenen Mittel bestimmt werde[3], kann in besonderem Maße bestätigt werden. Unterstützungen wurden nur einem sehr eingeschränkten Personenkreis gewährt. Die kommunale Fürsorge blieb auf die »klassische Klientel« beschränkt.

In hohem Maße griffen die Verwalter bis zum Ende des Untersuchungszeitraums auf die private Fürsorge zurück oder setzten voraus, dass diese als der kommunalen Fürsorge vorgelagerte Hilfe in einer »Ökonomie des Notbehelfs« der Armen in Anspruch genommen wurde. Der Vaterländische Frauenverein gab Weihnachtsbeihilfen an Personen aus, die auch in den Augen der Verwalter als »bedürftig« anzusehen waren, doch nicht von kommunaler Seite unterstützt wurden; die Essensausgabe im Josefshaus stellte in der Weltwirtschaftskrise für die Versorgung mit Lebensmitteln eine wichtige Institution dar, die kaum Unterstützung durch die Gemeinden fand. Bis zur Hyperinflation vor allem konnten aus den auf private Gründungen zurückgehenden, doch unter der Verwaltung des Gemeinderats stehenden Armenspenden Zuschüsse zu Unterstützungen geleistet und Darlehen vergeben werden.

3. Der Zugang zum Unterstützungsbezug lag in der Entscheidungsmacht der örtlichen Verwalter. »Bedürftigkeit«, scheinbar objektiv definiert durch Parameter wie Vermögen, Einkommen oder Kinderzahl, erwies sich als administratives Konstrukt, das relativ willkürlich Antragstellern zugewiesen werden konnte. In Konsequenz erwies sich eine »Nachprüfung« der Entscheidungen im Gemeinderat, ob sie denn angemessen waren, als undurchführbar. Das

3   Etwa Feld, Armenstatistik, S. 1010.

Gleiche gilt für die Festlegung einer gewährten Unterstützung. Lediglich Beschwerden von Antragstellern geben Hinweise darauf, dass ein gewährter Geldbetrag nicht zur Bestreitung des Lebensunterhaltes ausreichend war oder die Unterbringung im Landarmenhaus die am wenigsten gewünschte Option darstellte. In diesem Zusammenhang wird deutlich, dass eine Heranziehung von ökonomischen Armutsgrenzen die Analyse nicht weitergebracht hätte, da »Bedürftigkeit« kein objektiv messbares Kriterium darstellt. Sie erwies sich als Zuschreibung von Seiten der Verwaltung, was auch daran erkennbar ist, dass die Antragsteller selbst sich äußerst selten als »bedürftig« bezeichneten.

4. Neben der Bedürftigkeit eines Antragstellers war auch seine »Würdigkeit« von Bedeutung. Diese orientierte sich in erster Linie an der Arbeitsfähigkeit und -willigkeit, zudem am sonstigen Lebenswandel; »Trunksucht« oder das moralisch-sexuelle Verhalten stellten hier entscheidende Kriterien dar. In diesen Argumentationsmustern spielten auch Vorstellungen über die eigene »Schuld« des Antragstellers an seinem Zustand eine große Rolle sowie seine »Erwartungshaltung« gegenüber der kommunalen Fürsorge: »Unwürdigen« Antragstellern wurde etwa vorgeworfen, dass sie sich auf öffentliche Hilfe »verlassen« würden.

Zum Verhältnis zwischen »Bedürftigkeit« und »Würdigkeit« muss festgehalten werden, dass die Gemeindevertreter bei ihrer Definition aufgrund mangelnder gesetzlicher Maßgaben viel Spielraum hatten und das »Aussieben« von Antragstellern mit Hilfe dieser Zuweisungen in einem großen Umfang geschah. Jedoch wurden nur in seltenen Fällen die Exklusionen auch »unwürdiger« Armer so weit getrieben, dass schwere Auswirkungen, vor allem physischer Natur in Form von Krankheit und Hunger, zugelassen wurden. »Bedürftigkeit« war die wichtigere Voraussetzung zum Bezug von Unterstützung.

5. Ein weiterer Hinweis auf die Schwammigkeit der Kriterien zur Bewilligung der Armenfürsorge war die gängige Praxis, den Vergleich mit der allgemeinen Lebenshaltung innerhalb der Gemeinde heranzuziehen. Der Verweis auf andere arme Dorfmitglieder wurde etwa als Argument zur Abweisung von Antragstellern bemüht. In eine ähnliche Richtung deuten Ablehnungen von Gesuchen mit der Begründung, dass es in der Gemeinde »nicht verstanden« würde[4],

---

4   Vgl. LHAK Best. 655, 213 Nr. 661: Bgm. Lieser an Landrat Bernkastel (Entwurf), 23. 6. 1927.

wenn ein Antragsteller Unterstützung erhalte. Innerhalb des Dorfes und des Gemeinderates existierten dezidierte Meinungen darüber, welchen Armen Hilfe zustand und welchen nicht.[5] Die Bewertung insbesondere der »Würdigkeit« von Armen wurde durch das Umfeld gegenseitiger Kenntnis und Kontrolle in kleinen Gemeinden erleichtert.

6. Im konkreten Verwaltungshandeln sind, trotz der wichtigen politischen und wirtschaftlichen Zäsuren, eigentümliche Kontinuitäten von den achtziger Jahren des 19. Jahrhunderts bis 1933 festzustellen. Diese beziehen sich sowohl auf die Anzahl der unterstützten Personen, ihre Zusammensetzung im Hinblick auf Alter und Geschlecht als auch auf die Formen der Gewährung von Unterstützung. Erwartet werden konnte, dass spätestens durch die Notstände des Ersten Weltkrieg oder die Massenarbeitslosigkeit der Weltwirtschaftskrise sich drastischere Veränderungen in der Unterstützten- und Ausgabenstruktur der allgemeinen Armenfürsorge ergeben hätten, als dies in den untersuchten Gemeinden der Fall war. Zwar wurden insbesondere die infolge von Krieg, Inflation und Arbeitslosigkeit verarmten Personengruppen durch neu geschaffene Fürsorgeeinrichtungen des Staates versorgt, an denen auch die Gemeinden ihren Anteil zu tragen hatten. Vergleiche vor allem mit Städten haben jedoch gezeigt, dass deren Unterstützungsleistungen kaum ausreichend waren und in erheblichem Maße durch die kommunale Armenfürsorge ergänzt werden mussten. Im Untersuchungsgebiet blieben die Zahlen in der allgemeinen Armenfürsorge hingegen relativ klein.

In der Verwaltungsstruktur hatte sich nach der RFV 1924 durch die Bildung der Bezirksfürsorgeverbände nicht wesentlich etwas geändert. Zwar de jure dem Bezirksfürsorgeverband auf Ebene des Kreises unterstellt, wurden die Entscheidungen über die Vergabe von Unterstützungen auch nach 1924 de facto im Gemeinderat oder in den vergleichsweise spät gegründeten »Fürsorgekommissionen« entschieden, die sich in erster Linie aus Gemeinderatsmitgliedern zusammensetzten. Dass die Fürsorgepraxis auf Kritik der übergeordneten Stelle stieß, ist im gesamten Untersuchungszeitraum

---

5   Auf den Punkt gebracht wird dies etwa in KAB-W, 2.0.541: Bgm. Bombogen/Salmrohr an Landrat Wittlich, 9.6.1901:»Vom Pfarrer bis zum letzten Bewohner von Bergweiler ist man einstimmig der Ansicht, daß N. keine Unterstützung von der Gemeinde verdient, weil er faul und nichtsnutzig ist [...]«.

nur in wenigen, eklatanten Fällen, dokumentiert, oft erst auch nach einer Beschwerde durch den Antragsteller. Wenn Marie Juchacz 1932 konstatierte, »Der alte Geist der Armenpflege hält wieder seinen triumphalen Einzug«[6], so kann für das Untersuchungsgebiet ergänzt werden, dass er nie ganz verschwunden ist.[7] 7. Eine neue Programmatik der Fürsorge hatte kaum Einfluss auf die immer noch von den Meinungen der Gemeinderatsmitglieder geformte Ausgestaltung der Armenfürsorge. Die Kreisfürsorgerin als Vertreterin professioneller Sozialarbeit konnte im Bereich der Armenfürsorge wohl zusätzlich eingreifen, wie wenige Fallbeispiele demonstrieren, bestimmte jedoch nicht einen »neuen« Rahmen der Fürsorge. Ihr Arbeitsgebiet ist in erster Linie für den Bereich der »Wohlfahrtspflege«, den Aufbau von Einrichtungen der Gesundheits- und Kinderfürsorge, dokumentiert. Die Finanzierung dieser Maßnahmen war nie gesichert; Zuschüsse der Gemeinden rar: »Die gesamte Wohlfahrtspflege kann nur die allerdringendsten Fälle erfassen; selbst da, wo ein Eingreifen dringend geboten erscheint, wird es durch die ungünstige finanzielle Lage unmöglich gemacht. Auch der erforderliche technische und organisatorische Ausbau der Wohlfahrtspflege scheitert am Geldmangel.«[8] Diese Einrichtungen scheinen – bis auf die Tatsache, dass manche Eltern aus materiellen Gründen auf die Teilnahme ihrer Kinder etwa an Erholungskuren verzichteten – auf hohe Akzeptanz getroffen zu sein, zumindest sind keine Beschwerden von Eltern gegen eine Kontrolle ihrer Erziehung oder der Fürsorglichkeit gegenüber ihren Kindern dokumentiert. Auch gegen Hausbesuche der Kreisfürsorgerin, in denen unter anderem die »Wirtschaftlichkeit« von Bedürftigen bewertet

6 Marie Juchacz: Absinken der Fürsorge. In: Arbeiterwohlfahrt 7 (1932), S. 643, zitiert nach Lohalm, Wohlfahrtskrise, S. 214.

7 Vgl. dazu auch eine Passage aus der Deutschen Invaliden-Zeitung (DIZ) 7, 6 (1925), S. 41, zitiert bei Crew, Wohlfahrtsbrot, S. 221: »In der Armenpflege zog nur ganz langsam und vereinzelt ein neuer Geist ein. Die Schilder wurden am Hause, in dem das Armenamt untergebracht war, übertüncht. [...] Bald hieß es nicht mehr Armenamt, sondern Wohlfahrtsamt oder Fürsorgeamt. Mit einer gewissen Ironie, aber mit noch mehr Bitternis konnte festgestellt werden, daß häufig die wichtigste, teilweise die einzigste Umgestaltung des Armenamtes die Namensänderung war.«

8 LHAK Best. 457 Nr. 75: Verwaltungsbericht des Kreises Bernkastel zur Denkschrift des Landkreisverbandes anlässlich der Jahrtausendfeier der Rheinprovinz o. D.[1925]. S. 2–3.

wurde, finden sich keine Widerstände. Allerdings wird dieser Arbeitsbereich der Kreisfürsorgerin auch nur punktuell in den untersuchten Akten evident; eine Überlieferung des Gesundheits- oder Jugendamtes fehlt.

8. Die rigiden Verhaltensmuster im Umgang mit Armen haben sich nicht etwa in den Jahren der Finanzknappheit, der »Wohlfahrtskrise«[9] zwischen 1930 und 1933 verschärft; sie waren vielmehr eine Konstante im Umgang mit Armen. Dass die Wahrnehmung von Armen in dieser Zeit »rassenhygienisch neubestimmt« wurde, konnte nicht festgestellt werden. In dieser Hinsicht einschlägige Termini wie »asozial« oder »minderwertig« tauchen nicht auf. Allerdings ist zu erwägen, ob nicht Begriffen wie »liederlich« oder »arbeitsscheu«, die schon vorher in der Wahrnehmung von Armen geäußert werden, eugenische Vorstellungen zugrunde lagen.

Ein Blick in die Fürsorgeakten nach dem Ende der Weimarer Republik wäre sicherlich lohnend gewesen. Nach 1933 änderten sich jedoch die ideologischen und institutionellen Rahmenbedingungen der Fürsorge in so hohem Maße, dass eine Analyse auch der nationalsozialistischen Zeit den Rahmen der Arbeit gesprengt hätte. Zu Beginn der Untersuchung lagen zudem die entsprechenden Quellen nicht vor, erst 2005 wurden Armenfürsorgeakten aus der Bürgermeisterei Lieser, die eine Untersuchung bis mindestens 1939 zugelassen hätte, verzeichnet.

9. Die vorliegenden Quellen, insbesondere die überlieferten Briefe, ließen einen detaillierten Blick auf die Antragssituation zu. Die Antragsteller wurden in der Untersuchung nicht nur als Objekte einer Verwaltung und anderen Fürsorgeinstitutionen begriffen, sondern als handelnde Subjekte mit ihnen eigener »agency« betrachtet. Dass manche von ihnen selbstbewusst in Kontakt mit der Armenverwaltung traten, ihre Forderungen an die kommunale Armenfürsorge formulierten, sich beschwerten, und ihre elenden Lebensumstände schilderten, steht nicht im Widerspruch zur Hypothese, dass die meisten Antragsteller die Fürsorgeleistungen nicht in Anspruch nehmen wollten, um »auf Kosten der Gemeinde« oder des Staates leben zu können, sondern den Erhalt öffentlicher Unterstützung als letzten Strohhalm betrachteten.

Vor allem auf Grundlage der Briefe war es möglich, im zweiten Teil der Arbeit die Lebenswelt der Armen genauer zu beleuchten. Dazu ist zu bemerken, dass aufgrund der Quellenlage Größen wie

9 Vgl. Lohalm, Wohlfahrtskrise.

»die Armen« oder »die Armut« im Untersuchungsraum nicht vollständig erfasst werden können. Die Bedürftigen, die in den Korrespondenzen der kommunalen Armenverwaltung fassbar sind, stellen wohl nur einen kleinen Bruchteil der Armen dar. Ob es sich bei den unterstützten Personen tatsächlich um »die Ärmsten der Armen« gehandelt hat, muss bezweifelt werden: Stellten doch beispielsweise ältere Witwen als Erstattung von Pflegekosten bis an ihr Lebensende der Gemeinde eine Sicherheitshypothek auf ihren Besitz oder ihre Rente zur Verfügung. Viele der »Ärmsten« sind im untersuchten Quellenmaterial wahrscheinlich nicht aufgetaucht; einige nicht unterstützte Arme sind in den Quellen fassbar, wenn sie als Angehörige, die aufgrund der eigenen »dürftigen Verhältnisse« nicht unterhaltsfähig waren, erwähnt werden.

1. Betrachtet man die Besitz- und Beschäftigungsstruktur im Untersuchungsgebiet, kann davon ausgegangen werden, dass sich ein Großteil der Bewohner ständig an der Schwelle zur relativen Armut, in einer Zone der »Verwundbarkeit«, befand. Mit den verschiedenen Maßnahmen einer »Ökonomie des Notbehelfs« versuchten sie, die Inanspruchnahme öffentlicher Unterstützung möglichst lange zu vermeiden. Mit Begriffen wie »sich durchschlagen«, die Familie »durchbringen«, das Leben »fristen« usw. thematisierten die Antragsteller selbst diese Situation.

Die Beschäftigungsstruktur dieser Region war recht einseitig landwirtschaftlich ausgerichtet; Kleinwinzer und -bauern waren oftmals darauf angewiesen, als Tagelöhner etwas hinzuzuverdienen; ihre Frauen verdienten mit Waschen und Putzen etwas dazu. Aufgrund des Quellenmaterials konnte nur schlaglichtartig der Stellenwert privater Fürsorge von wohltätigen Vereinen oder der Beitrag der jeweiligen Familienmitglieder zur »Familienökonomie« beleuchtet werden. Ein intensiver Blick wurde auf das Wandergewerbe geworfen, für das eine eigene Überlieferung existiert. War dieses vor dem Ersten Weltkrieg eine Domäne der Frauen, von hinzuverdienenden Ehefrauen und Witwen, nutzten in Zeiten struktureller Massenarbeitslosigkeit auch junge, arbeitslose Männer die Möglichkeit des »Nothausierens«.

2. Das Netz dieser behelfsmäßigen Kombination verschiedener Einkommen und Hilfen war lose geknüpft, eine Armutsursache »zuviel« brachte es zum Reißen. Bei der Auswertung der Anträge kommt man zu dem Schluss, dass die Antragsteller sich meist schon lange vorher in dürftigen Verhältnissen befunden haben, ehe sie die »Schwelle« überschritten, Fürsorge zu beantragen. Als die wichtigsten

Armutsursachen beziehungsweise als die konkreten Anlässe, die zum Überschreiten der »Schwelle«, Unterstützung zu beantragen, führten, können bis weit in die zwanziger Jahre hinein die »klassischen« Ursachen Alter, Krankheit und Tod des Ernährers benannt werden. Arbeitslosigkeit als neue Bedürftigkeitsursache in den zwanziger Jahren ist nur in geringerem Umfang in den Akten der allgemeinen Armenfürsorge fassbar, zum einen, weil sie durch die neu etablierten Sicherungssysteme der Erwerbslosen- und Krisenfürsorge und der Arbeitslosenversicherung aufgefangen wurde, zum anderen aber auch, weil insbesondere die »Wohlfahrtserwerblosen« von der kommunalen Verwaltung auch in Zeiten struktureller Arbeitslosigkeit unter Zuhilfenahme des Klischees des »arbeitsunwilligen« arbeitsfähigen Armen aus dem Unterstützungssystem ausgeschlossen wurden.

3. Armut und Bedürftigkeit waren keine statischen Zustände, vielmehr Phasen im Lebenslauf, die je nach Alter, Geschlecht oder familiärer Situation verstärkt auftreten konnten. Es wurde deutlich, dass Frauen einem erhöhten Armutsrisiko ausgesetzt waren, sei es als unverheiratete Mutter, Witwe mit kleinen Kindern oder als alte Witwe. Der Familie als der kommunalen Fürsorge vorgelagertem Auffangnetz kam eine große Bedeutung zu. Die Haushaltungen der unterhaltspflichtigen Verwandten, die durch das Prinzip der Subsidiarität zur Unterstützung ihrer bedürftigen Angehörigen verpflichtet waren, erwiesen sich als sehr flexibel zu deren Aufnahme: Töchter mit ihren unehelichen Kindern kehrten ins Elternhaus zurück, ebenso junge Witwen mit Kindern; ältere, versorgungsbedürftige Personen kamen bei ihren Kindern unter. Dabei konnten die Belastungen durch die bedürftigen Angehörigen jedoch massive Auswirkungen auf das Zusammenleben vor allem von Eltern und Kindern haben und bargen ein gewisses Konfliktpotential.

4. Wenn so viele Menschen im Untersuchungsgebiet als arm oder zumindest armutsgefährdet angesehen werden können, warum stellten dann so wenige Personen einen Antrag auf Unterstützung? Eine Analyse der tatsächlich Unterstützten zeigt, dass es sich bis in die zwanziger Jahre hinein überwiegend um die traditionelle Klientel »bedürftiger« und »würdige« Armer handelte, die – um mit Serge Paugam zu sprechen – in einer »integrierten Armut« lebten und deren Angewiesensein auf öffentliche Unterstützung anerkannt war. Gerade in ländlichen Gebieten, so zeigen die Untersuchungen Karl August Chassés und Hans Pfaffenbergers, war selbst noch in den neunziger Jahren auf dem Hunsrück die Scham, öffentliche

Hilfe in Anspruch zu nehmen, sehr verbreitet. Gerade arbeitsfähigen Hilfebedürftigen wurden immer noch Vorurteile der mangelnden »Arbeitswilligkeit« entgegengebracht. Pfaffenberger und Chassé haben anhand von Interviews herausgearbeitet, dass »arbeitswillige« Empfänger von Arbeitslosenhilfe, auch wenn sich dies in illegaler Schwarzarbeit ausdrückt, in Dörfern ein höheres Ansehen haben als die Arbeitslosenhilfeempfänger, die anscheinend »nichts machen«.[10] Die Frage jedoch, ob es sich hierbei um ein spezifisch ländliches Wahrnehmungsmuster handelt, ob also Vorstellungen über »faule« Arme und Unterstützungsempfänger »auf dem Land« sich von denen in städtischen Gebieten unterscheiden, muss bezweifelt werden. Handelt es sich doch vielmehr um allgemeine Muster, die jedoch in kleinräumigen Strukturen, wo »jeder jeden kennt«, besonders gut zur Entfaltung kommen konnten und offenbar immer noch können.

10 Vgl. Chassé, Asozial, S. 151.

Abkürzungsverzeichnis

ALU	Arbeitslosenunterstützung
AS	Armenspende
AOK	Allgemeine Ortskrankenkasse
AVAVG	Gesetz über Arbeitsvermittlung und Arbeitslosenversicherung
Begl.	Begleiter
Best.	Bestand
BFV	Bezirksfürsorgeverband
BGB	Bürgerliches Gesetzbuch
Bgm.	Bürgermeister / Bürgermeisterei
bzw.	beziehungsweise
d. h.	das heißt
Ds.	Dose
Dzd.	Dutzend
ELU	Erwerbslosenunterstützung
EW	Einwohner
Fa.	Firma
Fl.	Flasche
Fn.	Fußnote
GK	Gemeindekasse
Gmd.	Gemeinde
GR	Gemeinderat
hl.	heilig
jun.	junior
KAB-W	Kreisarchiv Bernkastel-Wittlich
Komm.	Kommunion
KPD	Kommunistische Partei Deutschlands
l.	Liter
LAV	Landarmenverband
lfd.	laufend
LFV	Landesfürsorgeverband
LHAK	Landeshauptarchiv Koblenz
LVA	Landesversicherungsanstalt
Mio.	Million
Nr.	Nummer
NS	Nationalsozialismus

OAV	Ortsarmenverband
o.ä.	oder ähnliche
P.	Packung
Pfd.	Pfund
Pfr.	Pfarrer
pr., preuß.	preußisch
PSGF	Polizeistrafgelderfonds
R.	Rolle
RGBl.	Reichsgesetzblatt
RFV	Reichsverordnung über die Fürsorgepflicht
RGr	Reichsgrundsätze
sen.	senior
SFB	Sonderforschungsbereich
StGB	Strafgesetzbuch
u. a.	unter anderem
UWS	Unterstützungswohnsitz
UWSG	Gesetz über den Unterstützungswohnsitz
vgl.	vergleiche
VSWG	Vierteljahrschrift für Sozial- und Wirtschaftsgeschichte
WE	Wohlfahrtserwerbsloser
Wwe.	Witwe
ZOA Wbb.	Zentrales Ordensarchiv der Franziskanerinnen Waldbreitbach

Quellen- und Literaturverzeichnis

Archivalien

Bundesarchiv Berlin (BA Berlin)

Bestand R 86: Reichsgesundheitsamt

Landeshauptarchiv Koblenz (LHAK)

Bestand 442: Regierungsbezirk Trier
Bestand 457: Landratsamt Bernkastel
Bestand 615: Stadt Bernkastel-Kues
Bestand 655, 35: Bürgermeisterei Rheinböllen
Bestand 655, 123: Bürgermeisterei Zeltingen
Bestand 655, 213: Bürgermeisterei Lieser

Kreisarchiv Bernkastel-Wittlich (KAB-W)

Bestand Altkreis Wittlich
Schulchroniken
Periodika:
– *Bernkasteler Zeitung*
– *Wittlicher Kreisblatt / Wittlicher Tageblatt*

Archiv der Verbandsgemeindeverwaltung Bernkastel-Kues

Bestand Beschlussbücher

Bistumsarchiv Trier (BATr)

Abt. R 73: Familienbuch-Manuskripte

Zentrales Ordensarchiv der Franziskanerinnen von Waldbreitbach (ZOA Wbb.)

Bestand Chroniken

Gedruckte Quellen und zeitgenössische Literatur

100 Jahre Kongregation der Franziskanerinnen der allerseligsten Jungfrau Maria von den Engeln St. Marienhaus Waldbreitbach, Neuwied 1963.

Adreßbuch des Kreises Bernkastel. Nach amtlichem Material zusammengestellt. Ausgabe 1909/1910, Bernkastel-Cues 1909.

Adreßbuch der Stadt Wittlich und des Kreises Wittlich. Herausgegeben unter Benutzung amtlicher Quellen, Wittlich 1906.

Ausführungsbestimmungen zur Verordnung über die Fürsorgepflicht vom 13. Februar 1924 – Reichs-Gesetzbl. I S. 100 – (FV.) und zur Preußischen Ausführungsverordnung zur Verordnung über die Fürsorgepflicht vom 17. April 1924 – Preuß. Gesetzsamml. S. 210 – (AV), in: Volkswohlfahrt 5, 1924, S. 249–256.

Baum, Marie: Familienfürsorge. Eine Studie (Schriften des Deutschen Vereins für öffentliche und private Fürsorge, N. F. 12), Karlsruhe 1927.

Behrend, Ernst, u. Helene Stranz-Hurwitz (Hg.): Sammlung von Wohlfahrtsgesetzen des Deutschen Reiches und Preußens. Teil II nebst Ausführungsgesetzen sämtlicher Länder zum Reichsjugendwohlfahrtsgesetz (Guttentagsche Sammlung Deutscher Reichsgesetze 152a), Berlin, Leipzig 1925.

Blesius, N.: Zur Entstehungsgeschichte des neuzeitlichen ländlichen Genossenschaftswesens, Berlin 1929.

Blum, Peter: Der Kreis Wittlich. Altes und Neues von Eifel und Mosel, hg. vom Kreisausschuss des Kreises Wittlich, Düsseldorf 1927.

Böhmert, Victor: Das Armenwesen in 77 deutschen Städten und einigen Landarmenverbänden, Dresden 1886.

Bresgen, Hermann: Das schöne, lustige Bernkastel für joviale Moselspritzer. Verb. u. verm. Aufl. Neuwied, Leipzig ⁴1904.

Brinkmann, Theodor: Aus dem Wirtschaftsleben der Eifelbauern, in: Alfred Herrmann (Hg.): Eifel-Festschrift zur 25 jährigen Jubelfeier des Eifelvereins, Bonn 1913, S. 313–391.

Dennig, Eugen: Der Hausierhandel in Baden insbesondere in Bezug auf die Hausindustrie, Karlsruhe 1899.

Die öffentliche Armenpflege auf dem Lande. Stenographischer Bericht über die Verhandlungen der 29. Jahresversammlung des deutschen Vereins für Armenpflege und Wohltätigkeit am 23. und 24. September in München (Schriften des deutschen Vereins für Armenpflege und Wohltätigkeit 91), Leipzig 1909.

Die öffentliche Fürsorge im Deutschen Reich in den Rechnungsjahren 1927 bis 1931 (Statistik des Deutschen Reichs 421), Berlin
1933.

Wohlfahrtsstelle der Königlichen Regierung zu Trier (Hg.): Einfüh-
rung in die soziale Arbeit. Sammlung der Vorträge des von der
Wohlfahrtsstelle der Königlichen Regierung Trier vom 24. bis 31.
Oktober 1917 veranstalteten Lehrgangs, Trier 1918.

Emrich, Wilhelm: Der rheinpfälzische Hausierhandel. Eine wirtschaftswissenschaftliche Untersuchung, Frankfurt am Main 1933.

Evert, Georg: Zur Theorie und Technik der Armenstatistik, in:
Zeitschrift des Königlich Preußischen Statististischen Bureaus
1889, S. 83–100.

Feld, Wilhelm: Armenstatistik (Armenwesen IV), in: Handwörterbuch der Staatswissenschaften. Gänzlich umgearbeitete Auflage,
Bd. 1, Jena ⁴1923, S. 1009–1044.

Gerlach, Paul (Bearb.): Handbuch der praktischen Armenpflege.
Ein Leitfaden für die deutschen Städte und Gemeinden, insbesondere für die Organe der gesetzlichen Armenpflege, kirchlichen und Privat-Wohltätigkeit. Mit einer Armenordnung, Mu-
sterentwürfen von Dienstanweisungen, Statuten etc. Tatsachen
und Vorschläge zur Verbesserung der Praxis, Eisenberg 1913.

Gesetz, betreffend Abänderung der §§.31, 65 und 68 des Gesetzes
zur Ausführung des Bundesgesetzes über den Unterstützungswohnsitz vom 8. März 1871. Vom 11. Juli 1891, in: Gesetz-Samm-
lung für die Königlich Preußischen Staaten 1891, S. 300–302.

Gesetz, betreffend die Änderung des Gesetzes über den Unterstützungswohnsitz und die Einführung des Gesetzes in Elsaß-Lothringen, 30.5.1908, in: Reichs-Gesetzblatt 35, 1908.

Graeffner, Ernst, u. Erich Simm: Das Armenrecht. Eine systematische Darstellung sämtlicher das Armenrecht betreffenden Rechts-
materien (Handbücher des Preußischen Verwaltungsrechts), Berlin 1914.

Gütt, Arthur (Hg.): Handbuch der Erbkrankheiten, Bd. 4: Zirku-
läres Irresein. Psychopathische Persönlichkeiten. Bearb. von Hans
Heinze, Johannes Lange, Hans Luxemburger, u. Kurt Pohlisch,
Leipzig 1942.

Hetzell, K.: Arbeitspflicht (RFV), in: Handwörterbuch der Wohlfahrtspflege. Völlig neu bearb. Aufl., Berlin ²1929, S. 67–68.

Hetzell, K.: Aufenthalt (RFV.) und Aufenthaltsbeschränkungen, in:
Handwörterbuch der Wohlfahrtspflege. Völlig neu bearb. Aufl.,
Berlin ²1929, S. 97–98.

Hetzer, Hildegard: Kindheit und Armut. Psychologische Methoden in Armutsforschung und Armutsbekämpfung. Neubearbeitete Auflage, Leipzig ²1937 (Erstauflage 1929).

Hohn, Wilhelm: Hausindustrie und Heimarbeit in den Regierungsbezirken Koblenz und Trier, in: Hausindustrie und Heimarbeit in Deutschland und Österreich, Bd. 3: Mittel- und Westdeutschland. Österreich (Schriften des Vereins für Socialpolitik 86), Leipzig 1899, S. 1–97.

Honold, Hubert: Arbeit und Leben der Winzer an der Mittelmosel, Wittlich 1941.

Horion, [Johannes], Landeshauptmann (Hg.): Die rheinische Provinzialverwaltung. Ihre Entwicklung und ihr heutiger Stand. Herausgegeben zur Jahrtausendfeier der Rheinprovinz, Düsseldorf 1925, S. 115–123.

Jahoda, Marie, Paul F. Lazarsfeld, u. Hans Zeisel: Die Arbeitslosen von Marienthal. Ein soziographischer Versuch mit einem Anhang zur Geschichte der Soziographie, Allensbach, Bonn ²1960 (Erstausgabe 1933).

Jung, Bruno: Die öffentliche und private Wohlfahrtspflege in Deutschland nach der Reichsverordnung über die Fürsorgepflicht vom 13. Februar 1924 (Staatsbürger-Bibliothek 118/119), Münster 1924.

Kehren, Hubert A.: Außersoziologische Grundlagen, in: Wiese, Leopold von (Hg.): Das Dorf als soziales Gebilde (Beiträge zur Beziehungslehre 1), München 1928, S. 10–15.

Kirch, Gerhard: Person und Individualität, in: Wiese, Leopold von (Hg.): Das Dorf als soziales Gebilde (Beiträge zur Beziehungslehre 1), München 1928, S. 16–26.

Klein, [...]: Das Hausiergewerbe im preußischen Saargebiet, in: Untersuchungen über die Lage des Hausiergewerbes in Deutschland, Bd. 1 (Schriften des Vereins für Socialpolitik 87), Leipzig 1898, S. 259–300.

Klumker, Chr.[istian] J.[asper]: Armenwesen, in: Handwörterbuch der Staatswissenschaften, Bd. 1, Jena ⁴1923, S. 926–937.

Klumker, Chr.[istian] J.[asper]: Fürsorgewesen. Einführung in das Verständnis der Armut und der Armenpflege, Leipzig 1918.

Klumker, Chr.[istian] J.[asper]: Zur Theorie der Armut, in: Zeitschrift für Volkswirtschaft, Sozialpolitik und Verwaltung 19, 1910, S. 1–25.

Kürten, Oskar: Die Wohnungsverhältnisse in Stadt u. Land, dargestellt nach den Ergebnissen der sächsischen Wohnungsstatistik, in: Jahrbücher für Nationalökonomie und Statistik 107, 1916, S. 345–376.

Langstein, L.: Säuglingsfürsorge, in: Handwörterbuch der Wohlfahrtspflege. Völlig neu bearb. Aufl., Berlin ²1929. S. 547–555.

Lehrbuch der Wohlfahrtspflege, hg. vom Hauptausschuss für Arbeiterwohlfahrt e. V., Berlin 1927.

Lembke, Friedrich: Forderungen für eine Armengesetzgebung vom Standpunkt der ländlichen Verhältnisse. Vorbericht und Leitsätze, Berlin 1920.

Lemmens, Leonhard: Geschichte der Franziskanerinnen von Waldbreitbach (1863–1913). Festschrift zum 50jährigen Jubiläum der Genossenschaft, Trier 1913.

Marx, Jakob: Geschichte des Armen-Hospitals zum hl. Nikolaus zu Cues, Trier 1907 (ND Bernkastel-Kues 1976).

Mentges, J.: Der Landkreis Bernkastel. Seine Struktur, Wirtschaft und Kultur in alter und neuer Zeit, in: Heimat-Adreßbuch Landkreis Bernkastel 1964, S. 1–32.

Muthesius, Hans: Fürsorgerecht (Enzyklopädie der Rechts- und Staatswissenschaft 31), Berlin 1928.

Muckermann, Hermann: Eugenik, in: Handwörterbuch der Wohlfahrtspflege, Berlin ²1929, S. 210–213.

Muckermann, Hermann: Familie, in: Handwörterbuch der Wohlfahrtspflege. Berlin ²1929, S. 217–221.

Münsterberg, Emil: Einleitende Bemerkungen, in: Die öffentliche Armenpflege auf dem Lande. Stenographischer Bericht über die Verhandlungen der 29. Jahresversammlung des deutschen Vereins für Armenpflege und Wohltätigkeit am 23. und 24. September 1909 in München (Schriften des deutschen Vereins für Armenpflege und Wohltätigkeit 21, 2), Leipzig 1909, S. 1–6.

Ollendorff, Friedrich; u. Kreutzberger, Max (Hg.): Wohlfahrtsrecht. Die wichtigsten Gesetze und Verordnungen des Reichs und Preußens für Praxis und Ausbildung, Berlin 1929.

Organisation der Wohlfahrtspflege in Kreis und Gemeinde. Bericht über die Tagung einer vom Verein für Säuglingsfürsorge und Wohlfahrtspflege eingesetzten Kommission am 3. November 1919 (Veröffentlichungen des Vereins für Säuglingsfürsorge 13).

Pöll, Wolfgang: Das Unterstützungswohnsitzgesetz vom 6. Juni 1871 / 30. Mai 1908 und das Bayerische Armengesetz vom 21. August 1914 mit den Vollzugsvorschriften, München u. a. 1916.

Reitzenstein; F. Frhr. von: Über die Reform der ländlichen Armenpflege, in: Jahrbücher für Nationalökonomie und Statistik 52, 1886, S. 101–165.

Richter, L.: Kreiswohlfahrtsamt und ländliche Wohlfahrtspflege. Die Organisation der Wohlfahrtsarbeit in den Landkreisen, Berlin 1919.

Ritter, E.: Fürsorgepflicht, in: Handwörterbuch der Wohlfahrtspflege. Völlig neu bearb. Aufl. Berlin ²1929, S. 261–268.

Rott, Fritz (Hg.): Handbuch der Mutter-, Säuglings- und Kleinkinderfürsorge, Bd. 2: Verzeichnis der Einrichtungen der Mutter-, Säuglings- und Kleinkinderfürsorge im Deutschen Reiche, Berlin 1925.

Roscher, Wilhelm: System der Armenpflege und Armenpolitik. Ein Hand- und Lesebuch für Geschäftsmänner und Studierende, Stuttgart 1894.

Rowntree, B.[enjamin] Seebohm: Poverty. A Study of Town Life, New York 1971 (Erstausgabe 1901).

Rüssel, Herbert: Die Nachbarschaft, in: Wiese, Leopold von (Hg.): Das Dorf als soziales Gebilde (Beiträge zur Beziehungslehre 1), München 1928, S. 27–36.

Saassen, Dr. (Regierungspräsident Regierungsbezirk Trier): Grenzlandnot im Regierungsbezirk Trier. Als Handschrift gedruckt, Trier, 10. Januar 1931.

Scherpner, Hans: Theorie der Fürsorge, Göttingen 1962.

Schlosser, Fr.: Ausübung der Armenpflege bei Arbeitsscheuen und säumigen Nährpflichtigen nach dem Gesetz über die Änderung und Ergänzung der Ausführungsgesetze zum Reichsgesetz über den Unterstützungswohnsitz vom 23. Juli 1912 mit den Ausführungsbestimmungen, einer Einleitung und Erläuterungen, Berlin 1912.

Schnapper-Arndt, Gottlieb: Hoher Taunus. Eine sozialstatistische Untersuchung in fünf Dorfgemeinden. Bearb. von E. P. Neumann, Allensbach, Bonn 1975.

Schwan, Bruno: Die Wohnungsnot und das Wohnungselend in Deutschland (Deutscher Verein für Wohnungsreform, Schriften 7), Berlin 1929.

Schwartz, Ernst (Medizinalregierungsrat): Die Gesundheitsverhältnisse und das Medizinal-Wesen des Regierungsbezirks Trier [1880–1891], Trier 1882–1894.

Simons, Gerda: Die Bedeutung der Familienfürsorge als verbindendes Prinzip der Gesundheits-, Wirtschafts- und Erziehungsfürsorge, in: Polligkeit, W.[ilhelm] (Hg.): Familie und Fürsorge. Vortragsfolge (Fortschritte der Jugendfürsorge, 3. Reihe: Erziehung und Berufsbildung), S. 134–140.

Statistik der öffentlichen Armenpflege im Jahre 1885. Statistik des Deutschen Reiches, N. F., Bd. 29, Berlin 1887.

Stein, C.: Das Kriegerwaisenhaus zu Wittlich, die Stadt Wittlich und das Wittlicher-Tal, Wittlich 1904.

Stieda, Wilhelm: Einleitung, in: Untersuchungen über die Lage des Hausiergewerbes in Deutschland, Erster Band (Schriften des Vereins für Socialpolitik 77), Leipzig 1898, S. V- XIV.

Thiel, Nikolaus: Der Kreis Bernkastel, Leipzig 1911.

Untersuchungen über die Lage des Hausiergewerbes in Deutschland, 5 Bände (Schriften des Vereins für Socialpolitik 77–81), Leipzig 1898–1899.

Viebig, Clara: Das Weiberdorf, Briedel (Mosel), Königswinter 1993 (Erstausgabe 1900).

Viebig, Clara: Die goldenen Berge, Trittenheim 1983 (Erstausgabe 1928).

Verordnung über Erwerbslosenfürsorge vom 13.11.1918, in: RGBl. 1918, S. 1305–1308.

Wiese, Leopold von: Einleitung: Die Problematik einer Soziologie des Dorfes, in: Ders. (Hg.): Das Dorf als soziales Gebilde (Beiträge zur Beziehungslehre 1), München 1928, S. 1–9.

Wolfram, Heinz: Vom Armenwesen zum heutigen Fürsorgewesen. Geschichtliches und Grundsätzliches, Greifswald 1930.

Webb, Sidney u. Beatrice: Das Problem der Armut, Jena ²1929.

Wölz, Otto u. a.: Die Fürsorgepflicht. Leitfaden zur Durchführung der Verordnung vom 13. Februar 1924. Nebst den Grundsätzen des Reichs und der wichtigsten Ausführungsbestimmungen der Länder, Berlin 1924.

Wrede, Adam: Eifeler Bauernleben in Sitte und Brauch, in: Alfred Herrmann (Hg.): Eifel-Festschrift zur 25 jährigen Jubelfeier des Eifelvereins, Bonn 1913, S. 392–423.

Zender, Michael: Geschichte des Eifelvereins, in: Alfred Herrmann (Hg.): Eifel-Festschrift zur 25 jährigen Jubelfeier des Eifelvereins, Bonn 1913, S. 3–51.

3. Forschungsliteratur

Abelshauser, Werner (Hg.): Die Weimarer Republik als Wohlfahrtsstaat. Zum Verhältnis von Wirtschafts- und Sozialpolitik in der Industriegesellschaft (VSWG Beihefte 81), Stuttgart 1987.

Abelshauser, Werner: Die Weimarer Republik – ein Wohlfahrtsstaat?, in: Ders. (Hg.): Die Weimarer Republik als Wohlfahrtsstaat. Zum Verhältnis von Wirtschafts- und Sozialpolitik in der
Industriegesellschaft (VSWG Beihefte 81), Stuttgart 1987, S. 9–31.

Allen, Ann Taylor: Feminism, Venereal Diseases, and the State in
Germany 1890–1918, in: Journal of the History of Sexuality 4,
1993, S. 27–50.

Althammer, Beate: Functions and Developments of the *Arbeitshaus*
in Germany: Brauweiler Workhouse in the Nineteenth and Early
Twentieth Centuries, in: Andreas Gestrich, Steven King u. Lutz
Raphael (Hg.): Being Poor in Modern Europe. Historical Perspectives 1800–1940, Bern u. a. 2006, S. 273–297.

Althammer, Beate, Inga Brandes u. Katrin Marx: Religiös motivier-
te Armenfürsorge in der Moderne – Katholische Kongregationen
im Rheinland und in Irland 1840–1930, in: Andreas Gestrich u.
Lutz Raphael (Hg.): Inklusion/Exklusion. Studien zu Fremdheit
und Armut von der Antike bis zur Gegenwart, Frankfurt am
Main u. a. 2004, S. 537–579.

Ammerer, Gerhard: Heimat Straße. Vaganten im Österreich des
Ançien Régime (Sozial- und wirtschaftshistorische Studien 29),
Wien 2003.

Auts, Rainer: Erwerbslosenproteste in Münster in der Weimarer
Republik. Handlungsspielräume kommunaler Arbeitsfürsorge in
der Weltwirtschaftskrise, in: Andreas Wollasch (Hg.): Wohlfahrt
und Region. Beiträge zur historischen Rekonstruktion des Wohlfahrtsstaates in westfälischer und vergleichender Perspektive (Forum Regionalgeschichte 5), Münster 1995, S. 71–100.

Ayaß, Wolfgang: »Asoziale« im Nationalsozialismus, Stuttgart 1995.

Bade, Klaus J.: Europa in Bewegung. Migration vom späten
18. Jahrhundert bis zur Gegenwart (Europa bauen), München
2000.

Badura, Matthias: »Herr, nimm du die Warzen mit!« Laienmedizinische Praktiken in einem Dorf auf der Schwäbischen Alb (Studien und Materialien des Ludwig-Uhland-Instituts 26), Tübingen 2004.

Balbo, Laura: Crazy Quilts: Gesellschaftliche Reproduktion und
Dienstleistungsarbeit, in: Ilona Kickbusch u. Barbara Riedmüller
(Hg.): Die armen Frauen. Frauen und Sozialpolitik, Frankfurt
am Main 1984, S. 179–199.

Barrett, Sam: Kinship, Poor Relief and the Welfare Process in Early
Modern England, in: Steven King u. Alannah Tomkins (Hg.):

The Poor in England 1700–1850. An Economy of Makeshifts. Manchester, New York 2003, S. 199–227.

Bartelheimer, Peter: Teilhabe, Gefährdung und Ausgrenzung als Leitbegriffe der Sozialberichterstattung, in: SOFI-Mitteilungen 32, 2004, S. 47–61.

Beck, Margot (Hg.): Fürsorge und Wohlfahrtspflege in Brandenburg (1800–1952). Ein sachthematisches Quelleninventar aus dem Brandenburgischen Landeshauptarchiv, dem Geheimen Staatsarchiv Preußischer Kulturbesitz, dem Bundesarchiv und dem Archiv zur Geschichte der Max-Planck-Gesellschaft (Schriftenreihe zur Medizin-Geschichte des Landes Brandenburg 2), Berlin 2002.

Beck, Rainer: Unterfinning. Ländliche Welt vor Anbruch der Moderne, München 1993.

Bender, Wolfgang: Tuberkulosefürsorge in Lippe 1919–1945. Eine verwaltungsgeschichtliche Fallstudie, in: Andreas Wollasch (Hg.): Wohlfahrtspflege in der Region. Westfalen-Lippe während des 19. und 20. Jahrhunderts im historischen Vergleich, Paderborn 1995, S. 95–109.

Bergmann, Klaus: Agrarromantik und Großstadtfeindschaft (Marburger Abhandlungen zur Politischen Wissenschaft 20), Meisenheim am Glan 1970.

Berringer, Christian: Sozialpolitik in der Weltwirtschaftskrise. Die Arbeitslosenversicherungspolitik in Deutschland und Großbritannien im Vergleich 1928–1934 (Schriften zur Wirtschafts- und Sozialgeschichte 54), Berlin 1999.

Bittel, Christoph: Arbeitsverhältnisse und Sozialpolitik im Oberamtsbezirk Heidenheim im 19. Jahrhundert. Ein Beitrag zur Sozialgeschichte einer württembergischen Industrieregion, Tübingen 1999.

Blaich, Fritz: Der »Winzersturm von Bernkastel«. Ursachen und Auswirkungen einer Steuerstreiks in der Weimarer Republik, in: Zeitschrift für Agrargeschichte und Agrarsoziologie 33, 1, 1985, S. 2–26.

Blotevogel, Hans Heinrich (Hg.): Kommunale Leistungsverwaltung und Stadtentwicklung vom Vormärz bis zur Weimarer Republik (Städteforschung, Reihe A, Darstellungen 30), Köln, Wien 1990.

Blum, Peter: Staatliche Armenfürsorge im Herzogtum Nassau 1806–1866 (Veröffentlichungen der Historischen Kommission für Nassau 44), Wiesbaden 1987.

Blum-Geenen, Sabine: Fürsorgeerziehung in der Rheinprovinz von 1871–1933 (Rheinprovinz 11), Köln 1997.

Bock, Gisela: Zwangssterilisation im Nationalsozialismus. Studien zur Rassenpolitik und Frauenpolitik (Schriften des Zentralinstituts für Sozialwissenschaftliche Forschung der Freien Universität Bonn 48), Opladen 1986.

Bodewein, Peter: Das Landarmenhaus Trier in der zweiten Hälfte des 19. Jahrhunderts, Examensarbeit Univ. Trier 2005.

Boettcher, Holger: Fürsorge in Lübeck vor und nach dem Ersten Weltkrieg (Veröffentlichungen zur Geschichte der Hansestadt Lübeck Reihe B 16), Lübeck 1988.

Boldorf, Marcel: Armenfürsorge im Spannungsfeld der Konflikte eines Grenzlandes: Die Saarregion im Kaiserreich (1870–1914), in: Jürgen Schneider (Hg.): Natürliche und politische Grenzen als soziale und wirtschaftliche Herausforderung. Referate der 19. Arbeitstagung der Gesellschaft für Sozial- und Wirtschaftsgeschichte vom 18. bis 20. April 2001 in Aachen (VSWG Beihefte 166), Wiesbaden 2003, S. 109–128.

Borscheid, Peter: Altern zwischen Wohlstand und Armut: Zur materiellen Lage alter Menschen während des 18. und 19. Jahrhunderts im deutschen Südwesten, in: Christoph Conrad u. Hans-Joachim von Kondratowitz (Hg.): Gerontologie und Sozialgeschichte. Wege zu einer historischen Betrachtung des Alters (Beiträge zur Gerontologie und Altenarbeit 48), Berlin 1983, S. 217–253.

Borscheid, Peter: Plädoyer für eine Geschichte des Alltäglichen, in: Peter Borscheid u. Hans J. Teuteberg (Hg.): Ehe, Liebe, Tod. Zum Wandel der Familie, der Geschlechts- und Generationenbeziehungen in der Neuzeit (Studien zur Geschichte des Alltags 1), Münster 1983, S. 1–14.

Bourdieu, Pierre: Ökonomisches Kapital, kulturelles Kapital, soziales Kapital, in: Reinhard Kreckel (Hg.): Soziale Ungleichheiten (Soziale Welt; Sonderband 2), Göttingen 1983, S. 183–198.

Bräuer, Helmut: Der Leipziger Rat und die Bettler. Quellen und Analysen zu Bettlern und Bettelwesen in der Messestadt bis ins 18. Jahrhundert, Leipzig 1997.

Bräuer, Helmut: Persönliche Bittschriften als sozial- und mentalitätsgeschichtliche Quelle. Beobachtungen aus den frühneuzeitlichen Städten Obersachsens, in: Gerhard Ammerer, Christian Rohr, u. Alfred Stefan Weiß (Hg.): Tradition und Wandel. Beiträge zur Kirchen-, Gesellschafts- und Kulturgeschichte. Festschrift für Heinz Dopsch, München 2001, S. 294–304.

Bräuer, Helmut:»… und hat seithero gebetlet.« Bettler und Bettelwesen in Wien und Niederösterreich während der Zeit Kaiser Leopolds I, Wien 1996.

Brandes, Inga:»Odious, Degrading and Foreign« Institutions? Analysing Irish Workhouses in the Nineteenth and Twentieth Centuries, in: Andreas Gestrich, Steven King, u. Lutz Raphael (Hg.): Being Poor in Modern Europe. Historical Perspectives 1800–1940, Bern u. a. 2006, S. 199–227.

Brandmann, Paul: Leipzig zwischen Klassenkampf und Sozialreform. Kommunale Wohlfahrtspolitik zwischen 1890 und 1929 (Geschichte und Politik in Sachsen 5), Köln u. a. 1998.

Brinkmann, Lotte S., Niels Kring, u. Martin Rheinheimer: Ein Losgänger auf Springtour. Das Zuchthaus Odense,»würdige« und»unwürdige« Arme im 18. Jahrhundert, in: Ortwin Pelc u. Jürgen H. Ibs (Hg.): Arme, Kranke, Außenseiter. Soziale Randgruppen in Schleswig-Holstein seit dem Mittelalter (Studien zur Wirtschafts- und Sozialgeschichte Schleswig-Holsteins 36), Neumünster 2005, S. 141–175.

Brüchert-Schunk, Hedwig:»Eine nicht zu unterschätzende Aufgabe der Wohlfahrtspflege…«. Die kommunale Kinder- und Jugendfürsorge in Mainz von 1890 bis 1930, in: Andreas Wollasch (Hg.): Wohlfahrt und Region. Beiträge zur historischen Rekonstruktion des Wohlfahrtsstaates in westfälischer und vergleichender Perspektive (Forum Regionalgeschichte 5), Münster 1995, S. 15–39.

Brüchert-Schunk, Hedwig: Städtische Sozialpolitik vom wilhelminischen Reich bis zur Weltwirtschaftskrise. Eine sozial- und kommunalhistorische Untersuchung am Beispiel der Stadt Mainz 1890–1933 (Geschichtliche Landeskunde 41), Stuttgart 1994.

Brunner, Claudia: Arbeitslosigkeit in München 1927 bis 1933. Kommunalpolitik in der Krise (Neue Schriftenreihe des Stadtarchivs München. Miscellanea Bavarica Monacensia 162), München 1992.

Buchholz, Matthias: Überlieferungsbildung bei massenhaft gleichförmigen Einzelfallakten im Spannungsverhältnis von Bewertungsdiskussion, Repräsentativität und Nutzungsperspektive (Landschaftsverband Rheinland, Archivberatungsstelle – Archivhefte 35), Köln 2001.

Büsch, Theo: Die Eifel und ihre Bewohner im Urteil des vorigen Jahrhunderts. Auch eine Würdigung des ersten Prümer Landrates Georg Baersch, in: Eifel-Jahrbuch, 1998, S. 184–188.

Bumiller, Casimir: Auf der Reise. Skizzen zu einer Geschichte des Hausierhandels im Killertal, in: Beiträge zur Volkskunde in Baden-Württemberg 5, 1993, S. 7–61.

Burgard, Dieter: Maria Grünewald im Wandel der Zeit, in: Jahrbuch für den Kreis Bernkastel-Wittlich, 1994, S. 66–73.

Bußmann-Strelow, Gabriele: Kommunale Politik im Sozialstaat. Nürnberger Wohlfahrtspflege in der Weimarer Republik (Nürnberger Werkstücke zur Stadt- und Landesgeschichte 58), Nürnberg 1997.

Buske, Sybille: Fräulein Mutter und ihr Bastard. Eine Geschichte der Unehelichkeit in Deutschland 1900–1970 (Moderne Zeit 5), Göttingen 2004.

Castel, Robert: Die Metamorphosen der sozialen Frage. Eine Chronik der Lohnarbeit (édition discours 13), Konstanz 2000.

Castell Rüdenhausen, Adelheid Gräfin zu: Die Erhaltung und Mehrung der Volkskraft. Die Anfänge der sozialhygienischen Gesundheitsfürsorge im Regierungsbezirk Düsseldorf, in: Imbke Behnken (Hg.): Stadtgesellschaft und Kindheit im Prozeß der Zivilisation. Konfigurationen städtischer Lebensweise zu Beginn des 20. Jahrhunderts, Opladen 1990, S. 26–42.

Chassé, Karl August: Asozial sind die anderen. Deutungsmuster zu Sozialhilfebezug und Arbeitslosigkeit: Problembewältigungsformen im ländlichen Raum. Werkstattbericht aus einem ländlichen Forschungsprojekt, in: Hans Pfaffenberger u. Karl August Chassé (Hg.): Armut im ländlichen Raum. Sozialpolitische und sozialpädagogische Perspektiven und Lösungsversuche (Soziale Ungleichheit und Benachteiligung 1), Münster, Hamburg 1993, S. 137–167.

Chassé, Karl August: Landwirte und Landwirtinnen als Sozialhilfeempfänger – psychosoziale Probleme und Konsequenzen, in: Willi Schulz (Red.): Armut im ländlichen Raum. Bericht über zwei Tagungen der Agrarsozialen Gesellschaft e. V. in Zusammenarbeit mit der Evangelischen Landjugendakademie Altenkirchen (ASG-Kleine Reihe 39), Göttingen 1990, S. 116–129.

Chassé, Karl August, u. Hans Pfaffenberger: Sozialpolitische und sozialpädagogische Probleme und Lösungsperspektiven im ländlichen Raum. Zur Einführung in den Band, in: Hans Pfaffenberger u. Karl August Chassé (Hg.): Armut im ländlichen Raum. Sozialpolitische und sozialpädagogische Perspektiven und Lösungsversuche (Soziale Ungleichheit und Benachteiligung 1), Münster, Hamburg 1993, S. 7–17.

Christmann, Matthias: Kölner Armenstiftungen und ihre Stifter im 19. Jahrhundert, Examensarbeit Univ. Trier 2002.

Condrau, Flurin: Lungenheilanstalt und Patientenschicksal. Sozialgeschichte der Tuberkulose in Deutschland und England im späten 19. und frühen 20. Jahrhundert (Kritische Studien zur Geschichtswissenschaft 137), Göttingen 2000.

Conrad, Hans-Joachim: Die Winzerunruhen an der Mosel 1925/26. Ihre wirtschaftlichen und sozialen Hintergründe und ihre Auswirkungen auf die staatliche Wirtschaftspolitik, Diplomarbeit Univ. Regensburg 1976.

Corbin, Alain: Auf den Spuren eines Unbekannten. Ein Historiker rekonstruiert ein ganz gewöhnliches Leben, Frankfurt am Main, New York 1999.

Coser, Lewis A.: Soziologie der Armut: Georg Simmel zum Gedächtnis, in: Stephan Leibfried u. Wolfgang Voges (Hg.): Armut im modernen Wohlfahrtsstaat (Kölner Zeitschrift für Soziologie und Sozialpsychologie, Sonderhefte 32), Opladen 1992, S. 34–47.

Crew, David F.: »Eine Elternschaft zu dritt« – staatliche Eltern? Jugendwohlfahrt und Kontrolle der Familie in der Weimarer Republik 1919–1933, in: Alf Lüdtke (Hg.): »Sicherheit« und »Wohlfahrt«. Polizei, Gesellschaft und Herrschaft im 19. und 20. Jahrhundert, Frankfurt am Main 1992, S. 267–294.

Crew, David F.: Germans on Welfare. From Weimar to Hitler, New York, Oxford 1998.

Crew, David F.: Gewalt »auf dem Amt«. Beispiele aus der Wohlfahrtsverwaltung der Weimarer Republik, in: WerkstattGeschichte 4, 1993, S. 33–42.

Crew, David F.: »Wohlfahrtsbrot ist bitteres Brot.« The Elderly, the Disabled and the Local Welfare Authorities in the Weimar Republic 1924–1933, in: Archiv für Sozialgeschichte 30, 1990, S. 217–245.

Czarnowski, Gabriele: Das kontrollierte Paar. Ehe- und Sexualpolitik im Nationalsozialismus. Weinheim 1991.

Dahlmann, Elke: Der Verein für Säuglingsfürsorge im Regierungsbezirk Düsseldorf e. V., Diss. Univ. Düsseldorf 2001.

Daniel, Ute: Frauen, in: Enzyklopädie Erster Weltkrieg, Paderborn u. a. 2003, S. 116–134.

Dickinson, Edward Ross: The Politics of German Child Welfare from the Empire to the Federal Republic, Cambridge (Mass.), London 1996.

Dinges, Martin: Aushandeln von Armut in der Frühen Neuzeit: Selbsthilfepotential, Bürgervorstellungen und Verwaltungslogiken, in: WerkstattGeschichte 10, 1995, S. 7–15.

Dinges, Martin: Frühneuzeitliche Armenfürsorge als Sozialdisziplinierung? Probleme mit einem Konzept, in: Geschichte und Gesellschaft 17, 1991, S. 5–29.

Dinges, Martin: Stadtarmut in Bordeaux (1525–1675) – Alltag, Politik, Mentalitäten, Bonn 1988.

Doering-Manteuffel, Sabine: Die Eifel. Geschichte einer Landschaft, Frankfurt am Main, New York 1995.

Dohms, Peter: Eberhardsklausen. Kloster, Kirche, Wallfahrt – von den Anfängen bis in die Gegenwart, Trier 1985.

Dorn, Ulrike: Arbeitslosigkeit im System der öffentlichen Armenpflege des 19. Jahrhunderts – dargestellt am Beispiel Preußen, in: Zeitschrift für Neuere Rechtgeschichte 15, 1993, S. 12–34.

Dressel, Hilmar: Die politischen Wahlen in der Stadt Trier und in den Eifel- und Moselkreisen des Regierungsbezirks Trier 1888–1913, Diss. Bonn 1962.

Ehmer, Josef: Sozialgeschichte des Alters, Frankfurt am Main 1990.

Elspaß, Stephan: Sprachgeschichte von unten. Untersuchungen zum geschriebenen Alltagsdeutsch im 19. Jahrhundert (Reihe Germanistische Linguistik), Tübingen 2005.

Engelsing, Rolf: Analphabetentum und Lektüre. Zur Sozialgeschichte des Lesens in Deutschland zwischen feudaler und industrieller Gesellschaft, Stuttgart 1973.

Eser, Susanne F.: Verwaltet und verwahrt. Armenpolitik und Arme in Augsburg. Vom Ende der reichsstädtischen Zeit bis zum Ersten Weltkrieg (Historische Forschungen 20), Sigmaringen 1996.

Faust, Anselm: Arbeitsmarktpolitik im deutschen Kaiserreich. Arbeitsvermittlung, Arbeitsbeschaffung und Arbeitslosenunterstützung 1890–1918, Stuttgart 1986.

Faust, Anselm: Von der Fürsorge zur Arbeitsmarktpolitik: Die Errichtung der Arbeitslosenversicherung, in: Werner Abelshauser (Hg.): Die Weimarer Republik als Wohlfahrtsstaat. Zum Verhältnis von Wirtschafts- und Sozialpolitik in der Industriegesellschaft (VSWG Beihefte 81), Stuttgart 1987, S. 260–279.

Fehlemann, Silke: Die Entwicklung der öffentlichen Gesundheitsfürsorge in der Weimarer Republik: Das Beispiel der Kinder und Jugendlichen, in: Wolfgang Woelk u. Jörg Vögele (Hg.): Geschichte der Gesundheitspolitik in Deutschland. Von der Weimarer Republik bis in die Frühgeschichte der »doppelten Staatsgründung« (Schriften zur Wirtschafts- und Sozialgeschichte 73), Berlin 2002, S. 67–81.

Fehlemann, Silke: Stillpropaganda und Säuglingsfürsorge am Beginn des 20. Jahrhunderts, in: Gabriele Genge (Hg.): Sprachformen des Körpers in Kunst und Wissenschaft (Kultur und Erkenntnis 25), Tübingen, Basel 2000, S. 19–30.

Fischer, Thomas: Städtische Armut und Armenfürsorge im 15. und 16. Jahrhundert (Göttinger Beiträge zur Wirtschafts- und Sozialgeschichte 4), Göttingen 1979.

Fischer, Wolfram: Armut in der Geschichte. Erscheinungsformen und Lösungsversuche der »Sozialen Frage« in Europa seit dem Mittelalter, Göttingen 1982.

Franz, Norbert: Durchstaatlichung und Ausweitung der Kommunalaufgaben im 19. Jahrhundert. Tätigkeitsfelder und Handlungsspielräume ausgewählter französischer und luxemburgischer Landgemeinden im mikrohistorischen Vergleich (1805–1890) (Trierer Historische Forschungen 60), Trier 2006.

Freitag, Winfried: Haushalt und Familie in traditionalen Gesellschaften: Konzepte, Probleme und Perspektiven der Forschung, in: Geschichte und Gesellschaft 14, 1988, S. 5–37.

Frerich, Johannes, u. Martin Frey: Handbuch der Geschichte der Sozialpolitik in Deutschland, Bd. 1: Von der vorindustriellen Zeit bis zum Ende des Dritten Reiches, München, Wien 1993.

Frevert, Ute: Krankheit als politisches Problem 1770–1880. Soziale Unterschichten in Preußen zwischen medizinischer Polizei und staatlicher Sozialversicherung (Kritische Studien zur Geschichtswissenschaft 62), Göttingen 1984.

Frie, Ewald: Wohlfahrtsstaat und Provinz. Fürsorgepolitik des Provinzialverbandes Westfalen und des Landes Sachsen 1880–1930 (Forschungen zur Regionalgeschichte 8), Paderborn 1993.

Frühsorge, Gotthardt, u. Christoph Schreckenberg (Hg.): Johann Christoph Pickert. Lebens-Geschichte des Unterofficier Pickert. Invalide bey der 7.ten Compagnie, Göttingen 2006.

Führer, Karl Christian: Arbeitslosigkeit und die Entstehung der Arbeitslosenversicherung in Deutschland 1902–1927 (Beiträge zu Inflation und Wiederaufbau in Deutschland und Europa) (Einzelveröffentlichungen der Historischen Kommission zu Berlin 73), Berlin 1990.

Führer, Karl Christian: Für das Wirtschaftsleben »mehr oder weniger wertlose Personen«. Zur Lage von Invaliden- und Kleinrentnern in den Inflationsjahren 1918–1924, in: Archiv für Sozialgeschichte 30, 1990, S. 145–180.

Führer, Karl Christian: Unterstützung und Lebensstandard der Arbeitslosen 1918–1927, in: Klaus Tenfelde (Hg.): Arbeiter im 20. Jahrhundert (Industrielle Welt 51), Stuttgart 1991. S. 275–298.

Gaber, Hans-Jürgen: An der Spitze aller Provinzen und Länder. Trinkerfürsorge und Suchtkrankenhilfe in Westfalen 1820 bis 1995, Bonn 2002.

Gans, Herbert J.: Über die positiven Funktionen der unwürdigen Armen. Zur Bedeutung der »under-class« in den USA, in: Stephan Leibfried u. Wolfgang Voges (Hg.): Armut im modernen Wohlfahrtsstaat (Kölner Zeitschrift für Soziologie und Sozialpsychologie, Sonderhefte 32), Opladen 1992, S. 48–62.

Geertz, Clifford: Dichte Beschreibung. Bemerkungen zu einer deutenden Theorie von Kultur, in: ders. (Hg.): Dichte Beschreibung. Beiträge zum Verstehen kultureller Systeme, Frankfurt am Main 1987, S. 7–43.

Gessinger, Hubert: Geschichte von Zeltingen-Rachtig mit besonderer Berücksichtigung der Zeit von 1794–1978, Bernkastel-Kues 1979.

Gestrich, Andreas: Depicting the »Moral Dregs of Our Great Population«: An 1890 Illustrated Newspaper Series on »The Homes of the Glasgow Poor«, in: Andreas Gestrich, Steven King, u. Lutz Raphael (Hg.): Being Poor in Modern Europe. Historical Perspectives 1800–1940, Bern u. a. 2006, S. 417–439.

Gestrich, Andreas: Einleitung: Sozialhistorische Biographieforschung, in: Ders., Peter Knoch, u. Helga Merkel (Hg.): Biographie – sozialgeschichtlich, Göttingen 1988, S. 5–28.

Gestrich, Andreas, Jens-Uwe Krause, u. Michael Mitterauer: Geschichte der Familie (Europäische Kulturgeschichte 1), Stuttgart 2003.

Gestrich, Andreas, u. Jens Gründler: Iren in Glasgow in den Versorgungskrisen von 1846–48 und 1878/79 – Aspekte von Inklusion und Exklusion, in: Ders. u. Lutz Raphael (Hg.): Inklusion / Exklusion. Studien zu Fremdheit und Armut von der Antike bis zur Gegenwart, Frankfurt am Main u. a. 2004, S. 339–363.

Ginzburg, Carlo: Mikro-Historie. Zwei oder drei Dinge, die ich von ihr weiß, in: Historische Anthropologie 1, 1993, S. 169–192.

Ginzburg, Carlo, u. Carlo Poni: Was ist Mikrogeschichte?, in: Geschichtswerkstatt 6, 1985, S. 48–52.

Ginzler, Hildegard: Die »Musfallskrämer« aus der Eifel. Entwicklung des Drahtwarengewerbes in Neroth als Beispiel für Selbsthilfe in einer Mittelgebirgsregion (Studien zur Volkskultur in Rheinland-Pfalz 1), Mainz 1986.

Glass, Christian: Von Haus zu Haus. Wanderhändler in Württemberg, in: Beiträge zur Volkskunde in Baden-Württemberg 2, 1987, S. 133–162.

Göckenjan, Gerd: Kurieren und Staat machen. Gesundheit und Medizin in der bürgerlichen Welt, Frankfurt am Main 1985.

Gordon, Michèle, u. Jens Gründler: Migration, Survival Strategies and Networks of Irish Paupers in Glasgow, 1850–1900, in: Andreas Gestrich, Steven King, u. Lutz Raphael (Hg.): Being Poor in Modern Europe. Historical Perspectives 1800–1940, Bern u. a. 2006, S. 113–133.

Graafen, Richard: Die Aus- und Abwanderung aus der Eifel in den Jahren 1815 bis 1955. Eine Untersuchung der Bevölkerungsentwicklung eines deutschen Mittelgebirges im Zeitalter der Industrialisierung, Bonn 1961.

Gräser, Marcus: Der blockierte Wohlfahrtsstaat. Unterschichtenjugend und Jugendfürsorge in der Weimarer Republik (Kritische Studien zur Geschichtswissenschaft 107), Göttingen 1995.

Grewe, Bernd-Stefan: »Darum treibt hier Not und Verzweiflung zum Holzfrevel«. Ein Beitrag zur Sozial-, Wirtschafts- und Umweltgeschichte der Pfalz 1816–1860, in: Mitteilungen des Historischen Vereins der Pfalz 94, 1996, S. 271–295.

Gransche, Elisabeth, u. Franz Rothenbacher: Wohnbedingungen in der zweiten Hälfte des 19. Jahrhunderts 1861–1910, in: Geschichte und Gesellschaft 14, 1988, S. 64–95.

Grosse, Siegfried: Vorbemerkung, in: ders. u. a. (Hg.): »Denn das Schreiben gehört nicht zu meiner täglichen Beschäftigung«. Der Alltag kleiner Leute in Bittschriften, Briefen und Berichten aus dem 19. Jahrhundert. Ein Lesebuch, S. 9–15.

Grzywatz, Berthold: Armenfürsorge im 19. Jahrhundert. Die Grenzen der kommunalen Daseinsvorsorge, in: Zeitschrift für Geschichtswissenschaft 47, 1999, S. 583–614.

Gysin-Scholer, Christa: Krank, allein, entblößt. »Drückendste Armut« und »äusserste Not« im Baselbiet des 19. Jahrhunderts, Liestal 1997.

Hagemann, Karen: »…wir werden alt vom Arbeiten«. Die soziale Situation alternder Arbeiterfrauen in der Weimarer Republik am Beispiel Hamburgs, in: Archiv für Sozialgeschichte 30, 1990, S. 247–295.

Hanika, Karin: Fabrikarbeit auf dem Land. Die Arbeiterinnen der Gießener Tabakindustrie im frühen 20. Jahrhundert, in: Johanna Werckmeister (Hg.): Land-Frauen-Alltag. Hundert Jahre Lebens-

und Arbeitsbedingungen der Frauen im ländlichen Raum, Marburg 1989, S. 43–65.

Hanschkow, Juliane: Ambulante Gruppen im Blick und Zugriff des preußischen Staates. Untersuchungen zum Regierungsbezirk Trier, 1870–1933, Magisterarbeit Univ. Trier 2006.

Hareven, Tamara K.: Familiengeschichte, Lebenslauf und sozialer Wandel (Campus Historische Studien 26), Frankfurt am Main, New York 1999.

Hartke, Wolfgang: Die geographischen Funktionen der Sozialgruppe der Hausierer am Beispiel der Hausiergemeinden Süddeutschlands, in: Berichte zur deutschen Landeskunde 31, 2, 1963, S. 209–232.

Harvey, Elisabeth: Youth and the Welfare State in Weimar Germany, New York 1993.

Haupt, Heinz-Gerhard, u. Jean-Luc Mayaud: Der Bauer, in: Ute Frevert u. Heinz-Gerhard Haupt (Hg.): Der Mensch des 19. Jahrhunderts, Frankfurt am Main, New York 1999, S. 342–358.

Hauser, Andrea: Dinge des Alltags. Studien zur historischen Sachkultur eines schwäbischen Dorfes (Untersuchungen des Ludwig-Uhland-Instituts 82), Tübingen 1994.

Hauschildt, Elke:»Auf den richtigen Weg zwingen…«. Trinkerfürsorge 1922–1945, Freiburg i.B. 1995.

Hauschildt, Elke: Ein neuer Zweig der Gesundheitsfürsorge in den 1920er Jahren: die Trinkerfürsorge, in: Wolfgang Woelk u. Jörg Vögele (Hg.): Geschichte der Gesundheitspolitik in Deutschland. Von der Weimarer Republik bis in die Frühgeschichte der »doppelten Staatsgründung« (Schriften zur Wirtschafts- und Sozialgeschichte 73), Berlin 2002, S. 125–141.

Hennen, Markus: Wohlfahrtseinrichtungen in Trier. Eine sozialpolitische Analyse der Zeit von 1800 bis zum Beginn des 20. Jahrhunderts, Diplomarbeit Univ. Trier 1990.

Hentschel, Volker: Geschichte der deutschen Sozialpolitik 1880–1980. Soziale Sicherung und kollektives Arbeitsrecht, Frankfurt am Main 1983.

Hentschel, Volker: Die Sozialpolitik in der Weimarer Republik, in: Karl-Dietrich Bracher, Manfred Funke, u. Hans-Adolf Jacobsen (Hg.): Die Weimarer Republik 1918–1933. Politik, Wirtschaft, Gesellschaft, Bonn ³1998, S. 197–217.

Hering, Sabine, u. Richard Münchmeier: Geschichte der Sozialen Arbeit. Eine Einführung, Weinheim 2000.

Herrig, Gertrud: Ländliche Nahrung im Strukturwandel des 20. Jahrhunderts. Untersuchungen im Westeifeler Reliktgebiet am Beispiel der Gemeinde Wolsfeld (Kultureller Wandel 1), Meisenheim am Glan 1974.

Hesse, Günther, u. Andreas Wisniewski: Wittlich-Land. Geschichte einer Verbandsgemeinde zwischen Vulkaneifel und Mosel, Verbandsgemeinde Wittlich-Land 1990.

Hitchcock, Tim, Peter King, u. Pamela Sharpe (Hg.): Chronicling Poverty. The Voices and Strategies of the English Poor, 1640–1840, Basingstoke u. a. 1997.

Hitchcock, Tim, Peter King, u. Pamela Sharpe: Introduction, in: Dies. (Hg.): Chronicling Poverty. The Voices and Strategies of the English Poor, 1640–1840, Basingstoke u. a. 1997, S. 1–18.

Hochstrasser, Olivia: Ein Haus und seine Menschen 1549–1989. Ein Versuch zum Verhältnis von Mikroforschung und Sozialgeschichte (Untersuchungen des Ludwig-Uhland-Instituts 80), Tübingen 1993.

Hong, Young-Sun: Welfare, Modernity and the Weimar State 1919–1933, Princeton 1998.

Hotz, Klemens: Verwaltete Armut auf dem Dorf – Zur ländlichen Armenpflege im 19. Jahrhundert am Beispiel der Gemeinde Reichartshausen, in: Der Odenwald 38, 1991, S. 20–36.

Hubatsch, Walther (Hg.): Grundriss der deutschen Verwaltungsgeschichte 1815–1945, Reihe A: Preußen, Bd. 7: Rheinland, bearb. von Rüdiger Schütz, Marburg 1978.

Hudemann, Rainer: Kriegsopferpolitik nach den beiden Weltkriegen, in: Hans Pohl (Hg.): Staatliche, städtische, betriebliche und kirchliche Sozialpolitik vom Mittelalter bis zur Gegenwart, Stuttgart 1991, S. 269–293.

Hufton, Olwen H.: Frauenleben. Eine europäische Geschichte 1500–1800, Frankfurt am Main 1998.

Hufton, Olwen H.: The Poor of Eighteenth-Century France 1750–1789, Oxford 1974.

Hunecke, Volker: Überlegungen zur Geschichte der Armut im vorindustriellen Europa, in: Geschichte und Gesellschaft 9, 1983, S. 480–512.

Irmak, Kenan H.: Der Sieche. Alte Menschen und die stationäre Altenhilfe in Deutschland 1924–1961 (Veröffentlichungen des Instituts für soziale Bewegungen 20), Essen 2002.

Imhof, Arthur E.: Unsere Lebensuhr. Phasenverschiebungen im Verlaufe der Neuzeit, in: Peter Borscheid u. Hans J. Teuteberg,

(Hg.): Ehe, Liebe, Tod. Zum Wandel der Familie, der Geschlechts- und Generationenbeziehungen in der Neuzeit (Studien zur Geschichte des Alltags 1), Münster 1983, S. 170–198.

Inhetveen, Heide: Armut und dörfliches Netzwerk, in: Willi Schulz (Red.): Armut im ländlichen Raum. Bericht über zwei Tagungen der Agrarsozialen Gesellschaft e. V. in Zusammenarbeit mit der Evangelischen Landjugendakademie Altenkirchen (ASG-Kleine Reihe; 39), Göttingen 1990, S. 5–22.

Jakoby, Rosa: Leben im Moseldorf. Eine Winzergroßmutter aus Köwerich erinnert sich, Trier 1993.

Jans, Hans-Peter: Sozialpolitik und Wohlfahrtspflege in Ulm 1870–1930. Stadt, Verbände und Parteien auf dem Weg zur modernen Sozialstaatlichkeit (Forschungen zur Geschichte der Stadt Ulm 25), Ulm 1994.

Jeggle, Utz: Kiebingen. Eine Heimatgeschichte. Zum Prozess der Zivilisation in einem schwäbischen Dorf (Untersuchungen des Ludwig-Uhland-Instituts der Universität Tübingen 44), Tübingen 1977.

Jeserich, Kurt A., Hans Pohl, u. Georg-Christoph von Unruh: Deutsche Verwaltungsgeschichte, Bd. 4: Das Reich als Republik und in der Zeit des Nationalsozialismus, Stuttgart 1985.

Jütte, Robert: Arme, Bettler, Beutelschneider. Eine Sozialgeschichte der Armut in der Frühen Neuzeit, Weimar 2000.

Jütte, Robert: »Disziplin zu predigen ist eine Sache, sich ihr zu unterwerfen eine andere« (Cervantes). Prolegomena zu einer Sozialgeschichte der Armenfürsorge diesseits und jenseits des Fortschritts, in: Geschichte und Gesellschaft 17, 1991, S. 92–101.

Kaiser, Jochen-Christoph, u. Wilfried Loth (Hg.): Soziale Reform im Kaiserreich. Protestantismus, Katholizismus und Sozialpolitik (Konfession und Gesellschaft 11), Stuttgart u. a. 1997.

Kaiser, Wolfgang: Regionalgeschichte, Mikro-Historie und segmentierte Öffentlichkeiten. Ein vergleichender Blick auf die Methodendiskussion, in: Stefan Brakensiek u. Axel Flügel (Hg.): Regionalgeschichte in Europa. Methoden und Erträge der Forschung zum 16. bis 19. Jahrhundert (Forschungen zur Regionalgeschichte 34), Paderborn 2000, S. 25–44.

Kappl, Claus: Die Not der kleinen Leute. Der Alltag der Armen im 18. Jahrhundert im Spiegel der Bamberger Malefizamtsakten (Historischer Verein für die Pflege der Geschichte des ehemaligen Fürstbistums Bamberg 17. Beiheft), Bamberg 1984.

Karweick, Jörg: »Tiefgebeugt von Nahrungssorgen und Gram«. Schreiben an Behörden, in: Siegfried Grosse u. a. (Hg.): »Denn das Schreiben gehört nicht zu meiner täglichen Beschäftigung«. Der Alltag kleiner Leute in Bittschriften, Briefen und Berichten aus dem 19. Jahrhundert. Ein Lesebuch, S. 17–88.

Kaschuba, Wolfgang: Dörfliche Kultur: Ideologie und Wirklichkeit zwischen Reichsgründung und Faschismus, in: Wolfgang Jacobeit, Josef Mooser und Bo Stråth (Hg.): Idylle oder Aufbruch? Das Dorf im bürgerlichen 19. Jahrhundert. Ein europäischer Vergleich, Berlin 1990, S. 193–204.

Kaschuba, Wolfgang: Volkskultur und Arbeiterkultur als symbolische Ordnungen. Einige volkskundliche Anmerkungen zur Debatte um Alltags- und Kulturgeschichte, in: Alf Lüdtke (Hg.): Alltagsgeschichte. Zur Rekonstruktion historischer Erfahrungen und Lebensweisen, Frankfurt am Main, New York 1989, S. 191–223.

Kaschuba, Wolfgang, u. Carola Lipp: Dörfliches Überleben. Zur Geschichte materieller und sozialer Reproduktion ländlicher Gesellschaft im 19. und frühen 20. Jahrhundert (Untersuchungen des Ludwig-Uhland-Instituts 56), Tübingen 1982.

Kerkhoff-Hader, Bärbel: Lebens- und Arbeitsformen der Töpfer in der Südwesteifel. Ein Beitrag zur Steinzeugforschung im Rheinland (Rheinisches Archiv 10), Bonn 1980.

Kern, Stephanie: Führt Armut zu sozialer Isolation? Eine empirische Analyse mit Daten des Sozio-Ökonomischen Panels, Diss. Univ. Trier 2002.

Kick, Karl G.: Von der Armenpflege zur Sozialpolitik. Die Entwicklung des Fürsorgewesens im 19. Jahrhundert am Beispiel Regensburgs (Regensburger Studien und Quellen zur Kulturgeschichte 3), Regensburg 1995.

King, Peter: Pauper Inventories and the Material Lives of the Poor in the Eighteenth and Early Nineteenth Centuries, in: Tim Hitchcock, Peter King, u. Pamela Sharpe (Hg.): Chronicling Poverty. The Voices and Strategies of the English Poor, 1640–1840, Basingstoke u. a. 1997, S. 155–191.

King, Steven, u. Alannah Tomkins (Hg.): The Poor in England 1700–1850. An Economy of Makeshifts, Manchester, New York 2003.

Kink, Barbara: »Nihil« und »Habnits«. Die Verwaltung der Not. Armut und Armenfürsorge in der Hofmark Hofhegnenberg im 17. und 18. Jahrhundert, Fürstenfeldbruck 1998.

Klanfer, Jules: Die soziale Ausschließung. Armut in reichen Ländern, Wien u. a. 1969.

Kleinknecht, Thomas: Private Stiftungen in der Stadt Münster. Zu sozialen Hilfeformen im traditionalen Milieu des 19. und 20. Jahrhunderts, in: Andreas Wollasch (Hg.): Wohlfahrtspflege in der Region. Westfalen-Lippe während des 19. und 20. Jahrhunderts im historischen Vergleich, Paderborn 1995, S. 23–51.

Köppen, Ruth: Die Armut ist weiblich, Berlin 1985.

Köster, Markus: Jugend, Wohlfahrtsstaat und Gesellschaft im Wandel. Westfalen zwischen Kaiserreich und Bundesrepublik, Paderborn 1999.

Köster, Markus: »Stiefvater Staat« – Fürsorgeerziehung in Westfalen zwischen Kaiserreich und Bundesrepublik, in: Andreas Wollasch (Hg.): Wohlfahrtspflege in der Region. Westfalen-Lippe während des 19. und 20. Jahrhunderts im historischen Vergleich, Paderborn 1995, S. 111–139.

Korff, Gottfried: Wohnalltag in der Eifel. Bemerkungen zur musealen Dokumentation bäuerlicher Wohnformen vor der Industrialisierung, in: Rheinisches Jahrbuch für Volkskunde 22, 1977, S. 103–124.

Kracauer, Siegfried: Geschichte – vor den letzten Dingen (Schriften 4), Frankfurt am Main 1971.

Kramp, Hermann: »…die sich als Landstreicherin herumtreibende Mutter«. Armut und Armenfürsorge im 19. Jh. in Wiltingen, Teil 1, in: Wiltinger Geschichte(n) 5, 1996, S. 3–8.

Kramp, Hermann: »…sich vor Jahresfrist ein Jagdgewehr gekauft«. Armut und Armenfürsorge im 19. Jh. in Wiltingen, in: Wiltinger Geschichte(n) 6, 1997, S. 3–7.

Krieger, Martin: Arme Kranke in der ländlichen Gesundheitsversorgung in der südlichen Rheinprovinz, 1869–1936, Diss. phil. Trier 2007.

Krieger, Martin: Walking Stick and Begging Permit: Perceptions of Rural Poverty in Photography from Germany between 1916 and 1936, in: Andreas Gestrich, Steven King, u. Lutz Raphael (Hg.): Being Poor in Modern Europe. Historical Perspectives 1800–1940, Bern u. a. 2006, S. 441–466.

Küster, Thomas: Alte Armut und neues Bürgertum. Öffentliche und private Fürsorge in Münster von der Ära Fürstenberg bis zum Ersten Weltkrieg (1756–1914) (Studien zur Geschichte der Armenfürsorge und der Sozialpolitik in Münster 2), Münster 1995.

Küther, Carsten: Menschen auf der Straße. Vagierende Unterschichten in Bayern, Franken und Schwaben in der zweiten Hälfte des 18. Jahrhunderts (Kritische Studien zur Geschichtswissenschaft 56), Göttingen 1983.

Labisch, Alfons, u. Florian Tennstedt: Der Weg zum »Gesetz über die Vereinheitlichung des Gesundheitswesens« vom 3. Juli 1934. Entwicklungslinien und -momente des staatlichen und kommunalen Gesundheitswesens in Deutschland, Düsseldorf 1985.

Lahusen, Christian, u. Carsten Stark: Integration: Vom fördernden und fordernden Wohlfahrtsstaat, in: Stephan Lessenich (Hg.): Wohlfahrtsstaatliche Grundbegriffe. Historische und aktuelle Diskurse (Theorie und Gesellschaft 52), Frankfurt am Main, New York 2003, S. 353–371.

Lamp, Ida: Die Kongregation der Armen Dienstmägde Jesu Christi (Mutterhaus Dernbach/Westerwald). Ein Abriß ihrer Geschichte von der Gründungszeit bis zum Tod ihrer Stifterin Katharina Kasper (gest. 1898), in: Archiv für mittelrheinische Kirchengeschichte 41, 1989, S. 319–346.

Langewiesche, Dieter: »Staat« und »Kommune«. Zum Wandel der Staatsaufgaben in Deutschland im 19. Jahrhundert, in: Historische Zeitschrift 248, 1989, S. 621–635.

Langner, Ludwig: Gewerbe und Industrie im Wandel eines Jahrhunderts, in: Zeitenwende. Das 20. Jahrhundert im Landkreis Bernkastel-Wittlich, hg. v. der Kreisverwaltung Bernkastel-Wittlich, Wittlich 2000, S. 279–300.

Lebenslagen in Deutschland. Der 2. Armuts- und Reichtumsbericht der Bundesregierung. 2005 (http://www.bmgs.bund.de/deu/gra/themen/sicherheit/armutsbericht/index.php, zuletzt eingesehen am 19.9.2005).

Leeuwen, Marco H. D. van: Surviving with a Little Help: The Importance of Charity to the Poor of Amsterdam 1800–50, in a Comparative Perspective, in: Social History 18, 1993, S. 319–338.

Leibfried, Stephan, Lutz Leisering u. a.: Zeit der Armut. Lebensläufe im Sozialstaat, Frankfurt am Main 1995.

Levi, Giovanni: On Microhistory, in: Peter Burke (Hg.): New Perspectives on Historical Writing, Cambridge 1991, S. 93–113.

Lewek, Peter: Arbeitslosigkeit und Arbeitslosenversicherung in der Weimarer Republik 1918–1927 (Vierteljahrschrift für Sozial- und Wirtschaftsgeschichte: Beihefte 104), Stuttgart 1992.

Linke, Charlotte: Die Geschichte der Familienfürsorge, in: Archiv für Wissenschaft und Praxis der sozialen Arbeit 7, 1976, S. 320–333.

Lohalm, Uwe: Die Wohlfahrtskrise 1930–1933. Vom ökonomischen Notprogramm zur rassenhygienischen Neubestimmung, in: Frank Bajohr u. a. (Hg.): Zivilisation und Barbarei. Die widersprüchlichen Potentiale der Moderne. Detlev Peukert zum Gedenken (Hamburger Beiträge zur Sozial- und Zeitgeschichte 26), Hamburg 1991, S. 193–225.

Ludi, Regula: Frauenarmut und weibliche Devianz um die Mitte des 19. Jahrhunderts im Kanton Bern, in: Anne-Liese Head u. Brigitte Schnegg (Hg.): Armut in der Schweiz (17.–20. Jh.), Zürich 1989, S. 19–32.

Lüdtke, Alf: Einleitung: Was ist und wer treibt Alltagsgeschichte?, in: Ders. (Hg.): Alltagsgeschichte. Zur Rekonstruktion historischer Erfahrungen und Lebensweisen, Frankfurt am Main, New York 1989, S. 9–47.

Lüdtke, Alf: Geschichte und Eigensinn, in: Alltagskultur, Subjektivität und Geschichte. Zur Theorie und Praxis von Alltagsgeschichte, hg. v. der Berliner Geschichtswerkstatt, Münster 1994, S. 139–153.

Lüdtke, Alf: Stofflichkeit, Macht-Lust und Reiz der Oberflächen, in: Winfried Schulze (Hg.): Sozialgeschichte, Alltagsgeschichte, Mikro-Historie. Eine Diskussion, Göttingen 1994, S. 65–80.

Luhmann, Niklas: Inklusion und Exklusion, in: Ders.: Soziologische Aufklärung 6. Die Soziologie und der Mensch, Opladen 1995.

Lutsch, Ernst: Dudeldorf. Lebensverhältnisse, Wirtschaft, demographische Strukturen und Bewohner bis zur Mitte des 19. Jahrhunderts (Trierer Historische Forschungen 16), Trier 1991.

Mai, Gunther: »Wenn der Mensch Hunger hat, hört alles auf.« Wirtschaftliche und soziale Ausgangsbedingungen der Weimarer Republik (1914–1924), in: Werner Abelshauser (Hg.): Die Weimarer Republik als Wohlfahrtsstaat. Zum Verhältnis von Wirtschafts- und Sozialpolitik in der Industriegesellschaft (VSWG Beihefte 81), Stuttgart 1987, S. 33–62.

Mak, Geert: Wie Gott verschwand aus Jorwerd. Der Untergang des Dorfes in Europa, München 2007 (Originalausgabe 1996).

Marquardt, Doris: Sozialpolitik und Sozialfürsorge der Stadt Hannover in der Weimarer Republik (Hannoversche Studien 2), Hannover 1994.

Marx, Katrin: Armenfürsorge und Wohlfahrtspflege in den Kreisen Bernkastel und Wittlich vom Beginn des 20. Jahrhunderts bis 1933, in: Jahrbuch für den Kreis Bernkastel-Wittlich 2005, S. 182–189.

Marx, Katrin: From »Old« Poor Relief (Armenpflege) to »New« Welfare (Wohlfahrtspflege): Development of »Family Care« in Rural Germany, in: Andreas Gestrich, Steven King, u. Lutz Raphael (Hg.): Being Poor in Modern Europe. Historical Perspectives 1800–1940, Bern u. a. 2005, S. 299–321.

Marx, Sabine Monika: Rethinking the Rise of Scientific Medicine: Trier, Germany, 1880–1914, PhD Carnegie Mellon University 2002.

Mayr, Christine: Zwischen Dorf und Staat: Amtspraxis und Amtsstil französischer, luxemburgischer und deutscher Landgemeindebürgermeister im 19. Jahrhundert (1815–1890). Ein mikrohistorischer Vergleich (PROMT. Trierer Studien zur Neueren und Neuesten Geschichte 1), Frankfurt am Main 2006.

Mazower, Mark: Der dunkle Kontinent. Europa im 20. Jahrhundert, Frankfurt am Main 2002.

Medick, Hans: Mikro-Historie, in: Winfried Schulze (Hg.): Sozialgeschichte, Alltagsgeschichte, Mikro-Historie. Eine Diskussion, Göttingen 1994, S. 40–53.

Medick, Hans: »Missionare im Ruderboot«? Ethnologische Erkenntnisweisen als Herausforderung an die Sozialgeschichte, in: Alf Lüdtke (Hg.): Alltagsgeschichte. Zur Rekonstruktion historischer Erfahrungen und Lebensweisen, Frankfurt am Main, New York 1989, S. 48–84

Medick, Hans: Weben und Überleben in Laichingen 1650–1900. Lokalgeschichte als Allgemeine Geschichte (Veröffentlichungen des Max-Planck-Instituts für Geschichte 126), Göttingen 1996.

Militzer-Schwenger, Lisgret: Armenerziehung durch Arbeit. Eine Untersuchung am Beispiel des württembergischen Schwarzwaldkreises 1806–1914 (Untersuchungen des Ludwig-Uhland-Instituts 48), Tübingen 1979.

Mitterauer, Michael: Familie und Arbeitsteilung. Historischvergleichende Studien (Kulturstudien 26), Wien u. a. 1992.

Mohrmann, Ruth-E.: Wohnkultur städtischer und ländlicher Sozialgruppen im 19. Jahrhundert: Das Herzogtum Braunschweig als Beispiel, in: Hans Jürgen Teuteberg (Hg.): Homo habitans. Zur Sozialgeschichte des ländlichen und städtischen Wohnens in der Neuzeit (Studien zur Geschichte des Alltags 4), Münster 1985, S. 87–114.

Monz, Heinz: Zur demographischen Struktur im Landarmenhaus in Trier in den Jahren 1829 bis 1845, in: Kurtrierisches Jahrbuch 34, 1994, S. 205–219.

Mooser, Josef: »Furcht bewahrt das Holz«. Holzdiebstahl und sozialer Konflikt in der ländlichen Gesellschaft 1800–1850 an westfälischen Beispielen, in: Heinz Reif (Hg.): Räuber, Volk und Obrigkeit. Studien zur Geschichte der Kriminalität in Deutschland seit dem 18. Jahrhundert, Frankfurt am Main 1984, S. 43–99.

Mooser, Josef: Unterschichten in Deutschland 1770–1820. Existenzformen im sozialen Wandel – Emanzipation und Pauperismus, in: Helmut Berding, Etienne François, u. Hans-Peter Ullmann (Hg.): Deutschland und Frankreich im Zeitalter der Französischen Revolution, Frankfurt am Main 1989, S. 317–338.

Mutschler, Susanne: Ländliche Kindheit in Lebenserinnerungen. Familien- und Kinderleben in einem württembergischen Arbeiterbauerndorf an der Wende vom 19. zum 20. Jahrhundert (Untersuchungen des Ludwig-Uhland-Instituts 64), Tübingen 1985.

Neuhann, Christiane: »... und sie treiben unnütze Lebensart«. Bettler und Vagabunden auf dem platten Land (Kreis Warendorf im 19. Jahrhundert) (Beiträge zur Volkskultur in Nordwestdeutschland 69), Münster 1990.

Nolte, Rüdiger: Pietas und Pauperes. Klösterliche Armen-, Kranken- und Irrenpflege im 18. und frühen 19. Jahrhundert, Köln u. a. 1996.

Nosbüsch, Johannes: »Es werde Licht«. Volksfrömmigkeit contra Fortschritt. Eifeler Katholizismus – Tradition auf dem Prüfstand, Niederprüm 2001.

Oberpenning, Hannelore: »People Were on the Move«. Wanderhandelssysteme im vor- und frühindustriellen Europa, in: dies. u. Annemarie Steidl (Hg.): Kleinräumige Wanderungen in historischer Perspektive (IMIS-Beiträge 18), Osnabrück 2001, S. 123–140.

Osten, Petra von der: Jugend- und Gefährdetenfürsorge im Sozialstaat. Der Katholische Fürsorgeverein für Mädchen, Frauen und Kinder auf dem Weg zum Sozialdienst katholischer Frauen 1945–1968 (Veröffentlichungen der Kommission für Zeitgeschichte; Reihe B 93), Paderborn u. a. 2002.

Paugam, Serge: Disqualification sociale. Essai sur la nouvelle pauvreté, Paris 2000.

Paugam, Serge: Les formes contemporaines de la pauvreté et de l'exclusion en Europe, in: Etudes rurales 159–160, 2001, S. 73–96.

Paugam, Serge: The Spiral of Precariousness: A Multidimensional Approach to the Process of Social Disqualification in France, in: Graham Room (Hg.): Beyond the Threshold. The Measurement and Analysis of Social Exclusion, Bristol 1995, S. 49–79.

Paulus, Julia: Kommunale Wohlfahrtspolitik in Leipzig 1930 bis 1945. Autoritäres Krisenmanagement zwischen Selbstbehauptung und Vereinnahmung (Geschichte und Politik in Sachsen 8), Köln, Weimar 1998.

Peters, Jan: Mit Pflug und Gänsekiel. Selbstzeugnisse schreibender Bauern. Eine Anthologie (Selbstzeugnisse der Neuzeit 12), Köln u. a. 2003.

Petry, Klaus: Aufbau und Entfaltung des Fürsorgewesens, in: Zeitenwende. Das 20. Jahrhundert im Landkreis Bernkastel-Wittlich, hg. v. der Kreisverwaltung Bernkastel-Wittlich, Wittlich 2000, S. 366–381.

Petry, Klaus: Der Vaterländische Frauenverein hilft, in: Zeitenwende. Das 20. Jahrhundert im Landkreis Bernkastel-Wittlich, hg. v. der Kreisverwaltung Bernkastel-Wittlich, Wittlich 2000, S. 586–587.

Petzina, Dietmar: Arbeitslosigkeit in der Weimarer Republik, in: Werner Abelshauser (Hg.): Die Weimarer Republik als Wohlfahrtsstaat. Zum Verhältnis von Wirtschafts- und Sozialpolitik in der Industriegesellschaft (VSWG Beihefte 81), Stuttgart 1987, S. 239–259.

Peukert, Detlev J. K.: Grenzen der Sozialdisziplinierung. Aufstieg und Krise der deutschen Jugendfürsorge 1878–1932, Köln 1986.

Peukert, Detlev J. K.: Die Weimarer Republik. Krisenjahre der Klassischen Moderne, Frankfurt am Main 1987.

Peukert, Detlev J. K.: Wohlfahrtsstaat und Lebenswelt, in: Lutz Niethammer (Hg.): Bürgerliche Gesellschaft in Deutschland. Historische Einblicke, Fragen, Perspektiven, Frankfurt am Main 1990, S. 348–363.

Pfaffenberger, Hans, u. Karl August Chassé (Hg.): Armut im ländlichen Raum. Sozialpolitische und sozialpädagogische Perspektiven und Lösungsversuche (Soziale Ungleichheit und Benachteiligung 1), Münster, Hamburg 1993.

Piachaud, David (in Zusammenarbeit mit Donald Forester): Wie misst man Armut?, in: Stephan Leibfried u. Wolfgang Voges (Hg.): Armut im modernen Wohlfahrtsstaat (Kölner Zeitschrift für Soziologie und Sozialpsychologie, Sonderhefte 32)., Opladen 1992, S. 63–87.

Pruns, Herbert: Soziale Sicherung im Bereich der Landwirtschaft. Versuch eines internationalen Vergleichs, in: Hans Pohl (Hg.): Staatliche, städtische, betriebliche und kirchliche Sozialpolitik vom Mittelalter bis zur Gegenwart, Stuttgart 1991, S. 295–357.

Pyta, Wolfram: »Menschenökonomie«. Das Ineinandergreifen von ländlicher Sozialraumgestaltung und rassenbiologischer Bevölkerungspolitik im NS-Staat, in: Historische Zeitschrift 273, 2001, S. 31–94.

Raphael, Lutz: Das Projekt »Staat im Dorf«: vergleichende Mikrostudien zwischen Maas und Rhein im 19. Jahrhundert – eine Einführung, in: Norbert Franz, Bernd-Stefan Grewe, u. Michael Knauff (Hg.): Landgemeinden im Übergang zum modernen Staat: Vergleichende Mikrostudien im linksrheinischen Raum (Trierer Historische Forschungen 36), Mainz 1999, S. 9–20.

Raphael, Lutz: Königsschutz, Armenordnung und Ausweisung – Typen der Herrschaft und Modi der Inklusion und Exklusion von Armen und Fremden im mediterran-europäischen Raum seit der Antike, in: Andreas Gestrich u. Lutz Raphael (Hg.): Inklusion/Exklusion. Studien zu Fremdheit und Armut von der Antike bis zur Gegenwart, Frankfurt am Main u. a. 2004, S. 15–34.

Raphael, Lutz: Ländliche Gesellschaften zwischen lokaler Autonomie und nationalstaatlichem Zugriff – eine Einleitung. in: Ruth Dörner, Norbert Franz, u. Christine Mayr (Hg.): Lokale Gesellschaften im historischen Vergleich. Europäische Erfahrungen im 19. Jahrhundert (Trierer Historische Forschungen 46), Trier 2001, S. 9–23.

Redder, Ute: Die Entwicklung von der Armenhilfe zur Fürsorge in dem Zeitraum von 1871 bis 1933 – eine Analyse unter Aufgaben-, Ausgaben-, und Finanzierungsaspekten am Beispiel der Länder Preußen und Bayern (Bochumer Wirtschaftswissenschaftliche Studien 133), Bochum 1993.

Reidegeld, Eckart: Armenpflege und Migration von der Gründung des Deutschen Bundes bis zum Erlaß des Gesetzes über den Unterstützungswohnsitz, in: Michael Bommes u. Jost Halfmann (Hg.): Migration in nationalen Wohlfahrtsstaaten. Theoretische und vergleichende Untersuchungen (Schriften des Instituts für Migrationsforschung und Interkulturelle Studien der Universität Osnabrück 6), Osnabrück 1998, S. 253–282.

Reidegeld, Eckart: Bürgerschaftsregelungen, Freizügigkeit, Gewerbeordnung und Armenpflege im Prozeß der »Modernisierung«, in: Zeitschrift für Rechtsgeschichte, Germanistische Abteilung 116, 1999, S. 206–265.

Reidegeld, Eckart: Staatliche Sozialpolitik in Deutschland. Historische Entwicklung und theoretische Analyse von den Ursprüngen bis 1918, Opladen 1996.

Reiter, Ralf: Städtische Armenfürsorge im Übergang vom 18. zum 19. Jahrhundert. Sozial-, wirtschafts- und verwaltungsgeschichtliche Untersuchungen zur Sozialpolitik der Stadt Ravensburg und ihrer Einrichtungen 1755–1845 (Konstanzer Dissertationen 256), Konstanz 1988.

Reulecke, Jürgen: Einleitung zur Sektion »Gesundheit« und »Jugend« – Zentrale Aufgabenfelder von Fürsorge in historischer und aktueller Perspektive, in: Andreas Wollasch (Hg.): Wohlfahrtspflege in der Region. Westfalen-Lippe während des 19. und 20. Jahrhunderts im historischen Vergleich, Paderborn 1995, S. 73–75.

Reulecke, Jürgen: Regionalgeschichte heute, in: Karl Heinrich Pohl (Hg.): Regionalgeschichte heute. Das Flüchtlingsproblem in Schleswig-Holstein nach 1945, Bielefeld 1997, S. 23–32.

Reyer, Jürgen: Alte Eugenik und Wohlfahrtspflege. Entwertung und Funktionalisierung der Fürsorge vom Ende des 19. Jahrhunderts bis zur Gegenwart, Freiburg i. B. 1991.

Rheinheimer, Martin: Armut in Großsolt (Angeln) 1700–1900, in: Zeitschrift der Gesellschaft für Schleswig-Holsteinische Geschichte 118, 1993, S. 21–133.

Rheinheimer, Martin: Jakob Gülich. »Trotzigkeit« und »ungebührliches Betragen« eines ländlichen Armen um 1850, in: Martin Rheinheimer (Hg.): Subjektive Welten. Wahrnehmung und Identität in der Neuzeit (Studien zur Wirtschafts- und Sozialgeschichte Schleswig-Holsteins 30), Neumünster 1998, S. 223–252.

Richter, Peter: Wohlfahrtspflege, Caritas, Medizinalpolitik nach dem Ersten Weltkrieg, in: Historisches Jahrbuch 72, 1952, S. 549–562.

Riedmüller, Barbara: Frauen haben keine Rechte. Zur Stellung der Frau im System sozialer Sicherheit, in: Ilona Kickbusch u. Barbara Riedmüller (Hg.): Die armen Frauen. Frauen und Sozialpolitik, Frankfurt am Main 1984, S. 46–72.

Room, Graham (Hg.): Beyond the Threshold. The Measurement and Analysis of Social Exclusion, Bristol 1995.

Rosenbaum, Heidi: Formen der Familie. Untersuchungen zum Zusammenhang von Familienverhältnissen, Sozialstruktur und sozialem Wandel in der deutschen Gesellschaft des 19. Jahrhunderts, Frankfurt am Main 1993.

Roth, Günter: Die Institution der kommunalen Sozialverwaltung. Die Entwicklung von Aufgaben, Organisation, Leitgedanken und Mythen von der Weimarer Republik bis Mitte der neunziger

Jahre (Schriften zur Wirtschafts- und Sozialgeschichte 56), Berlin 1999.

Rudloff, Wilfried: Die Wohlfahrtsstadt. Kommunale Ernährungs-, Fürsorge- und Wohnungspolitik am Beispiel Münchens 1910–1933, 2 Bde. (Schriftenreihe der Historischen Kommission bei der Bayerischen Akademie der Wissenschaften 63), Göttingen 1995.

Rudloff, Wilfried: Im Souterrain des Sozialstaates: Neuere Forschungen zur Geschichte von Fürsorge und Wohlfahrtspflege im 20. Jahrhundert, in: Archiv für Sozialgeschichte 42, 2002, S. 474–520.

Rudloff, Wilfried: Unwillkommene Fürsorge. Inflation und Inflationsfolgen in der Fürsorge am Beispiel Münchens, in: Westfälische Forschungen 43, 1993, S. 163–190.

Sachße, Christoph: Der Wohlfahrtsstaat in historischer und vergleichender Perspektive, in: Geschichte und Gesellschaft 16, 1990, S. 479–490.

Sachße, Christoph: Die freie Wohlfahrtspflege im System kommunaler Sozialpolitik. Aktuelle Probleme aus historischer Perspektive, in: Ders. (Hg.): Wohlfahrtsverbände im Wohlfahrtsstaat. Historische und theoretische Beiträge zur Funktion von Verbänden im modernen Wohlfahrtsstaat, Kassel 1994, S. 11–34.

Sachße, Christoph: Frühformen der Leistungsverwaltung: die kommunale Armenfürsorge im deutschen Kaiserreich, in: Erk Volkmar Heyen (Hg.): Bürokratisierung und Professionalisierung der Sozialpolitik in Europa (1870–1918) (Jahrbuch für europäische Verwaltungsgeschichte 5), Baden Baden 1993, S. 1–10.

Sachße, Christoph: Mütterlichkeit als Beruf. Sozialarbeit, Sozialreform und Frauenbewegung 1871–1929, Frankfurt am Main 1986.

Sachße, Christoph: Subsidiarität: Leitmaxime deutscher Wohlfahrtsstaatlichkeit, in: Stephan Lessenich (Hg.): Wohlfahrtsstaatliche Grundbegriffe. Historische und aktuelle Diskurse (Theorie und Gesellschaft 52), Frankfurt am Main, New York 2003, S. 190–212.

Sachße, Christoph, u. Florian Tennstedt (Hg.): Bettler, Gauner und Proleten. Armut und Armenfürsorge in der deutschen Geschichte. Ein Bild-Lesebuch, Reinbek bei Hamburg 1983.

Sachße, Christoph, u. Florian Tennstedt: Der Wohlfahrtsstaat im Nationalsozialismus (Geschichte der Armenfürsorge in Deutschland 3), Stuttgart u. a. 1992.

Sachße, Christoph, u. Florian Tennstedt: Fürsorge und Wohlfahrtspflege 1871–1929 (Geschichte der Armenfürsorge in Deutschland 2), Stuttgart u. a. 1988.

Sachße, Christoph, u. Florian Tennstedt: Vom Spätmittelalter bis zum 1. Weltkrieg. Verb. und erw. Aufl. (Geschichte der Armenfürsorge in Deutschland 1), Stuttgart u. a. ²1998 (Erstauflage 1980).

Sachße, Christoph, Florian Tennstedt, u. Elmar Roeder (Bearb.): Armengesetzgebung und Freizügigkeit. (Quellensammlung zur Geschichte der deutschen Sozialpolitik 1867–1914. I. Abteilung: Von der Reichsgründungszeit bis zur kaiserlichen Sozialbotschaft 1867–1881 Bd. 7), Mainz 2000.

Sauerteig, Lutz: Krankheit, Sexualität, Gesellschaft. Geschlechtskrankheiten und Gesundheitspolitik in Deutschland im 19. und frühen 20. Jahrhundert, Stuttgart 1999.

Schaaf, Erwin: Die letzten Jahrzehnte der Kaiserzeit, in: Zeitenwende. Das 20. Jahrhundert im Landkreis Bernkastel-Wittlich, hg. v. der Kreisverwaltung Bernkastel-Wittlich, Wittlich 2000, S. 15–55.

Schaaf, Erwin: Die Zeit der Weimarer Republik, in: Zeitenwende. Das 20. Jahrhundert im Landkreis Bernkastel-Wittlich, hg. v. der Kreisverwaltung Bernkastel-Wittlich, Wittlich 2000, S. 56–113.

Schäuble, Gerhard: Theorien, Definitionen und Beurteilung der Armut (Sozialpolitische Schriften 52), Berlin 1984.

Schander, Josef: Entwicklung des Weinbaus im 20. Jahrhundert, in: Zeitenwende. Das 20. Jahrhundert im Landkreis Bernkastel-Wittlich, hg. v. der Kreisverwaltung Bernkastel-Wittlich, Wittlich 2000, S. 266–278.

Schartz, Günther, u. Dajana Schmelzer: Die Landwirtschaft im Wandel des Jahrhunderts. in: Zeitenwende. Das 20. Jahrhundert im Landkreis Bernkastel-Wittlich, hg. v. der Kreisverwaltung Bernkastel-Wittlich, Wittlich 2000, S. 257–265.

Schenk, Liane: Auf dem Weg zum ewigen Wanderer? Wohnungslose und ihre Institutionen, Diss. FU Berlin 2004.

Scherder, Ina: Kooperation und Konflikt der Konfessionen in der Armenhilfe – Galway in den Hungersnöten 1845–49 und 1878/79, in: Andreas Gestrich u. Lutz Raphael (Hg.): Inklusion/Exklusion. Studien zu Fremdheit und Armut von der Antike bis zur Gegenwart, Frankfurt am Main u. a. 2004, S. 365–382.

Scherder, Ina: The Galway Workhouses in the Nineteenth and Twentieth Centuries: Function and Strategy, in: Andreas Gestrich, Steven King, u. Lutz Raphael (Hg.): Being Poor in Modern Europe. Historical Perspectives 1800–1940, Bern u. a. 2006, S. 181–197.

Scheutz, Martin: Ausgesperrt und gejagt, geduldet und versteckt. Bettlervisitationen im Niederösterreich des 18. Jahrhunderts (Studien und Forschungen aus dem Niederösterreichischen Institut für Landeskunde 34), St. Pölten 2003.

Schikorra, Christa: Kontinuitäten der Ausgrenzung: »Asoziale« Häftlinge im Frauen-Konzentrationslager Ravensbrück, Berlin 2001.

Schikorsky, Isa: Private Schriftlichkeit im 19. Jahrhundert. Untersuchungen zur Geschichte des alltäglichen Sprachverhaltens »kleiner Leute« (Reihe Germanistische Linguistik 107), Tübingen 1990.

Schinkel, Harald: Armenpflege und Freizügigkeit in der preußischen Gesetzgebung vom Jahre 1842, in: Vierteljahrschrift für Sozial- und Wirtschaftsgeschichte 50, 1963, S. 459–479.

Schivelbusch, Wolfgang: Das Paradies, der Geschmack und die Vernunft. Eine Geschichte der Genussmittel, Frankfurt am Main 1990.

Schlumbohm, Jürgen: Lebensläufe, Familien, Höfe. Die Bauern und Heuersleute des Osnabrückischen Kirchspiels Belm in proto-industrieller Zeit, 1650–1860 (Veröffentlichungen des Max-Planck-Instituts für Geschichte 110), Göttingen 1994.

Schmitt, Claudia: Winzernot an der Mosel in den 20er Jahren. Nach dem Roman »Die goldenen Berge« von Clara Viebig, in: Jahrbuch für den Kreis Bernkastel-Wittlich 1991, S. 336–341.

Schmitt, Franz: Bernkastel im Wandel der Zeiten, Trier 1985.

Schmitt, Franz: Chronik Weindorf Lieser, Gemeinde Lieser 1988.

Schmitt, Franz: Ein Jahrhundert stationäre Behandlung der Kranken im Landkreis Bernkastel-Wittlich. in: Zeitenwende. Das 20. Jahrhundert im Landkreis Bernkastel-Wittlich, hg. v. der Kreisverwaltung Bernkastel-Wittlich, Wittlich 2000, S. 382–392.

Schmitt, Thomas J.: Die Insassen des ehemaligen Landarmenhauses des Regierungsbezirkes Trier 1828–1899 (Quellen zur Genealogie im Landkreis Saarlouis und angrenzenden Gebieten 21), Saarlouis 2000.

Schmitz, Elke Maria: Mutterschutz und Mutterpflichten. Eine Darstellung der Sondernormen für Schwangere und Wöchnerinnen von der römischen Antike bis zur Gegenwart, Diss. Univ. Köln 1992.

Schneck, Ernst: Der karitative Dienst am Not leidenden Nächsten, in: Martin Persch u. Bernhard Schneider (Hg.): Auf dem Weg in die Moderne 1802–1880 (Geschichte des Bistums Trier 4), Trier 2000, S. 409.

Schröder, Iris: Arbeiten für eine bessere Welt. Frauenbewegung und Sozialreform 1890–1914, Frankfurt am Main 2001.

Schubert, Ernst: Der »starke Bettler«: das erste Opfer sozialer Typisierung um 1500, in: Zeitschrift für Geschichtswissenschaft 48 (2000), S. 869–893.

Schulz, Günther: Armut und Armenpolitik im frühen 19. Jahrhundert, in: Historisches Jahrbuch 115, 1995, S. 388–410.

Schulze, Winfried (Hg.): Ego-Dokumente. Annäherung an den Menschen in der Geschichte (Selbstzeugnisse der Neuzeit 2), Berlin 1996.

Schulze, Winfried: Einleitung, in: Ders. (Hg.): Sozialgeschichte, Alltagsgeschichte, Mikro-Historie. Eine Diskussion, Göttingen 1994, S. 6–18.

Schwartz, Robert M.: Policing the Poor in Eighteenth-Century France, Chapel Hill 1988.

Seibrich, Wolfgang: Orden und Kongregationen, in: Martin Persch u. Bernhard Schneider (Hg.): Auf dem Weg in die Moderne 1802–1880 (Geschichte des Bistums Trier 4), Trier 2000, S. 209–245.

Shore, Heather: Crime, Criminal Networks and the Survival Strategies of the Poor in Early Eighteenth-Century London, in: Steven King u. Alannah Tomkins (Hg.): The Poor in England 1700–1850. An Economy of Makeshifts, Manchester, New York: 2003, S. 137–165.

Sievers, Kai Detlev, u. Harm-Peer Zimmermann: Das disziplinierte Elend. Zur Geschichte der sozialen Fürsorge in schleswig-holsteinischen Städten 1542–1914 (Studien zur Volkskunde und Kulturgeschichte Schleswig-Holsteins 30), Neumünster 1994.

Simmel, Georg: Soziologie: Untersuchungen über die Formen der Vergesellschaftung [Siebentes Kapitel: Der Arme, S. 512–555]. Frankfurt am Main 1992 (Gesamtausgabe, hg. von Otthein Rammstedt, 11)

Smith, Timothy B.: The Plight of the Able-bodied Poor and the Unemployed in Urban France, 1880–1914, in: European History Quarterly 30, 2000, S. 147–184.

Sokoll, Thomas (Ed.): Essex Pauper Letters (Records of Social and Economic History, New Series 30), Oxford 2001.

Sokoll, Thomas: Household and Family among the Poor. The Case of Two Essex Communities in the Late Eighteenth and Early Nineteenth Centuries, Bochum 1993.

Sokoll, Thomas: Negotiating a Living: Essex Pauper Letters from London, 1800–1834, in: International Review of Social History 45, 2000, S. 19–46.

Sokoll, Thomas: Old Age in Poverty: The Record of Essex Pauper Letters, 1780–1834, in: Tim Hitchcock, Peter King, u. Pamela Sharpe (Hg.): Chronicling Poverty. The Voices and Strategies of the English Poor, 1640–1840, Basingstoke u. a. 1997, S. 127–154.

Sokoll, Thomas: Selbstverständliche Armut. Armenbriefe in England 1750–1834, in: Winfried Schulze (Hg.): Ego-Dokumente. Annäherung an den Menschen in der Geschichte (Selbstzeugnisse der Neuzeit 2), Berlin 1996, S. 227–271.

Sokoll, Thomas: Writing for Relief: Rhetoric in English Pauper Letters, in: Andreas Gestrich, Steven King, u. Lutz Raphael (Hg.): Being Poor in Modern Europe. Historical Perspectives 1800–1940, Bern u. a. 2006, S. 91–111.

Spode, Hasso: Krankheit des Willens. Die Konstruktion der Trunksucht im medizinischen Diskurs des 19. Jahrhunderts, in: Sociologia internationalis 29, 1991, S. 207–234.

Stapleton, Barry: Inherited Poverty and Life-Cycle Poverty: Odiham, Hampshire, 1650–1850. in: Social History 18, 1999, S. 340–355.

Stazic, Tamara: Arbeitslosigkeit und Arbeitslosenunterstützung im Raum Trier (1919–1930), Magisterarbeit Univ. Trier 2003.

Stichweh, Rudolf: Inklusion / Exklusion, funktionale Differenzierung und die Theorie der Weltgesellschaft, in: Soziale Systeme 3 (1997), S. 123–136, PDF mit neuem 5. Kapitel »Die Unterscheidung von Inklusion und Exklusion als hierarchische Opposition« unter http://www.uni-bielefeld.de/soz/iw/pdf/stichweh_6.pdf.

Stöckel, Sigrid: Gesundheitswissenschaft, bürgerliche Frauenbewegung und Familienfürsorge. Der Verein für Säuglingsfürsorge im Regierungsbezirk Düsseldorf e. V., in: Michael Hubenstorf (Hg.): Medizingeschichte und Gesellschaftskritik. Festschrift für Gerhard Baader, Husum 1997, S. 189–203.

Stöckel, Sigrid: Säuglingsfürsorge zwischen sozialer Hygiene und Eugenik. Das Beispiel Berlins im Kaiserreich und in der Weimarer Republik, Berlin, New York 1996.

Strang, Heinz: Erscheinungsformen der Sozialhilfebedürftigkeit. Beitrag zur Geschichte, Theorie und empirischen Analyse der Armut, Stuttgart 1970.

Strauss, Anselm L.: Grundlagen qualitativer Sozialforschung. Datenanalyse und Theoriebildung in der empirischen und soziologischen Forschung, München 1994.

Strübing, Jörg: Grounded Theory. Zur sozialtheoretischen und epistemologischen Fundierung des Verfahrens der empirisch begründeten Theoriebildung (Qualitative Sozialforschung 15), Wiesbaden 2004.

Taylor, James Stephen: Voices in the Crowd: The Kirkby Lonsdale Township Letters, 1809–36, in: Tim Hitchcock, Peter King, u. Pamela Sharpe (Hg.): Chronicling Poverty. The Voices and Strategies of the English Poor, 1640–1840, Basingstoke u. a. 1997, S. 109–126.

Tenfelde, Klaus, u. Helmuth Trischler (Hg.): Bis vor die Stufen des Throns. Bittschriften und Beschwerden von Bergleuten im Zeitalter der Industrialisierung (Bergbau und Bergarbeit), München 1986.

Tennstedt, Florian: Der Ausbau der Sozialversicherung in Deutschland 1890 bis 1945, in: Hans Pohl (Hg.): Staatliche, städtische, betriebliche und kirchliche Sozialpolitik vom Mittelalter bis zur Gegenwart, Stuttgart 1991, S. 225–243.

Tilly, Louise A.: Individual Lives and Family Strategies in the French Proletariat, in: Journal of Family History 4, 1979, S. 137–152.

Tomkins, Alannah, u. Steven King: Introduction. in: Dies. (Hg.): The Poor in England 1700–1850. An Economy of Makeshifts, Manchester, New York: 2003, S. 1–38.

Troßbach, Werner: Von der Dorfgeschichte zur Mikrohistorie: Transformationen in der Historik »kleinster Teilchen«, in: Stefan Brakensiek u. Axel Flügel (Hg.): Regionalgeschichte in Europa. Methoden und Erträge der Forschung zum 16. bis 19. Jahrhundert (Forschungen zur Regionalgeschichte 34), Paderborn 2000, S. 171–195.

Troßbach, Werner, u. Clemens Zimmermann: Die Geschichte des Dorfes. Von den Anfängen im Frankenreich zur bundesdeutschen Gegenwart, Stuttgart 2006.

Ulbricht, Otto: Die Welt eines Bettlers um 1775. Johann Gottfried Kästner, in: Historische Anthropologie 2, 1994, S. 371–398.

Ulbricht, Otto: Mikrogeschichte: Versuch einer Vorstellung, in: Geschichte in Wissenschaft und Unterricht 45, 1994, S. 347–367.

Ulrich, Bernd: Kriegsneurosen, in: Enzyklopädie Erster Weltkrieg, Paderborn u. a. 2003, S. 654–656.

Vaskovics, Laszlo A., u. Werner Weins (unter Mitarbeit von Helmut Stoll und Peter Valentin): Randgruppenbildung im ländlichen Raum / Armut und Obdachlosigkeit (Schriftenreihe des

Bundesministers für Jugend, Familie und Gesundheit 146), Bamberg 1983.

Vögele, Jörg: Die Kontroverse um das Bruststillen. Ein Kapitel aus der Geschichte der öffentlichen Gesundheitsfürsorge, in: Hans Jürgen Teuteberg (Hg.): Die Revolution am Esstisch. Neue Studien zur Nahrungskultur im 19./20. Jahrhundert (Studien zur Geschichte des Alltags 23), Stuttgart 2004, S. 232–248.

Vögele, Jörg: Urban Infant Mortality in Imperial Germany, in: Social History of Medicine 7, 1994, S. 401–425.

Vogel, Berthold: Überflüssige in der Überflußgesellschaft? Sechs Anmerkungen zur Empirie sozialer Ausgrenzung, in: Mittelweg 36 1, 2001, S. 57–62.

Vogt, Albert (Hg.): Unstet. Lebenslauf des Ärbeeribuebs, Chirsi- und Geschirrhausierers Peter Binz von ihm selbst erzählt, Zürich 1995.

Wacker, Reinhold: Das Land an Mosel und Saar mit Eifel und Hunsrück. Strukturen und Entwicklungen 1815–1990, Trier 1991.

Wales, Tim: Poverty, Poor Relief and the Life-Cycle: Some Evidence from Seventeenth-Century Norfolk, in: Richard M. Smith (Hg.): Land, Kinship and Life-Cycle, Cambridge 1984, S. 351–404.

Wall, Richard: Work, Welfare and the Family: An Illustration of the Adaptive Family Economy, in: Lloyd Bonfield, Richard M. Smith, u. Keith Wrightson (Hg.): The World We Have Gained. Histories of Population and Social Structure, Oxford 1986, S. 261–294.

Walter, Bernd: Psychiatrie und Gesellschaft in der Moderne. Geisteskrankenfürsorge in der Provinz Westfalen zwischen Kaiserreich und NS-Regime (Forschungen zur Regionalgeschichte 16), Paderborn 1996.

Weindling, Paul: Health, Race and German Politics between National Unification and Nazism, 1870–1945, Cambridge 1989.

Weingart, Peter, Jürgen Kroll, u. Kurt Bayertz: Rasse, Blut und Gene. Geschichte der Eugenik und Rassenhygiene in Deutschland, Frankfurt am Main 1988.

Werner, Kerstin: Ernährerin der Familie. Zur Situation von Kleinbäuerinnen in einem mittelhessischen Dorf um die Jahrhundertwende, in: Johanna Werckmeister (Hg.): Land-Frauen-Alltag. Hundert Jahre Lebens- und Arbeitsbedingungen der Frauen im ländlichen Raum, Marburg 1989, S. 29–42.

Wierling, Dorothee: Mädchen für alles. Arbeitsalltag und Lebensgeschichte städtischer Dienstmädchen um die Jahrhundertwende, Berlin, Bonn 1987.

Woelk, Wolfgang, u. Jörg Vögele: Einleitung, in: Dies. (Hg.): Geschichte der Gesundheitspolitik in Deutschland. Von der Weimarer Republik bis in die Frühgeschichte der »doppelten Staatsgründung« (Schriften zur Wirtschafts- und Sozialgeschichte 73), Berlin 2002, S. 11–48.

Woelk, Wolfgang: Von der Säuglingsfürsorge zur Wohlfahrtspflege: Gesundheitsfürsorge im rheinisch-westfälischen Industriegebiet am Beispiel des Vereins für Säuglingsfürsorge im Regierungsbezirk Düsseldorf, in: Jörg Vögele u. Wolfgang Woelk (Hg.): Stadt, Krankheit und Tod, Berlin 2000, S. 339–359.

Wollasch, Andreas: Der Katholische Fürsorgeverein für Mädchen, Frauen und Kinder (1899–1945). Ein Beitrag zur Geschichte der Jugend- und Gefährdetenfürsorge in Deutschland, Freiburg i. B. 1991.

Wollasch, Andreas: Tendenzen und Probleme gegenwärtiger historischer Wohlfahrtsforschung in Deutschland, in: Westfälische Forschungen 43, 1993, S. 1–25.

Wollasch, Andreas (Hg.): Wohlfahrtspflege in der Region. Westfalen-Lippe während des 19. und 20. Jahrhunderts im historischen Vergleich, Paderborn 1995.

Woolf, Stuart: The Poor in Western Europe in the Eighteenth and Nineteenth Centuries. London, New York 1986.

Zeitenwende. Das 20. Jahrhundert im Landkreis Bernkastel-Wittlich, hg. v. der Kreisverwaltung Bernkastel-Wittlich, Wittlich 2000.

Zender, Matthias: »Verbeten« in unserer Zeit, in: Rheinische Vierteljahrsblätter 18, 1953, S. 83–87.

Zimmermann, Bénédicte: Arbeitslosigkeit in Deutschland. Zur Entstehung einer sozialen Kategorie (Theorie und Gesellschaft 56), Frankfurt am Main, New York 2006.

Zissel, Ines: »...daß der Begriff der Armut in jeder Gemeinde ein anderer ist.« Dörfliche Armenversorgung im 19. Jahrhundert, in: Norbert Franz, Bernd-Stefan Grewe, u. Michael Knauff (Hg.): Landgemeinden im Übergang zum modernen Staat. Vergleichende Mikrostudien im linksrheinischen Raum, Mainz 1999, S. 217–247.

Zissel, Ines: Öffentliche Armenversorgung in den Landgemeinden des Hunsrücks 1814–1870 am Beispiel der Gemeinde Gemünden, Examensarbeit Univ. Trier 1997.

Zukas, Alex: Lazy, Apathetic, and Dangerous: the Social Construction of Unemployed Workers in Germany During the Late Weimar Republic, in: Contemporary European History 10 (2001), S. 25–49.

Zumdick, Ulrich: Hüttenarbeiter im Ruhrgebiet. Die Belegschaft der Phoenix-Hütte in Duisburg-Laar 1853–1914 (Industrielle Welt 49), Stuttgart 1990.

Dank

Die vorliegende Studie wurde im Wintersemester 2005/2006 am Fachbereich III der Universität Trier als Dissertation eingereicht und für den Druck leicht überarbeitet und gekürzt. Das Rigorosum fand am 9. März 2006 statt. Es ist eine angenehme Pflicht, nach Abschluss einer solchen Arbeit für Unterstützung und Förderung zu danken: Herrn Prof. Dr. Lutz Raphael gilt an erster Stelle dieser Dank. Als mein Doktorvater verstand er es, mir genügend Freiraum für eigenständiges Forschen zu lassen, gleichzeitig aber auch konzeptionelle Eckpunkte der Arbeit festzulegen. Dies tat er insbesondere als Leiter des Teilprojektes B 5 »Armut im ländlichen Raum« innerhalb des Sonderforschungsbereichs 600 »Fremdheit und Armut«, den die Deutsche Forschungsgemeinschaft im Jahr 2002 an der Universität Trier eingerichtet hat. Herr Prof. Dr. Andreas Gestrich hat als Sprecher dieses Sonderforschungsbereichs und Leiter eines Teilprojektes zur Armenpolitik in Städten die Untersuchung mit wichtigen Anstößen begleitet und das Zweitgutachten erstellt.

Für die Aufnahme in die Reihe »Moderne Zeit« danke ich den Herausgebern, Herrn Prof. Dr. Ulrich Herbert und Herrn Prof. Dr. Lutz Raphael; für sorgfältiges Lektorat Herrn Dr. Jörg Später und Herrn Hajo Gevers für die redaktionelle Betreuung des Manuskripts. Für technische Unterstützung beim Abschluss der Publikationsvorbereitung gilt Hans-Werner Bartz, Dr. Michael Trauth und Jonas Wagner mein herzlicher Dank.

Die Deutsche Forschungsgemeinschaft hat das Entstehen und die Drucklegung der Studie durch die Finanzierung der Qualifikationsstelle im Sonderforschungsbereich und einen Kostenzuschuss ermöglicht. Die Boehringer Ingelheim Stiftung für Geisteswissenschaften hat die Publikation ebenfalls mit einem großzügigen Beitrag bezuschusst.

Bei meinen Recherchen im Archiv machten mir Mitarbeiterinnen und Mitarbeiter vor allem des Landeshauptarchivs Koblenz und des Kreisarchivs Bernkastel-Wittlich den Aufenthalt durch kompetente Beratung bei der Suche nach Quellen angenehm. Ausdrücklich sei Frau Claudia Schmitt, Frau Brunhild Schmitz und Herrn Dr. Walter Rummel gedankt; Herrn Dr. Klaus Petry danke ich für die Bereitstellung seiner Zeitungsausschnittsammlung.

DANK

Von Beginn an war die Dissertation eingebunden in die Forschungskonzeption des Projektes »Armut im ländlichen Raum«. Erste Ergebnisse konnten in Projektsitzungen zur Diskussion gestellt werden; Kolleginnen und Kollegen gaben Anregungen zur Quellenauswertung und Hinweise auf relevante Forschung. Sie bewahrten durch kritische Lektüre die Abgabefassung vor krummen Argumentationen und sprachlichen Patzern. Mein Dank geht daher ganz besonders an Inga Brandes, Juliane Hanschkow, Martin Krieger und Tamara Stazic-Wendt. Das Doktorandenkolloquium und die Schreibwerkstatt des Promotionsstudienganges PromT an der Universität Trier stellten eine weitere Möglichkeit dar, Anlage und vorläufige Ergebnisse der Arbeit zu diskutieren.

Die Untersuchung entstand im Rahmen eines Forschungsverbundes mit einer übergreifenden Fragestellung. Der interdisziplinäre Gedankenaustausch zur Leitthematik »Fremdheit und Armut« bereicherte die Arbeit durch Seitenblicke in Frühe Neuzeit, Mittelalter, Theologie und Soziologie. Für fruchtbare Gespräche in den Arbeitskreisen »Armut und Religion« und »Semantiken von Armut« sowie für das kritische Korrekturlesen einzelner Kapitel der Arbeit danke ich vor allem meinen Kolleginnen und Kollegen Dr. Beate Althammer und Dr. Sebastian Schmidt. Ein besonderer Dank geht zudem an die Geschäftsstelle des SFB – das Organisationstalent von Rita Glasner, Regina Schmitt und vor allem Dr. Gisela Minn erleichterte die tägliche Arbeit ungemein.

Der Untersuchungsgegenstand der ländlichen Armut und Fürsorge stieß auf besonderes Interesse bei Dr. Christine Mayr und Dr. habil. Norbert Franz. Für Gespräche zum Verstehen dörflicher Logiken und für sonstige Unterstützung gilt ihnen herzlicher Dank.

Ganz besonders danken möchte ich jedoch meinem Mann Marco Jaskulski: Ohne sein anhaltendes Interesse an der Arbeit sowie am geistigen und körperlichen Wohlbefinden ihrer Autorin hätte die Untersuchung nicht so entspannt zu einem Abschluss gebracht werden können. Die Besuche bei Waltraud und Willi im Weißhauswald, dem bevorzugten Fluchtpunkt von »Evasionstendenzen« während der Schreibphase, sorgten für die nötige Erdung.

Meine Eltern haben ihren Kindern ein in jeglicher Hinsicht sorgenfreies Studieren ermöglicht – für Interesse ohne drängenden Unterton sei ihnen diese Arbeit gewidmet.

Trier, im Januar 2008   Katrin Marx-Jaskulski

Verzeichnis der Abbildungen und Tabellen

Anhang

Tab. 12: Einwohnerzahlen Kreis Bernkastel

zusammengestellt nach LHAK Best. 457 Nr. 75: Verwaltungsbericht des Kreises Bernkastel zur Denkschrift des Landkreisverbandes anlässlich der Jahrtausendfeier der Rheinprovinz o. D. [1925]. S. 1 und 3, und Mentges, Landkreis Bernkastel, S. 4.

Jahr	zusammen	männl.	weibl.	kath.	evang.	jüdisch	Sonstige
1841	43318			29155	13293	870	
1871	44138						
1900	46382	–	–				
1905	48315	23860	24445				
1910	49074	24057	25017				
1917	45074	19188	25886				
1919	48816	23149	25667				
1939	52269						

Bürgermeisterei	Flächeninhalt in ha	Anzahl der Gemeinden	Bevölkerungszahl nach der letzten Volkszählung vom 8. 10. 1919
Bernkastel-Stadt	1164,5	1	4306
Bernkastel-Land	8044,1	13	5261
Kempfeld	8865,8	8	3524
Lieser	3009,0	4	4578
Morbach	11641,6	19	7215
Mülheim	5500,4	8	5475
Neumagen	4667,1	5	4338
Rhaunen	9007,4	14	4884
Thalfang	10888,5	16	4614
Zeltingen	2968,9	4	4621
Zusammen	66758,3	92	48816

Tab. 13: Beschäftigte nach der Berufsstatistik für das Jahr 1895

entnommen aus Dressel, Die politischen Wahlen, S. 55–58; Einwohnerzahlen entnommen aus Kreisverwaltung Bernkastel-Wittlich (Hrsg.), Zeitenwende, S. 17

Kreis Wittlich (Einwohnerzahl 38 350):

	EWT im Hauptberuf	deren Angehörige (ohne Hauptberuf) und Dienstboten	EWT im Nebenberuf
Landwirtschaft	10 803	16 522	2709
Forstwirtschaft	85		
Steinmetzen	62		
Tabakindustrie	112		
Maurer	216		
Hausierhandel	70		
Staats- u. Gemeindedienst	107		
Unterricht und Erziehung	130		
von Unterstützung lebende	21	15	
Berufsgruppen:			
a) Land- u. Forstwirtschaft	10 903	16 740	2743
b) Bergbau u. Industrie	2261	3926	650
c) Handel u. Verkehr	643	1330	384
d) Öff. Dienste u. freie Berufe	358	614	52
e) Häusliche Dienste	24	19	4
Ohne Beruf	463	172	

Im Jahr 1927 wird die Zahl von »ca. 30 000 Bauern und bäuerlichen Familienangehörigen« für den mittlerweile 46 000 »Seelen« umfassenden Kreis angegeben. Vgl. Blum, Kreis Wittlich, S. 15.

Kreis Bernkastel (Einwohnerzahl 44 536):

	EWT im Hauptberuf	deren Angehörige (ohne Hauptberuf) und Dienstboten	EWT im Nebenberuf
Landwirtschaft	14 053	17 086	3860
Forstwirtschaft	144		
Steinbrüche	88		
Schaum- und Obstweinfabriken	114		
Tabakindustrie	93		
Maurer	272		
Zimmerer	108		
Staats- u. Gemeindedienst	150		
Unterricht und Erziehung	151		

von Unterstützung lebende	33	10	
Insassen von Wohltätigkeits-	29		
anstalten			
Berufsgruppen:			
a) Land- u. Forstwirtschaft	14 223	17 501	3984
b) Bergbau u. Industrie	2774	5020	1205
c) Handel u. Verkehr	847	1497	627
d) Öff. Dienste u. freie Berufe	467	721	67
e) Häusliche Dienste	77	74	5

Im Verwaltungsbericht des Kreises Bernkastel zur Denkschrift des Landkreisverbandes anlässlich der Jahrtausendfeier der Rheinprovinz o. D.[1925]. S. 2, heißt es:»Irgendwelche Berufsstatistiken sind hier nicht vorhanden. Daher ist auch eine etwaige Berufsumschichtung von 1815 bis heute im hiesigen Kreise statistisch nicht erfassbar. Eine grössere Umschichtung dürfte kaum eingetreten sein, da die Haupterwerbszweige – Landwirtschaft und Weinbau – *heute* die gleichen sind wie 1815.« LHAK Best. 457 Nr. 72.

Im gleichen Verwaltungsbericht befindet sich auch eine Auflistung über die »ausserhalb des Wohnkreises arbeitenden Leute«:

Tab. 14: Anzahl der außerhalb des Kreises Bernkastel Beschäftigten, 1925

Bgm.	Zahl der ausserhalb des Wohnkreises arbeitenden Leute	Davon im Saargebiet	im rheinwestf. Industriebezirk	Im Ausland (vor allem Luxemburg)	in den Nachbarkreisen	sonst
Bernkastel-Stadt	7	5	-	-	2	-
Bernkastel-Land	130	51	5	-	74	-
Kempfeld	63	38	-	2	18	5
Lieser	16	13	3	-	-	-
Morbach	113	82	11	20	-	-
Mülheim	33	33	-	-	-	-
Neumagen	45	33	2	2	8	-
Rhaunen	100	85	15	-	-	-
Thalfang	228	210	12	2	3	1
Zeltingen	47	4	10	3	29	1
Zusammen	782	554	58	29	134	7
		vorwiegend Bergleute und Hüttenarbeiter			Bauarbeiter, Achatschleifer, Küfer	

Abb. 14: Transkription KAB-W, 2.0.343: Ehefrau Adam O.,
Osann, an Landrat Wittlich, 28.10.19[11]

Osann den 28ten Oktober 19

Hochachtungsvoll und Geehrtester Herr Landrath!

Ach Sie werden Mich sehr entschuldigen wenn
Ich Mich wagen darf dieses Schreiben Mich
ausdrüken und zu beklagen wie Ich es auf
dem Herzen habe. Ich sehe fast nicht mehr um
schön zu schreiben habe auch nicht die Mittel
daß ich Mir ein¹ Brille kann kaufen dann
könnte Ich schon besser. War schon 1 mal Persöhn-
lich zu Ihnen gekommen wegen diesen bedauern-
vollen und was Mich so sehr kränken thut
diese dauernde Verhältniße. Es sind jetzt schon
acht Jahre das Mich die Mehrheit der Leute
kekig² schimpft. Ich kann fast die Straße nicht
mehr passiren die kleinen Kinder rufen Mir
zu das thut Mir doch so leid könnt Ihr Mir gar
nicht glauben Mein Herz geht Mir fast in
tausend Theile von der Stunde an daß Mein
Sohn [Konrad O.] bei den Soldaten
eingetreten ist Er war gezogen bei Trakoner-
Regement. Nun hatte er gebittet bei den Herrn
die auf der Ziehung zu reden haben wenn es nur
möglich könnte sein. bei 70 Regement weil Er ein
ganz armer Sohn wäre und gar kein Vermögen

Nun stand Er in Sarbrücken bei der 12 *ten* Kompani
70 Regement. Nun diese Sache war ja nicht zu
ändern. Unser Sohn [Konrad] mußte seine zwei
Jahre dienen. Wir konnten auch keine Reklamazion
machen Vater war noch keine Sechzig Jahre alt
und hatten noch ein ganz schmägtiger Sohn hinter
Ihm vier Jahre jünger und [Konrad] war
erst in der ersten Ziehung. Ich als Seine liebe

1   Letzter Bogen des »n« fehlt.
2   Wohl »geckig« im Sinne von »verrückt«.

Mutter habe gar nicht gedacht schon in der
ersten Ziehung mit weinenden Augen schreibe
Ich diese Worte Ach Ach Ach da ging
Mein Elend und Jammer an. Ich war so
stolz darauf daß Unser Sohn Soldat war
ist ja keine Schande im Gegentheil eine
Ehre viel besser als krank Seiner Mayestäd
mus ja Leute haben Unser lieber Kaiser
Heute bin Ich noch stolz darauf. Er war
so ein schöner Soldat so schön gewachhsen
noch nicht einen Fehler wie Ramie[3] auch so
gewürfelt. Ich habe Unsere Kinder gut
gezogen daß Wir arm sind ist ja keine
Schande. Der liebe Gott hatt Sich ja die
Armuth auserwählt auf den verlasse Ich
Mich. Diese bösen Menschen und Neidige
Leute wie Hier in Osann sind die Ich Meine
gibt kein Dorf mehr weit und breit so unver-

schämt. Keine Gemüth keine Bildung
keine Ressung[4] und keinen Verstand. Das
hier ist das Dorf Osann so unzufrieden
sind die Reichen Leute hier im Dorfe alles
was gemacht wird und gebaut ist zu Ihrem
Vortheil. Der arme Mann mit Seiner
Familie kann besehn wie Er durchkömmt
Wir werden doch auch hungrich und man will
auch ordentlich gekleidet kommen daß man
Sich nicht brauch zu schämen. Wenn Ich
Mich beklagt habe als Unser Sohn
bei den Soldaten war hie und da bei einer
Reichen Frau oder Manne sagten Sie
und haben Mich grob bescheidet Ich solle
Mir den Mund abbutzen und Meiner
Wegen war mein Trost. Ich habe gemeint
die ganze Welt wirde auf Mir liegen

3 Nicht zu entziffern; könnte auch »Kumie« o.ä. heißen. Die gewählte Va-
   riante erschien noch am sinnvollsten, da aus der Faserpflanze Ramie Stoffe
   hergestellt wurden (Bezug zu »gewürfelt«).
4 Lautsprachlich für »Raison«.

wenn Mann eine arme Frau ist und bleibt
solle mann nicht auf der Welt sein, man ist ja
hier in Osann verstoßen. Hier in Osann haben
die Reichen Leute wieder den guten und reichen
Herbst. Sie sind jetzt wieder so ungezogen gegen
die Armuth. gleich heißt es du Hungerleider
und Lomb[5] . Wir Armen müssen die Nase
hangen lassen wie wenn Mann halb tod wäre. und Sie schreien jetzt wieder durch das Dorf
daß Mann meint es wirde brennen.

Ich habe die Nase müssen hangen lassen
Ich lasse Sie jetzt nicht mehr hangen vor den
Osanner nicht die Ich meine. Sie wenn Sie
es nur fertig bringen machen Sie daß Ihre
Söhne frei kommen und diese haben Vermögen
Wer nichts brauch zu bechten[6] [?] Gott es gut machen
Wir haben damals Schuld gemacht. Wir mußten
so vieles Geld bezahlen wo Wir nichts von hatten. Die
Mehrheit der Leute nennen mich kekig. Ich vertheid-
ige mich und lasse Mich nicht so schimpfen und von
wem es Mich Meine Kopf kostet. Ich suche Mein
Recht. Ich wäre schon längst zum Toktor gegangen
bekomme ja mal kein Armeschein daß Ich kann
gehen. Ich werde von Pontius zu Pilatus geschickt. Der Herr
Bürgermeister Mohn schikte Mich zum Ortsvorsteher
Ziegler. Da habe ich anständig gefragt hatte Er Mich
einmal angefallen zerschlagen und gewaltsamer
Weise herausgeworfen bin Ich so verschrekt habe
Mich sattgeweint und paar Tage im Bett gelegen
von Schreken. Ach mus Mich zu einer höhern Obrigkeit
wenden zum Herr Landrath hattja Begriff von Mile-
tärleben wenn Sie wollen so gut sein. Ich will ja nichts
haben aus der Gemeinde. Nur daß Ich mal kann zum
Herr Toktor. Ich wcis gar nicht was die Leute mit Mir wollen
Sie sollen Mich mal in Ruhe lassen daß Ich Mich nicht brauch
zu äußern.. Wir haben noch viel zu bezahlen brauchen unser
Geld und ers wie zum bestochen. Wir wohnen das dritte Haus

5   Dialektal für »Lump«.
6   Dialektal für »beichten«.

von Blatten[7]
[…]straße kein Vermögen Mann Maurer ganz allein gebaut
Ich war Handlager bis Zeit in gesegneden Unstände mit [Konrad] Soldat war
sehr traurig

Hochachtungsvoll Frau [Adam O.] Osann

Rand der vierten Seite:
Ach sehr entschuldigen mein sehr schlechtes Schreiben Ich sehe nicht mehr
gut
von lauter Weinen bin wieder [Rest nicht mehr lesbar]

7 Gemeint ist der Ort Platten

Register

MODERNE ZEIT

Neue Forschungen zur Gesellschafts- und Kulturgeschichte
des 19. und 20. Jahrhunderts

Herausgegeben von
Ulrich Herbert und Lutz Raphael